# ANSI C 프로그래밍

PROGRAMMING IN ANSI C

Eighth Edition

**Programming in ANSI C, 8th Edition**



1 2 3 4 5 6 7 8 9 10 HM 20 21

Original: Programming in ANSI C, 8th Edition © 2019
By E. Balagurusamy
ISBN 978-93-5316-513-0

This authorized Korean translation edition is jointly published by McGraw-Hill Education Korea, Ltd. and Haksan Media. This edition is authorized for sale in the Republic of Korea.

This book is exclusively distributed by Haksan Media.

**When ordering this title, please use ISBN 979-11-85294-31-5**

**Printed in Korea**

# ANSI C 프로그래밍

# PROGRAMMING IN ANSI C

Eighth Edition

E Balagurusamy 저자

최종필 | 김중헌 | 노종석 | 손채봉 | 안두성 | 안희준 | 이희영 | 정현환 공역

## ANSI C프로그래밍

C프로그래밍의 기초 개념부터
실제 응용프로그램 개발까지

Mc Graw Hill

學山 도서출판 학산미디어

| | | | |
|---|---|---|---|
| **총감수** | 최종필 | 한국산업기술대학교 | 컴퓨터공학부 |
| **번역진** | 김중헌 | 고려대학교 | 전기전자공학부 |
| | 노종석 | 중앙대학교 | 전기전자공학부 |
| | 손채봉 | 광운대학교 | 전자통신공학과 |
| | 안두성 | 부경대학교 | 기계설계공학과 |
| | 안희준 | 서울과학기술대학교 | 전기정보공학과 |
| | 이희영 | 서울과학기술대학교 | 전기정보공학과 |
| | 정현환 | 고려대학교 | 전자 · 기계융합공학과 |


## ANSI C프로그래밍 8판

**:C프로그래밍의 기초 개념부터 실제 응용프로그램 개발까지**


발 행 일 | 2021년 1월 5일 발행
저　　자 | E. Balagurusamy
역　　자 | 최종필, 김중헌, 노종석, 손채봉, 안두성, 안희준, 이희영, 정현환
발 행 인 | 문정임
발 행 처 | 학산미디어
기　　획 | 이덕선
편　　집 | 장진희
교　　정 | 이수연
주　　소 | 서울시 노원구 상계동 1256 은빛아파트 202-401
전　　화 | 02-935-0670
팩　　스 | 02-932-0670
이 메 일 | sorgento2000@hanmail.net
등록번호 | 제 25100-2011-000001호

ISBN 979-11-85294-31-5 93560

정가 32,000원

이 도서의 국립중앙도서관 출판예정도서목록(CIP)은 서지정보유통지원시스템 홈페이지(http://seoji.nl.go.kr)와 국가자료종합목록 구축시스템(http://kolis-net.nl.go.kr)에서 이용하실 수 있습니다.
(CIP제어번호 : CIP2020053993)

# 저자 서문

C는 강력하고, 유현하고, 이식성이 좋으며, 잘 구조화된 프로그래밍 언어이다. C는 고급 언어의 기능과 어셈블리어의 요소가 결합되어 있기 때문에 시스템 프로그래밍과 응용 프로그래밍 모두에 적합하다. 오늘날 가장 널리 사용되는 범용 언어일 것이다.

1989년에 표준화가 된 이후로 C는 언어의 유용성을 높이기 위해서 많은 변화와 개선을 겪었다. 이런 새로운 기능을 포함하는 버전이 C11이다.

## 새로운 점

'ANSI C 프로그래밍'은 베스트셀러로 각광을 받고 있으며 완벽을 추구하기 위하여 또 한 단계 나아간다. 이론과 실용 사이에서 균형을 맞추는 것은 이전과 동일하다. 굳건한 토대를 위해서 새로운 장 '컴퓨터 개론'이 추가되었다. 부록 '프로젝트' 부분은 새롭고 흥미로운 프로젝트로 개선되어서 학생들이 프로그래밍 스킬을 연마하고 실질적으로 사용하는데 도움이 될 것이다. 기존의 장들은 팁과 '스킬 테스트' 절의 내용이 추가되었다. 각 장은 다중선택 문제와 인터뷰 질문 절이 추가되어서 학생들이 더 많은 연습을 하고 다양한 인터뷰와 시험에 대비할 수 있게 되었다. 프로그래밍 연습 절도 새로운 질문들이 추가되었다.

## 이 책의 구성

ANSI C 프로그래밍 8판에서는 2개 장의 도입부로 시작한다. 1장 '컴퓨터 개요'는 컴퓨터의 여러 구성요소를 소개하고 컴퓨터로 문제를 푸는 방법에 대해서 설명한다. 2장 'C 개요'는 C 프로그램의 기본 구조와 실행법을 설명한다. 3장에서는 상수, 변수, 자료형을 선언하는 방법을 보인다. 4장에서는 연산자와 표현식에 대해서 설명한다. 5장에서는 입력과 출력을 다루는 방법을 살펴보며, 6장은 분기문을 다룬다. 판단과 반복의 개념은 7장에서 설명한다. 배열, 문자배열, 문자열은 8장과 9장에서 설명한다. 사용자 정의함수, 구조체와 공용체는 10장과 11장에서 다룬다. 12장은 포인터를 다룬다. 13장은 C에서의 파일 관리를 설명한다. 동적 메모리 할당과 연결 리스트는 14장에서 다룬다.

전처리기는 15장에서 설명한다. C프로그램을 개발하는데 도움이 되는 지침은 16장에서 열거한다.

## 이 책의 주요한 특징

- C 프로그래밍의 기본만이 아니라 최신 기능을 이해하기 쉽게 다룬다.
- 각 장은 결과물에 기반한 학습(outcome-based learning) 방법을 따른다.
- 다음과 같은 훌륭한 교육적 특징을 포함한다
  - 세련된 문제
  - 팁과 중요 부분 노트
  - 24개의 자세한 사례연구
  - 다중선택 문제
  - 프로그래밍과 디버깅 질문
  - 인터뷰 질문
- 2개의 새롭고 흥미로운 프로젝트
  - 전자기판 관리 시스템
  - C로 웹 서비스 만들기
- 'C를 이용한 그래픽 프로그래밍' 에 대한 부록

## 보조 자료

보조 자료들은 웹 사이트(http://www.mhhe.com/balagurusamy/ansic8e)에 있으며, 다음과 같은 내용들이 들어있다.

- 프로젝트
- e-사례연구
- 추가적인 정보와 질문들

이 책은 이전의 프로그래밍에 대한 지식이나 경험과 상관없이 C 프로그래머가 되기를 원하는 모든 사람들을 위하여 쓰여졌다. 간단하고 이해하기 쉬운 스타일로 ANSI C 프로그래밍에 대한 모든 것을 설명한다.

**E Balagurusamy**

# 역자 서문

수많은 프로그래밍 언어들이 나와 있지만 C언어는 자신만의 고유한 위치를 분명히 유지하고 있다. C언어는 컴퓨터가 하드웨어적인 기계에서 벗어나서 살아 움직이게 되는 첫 단계에서 중요한 역할을 한다. 따라서 시스템 프로그래밍 분야에서는 없어서는 안 되는 필수적인 언어이다. 또한 고급언어의 기능을 가지고 있기 때문에 웬만한 응용프로그램의 개발도 효율적으로 수행할 수 있다. 한마디로 프로그래밍 언어 분야에서 팔방미인이라고 할 수 있다.

컴퓨터를 처음 배우는 사람을 위해서도 CPU, 메모리와 같은 컴퓨터의 실체를 느낄 수 있게 하고, 정수, 실수, 문자 코드, 자료형, 코드와 데이터, 스택, 힙, 포인터, 구조체, 순서집합, 링크, 리스트 등 컴퓨터 분야의 기초 이론을 배울 수 있도록 하는 교육적인 효과가 큰 언어이다.

따라서 유행이 빨리 변하는 컴퓨터 분야에서 비교적 오랜 시간이 지났음에도 불구하고 아직도 C언어는 프로그래머들로부터 사랑을 받고, 많은 대학에서 컴퓨터 입문 교육과정으로 활용되고 있으며, 살아 숨쉬는 언어로서 그 역할을 다하고 있다.

이 책은 C언어의 중요한 기능에 대해서는 충분할 정도의 설명을 하며, 이해를 돕기 위해서 많은 그림, 예제, 연습문제, 사례연구를 제공한다. 따라서 프로그래밍을 처음 접하는 사람이나 기본 기능을 통합하여 어느 정도 규모가 있는 응용을 만들려는 사람 모두에게 좋은 지침서가 될 수 있을 것이다.

좋은 책을 만들기 위해 많은 분들이 수고해 주셨다. 번역을 맡아주신 각 대학의 교수님들, 편집과 출판을 위해서 수고해 주신 도서출판 학산미디어의 이덕선 사장님께 감사드린다.

역자일동

Contents

# 차 례

Chapter 1

# 컴퓨터 개요

**학습목표**

LO 1.1 컴퓨터의 구조와 동작에 대한 개념을 알 수 있다.
LO 1.2 알고리즘과 흐름도를 통해서 프로그래밍 논리를 개발하는 법을 배운다.

## 1.1 개요

컴퓨터를 이용해서 데이터를 처리하는 과정이 포함된 연산이 컴퓨팅이다. 컴퓨터를 이용하고 계산을 수행하기 위해서는 우선 그 안에 있는 여러 구성요소에 대해서 알아야 하고 이들 구성요소가 우리의 목적을 위해서 어떻게 사용될 수 있는지를 이해해야 한다. 이 장에서는 컴퓨터의 여러 구성요소를 간단히 설명한다. 또한 문제를 풀고 다양한 계산 작업을 수행할 수 있는 프로그램 개발 방법에 대해서도 알아볼 것이다. .

## 1.2 컴퓨터의 구성요소

컴퓨터는 산술과 논리 연산을 포함하는 다양한 계산을 수행할 수 있는 전자장치이다. 그림 1.1은 컴퓨터의 주요 구성요소를 보여준다.

LO 1.1 컴퓨터의 구조와 동작에 대한 개념을 알 수 있다.

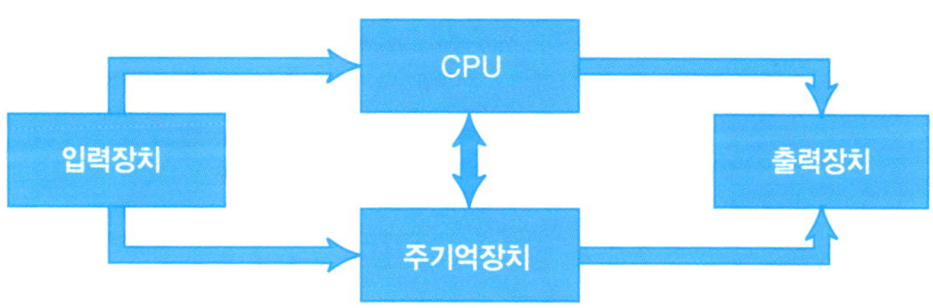


**그림 1.1** C 컴퓨터의 구성요소

그림에서 보듯이 컴퓨터의 주요 구성요소는 중앙처리장치(CPU), 입력장치, 출력장치, 메모리이다. 이들 구성요소들은 그림에서처럼 버스를 이용해서 상호작용을 한다.

## 중앙처리장치(CPU)

CPU에서 모든 처리 작업이 일어난다. CPU는 초대규모 집적회로(VLSI)로 만들어지며 산술논리 장치(ALU), 제어장치(CU)와 레지스터로 구성된다. 그림 1.2는 CPU의 내부를 보여준다. ALU에서는 다양한 산술과 논리 연산이 실행된다. ALU에는 여러 산술과 논리 연산을 실행할 때 사용되는 회로를 포함하고 있다. 가산기(덧셈), 감산기(뺄셈), 비교기(피연산자 비교) 등의 회로가 해당된다. 제어장치(CU)는 컴퓨터의 두뇌이며 제어신호를 발생시는 장치이다. 이들 제어신호는 컴퓨터의 여러 구성요소들이 작업을 제어한다. CPU에 있는 레지스터는 고속의 저장창치로서 ALU의 작업 메모리의 역할을 한다. 이들 중 일부는 특수한 데이터나 명령어를 담아두는 작업을 한다. 이런 레지스터를 특수목적 레지스터라고 하고 다른 것들은 범용 레지스터라고 한다. CPU 안의 장치들은 내부 버스를 통해서 상호작용을 한다. CU에서 생성된 신호들이 CPU 내부의 여러 구성요소의 동작을 제어한다. 내부 버스 외에도 3개의 버스가 CPU와 연결된다. 제어버스 CU에서 발생된 제어신호를 메모리와 주변장치로 전송한다. 주소버스는 메모리 안의 워드의 위치를 지정하기 위한 주소를 전달한다. 데이터 버스는 컴퓨터의 구성요소들 간에 데이터와 정보를 전달하기 위해서 사용된다. 이외에도 최신 CPU에는 캐시 메모리라고 불리는 고속의 온칩 메모리를 장착하고 있다.

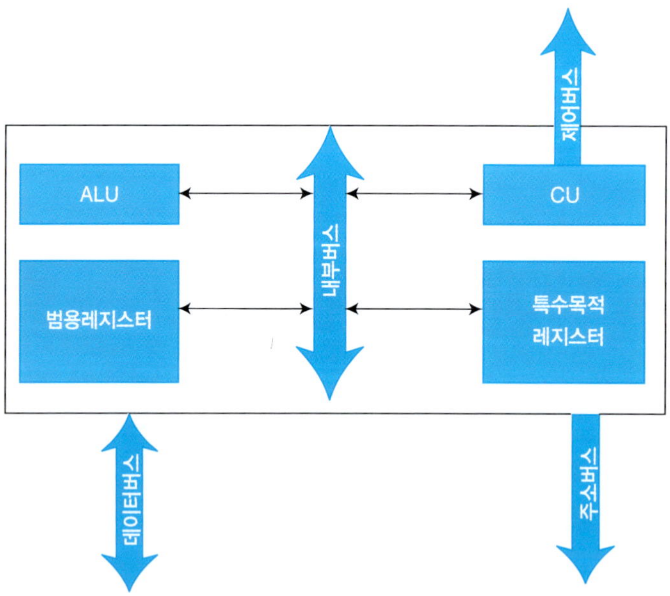


**그림 1.2** 모델 CPU의 구성

### 입력장치

입력장치를 통해서 컴퓨터에 데이터와 명령어들을 입력할 수 있다. 가장 유명한 입력 장치로는 키보드와 마우스가 있다. 이외에도 스캐너, 리더기 등이 있다. 대부분의 입력장치들은 전기-기계적 장치이며 키보드 키를 눌러서 데이터를 넣거나 마우스를 움직여서 위치를 표시하는 것과 같은 기계적인 동작을 통해서 사용로부터 데이터를 받아들인다. 이런 기계적 동작으로 얻어진 정보는 디지털화(전가 신호로 바뀌어)되어 CPU/메모리에 전송된다.

### 출력장치

입력장치가 컴퓨터에 메시지를 전달하는 것처럼, 출력장치는 다시 사용자에게 메시지를 전달하기 위해 사용된다. 대부분의 컴퓨터에서 가장 일반적인 출력장치는 모니터이다. 모니터는 계산의 결과나 메시지 등을 표시한다. 출력장치의 또 다른 예는 프린터, 스피커, 플로터 등이다.

입력과 출력장치는 주변장치로도 불린다. 이들 주변장치는 컴퓨터에 연결된다. 컴퓨터에서 이들 장치는 CPU와 메모리와는 달리 반드시 필요한 것은 아니라서 보조적이다.

### 메모리

메모리/저장장치는 데이터를 저장하는 목적의 구성요소이다. 접근속도와 휘발성 여부가 다양하다. 접근속도는 메모리에서 데이터를 저장/읽기에 걸리는 시간을 뜻한다. 휘발성은 데이터가 메모리에 저장되어 유지되는 기간이나 조건을 뜻한다. 이런 특징에 기반해서 컴퓨터의 메모리는 여러 유형으로 분류할 수 있다. 그림 1.3은 컴퓨터 메모리의 분류를 보여준다.

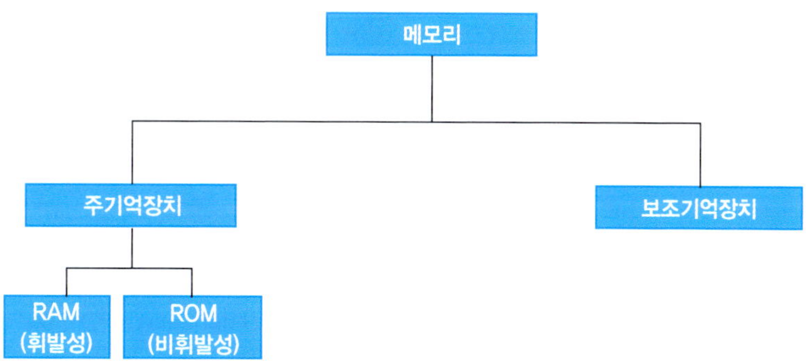


**그림 1.3** 컴퓨터 메모리의 분류

그림에서 보듯이 메모리는 주기억장치와 보조기억장치로 구분된다. 주기억장치는 CPU가 데이터 버스와 주소버스를 통해서 직접 연결된다. 주기억장치에는 두 가지 유형이 있는데, RAM(random access memory)와 ROM(read only memory)이다. RAM은 휘발성 메모리이며 현재 실행되는 프로그램과 관련된 명령어와 데이터를 저장한다. 컴퓨터의 전원이 꺼지면 저장하고 있던 정보를 모두 잃기 때문에 RAM은 휘발성이다. 읽기와 쓰기를 모두 할 수 있는 RAM과는 달리 ROM은 쓰기 동작을 할 수 없으며, 전원이 꺼지더라도 저장된 정보를 유지할 수 있기 때문에 비휘발성이다. 프로그램 중에서 부트로더가 ROM에 들어있다. 부트로더는 컴퓨터 스위치를 켰을 때 운영체제 중에서 메모리에 상주해야하는 부분을 보조기억장치에서 RAM으로 로딩시키는 책임을 진 시스템 소프트웨어다. 보조기억장치는 크기가 큰 보조기억장치이며 원하는 만큼 오랫동안 정보를 저장할 수 있다. 하지만 보조기억장치는 주기억장치보다 접근시간이 더 느리다. 하드디스크, 플래시 드라이브 등이 보조기억장치의 예이다.

## 1.3 하드웨어와 소프트웨어의 개념

컴퓨터에서 하드웨어는 다양한 전자, 전기기계, 전자자기 장치들로 이루어지며 버스를 통해서 연결된다. 즉, 컴퓨터의 하드웨어는 단지 기계일 뿐이다. 이에 반해서 소프트웨어는 명령어, 프로그램들로 이루어지며 단순한 기계를 작동시키며 원하는 일을 달성할 수 있게 만든다. 하드웨어가 몸체라면 소프트웨어는 정신에 해당한다. 컴퓨터가 동작하기 위해서는 하드웨어와 소프트웨어가 모두 필요하다.

### 소프트웨어의 종류

소프트웨어가 수행해야하는 일의 종류에 따라서 시스템 소프트웨어와 응용 소프트웨어의 두 가지로 나눌 수 있다.

### 시스템 소프트웨어

시스템 소프트웨어는 컴퓨터의 하드웨어와 밀접하게 상호작용을 한다. 이 소프트웨어는 컴퓨터의 구조에 따라 다르다. 시스템의 자원을 제어하며 시스템과 관련된 동작을 수행하는 책임을 진다. 시스템 소프트웨어의 예로는 운영체제, 로더, 링커, 번역기 등이 있다.

#### 운영체제

운영체제는 사용자와 하드웨어 사이에서 연결 역할을 하는 시스템 소프트웨어이다. 우리에게 익숙한 운영체제로는 리눅스, 윈도우즈 10, 유닉스, macOS High Sierra 등이 있다. 운영체제의 주요 기능은 다음과 같다.

- 프로세스와 프로세서(CPU) 관리
- 메모리 관리
- 장치 관리
- 파일 관리

간단히 말해서 운영체제는 컴퓨터의 모든 자원을 관리한다. 또한 사용자로부터 받는 모든 명령을 해석한다. 최근의 운영체제에는 그래픽 사용자 인터페이스(GUI)가 포함되어서 사용하기 쉽도록 되어 있다. 운영체제에는 계산기, 문서 편집기, 스캔 소프트웨어, 그림 도구, 이미지 편집 도구와 같은 유틸리티 프로그램도 포함되어 있다.

### 번역기

번역기는 한 프로그래밍 언어로 쓰여진 프로그램을 다른 언어로 변환하는 시스템 소프트웨어들이다. 컴파일러, 어셈블러, 인터프리터 등이 자주 사용되는 번역기이다. 소스 프로그래밍 언어는 고급 언어이거나 어셈블리 언어이다. 목적 언어는 대부분 기계어이며 이진수(1과 0-높은 전압과 낮은 전압)로서 기계가 이해하는 언어이다. 따라서 번역기는 하부의 하드웨어의 구조적 구성을 완벽히 이해해야 하는 시스템 소프트웨어이다. 한 특정 구조의 기계어는 다른 기계에는 적용할 수 없다.

**컴파일러**는 고급언어(High Level Language)로 작성된 프로그램을 기계어로 바꾸는 시스템 소스트웨어이다. C, C++, Java 등이 고급언어의 예이다. 컴파일러는 이런 고급언어의 문법적 의미와 목적 프로그램이 실행될 기계의 명령어 집합, 어드레싱 모드, 레지스터 구성 등을 잘 알고 있어야 한다. C 프로그래밍 언어를 위한 컴파일러는 Java 언어 프로그램을 처리할 수 없다. 왜냐하면 C 컴파일러에는 C 언어의 문법적 규칙을 이해하도록 되었고 Java 문장은 틀린 것으로 간주하기 때문이다. 컴파일러의 출력은 기계어이며 해당 컴퓨터의 CPU에서 지원하는 명령어를 사용한다. 인텔 프로세서를 사용하는 컴퓨터를 위해서 기계어 코드를 생성하도록 설계된 컴파일러는 모토롤라 프로세서를 사용하는 컴퓨터를 위한 기계어 코드를 생성할 수 없다. 컴파일러는 소스 언어와 프로그램이 실행될 목적 기계를 모두 알고 있어야 한다. 컴파일러가 생성하는 기계어 코드를 목적 코드라고 한다.

**어셈블러**는 어셈블리어로 작성된 프로그램을 기계어로 번역한다. 어셈블리어는 해당 프로세서에서 지원되는 명령어들로 구성된다. 어셈블리어와 기계어의 차이는 어셈블리어가 ADD, SUB 등과 같은 기호를 사용하는 반면에 기계어는 이진수로된 연산코드를 사용한다.

### 링커

링커는 프로그램의 서브루틴/함수들에 속한 목적코드를 모두 묶어서 실행가능한 코드로 만든다. 실행가능한 코드는 보조기억장치에 저장되며 실행시에 주기억장치에 적재된다.

### 로더

로더는 실행할 프로그램을 보조기억장치에서 주기억장치의 특정 영역으로 적재시키는 시스템 소프트웨어이다. 최신 운영체제에는 로더가 내장된다. 절대로더, 재배치 로더, 직접 링킹 로더 등의 로더의 형태가 있다. 부트로더라는 특수한 로더는 언급할 필요가 있다. 부트로더는 메모리에 상주해야하는 운영체제의 부분을 컴퓨터가 켜지면 즉시 주기억장치에 적재시킨다. 그리고 운영체제가 컴퓨터의 제어를 넘겨 받는다.

### 응용 소프트웨어

응용 소프트웨어는 특별한 동작을 수행하기 위해서 작성되며 여러 방법으로 사용자에게 도움이 된다. 워드 프로세서 소프트웨어, 이미지 편집기, 스프레드 시트 패키지, 데이터베이스 소프트웨어, 회계 소프트웨어들이 모두 응용 소프트웨어의 예이다. 이들은 모두 특별한 목적을 위해서 설계되었다.

## 1.4 알고리즘과 플로우차트를 통한 프로그래밍 기법

LO 1.2 알고리즘과 흐름도를 통해서 프로그래밍 논리를 개발하는 법을 배운다.

앞 절에서 소프트웨어가 보이지는 않지만 컴퓨터에서 없어서는 안되는 부분이라는 것과, 사용자가 컴퓨터와 상호작용을 하고 목적한 계산 작업을 수행하도록 만든다는 것을 보았다. 소프트웨어는 하나의 작업을 수행하도록 만드는 프로그램들의 집합이다. 프로그램은 순서대로 실행되며 작업을 수행하는 명령어들의 집합이다.

사용자가 두 개의 수를 넣으면, 수를 더하고 결과를 표시하는 프로그램의 예를 들어보자. 이 프로그램은 3가지의 명령어 집합이 필요하다. 첫 번째는 사용자가 데이터를 입력하도록 하고, 두 번째는 수를 더하는 것이고, 세 번째는 결과를 표시하는 것이다. 프로그램을 작성할 때 프로그램머는 이 세가지 집합을 고려하여 이 집합에 있는 문장들을 이용해서 구현한다. 이 예는 아주 간단한 예이다.

하지만 대부분의 경우 컴퓨터가 풀어야 하는 문제는 이 예보다 훨씬 복잡하다. 복잡한 문제의 풀이는 더 복잡하다. 문제 해결에는 많은 복잡한 산술 연산과 논리적 판단이 필요하다. 프로그램에서 필요한 논리를 표현하고 컴퓨터에서 실행될 명령어 집합들로 변환하는데 필요한 도구를 소개하겠다. 이 도구는 프로그래밍 언어나 목적 기계의 종류와 무관하다. 따라서 이 도구로 표현된 논리는 프로그래머가 원하는 다른 어떤 언어로 프로그램을 작성하는 데도 사용될 수 있다. 사실 논리는 프로그래밍 언어와 무관해야 한다. 프로그램 작성을 위한 언어와 무관하게 프로그래밍 논리를 위한 구조는 다음과 같은 3가지 형태이다(입력/출력과 서브루틴 호출은 제외).

- 명령형 문장(실행)
- 조건형 문장(판단)
- 반복형 문장(반복/루프)

프로그램의 문장은 이 세 가지 중에 하나에 해당하므로 설명하려는 도구도 이 세 가지를 표현할 수 있어야 한다.

처음에 계획을 짤 때는 알고리즘이나 플로우차트와 같은 도구를 사용하는 것을 권한다. 그리고 나서 프로그램을 작성하라. 잘 계획이 되면 일의 반이 이루어진 것과 같다는 말이 있다.

## 알고리즘

알고리즘은 실행하면 작업을 올바르게 수행하는 모호하지 않은 명령어들의 유한한 집합이다. 이 설명에는 다음과 같은 특징이 있다.

- 작업을 수행하는데 필요한 단계의 수는 유한하다.
- 알고리즘에 있는 명령들은 모호하지 않아야 한다. 즉, 명령을 수행하면 결과는 분명하고 예측 가능이다.
- 알고리즘은 문제를 올바르게 해결해야 한다. 즉, 알고리즘을 실행하면 목적이 달성되어야 한다.

알고리즘을 작성하는데 정해진 규칙은 없다. 하지만 대부분의 저자들은 각 단계에서 필요한 행위를 표현하기 위해서 영어와 비슷한 문장을 사용한다. 3가지 부류의 구조를 모이기 위한 예를 들어보자.

**예제 1** (명령형 구조)

**문제** 사용자가 입력한 세 숫자의 평균을 구하는 알고리즘을 작성하라.

**알고리즘 AVERAGE**

**단계 0** START

**단계 1** INPUT first number into variable A

**단계 2** INPUT second number into variable B

**단계 3** INPUT third number into variable C

**단계 4** COMPUTE SUM = A + B + C

**단계 5** COMPUTE AVG = SUM / 3

**단계 6** DISPLAY AVG

**단계 7** END

단계 1, 2, 3은 3개의 수를 입력한다. 단계 6은 결과를 표시한다. 단계 4, 5는 계산을 수행하는 명령형 문장이다. 명령형 문장은 프로세서가 어떤 작업을 수행하도록 만든다.

앞에서 설명한 것처럼 알고리즘을 작성하는데 정해진 규칙은 없다. 동일한 알고리즘을 작성하는데 단계 4, 5처럼 COMPUTE를 사용하지 않을 수도 있다. 단계 1을 'INPUT A'로 단순히 표현할 수도 있다. 단계 4, 5에서 COMPUTE라는 단어를 사용하거나 단계 1에서 'first number into variable'과 같은 구절을 사용하는 것은 읽거나 이해하기 쉽게 만든다.

**예제 2** (조건형 구조)

**문제** 한 수를 다른 수로 나누어서 몫을 계산하는 알고리즘을 작성하라.

**알고리즘 DIVISION**

**단계 0** START

**단계 1** INPUT first number into variable A

**단계 2** INPUT second number into variable B

**단계 3** IF B != 0 THEN

```
        Q = A/B
        DISPLAY Q
    END IF
```

**단계 4** END

한 수를 다른 수로 나누는 것은 CPU가 처리하기에 아주 간단한 명령일 수 있다. 하지만 두 수를 나눌 때는 나누는 수가 0인지를 확인해야 한다. 컴퓨터는 무한히 큰 수를 다룰 수는 없다. 따라서 0으로 나누는 것은 허락되지 않는다. 0으로 나누려고 하면 컴퓨터는 'Divide Overflow' 라는 실행시간 에러를 발생시키고 처리는 즉시 중지된다. 알고리즘은 나누는 수 B가 0인지 검사한다. B가 0이 아닐 때만 나눗셈이 수행되고 결과가 표시된다. 단계 3은 B가 0인지 검사가 이루어지는 문장이다. 검사를 위해 'IF' 가 사용되었다. 조건 'B != 0' 이 실행되어 B가 0인지 검사한다. 만일 B가 0이 아니면 조건은 참이 된다. 그러면 두 문장 'Q = A/B' 와 'DISPLAY Q' 가 차례로 실행된다. 다음에는 제어가 단계 4로 이동하고 알고리즘이 멈춘다. B가 0인 경우는 조건이 거짓이 된다. 그러면 알고리즘의 제어가 나눗셈 계산을 수행하지 않고 직접 단계 4로 이동한다. 어떤 저자는 '같지 않다' 를 표현하기 위해서 '<>' 를 사용하기도 한다. 프로그램으로 바꿀 때는 '같지 않다' 를 해당 프로그래밍 언어에서 지원되는 논리 연산자로 대체해야 한다. 단계 3의 'END IF' 는 조건형 문장의 끝을 나타낸다.

### 예제 3 (조건형 구조)

**문제** 사용자가 입력한 두 수 중에서 최대값을 찾는 알고리즘을 작성하라.

**알고리즘 MAXIMUM**

**단계 0** START

**단계 1** INPUT first number into variable A

**단계 2** INPUT second number into variable B

**단계 3** IF A > B THEN

```
        MAX = A
    ELSE
        MAX = B
    END IF
```

**단계 4** DISPLAY MAX

**단계 5** END

이 예제는 앞의 예처럼 조건형 문장이다. 하지만 조건 'A >B' 가 참인지 거짓인지의 결과에 따라 두 가지 작업이 수행된다. 'ELSE' 라는 단어를 사용한 것이 앞에서와 다르지만 여기서도 판단이 사용되었다. A와 B의 값이 비교되어 A가 B보다 큰지(A>B) 판단된다. 만일 A가 B보다 크다면 A가 최대값이 되고(MAX = A), 그렇지 않다면 B가 최대값이 된다(MAX = B).

### 예제 4 (반복형 구조)

**문제** 사용자가 입력한 N개의 수의 합을 계산하는 알고리즘을 작성하라.

**알고리즘 SUM-N**

**단계 0** START

**단계 1** INPUT N

**단계 2** I = 1

**단계 3** SUM = 0

**단계 4** REPEAT Steps (a) - (b) WHILE I <=N

(a) SUM = SUM + I

(b) I = I + 1

END WHILE

**단계 5** DISPLAY SUM

**단계 6** END

이 알고리즘의 목적은 1 + 2 + ... + N을 계산하는 것이다. 결과를 저장하는데 변수 SUM을 사용한다. 변수 I는 1로 초기화되고 변수 SUM은 0으로 초기화된다. 처음에는 SUM에 1을 더하고, 다음에는 2, 다음에는 3을 더하는 식이다. 이 과정은 SUM에 N을 더할 때까지 계속된다. 1, 2, 3, ..., N의 값은 변수 I로 만들어진다. I가 처음에는 1이고, 1이 더해져서 2가 되고, 3이 되고, .., 마지막은 N이 된다. 다음과 같은 순서로 차례대로 수행된다.

SUM = SUM + 1
SUM = SUM + 2
SUM = SUM + 3
...
SUM = SUM + N

N개의 덧셈 문장을 쓰는 대신에(프로그램 작성 때는 N값을 모른다) 다음의 형태를 이용한다.

SUM = SUM + I, for all I = 1 to N

I의 값을 증가시키면서 SUM = SUM + I 문장을 반복하여, I의 값이 N이 될 때까지 반복한다. 마지막에는 I가 증가하여 N + 1이 되고, 단계 4 'I <= N' 이 거짓이 되어 알고리즘의 제어가 단

계 5로 넘어간다. 'SUM = SUM + I' 와 'I = I + 1' 의 문장은 'I <= N' 일 동안 반복된다. 조건 'I <= N' 이 참일 동안 제어는 루프 안에 머무른다. 사용자는 N의 값으로 양의 정수를 넣어야 한다는 제약이 있다.

반복구조는 반복이 필요한 상황에서 사용된다. 하나 이상의 문장이 반복적으로 실행되어야 할 때 사용된다. 'HELLO' 라는 단어를 100번 표시해하할 상황이라고 하자. 다음과 같이 DISPLAY 'HELLO' 문장을 100번 쓸 수도 있다.

```
DISPLAY 'HELLO' (1st. time)
DISPLAY 'HELLO' (2nd. time)
DISPLAY 'HELLO' (3rd. time)
. . .
DISPLAY 'HELLO' (100th. time)
```

같은 문장을 100번 반복했다. 전체 문장 블록을 10000번 이상 반복해야 한다면 그 알고리즘의 길이를 상상해 보라. 이런 방식으로 코드를 작성하는 것은 번거롭다. 반복 구조를 사용하여 문장을 작성할 수 있다. I와 같은 변수가 반복이 일어난 횟수를 유지하는데 사용된다. 다음과 같이 코드를 작성할 수 있다.

```
REPEAT steps (a)-(b) while I <= 100
        (a) DISPLAY 'HELLO'
        (b) I = I + 1
END WHILE
```

앞에서처럼 I는 1로 초기화되어야 한다.

## 의사코드(Pseudocode)

의사코드는 알고리즘을 코드형태로 표현한 것이다. 의사코드로 표현한 것은 프로그램 코드보다 문법적으로 엄격하지 않지만 알고리즘의 단계를 프로그램 코드와 아주 비슷한 코드 형태로 표현한다. 의사코드가 주어지면 프로그램 변경하는 것은 비교적 쉽다. 의사코드는 알고리즘과 프로그램 코드의 중간이라고 할 수 있다. 예제 4의 알고리즘을 의사코드로 표현하면 다음과 같다.

```
Pseudocode SUMN
{
        print "Enter a value for the number N: "
        scan N
        I = 1
        SUM = 0
        while I <= N
        {
                SUM = SUM + I
```

```
                I = I +1
        }
        print "The sum is: ", SUM
}
```

의사코드는 알고리즘보다는 더 기호적이며 C 프로그램 코드의 형태에 더 가깝다. 위의 의사코드에 해당하는 C 코드는 다음과 같다.

```
#include <stdio.h>
main()
{
        int I, SUM, N;
        printf("\nEnter a value for the number N:");
        scanf("%d", &N);
        while(I <= N)
        {
                SUM = SUM + I;
                I = I + 1;
        }
        printf(°∞\The sum is: %d°±, SUM);
}
```

간단히 의사코드와 C 언어 프로그램을 비교하면 'printf' 와 'scanf' 와 같은 함수 이름이 의사코드의 'print' 와 'scan' 을 대체한 것을 볼 수 있다. 'print' 와 'scan' 은 출력과 입력 동작을 표현한 코드이다. 이는 의사(가짜)이며 C 컴파일러가 이해하지 못하는 코드이다. 이런 단어들은 여전히 기호화된 형태이다. C 프로그램에서 문장들은 구문적인 제약을 받지만 의사코드에서는 그렇지 않다.

## 플로우차트

알고리즘과 같이 플로우차트도 논리를 표현하는 도구이다. 플로우차트는 제어의 흐름을 그래픽적으로 보여준다. 그림으로 표현되면 논리를 이해하기 더 쉬운 경우가 있다. 그런 경우에 플로우차트가 유용하다. 알고리즘과는 달리 플로우차트는 논리를 그래픽으로 표시하기 위해서 표준적인 도식을 사용한다. 표 1.1은 자주 사용되는 구조의 그래픽 표현을 보여준다.

**표 1.1 플로우차트에서 사용되는 표기**

| 이름 | 설명 | 심볼 |
|---|---|---|
| 종단 기호 | 플로우차트의 시작이나 끝을 표시하는데 사용되는 기호 |  |
| 입력/출력 상자 | 입력이나 출력 동작을 표현하는데 사용되는 상자 |  |
| 처리 상자 | 처리 동작을 표현하는데 사용된다. 명령형 논리 구조를 표현한다 |  |
| 판단 상자 | 다이아몬드 형태의 심볼이며 조건형 문장 구조를 표현하는데 사용된다. 두 개의 출구점을 가지며 조건이 참이나 거짓인 경우에 해당한다 | 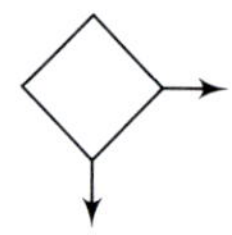 |
| 연결(페이지 내부) | 제어의 흐름을 페이지 내의 다른 곳으로 이동시킬 때 사용된다. 연결점을 연관시키기 위해서 라벨이 사용된다. | 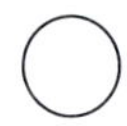 |
| 페이지 외부 연결 (페이지 간) | 제어의 흐름을 다른 페이지의 한 지점으로 이동시킬 때 사용된다. 플로우차트가 하나 이상의 페이지에 걸칠 때 사용된다. |  |
| 화살표 | 상자 사이에 흐름의 순서를 나타내기 위해서 사용된다. | 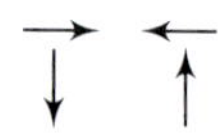 |

여기에 있는 심볼은 플로우차트에서 사용된 기본적인 것들이다. 이외에도 서브루틴 호출, 데이터베이스에서 읽기, 프린트 등을 나타내기 위한 심볼들도 있다.

플로우차트를 그리기 위해서는 이 심볼을 이해해야 한다. 알고리즘에서 사용한 예제를 플로우차트로 표현해 보자.

### 예제 5 (명령형 구조)

**문제** 사용자가 입력한 세 숫자의 평균을 구하는 알고리즘을 작성하라.

**알고리즘 AVERAGE**

**단계 0** START
**단계 1** INPUT first number into variable A
**단계 2** INPUT second number into variable B
**단계 3** INPUT third number into variable C
**단계 4** COMPUTE SUM = A + B + C
**단계 5** COMPUTE AVG = SUM / 3
**단계 6** DISPLAY AVG
**단계 7** END

Flowchart AVERAGE

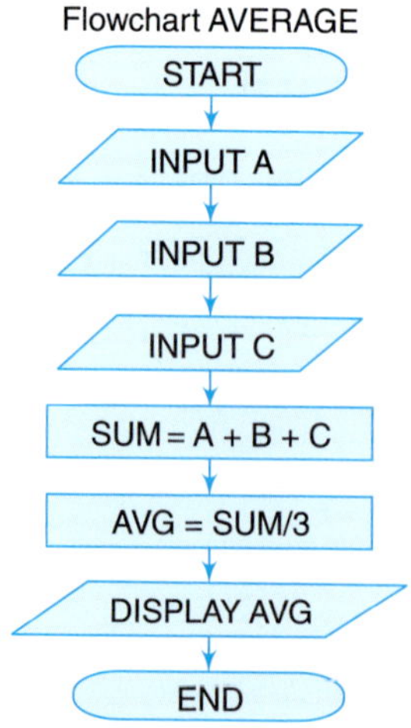


왼쪽의 알고리즘에 있는 단계들은 오른쪽 플로우차트의 단계에 해당된다.

### 예제 6 (조건형 구조)

**문제** 한 수를 다른 수로 나누어서 몫을 계산하는 알고리즘을 작성하라.

Flowchart DIVISION

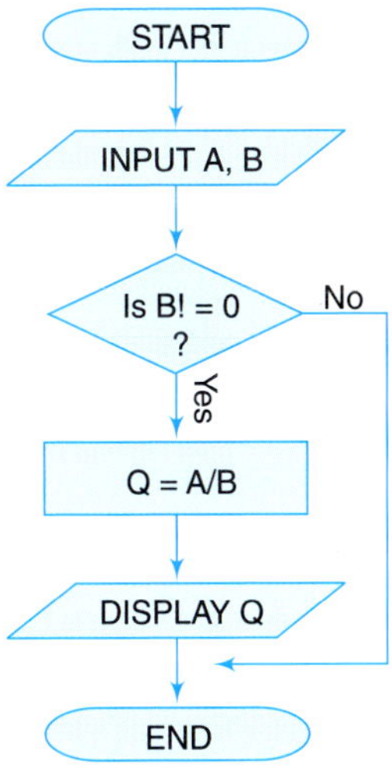


**알고리즘 DIVISION**

**단계 0** START

**단계 1** INPUT first number into variable A

**단계 2** INPUT second number into variable B

**단계 3** IF B != 0 THEN

    Q = A/B
    DISPLAY Q

  END IF

**단계 4** END

오른쪽 플로우차트에서 두 개의 입력 동작이 하나의 입력상자로 통합되었다. 판단상자도 주목하라. 몫 계산과 표시가 'Yes' 의 경로를 따라서 일어난다. 즉, 조건 'B != 0' 이 참일 때이다. 조건이 거짓인 경우는 제어가 종단상자 'END' 로 이동한다.

### 예제 7 (조건형 구조)

**문제** 사용자가 입력한 두 수 중에서 최대값을 찾는 알고리즘을 작성하라.

Flowchart MAXIMUM

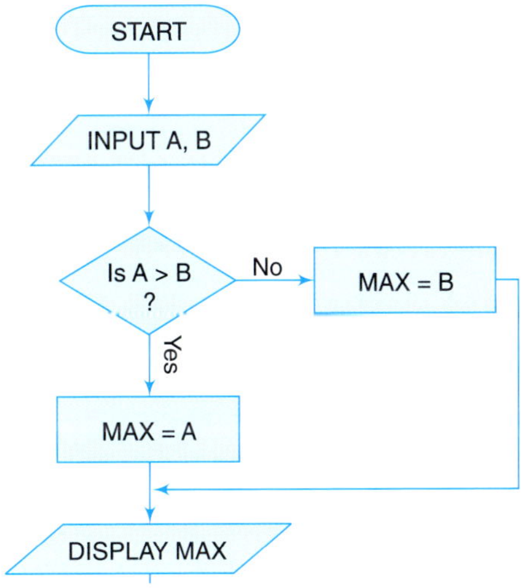


**알고리즘 MAXIMUM**

**단계 0** START

**단계 1** INPUT first number into variable A

**단계 2** INPUT second number into variable B

**단계 3** IF A > B THEN

    MAX = A

  ELSE

    MAX = B

  END IF

**단계 4** DISPLAY MAX

**단계 5** END

오른쪽의 플로우차트는 A와 B 중에서 최대값을 계산한다. Yes와 No 경로를 따라가는 동작들을 주목하라. 최대값이 A인지 B인지 무관하게 MAX결과 표시가 일어난다. Yes와 No 경로는 MAX를 표시하기 전에 합쳐진다.

## 예제 8 (반복형 구조)

**문제** 사용자가 입력한 N개의 수의 합을 계산하는 알고리즘을 작성하라.

Flowchart SUM-N

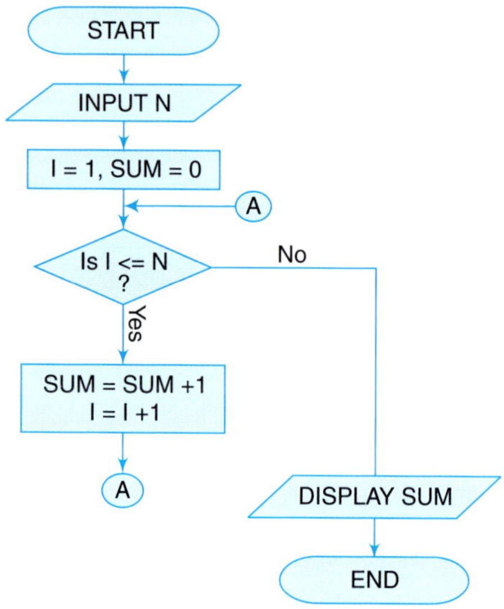


**알고리즘 SUM-N**

**단계 0** START

**단계 1** INPUT N

**단계 2** I = 1

**단계 3** SUM = 0

**단계 4** REPEAT Steps (a) - (b) WHILE I <=N

(a) SUM = SUM + I

(b) I = I + 1

END WHILE

**단계 5** DISPLAY SUM

**단계 6** END

플로우차트에 라벨 'A'가 붙은 연결점이 있다.

반복구조와 조건형 문장 구조를 모두 사용하는 예제를 알아보자. 우선 알고리즘을 작성하고, 알고리즘을 그림으로 표현하고, 마지막으로 C 프로그램으로 변환할 것이다.

## 예제 9

**문제** 사용자가 입력한 'N'개의 수 중에서 짝수들의 합을 계산하는 알고리즘을 작성하고, 플로우차트를 그리고, C 프로그램을 작성하라.

**알고리즘 SUM-EVEN**

**단계 0** START

**단계 1** INPUT N

**단계 2** I = 1

**단계 3** SUM = 0

**단계 4** REPEAT steps (a)-(d) WHILE I <= N

(a) INPUT NUM

(b) REM = NUM mod 2

(c) IF REM == 0

SUM = SUM + NUM

END IF

(d) I = I + 1

```
        END WHILE
```

**단계 5** DISPLAY SUM

**단계 6** END

Flow SUM-EVEN

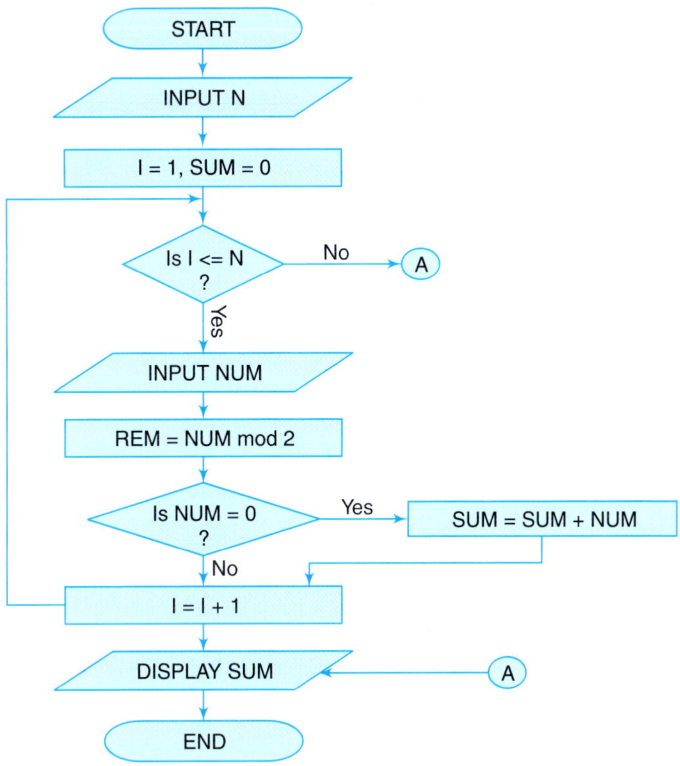


위의 알고리즘/플로우차트에 해당하는 C 코드를 작성하자. C의 구문을 알지 못한다면 이 부분을 건너뛰어도 상관없다. C 프로그램으로의 변환은 2장이 지나면 알 수 있다.

**프로그램**

```
/* Program SUM-EVEN */
#include <stdio.h>
main() {
        int n, i, sum, num, rem;
        printf("\nEnter the number of elements : ");
        scanf("%d", &n);                                  /*Step 1*/
        i = 1;                                            /*Step 2*/
        sum = 0;                                          /*Step 3*/
        while(i <=n) {                                    /*Step 4 while loop begins*/
                printf("\nEnter data number %d : ", i);
                scanf("%d", &num);                        /*(a) of loop*/
```

```
            rem = num % 2;                  /*(b) of loop (calculation of
                                                 remainder when num is
                                                 divided by 2)*/
            if (rem == 0)                   /*(c) of loop (num is even)*/
                    sum = sum + num;        /*code if condition is true*/
            i = i + 1;                      /*(d) of loop*/
        }                                   /*Step 4 while loop ends
        printf("\nThe sum is %d", sum);     /*Step 5*/
} /*end of main*/
```

위 코드를 컴파일하고 링크하고 실행하면 n=3에서 다음과 같이 출력된다.

## 출력

Enter the number of elements : 3

Enter data number 1 : 40

Enter data number 2 : 57

Enter data number 3 : 78

The sum is 118

알고리즘과 프로그램 작성에서 사용자가 입력하는 수의 개수는 1 이상으로 가정하였다. 사용자에 의한 입력의 횟수가 1 이상인지 여부를 검사하는 부분이 있으면 프로그램이 더 완벽할 것이다. 유효하지 않은 입력인 경우 적절한 메시지를 표시하게 할 수도 있을 것이다.

## 주요 개념

- **하드웨어:** 컴퓨터의 주요 하드웨어 구성요소는 CPU, 주기억장치, 입력 출력 장치이다. [LO1.1]
- **소프트웨어:** 두 가지 유형의 소프트웨어는 시스템 소프트웨어와 응용 소프트웨어이다. [LO 1.1]
- **알고리즘:** 알고리즘은 영어와 비슷한 문장을 이용해서 논리 흐름을 단계별로 나타낸다. [LO1.2]
- **플로우차트:** 플로우차트는 논리 흐름을 표시하는 그래픽적인 도구이다. [LO1.2]

## 알아두기

- CPU(central processing unit)는 VLSI 회로이다. [LO1.1]
- CU(control unit)은 제어 신호를 발생시키고 컴퓨터의 다른 구성요소에 전달한다. [LO1.1]

- ALU(arithmetic logic unit)에는 많은 회로가 들어 있어서 다양한 산술 논리 연산을 수행할 수 있다. [LO1.1]
- 입력장치는 사용자가 데이터나 정보를 컴퓨터에 넣을 수 있도록 한다. [LO1.1]
- 출력장치는 출력을 표시하거나 연산의 결과를 사용자에게 전달하는데 사용된다. [LO1.1]
- 메모리는 두 가지 유형이다. – 주기억장치와 보조기억장치 [LO1.1]
- CPU는 주기억장치와 직접 연결되어 있다. [LO1.1]
- RAM은 휘발성 메모리이다. [LO1.1]
- ROM은 비휘발성 메모리이다. [LO1.1]
- 보조기억장치는 데이터는 데이터 저장소이다. [LO1.1]
- 시스템 소프트웨어는 컴퓨터 하드웨어와 상호작용을 한다. [LO1.1]
- 운영체제는 사용자와 하드웨어 사이의 인터페이스 역할을 한다. [LO1.1]
- 고급언어나 어셈블리어로 작성된 프로그램은 번역과정 없이 직접 실행시킬 수는 없다. [LO1.1]
- 고급언어 번역에는 컴파일러가 사용된다. [LO1.1]
- 프로그래밍 언어에서 컴파일러는 전형적이다. [LO1.1]
- 프로그램을 작성하기 전에 알고리즘이나 플로우차트를 작성하는 것이 좋다. [LO1.2]
- 알고리즘과 플로우차트는 프로그래밍 언어와 무관해야 한다. [LO1.2]
- 3가지 주요 프로그래밍 구조는 명령형, 조건형, 반복형 문장이다. [LO1.2]
- 알고리즘 작성에 정해진 규칙은 없다. [LO1.2]
- 알고리즘은 유한하고 옳아야 하며, 문장들은 모호하지 않아야 한다. [LO1.2]
- 플로우차트는 논리 흐름을 시각적으로 보여준다. [LO1.2]

## 복습 질문

1.1 반지름이 주어진 원의 넓이를 구하는 알고리즘을 작성하고 플로우차트를 그려라. [LO1.2E]

1.2 이차방정식의 근을 구하는 알고리즘을 작성하고 플로우차트를 그려라. [LO1.2M]

1.3 원금 P, 이자율 R%, 기간 T년에서 이자를 구하는 알고리즘을 작성하고 플로우차트를 그려라. [LO1.2E]

1.4 매년 복리로 계산되는 이자율 R%로 기간 T년 동안 액수 P를 투자했을 때 누적된 값을 구하는 알고리즘을 작성하고 플로우차트를 그려라. [LO1.2E]

1.5 3자리 수의 합을 구하는 알고리즘을 작성하고 플로우차트를 그려라. [LO1.2M]

1.6 윤년인지 판단하는 알고리즘을 작성하고 플로우차트를 그려라. [LO1.2E]

E for Easy, M for Medium and H for High

1.7 다음 규칙에 따라서 학생의 등급을 정하는 알고리즘을 작성하고 플로우차트를 그려라. [LO 1.2 M]

| Marks | Grade |
|---|---|
| >= 90 | O |
| >= 80 and < 90 | E |
| >= 70 and < 80 | A |
| >= 60 and < 70 | B |
| >= 50 and < 60 | C |
| >= 40 and < 50 | D |
| < 40 | F |

1.8 세 점 (x1, y1), (x2, y2), (x3, y3)이 일직선 상에 있는지 판단하는 알고리즘을 작성하고 플로우차트를 그려라. [LO 1.2 M]

1.9 생년월일이 주어지면 나이를 년, 달, 일로 계산하는 알고리즘을 작성하고 플로우차트를 그려라. [LO 1.2 M]

1.10 주어진 수에서 숫자의 횟수를 세는 알고리즘을 작성하고 플로우차트를 그려라. [LO 1.2 M]

1.11 다음 식의 합을 구하는 알고리즘을 작성하고 플로우차트를 그려라. [LO 1.2 E]

2+4+6+...+ N개 항

1.12 다음 식의 합을 구하는 알고리즘을 작성하고 플로우차트를 그려라. [LO 1.2 M]

1!+2!+3!+...+N!

1.13 다음 식의 합을 구하는 알고리즘을 작성하고 플로우차트를 그려라. [LO 1.2 M]

1x2+2x3+3x4+...+ N개 항

1.14 주어진 수가 Armstrong 수인지 판단하는 알고리즘을 작성하고 플로우차트를 그려라. [LO 1.2 E]

1.15 1과 200 사이의 모든 소수의 합을 구하는 알고리즘을 작성하고 플로우차트를 그려라. [LO 1.2 H]

1.16 주어진 수를 한글로 표기하는 알고리즘을 작성하고 플로우차트를 그려라. [LO 1.2 M]

1.17 다음 식의 합을 구하는 알고리즘을 작성하고 플로우차트를 그려라. [LO 1.2 E]

12+32+52+...+ N개 항

Chapter 2

# C의 개요

**학습목표**

- LO 2.1 C 프로그래밍 언어의 개요를 이해한다.
- LO 2.2 기초적인 C의 개념을 예제 프로그램을 통해서 배운다.
- LO 2.3 사용자 정의 함수와 수학 함수를 예제 프로그램을 통해서 배운다.
- LO 2.4 C 프로그램의 기본 구조를 설명한다.
- LO 2.5 C 언어의 프로그래밍 스타일을 이해한다.
- LO 2.6 C 프로그램을 컴파일하고 실행시키는 방법을 설명한다.

## 2.1 C의 역사

C는 프로그래밍 언어의 이름으로는 조금 이상해 보인다. 그러나 이상하게 보이는 이 언어는 오늘날 가장 많이 쓰이는 컴퓨터 언어의 하나이다. 왜냐하면 잘 구조화 되어있고 고수준이며 컴퓨터의 종류에 관계없이 사용할 수 있기 때문이다. 이러한 특성으로 인해 소프트웨어 개발자는 컴퓨터의 기종에 상관없이 C언어 프로그램을 개발할 수 있다.

모든 현대 언어의 근원은 1960대 초에 도입된 ALGOL이다. ALGOL은 블록구조를 사용한 최초의 컴퓨터 언어로서, 미국에서는 많이 사용되지 않았지만 유럽에서는 광범위하게 사용되었다. ALGOL은 컴퓨터 분야에 구조화 프로그램의 개념을 소개하였고, 코라도 봄(Corrado Bohm), 기세페 자코피니(Guiseppe Jacopini), 다익스트라(Dijkstra)는 1960년 대에 이 개념을 대중화시켰다. 그 후에 몇 개의 언어가 발표되었다.

1967년에 마틴 리차드(Martin Richards)는 시스템 소프트웨어 작성을 위해서 BCPL(Basic Combined Programming Language) 언어를 최초로 개발하였다. 1970년에 켄 톰슨(Ken Thompson)이 BCPL의 특성을 많이 가지는 언어를 개발해서 B라고 불렀으며, B는 벨연구소에서 UNIX 운영체제의 초기버전을 만드는데 사용되었다. BCPL과 B는 자료형이 없는(typeless) 시스템 프로그래밍 언어이다.

C는 1972년 ALGOL, BCPL과 B의 특징을 이어받아서 벨연구소의 데니스 리치(Dennis Ritchie)에 의해 만들어졌다. C는 이러한 언어의 많은 개념을 사용하며 자료형과 다른 강력한 특성들이 추가되었다. C는 UNIX 운영체제와 같이 개발되었기 때문에 UNIX와 밀접하게 연관되

어 있다. 벨연구소에서 개발된 이 운영체제는 거의 모두가 C로 코딩되어 있다. UNIX는 오늘날 사용되는 가장 대중적인 네트워크 운영체제의 하나이며 인터넷 시대의 심장과도 같은 존재이다.

오랜 세월 동안 C는 주로 학계에서 사용되었다. 그러나 상업적 목적을 위한 C컴파일러의 대량 배포와 UNIX의 높아지는 대중성으로 인해 컴퓨터 산업계에서도 넓은 지지를 얻기 시작하였다. 오늘날 C는 다양한 운영체제와 하드웨어 플랫폼에서 운용되고 있다.

1970년 대에 "**전통적인** *C*"는 많은 발전을 하였다. 1978년 브라이언 케닝햄(Brian Kerningham)과 데니스 리치(Dennis Ritchie)가 'The C Programming Language' 를 발간한 이후에는 더욱 널리 보급되었으며, 이 책의 인기 덕분에 "K&R C"로 알려지게 되었다. C의 급속한 성장으로 유사하지만 호환되지 않는 많은 버전들이 출현하게 되었고 이것은 시스템 개발자에게 심각한 문제였다.

1983년 ANSI(American National Standards Institute)에서 C에 대한 표준을 정하기 위한 기술 위원회를 구성하였다. 이 위원회는 1989년에 ANSI C로 알려져 있는 C 버전을 승인하였고 1990년에는 ISO(International Standards Organization)에서도 승인되었다. 이 버전은 C89라고도 불린다.

C++언어는 C에 기반을 두고 있으며 많은 개선과 변화를 거쳐 1998년에 ANSI/ISO에서 승인되었다. C++에는 더 많은 특징이 추가되어 다방면에 사용할 수 있는 객체지향 언어가 되었다. 비슷한 시기에 미국의 Sun Microsystems 사에서는 C와 C++을 모델로 하여 **Java**라는 새로운 언어를 만들었다.

많이 사용되는 대부분의 컴퓨터 언어는 시대에 따라서 변한다. 즉 새로운 기능이 포함되면서 능력과 사용 범위가 증대되어 가는데 C도 예외는 아니다. 비록 C++와 Java는 C에서 발전되었지만 C++와 Java의 새로운 기능이 C에 첨가되어 C의 유용성이 증가되도록 1999년에 C99라는 표준이 제정되었다. C의 역사와 발전 과정이 그림 2.1에 있다.

C99는 개선된 버전임에도 불구하고 상당수의 상업적인 컴파일러들은 여전히 C99에 포함되어있는 모든 새로운 특성들을 구현하지 못한다. 따라서 C99에 추가된 모든 새로운 기능들은 부록에서 따로 설명을 하였으며 관심이 있는 독자들이 빨리 찾아 볼 수 있도록 하였다.

## 2.2 C의 중요성

**LO 2.1** C 프로그래밍 언어의 개요를 이해한다.

C는 많은 좋은 특징들에 힘입어 인기가 증가하고 있다. C는 어떠한 복잡한 프로그램도 작성할 수 있도록 풍부한 내장 함수와 연산자를 보유하고 있다. C 컴파일러로 인하여 어셈블리 언어의 기능과 고수준 언어의 기능을 모두 사용할 수 있으며, 따라서 시스템 소프트웨어 뿐 아니라 업무용 패키지를 작성하는데도 적합하다.

C로 작성된 프로그램은 효율적이고 빠르다. 이것은 다양한 자료형과 강력한 연산자 때문이다. C는 BASIC보다 몇 배나 더 빠르다. 예를 들어 어떤 변수를 0에서 15000번까지 증가시키는 프

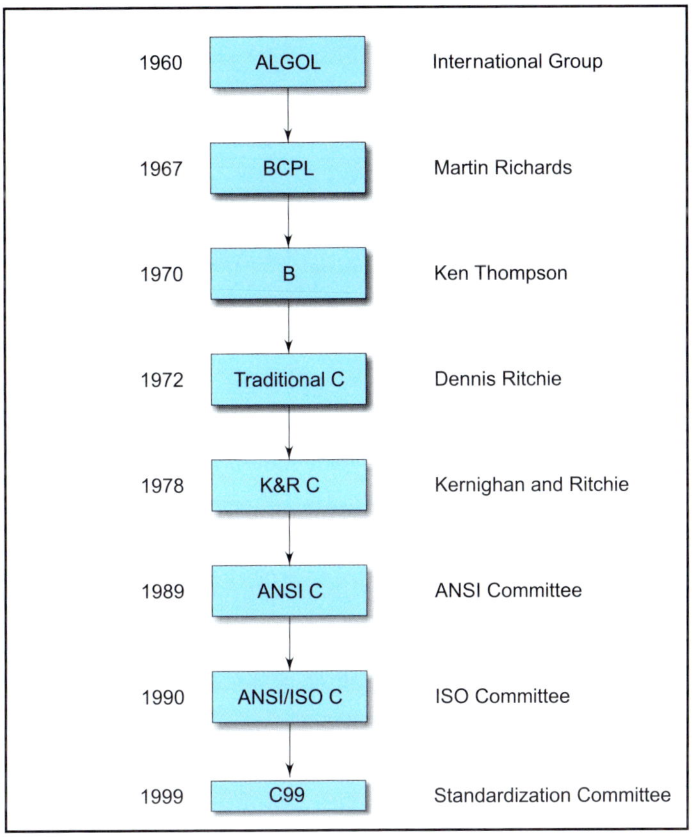


**그림 2.1** ANSI C의 역사

로그램을 실행시킬 때 BASIC에서는 50초가 소요되는 반면에 C에서는 고작 1초 가량 소요된다.

ANSI C에는 단지 32개의 키워드가 있을 뿐이며, 강력함은 내장 함수에서 나온다. 여러 개의 표준 함수들을 프로그램 개발에 사용할 수 있다.

C는 이식성이 좋다. 하나의 컴퓨터에서 작성된 C프로그램은 거의 수정하지 않고 다른 컴퓨터에서도 작동된다. 서로 다른 운영체제를 가진 새 컴퓨터를 사용하고자 할 때 이식성은 중요하다.

C언어는 구조적 프로그래밍에 적합하다. 따라서 문제를 함수 모듈이나 블록의 관점에서 생각해야 한다. 이러한 모듈들을 적절히 조합하면 하나의 완성된 프로그램이 만들어 진다. 이런 모듈 구조는 프로그램의 디버깅, 테스팅, 유지를 쉽게 만든다.

또 다른 C의 중요한 특징은 확장성이다. 기본적으로 C 프로그램은 C 라이브러리로 제공되는 함수의 모임이다. 사용자가 자신의 함수를 C 라이브러리에 추가할 수 있다. 많은 수의 함수를 활용하는 것은 프로그래밍을 쉽게 만든다.

C의 개별적인 특성을 설명하기 전에 먼저 간단한 C 프로그램 예를 살펴보고 작동 방식을 분석한다.

## 2.3 예제 프로그램1 : 메시지 출력

LO 2.2 기초적인 C의 개념을 예제 프로그램을 통해서 배운다.

아주 간단한 프로그램이 그림 2.2에 있다.

```
#include <stdio.h>

main( )
{
/*……… printing begins………………*/
  printf("I see, I remember");
/*………………printing ends…………………*/
}
```

**그림 2.2** 한 줄의 텍스트를 출력하는 프로그램

이 프로그램이 실행되면 다음과 같은 출력이 나온다.

```
I see, I remember
```

이 프로그램을 좀 더 자세히 살펴보자. 첫 번째 줄에서는 프로그램의 이름이 main이라는 것을 시스템에게 알려주며, 실행이 여기에서 시작된다. main()은 프로그램이 어디에서 시작되는지를 컴퓨터에 알려주는 C의 특별한 함수이다. 모든 프로그램은 단 하나의 main함수를 갖는다. 만약에 하나 이상의 main함수를 사용한다면 컴파일러는 프로그램 시작이 어디인지를 알지 못하게 된다.

main 다음에 오는 빈 괄호는 main함수에 매개변수(argument 혹은 parameter)가 없음을 나타낸다. 매개변수의 개념은 나중에 함수를 설명할 때에 10장에서 자세히 다룬다.

두 번째 줄의 열린 중괄호 "{"는 함수 main의 시작 위치를 알려주며 마지막 줄의 닫힌 중괄호 "}"는 함수의 끝을 나타낸다. 여기서는 닫힌 중괄호가 프로그램의 끝도 나타낸다. 이 중괄호 사이의 모든 문장들이 **함수몸체**(*function body*)가 된다. 함수몸체에는 주어진 작업을 수행하기 위한 지시 사항들이 들어간다.

여기서는 함수몸체에 3개의 문장이 있으며, 그 중에서 printf 줄만 실행 가능한 문장이다. /*로 시작해서 */로 끝나는 줄은 주석(comment)이다. 주석은 프로그램을 읽기 쉽고 이해하기 쉽게 만든다. 주석 줄은 실행되지 않는 문장이며 따라서 /*와 */ 사이는 컴파일러에 의해 무시된다. 일반적으로 주석은 줄의 앞이나, 중간, 혹은 끝 어디든지 여백 공간에 삽입될 수 있지만 한 단어 사이에는 올 수 없다.

주석은 어느 위치나 가능하지만 중첩될 수는 없다. 주석 안에 또 주석을 놓을 수는 없다는 뜻이다. 일단 컴파일러가 /*를 발견하면 */가 발견되기까지의 모든 것을 무시한다. 아래의 주석은 유효하지 않으며 에러를 초래한다.

```
/* = = = =/* = = = = */ = = = = */
```

주석은 실행 속도와 컴파일된 프로그램의 크기에 영향을 주지 않기 때문에 프로그램 내에서 자유롭게 사용할 수 있다. 주석은 프로그래머와 다른 사용자가 프로그램의 다양한 함수와 연산을 이해하는데 도움을 주며, 디버깅과 테스팅에도 도움이 된다.

이 프로그램에서 유일하게 실행 가능한 문장인 printf() 함수를 보자

```
printf("I see, I remember");
```

**printf**는 미리 정의된 C의 표준함수로서 출력을 수행한다. 미리 정의되었다는 것은 이 함수가 이미 작성되어 컴파일이 되었으며, 링크 시에 사용자 프로그램과 서로 연결된다는 것을 뜻한다. 컴파일과 링크의 개념은 이 장의 뒷부분에서 설명된다. **printf** 함수는 인용부호 시작과 끝 사이에 있는 모든 내용이 출력으로 인쇄되도록 한다. 여기서 출력은 다음과 같다.

```
I see, I remember
```

출력문장은 세미콜론(;)으로 끝남을 주의해야한다. *C*에서 모든 문장은 세미콜론으로 끝나야한다. 만약에 아래와 같이 두 줄로 출력되기를 원한다면

```
I see,
I remember !
```

다음과 같이 또 다른 **printf** 함수를 추가해야 한다.

```
printf("I see, \n");
printf("I remember !");
```

괄호 사이에 있는 내용을 함수의 인자(argument)라고 부른다. 첫 번째 printf 함수의 인자는 "I see, \n"이며 두 번째는 "I remember !"이다. 이 인자들은 단지 출력될 문자열이다.

첫 번째 printf 함수의 인자에는 문자열 끝에 두 개의 문자 \와 n가 포함되어 있다. 이 결합을 줄바꿈 문자(*newline*)라고 부른다. 줄바꿈 문자는 컴퓨터가 다음 줄로 이동하도록 지시한다. 이것은 타자기에 있는 carriage return key와 비슷한 개념이다. 쉼표 문자(,)를 출력한 후 \n에 의해서 "I remember !" 문자열은 다음 줄에 출력된다. \와 n사이는 공백이 없어야 한다.

만약에 첫 번째 printf 문장에서 줄바꿈 문자를 생략한다면 출력은 아래와 같이 한 줄이 될 것이다.

```
I see, I remember !
```

이것은 그림 2.2의 프로그램 출력과 유사하다. 그러나 여기에는 느낌표(!)가 있다.

하나의 **printf** 문장에 줄바꿈 문자를 적절히 두면 두 개 이상의 줄로 출력하는 것이 가능하다. 예를 들어 아래의 문장은

```
printf("I see,\n I remember !");
```

다음을 출력하고

```
I see,
I remember !
```

만약 다음 문장처럼 사용한다면

```
printf("I\n..see,\n... ... ... I\n... ... ... remember !");
```

출력결과는 아래처럼 될 것이다.

```
I
.. see,
... ... ... I
... ... ... remember !
```

**주의** 다른 책에서는 프로그램의 시작 부분에 다음 문장을 넣어서 모든 입출력 라이브러리 함수를 쓸 수 있도록 하는 것을 추천한다.

```
#include <stdio.h>
```

하지만 ***printf***와 ***scanf***는 C 언어의 일부로 정의되어 있기 때문에 꼭 필요하지는 않다. 입출력함수에 대해서는 5장에서 자세히 다룬다.

예제를 더 살펴보기 전에 한 가지 주의해야할 것이 있다. C는 대문자와 소문자를 구별한다.

## main 함수

main은 모든 C 프로그램에 나타나야만 한다. C에서 다음과 같은 여러 형태의 main 함수가 가능하다.

- main()
- int main()
- void main()
- main(void)
- void main(void)
- int main(void)

빈 괄호 쌍은 함수의 인자가 없음을 나타낸다. 괄호 안에 **void** 키워드를 사용하여 이것을 명시적으로 나타낼 수도 있다. **main** 앞에는 **int**나 **void** 키워드를 표시할 수도 있다. void는 이 함수가 운영체제에 어떠한 정보도 반환하지 않는다는 것을 뜻하고, int는 운영체제에 정수값을 반환한다는 것을 뜻한다. int를 명시했으면 프로그램의 마지막 문장은 "return 0"이어야 한다. 편의를 위해서 예제에서는 첫 번째 형태를 사용했다.

예를 들어 **printf**와 **PRINTF**는 같지 않다. C에서는 모든 것이 소문자로 표기되지만 상수를 나타내는 기호의 이름으로는 대문자가 주로 사용된다. 또한 "I SEE"와 "I REMEMBER"과 같은 출력 문자열에서 대문자를 사용할 수도 있다.

**I see, I remember**를 출력하는 위의 프로그램은 아주 간단한 프로그램의 한 예이다. 그림 2.3은 이런 간단한 프로그램의 일반적인 형식을 보여준다. 모든 C 프로그램은 하나의 **main** 함수를 필요로 한다.

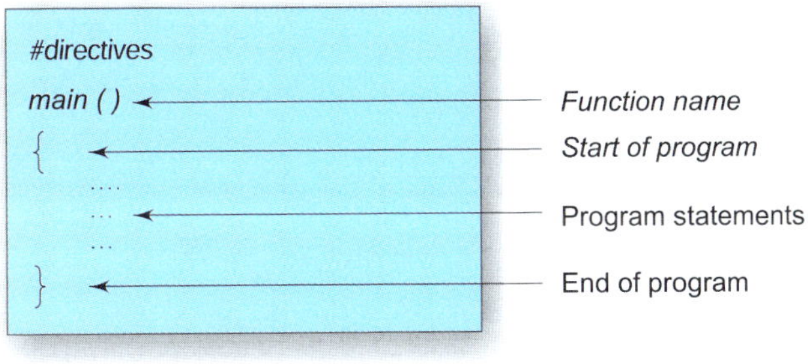


**그림 2.3** 간단한 C 프로그램의 형식

## 2.4 예제 프로그램 2: 두 수의 덧셈

두 수의 덧셈을 수행하여 그 결과를 출력하는 프로그램을 작성하자. 그림 2.4에 완전한 프로그램을 보인다.

이 프로그램을 실행하면 다음 출력이 나올 것이다.

```
100
106.10
```

이 프로그램의 첫 번째 두 줄은 주석이다. 주석을 이용해서 시작 부분에 프로그램의 이름, 작성자, 날짜 등의 정보를 적는 것은 좋은 습관이다. 다른 줄에는 주석을 이용해서 줄 번호를 표시하였다.

**number**와 **amount**는 변수 이름(*variable name*)이며 숫자 데이터를 저장하는데 사용된다. 숫자 데이터는 정수형(*integer*)이거나 실수형(*real*)이다. C에서 모든 변수는 **변수 이름**이 무엇인지와 **어떤 종류의 데이터**를 담을 수 있는지를 컴파일러에게 선언해야 한다. 변수들은 사용되기 전에 선언되어야한다. 5, 6번째 줄의 선언

```
int number;
float amount;
```

는 **number**가 정수(**int**)이고 **amount**는 부동소수점수(**float**)임을 컴파일러에게 알린다. 선언문은 그림 2.4에 보이는 것처럼 함수의 시작 부분에 나타나야 한다. 모든 선언문은 세미콜론(;)으

```
/* Programm ADDITION                                     line-1 */
/* Written by EBG                                        line-2 */
main()                                                /* line-3 */
{                                                     /* line-4 */
        int number;                                   /* line-5 */
        float amount;                                 /* line-6 */
                                                      /* line-7 */
        number = 100;                                 /* line-8 */
                                                      /* line-9 */
        amount = 30.75 + 75.35;                       /* line-10 */
        printf("%d\n",number);                        /* line-11 */
        printf("%5.2f",amount);                       /* line-12 */
}                                                     /* line-13 */
```

**그림 2.4** 두 수를 더하는 프로그램

로 끝난다. C는 다른 많은 자료형을 지원하며 3장에서 상세히 다룬다.

**int**와 **float**같은 단어는 키워드라고 불리며 변수이름으로는 사용할 수 없다. 키워드의 목록은 3장에 나온다.

데이터는 그 값을 변수에 대입(*assign*)함으로써 변수에 저장된다. 8번과 10번 줄이 이에 해당한다. 8번 줄에서 정수값 100이 정수형 변수 **number**에 할당되었고 10번 줄에서 두 실수 30.75와 75.35의 합이 부동소수점 변수 **amount**에 할당되었다. 다음 문장

```
number = 100;
amount = 30.75+75.35;
```

는 대입문(*assignment* statement)이다. 모든 대입문의 끝에는 반드시 세미콜론이 와야 한다.

다음 문장은 **number** 값을 인쇄하는 출력문이다.

```
printf("%d\n",number);
```

인쇄문에는 두 개의 인자가 있다. 첫 번째 인자 "%d"는 두 번째 인자 **number**의 값을 십진 정수로 출력해야 한다는 것을 컴파일러에게 알려준다. 이 인자들은 쉼표로 구분된다. 줄바꿈 문자 \n은 다음 출력이 새로운 줄에 나타나도록 한다.

프로그램의 마지막 문장

```
printf("%5.2f", amount);
```

은 **amount** 값을 부동소수점 형식으로 출력하게 한다. 서식 지정 %5.2*f*는 출력이 부동소수점이며 모두 5자리이고 소수점 아래 2자리까지 표시하라는 뜻이다.

## 2.5 예제 프로그램 3 : 이자 계산

그림 2.5는 일년마다 투자액의 가치를 11퍼센트의 이자율로 계산하여 경과 년도와 금액의 가

```
/*———————— INVESTMENT PROBLEM ————————*/
#define PERIOD        10
#define PRINCIPAL   5000.00
/*———————— MAIN PROGRAM BEGINS ————————*/
main()
{ /*——————— DECLARATION STATEMENTS ———————*/
        int year;
        float amount, value, inrate;
/*——————— ASSIGNMENT STATEMENTS ———————*/
        amount = PRINCIPAL;
        inrate = 0.11;
        year = 0;
/*——————— COMPUTATION STATEMENTS ———————*/
/*—————— COMPUTATION USING While LOOP ——————*/
        while(year <= PERIOD)
        { printf("%2d   %8.2f\n",year, amount);
             value = amount + inrate * amount;
              year = year + 1;
            amount = value;
        }
/*———————— while LOOP ENDS ————————*/
}
/*————————— PROGRAM ENDS —————————*/
```

**그림 2.5** 투자 프로그램

```
 0          5000.00
 1          5550.00
 2          6160.50
 3          6838.15
 4          7590.35
 5          8425.29
 6          9352.07
 7         10380.00
 8         11522.69
 9         12790.00
10         14197.11
```

**그림 2.6** 투자 프로그램의 출력

치를 두 열로 출력하는 프로그램이다. 그림 2.6은 최초 투자액 5000.00에 대한 10년 동안의 결과 출력을 보여준다. 프로그램에서는 다음 공식을 사용하였다.

연말의 가치 = 연초의 가치(1 + 이자율)

프로그램에서 변수 **value**는 연말의 돈의 가치를 나타내고 **amount**는 연초의 돈의 가치를 나타낸다.

```
amount = value;
```

위의 문장은 현재 년도 연말의 가치가 다음 년도 연초의 가치와 같아지도록 만든다.

이 프로그램에서 새로 소개된 내용을 살펴보자. 두 번째, 세 번째 줄은 **#define**으로 시작한다. **#define**은 값을 하나의 기호상수(*symbolic constant*)로 정의하여 프로그램에서 쓸 수 있도록 한다. 기호 이름이 나타나면 컴파일러는 그 이름에 해당하는 값으로 자동으로 바꾸어 넣는다. 값을 바꿀려면 정의 부분만 바꾸면 된다. 이 예제에서는 두 개의 기호상수 **PERIOD**와 **PRINCIPAL**이 정의되었고 각각 10과 5000.00값이 할당되었다. 이 값들은 프로그램 실행 시에 상수로 유지된다.

### #define 지시자

**#define**은 전처리기 컴파일러 지시자이며 문장은 아니다. 그래서 **#define**으로 시작하는 줄은 세미콜론으로 끝나지 않는다. 기호상수는 일반적으로 대문자로 표기하여 소문자인 변수이름과 쉽게 구별되도록 한다. **#define**은 main() 함수 앞의 시작 부분에 놓인다. 기호상수는 선언 영역에서 선언되지 않는다. 전처리 지시자는 15장에서 자세히 다룬다.

정의된 상수는 변수가 아님을 주의해야 한다. 그 값은 프로그램에서 할당문을 써서 바꿀 수는 없다. 예를 들어 아래의 문장은 잘못이다.

```
PRINCIPAL = 10000.00;
```

선언 영역에서 **year**는 정수로 **amount**, **value**, **inrate**는 부동소수점수로 선언한다. 모든 부동소수점 변수들을 하나의 문장으로 선언하였다. 이들을 다음과 같이 선언하는 것도 가능하다.

```
float amount;
float value;
float inrate;
```

두 개 이상의 변수들을 하나의 문장에서 선언할 때는 쉼표로 구분한다.

모든 계산과 출력은 **while** 루프 안에서 수행된다. **while**은 하나의 문장이나 여러 문장을 반복적으로 실행하는 장치이다. 여기서는 **year**의 값이 **PERIOD**의 값보다 작거나 같을 동안 **while** 다음에 오는 4개의 문장이 반복적으로 실행된다. 이 4개의 문장들은 중괄호로 묶여있다. **year**의 값이 **PERIOD**보다 크면 루프를 빠져나온다. 루프의 개념과 종류는 7장에서 다룬다.

C는 기본적인 4개의 산술 연산자(–, +, *, /)와 기타 연산자를 지원한다. 이에 대해서는 4장에서 다룬다.

**스킬테스트**

1. 자신의 주소를 다음과 같은 형식으로 출력하는 프로그램을 작성하라. [M]

| | | |
|---|---|---|
| 첫 번째 줄 | : | 이름 |
| 두 번째 줄 | : | 주소, 거리 |
| 세 번째 줄 | : | 도시명, 우편번호 |

## 2.6 예제 프로그램 4 : 서브루틴의 사용

이제까지 C 시스템에서 제공되는 **printf** 함수 만을 사용했다. 그림 2.7의 프로그램은 사용자 정의함수의 사용을 보여준다.

사용자 정의함수는 포트란의 서브루틴이나 베이직 서브프로그램과 동일하다.

**LO 2.3** 사용자 정의 함수와 수학 함수를 예제 프로그램을 통해서 배운다.

```
/*————— PROGRAM USING FUNCTION —————*/
int mul (int a, int b); /*—— DECLARATION ———*/
/*————— MAIN PROGRAM BEGINS ——————*/
     main ()
     {
          int a, b, c;
          a = 5;
          b = 10;
          c = mul (a,b);

          printf ("multiplication of %d and %d is %d",a,b,c);
     }
/* ——————          MAIN PROGRAM ENDS
                   MUL() FUNCTION STARTS ———————*/
       int mul (int x, int y)
       int p;
       {
              p = x*y;
              return(p);
       }
/* ——————————— MUL () FUNCTION ENDS ——————————*/
```

**그림 2.7** 사용자정의 함수를 사용하는 프로그램

그림 2.7은 **mul( )** 함수를 사용하는 아주 간단한 프로그램이다. 이 프로그램의 출력은 다음과 같을 것이다.

**Multiplication of 5 and 10 is 50**

**mul()** 함수는 x와 y의 값을 곱하여 그 결과를 **main()** 함수로 돌려주며 다음과 같이 호출된다.

```
c = mul (a, b);
```

**mul()**에는 정수로 선언된 두 개의 인자 x와 y가 있다. a와 b의 값은 함수 **mul()**이 호출될 때 x와 y로 전달된다. 사용자정의 함수는 10장에서 자세히 다룬다.

## 2.7 예제 프로그램 5 : 수학함수의 사용

cos, sin, exp와 같은 표준 수학함수들이 자주 사용된다. 프로그램에서 수학함수를 사용하는 법을 알아보자. 표준 수학함수들은 C **수학 라이브러리**로 정의되어 있다. 만약 이런 수학함수들을 사용하려면 프로그램에 **#include** 지시자를 추가해야 한다. **#define**처럼 이것도 컴파일러가 특정 수학함수를 라이브러리에서 링크하도록 만드는 컴파일러 지시자이다. 지시문의 형태는 다음과 같다.

```
#include <math.h>
```

**math.h**는 원하는 함수를 포함하는 파일의 이름이다. 그림 2.8은 cos 함수의 사용을 보여준다. 각도 0, 10, 20 ............. 180에 대한 cos 값을 계산하고 그 결과를 출력한다.

자주 사용되는 또 다른 **#include** 지시문이 아래에 있다.

```
#include <stdio.h>
```

### #include 지시자

앞에서 언급했듯이 C 프로그램은 모듈 또는 함수로 나누어진다. 어떤 함수들은 사용자에 의해서 작성되고, 어떤 것들은 C 라이브러리에 이미 저장되어있다. 라이브러리 함수들은 그룹화 되어져서 헤더 파일이라는 서로 다른 파일에 저장되어있다. 만약 라이브러리에 저장된 함수를 사용하고 싶다면, 접근되는 파일을 컴파일러에게 알려주어야 한다.

다음과 같이 전처리기 지시자 **#include**를 사용하면 된다.

#include 〈파일이름〉

*파일이름*은 원하는 함수 정의가 들어있는 라이브러리 파일의 이름이다. 전처리기 지시자는 프로그램의 시작 부분에 놓인다.

```
/*——————— PROGRAM USING COSINE FUNCTION ——————— */
#include <math.h>
#define  PI 3.1416
#define  MAX 180
main ( )
{
     int angle;
     float x,y;
     angle = 0;
     printf(" Angle    Cos(angle)\n\n");
     while(angle <= MAX)
     {
          x = (PI/MAX)*angle;
          y = cos(x);
          printf("%15d %13.4f\n", angle, y);
          angle = angle + 10;
     }
}
```

**Output**

```
          Angle                 Cos(angle)
              0                   1.0000
             10                   0.9848
             20                   0.9397
             30                   0.8660
             40                   0.7660
             50                   0.6428
             60                   0.5000
             70                   0.3420
             80                   0.1736
             90                  -0.0000
            100                  -0.1737
            110                  -0.3420
            120                  -0.5000
            130                  -0.6428
            140                  -0.7660
            150                  -0.8660
            160                  -0.9397
            170                  -0.9848
            180                  -1.0000
```

**그림 2.8** 수학 함수를 사용하는 프로그램

**stdio.h**는 표준 입력과 출력 함수를 포함하는 표준 입출력 헤더파일을 지칭한다.

> **스킬테스트**
>
> 두 개의 수 a, b를 입력받고 a의 b제곱을 계산하는 C 프로그램을 작성하라.[LO 2.3 E]

라이브러리 함수와 헤더 파일의 목록은 부록 III에 있다.

## 2.8 C 프로그램의 기본 구조

**LO 2.4** C 프로그램의 기본 구조를 설명한다.

지금까지의 예제들을 살펴보면 C 프로그램은 **함수**라고 불리는 블록을 모아 놓은 것으로 볼 수 있다. 함수는 **특정 업무**를 수행하기 위한 하나 이상의 **문장**이 들어있는 서브루틴이다. C 프로그램을 작성하기 위해서는 먼저 함수들을 만들고 그것들을 한데 모아 놓으면 된다. C 프로그램에는 그림 2.9처럼 여러 개의 영역을 가질 수 있다.

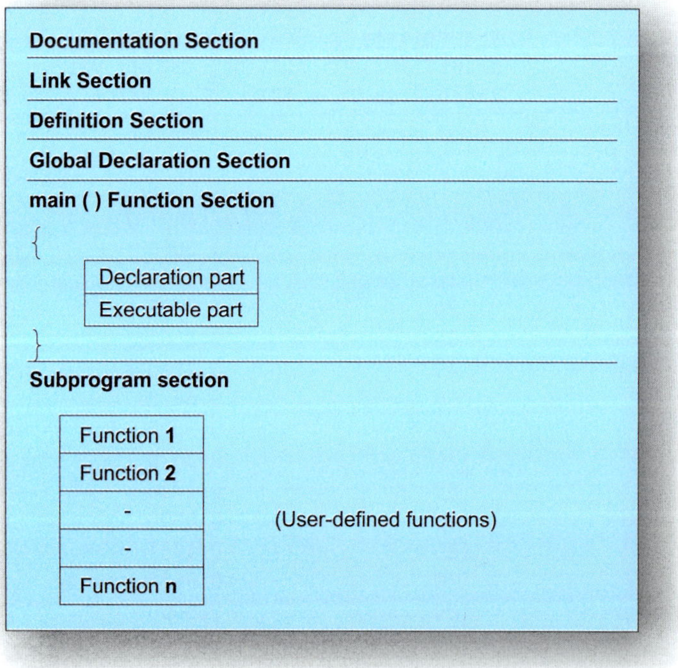


**그림 2.9** 프로그램의 구조

Documentation 영역은 프로그램 이름, 작성자 또는 기타 사항들을 나타내는 여러 줄의 주석줄로 구성된다. Link 영역은 컴파일러가 시스템 라이브러리와 함수를 링크하도록 지시하는 부분이다. Definition 영역에서는 모든 기호상수가 정의된다.

하나 이상의 함수에서 사용되는 변수들이 있다. 그런 변수들을 **전역**(*global*) 변수라고 하며 *Global* Declaration 영역에서 선언된다. 모든 사용자정의 함수들도 이 영역에서 선언된다.

모든 C 프로그램에는 하나의 `main( )` 함수 영역이 있다. 이 영역에는 선인부와 실행부가 있다. 선언부에는 실행부에서 사용될 모든 변수를 선언한다. 실행부에는 최소한 하나의 문장이 있어야 한다. 이 두 부분은 열린 중괄호와 닫힌 중괄호 사이에 있다. 프로그램 실행은 열린 중괄호에서 시작하고 닫힌 중괄호에서 끝난다. **main**함수의 닫힌 중괄호는 프로그램의 논리적인 끝을 나타낸다. 선언부와 실행부에 있는 모든 문장들은 세미콜론(;)으로 끝난다.

Subprogram 영역은 **main** 함수에서 호출되는 모든 사용자정의 함수가 들어간다. 사용자정의 함수들은 다른 곳에 놓일 수도 있지만 일반적으로 **main** 함수 바로 뒤에 놓인다. **main( )** 함수 영역을 제외한 모든 영역들은 생략 가능하다.

## 2.9 프로그래밍 스타일

LO 2.5 C 언어의 프로그래밍 스타일을 이해한다.

C는 **자유스러운 형태**의 언어이다. 줄의 어느 위치에서 문장이 시작되어야 하는지 컴파일러는 상관하지 않는다. 이것이 프로그램을 읽기 어렵게 만들 수도 있지만 반대로 읽기 쉬운 프로그램을 만드는데 도움이 될 수 있다. 여러 가지 스타일로 프로그램을 작성할 수 있지만 한 가지 스타일을 선택하고 이것을 일관성 있게 사용해야한다.

먼저, 소문자로 프로그램을 작성하는 습관을 가진다. C 프로그램 문장은 소문자로 작성된다. 대문자는 기호상수에만 사용된다.

중괄호는 문장들을 묶고 함수의 시작과 끝을 표시한다. 중괄호와 문장들에 적절하게 들여쓰기를 하면 프로그램을 읽기 쉽게하고 디버깅에 도움을 준다. 그림 2.5의 프로그램은 중괄호들의 줄맞춤과 문장들의 들여쓰기를 보여준다. C는 자유로운 형태의 언어이기 때문에 여러 문장들을 한 줄에 묶어 놓을 수도 있다. 아래의 문장

```
a = b;
x = y + 1;
z = a + x;
```

을 다음과 같이 한 줄에 쓸 수 있다.

```
a = b; x = y+1; z = a+x;
```

다음 프로그램

```
main( )
{
    print("hello C");
}
```

도 아래와 같이 한 줄로 쓸 수 있다.

```
main( ) {printf("hello C")};
```

하지만 이런 스타일은 프로그램의 이해를 어렵게 하기 때문에 사용하지 않는 것이 좋다. 이

책에서는 한 줄에 한 문장씩 작성하였다.

프로그램에서 주석은 많이 사용하는 것이 좋다. 주석은 프로그램의 가독성을 증가시키고 프로그램 논리를 이해하는데 도움을 준다. 이것은 프로그램의 디버깅과 테스팅에 아주 중요하다.

## 2.10 C 프로그램의 실행

C로 작성된 프로그램을 실행하는 단계는 다음과 같다.

1. 프로그램 작성
2. 프로그램 컴파일
3. C 라이브러리의 함수와 프로그램의 링크
4. 프로그램 실행

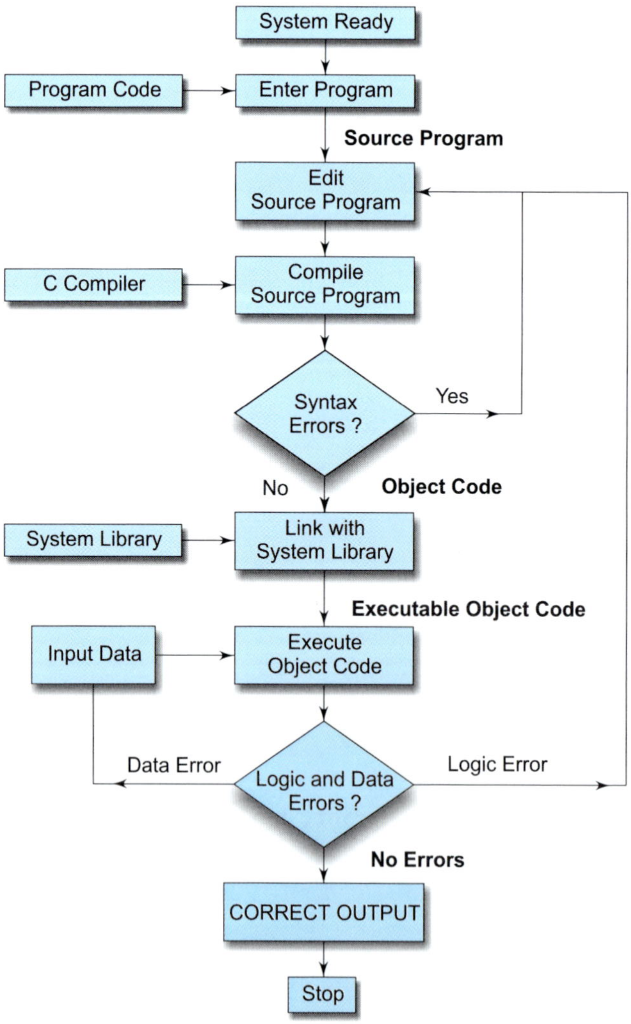


**그림 2.10** C 프로그램의 컴파일과 실행 과정

그림 2.10은 C 프로그램의 작성, 컴파일, 실행의 과정을 보여준다. 이러한 단계는 운영체제에 관계없이 동일하지만, 각 단계를 구현하는 명령어와 파일 이름을 붙이는 방법은 시스템에 따라 다를 수 있다.

운영체제는 컴퓨터 시스템의 전체 동작을 제어하는 프로그램이다. 모든 입출력 동작은 운영체제를 통해 이루어진다. 운영체제는 하드웨어와 사용자 사이의 인터페이스이며 사용자 프로그램의 실행을 관리한다.

가장 많이 사용되는 운영체제는 UNIX와 Windows이다. 다음 절에서는 이들 운영체제에서 C 프로그램을 실행하는 절차를 소개한다.

**소스코드(source code)**는 C 소스 프로그램을 담고 있는 파일이다. 이 프로그램이 컴파일러의 입력이 된다. 컴파일러는 소스 프로그램을 **목적코드(object code)**로 변환시키는 시스템 소프트웨어이다. 목적코드는 소스 프로그램에 해당하는 컴퓨터가 이해할 수 있는 기계어 명령어들로 구성된다. C 프로그램은 많은 라이브러리 함수를 사용할 수도 있다. 따라서 목적코드는 라이브러리 함수의 목적코드와 링크되어야 한다. 링커는 모든 목적코드를 링크시켜서 최종 **실행코드(executable code)**를 생성해내는 시스템 소프트웨어이다. 프로그램이 실행될 때 이 실행코드가 운영체제에 전달된다. 그림 2.11에 실행코드의 생성을 보인다.

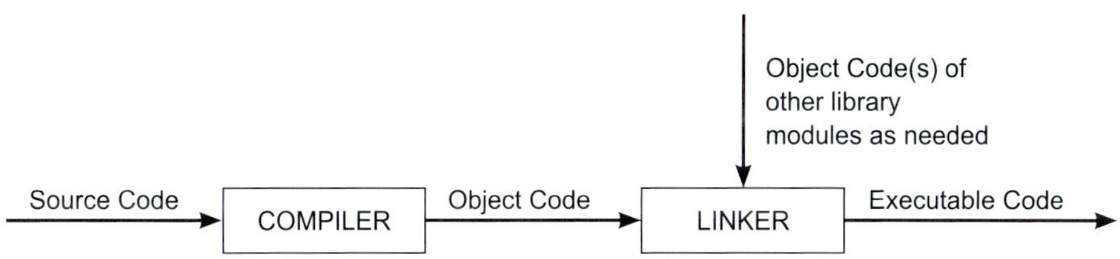


**그림 2.11** 소스코드로부터 실행코드의 생성

컴파일러는 특정 프로그래밍 언어마다 다르며 목적코드는 실행되는 플랫폼에 따른다는 것을 알아둘 필요가 있다.

## 2.11 UNIX시스템

### 프로그램 작성하기

UNIX 운영체제가 메모리에 적재되면 컴퓨터는 프로그램을 받을 준비가 된다. 프로그램은 파일로 입력된다. 파일 이름은 문자, 숫자, 특수문자로 구성되며 점과 문자 c를 붙인다. 파일 이름의 올바른 예는 다음과 같다.

**LO 2.6** C 프로그램을 컴파일하고 실행시키는 방법을 설명한다.

```
hello.c
program.c
ebgl.c
```

파일은 텍스트 편집기인 **ed** 또는 **vi**를 이용해서 작성된다. 편집기를 호출하여 파일을 작성하기 위한 명령은 다음과 같다.

```
ed filename
```

만일 파일이 이미 존재한다면 그 파일이 적재되고 존재하지 않는다면 새로운 파일이 생성되어 새로운 프로그램을 작성할 수 있게 된다. 프로그램의 수정은 편집기에서 행해진다(편집기의 이름은 시스템마다 다를 수 있다). 편집이 끝나면 파일은 디스크에 저장된다. 저장된 파일은 필요할 때마다 파일 이름을 이용하여 불러 낼 수 있다. 파일에 저장된 프로그램을 소스 프로그램(*source program*)이라 한다.

## 컴파일과 링크

소스 프로그램이 *ebg1.c*라는 파일이름으로 작성되었다고 하자. 컴파일을 할 준비가 되었다. UNIX 에서 컴파일을 하는 명령어는 다음과 같다.

```
cc ebg1.c
```

소스 프로그램은 컴퓨터의 실행에 적합한 형태로 변환된다. 변환은 내용이 올바른지 검사를 한 후에 행해진다. 모든 것이 올바르면 컴파일이 진행되고 변환된 프로그램은 *ebg1.o*의 파일이름으로 저장된다. 이 프로그램을 오브젝트 코드라고 한다.

링크는 필요한 다른 프로그램 파일과 함수를 한데 묶는 작업이다. 예를 들어 프로그램이 **exp( )** 함수를 사용한다면 그 함수의 오브젝트 코드를 시스템의 수학 라이브러리로부터 가져와서 주프로그램과 링크시켜야 한다. 유닉스에서 **cc** 명령어를 사용하면 링크는 자동으로 이루어진다(에러가 없다면).

만약 신택스와 시맨틱 오류가 있다면 그 오류의 목록이 나열되어지고 컴파일 과정은 거기서 종료된다. 편집기를 이용하여 소스 프로그램에서 에러를 수정하고 컴파일을 다시 실시해야 한다.

컴파일과 링크가 완료된 프로그램을 실행가능 코드라고 하는데 **a.out**라는 파일 이름으로 저장된다.

어떤 시스템에서는 수학 함수를 링크할 때 다른 컴파일 명령어를 사용하기도 한다.

```
cc filename -lm
```

## 프로그램 실행하기

프로그램을 실행시키는 것은 간단하다.

```
./a.out
```

위의 명령어에 의해서 실행가능 코드가 메모리에 적재되고 명령어가 실행된다. 프로그램의 실행 중에 키보드를 통해서 데이터를 입력할 수도 있다. 때로는 프로그램의 실행 결과가 원하는 바와 다를 수도 있다. 아마도 프로그램의 논리나 데이터에 잘못이 있을 것이다. 그렇다면 소스 프로그램이나 데이터를 수정해야 한다. 소스 프로그램을 수정하는 경우에는 프로그램의 컴파일, 링크, 실행의 전 과정을 다시 반복해야 한다.

### 지정된 이름의 실행 파일 만들기

링커는 항상 **a.out**의 이름으로 출력 파일을 만든다. 또 다른 프로그램을 컴파일하게 되면 이 실행 파일은 새로운 프로그램으로 덮어 써지게 된다. 이것을 막으려면 다음 명령을 이용해서 파일의 이름을 바꾸어야 한다.

**mv a.out** *name*

다음과 같이 cc 명령에 옵션을 지정하여 이것을 할 수도 있다.

**cc -o** *name source-file*

실행 파일을 지정된 이름으로 저장하기 때문에 이전의 **a.out** 파일이 손상되지 않는다.

### 여러 개의 소스 파일

여러 개의 소스 프로그램 파일을 컴파일하고 링크하기 위해서는 cc 명령에 모든 파일 이름을 추가해야한다.

**cc** *filename*-1.c ... .*filename*-n.c

이 파일들은 아래와 같은 오브젝트 파일로 각각 컴파일 되고,

**filename-i.o**

링크되어 **a.out**의 실행파일이 만들어진다. 그림 2.12에 이것을 보인다.

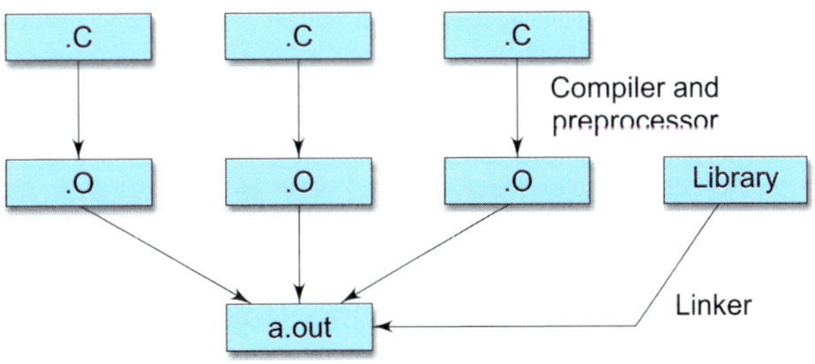


**그림 2.12** 여러 개의 파일 컴파일

또한 각 파일 별로 컴파일하고 나중에 그것들을 링크하는 것도 가능하다. 예를 들어 아래의 명령은

```
cc -c mod1.c
cc -c mod2.c
```

소스 파일 *mod1.c*와 *mod2.c*를 컴파일하여 *mod1.o*와 *mod2.o*를 생성한다. 이 파일들은 아래의 cc 명령에 의해서 링크된다.

```
cc mod1.o mod2.o
```

또한 소스파일과 오브젝트 파일을 아래와 같이 묶을 수도 있다.

```
cc mod1.c mod2.o
```

`mod1.c`만 컴파일이 되고 그리고 오브젝트 파일 `mod2.o`와 링크된다. 이 방법은 많은 소스파일 중 하나가 바뀌어서 다시 컴파일 하거나, 기존의 오브젝트 파일과 같이 프로그램을 컴파일을 할 때 사용하면 편리하다.

## 2.12 MS-DOS 시스템

프로그램 작성은 어떤 문서 편집 소프트웨어를 사용해도 되지만 파일 이름은 program.c 등과 같이 ".c"로 끝나야 한다. 그리고 MS-DOS 운영체제에서 다음과 같이 명령을 치면 pay.c 파일에 저장된 프로그램을 적재하고 목적 코드를 생성한다.

```
MSC pay.c
```

목적 코드는 pay.obj 파일에 저장된다. 에러가 발견되면 컴파일이 멈춘다. 프로그램을 수정하고 다시 컴파일하면 된다. 링크 명령어는 다음과 같다.

```
LINK pay.obj
```

그러면 파일명이 pay.exe인 실행 코드가 생성된다. 이제 다음과 같이 명령을 치면 프로그램이 실행되고 결과가 나온다.

```
pay
```

## 2.13 윈도우 시스템

Linux 시스템과는 달리 윈도우 시스템에는 C 컴파일러가 들어있지 않다. C 컴파일을 위한 IDE는 여러 가지가 있다. IDE(integrated development environment)는 프로그램을 작성, 저장, 컴파일, 편집, 링크, 실행할 수 있도록 한다. 이런 IDE를 사용하려면 윈도우 시스템과는 별개로 설치해야 한다. Borland C/C++, Microsoft Visual Studio, Dev-C++, Turbo C/C++ 등이 있다. 대부분의 IDE는 편리한 그래픽 사용자 인터페이스를 가지고 있어서 마우스 클릭을 이용해서 작업을 할 수 있다. 일부 IDE는 DOS 환경에서도 작동한다. DOS 창/명령창을 열고 IDE를 실행하면 된다. IDE에서는 컴파일, 링크, 실행에 필요한 작업을 수행할 수 있다.

## 주요 개념

- #define: 컴파일러 전처리기 지시자이다. [LO 2.2]
- printf: 출력을 stdout(표준 출력) 스트림에 내보내는 표준 C 함수이다. [LO 2.2]
- scanf: 서식화된 입력을 stdin(표준 입력) 스트림에서 읽어들이는 표준 C 함수이다. [LO 2.2]
- PROGRAM: 컴퓨터에서 특정한 작업을 수행하기 위해 작성되는 순차적인 명령어들이다. [LO 2.4]

## 알아두기

- C는 구조적이고, 고급이며, 기계에 무관한 언어이다. [LO 2.1]
- ANSI C와 C99는 표준화된 버전의 C 언어이다. [LO 2.1]
- C는 어셈블리어의 기능과 고급 언어의 특징을 결합하고 있다. [LO 2.1]
- C는 강인하고, 이식성이 좋은, 구조적 프로그래밍 언어이다. [LO 2.1]
- 모든 C 프로그램에는 main() 함수가 있어야 한다(main()을 두 번 이상 사용하면 않된다). main의 위치가 프로그램 실행이 시작되는 장소이다. [LO 2.2]
- 함수의 실행은 왼쪽 중괄호에서 시작하고 오른쪽 중괄호에서 끝난다. [LO 2.2]
- C 프로그램은 소문자로 작성되지만, 기호 이름과 출력 문자열에는 대문자를 사용할 수 있다. [LO 2.2]
- 프로그램 한 줄에 있는 모든 단어는 적어도 하나의 빈 칸이나 탭 혹은 구두점 문자로 분리되어야 한다. [LO 2.2]
- C 언어의 모든 프로그램 문장은 세미콜론으로 끝나야 한다. [LO 2.2]
- 모든 변수는 프로그램에서 사용되기 전에 데이터 형을 선언해야 한다. [LO 2.2]
- 주석은 빈 칸이 있는 자리에는 어디나 들어갈 수 있다. 적절하게 주석을 다은 것은 프로그램의 가독성과 이해를 증진시키며 디버깅과 테스트에도 도움을 준다. 주석의 기호 /*와 */의 짝을 맞추는 것을 주의해라. [LO 2.2]
- define과 include와 같은 컴파일러 지시자는 컴파일러에게 주는 특별한 명령이다. 지시자에는 세미콜론을 붙이지 않는다. [LO 2.2]
- 컴파일러 지시자의 # 기호는 그 줄의 첫 번째 열에 나와야 한다. [LO 2.2]
- #include는 헤더 파일을 추가할 때 사용하며 정의되지 않은 이름이나 함수를 프로그램에서 시칭할 내 사용한다. [LO 2.2]
- C 프로그램은 Documentation, Link, Definition, Global Declaration, main() 함수, 부프로그램 영역으로 구성된다. [LO 2.4]
- C는 자유 형식의 언어이기 때문에 각 영영에 대하여 적당한 형태의 들여쓰기를 하면 프로그램의 가독성을 증가시킬 수 있다. [LO 2.5]
- C 프로그램을 실행하기 위해서는 다음과 같은 단계가 필요하다: 프로그램 작성, 프

로그램 컴파일, C 라이브러리에 있는 함수들과 프로그램 링크, 프로그램 실행. [LO 2.6]
- UNIX 시스템에서 C 프로그램을 실행시키는 명령은 a.out이다. [LO 2.6]
- MS-DOS 시스템에서 C 프로그램을 실행시키는 명령은 file.exe이다. 여기서 file은 컴파일시킨 프로그램의 이름이다. [LO 2.6]
- 중괄호로 문장을 그룹으로 묶을 때 왼쪽 괄호와 오른쪽 괄호의 짝을 맞추어야 한다. [LO 2.6]

## 다중선택 문제

다음 다중선택 문제에서 올바른 답을 고르시오.

2.1 다음 중에서 C 언어의 주요 특징인 것은 무엇인가? [LO 2.1 M]

(a) 고급 언어 (b) 기계에 무관

(c) 구조적 언어 (d) 모두 다 해당

2.2 전형적인 C 프로그램은 다음과 같은 영역이 있다.

- A - Documentation
- B - Definition
- C - Link
- D - main()
- E - 부프로그램 영역
- F - Global 선언

C 프로그램 영역의 올바른 순서는? [LO 2.4 H]

(a) A, C, B, F, D, E (b) C, A, B, F, E, D

(c) A, B, C, F, E, D (d) A, C, F, B, D, E

2.3 프로그램을 컴파일 할 때 발생되는 에러는 무엇인가? [LO 2.6 M]

(a) 신택스 (b) Logical

(c) 데이터 (d) 모두 다 해당

2.4 다음 C 문장에서:

| | |
|---|---|
| A | a=b;<br>x =1;<br>z=a+x; |
| B | a=b;x=1;z=a+x; |

C에서 프로그래밍 스타일로 올바른 것은 무엇인가? [LO 2.5 M]

(a) A는 옳고, B는 틀리다 (b) A는 틀리고, B가 옳다

E for Easy, M for Medium and H for High

(c) A, B 둘 다 옳다 (d) A, B 둘 다 틀리다

2.5 C 언어에는 ______개의 키워드가 있다. [LO 2.1 E]

(a) 32 (b) 16 (c) 64 (d) 128

## 복습 질문

2.1 다음 문장이 참인지 거짓인지 말하시오.

(a) C 프로그램의 모든 줄은 세미콜론으로 끝나야 한다. [LO 2.2 E]

(b) main()의 닫힌 중괄호는 프로그램의 논리적 끝을 나타낸다. [LO 2.2 E]

(c) 주석이 실행되면 /*와 */ 사의의 텍스트가 프린트 된다. [LO 2.2 E]

(d) 모든 C 프로그램은 END로 끝난다. [LO 2.2 M]

(e) printf 문장은 단지 한 줄의 출력만 할 수 있다. [LO 2.2 M]

(f) stdio.h와 같은 헤더 파일은 프로그램의 소스 코드를 저장하는 것이 목적이다. [LO 2.3 M]

(g) 프로그램의 한 줄에 하나 이상의 문장을 놓을 수 있다. [LO 2.5 M]

(h) 구문 오류(Syntax error)는 컴파일러에 의해서 감지된다. [LO 2.6 M]

(i) C 언어는 소문자를 많이 사용한다. [LO 2.2 H]

(j) main()에서 프로그램의 실행이 시작된다. [LO 2.2 M]

(k) 모든 C 프로그램은 적어도 하나의 사용자정의 함수를 가져야한다. [LO 2.3 E]

(l) 선언 영역에는 컴퓨터에 대한 명령들이 들어간다. [LO 2.4 E]

(m) 오직 하나의 함수만이 main()이라는 이름을 갖는다. [LO 2.2 M]

(n) 주석은 프로그래머를 위한 내부적인 문서화의 역할을 한다. [LO 2.2 E]

(o) 주석 안에 주석을 넣을 수 있다. [LO 2.2 M]

(p) 주석의 사용은 프로그램의 실행 속도를 감소시킨다. [LO 2.2 H]

(q) 주석은 문장의 중간에 삽입될 수 있다. [LO 2.2 H]

2.2 다음 빈 칸을 적절히 채우시오.

(a) C 프로그램의 모든 문장은 ________으로 끝나야 한다. [LO 2.2 E]

(b) ________함수는 출력을 스크린에 출력하는데 사용된다. [LO 2.2 E]

(c) 헤더 파일 ________에 수학 함수가 들어있다. [LO 2.3 M]

(d) 출력 제어문자 ________는 커서를 화면의 다음 줄로 이동하도록 한다. [LO 2.2 H]

(e) C 프로그램은 소문자로 작성되고 대분자는 주로 ______정의에 사용된다. [LO 2.2 M]

(f) C 언어에는 관련된 헤더 파일을 프로그램에 포함시키는데 사용되는 몇 가지 내장 ________가 있다. [LO 2.1 E]

(g) ________는 C 프로그램의 시작 위치를 나타낸다. [LO 2.2 M]

2.3 그림 1.2의 프로그램에서 printf 끝의 세미콜론을 제거하고 실행하시오. 출력 결과는 어떻게 되는가? [LO 2.2 M]

2.4 예제 프로그램 2에서 5번째 줄을 지우고 실행하라. 에러 메세지가 얼마나 도움을 주는가? [LO 2.2 H]

2.5 예제 프로그램 3을 다음과 같은 출력이 나오도록 수정하시오. [LO 2.2 M]

| Year | Amount |
|---|---|
| 1 | 5500.00 |
| 2 | 6160.00 |
| - | ________ |
| - | ________ |
| 10 | 14197.11 |

2.6 #define 지시자는 왜 그리고 언제 사용하는가? [LO 2.2 E]

2.7 #include 지시자는 왜 그리고 언제 사용하는가? [LO 2.3 M]

2.8 void main(void)은 무엇을 뜻하는가? [LO 2.2 H]

2.9 다음의 쌍을 구별하시오.

(a) main() 과 void main(void) [LO 2.2 H]

(b) int main() 과 void main() [LO 2.2 M]

2.10 프로그램에서 주석을 왜 사용해야 하는가? [LO 2.2 E]

2.11 프로그램의 모양이 왜 중요한가? [LO 2.5 E]

2.12 C 프로그램에서 공백이 허용되는 곳은 어디인가? [LO 2.5 M]

2.13 C 프로그램의 구조에 대해 설명하시오. [LO 2.4 M]

2.14 UNIX운영체제에서 C 프로그램을 작성하고 실행하는 과정을 설명하시오. [LO 2.6 M]

2.15 다중 소스 프로그램 파일은 어떻게 구현하는가? [LO 2.6 H]

## 디버깅 연습

2.1 다음 프로그램에서 에러가 있다면 찾으시오. [LO 2.2 E]

```
/* A simple program
int main()
{
    /* Does nothing*/
}
```

2.2 다음 프로그램에서 에러가 있다면 찾으시오. [LO 2.2 M]

```
#include (stdio.h)
void main(void)
```

```
{
    print("Hello C");
  }
```

2.3 다음 프로그램에서 에러가 있다면 찾으시오. [LO 2.3 H]

```
Include <math.h>
main{}
(
    FLOAT X;
    X = 2.5;
    Y = exp(x);
    Print(x,y);
)
```

## 프로그래밍 연습

2.1 a = 5, b = 8, c = 18에서, 아래의 형태로 직선의 방정식을 출력하는 프로그램을 작성하시오.

ax+ by = c

for a=5, b=8 and c=8. [LO 2.2 E]

2.2 내장 함수를 사용해서 3D 막대 모양을 그리는 C 프로그램을 작성하라. [LO 2.3 E]

2.3 다음과 같은 곱셈표를 출력하는 프로그램을 작성하시오. [LO 2.2 M]

5 × 1 = 5

5 × 2 = 10

5 × 3 = 15

. .

. .

5 × 10 – 50

2.4 변수 a, b, c의 값이 주어졌을 때, x의 값을 계산하고 출력하는 프로그램을 작성하시오.

$$x = \frac{a}{b - c}$$

다음 값에 대해서 프로그램을 실행하시오.

(a) a = 250, b = 85, c = 25 [LO 2.2 M]

(b) a = 300, b = 70, c = 70 [LO 2.2 M]

각 경우의 출력에 대해 설명하시오.

2.5 자동차로 여행한 거리와 걸린 시간을 읽은 다음 자동차의 속도를 계산하는 C 프로그램을 작성하라. [LO 2.2 M]

2.6 현재 시스템 상의 날짜를 출력하는 C 프로그램을 작성하라. [LO 2.3 M]

2.7 두 개의 정수 20과 10이 주어졌을 때 이 두 수의 합을 구하는 함수 add( )와 두 수의 차를 구하는 함수 sub( )를 사용하는 프로그램을 작성하고, 다음과 같은 형태로 합과 차를 출력하시오. [LO 2.3 M]

20 + 10 = 30

20 – 10 = 10

2.8 이름과 주소를 출력하는 프로그램에서 주소에 경계선을 그리도록 하시오. [LO 2.2 H]

2.9 아래같이 별표가 출력되도록 하나의 프린트문을 사용하여 프로그램을 작성하시오. [LO 2.2 H]

```
*
*   *
*   *   *
*   *   *   *
```

2.10 적당한 문자를 사용하여 아래 그림을 출력하는 화면을 작성하시오. [LO 2.2 H]

2.11 삼각형의 면적을 계산하는 공식이 아래에 주어져있다.

$$A = \sqrt{S(S-a)(S-b)(S-c)}$$

여기서 a, b, c는 삼각형 각 변의 길이이고 2S = a + b + c이다. 주어진 a, b, c에 대하여 면적을 계산하는 프로그램을 작성하시오. [LO 2.2 H]

2.12 다음과 같은 간단한 수학 계산기 프로그램을 작성하시오. [LO 2.2 H]

| | | | |
|---|---|---|---|
| x = | ☐ | y = | ☐ |
| Sum = | ☐ | Difference = | ☐ |
| Product = | ☐ | Division = | ☐ |

2.13 두 점$(x_1, y_1)$와 $(x_2, y_2)$사이의 거리를 구하는 공식은 다음과 같다.

$$D^2 = (x_2 - x_1)^2 + (y_2 - y_1)^2$$

점의 좌표가 주어졌을 때 D를 구하는 프로그램을 작성하시오. [LO 2.3 H]

2.14 중심이 (0, 0)인 원의 원주상에 좌표가 (4, 5)인 한 점이 위치한다. 원주의 길이와 면적을 계산하는 프로그램을 작성하시오. (힌트: 프로그래밍 연습 2.11에 주어진 공식을 이용하라) [LO 2.3 H]

2.15 원의 원주 상에 놓여있는 점 (2,2)과 (5,6)를 잇는 직선이 그 원의 지름이다. 이 원의 면적을 계산하는 프로그램을 작성하시오. [LO 2.3 H]

## 인터뷰 질문

2.1 C 프로그래밍 언어의 주요한 특징을 말하시오. [LO 2.1 E]

2.2 대부분의 C 프로그램 문장의 끝을 나타내는 기호는 무엇인가? [LO 2.2 E]

2.3 C가 고수준 프로그래밍 언어라고 생각하는가? [LO 2.1 M]

2.4 C에서 코드 블록을 나타내는데 사용되는 기호는 무엇인가? [LO 2.2 M]

2.5 C 프로그램에서 어떤 함수가 시작점인가? [LO 2.2 M]

2.6 프로그램의 성공적인 종료를 뜻하는 `main( )` 함수의 복귀값은 무엇인가? [LO 2.2 H]

Chapter 3

# 상수, 변수, 자료형

**학습목표**

LO 3.1 C 문자 집합과 키워드를 안다.
LO 3.2 상수와 변수를 설명한다.
LO 3.3 다양한 C 자료형을 구분한다.
LO 3.4 프로그램에서 변수를 사용하는 법을 배운다.
LO 3.5 프로그램에서 상수를 사용하는 법을 배운다.

## 3.1 소개

프로그래밍 언어는 숫자, 문자, 문자열 형태의 데이터 처리를 돕고 유용한 출력인 **정보**를 제공하기 위해서 설계되었다. 데이터 처리 작업은 **프로그램**이라 불리는 일련의 정확한 명령어를 실행함으로써 이루어진다. 이런 명령어들은 심볼과 단어를 사용하며 **구문 규칙**(혹은 **문법**)이라는 엄격한 규칙에 따라서 작성된다. 모든 프로그램 명령어는 언어의 구문 규칙을 정확하게 따라야 한다.

다른 언어와 마찬가지로 C에는 고유한 어휘와 문법이 있다. 이 장에서는 상수와 변수의 개념과 자료형을 다룬다.

## 3.2 문자 집합

단어, 숫자, 표현식을 만드는데 사용되는 문자들은 컴퓨터마다 다를 수 있다. 그러나 문자들의 일부는 대부분의 개인용, 마이크로, 미니, 메인프레임 컴퓨터에서 공통적으로 사용된다. C에서 문자들은 다음과 같이 구별된다.

LO 3.1 C 문자 집합과 키워드를 안다.

**1.** 글자
**2.** 숫자
**3.** 특수문자
**4.** 공백

전체 문자 집합은 표 3.1에 있다.

문자열 상수의 부분이 아닌 공백은 컴파일러가 무시한다. 공백은 단어를 구별하는 데에 사용되지만, 키워드와 식별자 문자들 사이에 놓일 수는 없다.

## 삼중음자

영어를 사용하지 않는 키보드에서 표 3.1의 모든 문자들이 지원되지 않을 수도 있다. ANSI C는 키보드에서 지원하지 않는 문자들을 입력하기 위한 방법으로 삼중음자 개념을 도입하였다. 삼중음자는 표 3.2처럼 세 개의 글자로 구성된다(두 개의 물음표 뒤에 하나의 문자가 옴.) 예를 들어 키보드에 직각괄호가 없다면 삼중음자 ??(와 ??)를 사용하면 직각괄호를 표현할 수 있다.

**표 3.1** 문자 집합

| 글자 | 숫자 |
|---|---|
| 대문자 A~Z | 모든 십진수 0~9 |
| 소문자 a~z | |
| **특수문자** | |
| , 쉼표 | & 엠퍼샌드 |
| . 마침표 | ^ 캐럿 |
| ; 세미콜론 | * 별표 |
| : 콜론 | – 음의부호 |
| ? 물음표 | + 양의부호 |
| ‘ 작은따옴표 | < 여는 각괄호 (혹은 작다) |
| “ 큰따옴표 | > 닫는 각괄호 (혹는 크다) |
| ! 느낌표 | ( 왼쪽 괄호 |
| \| 세로줄 | ) 오른쪽 괄호 |
| / 슬래쉬 | [ 왼쪽 직각괄호 |
| \백슬래쉬 | ] 오른쪽 직각괄호 |
| ~ 틸드 | { 왼쪽 중괄호 |
| _ 밑줄 | } 오른쪽 중괄호 |
| $ 달러 표시 | # 숫자 기호 |
| % 퍼센트 표시 | |
| **공백** | |
| 빈 공간 | |
| 수평 탭 | |
| Carriage return | |
| New line | |
| Form feed | |

**표 3.2** ANSI C 삼중음자

| 삼중음자 | 변환 |
|---|---|
| ??= | # 숫자기호 |
| ??( | [ 왼쪽 직각괄호 |
| ??) | ] 오른쪽 직각괄호 |
| ??< | { 왼쪽 중괄호 |
| ??> | } 오른쪽 중괄호 |
| ??! | \| 세로줄 |
| ??/ | \ 백슬래쉬 |
| ??/ | ^ 캐럿 |
| ??- | ~ 틸드 |

## 3.3 C 토큰

텍스트 안에 있는 단어와 구두점을 토큰이라고 부른다. C 프로그램에서도 유사하게 가장 작은 단위 요소가 C 토큰이다. C에는 그림 3.1처럼 6가지 유형의 토큰이 있다. C 프로그램은 이런 토큰과 언어의 구문을 이용하여 작성된다.

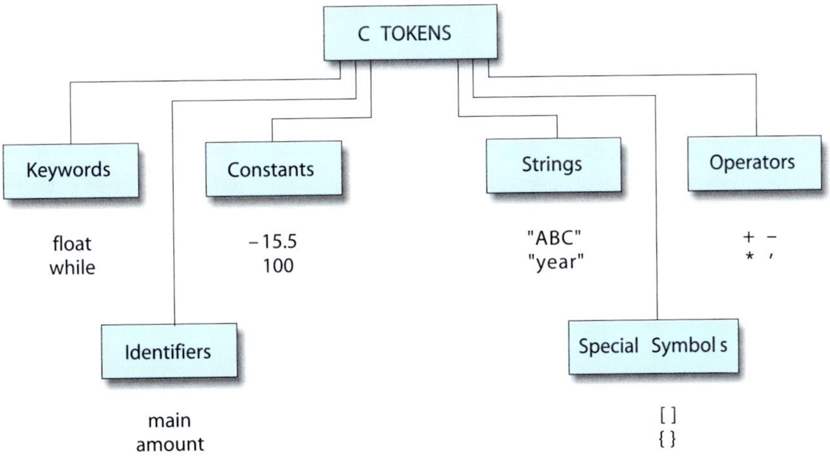


**그림 3.1** C 토큰과 예

## 3.4 키워드와 식별자

모든 C 단어는 **키워드**나 **식별자**로 분류된다. 모든 키워드는 고정된 의미를 가지고 있으며, 이러한 의미는 변경될 수 없다. 키워드는 프로그램 문장을 만드는 기본 구성요소이다. ANSI C의 모

**주의** C99에서는 키워드가 추가되었다. 부록 "C99 특징" 참조.

**표 3.3** ANSI C 키워드

| auto | double | int | struct |
|---|---|---|---|
| break | else | long | switch |
| case | enum | register | typedef |
| char | extern | return | union |
| const | float | short | unsigned |
| continue | for | signed | void |
| default | goto | sizeof | volatile |
| do | if | static | while |

든 키워드의 목록이 표 3.3에 있다. 모든 키워드는 소문자이다. 어떤 컴파일러는 추가적인 키워드를 가질 수 있다.

식별자는 변수, 함수, 배열의 이름을 가리킨다. 식별자는 사용자정의 이름이며, 글자로 시작되는 글자와 숫자의 조합으로 구성된다. 대문자와 소문자 모두 가능하지만 소문자가 주로 사용된다. 식별자로 밑줄문자(_)도 허용된다. 두 단어를 연결하여 긴 식별자를 만들 때 사용하면 좋다.

**식별자 규칙**

1. 첫 글자는 알파벳 또는 밑줄문자여야 한다.
2. 글자, 숫자, 밑줄문자로만 구성되어야 한다.
3. 처음 31자까지만 의미가 있다.
4. 키워드는 사용할 수 없다.
5. 공백을 포함할 수 없다.

## 3.5 상수

C에서 상수는 프로그램 실행 중 변경되지 않는 고정된 값이다. 그림 2.2의 몇 가지 형태의 상수를 지원한다.

**LO 3.2** 상수와 변수를 설명한다.

### 정수 상수

정수 상수는 숫자열이다. 정수에는 *10*진수, *8*진수, *16*진수의 세 가지 형태가 있다. 10진수 정수는 0에서 9의 숫자로 구성되며 –또는 +부호가 앞에 붙는다. 유효한 10진 정수 상수의 예는 다음과 같다.

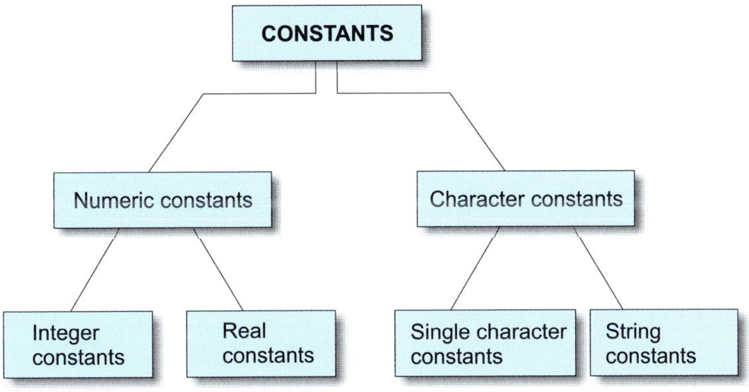


**그림 3.2** C 상수

123 −321 0 654321 +78

공백, 쉼표, 숫자가 아닌 문자가 숫자 사이에 올 수 없다. 아래는 유효한 숫자가 아니다.

15 750 20,000 $1000

**주의** ANSI C는 전에는 정의되지 않았던 단항연산자 +를 허용한다.

8진수 정수는 0에서 7사이의 숫자로 구성되며 0을 앞에 붙인다. 아래는 8진수의 몇 가지 예이다.

037 0 0435 0551

0x 혹은 0X로 시작하는 숫자열은 *16*진수 정수이다. 숫자열에는 A에서 F 혹은 a에서 f의 알파벳을 포함할 수 있다. 아래는 유효한 16진수 정수의 예이다.

0X2 0x9F 0Xbcd 0x

가장 큰 정수값은 컴퓨터마다 다르다. 16비트 기계에서는 32767이고 32비트 기계에서는 2,147,483,647이다. 상수에 U, L, UL을 덧붙여서 더 큰 정수 상수를 저장할 수 있다.

예 :

| | | |
|---|---|---|
| 56789U | 혹은 56789u | (unsigned integer) |
| 987612347UL | 혹은 987612347ul | (unsigned long integer) |
| 9876543L | 혹은 9876543l | (long integer) |

unsigned 와 long integer의 개념은 3.7절에서 상세히 다룬다.

### 예제 3.1 16비트 컴퓨터에서 정수 상수의 표현 E

그림 3.3의 프로그램은 16비트 컴퓨터에서 정수 상수를 사용하는 것을 보여준다. 그림 3.3의 출력은 16비트 컴퓨터에서 32767보다 큰 정수값은 올바르게 저장되지 않음을 보여준다. 접미사

L을 사용하여 long integer로 처리해도 차이는 없다.

```
Program
     main()
     {
          printf("Integer values\n\n");
          printf("%d %d %d\n", 32767,32767, 32767+1, 32767+10);
          printf("\n");
          printf("Long integer values\n\n");
          printf("%ld %ld %ld\n", 32767L, 32767L+1L, 32767L+10L);
          }
Output
     Integer values
     32767 -32768 -32769
     Long Integer values
     32767 32768 3777
```

**그림 3.3** 16비트 기계에서 정수 상수의 표현

## 실수 상수

정수는 거리, 높이, 온도, 가격 등과 같이 연속적으로 변하는 양을 표현하기에는 적당하지 않다. 이런 값은 17.548처럼 소수점을 포함하는 숫자로 표현한다. 이런 숫자를 **실수**(혹은 **부동소수점**) 상수라고 한다. 실수 상수의 예는 다음과 같다.

0.0083   −0.75   435.36   +247.0

이 숫자들은 정수부와 소수점 그리고 소수부로 이루어진 *10*진 **표기법**으로 표시되었다. 소수점 앞이나 뒤의 수는 생략할 수 있다. 다음은 유효한 실수이다.

215.   .95   −.71   +.5

실수는 **지수**(혹은 **과학적**) **표기법**으로 표시할 수도 있다. 예를 들어 215.65는 지수 표기법으로 2.156e2로 쓴다. e2는 $10^2$으로 곱하는 것을 의미한다. 일반적인 형태는 아래와 같다:

**가수 e 지수**

가수는 **십진 표기법**의 실수나 혹은 정수이다. **지수**는 + 나 − **부호**를 붙일 수 있는 정수이다. 가수와 지수 사이의 문자 **e**는 대문자나 소문자 모두 가능하다. 지수는 소수점의 위치를 변하게 할 수 있으므로 이 표기법을 실수의 **부동소수점 표기**라고 한다. 다음은 부동소수점 상수의 예이다.

E for Easy, M for Medium and H for High

0.65e4    12e-2    1.5e + 5    3.18E3    -1.2E-1

숫자 중간에 공백이 들어가면 안된다.

지수 표기법은 매우 크거나 매우 작은 숫자를 표현하는데 유용하다. 예를 들어서 7500000000은 7.5E9 혹은 75E8로 표현할 수 있고, –0.000000368은 –3.68E–7과 같다.

일반적으로 부동소수점 상수는 배정밀도로 나타낸다. 그러나 접미사 f나 F로 단정밀도로 지정하거나 l이나 L로 배정밀도로 지정할 수 있다.

표 3.4는 유효하거나 유효하지 않는 숫자 상수의 예이다.

**표 3.4** 숫자 상수의 예

| 상수 | 유효여부 | 주의 |
|---|---|---|
| 698354L | 예 | 긴 정수의 표현 |
| 25,000 | 아니오 | 쉼표는 허용되지 않는다. |
| +5.0E3 | 예 | ANSI C에서는 +를 지원한다. |
| 3.5e–5 | 예 | |
| 7.1e 4 | 아니오 | 공백은 허용되지 않는다. |
| –4.5e–2 | 예 | |
| 1.5E+2.5 | 아니오 | 지수는 정수이어야 한다. |
| $255 | 아니오 | 기호 $는 허용되지 않는다. |
| 0X7B | 예 | 16진수 정수 |

## 문자 상수

문자 상수는 작은따옴표로 둘러싸인 한 개의 문자이다. 예를 들면 다음과 같다.

'5'    'X'    ';'    ' '

문자 상수 '5' 는 숫자 5와 다르다. 마지막 상수는 공백 문자이다.

문자 상수는 ASCII 값의 정수값을 가진다. 예를 들어 다음 문장은

```
printf("%d", 'a');
```

문자 a의 ASCII 값인 숫자 97을 출력할 것이다. 아래의 문장은

```
printf("%c", 97);
```

문자 'a' 를 출력한다. 모든 문자에 대한 ASCII 값은 부록 II 에 있다.

모든 문자 상수는 정수값을 갖기 때문에 문자 상수에 대한 산술적 계산을 할 수 있다. 이것에 관해서는 9장에서 다룬다.

## 문자열 상수

문자열 상수는 큰따옴표로 둘러싸인 문자들의 모임이다. 문자로는 글자, 숫자, 특수문자 그리

고 공백이 가능하다. 예를 들면 아래와 같다.

"Hello!" "1987" "WELL DONE" "?...!" "5+3" "X"

문자 상수('X')는 문자열 상수("X")와 다르다. 문자 상수는 정수값을 가지지만 문자열 상수는 정수값을 가지지 않는다. 문자열 상수는 프로그램에서 자주 사용된다. 문자열은 9장에서 자세히 다룬다.

### 백슬래시 문자 상수

백슬래시 문자 상수가 출력 함수에 사용된다. 예를 들면 기호 '\n' 은 줄바꿈 문자를 나타낸다. 백슬래시 문자 상수의 목록이 표 3.5에 나와있다. 비록 두 개의 문자로 구성되어 있지만 하나의 글자를 나타낸다. 이러한 문자들의 조합은 **탈출문자**(*escape sequences*)라고 한다.

**표 3.5** 백슬래시 문자 상수

| 상수 | 의미 |
|---|---|
| '\a' | 경고음(벨) |
| '\b' | 백스페이스 |
| '\f' | 폼이동 |
| '\n' | 줄바꿈 |
| '\r' | 캐리지 리턴 |
| '\t' | 수평 탭 |
| '\v' | 수직 탭 |
| '\'' | 작은따옴표 |
| '\"' | 큰따옴표 |
| '\?' | 물음표 |
| '\\' | 백 슬래쉬 |
| '\0' | 널 |

## 3.6 변수

**변수**는 데이터 값을 저장하는데 사용하는 데이터의 이름이다. 프로그램 실행 중에 값의 변화가 없는 상수와는 달리 변수는 여러 번 값을 바꿀 수 있다. 2장에서 몇 개의 변수를 사용했었다. 예를 들면 예제 프로그램 3에서 돈의 가치를 저장하기 위해 변수 `amount`를 사용하였다.

변수의 이름은 프로그램에서 그 기능이나 성질을 잘 반영하는 의미를 가지도록 선택된다. 이런 이름의 예들이다.

Average
height

Total

Counter_1

class_strength

앞에서 말했듯이 변수 이름은 글자, 숫자, 밑줄(_)로 구성되며 다음 조건을 만족해야 한다.

1. 첫 문자는 글자이어야 한다. 첫 번째 문자에 밑줄(_)이 허용된다.
2. ANSI 표준에서 변수의 이름은 31자까지 구별된다. 컴파일러는 특정 프로그래밍 언어마다 다르며 목적코드는 실행되는 플랫폼에 따른다는 것을 알아둘 필요가 있다.(C99에서는 적어도 63개 문자가 구별된다.)
3. 대문자와 소문자는 구별된다. 즉, 변수 `Total`은 `total`이나 `TOTAL`과는 같지 않다.
4. 키워드는 사용할 수 없다.
5. 공백은 허용되지 않는다.

유효한 변수 이름의 예:

| | | |
|---|---|---|
| John | Value | T_raise |
| Dragon | x1 | ph_value |
| mark | sum1 | distance |

잘못된 변수 이름의 예:

| | |
|---|---|
| 123 | (area) |
| % | 25th |

변수 이름에 대한 예가 표 3.6에 있다.

**표 3.6** 변수 이름의 예

| 변수 이름 | 유효여부 | 설명 |
|---|---|---|
| First_tag | 예 | |
| char | 아니오 | char는 키워드이다. |
| Price$ | 아니오 | 기호$는 허용되지 않는다. |
| group one | 아니오 | 공백은 허용되지 않는다. |
| average_number | 예 | 첫 8문자는 유효하다. |
| int_type | 예 | 키워드는 이름의 일부가 될 수 있다. |

## 3.7 자료형

C는 자료형이 다양하다. 기억 장소나 상수를 다루기 위한 명령어는 컴퓨터마다 다르다. 다양한 자료형은 응용이나 기계에 적합한 자료형을 선택하는 데 도움을 준다.

LO 3.3 다양한 C 자료형을 구분한다.

ANSI C는 세 가지 종류의 자료형을 지원한다.

1. 기본 자료형
2. 파생 자료형
3. 사용자정의 자료형

기본 자료형과 이것들의 확장형은 이 절에서 논의된다. 사용자정의 자료형은 다음 절에서 다루며 함수, 배열, 구조, 포인터와 같은 파생 자료형은 필요할 때마다 다루어질 것이다.

모든 C컴파일러는 다섯 가지 기본 자료형인 정수(`int`), 문자(`char`), 부동소수점(`float`), 배정밀도 부동소수점(`double`), `void`를 지원한다. `long int`, `long double` 등과 같이 확장된 자료형을 지원할 수도 있다. 다양한 자료형과 설명이 그림 3.4에 주어져 있다. 4개의 기본 자료형의 크기가 표 3.7에 있다. 하나씩 자세히 살펴보자.

**주의** C99에서는 **_Bool**, **_Complex**, **_Imaginary** 의 세 가지 자료형이 더 추가되었다. 부록 "C99 특징" 참조.

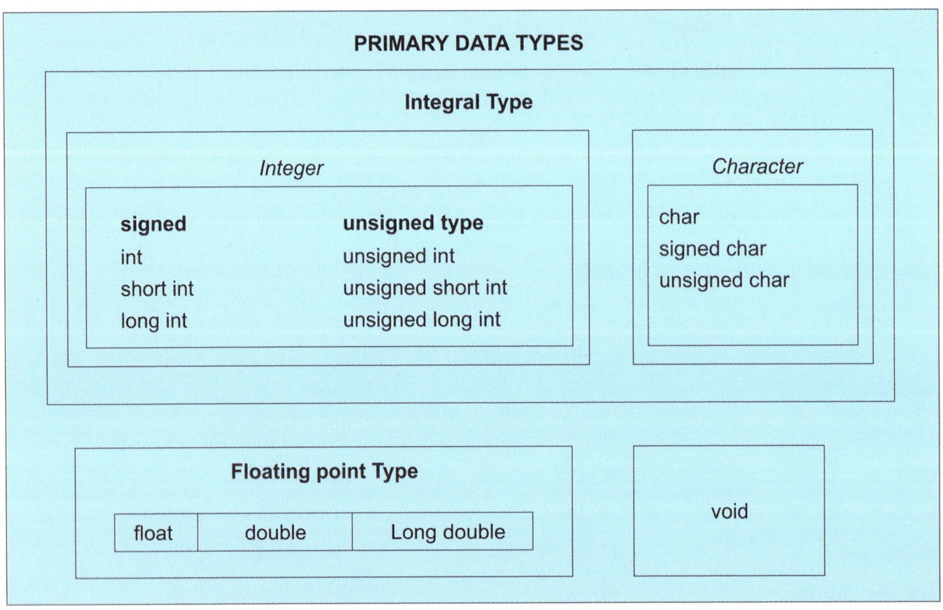


**그림 3.4** C의 기본 자료형

**표 3.7** 16비트 기계에서의 기본 자료형의 크기와 범위

| 자료형 | 값의 범위 |
|---|---|
| char | −128 ~ 127 |
| int | −32768 ~ 32767 |
| float | 3.4e−38 ~ 3.4e+e38 |
| double | 1.7e−308 ~ 1.7e+308 |

## 정수형

정수의 값의 범위는 기계마다 다르다. 일반적으로 정수는 하나의 워드 크기의 저장 공간을 차지하는데, 워드의 크기는 컴퓨터마다 다르기 때문에(16비트 혹은 32비트) 정수의 크기는 컴퓨터에 따라 다르다. 워드 길이가 16비트이면 정수값 크기는 −32,768부터 +32,767(즉 $-2^{15}$와 $+2^{15}-1$사이)이다. 부호가 있는 정수(signed int)일 경우 부호를 위해 1비트를 사용하고 크기를 위해 15비트를 사용한다. 유사하게 32비트 워드일 경우에는 정수의 범위가 −2,147,483,648에서 2,147,483,647까지이다.

정수는 숫자와 저장 공간의 범위를 달리하는 3가지 형태가 가능하다. `short int`, `int`, `long int`이며 **유부호**와 **무부호** 형태가 있다. 그림 3.5에 기억장소 크기별로 나열하였다. 예를 들어 `short int`는 아주 작은 정수값을 나타내며 `int`에 비해 절반의 기억장소를 필요로 한다. `unsigned int`는 모든 비트를 숫자의 크기를 위해서 사용하며 항상 양수이다. 16비트인 경우 `unsigned int` 형의 정수값 범위는 0에서 65,535이다.

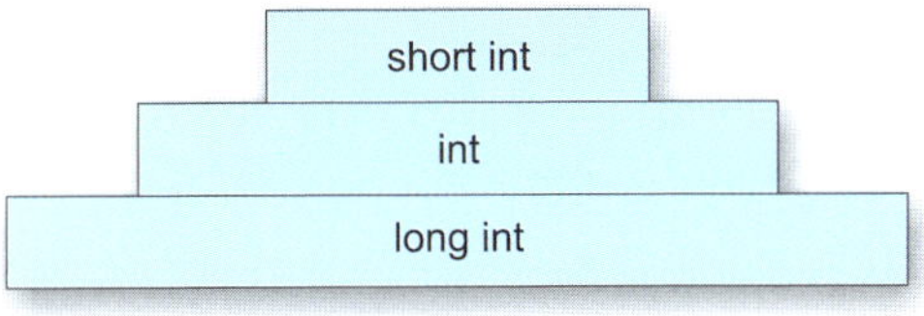


**그림 3.5** 정수형

`long`과 `unsigned` 정수로 선언되면 값의 범위가 증가된다. `signed` 수식어는 선택적이며 없으면 기본이 `signed` 정수로 취급된다. 표 3.8은 기본형과 수식어의 모든 조합을 보여주며 16비트 기계에서 크기와 범위를 나타낸다.

| 주의 | C99는 `long long` 정수형을 허용한다. 부록 "C99 특징" 참조. |
|---|---|

## 부동소수점형

부동소수점수(혹은 실수)는 32비트(모든 16비트와 32비트 시스템)에 저장되며 6개의 유효숫자를 갖는다. 부동소수점수는 `float` 키워드를 사용한다. `float` 수가 충분히 세밀하지 않다면 `double`형을 사용할 수 있다. `double` 자료형 숫자는 64비트를 사용하며 14개의 유효숫자를 갖는다. 이것을 배정밀도(*double-precision*)라고 한다. 배정밀도는 `float`와 같은 자료형이지만 정밀도가 더 크다. 정밀도를 더 확장하기 위해서는 80비트를 사용하는 `long double`을 사용할 수도 있다. 그림 3.6는 부동소수점형의 관계를 나타낸다.

**표 3.8** 16비트 기계에서 자료형의 크기와 범위

| 종류 | 크기(비트) | 범위 |
|---|---|---|
| char or signed char | 8 | −128~127 |
| unsigned char | 8 | 0~255 |
| int or signed int | 16 | −32768~32767 |
| unsigned int | 16 | 0~65535 |
| short int or signed short int | 8 | −128~127 |
| unsigned short int | 8 | 0~255 |
| long int or signed long int | 32 | −2147483648~2147483647 |
| unsigned long int | 32 | 0~4294967295 |
| float | 32 | 3.4E−38~3.4E+38 |
| double | 64 | 1.7E-308~1.7E+308 |
| long double | 80 | 3.4E−4932~1.1E+4932 |

## void형

void형은 값을 가지지 않는다. void형은 보통 함수형을 지정하기 위해 사용한다. 반환값이 없는 함수형을 void라 한다. 다른 모든 표준형을 의미하는 일반형을 지칭하기 위해서 사용하기도 한다.

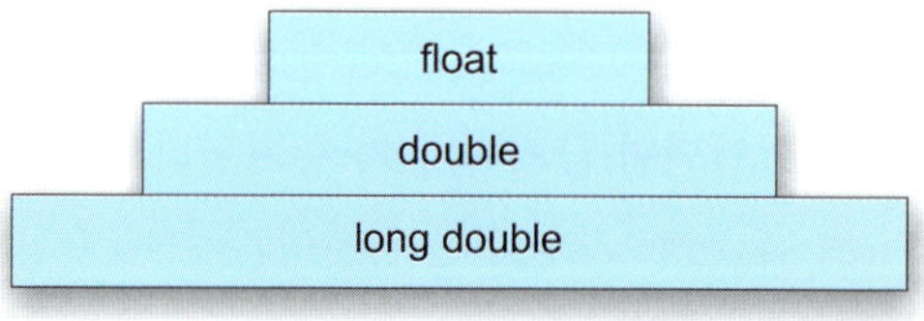


**그림 3.6** 부동소수점형

## 문자형

하나의 문자는 문자형(char) 데이터로 정의할 수 있다. 문자들은 8비트(1바이트)의 기억공간에 저장된다. signed나 unsigned 수식어를 char에 명시할 수도 있다. unsigned char는 0에서 255사이의 값을 가지고 signed char는 −128에서 127까지의 값을 가진다.

> **스킬테스트**
>
> 여러 자료형을 이용해서 학생들의 이름, 나이, 평점을 입력받고 출력하는 C 프로그램을 작성하라. [M]

## 3.8 변수 선언

적합한 변수의 이름을 정하고 나면 컴파일러가 알도록 선언을 해야한다. 선언의 의미는 다음과 같다.

LO 3.4 프로그램에서 변수를 사용하는 법을 배운다.

1. 변수의 이름이 무엇인지 컴파일러에게 알린다.
2. 이 변수가 어떤 형의 데이터를 담을 수 있는지 지정한다.

변수의 선언은 프로그램에서 사용되기 전에 이루어져야 한다.

### 기본형 선언

변수는 모든 자료형의 값을 저장하는데 사용된다. 즉, 변수의 이름은 자료형과는 관계가 없다. 변수 선언은 다음과 같이 한다.

**data-type v1,v2,.....vn ;**

v1, v2, ... vn은 변수의 이름이며 쉼표로 변수들을 구분한다. 선언문은 세미콜론으로 끝나며, 유효한 선언문은 아래와 같다.

```
int count;
int number, total;
double ratio;
```

**int**와 **double**은 정수형과 실수형 데이터 값을 나타내는 키워드이다. 표 3.9에 여러 가지 자료형과 키워드 목록이 있다.

그림 3.7의 프로그램에 변수 선언이 나와있다. main()은 프로그램의 시작이다. 열린 중괄호 {는 프로그램의 실행을 알린다. 변수 선언은 열린 중괄호 바로 다음에 나온다. 변수를 main 함수 밖에서(앞이나 뒤에서) 선언할 수도 있다. 선언하는 장소의 차이는 함수를 다룰 때 자세히 설명한다.

**주의** C99에서는 변수가 사용되기 전이기만 하면 함수나 블록의 어느 위치에서나 선언이 가능하다.

short, long, unsigned와 같은 수식어가 기본 자료형을 명시하지 않고 나왔다면 C는 그 자료형을 int로 취급한다. 만약 문자 변수를 unsigned로 선언하기를 원한다면 "unsigned char"로 해야 한다.

표 3.9 자료형과 키워드

| 자료형 | 키워드 |
|---|---|
| 문자 | char |
| 무부호 문자 | unsigned char |
| 유부호 문자 | signed char |
| 유부호 정수 | signed int(혹은 int) |
| 유부호 짧은 정수 | signed short int<br>(혹은 short int 혹은 short) |
| 유부호 긴 정수 | signed long int<br>(혹은 long int 혹은 long) |
| 무부호 정수 | unsigned int(혹은 unsigned) |
| 무부호 짧은 정수 | unsigned short int<br>(혹은 unsigned short) |
| 무부호 긴 정수 | unsigned long int<br>(혹은 unsigned long) |
| 부동소수점 | float |
| 배정밀도 부동소수점 | double |
| 확장 배정밀도 부동소수점 | long double |

```
main() /*.........Program Name........................ */
{
  /*...............Declaration......................*/
    float       x, y;
    int         code;
    short int   count;
    long int    amount;
    double      deviation;
    unsigned    n;
    char        c;
  /*..............Computation...................... */
    . . . .
    . . . .
    . . . .
} /*............Program ends........................*/
```

그림 3.7 변수의 선언

### 상수의 기본 값

정수형 상수는 기본이 int 타입이다. 숫자 뒤에 U나 L을 붙여서 **unsigned**나 **long** 타입으로 지정할 수 있다.

| 표기 | 자료형 | 값 |
|---|---|---|
| +111 | int | 111 |
| −222 | int | −222 |
| 45678U | unsigned int | 45,678 |
| −56789L | long int | −56,789 |
| 987654UL | unsigned long int | 987,654 |

부동소수점 상수는 기본이 **double** 타입이다. 숫자 뒤에 f 혹은 F를 붙이면 **float** 타입이 되고, l 혹은 L을 붙이면 **long double**이 된다.

| 표기 | 자료형 | 값 |
|---|---|---|
| 0. | double | 0.0 |
| .0 | double | 0.0 |
| 12.0 | double | 12.0 |
| 1.234 | double | 1.234 |
| −1.2f | float | −1.2 |
| 1.23456789L | lont double | 1.23456789 |

## 사용자정의 자료형 선언

C에서 "타입 정의"를 이용하면 기존의 자료형을 나타내는 식별자를 사용자가 정의할 수 있다. 사용자정의 자료형 식별자를 이용해서 변수를 선언할 수 있다. 사용법은 다음과 같다.

typedef ***type*** **identifier;**

여기서 *type*은 기존의 자료형이며 identifier는 자료형에 붙여진 새로운 이름이다. 기존 자료형은 모든 자료형이 될 수 있으며 사용자정의 형도 가능하다. 새로운 자료형은 단지 이름만 새로운 것 뿐이다. 형 정의의 예는 다음과 같다.

```
typedef int units;
typedef float marks;
```

여기서 **units**는 **int**를 대신하고 **marks**는 **float**를 대신한다. 나중에 다음과 같이 변수선언에 사용될 수 있다.

```
units batch1, batch2;
marks name1[50], name2[50];
```

batch1, batch2는 **int**변수로 name1[50], name2[50]은 50개의 원소를 가지는 **float** 배열로 선언된다. **typedef**의 중요한 장점은 의미있는 자료형의 이름을 만들어서 프로그램의 가독성을 증가시킬 수 있다는 것이다.

또 다른 사용자 정의 형태로는 열거형이 있으며 다음과 같이 정의한다.

**enum identifier {*value1, value2, ....valuen*};**

여기서 identifier는 사용자정의 열거형 자료형이며, 중괄호안에 있는 값 중에서 하나를 값으로 가질 수 있는 변수를 선언하는데 사용된다. 이 새로운 타입의 변수는 다음과 같이 선언된다.

```
enum identifier v1, v2, ... vn;
```

열거형변수 v1, v2, ... vn은 *value1, value2, ...valuen* 값 중에서 하나만 가질 수 있다. 다음과 같은 할당문은 올바르다.

```
v1 = value3;
v5 = value1;
```

예:

```
enum day {Monday, Tuesday, ... Sunday};
enum day week_st, week_end;
week_st = Monday;
week_end = Friday;
if (week_st == Tuesday)
week_end = Saturday;
```

컴파일러는 모든 열거형 상수에 대해서 0에서 시작하는 정수를 할당한다. 즉, 열거형 상수 **value1**에는 0, **value2**에는 1이 대입된다. 그러나 열거형 상수에 명시적으로 값을 대입할 수도 있다. 예를 들면 아래와 같다.

```
enum day {Monday=1, Tuesday, ...Sunday};
```

여기서 상수Monday값으로 1이 할당되었다. 나머지 상수에는 1씩 증가하는 값이 할당된다. 열거형 변수의 정의와 선언은 하나의 문장으로 결합될 수 있다.

예 :

```
enum day {Monday, ...Sunday} week_st, week_end;
```

## 3.9 저장 클래스 선언

C에서 변수는 자료형 뿐 아니라 저장 클래스가 있어서 위치와 가시성에 대한 정보를 제공한다. 저장 클래스는 변수가 인식되는 프로그램 영역을 결정한다. 다음 예제를 살펴보자

```
/* Example of storage classes */
int m;
main()
{
   int i;
   float balance;
   ....
   .....
   function1();
}
function1()
{
   int i;
   float sum;
   ....
   ....
}
```

**main** 함수 앞에 선언된 변수 **m**은 전역변수이다. 프로그램 안의 모든 함수에서 사용할 수 있으며, 다른 함수에서 선언할 필요가 없다. 전역변수는 외부변수라고도 한다.

변수 **i, balance, sum**은 함수 안에서 선언되었기 때문에 지역변수이다. 지역변수는 변수가 선언된 함수 내에서만 유효하고, 다른 함수에서는 유효하지 않다. 변수 **i**는 두 함수 안에서 선언되었다. 한 함수에서의 값의 변화는 다른 함수의 **i**값에 영향을 끼치지 않는다.

다양한 저장 클래스 지정자를 이용해서 변수의 범위와 수명을 명시적으로 선언할 수 있다. 범위와 수명의 개념은 여러 개의 함수나 여러 개의 파일로 이루어진 프로그램에서만 중요하기 때문에 저장 클래스는 뒤에서 함수를 설명할 때 자세히 다룬다. 여기서는 4가지 저장 클래스 지정자가 있다는 것만 언급한다. **auto, register, static, extern**의 의미는 표 3.10에 나와 있다.

저장 클래스 지정자는 변수 선언을 할 때 다음과 같이 붙인다.

```
auto int count;
register char ch;
static int x;
extern long total;
```

**정적(static)** 변수와 외부(**extern**) 변수는 자동적으로 0으로 초기화된다. 자동(**auto**)변수는 명시적으로 초기화되지 않으면 정의되지 않은 쓰레기 값을 갖는다.

**표 3.10** 저장 클래스와 의미

| 저장 클래스 | 의미 |
|---|---|
| auto | 지역변수가 선언된 함수 안에서만 보인다. 디폴트가 auto이다 |
| static | 제어가 호출된 함수로 넘어가도 지역변수가 존재하고 값이 유지된다. |
| extern | 전역변수가 파일 안에 있는 모든 함수에게 보인다. |
| register | 지역변수가 레지스터에 저장된다. |

## 3.10 변수에 값 대입하기

변수는 다음과 같은 문장에서 사용된다.

```
value = amount + inrate * amount;
while (year <= PERIOD)
{
   ....
   .....
   year = year +1;
}
```

첫 번째 문장에서 변수 **inrate**에 저장 된 값은 **amount**에 저장된 값과 곱해지고, 그 곱의 결과와 **amount**가 합해진다. 그리고 그 결과는 변수 **value**에 저장된다. 이 과정은 변수 **amount**와 **inrate**가 미리 주어진 값을 가지고 있을 때에만 가능하다. 변수 **value**를 **목표 변수**라고 한다. 변수 선언에 의해 자료형이 지정되지만 대입문 오른쪽의 표현식에 사용되려면 값이 할당되어 있어야 한다. 위의 **while**문에 있는 변수 **year**와 상수 **PERIOD**는 이전에 값을 할당받았어야 한다.

### 대입문

대입연산자 = 를 사용해서 값을 변수에 할당할 수 있다.

**variable_name = constant;**

1장에서 이미 대입문을 사용하였다. 또 다른 예들은 다음과 같다.

```
initial_value       = 0;
final_value         = 100;
balance             = 75.84;
yes                 = 'x';
```

아래와 같이 한 줄에 여러 개의 대입문을 쓰는 것도 가능하다.

```
initial_value = 0; final_value = 100;
```

대입문은 = 왼쪽의 변수의 값이 오른쪽의 값과 같도록 하는 것을 의미한다.

```
year = year + 1;
```

**year**의 새로운 값이 이전의 **year** + **1**과 같게 된다. 대입에서 오른쪽 값의 자료형이 왼쪽 변수의 자료형으로 바뀐다. 실수가 정수로 변환될 때에는 값이 잘려질 수도 있다.

변수가 선언됨과 동시에 변수에 어떤 값을 대입하는 것도 가능하다

**data-type variable_name = constant;**

예를 들면 다음과 같다.

```
int final_value      =100;
char yes             ='x';
double balance       =75.84;
```

변수에 값을 처음으로 지정하는 과정을 초기화라고 한다. 여러 개의 대입 연산자를 사용하면 하나의 문장에서 여러 개의 변수를 초기화 할 수 있다. 다음 문장들은 유효하다.

```
p = q = s = 0;
x = y = z = MAX;
```

첫 번째 문장은 **p, q, s**를 0으로 초기화하며, 두 번째 문장은 **x, y, z**를 **MAX**로 초기화한다. **MAX**는 시작 부분에서 정의된 상수이다.

외부변수와 정적변수는 디폴트로 0으로 초기화되며, 자동변수를 초기화하지 않으면 쓰레기 값을 갖게 된다.

### 예제 3.2 그림 3.8의 프로그램은 scanf의 사용을 보여준다. E

프로그램의 첫 번째 실행문은 **printf** 문으로서 사용자에게 정수값을 입력하도록 알린다. 이것은 안내 메시지이며 아래와 같이 스크린에 나타난다.

Enter an integer number

사용자가 정수값을 입력하면 그 값을 100과 비교한다. 만약 입력된 값이 100보다 작으면 아래의 메시지

Your number is smaller than 100

를 출력하고, 그렇지 않으면

Your number contains more than two digits

를 출력한다. 그림 3.8는 두 개의 입력에 대한 프로그램의 출력을 보여준다.

```
Program
        main()
        {
             int number;

             printf("Enter an integer number\n");
             scanf ("%d", &number);

             if ( number < 100 )
               printf("Your number is smaller than 100\n\n");
             else
               printf("Your number contains more than two digits\n");
        }

Output
        Enter an integer number
        54
        Your number is smaller than 100
        Enter an integer number
        108
        Your number contains more than two digits
```

그림 3.8 대화식 처리를 위한 scanf 함수

어떤 컴파일러는 다음과 같이 **scanf**의 제어 문자열에 안내 메시지를 넣는 것을 허용한다.

**scanf("Enter a number %d", &number);**

5장에서 **scanf** 함수에 대하여 더 자세히 다룰 것이다.

그림 3.8에서 **if...else**를 이용해서 숫자가 100 보다 작은지 판단하였다. 판정문은 6장에서 자세히 다룬다.

**예제 3.3** **그림 3.9의 프로그램은 여러 가지 자료형의 변수에 대한 선언, 대입 그리고 저장된 값을 보여준다.** M

변수 **x**와 **p**는 부동소수점 변수로 선언되었다. **x**에 1.234567890000의 값을 대입하고 여러 가지 출력 서식으로 인쇄하였다. 출력 서식 **%.12lf**는 1.234567880630으로 표시된다. 이것은 변수 **x**가 6자리만 저장할 수 있는 **float**으로 선언되었기 때문이다.

**int**로 선언된 m 값은 54321의 값을 정확히 저장할 수 없다. 이 프로그램은 16비트 컴퓨터에서 실행되었기 때문에 **int** 변수가 저장할 수 있는 최대값은 32767이다. 그러나 변수 **k**는 **unsigned**로 선언되었기 때문에 54321의 값을 올바르게 저장한다. **long int**형의 변수 **n**도

1234567890의 값을 정확하게 저장한다.

double로 선언된 **y**에 대입된 값 9.87654321은 올바르게 저장되지만 %lf 출력 서식에서는 9.876543으로 출력된다. 별도로 지정하지 않는 한 **printf** 함수는 **float**와 **double**값을 항상 소수점이하 여섯 자리수로 항상 출력한다. 숫자에 대한 출력 서식은 다음에 논의할 것이다.

## 키보드에서 값 입력

변수에 값을 주는 또 다른 방법은 **scanf** 함수를 이용하여 키보드로부터 데이터를 입력받는 것이다. C에서 일반적으로 사용하는 입력 함수이며, **printf** 함수의 개념과 비슷하다. **scanf**의 일반적인 형태는 다음과 같다.

**scanf("control string", &variable1, &variable2,...);**

제어 문자열(control string)은 입력되는 데이터의 형식을 나타낸다. 변수 앞의 & 은 변수의 주소를 나타내는 연산자이다. **&**를 빼먹으면 안된다. 다음의 예를 보자.

```
scanf("%d", &number);
```

이 문장에 이르게 되면 실행은 중지되고 변수 **number**의 값이 입력되기를 기다린다. 제어 문자열 %d는 정수값이 키보드에서 읽혀질 것임을 의미하기 때문에 정수형으로 값을 입력해야한다. 일단 숫자가 입력되고 'Return' 키가 눌려지면 컴퓨터는 그 다음 문장을 실행한다. 입력된 값은 number 변수에 할당된다.

```
Program
        main()
        {
        /*..........DECLARATIONS............................*/
             float    x,p ;
             double   y,q ;
             unsigned k ;
        /*..........DECLARATIONS AND ASSIGNMENTS...........*/
             int      m = 54321 ;
             long int n = 1234567890 ;
        /*..........ASSIGNMENTS.............................*/
             x = 1.234567890000 ;
             y = 9.87654321 ;
             k = 54321 ;
             p = q = 1.0 ;
        /*..........PRINTING................................*/
            printf("m = %d\n", m) ;
            printf("n = %ld\n", n) ;
            printf("x = %.12lf\n", x) ;
            printf("x = %f\n", x) ;
            printf("y = %.12lf\n",y) ;
```

(계속)

```
        printf("y = %lf\n", y) ;
        printf("k = %u p = %f q = %.12lf\n", k, p, q) ;
    }
Output
        m = -11215
        n = 1234567890
        x = 1.234567880630
        x = 1.234568
        y = 9.876543210000
        y = 9.876543
        k = 54321 p = 1.000000 q = 1.000000000000
```

**그림 3.9** 대입문의 예

**예제 3.4** **1장의 예제 프로그램 3은 scanf를 이용하여 좀 더 대화식 프로그램으로 그림 3.10처럼 바꿀 수 있다.** M

다음의 즉석 메시지를 출력하여 사용자에게 투자액, 이자율, 투자기간의 값을 입력하도록 요구하며 입력 값이 들어올 때까지 기다린다.

Input amount, interest rate, and period

```
Program
    main()
    {
        int year, period ;
        float amount, inrate, value ;

        printf("Input amount, interest rate, and period\n\n") ;
        scanf ("%f %f %d", &amount, &inrate, &period) ;
        printf("\n") ;
        year = 1 ;

        while( year <= period )
        {
            value = amount + inrate * amount ;
            printf("%2d Rs %8.2f\n", year, value) ;
            amount = value ;
            year = year + 1 ;
        }
    }
Output
    Input amount, interest rate, and period

    10000 0.14 5
```

(계속)

```
     1 Rs 11400.00
     2 Rs 12996.00
     3 Rs 14815.44
     4 Rs 16889.60
     5 Rs 19254.15
Input amount, interest rate, and period

  20000 0.12 7

     1 Rs 22400.00
     2 Rs 25088.00
     3 Rs 28098.56
     4 Rs 31470.39
     5 Rs 35246.84
     6 Rs 39476.46
     7 Rs 44213.63
```

**그림 3.10** 대화식 투자 프로그램

그리고 `amount`, `inrate`, `period`의 값을 입력하면 그림 3.10처럼 amount와 period를 계산하고 출력한다.

`scanf` 함수에는 변수가 3개이다. 목록에서 명시된 순서와 자료형에 일치하도록 주의해서 값들을 입력해야 한다. 순서와 형이 일치하지 않으면 예상하지 못한 결과를 초래한다. 컴파일러는 이런 에러를 발견하지 못한다.

**스킬테스트**

두 개의 부동소수점 수를 사용자에게서 입력받고 두 수를 나누어서 결과를 출력하는 프로그램을 작성하라. [M]

## 3.11 상수의 정의

**LO 3.5** 프로그램에서 상수를 사용하는 법을 배운다.

프로그램에서는 상수들이 자주 사용된다. 이런 상수들은 프로그램의 여러 곳에서 반복적으로 나타날 수 있다. 원주율(**pi**)을 나타내는 3.142가 그러한 상수의 예이다. 다른 예는 시험 결과 채점에 사용되는 총 학생수가 될 수 있다. 총학생수 50은 총점, 평균, 표준편차를 계산하는데 사용될 수 있다. 이런 프로그램에서는 2가지 문제점에 직면한다.

1. 프로그램 변경의 문제
2. 프로그램 이해의 문제

## 변경

계산의 정확도를 높이기 위해 **pi** 값을 3.142에서 3.14159로 바꾼다거나, 다른 학급의 시험 결과를 처리하기 위해 학생수를 50에서 100으로 바꾸는 경우에 프로그램에서 사용된 상수의 값을 모두 찾아서 변경시켜야 할 것이다. 어느 하나의 값이라도 변경되지 않는다면 그 프로그램은 잘못된 결과를 출력할 것이다.

## 이해성

어떤 숫자 값이 프로그램에 나타났을 때, 그것의 쓰임새가 항상 명확하게 이해되는 것은 아니다. 특히 같은 값이 다른 장소에서 다른 것을 의미할 때 더욱 그렇다. 예를 들어 숫자 50은 한 곳에서는 학생 수를 의미하지만 같은 프로그램의 다른 장소에서는 합격 점수를 의미할 수도 있다. 사용자가 나중에 프로그램을 읽을 때 그 숫자가 의미하는 것을 기억하지 못할 수도 있다.

이런 문제를 해결하는 방법은 상수를 기호이름(*symbolic name*)으로 대입하는 것이다. 예를 들어, **STRENGTH**를 학생 수를 정의하는데 사용하고 **PASS_MARK**를 어떤 과목의 합격 점수를 정의하는데 사용할 수 있다. 프로그램의 앞 부분에 이런 이름에 상수값이 대입된다. 이후에 **STRENGTH**와 **PASS_MARK**가 사용되면 앞에서 정의된 값으로 자동적으로 대체된다. 상수를 정의하는 법은 다음과 같다.

**#define symbolic-name value of constant**

상수 정의의 예는 아래와 같다.

```
#define STRENGTH 100
#define PASS_MARK 50
#define MAX 200
#define PI 3.14159
```

기호상수의 이름은 때때로 상수식별자라고 불린다. 기호상수의 이름은 변수가 아닌 상수이기 때문에 선언을 하지 않는다. 다음의 법칙들이 기호상수를 정의하는 **#define** 문에 적용된다.

1. 기호상수의 이름은 변수명과 같은 형태를 가진다(소문자로 사용되는 보통의 변수 이름과 구별하기 위해서 기호상수 이름은 대문자를 사용한다. 이것은 단지 관습이며 법칙은 아니다).
2. #과 **define** 사이에는 공백이 허용되지 않는다.
3. #은 그 줄의 첫 번째 글자이어야 한다.
4. **#define**과 상수이름 사이, 상수이름과 상수값 사이에는 공백이 필요하다.
5. **#define** 문은 세미콜론으로 끝날 수 없다.
6. 정의된 상수는 대입문을 통해서 다른 값으로 다시 대입될 수 없다. 예를 들어 STRENGTH = 200;은 허용되지 않는다.

**표 3.11** 잘못된 #define 문장의 예

| 문장 | 유효성 여부 | 주의 |
|---|---|---|
| #define X = 2.5 | 틀림 | 기호 '=' 는 허용되지 않는다. |
| # define MAX 10 | 틀림 | #과 define사이에 공백은 쓸 수 없다. |
| #define N 25; | 틀림 | 세미콜론으로 끝나지 않는다. |
| #define N5, M 10 | 틀림 | 단지 1개의 이름만 정의할 수 있다. |
| #Define ARRAY 11 | 틀림 | define은 소문자로 써야한다. |
| #define PRICE$ 100 | 틀림 | 기호 '$' 는 이름으로 허용되지 않는다. |

7. 상수이름으로 자료형이 선언되지는 않는다. 기호상수의 자료형은 상수값의 형에 좌우된다.
8. **#define** 문은 프로그램 어느 곳에 놓여도 되지만 사용되기 이전에는 나타나야 한다. (보통은 프로그램 시작 부분에 놓는다.)

**#define** 문은 전처리기 컴파일러 지시자이며 여기서 언급된 것보다 훨씬 더 강력하다. 더 자세한 설명은 뒤로 미룬다. 표 3.11은 허용되지 않는 **#define** 문장이다.

## 3.12 변수를 상수로 선언하기

어떤 변수의 값이 프로그램의 실행이 종료될 때까지 상수로 유지되기를 원할 때가 있다. 변수를 초기화 할 때 수식어 **const**를 붙이면 된다.

```
const int class_size = 40;
```

여기서 **const**는 ANSI 표준에서 새로 정의된 수식어이다. 이것은 컴파일러에게 **int**형 변수 class_size의 값이 프로그램 중에 변경되어서는 안된다고 알린다. 그렇지만 대입문의 우측편에서는 다른 변수와 마찬가지로 사용될 수 있다.

## 3.13 변수를 volatile로 선언하기

ANSI 표준에서 정의된 또 다른 수식어 **volatile**은 변수의 값이 어떤 외부적인 요인에 의해서 변경될 수 있음을 컴파일러에게 명시적으로 알려주는 역할을 한다.

```
volatile int date;
```

변수 date의 값은 대입문의 왼쪽에 있지 않더라도 어떤 외부적인 요인에 의해서 변경될 수 있다. 어떤 변수를 **volatile**로 선언했을 때 컴파일러는 어떤 외부적인 요인이 그 변수의 값을 변경시켰는지 이 변수가 나올 때마다 조사한다.

| 주의 | C99는 또 다른 수식어 **restrict**를 지원한다. 부록 "C99 특징" 참조 |
|---|---|

**volatile**로 정의된 변수의 값은 그 자신의 프로그램에 의해서도 변경 될 수 있다. 만약 어떤 다른 외부 요인에 의해서는 변경이 가능하지만, 프로그램에 의해서는 그 값이 변경되지 않기를 원한다면 **const**와 **volatile** 수식어를 아래와 같이 선언하면 된다.

```
volatile const int location = 100;
```

### 오버플로우와 언더플로우

변수의 값이 그 자료형이 저장할 수 있는 크기보다 너무 크거나 작을 때 데이터의 오버플로우가 발생한다. 어떤 변수가 저장할 수 있는 가장 큰 값은 컴퓨터에 의해 좌우된다. 부동소수점 값은 허용 유효자리 숫자에 맞추어서 반올림되므로 오버플로우의 결과는 가장 큰 실수값이 되고, 반면에 언더플로우의 결과는 0이 된다.

정수값은 자료형의 범위 내에서는 항상 정확하다. 그러나 만약 자료형이 상수값과 일치하지 않는다면 오버플로우 문제가 발생한다. 정수 오버플로우에 대해서는 어떠한 경고나 지시를 내놓지 않고 단지 결과가 틀려질 뿐이다. 오버플로우는 일반적으로 음의 값을 만들어낸다. 그래서 입출력 값을 다룰 때에는 정확한 자료형을 정의하기 위한 세심한 주의가 필요하다.

#### 주요 개념

- **별자:** 변수, 함수, 배열의 이름을 지칭한다. [LO 3.1]
- **상수:** 프로그램 실행 중에 바뀌지 않는 고정된 값을 지칭한다. [LO 3.2]
- **문자열 상수:** 문자, 숫자, 특수문자, 빈칸으로 이루어진 문자들을 큰따옴표로 묶은 것. [LO 3.2]
- **변수:** 데이터 값을 저장하는데 사용하는 데이터의 이름. [LO 3.2]
- **저장 클래스:** 변수의 위치나 가시성에 대한 정보를 제공한다. [LO 3.4]
- **scanf:** stdin(표준 입력) 스트림에서 서식화된 입력을 읽어들이는 표준 C 함수. [LO 3.4]

#### 알아두기

- 식별자의 첫 글자로 밑줄문자를 사용하지 않는다. 왜냐하면 시스템 라이브러리의 많은 식별자가 밑줄문자로 시작하기 때문이다. [LO 3.1]
- 식별자는 31글자 이하로 한다. 이것은 프로그램의 이식성을 좋게한다. [LO 3.1]
- 식별자로는 키워드나 시스템 라이브러리 이름을 사용하지 않는다. [LO 3.1]
- 의미있는 변수이름을 사용한다. [LO 3.2]
- 단지 한 두 글자만 다른 변수의 이름은 사용하지 않는다. [LO 3.2]
- 정수 상수는 디폴트가 int 형이다. long이나 unsigned로 하기 위해서는 L이나 U를 덧붙여야 한다. [LO 3.2]

- 부동소수점 상수는 디폴트가 double형이다. float나 long형으로 하기 위해서는 F나 L을 덧붙여야 한다. [LO 3.2]
- 문자 상수는 작은따옴표를, 문자열 상수는 큰따옴표를 사용한다. [LO 3.2]
- 하나의 문자는 하나의 정수로 저장된다. 따라서 문자에 대해서 산술 연산을 수행할 수 있다. 숫자 1과 혼동되기 쉬우므로 소문자 l을 되도록 사용하지 않는다. [LO 3.3]
- C는 오버플로우에 대해서 경고를 주지 않는다. 단순히 잘못된 결과만 출력한다. 적절한 자료형을 사용하도록 주의해야 한다. [LO 3.3]
- 변수들은 프로그램이나 함수의 앞부분에 자료형을 선언해야 한다. [LO 3.4]
- 모든 변수들은 프로그램에서 사용되기 전에 초기화해야 한다. [LO 3.4]
- 선언문과 실행문을 섞지 않는다. [LO 3.4]
- #과 define 사이에 공백이 없어야 한다. [LO 3.4]
- main 함수 앞에서 정의된 변수는 그 프로그램에 있는 모든 함수에 대해 유효하다. [LO 3.4]
- 함수 안에서 정의된 변수는 그 함수 안에서만 유효하며 다른 함수에서는 유효하지 않다. [LO 3.4]
- 프로그램 앞부분에 전처리기 명령어 #define를 사용하여 상수 선언을 하거나 변수를 초기화할 때 지시자 const를 같이 붙여서 변수를 상수로 만들 수 있다. [LO 3.5]

## 사례연구

### 1. 평균값 계산 [LO 3.4, 3.5 M]

N 개의 숫자에 대한 평균을 계산하는 프로그램이 그림 3.11이다.

변수 **number**는 **float**로 선언되었기 때문에 정수와 실수 모두 취할 수 있다. 상수 **N**은 **#define**문에서 10으로 지정되어있기 때문에 프로그램은 **while** 루프에서 10개의 숫자를 입력받아서 합을 계산한다. 변수 **count**는 숫자의 개수를 계산하고 11이 되는 순간 **while** 루프는 종료되고 그 후 평균값이 계산된다.

합의 실제 값은 38.8이지만 출력된 값은 38.7999이다. 출력되는 값은 컴퓨터시스템에 의해 크게 좌우된다. 이런 부정확성은 부동소수점 실수를 컴퓨터에서 내부적으로 표현하는 방법에 기인한다.

```
Program

        #define     N    10                 /* SYMBOLIC CONSTANT */
        main()
        {
          int     count ;                   /* DECLARATION OF */
          float   sum, average, number ;    /* VARIABLES */
          sum     = 0 ;                     /* INITIALIZATION */
          count   = 0 ;                     /* OF VARIABLES */
          while( count < N )
          {
                  scanf("%f", &number) ;
                  sum = sum + number ;
                  count = count + 1 ;
          }
          average = sum/N ;
          printf("N = %d Sum = %f", N, sum);
          printf(" Average = %f", average);
      }
Output
      1
      2.3
      4.67
      1.42
      7
      3.67
      4.08
      2.2
      4.25
      8.21
      N = 10    Sum = 38.799999 Average = 3.880
```

**그림 3.11** N개 숫자의 평균

## 2. 온도 변환 문제

[LO 3.5 M]

그림 3.12의 프로그램은 주어진 화씨온도를 다음의 변환공식을 이용하여 섭씨온도로 바꾼다다.

$$C = \frac{F - 32}{1.8}$$

주어진 화씨 온도를 섭씨 온도로 변환한 표를 출력한다. 최소, 최대, 간격 값은 상수로 정의된다. 이 값들은 **#define** 문으로 재정의하여 바꿀 수 있다. 사용자 정의 자료형 **REAL**이 변수 **fahrenheit**와 **celsius**를 선언할 때 사용되었다.

두 번째 **printf** 문의 출력 서식 %5.1f와 %7.2f에 의해 두 열로 출력된다.

```
Program
   #define F_LOW      0        /* --------------      */
   #define F_MAX    250        /* SYMBOLIC CONSTANTS  */
   #define STEP      25        /* --------------      */

   main()
   {
        typedef float REAL ;          /* TYPE DEFINITION */
        REAL fahrenheit, celsius ;   /* DECLARATION */

        fahrenheit = F_LOW ;          /* INITIALIZATION */
        printf("Fahrenheit Celsius\n\n") ;
        while( fahrenheit <= F_MAX )
        {
             celsius = ( fahrenheit - 32.0 ) / 1.8 ;
             printf(" %5.1f %7.2f\n", fahrenheit, celsius);
             fahrenheit = fahrenheit + STEP ;
        }
   }
Output
   Fahrenheit          Celsius

        0.0            -17.78
       25.0             -3.89
       50.0             10.00
       75.0             23.89
      100.0             37.78
      125.0             51.67
      150.0             65.56
      175.0             79.44
      200.0             93.33
      225.0            107.22
      250.0            121.11
```

**그림 3.12** 온도 변환– 화씨–섭씨

## 다중선택 문제

다음 다중선택 문제에서 올바른 답을 고르시오.

3.1 다음 중에서 커서의 위치를 다음 줄로 이동시키는 탈출문자는 무엇인가? **[LO 3.2 E]**

(a) \n (b) \r (c) \t (d) \v

3.2 다음 중에서 C 언어 키워드가 아닌 것은? **[LO 3.1 M]**

(a) Volatile (b) enum (c) unsigned (d) go

3.3 다음 중에서 long signed integer 데이터형을 지정하는 올바른 방법은? **[LO 3.3 M]**

(a) signed long int (b) long int (c) unsigned long int (d) 1과 2 모두

3.4 C 저장 클래스가 아닌 것은? [LO 3.4 M]

(a) auto (b) static (c) register (d) volatile

3.5 다음 중 기호 상수를 정의하는 올바른 방법은? [LO 3.5 M]

(a) #define MAX_MARKS 100 (b) #define MAX MARKS 100

(c) #define 100 MAX_MARKS (d) #define 100 MAX MARKS

3.6 다음 문자 상수에 관한 설명 중에서 올바른 것은? [LO 3.2 H]

(a) print("%c", '97' ); 문장은 글자 a를 출력한다.

(b) 모든 문자 상수는 정수값을 나타낸다.

(c) 문자 상수에 대해서 산술연산을 수행할 수 있다.

## 복습 질문

3.1 다음 문장이 참인지 거짓인지 말하시오.

(a) 모든 변수는 선언 시에 자료형을 지정해야 한다. [LO 3.2 E]

(b) ANSI C는 변수 **name**과 **Name**을 같다고 취급한다. [LO 3.2 E]

(c) 문자 상수에는 큰따옴표가 사용된다. [LO 3.2 E]

(d) 키워드 **void**는 C의 자료형이다. [LO 3.3 E]

(e) 문자 상수는 작은 따옴표가 사용되고 문자열 상수에는 큰 따옴표가 사용된다. [LO 3.2 M]

(f) 초기화는 선언할 때 변수에 값을 대입하는 것이다. [LO 3.4 E]

(g) **scanf** 함수는 한 번에 단지 한 개의 값을 읽을 때 사용된다. [LO 3.4 E]

(h) C에서 키워드를 식별자로 사용할 수 있다. [LO 3.1 M]

(i) 자동(auto) 변수는 선언되면 자동적으로 0으로 초기화 된다. [LO 3.4 H]

(j) 부동소수점 상수는 디폴트가 **float**형이다. [LO 3.2 M]

(k) 변수처럼 상수도 데이터 형을 가진다. [LO 3.2 M]

(l) 모든 정적변수는 자동적으로 0으로 초기화 된다. [LO 3.4 M]

3.2 다음 빈 칸을 적절히 채우시오.

(a) 변수는 초기화시에 수식어 _와 같이 변수를 선언함으로써 변수를 상수화 할 수 있다. [LO 3.5 E]

(b) _는 unsigned short int형 변수가 저장할 수 있는 가장 큰 값이다. [LO 3.3 M]

(c) 전역변수는 _변수라고도 한다. [LO 3.4 M]

(d) 키워드 _는 자료형 식별자를 생성하는 데에 사용된다. [LO 3.4 M]

(e) 숫자 987612347을 unsigned long integer로 사용하려면 _를 덧붙여야 한다. [LO 3.3 E]

(f) C에서 사용자 정의 자료형을 위해서는 _와 _가 사용된다. [LO 3.3 M]

(g) 가장 큰 양의 정수값을 저장하기 위해서는 _데이터형 변수를 써야한다 [LO 3.4 H]

3.3 삼중음자는 무엇인가? 그것은 왜 유용한가? [LO 3.1 E]

3.4 네 가지 기본 데이터형을 설명하시오. 표현할 수 있는 값의 범위는 어떻게 확장할 수 있는가? [LO 3.3 E]

3.5 unsigned integer 상수는 무엇인가? 상수를 unsigned로 선언하는 이유는 무엇인가? [LO 3.4 M]

3.6 탈출문자의 특성과 목적을 설명하시오. [LO 3.2 M]

3.7 변수란 무엇이고 변수의 "값"은 무엇을 의미하는가? [LO 3.2 E]

3.8 변수와 상수의 이름의 차이점은 무엇인가? [LO 3.5 E]

3.9 변수의 선언과 상수의 정의의 차이점은 무엇인가? [LO 3.5 M]

3.10 **int**에 붙일 수 있는 수식어에는 어떤 것들이 있는가? [LO 3.3 E]

3.11 프로그램에서 DPR이라는 단어를 써서 배정밀도 부동소수점 선언에 사용하고 싶다면 어떻게 해야 하는가? [LO 3.4 M]

3.12 열거형 변수는 무엇인가? 열거형 변수는 어떻게 선언되고 프로그램에서 사용하는 장점은 무엇인가? [LO 3.4 E]

3.13 수식어 **const**와 **volatile**의 목적을 설명하시오. [LO 3.5 M]

3.14 매우 작거나 매우 큰 수를 다룰 때 계산의 정확성을 향상시키기 위해서 어떤 과정을 취 할 수 있는가? [LO 3.4 H]

3.15 다음 중 유효하지 않은 상수와 그 이유는? [LO 3.2 M]

| | | |
|---|---|---|
| 0.0001 | 5×1.5 | 99999 |
| +100 | 75.45E−2 | "15.75" |
| −45.6 | −1.79e+4 | 0.00001234 |

3.16 다음 중 유효하지 않은 변수와 그 이유는? [LO 3.2 M]

| | | | |
|---|---|---|---|
| Minimum | First.name | n1+n2 | &name |
| doubles | 3rd_row | n$ | Row1 |
| float | Sum Total | Row Total | Column-total |

3.17 다음을 실행하면 x의 값은 얼마가 되는가? [LO 3.4 H]

```
int x, y = 10;
char z = 'a';
x = y + z;
```

3.18 예를 들어서 다음을 설명하라.

(a) 열거형 [LO 3.4 E]

(b) 자료형 정의 [LO 3.4 E]

3.19 다음을 구별하라.

(a) 전역과 지역변수 [LO 3.4 E]

(b) 자동과 정적변수 [LO 3.4 E]

(c) 초기화와 변수 할 [LO 3.4 M]

## 디버깅 연습

3.1 다음 선언문에서 오류가 있다면 찾으시오. [LO 3.4 M]

```
Int x;
float letter,DIGIT;
double = p,q
exponent alpha,beta;
m,n,z: INTEGER
short char c;
long int m; count;
long float temp;
```

3.2 다음 프로그램에서 구문 오류를 찾으시오. 이 오류를 수정한 후의 실행결과는 어떻게 될 것으로 예상하는가? [LO 3.4 H]

```
#define PI 3.14159
main()
{
        int R,C; /* R-Radius of circle
        float perimeter; /* Circumference of circle */
        float area; /* Area of circle */
        C = PI
        R = 5;
        Perimeter = 2.0 * C *R;
        Area = C*R*R;
        printf("%f", "%d",&perimeter,&area)
        }
```

## 프로그래밍 연습

3.1 n이 주어지면 다음과 같은 조화급수 값을 계산하고 출력하는 프로그램을 작성하시오

1 + 1/2 + 1/3 + ... + 1/n

n의 값은 대화식으로 주어져야한다. [LO 3.4 H]

3.2 쌀 1 kg의 가격이 16.75이고 설탕 1 kg의 가격은 15이다. 이 값을 입력받아 다음과 같이 가격을 출력하는 프로그램을 작성하시오. [LO 3.4 M]

```
*** LIST OF ITEMS ***
Item Price
Rice 16.75
Sugar 15.00
```

3.3 주어진 수의 집합에서 음수와 양수의 개수를 계산하고 출력하는 프로그램을 작성하시오. 숫자를 읽을 때 scanf 문을 사용하고, 0이 읽혀질 때 읽기를 중지시킨다. [LO 3.2 M]

3.4 다음을 실시하는 프로그램을 작성하시오. [LO 3.4 M]
(a) x와 y를 정수형 변수, z를 short int 변수로 선언한다.
(b) 두 개의 6자리 수를 x와 y에 대입한다.
(c) x와 y의 합을 z에 대입한다.
(d) x, y, z값을 출력한다.
출력에 대해 설명하시오.

3.5 **typedef** 선언을 사용하는 프로그램을 작성하시오. [LO 3.4 M]

3.6 실세계의 응용에 상수를 사용한 예를 보이는 프로그램을 작성하시오. [LO 3.5 H]

3.7 정수를 입력하고 표를 인쇄하려면 C 프로그램을 작성하십시오. [LO 3.4 E]

3.8 주어진 수의 제곱을 출력하는 C 프로그램을 작성하라. [LO 3.4 E]

3.9 0에서 128 사이의 정수를 입력받고 해당하는 ASCII 문자를 출력하는 C 프로그램을 작성하라. [LO 3.2 M]

3.10 일(day) 수를 입력받고 이를 년(year), 주(week), 일(day) 값으로 바꾸는 C 프로그램을 작성하라. [LO 3.4 M]

3.11 자동차로 여행한 거리와 소모된 연료 값을 입력받고 자동차의 연비를 계산하는 C 프로그램을 작성하라. [LO 3.4 M]

3.12 정수를 입력받고 이를 유통되는 통화 단위로 나누어서 표시하는 C 프로그램을 작성하라. [LO 3.4 M]

## 인터뷰 질문

3.1 밑줄로 시작하는 식별자를 선언하는 것이 가능한가? [LO 3.1 M]

3.2 밑줄로 끝나는 식별자를 선언하는 것이 가능한가? [LO 3.1 M]

3.3 printf 함수의 반환 데이터형은 무엇인가? [LO 3.4 H]

3.4 변수를 선언하는 것과 정의하는 것의 차이는 무엇인가? [LO 3.2 H]

3.5 long long int는 무엇인가? [LO 3.3 H]

3.6 scanf 함수의 반환 데이터형은 무엇인가? [LO 3.4 H]

Chapter 4

# 연산자와 표현식

**학습목표**

LO 4.1 C 언어에 내장된 연산자들에 대해서 배운다.
LO 4.2 비트 연산자와 특수 연산자를 이해한다.
LO 4.3 어떻게 산술식이 계산되는지 이해한다.
LO 4.4 표현식에서 형변환에 대해서 설명한다.
LO 4.5 연산자의 우선순위와 결합성을 적용하는 규칙을 설명한다.

## 4.1 소개

C언어에는 많은 내장 연산자가 있다. 그중에 =, +, −, *, &, <와 같은 몇 가지는 앞에서 이미 사용했다. 연산자는 어떤 수학적 또는 논리적 계산을 수행하게 하는 기호이다. 프로그램에서 데이터와 변수를 다루는데 연산자가 사용된다. 연산자는 수학적 또는 논리적 표현식의 일부가 된다.

C 연산자는 아래와 같이 몇 가지로 분류된다.

**1.** 산술 연산자
**2.** 관계 연산자
**3.** 논리 연산자
**4.** 대입 연산자
**5.** 증가 감소 연산자
**6.** 조건 연산자
**7.** 비트 연산자
**8.** 특수 연산자

하나의 표현식은 연산자와 피연산자의 결합으로서 하나의 값을 만들어 낸다. 예를 들어,

$$10 + 15$$

는 값이 25가 되는 표현식이다. 표현식의 값으로는 ***void*** 이외의 모든 형이 가능하다.

## 4.2 산술 연산자

C언어는 표 4.1에 있는 모든 기본 산술 연산자를 지원한다. 연산자 +, –, *, /는 다른 언어에서와 같은 의미이다. 이 연산자들은 C의 모든 내장 자료형에 대해서 사용할 수 있다. 단항 빼기 연산자는 피연산자에 –1을 곱한다.

LO 4.1 C 언어에 내장된 연산자들에 대해서 배운다.

**표 4.1** 산술 연산자

| 연산자 | 의미 |
|---|---|
| + | 덧셈 또는 단항 덧셈 |
| – | 뺄셈 또는 단항 뺄셈 |
| * | 곱셈 |
| / | 나눗셈 |
| % | 나머지 |

정수 나눗셈에서는 소수점 아래 부분을 버린다. 나머지 연산자는 정수 나눗셈에서 나머지 부분을 얻어낼 때 사용한다. 아래는 산술 연산자 사용의 예이다.

```
a – b     a + b
a * b     a / b
a % b     –a * b
```

여기서 **a**와 **b**는 변수이고 **피연산자**(*operand*)이다. 나머지 연산자 %는 부동소수점 데이터에는 사용할 수 없다. C에는 지수 계산 연산자가 없다. 이전 버전의 C에서는 단항 덧셈을 지원하지 않았으나 ANSI C 에서는 지원한다.

### 정수 계산

a+b와 같은 산술식에서 두 개의 피연산자가 정수일 때 이 표현식을 **정수 표현식**이라고 하고, 이 연산을 **정수 계산**이라고 한다. 정수 계산은 항상 정수 값을 결과로 만들어낸다. 가장 큰 정수값은 앞에서 말한 것처럼 기계에 따라 다르다. 위의 예에서 **a** = 14, **b** = 4인 정수라면 다음과 같은 결과가 얻어진다.

**TIP**

연산자 %의 피연산자는 언제나 정수이다.

```
a – b  =  10
a + b  =  18
a * b  =  56
a / b  =  3(소수부분 버림)
a % b  =  2(나눗셈의 나머지)
```

정수 나눗셈에서 만약 두 피연산자가 같은 부호이면 나눗셈 결과로 소수부는 0으로 절단되지만, 피연산자 중 하나가 음이라면 기계에 따라 소수부 절단의 결과가 달라질 수 있다.

$$6/7 = 0, -6/-7 = 0$$

그러나 –6/7은 기계에 따라 0 또는 –1이 될 수 있다.

유사하게 나머지 연산에서 결과는 항상 첫 번째 피연산자(피제수)의 부호이다.

$$\begin{aligned} -14 \% 3 &= -2 \\ -14 \% -3 &= -2 \\ 14 \% -3 &= 2 \end{aligned}$$

**예제 4.1** **그림 4.1은 날수를 주면 해당하는 월과 날수로 변환해주는 정수 계산 프로그램이다.** E

```
Program
  main ()
  {
    int months, days ;

    printf("Enter days\n") ;
    scanf("%d", &days) ;

    months = days / 30 ;
    days = days % 30 ;
    printf("Months = %d Days = %d", months, days) ;
  }

Output
  Enter days
  265
  Months = 8 Days = 25
  Enter days
  364
  Months = 12 Days = 4
  Enter days
  45
  Months = 1 Days = 15
```

**그림 4.1** 정수 산술의 예

변수 **month**와 **days**는 정수로 선언되었다. 아래의 문장

**months = days/30;**

은 나머지인 소수 부분을 절단하고 변수 **months**에 몫에 해당하는 정수부를 대입한다. 유사하게 아래의 문장

```
days = days%30;
```

은 나머지 부분을 변수 **days**에 대입한다. 그래서 **days**에 주어진 날수는 출력에서 보인 것처럼 변수 **month**와 **days**에 변환되어 출력된다.

## 실수 계산

실수 피연산자만을 포함하는 계산을 **실수 계산**이라고 한다. 실수 피연산자는 소수 혹은 지수 형태로 표기된 값을 갖는다. 부동소수점 값은 유효 숫자로 반올림되기 때문에 진짜 값에 대한 근사값이다. 만약 **x, y, z**가 **float**라면 다음과 같다.

$$x = 6.0/7.0 = 0.857143$$
$$y = 1.0/3.0 = 0.33333$$
$$z = -2.0/3.0 = -0.666667$$

연산자 %는 실수 피연산자와 같이 사용할 수 없다.

## 혼합형 계산

피연산자가 하나는 실수이고 다른 하나는 정수일 때 **혼합형 표현식**이라고 한다. 피연산자 중에서 하나라도 실수형이면 실수 계산이 수행되고 그 결과는 항상 실수이다. 즉

$$15/10.0 = 1.5$$

반면

$$15/10 = 1$$

이 된다. 혼합 연산에 대한 더 자세한 것은 표현식의 계산에서 자세히 다룬다.

# 4.3 관계 연산자

두 개의 양을 비교하여 그들의 관계에 따라서 결정을 내리는 경우가 많다. 예를 들어 두 사람의 나이를 비교하거나 두 품목의 가격을 비교하는 일 등이다. 이런 비교는 **관계 연산자**를 이용하여 할 수 있다. 앞에서 '보다 작다' 를 의미하는 기호 '<' 를 이미 사용한 바 있다.

$a < b$ 혹은 $1 < 20$

이와 같이 관계 연산자를 포함하는 식들을 **관계식**이라고 한다. 관계식의 결과값은 *1*이거나 *0*이다. 관계가 참이면 *1*이고 거짓이면 *0*이 된다. 예를 들어

$10 < 20$는 참이다

그러나

$20 < 10$는 거짓이다

**표 4.2** 관계 연산자

| 연산자 | 의미 |
|---|---|
| < | 작다 |
| <= | 작거나 같다 |
| > | 크다 |
| >= | 크거나 같다 |
| == | 같다 |
| != | 같지 않다 |

C언어에는 여섯 개의 관계 연산자가 있다. 표 4.2에 연산자와 뜻을 보여준다.

간단한 관계 연산식은 단지 한 개의 연산자만 포함하는 다음의 형식이다.

***ae-1 relational operator ae-2***

*ae-1*과 *ae-2*는 산술 표현식이며, 상수, 변수 혹은 이것들의 결합이 될 수도 있다. 아래에 간단한 관계 표현식과 결과 값이 주어져 있다.

| | |
|---|---|
| 4.5 <= 10 | 참 |
| 4.5 < −10 | 거짓 |
| −35 >= 0 | 거짓 |
| 10 < 7 + 5 | 참 |

**TIP**

관계형 연산자와 함께 부동소수점 피연산자를 사용하지 않는 것이 좋습니다.

## 서로 반대인 관계연산자

여섯 개의 연산자들은 반대 관계의 연산자를 갖는다.

> 반대 관계는 <=

< 반대 관계는 >=

== 반대 관계는 !=

같지 않다와 작다 연산자를 포함하는 표현식은 다음과 같이 간단히 만들 수 있다.

| *원래의 식* | *간단한 식* |
|---|---|
| !(x < y) | x >= y |
| !(x > y) | x <= y |
| !(x != y) | x == y |
| !(x <= y) | x > y |
| !(x >= y) | x < y |
| !(x == y) | x != y |

a + b = c + d 참(변수 a와 b의 합이 변수 c와 d의 합과 동일한 경우에만)

산술식이 관계 연산자의 어느 한 편에 사용될 때 산술 연산식이 먼저 계산되고, 그 후에 결과가 비교된다. 즉, 산술 연산자는 관계 연산자보다 높은 우선순위를 갖는다.

관계 연산자는 **if**와 **while**과 같은 판단문에서 프로그램의 흐름을 결정한다. 1장에서 **while** 문을 사용한 적이 있다. 판단문은 6장과 7장에서 상세히 다룰 것이다.

## 4.4 논리 연산자

C언어에는 관계 연산자 이외에도 다음과 같은 논리 연산자가 있다.

| | |
|---|---|
| && | 논리적 AND |
| \|\| | 논리적 OR |
| ! | 논리적 NOT |

논리 연산자 &&와 ||은 하나 이상의 조건을 평가하여 결정을 내릴 때 사용된다. 아래의 예를 보자.

a > b && x == 10

두 개 또는 그 이상의 관계식을 결합하는 이러한 종류의 표현식을 논리식 혹은 복합 관계식이라고 한다. 관계 연산식과 마찬가지로 논리식도 표 4.3의 진리표에 따라 1또는 0의 값을 산출한다. 위에 주어진 논리식은 **a > b** 가 참이고 **x == 10** 이 참일 때만 참이다. 이 중 하나라도 거짓이면 표현식은 거짓이다.

**표 4.3** 진리표

| *op-1* | *op-2* | 표현식의 값 | |
|---|---|---|---|
| | | *op-1* && *op-2* | *op-1* \|\| *op-2* |
| 0이 아님 | 0이 아님 | 1 | 1 |
| 0이 아님 | 0 | 0 | 1 |
| 0 | 0이 아님 | 0 | 1 |
| 0 | 0 | 0 | 0 |

논리식의 사용 예는 아래와 같다.

**1.** if (age > 55 && salary < 1000)

**2.** if (number < 0 || number > 100)

나중에 판단문을 다룰 때에 예를 더 보게 될 것이다.

> **주의** 관계 연산자와 논리 연산자의 상대적인 우선순위는 아래와 같다.
>
> | | |
> |---|---|
> | **고순위** | ! |
> | | > >= < <= |
> | | == != |
> | | && |
> | **저순위** | \|\| |
>
> 복합 표현식에서 관계 연산자와 논리 연산자를 사용할 때 연산자의 우선순위는 매우 중요하다.

## 4.5 대입 연산자

대입 연산자는 표현식의 결과를 변수에 대입할 때 사용된다. 일반적으로 사용되는 대입연산자는 '=' 이다. C에는 다음과 같이 형태의 '축약' 대입 연산자도 있다.

***v op= exp;***

*v*는 변수, *exp*는 표현식, *op*는 이항 산술 연산자이다. **op**=는 축약 대입연산자이다.

대입문

```
v  op= exp;
```

와

```
v = v op (exp);
```

는 같다. 다음 예를 생각해보자.

```
x += y+1;
```

이것은

```
x = x + (y+1);
```

과 동일하다.

축약연산자 **+=**는 'x에 y+1을 더하거나', 'x를 y+1만큼 증가시키는 것' 을 의미한다. y = 2라면 위의 식은 아래와 같다.

```
x += 3;
```

이 문장이 실행되면 3이 x에 더해진다. 만약 x의 이전 값이 5이면 x의 새 값은 8이 된다. 표 4.4에 주로 사용되는 축약 대입연산자가 있다.

축약 대입연산자를 사용하면 세 가지 장점이 있다.

**1.** 왼쪽에 나오는 것을 반복할 필요가 없어서 더 쓰기 쉽다.
**2.** 문장이 더 간략하고 읽기 쉽다.
**3.** 문장이 더 효율적이다.

표 4.4 축약 대입연산자

| 대입 연산문 | 축약 연산문 |
|---|---|
| a = a + 1 | a += 1 |
| a = a − 1 | a −= 1 |
| a = a * (n+1) | a *= n+1 |
| a = a / (n+1) | a /= n+1 |
| a = a % b | a %= b |

**예제 4.2** 그림 4.2의 프로그램은 축약연산자 *=을 사용하여 수의 제곱을 출력한다. E

**Program**

```
#define   N    100
#define   A    2
main()
{
          int a;
          a = A;
          while( a < N )
          {
               printf("%d\n", a);
               a *= a;
          }
 }
```

**Output**

```
2
4
16
```

그림 4.2 축약 연산자 *=의 사용

프로그램은 2에서 시작하여 연속된 제곱을 출력한다. 문장

**a *= a;**

는 아래의 문장과 동일하다.

**a = a*a;**

이 문은 현재의 **a**의 값을 **a**의 제곱으로 대체한다. a의 값이 **N**(=100)과 같거나 클 때 **while** 문이 종료된다. 단지 세 개의 값 2, 4, 16이 출력되는 것을 확인할 수 있다.

## 4.6 증가와 감소 연산자

C에는 다른 언어에서는 볼 수 없는 두 개의 유용한 연산자인 증가와 감소 연산자가 있다.

++ and --

++은 피연산자에 1더하고 --는 1을 뺀다. 두 연산자 모두 단항 연산자이며 다음의 형식을 취한다.

```
++m; 또는 m++;
--m; 또는 m--;
```

++m;은 m = m+1; (또는 m += 1;)과 같다.
--m;은 m = m-1; (또는 m -= 1;)과 같다.

증가 감소 연산자는 **for**와 **while** 루프에서 광범위하게 사용된다.

++m와 m++은 독립적인 문장이라면 똑같지만 대입문의 오른쪽 표현식으로 사용된다면 의미가 다르다. 다음의 예를 보자.

```
m = 5;
y = ++m;
```

이 경우 **y**와 **m**의 값은 6이 된다. 위의 문장을 아래처럼 바꾸면

```
m = 5;
y = m++;
```

y의 값은 5가 되고 m은 6이 된다. 전위 연산자는 먼저 피연산자에 *1*을 더하고 그 결과를 왼쪽에 대입한다. 반면에 후위 연산자는 왼쪽의 값을 먼저 대입하고 그 후에 피연산자에 *1*을 더한다.

첨자 변수의 경우에도 유사하다. 문장

```
a[i++] = 10;
```

은 아래와 동일하다.

```
a[i] = 10;
i = i + 1;
```

증가와 감소 연산자를 복잡한 문장에서 사용할 수 있다. 예를 들어

```
m = n++ -j+10;
```

이 식이 계산될 때에는 n의 이전 값이 사용된다. 계산 후에 n이 증가된다. n++ 또는 ++n의 오른쪽이나 왼쪽에 여백을 필요로 하는 컴파일러도 있다.

또 다른 예를 들어본다. 다음 코드를 살펴보자.

```
a = 4;
b = a++ + a++;
```

위 코드를 실행한 후에 'a' 는 6의 값을 가질 것이고, 'b' 는 8의 값을 가질 것이다. 증가 연산은 덧셈 연산이 이루어지고 난 뒤에 일어나기 때문이다. 덧셈에 사용되는 피연산자는 4와 4가 된

다. 따라서 'b' 에 저장되는 합은 8이다. 덧셈이 끝나고 나면 두 개의 증가 연산이 연속적으로 일어나고, 그 결과로 'a' 의 최종 값은 6이 된다.

다음 코드 조각을 살펴보자.

```
a=4;
b = ++a + ++a;
```

위 코드를 실행하면 'a' 는 6의 값을 가질 것이고, 'b' 는 12의 값을 가질 것이다. 여기서는 사전 증가 연산자를 사용하기 때문이다. 덧셈 연산이 일어나기 전에 'a' 는 두 번 증가되어, 결과로 6이 된다. 따라서 마지막으로 덧셈을 하면 합은 12가 되어 'b' 에 할당된다.

> **TIP**
>
> 증가와 감소 연산자는 너무 많은 다른 연산자와는 가급적 같이 사용하지 않는 것이 좋다.

### + + 와 − − 연산자의 규칙

- 증가와 감소 연산자는 단항 연산자이고 피연산자로 변수가 필요하다.
- 표현식에서 + + (혹은 − −)가 변수 뒤에 후위로 사용되면 변수의 이전 값으로 표현식이 계산되고 그 후에 변수값이 1 증가 혹은 1 감소된다.
- 전위로 사용될 때는 먼저 변수의 값을 1 더하거나 1을 빼고 다음에 새로운 값으로 표현식이 계산된다.
- + +와 − −의 우선순위와 결합방향은 단항 +와 − 연산자와 동일하다.

## 4.7 조건 연산자

3항 연산자 "? :"는 다음과 같이 사용한다.

***exp1 ? exp2 : exp3***

*exp1*이 먼저 계산되어 그 결과가 0이 아니면(참) *exp2*가 계산되고 그 값이 전체 표현식의 값이 된다. 만약 *exp1*이 거짓이면 *exp3* 가 계산되어 그 값이 표현식의 값이 된다. 표현식 중 하나만이(*exp2* 혹은 *exp3*) 계산된다. 다음의 경우를 보자.

```
a = 10;
b = 15;
x = (a > b) ? a : b;
```

이 예에서 x에는 b의 값이 대입된다. 이것은 **if..else**문을 사용하여 아래와 같이 나타낼 수 있다.

```
if (a > b)
```

```
    x = a;
else
    x = b;
```

**스킬테스트**

문자를 입력받고 이것이 자음인지 모음인지 판단하는 C 프로그램을 작성하라. [M]

## 4.8 비트 연산자

데이터를 비트 수준에서 다루기 위해서 비트 연산자가 있다. 비트를 검사하거나 비트를 오른쪽 또는 왼쪽으로 이동시킬 때 이 연산자를 사용한다. 비트 연산자는 **float**나 **double** 형의 데이터에는 사용될 수 없다. 표 4.5는 비트 연산자의 종류와 의미를 보여준다. 더 상세한 사항은 부록I을 참조하라.

LO 4.2 비트 연산자와 특수 연산자를 이해한다.

**표 4.5** 비트 연산자

| 연산자 | 의미 |
|---|---|
| & | 비트 논리곱 AND |
| \| | 비트 논리합 OR |
| ^ | 비트 배타적 논리합 |
| << | 왼쪽 이동 |
| >> | 오른쪽 이동 |

## 4.9 특수 연산자

쉼표 연산자, **sizeof** 연산자, 포인터 연산자(& and *), 멤버선택 연산자(. and ->)와 같은 특별한 연산자가 있다. 쉼표와 **sizeof** 연산자는 이 절에서 다루며 포인터 연산자는 12장에서 다룬다. 구조체의 멤버를 선택하는데 사용하는 멤버선택 연산자는 11장과 12장에서 다룬다. 두 개의 전처리 연산자(# and ##)는 15장에서 다루어진다.

### 쉼표 연산자

쉼표 연산자는 관련된 표현식을 연결시키는데 사용한다. 쉼표로 연결된 표현식은 **왼쪽**에서 오른쪽으로 평가되고 **가장 오른쪽** 표현식의 값이 전체 표현식의 값이다. 예를 들면

```
value = (x = 10, y = 5, x+y);
```

일 때 **x**에 10의 값이 대입되고 **y**에 5가 대입되며 최종적으로 15의 값이 **value**에 대입된다. 쉼표 연산자는 모든 연산자 중에서 가장 낮은 우선순위를 가지며 괄호가 필요하다. 쉼표 연산자의 적용 예는 아래와 같다.

**for** 루프:

```
for (n = 1, m = 10; n <= m; n++, m++)
```

**while** 루프:

```
while (c = getchar(), c != 10)
```

값의 교환:

```
t = x, x = y, y = t;
```

## sizeof 연산자

**sizeof**는 컴파일시간 연산자이며, 피연산자가 차지하는 바이트수를 반환한다. 피연산자는 변수, 상수 또는 자료형 수식어이다.

예:

m = **sizeof** (sum);
n = **sizeof** (long int);
k = **sizeof** (235L);

**sizeof** 연산자는 배열과 구조체의 길이를 프로그래머가 모를 때 그 크기를 알아내기 위해서 사용한다. 또는 프로그램의 실행 중에 기억공간을 동적으로 변수에 할당할 때 사용한다.

**예제 4.3** 그림 4.3에 몇 가지 연산자를 사용하고 있다. 계산 결과도 보여준다. M

**Program**

```
main()
{
    int a, b, c, d;
    a = 15;
    b = 10;
    c = ++a - b;
    printf("a = %d b = %d c = %d\n",a, b, c);
    d = b++ +a;
    printf("a = %d b = %d d = %d\n",a, b, d);
    printf("a/b = %d\n", a/b);
    printf("a%%b = %d\n", a%b);
    printf("a *= b = %d\n", a*=b);
    printf("%d\n", (c>d) ? 1 : 0);
    printf("%d\n", (c<d) ? 1 : 0);
}
```

**Output**

```
a = 16 b = 10 c = 6
a = 16 b = 11 d = 26
```

(계속)

```
a/b = 1
a%b = 5
a *= b = 176
0
1
```

**그림 4.3** 산술 연산자의 사용예

표현식에서 증가 연산자 ++가 사용되는 방식을 보자. 아래의 문장에서는

```
c = ++a - b;
```

**a**의 새 값(=16)이 사용되고 c에는 6이 대입된다. 즉, 표현식에서 사용되기 전에 a가 1 증가되었다. 그러나 아래의 표현식에서는 b의 이전 값이 사용된다.

```
d = b++ + a;
```

여기서 **b**는 표현식에서 사용된 후에 1이 증가된다.

문자 %를 출력하려면 출력제어 문자열에서 %문자 다음에 바로 %문자를 추가한다.

```
printf("a%%b = %d\n", a%b);
```

아래의 식

```
c > d ? 1 : 0
```

은 c가 d보다 작으면 0이 되고 아니면 1이 된다.

## 4.10 산술식

**LO 4.3** 어떻게 산술식이 계산되는지 이해한다.

산술식은 프로그래밍 언어의 문법에 따라 구성된 변수, 상수, 연산자의 조합이다. 앞의 많은 예에서 간단한 표현식들이 많이 나왔다. 하지만 복잡한 표현식도 나타낼 수 있다. 표 4.6에는 표현식의 몇 가지 예를 보여주고 있다. C언어에는 지수에 대한 연산자가 없음을 기억해야한다.

**표 4.6** 표현식들

| 대수식 | C 표현식 |
|---|---|
| a x b - c | a * b - c |
| (m+n)(x+y) | (m+n) * (x+y) |
| $\left(\frac{ab}{c}\right)$ | a * b/c |
| $3x^2+2x+1$ | 3 * x * x + 2 * x + 1 |
| $\left(\frac{x}{y}\right) + c$ | x/y+c |

## 4.11 표현식의 계산

표현식은 다음과 같은 대입문에서 계산이 이루어진다.

***variable = expression;***

변수는 유효한 C 변수 이름이다. 표현식이 먼저 평가되고 그 결과가 왼쪽 변수의 기존 값을 대체한다. 표현식에서 사용된 모든 변수들은 계산을 하기 전에 값을 가지고 있어야 한다. 표현식의 계산에 대한 예는 다음과 같다.

```
x = a * b - c;
y = b / c * a;
z = a - b / c + d;
```

연산자 주위의 공백은 선택적이며 읽기 쉽게 하기 위함이다. 이런 문장에서 변수 a, b, c는 표현식에 사용되기 전에 값이 정의되어 있어야한다.

**예제 4.4** **그림 4.4는 표현식에서의 변수의 사용과 값의 계산을 보여주는 프로그램이다.** E

프로그램의 출력은 표현식에서 괄호의 효과도 보여준다. 다음 절에서 자세히 다룬다.

**Program**

```
main()
{
        float a, b, c, x, y, z;

    a = 9;
    b = 12;
    c = 3;

    x = a - b / 3 + c * 2 - 1;
    y = a - b / (3 + c) * (2 - 1);
    z = a - (b / (3 + c) * 2) - 1;

    printf("x = %f\n", x);
    printf("y = %f\n", y);
    printf("z = %f\n", z);
}
```

**Output**

```
x = 10.000000
y = 7.000000
z = 4.000000
```

**그림 4.4** 표현식의 계산

## 4.12 산술 연산자의 우선순위

괄호가 없는 산술식에서는 연산자 우선순위에 따라 왼쪽에서 오른쪽으로 연산을 수행한다. 산술 연산자에는 두 가지로 뚜렷하게 구별되는 우선순위 계층이 있다.

높은 우선순위 * / %
낮은 우선순위 + −

이에 따라 계산은 기본적으로 표현식의 왼쪽에서 오른쪽으로 2번 수행된다. 첫 번째에는 높은 우선순위 연산자가 적용되고 두 번째에는 낮은 우선순위 연산자가 적용된다. 그림 4.4의 프로그램에서 사용된 다음의 표현식 계산을 보자.

x = a−b/3 + c*2−1

a = 9, b = 12, c = 3일 때 표현식은 다음과 같이 된다.

x = 9−12/3 + 3*2−1

계산 과정은 다음과 같다.

**첫 번째 패스**

1단계: x = 9−4+3*2−1

2단계: x = 9−4+6−1

**두 번째 패스**

3단계: x = 5+6−1

4단계: x = 11−1

5단계: x = 10

이런 계산 과정이 그림 4.5에 정리되어 있다. 괄호안의 숫자들은 수행 단계를 나타낸다.

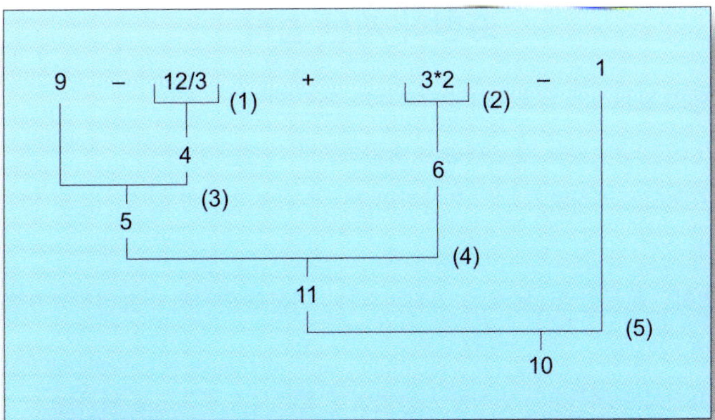


**그림 4.5** 연산의 계층적 보기

계산 순서는 표현식에 괄호를 넣어서 바꿀 수 있다. 다음 식을 살펴보자.

$$9-12/(3+3)*(2-1)$$

괄호가 사용되면 괄호안의 표현식이 가장 높은 우선순위를 가진다. 위의 식과 같이 두 개 이상의 괄호가 연이어 나타나면 가장 왼쪽의 괄호부터 먼저 계산하고 오른쪽 괄호는 그 다음에 한다. 새로운 작업 순서가 아래에 있다.

**첫 번째 패스**

1단계: 9-12/6 * (2-1)

2단계: 9-12/6 * 1

**두 번째 패스**

3단계: 9-2 * 1

4단계: 9-2

**세 번째 패스**

5단계: 7

이 경우 계산은 표현식의 왼쪽에서 오른쪽으로 세 번의 패스로 구성된다. 그러나 계산 단계의 수는 5로서 같다(괄호는 중첩될 수 있다. 이런 경우 표현식의 평가는 안쪽괄호에서 바깥쪽으로 진행된다).

모든 열린 괄호와 그에 해당하는 닫힌 괄호의 짝이 맞는지 확인해야 한다. 예를 들어

$$9-(12/(3+3)*2)-1=4$$

반면에

$$9-((12/3)+3*2)-1=-2$$

## 표현식 계산 법칙

- 괄호 안의 표현식은 왼쪽에서 오른쪽으로 계산된다.
- 괄호가 중첩되어 있을 때 안쪽에서 바깥쪽으로 계산된다.
- 부분 표현식을 계산하기 위해 연산자의 적용순서를 결정할 때 우선순위 법칙이 적용된다.
- 결합법칙은 동등한 우선순위를 가지는 두 개 이상의 연산자가 표현식에 있을 때에 적용된다.
- 산술 표현식은 우선순위 법칙을 사용하여 왼쪽에서 오른쪽으로 평가된다.
- 괄호가 있을 때 괄호 안에 있는 표현식의 우선순위가 가장 높다

가 되어 괄호에 따라 연산 결과가 다르게 나온다. 괄호는 우선순위를 바꾸게 하고 프로그램을 읽기 쉽게 만든다. 연산 순서가 의심스러울 때는 항상 괄호를 사용하여 우선순위를 확실하게 해야 한다.

**예제 4.5** 표현식 a=5<=8 && 6!=5에 대한 C 프로그래밍을 작성하라. M

```
#include <stdio.h>
#include <conio.h>
   void main()
   {
   int a;
   a = 5<=8 && 6!=5;
   printf("%d", a);
   getch();
   }
Output
   1
```

**그림 4.6** a=5<=8 && 6!=5의 표현식을 포함하는 프로그램

## 4.13 계산에서의 문제

표현식에 실수가 포함되면 계산 오차에 대한 대비를 하는 것이 중요하다. 실수는 근사치이고 이런 근사에 의한 오차는 중대한 문제를 일으킬 수 있다. 예를 들어 다음의 문장을 생각하자.

```
a = 1.0/3.0;
b = a * 3.0;
```

(1.0/3.0)3.0의 계산 결과는 1이라고 생각할 것이다. 그러나 프로그램에서 계산된 **b**의 결과 값이 1이 된다는 보장은 없다.

또 다른 문제는 0으로 나눌 경우이다. 어떤 수를 0으로 나누고자 할 때 대부분의 컴퓨터에서는 비정상적으로 프로그램이 종료되거나 어떤 컴퓨터에서는 그러한 나눗셈이 발생한 경우에는 의미 없는 결과를 초래한다. 분모가 0이 될 가능성이 있는지를 충분히 주의해야 하며 0으로 나누어지는 것을 피해야한다.

세 번째 문제는 오버플로우와 언더플로우 오류를 일으키는 것이다. 프로그래머는 피연산자가 올바른 자료형과 범위에 있는지 확실히 해야만 오버플로우와 언더플로우가 발생되지 않는다.

**예제 4.6** 그림 4.7의 출력은 부동소수점 실수 계산에 발생할 수 있는 반올림 오차를 보여준다. M

```
Program
/*―――――― Sum of n terms of 1/n ――――――*/
  main()
  {
      float sum, n, term ;
      int count = 1 ;

      sum = 0 ;
      printf("Enter value of n\n") ;
          scanf("%f", &n) ;
      term = 1.0/n ;
      while( count <= n )
      {
             sum = sum + term ;
             count++ ;
      }
      printf("Sum = %f\n", sum) ;
  }

Output

  Enter value of n
  99
  Sum = 1.000001
  Enter value of n
  143
  Sum = 0.999999
```

**그림 4.7** 부동소수점에서 반올림 오차

1/n에 대한 n항의 합은 1이 되어야 한다. 그러나 부동소수점 실수의 표기 오차로 인해서 출력이 항상 1이 되지는 않는다.

**스킬테스트**

2차 방정식의 근을 구하는 C 프로그램을 작성하라. [M]

## 4.14 표현식에서의 형 변환

### 묵시적 형변환

C언어에서는 표현식에 서로 다른 형의 상수와 변수를 섞어 쓸 수 있다. 표현식의 계산 결과가 유효하게 되도록 C는 자동적으로 형변환을 해서 계산을 수행한다. 이러한 자동 변환을 묵시적 형변환이라고 한다.

**LO 4.4** 표현식에서 형변환에 대해서 설명한다.

계산에서 형의 자동 변환은 엄격한 규칙에 따라 일어난다. 만약 피연산자가 다른 종류의 형이라면 연산이 수행되기 전에 '낮은' 형태는 '높은' 형태로 자동 변환된다. 전형적인 형변환 과정이 그림 4.8에 있다.

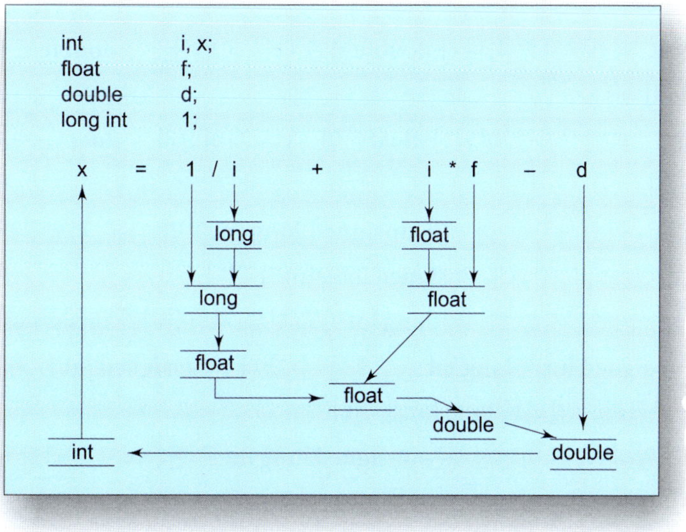


**그림 4.8** 묵시적 형변환 과정

**변환의 계층**

대입을 제외한 모든 표현식에서 묵시적 형변환은 낮은 크기의 형에서 높은 크기의 형으로 이루어지는 규칙을 사용한다.

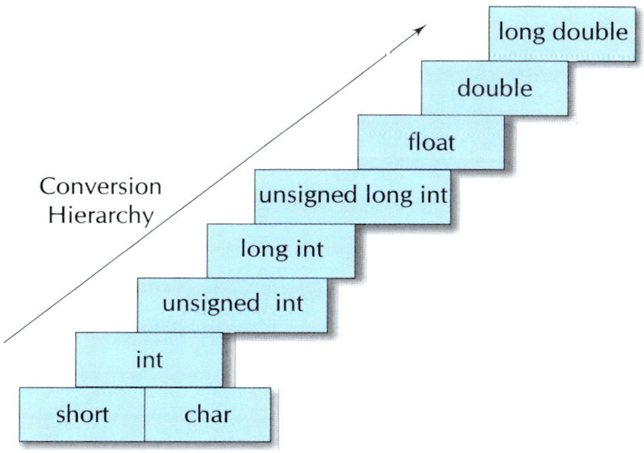

표현식을 계산할 때 아래의 법칙이 적용된다.
모든 **short**와 **char**는 자동적으로 **int**로 변환된다.

1. 피연산자중 하나가 **long double**이면, 다른 피연산자는 **long double**로 변환되고 결과도 **long double**이 된다.
2. 그렇지 않고, 피연산자중 하나가 **double**이면 다른 피연산자는 **double**로 변환되고 결과도 **double**이 된다.
3. 그렇지 않고, 피연산자중 하나가 **float**이면 다른 피연산자는 **float**로 변환되고 결과도 **float**가 된다.
4. 그렇지 않고, 피연산자중 하나가 **unsigned long int**이면 다른 피연산자는 **unsigned long int**로 변환되고 결과도 **unsigned long int**가 된다.
5. 그렇지 않고, 피연산자중 하나가 **long int**이고 다른 피연산자가 **unsigned int**일 때
   (a) 만약 **unsigned int**가 **long int**로 변환될 수 있다면, **unsigned int**인 피연산자는 **long int**로 변환되고 결과도 **long int**가 된다.
   (b) 그렇지 않다면, 두 피연산자는 **unsigned long int**로 변환되고 결과도 **unsigned long int**가 된다.
6. 그렇지 않고, 피연산자중 하나가 **long int**면 다른 피연산자는 **long int**로 변환되고 결과도 **long int**가 된다.
7. 그렇지 않고, 피연산자중 하나가 **unsigned int**면 다른 피연산자는 **unsigned int**로 변환되고 결과도 **unsigned int**가 된다.

C의 일부 버전은 부동소수점 피연산자를 자동적으로 배정밀도로 변환한다.

표현식의 최종결과는 변수에 대입되기 전에 대입기호 왼편의 변수형으로 변환된다. 대입할 때 다음의 변화들이 일어난다.

1. **float**에서 **int**로의 대입은 소수 부분의 절단을 일으킨다.
2. **double**에서 **float**으로의 대입은 숫자의 반올림이 발생한다.
3. **long int**에서 **int**로의 대입은 초과되는 상위 비트를 잘라낸다.

## 명시적 변환

앞에서 어떻게 형변환이 자동적으로 이루어지는지 보았다. 그러나 어떤 경우에는 자동 형변환과는 다른 방식으로 형변환이 필요할 때가 있다. 예를 들어 어떤 마을의 남성에 대한 여성의 비를 계산하는 식을 생각해 보자.

ratio = female_number/male_number

**female_number**와 **male_number**가 정수로 선언되었기 때문에 나눗셈 결과의 소수부분은 없어지고 **ratio**는 잘못된 값을 나타내게 된다. 이 문제는 아래와 같이 하나의 변수를 부동소수점 형으로 일시적으로 변환하여 해결할 수 있다.

ratio = (**float**) female_number/male_number

연산자(**float**)는 표현식의 정확한 계산을 위해서 **female_number**를 부동소수점 형으로 바꾼다. 그 후 자동 변환에 의해서 부동소수점 나눗셈이 수행되고 소수 부분이 유지되는 결과를 얻는다.

연산자(**float**)는 변수 **female_number**의 원래 값에는 영향을 끼치지 않는다. 그리고 또한 **female_number**의 형은 프로그램의 다른 부분에서는 **int**로 남아있게 된다.

이러한 일시적 변환 과정을 **명시적 변환** 또는 값의 **캐스팅**이라고 한다. 아래 문장은 캐스팅의 일반적인 형식이다:

**(*type-name*) expression**

*type-name*은 표준 C 데이터 형이다. 표현식은 상수, 변수 혹은 표현식이다. 캐스팅의 몇 가지 예가 표 4.7에 있다.

**표 4.7** 캐스팅의 사용

| 예 | 동작 |
|---|---|
| x = (**int**)7.5 | 7.5가 소수점이하 절단에 의해서 정수로 변환된다. |
| a = (**int**)21.3/(int)4.5 | 21/4의 계산 결과는 5이다. |
| b = (**double**)sum/n | 나눗셈이 부동소수점 형식으로 계산된다. |
| y = (**int**)(a+b) | 결과 a+b는 정수로 변환된다. |
| z = (**int**)a+b | a는 정수로 변환되고나서 b가 더해진다. |
| p = cos((**double**)x) | x를 사용하기 전에 double로 변환한다. |

캐스팅은 값을 반올림하는 데에 사용할 수 있다. 다음 문을 보자.

x = (**int**)(y+0.5);

만약 **y**가 27.6이면 **y**+0.5는 28.1이 되고 캐스팅을 하면 결과는 28이 되어 **x**에 대입된다. 물론 캐스팅된 표현식은 바뀌지 않는다.

**예제 4.7** **그림 4.9는 캐스팅을 사용하여 아래 식을 계산하는 프로그램이다.** H

$$sum = \sum_{i=1}^{n}(1/i)$$

```
Program

   main()
   {
        float    sum ;
        int              n ;

        sum = 0 ;

        for( n = 1 ; n <= 10 ; ++n )
        {
            sum = sum + 1/(float)n ;
            printf("%2d %6.4f\n", n, sum) ;
        }
   }

Output

    1  1.0000
    2  1.5000
    3  1.8333
    4  2.0833
    5  2.2833
    6  2.4500
    7  2.5929
    8  2.7179
    9  2.8290
   10  2.9290
```

**그림 4.9** 캐스팅의 사용

## 4.15 연산자 우선순위와 결합규칙

**LO 4.5** 연산자의 우선순위와 결합성을 적용하는 규칙을 설명한다.

C언어의 모든 연산자는 우선순위를 가지고 있다. 이 우선순위는 하나 이상의 연산자를 포함하는 표현식의 계산 순서를 결정한다. 모든 연산자는 우선순위의 수준 중 하나에 속한다. 높은 수준의 우선순위의 연산자가 먼저 평가된다. 같은 수준의 연산자들은 왼쪽에서 오른쪽이나 오른쪽에서 왼쪽으로 평가된다. 이것을 연산자의 결합규칙이라 한다. 표 4.8은 연산자의 전체 목록이며 연산자, 우선순위, 결합규칙을 나타낸다. 우선순위가 낮아지는 순서대로 표시되었다. 순위열의 1은 가장 높은 우선순위 수준을 나타내고 15는 가장 낮은 수준을 나타낸다. 처음 소개되는 연산자도 목록에 있다.

연산자의 우선순위와 결합규칙을 잘 알아두어야 한다. 다음 조건문을 보자.

**if** (x == 10 + 15 && y < 10)

연산자 + 는 논리 연산자(&&)와 관계 연산자(==와 <)보다 높은 수준에 있다. 그래서 **덧셈**을 먼저 실행하며 결과는 아래와 같다

**if** ( x == 25 && y < 10)

**표 4.8** C 연산자의 요약

| 연산자 | 설명 | 결합규칙 | 순위 |
|---|---|---|---|
| ( ) | 함수호출 | 왼쪽에서 오른쪽 | 1 |
| [ ] | 배열의 원소참조 | | |
| + | 단항 덧셈 | 오른쪽에서 왼쪽 | 2 |
| – | 단항 뺄셈 | | |
| ++ | 증가 | | |
| –– | 감소 | | |
| ! | 논리부정 | | |
| ~ | 1의 보수 | | |
| * | 포인터 참조 | | |
| & | 주소 | | |
| sizeof | 대상의 크기 | | |
| (type) | 캐스팅(형변환) | | |
| * | 곱셈 | 왼쪽에서 오른쪽 | 3 |
| / | 나눗셈 | | |
| % | 나머지 | | |
| + | 덧셈 | 왼쪽에서 오른쪽 | 4 |
| – | 뺄셈 | | |
| << | 왼쪽이동 | 왼쪽에서 오른쪽 | 5 |
| >> | 오른쪽이동 | | |
| < | 작다 | 왼쪽에서 오른쪽 | 6 |
| <= | 작거나 같다 | | |
| > | 크다 | | |
| >= | 크거나 같다 | | |
| == | 같다 | 왼쪽에서 오른쪽 | 7 |
| != | 같지 않다 | | |
| & | 비트 AND | 왼쪽에서 오른쪽 | 8 |
| ^ | 비트 XOR | 왼쪽에서 오른쪽 | 9 |
| \| | 비트 OR | 왼쪽에서 오른쪽 | 10 |
| && | 논리적 AND | 왼쪽에서 오른쪽 | 11 |
| \|\| | 논리적 OR | 왼쪽에서 오른쪽 | 12 |
| ?: | 조건식 | 오른쪽에서 왼쪽 | 13 |
| = | 대입 연산자 | 오른쪽에서 왼쪽 | 14 |
| *= /= %= | | | |
| += –= &= | | | |
| ^= \|= | | | |
| <<= >>= | | | |
| , | 쉼표 연산자 | 오른쪽에서 왼쪽 | 15 |

다음 단계는 **x**가 25와 같은가를 판단하고 다음은 **y**가 10보다 작은가를 판단한다. 만약 x의 값이 20이고 y의 값이 5라면

x == 25 은 거짓 (0)
y < 10 은 참 (1)

연산자 <는 ==의 연산자에 비해서 높은 수준이므로 y < 10이 먼저 계산되고 다음으로 x == 25가 계산된다.

최종값은

**if** (거짓 && 참)

조건 중의 하나가 거짓이므로 최종결과는 거짓이 된다.

**&&**의 경우에 첫 번째 조건이 0이거나, 또는 **||**의 경우에 첫 번째가 0 이 아닐 때 두 번째 피연산자는 계산되지 않는다.

**우선순위와 결합규칙**

- 우선순위는 연산자가 적용되는 순서를 결정한다.
- 결합규칙은 같은 우선순위의 연산자가 적용되는 순서를 결정한다.

## 4.16 수학 함수

cos, log, sqrt와 같은 수학 함수는 많은 실세계의 문제에서 사용된다. 대부분의 C 컴파일러는 이런 기본적인 수학 함수를 지원한다. 그러나 더 많은 수학 함수를 지원하는 시스템도 있으므로 어떤 함수를 사용할 수 있는지 알려면 참조 매뉴얼을 보는 것이 좋다. 표 4.9는 표준 수함 함수의 목록이다.

**표 4.9** 수학 함수

| 함수 | 의미 |
|---|---|
| **삼각함수** | |
| acos(x) | x의 arc cosine |
| asin(x) | x의 arc sine |
| atan(x) | x의 arc tangent |
| atan2(x,y) | x/y의 arc tangent |
| cos(x) | x의 cosine |
| sin(x) | x의 sine |
| tan(x) | x의 tangent |
| **쌍곡선함수** | |
| cosh(x) | x의 hyperbolic cosine |
| sinh(x) | x의 hyperbolic sine |
| tanh(x) | x의 hyperbolic tangent |

표 4.9 수학 함수 (계속)

| 함수 | 의미 |
|---|---|
| **기타함수** | |
| ceil(x) | x보다 큰 가장 작은 정수 |
| exp(x) | e의 x제곱 |
| fabs(x) | 절대값 |
| floor(x) | x보다 작은 가장 큰 정수 |
| fmod(x,y) | x/y의 나머지 |
| log(x) | 자연로그 단, x > 0 |
| log10(x) | 밑이 10인 로그함수 단, x, y > 0 |
| pow(x,y) | x의 y제곱 |
| sqrt(x) | x의 제곱근 단, x >= 0 |

**주의**

1. **x, y**는 **double**로 선언되어야한다.
2. 삼각함수와 쌍곡선함수의 **x, y**는 라디안 값이다.
3. 모든 함수는 **double**값을 반환한다.
4. C99에는 이런 함수들의 **float**와 **long double** 버전이 추가된다.
5. C99는 더 많은 수학 함수를 지원한다.
6. 더 상세한 것은 부록 "C99/C11특징"을 참조하라.

2장에서 언급한 것처럼 프로그램에서 이런 함수를 사용하기 위해서는 프로그램 앞 부분에 다음을 포함시켜야한다.

**#include <math.h>**

## 주요 개념

- **연산자:** 데이터와 변수에 대한 산술 및 논리 연산을 수행할 때 사용되는 기호. [LO 4.1]
- **표현식:** 피연산자와 연산자의 조합으로서 결국 하나의 값으로 된다. [LO 4.1]
- **정수 표현식:** 정수 피연산자를 포함하는 산술식. [LO 4.1]
- **실수 산술식:** 실수 피연산자를 포함하는 산술식. [LO 4.1]
- **관계 연산자:** 두 개의 피연산자를 비교하여 1이나 0(참이나 거짓)의 결과를 낸다. [LO 4.1]
- **논리 연산자:** 두 개 이상의 관계식을 연결하는데 사용된다. [LO 4.1]
- **대입 연산자:** 표현식의 값을 변수에 할당하는데 사용된다. [LO 4.1]
- **비트 연산자:** 데이터를 비트 수준에서 처리하는 특수 연산자. [LO 4.2]
- **산술 연산:** 연산자 우선 순위 규칙에 따라 산술식을 계산한다. [LO 4.3]

## 알아두기

- 증가 감소 연산자는 사용에 주의한다. 전위와 후위 연산에 대한 차이를 잘 알고 있어야 한다. [LO 4.1]
- 증가 감소 연산자를 쓸 때는 변수 식별자 이외에는 식에 포함시키지 않는다. [LO 4.1]
- 나머지 연산자 %를 정수 이외에 사용하는 것은 잘못이다. [LO 4.1]
- 표현식의 계산 결과는 그 값을 변수에 대입하기 전에 대입문 왼쪽 변수의 형으로 변환된다. 변환 중에 정보의 손실에 주의해야 한다. [LO 4.1]
- 두 개의 기호를 사용하는 연산자 ==, !=, <=, >= 사이에는 빈 칸이 있어서는 안된다. [LO 4.1]
- 두 개의 기호를 가진 연산자 !=, <=, >=는 순서가 바뀌면 안된다. [LO 4.1]
- 이항 연산자의 끝에 빈 칸을 넣으면 코드의 가독성이 좋아진다. [LO 4.1]
- 부동소수점 변수에는 증가와 감소 연산자를 사용할 수 없다. [LO 4.1]
- 동등 연산자 ==와 대입 연산자 =를 구별해야 한다. [LO 4.1]
- 배열과 구조의 크기를 모를 때는 sizeof 연산자를 사용하면 크기를 알 수 있다. [LO 4.2]
- 어떤 표현식은 부작용 생길 수도 있음을 알아야 한다. [LO 4.3]
- 0으로 나누는 계산은 피해야 한다. 0으로 나누게 되면 치명적인 오류 혹은 부정확한 결과를 초래한다. [LO 4.3]
- 문장의 끝에는 세미콜론을 붙이는 것을 잊어서는 안된다. [LO 4.3]
- 변수에 값을 할당하기 전에 표현식에서 사용하는 것은 잘못이다. [LO 4.3]
- 정수 나눗셈은 항상 결과의 소수 부분을 잘라 버린다. 소수 부분이 필요하면 캐스팅을 사용한다. [LO 4.4]
- 계산 순서를 명확히 하기 위해서는 괄호를 추가한다. [LO 4.5]
- 표현식에서 연산자의 우선순위를 확실히 이해해야 한다. 필요하면 괄호를 이용하라. [LO 4.5]
- 결합규칙은 같은 우선순위의 연산자가 여러 번 사용될 때 적용된다. 어느 연산자가 오른쪽에서 왼쪽 또는 왼쪽에서 오른쪽의 결합 순서를 갖는지 이해하라. [LO 4.5]

## 사례연구

### 1. 판매원의 월급 [LO 4.3 M]

한 컴퓨터 제조회사는 다음과 같은 월 보상정책을 판매원에게 적용한다.

| | | |
|---|---|---|
| 기본급 | : | 1500.00 |
| 판매된 컴퓨터 한 대당 성과급 | : | 200.00 |
| 월 판매액에 대한 수수료율 | : | 2% |

컴퓨터의 가격은 변하기 때문에 컴퓨터의 가격은 매월 초에 정해진다. 그림 4.10는 판매사원의 월 급여를 계산하는 프로그램이다.

```
Program
    #define BASE_SALAR        1500.00
    #define BONUS_RATE        200.00
    #define COMMISSION        0.02
    main()
    {
        int quantity ;
        float gross_salary, price ;
        float bonus, commission ;
        printf("Input number sold and price\n") ;
        scanf("%d %f", &quantity, &price) ;
        bonus          = BONUS_RATE * quantity ;
        commission     = COMMISSION * quantity * price ;
        gross_salary   = BASE_SALARY + bonus + commission ;
        printf("\n");
        printf("Bonus           = %6.2f\n", bonus) ;
        printf("Commission      = %6.2f\n", commission) ;
        printf("Gross salary    = %6.2f\n", gross_salary) ;
    }

Output
    Input number sold and price
    5 20450.00
    Bonus              = 1000.00
    Commission         = 2045.00
    Gross salary       = 4545.00
```

**그림 4.10** 판매사원 급여 계산 프로그램

기본급, 성과급, 수수료율이 주어진 값이고 총 월급을 계산하기 위해 필수적인 입력값은 컴퓨터 한 대당 가격과 한 달 판매대수이다.

총 월급은 다음 식에 의해 계산된다.

총 월급 = 기본급 + (월 판매개수 * 대당 성과급)
+(월 판매개수 * 컴퓨터 가격) * 수수료율

## 2. 이차방정식의 해 [LO 4.5 H]

다음과 같은 형식의 방정식을 이차방정식이라 한다.

$$ax^2 + bx + c = 0$$

방정식을 만족하는 해를 그 방정식의 근이라고 하며, 다음과 같은 근을 가진다.

$$\text{root } 1 = \frac{-b + \text{sqrt}(b^2 - 4ac)}{2a}$$

$$\text{root } 2 = \frac{-b - \text{sqrt}(b^2 - 4ac)}{2a}$$

그림 4.11에 있는 프로그램은 이 근을 계산한다. **a, b, c**의 값들의 입력을 요구하며 출력은 **root1, root2**이다.

```
Program
   #include <math.h>
   main()
   {
       float a, b, c, discriminant,
               root1, root2;
       printf("Input values of a, b, and c\n");
       scanf("%f %f %f", &a, &b, &c);
       discriminant = b*b - 4*a*c ;
       if(discriminant < 0)
          printf("\n\nROOTS ARE IMAGINARY\n");
       else

       {
          root1 = (-b + sqrt(discriminant))/(2.0*a);
          root2 = (-b - sqrt(discriminant))/(2.0*a);
          printf("\n\nRoot1 = %5.2f\n\nRoot2 = %5.2f\n",
                      root1,root2 );
       }
   }
Output
   Input values of a, b, and c
   2 4 -16
   Root1 = 2.00
   Root2 = -4.00
   Input values of a, b, and c
   1 2 3
   ROOTS ARE IMAGINARY
```

**그림 4.11** 이차방정식의 풀이

$(b^2 - 4ac)$는 판별식이다. 만약 판별식이 0보다 작으면 제곱근의 값이 계산될 수 없다. 그런 경우 근은 허수가 되며 프로그램에서 적절한 메시지를 출력한다.

## 다중선택 문제

다음 다중선택 문제에서 올바른 답을 고르시오.

4.1 다음 중에서 산술 연산자가 아닌 것은? **[LO 4.1 M]**

(a) % (b) /

(c) * (d) 위 모든 것이 산술 연산자이다

4.2 다음 중에서 대입 연산자는 무엇인가? **[LO 4.1 M]**

(a) = (b) %=

(c) /= (d) 위 모든 것

4.3 증가와 감소 연산자에 관해서 올바르게 설명한 것은 무엇인가? [LO 4.1 M]

(a) 전위 증가 연산자는 우선 피연산자에 1을 더하고 나서 결과를 좌변의 변수에 저장한다.

(b) 후위 감소 연산자는 우선 값을 좌변의 변수에 저장하고 나소 피연산자를 감소시킨다.

(c) ++과 ? 연산자의 우선순위와 결합규칙은 단항 연산자 +와 ?와 같다.

(d) 위 모두 올바르다.

4.4 다음 중에서 우선순위가 가장 낮은 연산자는 무엇인가? [LO 4.5 M]

(a) % (b) &

(c) && (d) ?=

4.5 다음 중에서 피연산자의 크기를 알기 위해서 사용하는 연산자는 무엇인가? [LO 4.2 E]

(a) auto (b) size

(c) sizeof (d) &

## 복습 질문

4.1 다음 문장이 참인지 거짓인지 말하시오.

(a) 표현식 !(x<=y)은 x>y와 같다. [LO 4.1 E]

(b) 단항 표현식은 연산자없이 단지 피연산자 하나로 구성된다. [LO 4.1 E]

(c) 모든 산술 연산자는 똑같은 우선순위를 가진다. [LO 4.3 E]

(d) 표현식의 문장은 마침표로 끝난다. [LO 4.3 E]

(e) 연산자 <=, >=, !=은 모두 우선순위가 같다. [LO 4.5 E]

(f) 나머지 연산자%는 정수에서만 사용할 수 있다. [LO 4.1 M]

(g) C에서는 계산값이 0이면 거짓으로 여겨진다. [LO 4.1 M]

(h) 복합적인 표현식을 계산할 때 묵시적 캐스팅이 자동적으로 이루어진다. [LO 4.4 M]

(i) 명시적 캐스팅은 표현식을 바꾸는 데에 사용할 수 있다. [LO 4.4 M]

(j) 결합규칙은 여러 개의 표현식 중에서 어느 것을 먼저 계산할 것인가를 결정하기 위해 사용된다. [LO 4.5 M]

(k) 괄호는 표현식 계산의 순서를 바꾸는데 사용할 수 있다. [LO 4.5 M]

(l) % 연산자를 실행할 때 피연산자가 둘 다 같은 부호이면 결과의 부호는 양이 된다. [LO 4.1 H]

4.2 다음 빈 칸을 적절히 채우시오.

(a) 표현식의 피연산자가 모두 정수이면 ________ 표현식이라 한다. [LO 4.1 E]

(b) C는 ________ 개의 관계 연산자를 지원한다. [LO 4.1 E]

(c) ________ 연산자는 피연산자가 차지하는 바이트 수를 반환한다. [LO 4.2 E]

(d) ________ 는 표현식에서 여러 연산자들의 계산순서를 결정하는데 사용된다. [LO 4.5 E]

(e) 두 개 이상의 관계 연산식을 결합하는 표현식을 ________ 표현식이라 한다. [LO 4.1 M]

(f) 변수에 대해 ________ 의 사용은 메모리상에서 그 형을 변환시킨다. [LO 4.4 M]

(g) 계산 순서는 표현식에서 ________를 사용함으로써 바꿀 수 있다. [LO 4.5 M]

(h) 연산자 ________는 실수 피연산자에는 사용할 수 없다. [LO 4.1 H]

(i) 연산자 ________는 우선순위가 가장 높고 ________는 우선순위가 가장 낮은 연산자이다. [LO 4.5 M]

(j) <=는 ________연산자이 반면에 &&는 ________연산자이다. [LO 4.1 E]

(k) 정수 피연산자를 포함하는 나눗셈 연산은 결과를 잘라버린다. 이런 상황을 피하려면 ________를 사용한다. [LO 4.4 M]

(l) 관계식의 결과는 ________이거나 ________이다. [LO 4.1 E]

4.3 변수의 초기화가 아래처럼 되었을 때 문장의 옳고 그름을 판단하시오. [LO 4.3 M]

int a = 10, b = 20, c ;

(a) a = + 10은 유효하다.

(b) a + 4/6 * 6/2는 11이다.

(c) b + 3/2 * 2/3은 20이다.

(d) a + = b;는 a가 30이고 b가 20이 된다.

(e) ++a++;는 a가 12가 된다.

(f) a = 1/b; a가 0.5가 된다.

4.4 a를 int로, b를 float로 선언하였을 때, 다음 문장의 옳고 그름을 판단하시오. [LO 4.3 H]

(a) a = 1/3 + 1/3 + 1/3;일 때 a는 1이 된다.

(b) b = 1.0/3.0 + 1.0/3.0 + 1.0/3.0;일 때 b는 1.0이 된다.

(c) b = 1.0/3.0 * 3.0;일 때 b는 1.0이 된다.

(d) b = 1.0/3.0 + 2.0/3.0;일 때 b는 1.0이 된다.

(e) a = 15/10.0 + 3/2;일 때 a는 3이 된다.

4.5 다음 표현식의 결과가 참인 것은? [LO 4.3 M]

(a) !(5 + 5 >= 10)

(b) 5 + 5 = = 10 | | 1 + 3 = = 5

(c) 5 > 10 | | 10 < 20 && 3 < 5

(d) 10 ! = 15 && !(10<20) | | 15 > 30

4.6 다음 산술식 중 올바른 것은? 만약 올바르다면 표현식의 값은? 올바르지 않다면 그 이유를 설명하시오. [LO 4.5 M]

(a) 25/3 % 2 (e) −14 % 3

(b) +9/4 + 5 (f) 15.25 + −5.0

(c) 7.5 % 3 (g) (5/3) * 3 + 5 % 3

(d) 14 % 3 + 7 % 2 (h) 21 % (int)4.5

4.7 다음 방정식을 계산하는 C 대입문을 작성하시오. [LO 4.5 H]

(a) Area = + 2rh

(b) Torque = $\dfrac{2m_1m_2}{m_1 + m_2} \cdot g$

(c) Side = $\sqrt{a^2+b^2-2ab\cos(x)}$

(d) Energy = $\text{mass}\left[\text{acceleration} \times \text{height} + \dfrac{(\text{velocity})^2}{2}\right]$

4.8 다음의 산술식에서 불필요한 괄호는 어느 것인가? [LO 4.5 H]

(a) ((x–(y/5)+z)%8) + 25

(b) ((x–y) * p)+q

(c) (m*n) + (–x/y)

(d) x/(3*y)

4.9 a = 5, b = 10, c = –6일 때 다음 논리식들의 값을 구하시오. [LO 4.5 M]

(a) a > b && a < c

(b) a < b && a > c

(c) a == c || b > a

(d) b > 15 && c < 0 || a > 0

(e) (a/2.0 == 0.0 && b/2.0 != 0.0) || c < 0.0

4.10 다음 프로그램의 출력은? [LO 4.1 M]

```
main()
{
    char x;
    int y;
    x=100;
    y=125;
    printf("%c\n", x);
    printf("%c\n", y);
    printf("%d\n", x);
}
```

4.11 다음 프로그램의 출력은? [LO 4.1 M]

```
main()
{
    int x=100;
    printf("%d/n", 10 + x++);
    printf("%d/n", 10 + ++x);
}
```

4.12 다음 프로그램의 출력은? [LO 4.5 M]

```
main()
{
```

```
    int x=5, y=10, z=10;
    x=y==z;
    printf("%d",x);
}
```

4.13 다음 프로그램의 출력은? [LO 4.1 E]

```
main()
{
    int x=100, y=200;
    printf("%d", (x > y) ? x : y);
}
```

4.14 다음 프로그램의 출력은? [LO 4.5 M]

```
main()
{
    unsigned x=1;
    signed char y=-1;
    if(x > y)
            printf("x > y");
else
            printf("x <= y");
}
```

Did you expect this output? Explain.

4.15 다음 프로그램의 출력은? 그 출력에 대해 설명하시오. [LO 4.1 M]

```
main()
{
    int x = 10;
    if(x = 20) printf("TRUE");
    else printf("FALSE");
}
```

4.16 다음 실행의 출력은 무엇인가? [LO 4.5 M]

```
for (m = 0; m < 3 ; ++m)
printf("%d\n", (m%2) ? m: m+2);
```

4.17 다음 실행의 출력은 무엇인가? [LO 4.1 E]

```
int m = -14, n = 3;
printf("%d\n", m/n * 10);
n = -n;
printf("%d\n", m/n * 10);
```

## 디버깅 연습

4.1 다음에서 오류가 있다면 무엇인가. [LO 4.4 E]

```
int x = 10;
float y = 4.25;
x = y%x;
```

4.2 다음 각각의 문장에서 오류는 무엇인가? [LO 4.1 M]

(a) if(m == 1 & n ! = 0)
    printf("OK");

(b) if(x = < 5)
    printf("Jump");

4.3 다음의 대입문에 오류가 있다면 오류를 찾아 수정하시오. [LO 4.5 M]

(a) x = y = z = 0.5, 2.0. −5.75;

(b) m = ++a * 5;

(c) y = sqrt(100);

(d) P * = x/y;

(e) s = /5;

(f) a = b++ −c*2

## 프로그래밍 연습

4.1 부동소수점을 읽고 정수부의 가장 오른쪽 한 자리 숫자를 출력하는 프로그램을 작성하시오. [LO 4.1 M]

4.2 위의 프로그램을 수정하여 정수부의 가장 오른쪽 두 자리 숫자를 출력하는 프로그램을 작성하시오. [LO 4.1 M]

4.3 주어진 정수에 대하여 다음과 같이 출력하는 프로그램을 작성하시오. [LO 4.3 H]

첫 번째 줄 : 모든 자리 수

두 번째 줄 : 첫째 자리를 제외한 수

세 번째 줄 : 첫 두 자리를 제외한 수

……

마지막 줄 : 마지막 자리의 수

예를 들면 숫자 5678은 다음과 같이 출력된다.

5 6 7 8

6 7 8

7 8

8

4.4 다음은 상품의 연 감가상각비를 계산하는 공식이다.

$$연감가상각비 = \frac{상품의\ 구입가격 - 잔존가치}{사용연수}$$

상품의 구입가격, 사용연수 그리고 연 감가상각비가 주어졌을 때 잔존가치를 결정하는 프로그램을 작성하시오. [LO 4.3 E]

4.5 키보드에서 실수값을 읽고 한 줄에 다음과 같이 출력하는 프로그램을 작성하시오. [LO 4.5 M]

| 이 실수보다 작지 않은 가장 작은 정수 | 입력된 실수 | 이 실수보다 크지 않은 가장 큰 정수 |
|---|---|---|

4.6 $t$초 동안 차량이 이동하는 총거리는 다음 식과 같다

distance = $ut + (at^2)/2$

여기서 $u$는 처음속도, $a$는 가속도이다. $u$와 $a$의 값이 주어졌을 때 시간에 대한 이동거리를 구하는 프로그램을 작성하시오. 사용자가 시간 간격을 선택할 수 있어야 하고 $u$와 $a$를 바꾸더라도 그에 대한 계산을 반복할 수 있어야 한다. [LO 4.5 M]

4.7 재고관리에서는 한 품목에 대한 경제적인 주문량(Economic Order Quantity, EOQ)과 최적 주문주기(optimal Time Between Orders)는 다음의 식과 같다.

$$EOQ = \sqrt{\frac{2 \times 수요율 \times 장치비}{단위시간\ 및\ 제품\ 당\ 재고관리비}}$$

$$TBO = \sqrt{\frac{2 \times 장치비}{수요율 \times 단위시간\ 및\ 제품\ 당\ 재고관리비}}$$

수요율(단위시간당 제품 수), 장치비, 단위시간 및 제품 당 재고관리비를 이용하여 EOQ, TBO를 구하는 프로그램을 작성하라. [LO 4.5 H]

4.8 인덕턴스 L과 저항 R로 이루어진 전기회로의 감쇠고유진동수는 다음 식과 같다.

$$Frequency = \sqrt{\frac{1}{LC} - \frac{R^2}{4C^2}}$$

커패시턴스 C에 연관된 감쇠고유진동수의 변화를 연구하고 싶다. C가 0.01간격으로 0.01에서부터 0.1까지 바뀔 때의 감쇠고유진동수를 계산하는 프로그램을 작성하시오. [LO 4.5 H]

4.9 4자리 정수를 한 개 읽고 각 자리수의 합을 출력하는 프로그램을 작성하시오.
힌트: 연산자 /와 %를 사용하시오. [LO 4.1 E]

4.10 세 개의 값이 주어졌을 때 키보드에서 그 세 개의 값을 읽고 if문을 사용하지 않고 그 숫자 중 가장 큰 값을 출력하는 프로그램을 작성하시오. [LO 4.2 H]

4.11 두 개의 정수 n과 m을 읽고 m이 n의 배수인지 아닌지를 판단하고 출력하는 프로그램을 작성하시오. [LO 4.1 M]

4.12 scanf문을 사용하여 세 개의 값을 읽고 다음 결과들을 출력하는 프로그램을 작성하시오. [LO 4.3 M]

(a) 세 값의 합
(b) 세 값의 평균
(c) 세 값 중 가장 큰 값
(d) 세 값 중 가장 작은 값

4.13 핸드폰의 기본요금은 250이며, 100 통화 이상 사용부터 전화 한 통 당 1.25가 더해진다. 고객코드와 통화수를 읽고 각 고객에게 보낼 요금청구서를 출력하시오. [LO 4.5 H]

4.14 아래의 그림처럼 15° 간격으로 0° 에서 180° 까지의 sin, cos값을 표로 출력하는 프로그램 작성하시오. [LO 4.1 E]

| *x* (°) | *sin*(*x*) | *cos*(*x*) |
|---|---|---|
| 0 | ...... | ...... |
| 15 | ...... | ...... |
| ... | | |
| ... | | |
| 180 | ...... | ...... |

4.15 다음 그림처럼 간격을 10으로 0과 100 사이의 값에 대한 제곱근과 제곱을 계산하고 출력하는 프로그램을 작성하시오. [LO 4.5 M]

| 수 | 제곱근 | 제곱 |
|---|---|---|
| 0 | 0 | 0 |
| 100 | 10 | 10000 |

4.16 실세계의 응용에 캐스팅 연산자를 사용한 예를 보이는 프로그램을 작성하시오. [LO 4.4 H]

4.17 주어진 데이터를 2비트 왼쪽으로 이동시키는 C 프로그램을 작성하라. [LO 4.1 M]

4.18 다음 식 x=a-b/3+c*2−1의 값을 계산하는 C 프로그램을 작성하라. [LO 4.3 E]

4.19 입력된 데이터가 일, 달, 년 값이 유효한지를 판단하는 C 프로그램을 작성하라. [LO 4.3 H]

4.20 삼각형의 세 변의 값을 입력받고 삼각형이 이등변 삼각형인지 판단하는 C 프로그램을 작성하라. [LO 4.3 M]

4.21 두 수를 입력받고 나눗셈을 수행한다. 만일 나눗셈이 불가능하면 에러 메시지 'Division not possible' 을 출력하는 C 프로그램을 작성하라. [LO 4.3 M]

4.22 4개의 변수 a, b, c, d를 입력받고 다음 식을 계산하는 C 프로그램을 작성하라. [LO 4.3 M]

(a + b) * (c / d)

(a + b) * c / d

a + (b * c) / d

## 인터뷰 질문

4.1 다음 문장이 실행되고 나면 x와 y의 값은 무엇이 되나? 그 이유를 설명하라. [LO 4.3 H]

x = 5;

y = x++ + ++x + x++;

4.2 다음 논리식 !(1 && !(0 || 1))의 결과를 계산하라. [LO 4.1 H]

4.3 연산 |의 결과값은 무엇인가? [LO 4.3 M]

4.4 연산자 |와 ||의 차이는 무엇인가? [LO 4.2 M]

4.5 두 변수의 값을 서로 바꾸는데 세 번째 변수를 사용하지 않는 코드를 작성하라. [LO 4.3 H]

4.6 C에서 다음 코드를 실행하고 나면 b의 값은 무엇이 되는가? [LO 4.3 H]

```
int a=5, b;
b=++a + ++a;
```

Chapter 5

# 입출력 다루기

**학습목표**

- **LO 5.1** 문자를 읽는 방법을 설명한다.
- **LO 5.2** 문자를 쓰는 방법을 이해한다.
- **LO 5.3** 서식화된 입력을 설명한다.
- **LO 5.4** 서식화된 출력을 설명한다.

## 5.1 소개

데이터를 읽고 처리하고 쓰는 일은 컴퓨터 프로그램이 수행하는 기본적인 작업이다. 대부분의 프로그램은 특정 데이터를 입력으로 가져온 뒤 이를 처리한 결과, 즉 정보를 적절한 방법으로 출력하는 과정들을 포함하고 있다. 지금까지 우리는 데이터를 프로그램 변수로 보내는 두 가지 방법을 배웠다. 첫 번째는 **x = 5, a = 0**과 같은 대입문을 통해 데이터의 값을 특정 변수에 저장시키는 것이었고, 두 번째는 키보드로부터 데이터를 읽어 들이는 **scanf**와 같은 입력 함수를 사용하는 것이었다. 이 두 가지 방법은 이전에 소개되었던 예제들을 통해서도 이미 많이 익숙해져 있을 것이다. 또한 결과의 출력을 위해서는 그 결과를 터미널 장치로 보내주는 **printf**와 같은 함수들이 널리 사용되고 있다.

다른 고급 언어와는 달리 C언어는 입출력을 직접 수행해주는 내장된 명령어가 존재하지 않으며, 모든 입출력은 **printf, scanf**와 같은 함수들의 호출을 통해서만 가능하다. 또한 C언어에서는 입출력을 위해 표준처럼 받아들여지는 몇 개의 함수들을 모아서 표준 입출력 라이브러리(standard I/O library)를 제공해주고 있다. 본 절에서는 여러 종류의 컴퓨터에서 동일하게 사용될 수 있는 가장 대표적인 표준 입출력 함수들에 대해 간단히 다룰 것이다. 이러한 표준 입출력 함수들의 보다 세부적인 내용과 본 절에서 다루지 않는 기타 표준 입출력 함수들에 대해서는 매뉴얼을 참조하기 바란다.

2장의 예제 프로그램 5에서 cos(x) 함수를 사용하기 위해 다음과 같은 math 라이브러리를 포함시켰다.

```
#include <math.h>
```

이 문장은 cos(x) 함수를 math 라이브러리로부터 가져오는데, 이 함수는 C 언어의 기본 명령어가 아니다. 이와 유사하게 표준 입출력 함수들을 사용하고자 할 때에도 아래와 같은 표준 입출력 라이브러리를 프로그램 앞 부분에 추가해야 한다.

```
#include <stdio.h>
```

예외적으로 **printf, scanf**와 같은 함수들은 C언어 자체에서 이미 정의되어 있으므로 이런 표준 입출력 라이브러리를 삽입하지 않아도 사용이 가능하다.

참고로 **stdio.h**는 표준 입력-출력 헤더 파일의 약자이며, **#include** <***stdio.h***>라는 문장은 컴파일러에게 **stdio.h**라는 파일을 찾아서 그 내용을 현재 위치에 포함시키라는 의미를 담고 있다. 그 결과로 컴파일이 완료된 후에는 이러한 헤더 파일의 내용이 소스 코드의 일부로 포함되게 된다.

## 5.2 한 글자씩 읽기

LO 5.1 문자를 읽는 방법을 설명한다.

입출력 작업 중에 가장 간단한 것은 키보드와 같은 표준 입력장치에서 한 글자를 읽거나 모니터와 같은 표준 출력장치로 한 글자를 출력하는 것이다. 한 글자씩 읽는 작업은 **getchar**라는 함수를 이용한다(참고로 5.4절에서 다루게 될 **scanf** 함수를 통해서 한 글자씩 읽는 것도 가능하다). **getchar**의 사용법은 다음과 같다.

***variable-name*** **= getchar();**

변수 이름은 **char** 형의 유효한 변수명으로 선언되어야 한다. 이 문장이 실행되면 컴퓨터는 키보드가 눌러질 때까지 대기하게 되고 키보드의 키가 눌러진 뒤에는 그 값을 **getchar** 함수의 반환값으로 돌려주게 된다. 참고로 **getchar**는 항상 대입문의 오른쪽에 위치하게 되므로 대입문의 원리에 따라 왼쪽에 위치한 변수에 **getchar**의 값이 할당되게 된다. 예를 들어 다음의 예에서 키보드의 'H' 키가 눌러진다면 이는 문자 'H'를 변수 **name**에 할당시키는 역할을 하게 된다. 또한, **getchar**는 함수의 일종이므로 괄호 ()와 같은 함수 표현방식이 사용된다.

```
char name;
name = getchar();
```

**예제 5.1** 그림 5.1의 프로그램은 대화형 환경에서 getchar 함수의 사용 예를 보여주고 있다. M

이 프로그램은 사용자에게 YES/NO로 대답 가능한 질문들을 보여준 뒤 사용자가 반응('Y' 또는 'N' 키)을 보이면 이를 읽어낸다. 사용자의 반응이 'Y' 또는 'y' 인 경우 프로그램은 다음의 메시지를 출력하게 된다.

My name is BUSY BEE

또한 사용자의 반응이 'Y' 또는 'y' 가 아닌 경우 프로그램은 다음의 메시지를 출력하게 된다.

You are good for nothing

**주의** 입력 텍스트와 출력 메시지 사이에는 한 줄의 줄 간격이 있는 것을 유의하자.

```
Program
      #include <stdio.h>
      main()
      {
         char answer;
         printf("Would you like to know my name?\n");

         printf("Type Y for YES and N for NO: ");
         answer = getchar(); /* .... Reading a character...*/
         if(answer == 'Y' || answer == 'y')
            printf("\n\nMy name is BUSY BEE\n");
         else
            printf("\n\nYou are good for nothing\n");
      }
Output
      Would you like to know my name?
      Type Y for YES and N for NO: Y
      My name is BUSY BEE
      Would you like to know my name?
      Type Y for YES and N for NO: n
      You are good for nothing
```

**그림 5.1** 키보드로부터 하나의 **문자**를 읽는 getchar 함수의 사용

**getchar** 함수는 한 글자가 아닌 한 줄에 포함된 여러 문자들을 읽기 위해 연속적으로 호출될 수도 있다. 예를 들어, 다음의 부분 프로그램은 'Return' 키가 눌러질 때까지 키보드에 눌러진 문자들을 모두 읽어내게 된다.

```
---___________
---___________
char character;
character = ' ';
while (character != '\n')
{
        character = getchar();
}
---___________
---___________
```

## 경고

**getchar()** 함수는 RETURN과 TAB 등을 포함해 눌러진 모든 문자들을 읽어내게 된다. 그 결과 문자를 입력하는 경우처럼 ENTER 키로 인한 new line 문자마저도 읽어내게 된다. 이는 원하지 않았던 입력이므로 **getchar()** 함수가 연속적으로 또는 상호 대화적으로 사용되는 경우 문제를 야기할 소지가 있다. 이를 해결하기 위한 방법으로는 원하지 않았던 new line 문자를 처리할 수 있도록 의미없는 **getchar()**함수를 한 번 더 사용하는 방법과 **fflush**를 사용하는 방법이 있다.

**주의** 본 장에서 별다른 설명없이 사용되고 있는 **if, if . . . else,** 그리고 **while**과 같은 구문들에 대해서는 6장과 7장에서 자세히 다루어질 것이다.

**예제 5.2** **그림 5.2의 프로그램은 사용자에게 한 문자를 입력하도록 요구하고 있다. 또한, 입력받은 문자가 알파벳인지, 숫자인지, 아니면 특수문자인지를 사용자에게 다시 스크린의 메시지를 통해 출력해준다.** M

이 프로그램에서는 키보드로부터 전달받은 한 문자에 대해 그 문자가 알파벳인지 숫자인지를 테스트하게 되며, 그 결과를 메시지로 출력해주게 된다. 참고로 이러한 테스트들은 다음 함수들의 도움으로 쉽게 가능해질 수 있다.

```
isalpha(character)
isdigit(character)
```

예를 들어 **isalpha**는 입력문자가 알파벳인 경우 TRUE를 표현해주기 위해 0 아닌 정수값을 반환해주고, 그렇지 않은 경우 FALSE를 표현해주기 위해 0을 반환해준다. **isdigit** 또한 유사한 방식으로 반환값이 결정된다.

```
Program:
    #include <stdio.h>
    #include <ctype.h>
    main()
    {
      char character;
      printf("Press any key\n");
      character = getchar();
      if (isalpha(character) > 0)/* Test for letter */
        printf("The character is a letter.");
```

(계속)

```
        else
          if (isdigit (character) > 0)/* Test for digit */
            printf("The character is a digit.");
          else
            printf("The character is not alphanumeric.");
    }
Output
        Press any key
        h
        The character is a letter.
        Press any key
        5
        The character is a digit.
        Press any key
        *
        The character is not alphanumeric.
```

**그림 5.2** 입력 **문자**의 형태를 분류하기 위한 프로그램

C 언어는 문자의 특성을 테스트하기 위한 많은 함수들을 포함하고 있는데 이는 표 5.1에 정리되어 있다. 이러한 문자 테스트 함수는 **ctype.h**라는 헤더파일에 정의되어 있고, 이는 다음 구문을 통해 프로그램에 포함시킬 수 있다.

```
#include <ctype.h>
```

**표 5.1** 문자 테스트 함수들

| 함수 | 테스트 내용 |
|---|---|
| isalnum(c) | c가 알파벳 문자 또는 숫자인지 테스트 |
| isalpha(c) | c가 알파벳 문자인지 테스트 |
| isdigit(c) | c가 숫자인지 데스트 |
| islower(c) | c가 소문자인지 테스트 |
| isprint(c) | c가 출력가능한 문자인지 테스트 |
| isprunct(c) | c가 구두점(punctuation mark)인지 테스트 |
| isspace(c) | c가 공백문자인지 테스트 |
| isupper(c) | c가 대문자인지 테스트 |

## 5.3 한 글자씩 쓰기

LO 5.2 문자를 쓰는 방법을 이해한다.

**getchar** 함수와 유사하게 한 번에 한 글자씩 출력장치를 통해 글자들을 쓸 수 있는 **putchar**라는 함수가 있으며 이는 다음의 표현방법을 통해 사용가능하다.

**putchar(*variable_name*);**

**변수 이름**은 char 타입의 변수로 한 문자를 그 내용으로 포함하고 있으며, 이 문장은 변수에 포함된 문자를 출력장치를 통해 출력해주는 것으로 다음의 예와 같이 사용할 수 있다.

```
answer = 'Y';
putchar (answer);
```

위 구문을 실행하면 화면상에 문자 Y가 출력될 것이다.

```
putchar ('\n');
```

또한, 위 구문은 화면상의 커서의 위치를 다음 줄 첫 번째 위치로 옮겨주는 효과가 있다.

**예제 5.3** **이 프로그램은 키보드로부터 한 문자를 읽어 들인 뒤, 그림 5.3처럼 그 문자의 대소문자를 변경하여 출력한다. 즉, 입력이 대문자인 경우 그에 해당되는 소문자를 출력하게 되고 입력이 소문자인 경우 그에 해당되는 대문자를 출력하게 된다.** M

이 프로그램에서는 세 개의 새로운 함수 **islower**, **toupper**, **tolower**가 사용된다. **islower** 함수는 주어진 문자가 알파벳 소문자인지를 판단해주는 함수로서 그런 경우 TRUE를, 그렇지 않은 경우는 모두 FALSE를 반환해주게 된다. 또한, **toupper** 함수는 소문자로 입력된 문자들을 그에 해당되는 대문자로 바꾸어주는 역할을 하며 **tolower**는 그 반대에 해당된다.

```
Program
     #include <stdio.h>
     #include <ctype.h>
     main()
     {
        char alphabet;
        printf("Enter an alphabet");
        putchar('\n'); /* move to next line */
        alphabet = getchar();
        if (islower(alphabet))
           putchar(toupper(alphabet));/* Reverse and display */
        else
           putchar(tolower(alphabet)); /* Reverse and display */
     }
Output
           Enter an alphabet
           a
           A
```

(계속)

```
Enter an alphabet
Q
q
Enter an alphabet
z
Z
```

**그림 5.3** 알파벳을 읽고 대/소문자 전환해 출력하기

## 5.4 서식화된 입력

LO 5.3 서식화된 입력을 설명한다.

서식화된 입력이란 입력 데이터들이 특정 형태로 정리되어 있는 것을 의미한다. 예를 들어 다음의 자료들을 살펴보자.

**15.74 123 John**

여기에는 특정한 형태를 가진 세 종류의 자료들이 포함되어 있다. 이러한 자료를 읽어들일 때에는 그의 형태에 적합한 서식화된 방법에 따라서 읽어야 한다. 예를 들어 위 첫 번째 데이터는 `float` 형태로 읽어야 하며, 두 번째 데이터는 `int` 형태, 그리고 마지막 데이터는 `char` 형태로 읽어야 한다. 이는 C 언어의 `scanf` 함수를 통해 가능하다. 참고로 `scanf`는 서식화된 *scan* 함수를 의미한다.

앞의 예제들에서 이 함수를 사용해본 적이 있었으며, 본 절에서는 `scanf` 함수를 이용해 서식화된 입력을 읽어들일 때 가능한 모든 옵션들에 대해 살펴볼 것이다. `scanf` 함수의 일반적인 사용법은 다음과 같다.

**scanf ("*control string*", *arg1, arg2, ... , argn*);**

여기서 제어 문자열은 입력 데이터들이 가질 형태들을 의미하고, *arg1, arg2, ..., argn*은 각각의 입력데이터가 저장될 주소를 의미한다. 참고로 제어 문자열과 arg들은 쉼표로 구분된다.

또한, 서식문자열(*format string*)이라고 알려진 제어 문자열은 입력 데이터들을 직관적으로 해석할 수 있게 도와주는 필드 표현식(field specification)을 포함하고 있다.

- 필드 표현은 변환문자 %, 데이터 형태 명세자라고도 알려진 데이터 형태 문자, 그리고 데이터 필드의 개수, 즉 폭을 표현해주는 추가적인 숫자로 구성되어 있다.
- 또한, 공백, 탭(tab), 줄넘기기(newline) 등도 포함될 수 있다.

참고로 데이터 형태 문자란 그 인자의 값에 따라 이후 그 변수에 할당될 데이터의 형태를 미리 알려주는 것이고, 필드 폭에 대한 입력은 필수 사항은 아니다. 이에 대한 보다 자세한 활용 방법은 다음과 같다.

## 정수 값 입력하기

정수를 읽어내기 위한 scanf 함수의 필드 표현식은 아래와 같다.

**% wd**

위에서 퍼센트 기호(%)는 이후에 나오는 내용이 변환을 위한 명세임을 의미한다. *w*는 읽어진 단어의 수를 의미하는 **필드 폭**(*field width*)이고 데이터 형태 문자로 알려진 **d**는 이후에 읽혀질 수가 정수표현으로 이루어짐을 의미한다. 다음의 예제를 살펴보자.

```
scanf ("%2d %5d", &num1, &num2);
```

데이터 입력:

```
50    31426
```

위의 프로그램을 수행하면 첫 번째 숫자 50은 num1에, 두 번째 숫자 31426은 **num2**에 할당된다. 이번에는 입력 데이터가 아래와 같다고 가정해보자.

```
31426    50
```

이 경우 %2d 표현으로 필드 폭은 2개의 숫자로 한정되고 그 결과 첫 번째 변수 **num1**에는 31이 할당된다. 또한 첫 번째 데이터인 31426 중에서 앞에서 읽혀지지 않은 숫자 426으로 인해 **num2**에는 426이 할당되게 된다. 그 결과 50은 이 입력구문에서는 처리되지 않고 이후 이루어질 다음 입력구문에서 첫 번째 입력 값으로 처리된다. 이러한 오류는 다음과 같이 필드 폭에 대한 명세를 생략하면 없앨 수 있다.

```
scanf("%d %d", &num1, &num2);
```

데이터 입력:

```
31426    50
```

위 프로그램은 데이터를 정확하게 읽어내게 되며 **num1**에는 31426이, **num2**에는 50이 입력된다.

참고로 입력 데이터는 공백, 탭, 또는 줄넘기기 등으로 구분되어져야 하며, 이러한 구분 문자들은 입력문자로 간주되지 않는다. 즉, **scanf** 함수가 입력 값을 찾기 위해 입력 데이터를 검색할 때, 모든 공백 문자들은 그냥 통과된다.

만약 위의 프로그램에서 정수 대신 실수로 표현된 수를 입력하면 어떤 일이 벌어질까? 소수점은 무시될 것이고 그 이후의 소수 표현 또한 생략될 것이다. 결국 **scanf** 함수는 특정 값을 읽어 들일 때 미리 명세된 필드 폭만큼의 문자가 이미 읽혀졌거나 또는 유효하지 않은 문자가 읽혀지게 되면 데이터로부터의 읽기가 중단된다. 정수의 경우 유효한 문자들은 음수를 표현하기 위한 - 기호를 포함해 숫자들의 나열들만이 포함된다. 또한, 필드 폭의 위치에 * 기호를 붙임으로써 입력 데이터는 강제로 생략될 수도 있다. 다음의 예를 살펴보자.

```
scanf("%d %*d %d", &a, &b);
```

데이터 입력:

```
123   456   789
```

이 경우 변수 a에는 **123**이, 변수 b에는 **789**가 입력되고, **456**은 * 기호로 인해 생략된다.

데이터 형태 문자 **d**는 그 앞에 '**l**'(소문자 L)을 붙임으로써 long 정수형을 입력받을 수 있게 되고, '**h**'를 붙임으로써 short 정수형을 입력받을 수 있다.

> **주의** 우리는 필드 표현식에서 입력들 사이에 공백문자를 사용했다. 이는 입력 형태 지정을 위해 반드시 필요한 부분은 아니지만 프로그램의 가독성을 높이고 오류를 줄이기 위해 권장하는 표현 방법이다.

**예제 5.4** 다양한 필드 형태에 따른 정수 값을 읽는 프로그램이 그림 5.4에 있다. E

```
Program
     main()
     {
        int a,b,c,x,y,z;
        int p,q,r;
        printf("Enter three integer numbers\n");
        scanf("%d %*d %d",&a,&b,&c);
        printf("%d %d %d \n\n",a,b,c);
        printf("Enter two 4-digit numbers\n");
        scanf("%2d %4d",&x,&y);
        printf("%d %d\n\n", x,y);
        printf("Enter two integers\n");
        scanf("%d %d", &a,&x);
        printf("%d %d \n\n",a,x);
        printf("Enter a nine digit number\n");
        scanf("%3d %4d %3d",&p,&q,&r);
        printf("%d %d %d \n\n",p,q,r);
        printf("Enter two three digit numbers\n");
        scanf("%d %d",&x,&y);
        printf("%d %d",x,y);
     }
Output
        Enter three integer numbers
        1 2 3
        1 3 -3577
```

(계속)

```
    Enter two 4-digit numbers
    6789 4321
    67 89
    Enter two integers
    44 66
    4321 44
Enter a nine-digit number
123456789
66 1234 567
Enter two three-digit numbers
123 456
89 123
```

**그림 5.4** scanf를 이용한 정수 읽기

첫 번째 **scanf**는 세 개의 정수 **a**, **b**, **c**의 입력을 요구하고 있고 1, 2, 3 세 개의 데이터 입력이 들어온다. 하지만, %*d의 표현으로 인해 두 번째 데이터 값은 무시되고 3이 **b**에 할당된다. 이 때, **c**에는 아무런 데이터의 할당이 이루어지지 못했으므로 의미 없는 값이 그대로 포함되게 된다.

두 번째 **scanf**에서는 **x**, **y** 값을 %2d와 %4d의 명세에 따라 입력받는다. 정수 값 읽기에서 필드 폭이 정해져 있는 경우 입력으로 정해진 개수 이상의 숫자는 받아들이지 못하게 된다. 그 결과 정해진 개수 이상의 숫자들은 잘라진 뒤 그 다음 변수에 할당된다. 결국 두 번째 **scanf** 함수 실행시 6789 중 67은 **x**에 할당되고 89가 **y**에 할당된다. 그 뒤 4321은 다음 **scanf** 구문의 첫 번째 변수에 입력된다.

> **주의** 필드 표현 사이에 공백이 아닌 다른 문자를 사용하는 것은 가능하지만 scanf 함수는 주어진 위치의 문자와 일치하는 입력을 기대한다. 예를 들어 아래 구문에서 a에는 123이, b에는 456이 할당된다.

```
scanf("%d-%d" &a, &b);
```

데이터 입력:

123-456

## 실수 값 입력하기

정수와는 달리 실수 값을 입력받는 경우 필드 폭과 같은 명세는 사용되지 않는다. 따라서 **scanf**를 통한 실수 값 입력은 소수점 표현이든 지수 표현이든 상관없이 똑같이 **%f**를 통해 이루어진다. 다음의 예를 살펴보자.

```
scanf("%f %f %f", &x, &y, &z);
```

데이터 입력:

475.89 43.21E-1 678

위 예에서 **x**에는 475.89, **y**에는 4.321, **z**에는 678.0이 입력된다.

참고로 앞서 설명한 바와 같이 입력 필드 표현식에는 공백들이 포함될 수 있으며, **%f** 대신에 **%lf**를 사용함으로써 숫자를 **double** 형태로 읽어 들일 수도 있다. 또한, **%*f**로 명세된 숫자 데이터는 그냥 무시된다.

> **TIP**
>
> 변수의 자료형은 반복적으로 검사해서 크기를 확인해야 오버플로우 에러를 피할 수 있다.

**예제 5.5** 소수점 표현과 지수 표현을 사용한 실수 값 읽기가 그림 5.5에 있다. E

```
Program
     main()
     {
       int no;
       char name1[15], name2[15], name3[15];
       printf("Enter serial number and name one\n");
       scanf("%d %15c", &no, name1);
       printf("%d %15s\n\n", no, name1);
       printf("Enter serial number and name two\n");
       scanf("%lf %lf", &p, &q);
       printf("\n\np = %.12lf\np = %.12e", p,q);
     }
Output
       Values of x and y:12.3456 17.5e-2
       x = 12.345600
       y = 0.175000

       Values of p and q:4.142857142857 18.5678901234567890

       p = 4.142857142857
       q = 1.856789012346e+001
```

**그림 5.5** 실수 값 읽기

## 문자열 입력하기

앞에서 **getchar** 함수를 통해 어떻게 하나의 문자가 읽혀질 수 있는지 배웠으며, 이는 **scanf** 함수를 이용하는 경우에도 비슷하게 적용된다. 게다가 **scanf** 함수를 이용하는 경우 한 글자 이상을 포함하는 문자열을 쉽게 입력받을 수 있다. 다음은 이러한 문자열을 읽어내기 위한 명세 표현이다.

%*ws* 또는 %*wc*

또한, 이에 대응하는 인자는 반드시 문자열에 대한 포인터여야 한다. 다만 %c의 경우 이에 대응하는 인자가 한 문자에 대한 포인터라면 %c는 한 문자를 읽기 위한 용도로도 사용될 수 있다.

**예제 5.6** **%wc와 %ws를 이용한 문자열 읽기가 그림 5.6에 있다.** H

그림 5.6의 프로그램은 문자열을 읽기 위한 다양한 필드 명세 방법을 설명하고 있다. **%wc**가 사용된 경우 시스템은 *w*번째 문자를 입력받을 때까지 대기한다. 또한 **%ws**의 경우 공백문자를 만날 때까지 문자열 읽기를 계속한다. 그러므로 **name2**에는 "New York"의 첫 번째 부분인 "New"만을 읽어 들이게 되고 두 번째 부분인 "York"은 자동적으로 밀려 **name3**에 할당되게 된다. 그러나 다음 시도에서의 "New-York"은 올바르게 **name2**에 할당된다.

**Program**

```
main()
{
   int no;
   char name1[15], name2[15], name3[15];
   printf("Enter serial number and name one\n");
   scanf("%d %15c", &no, name1);
   printf("%d %15s\n\n", no, name1);
   printf("Enter serial number and name two\n");
   scanf("%d %s", &no, name2);
   printf("%d %15s\n\n", no, name2);
   printf("Enter serial number and name three\n");
   scanf("%d %15s", &no, name3);
   printf("%d %15s\n\n", no, name3);
}
```

**Output**

```
Enter serial number and name one
1 123456789012345
1 123456789012345r
Enter serial number and name two
2 New York
2            New
Enter serial number and name three
2            York
Enter serial number and name one
1 123456789012
1 123456789012r
Enter serial number and name two
2 New-York
2         New-York
```

(계속)

```
Enter serial number and name three
3 London
3         London
```

**그림 5.6** 문자열 읽기

scanf의 특정 버전에서는 문자열에 대해 다음과 같은 변환 명세를 지원한다.

**%[characters]**

**%[^characters]**

**%[characters]**는 오직 대괄호 [와 ] 사이에 존재하는 문자들에 대해서만 입력을 허용해 준다. 만약 입력 문자들 중 이에 속하지 않는 문자가 존재한다면, 입력은 처음으로 그와 같은 문자를 만나는 순간 중단된다. **%[^characters]**는 정확히 **%[characters]**의 반대 경우로서 [^와 ] 사이에 존재하는 문자들은 입력으로 허용되지 않고, 그런 문자들 중 하나를 처음 만나는 순간 입력은 중단된다.

**예제 5.7** %[] 명세를 사용하는 scanf 프로그램이 그림 5.7에 있다. H

```
Program-A
      main()
      {
         char address[80];
         printf("Enter address\n");
         scanf("%[a-z]", address);
         printf("%-80s\n\n", address);
      }
Output
         Enter address
         new delhi 110002
         new delhi

Program-B
      main()
      {
         char address[80];
         printf("Enter address\n");
         scanf("%[^\n]", address);
         printf("%-80s", address);
      }
```

(계속)

```
Output
        Enter address
        New Delhi 110 002
        New Delhi 110 002
```

**그림 5.7** 문자열을 위한 %[] 변환 명세의 사용 예

### 공백 문자 읽기

공백 문자를 포함한 문자열을 읽는 데는 %s를 이용한 명세가 사용될 수 없다는 것을 이미 확인하였다. 만약 %s를 이용해 공백문자를 읽고자 할 때는 %[]의 표현을 통해 가능하다. 공백문자가 [와 ] 안에 포함되어 있다면 **scanf**는 이런 문자열을 읽어낼 수 있게 된다. 그림 5.7을 통해 소문자와 대문자 또한 분명히 구분됨을 유의하자

## 다양한 자료형 입력하기

하나의 **scanf** 함수를 통해 서로 다른 자료형이 혼합되어 있는 데이터를 읽어내는 것이 가능하다. 이 경우 데이터의 순서와 형태가 주어진 명세와 일치해야 한다. 만약 일치하지 않는 형태를 읽으려는 시도가 있는 경우 **scanf** 함수는 더 이상의 데이터를 읽어 들이지 않으며 현재까지 읽은 문자들만을 반환하게 된다. 다음의 예는 이와 같은 혼합 데이터를 입력받고 이를 순서에 맞추어 각 변수에 할당한다.

```
scanf ("%d %c %f %s", &count, &code, &ratio, name);
```

데이터 입력:

```
15   p   1.575   coffee
```

일부 시스템은 실수 자리에 위치한 정수들을 받아들일 수 있고, 그 반대의 경우 또한 가능하다. 이 경우 입력된 데이터는 명세과정에서 제시된 형태에 맞게 자동적으로 변환된다.

**주의** %c 명세 이전의 공백은 p 이전의 공백을 건너뛰기 위해서 반드시 필요하다.

## 입력에서의 오류

**scanf** 함수가 성공적으로 읽기를 완료하면 성공적으로 읽어낸 항목의 개수를 반환한다. 또한 이 값은 입력 과정이 성공적으로 수행되었는지를 판단하기 위한 용도로 사용될 수 있다. 다음의 예를 살펴보자.

```
scanf("%d %f %s", &a, &b, name);
```

이 프로그램은 다음의 데이터 입력에 대해 3을 반환하고,

```
20   150.25   motor
```

다음의 데이터 입력에 대해서는 1을 반환한다.

```
20   motor   150.25
```

이는 프로그램이 실수 값을 받아들이려고한 순간 문자열을 만나게 되면서 문자열의 첫 번째 문자를 읽음과 동시에 읽기 과정이 종료되었기 때문이다.

**예제 5.8** scanf 함수를 통한 데이터 입력시 성공 여부를 판단하는 프로그램이 그림 5.8에 있다. H

위의 프로그램에서 **scanf** 함수는 세 개의 항목을 읽게 될 것이고, 이 세 개 항목이 모두 성공적으로 읽혀진 경우 프로그램은 그 값을 출력하게 된다. 세 번째 테스트 과정의 경우 두 번째 항목에서 명세의 형태와 입력 데이터가 서로 맞지 않는 오류가 발생하므로 scanf 함수는 중단되고 오류 메시지가 출력된다. 이는 네 번째 테스트에서도 마찬가지이다.

또한, 마지막 테스트 과정의 경우 비록 입력 데이터의 형태와 명세의 형태는 서로 맞지 않지만 오류 메시지는 출력되지 않는다. 그 이유는 우리가 어떤 실수 값을 정수 변수에 할당하고자 하는 경우, 정수 부분은 그 변수에 할당되고 남은 소수 부분은 그 다음 변수에 할당되기 때문이다.

**주의** 그 결과 숫자 2가 문자 c에 할당되었음을 확인하자.

```
Program
    main()
    {
      int a;
      float b;
      char c;
      printf("Enter values of a, b and c\n");
      if (scanf("%d %f %c", &a, &b, &c) == 3)
        printf("a = %d b = %f c = %c\n" , a, b, c);
      else
        printf("Error in input.\n");
    }
Output
      Enter values of a, b and c
          12 3.45 A
          a = 12    b = 3.450000    c = A
```

(계속)

```
Enter values of a, b and c
23 78 9
a = 23    b = 78.000000    c = 9
Enter values of a, b and c
8 A 5.25
Error in input.
Enter values of a, b and c
Y 12 67
Error in input.
Enter values of a, b and c
15.75 23 X
a = 15    b = 0.750000    c = 2
```

**그림 5.8 scanf** 입력에서의 오류

흔히 사용되는 **scanf**의 서식 코드는 표 5.2와 같다.

**표 5.2** 흔히 사용되는 scanf 서식 코드

| 코드 | 의미 |
|---|---|
| %c | 하나의 문자를 읽는다. |
| %d | 하나의 정수를 읽는다. |
| %e | 하나의 실수를 읽는다. |
| %f | 하나의 실수를 읽는다. |
| %g | 하나의 실수를 읽는다. |
| %h | 하나의 short 정수를 읽는다. |
| %i | 하나의 십진수, 16진수, 또는 8진수의 정수를 읽는다. |
| %o | 하나의 8진수 정수를 읽는다. |
| %s | 하나의 문자열을 읽는다. |
| %u | 하나의 무부호 십진수 정수를 읽는다. |
| %x | 하나의 16진수 정수를 읽는다. |
| %[..] | 하나의 단어열을 읽는다. |

다음의 문자들은 접두어로 사용되며 아래와 같은 데이터 형태들을 의미한다.

h short 정수
l long 정수 또는 double 실수
L long double 실수

**주의** C99에서는 더 많은 서식 코드들을 포함하고 있다. 이에 대해서는 "C99 특징"을 참조.

## scanf 사용시 유의점

입출력 루틴(routine)은 일반적으로 C 언어의 한 부분이 아니며, C 언어로 이루어진 별도의 라이브러리나 혹은 UNIX와 같은 운영체제의 한 부분으로 구현되어 있다. 그렇기 때문에 우리가 프로그램을 주의 깊게 설계하지 않고 **scanf**를 사용할 경우 특이한 오류 현상이 발생할 수도 있다. 또한, 시스템 버전이 새로워질수록 입출력 루틴도 새로운 특징들이 더해지므로 이러한 입출력 루틴을 정확히 사용하기 위해서는 시스템 참조 매뉴얼을 주의 깊게 살펴보아야만 한다. 다음은 일반적으로 **scanf**를 사용할 때 유의해야 할 사항들을 알려주고 있다.

> **TIP**
>
> 변수에는 의미있는 이름을 붙여야 한다. 가독성을 위해서 뿐만 아니라 입력과 출력 동작에서 자료형과 다른 잘못된 서식 문자열이 사용되는 것을 막을 수 있다.

1. 서식 문자열을 제외한 모든 함수의 인자는 변수에 대한 포인터여야 한다.
2. 서식 지정은 입력될 데이터의 형과 순서가 맞아야 한다.
3. 입력 데이터들은 공백에 의해 분리되어야 하고, 입력 값이 할당될 변수들과 그 순서가 같아야 한다.
4. **scanf** 함수 수행 도중 데이터나 문자가 올바르지 않아 읽혀질 변수의 값이 유효하지 않게 되는 경우 그 읽기 과정은 바로 중단된다.
5. 변수의 값을 찾는 과정에서 **scanf**는 자동 줄바꿈 등을 무시하고 그 다음으로 나오는 적합한 문자를 선택하게 된다.
6. 입력 과정에서 읽혀지지 않은 데이터 부분은 다음 **scanf** 함수 호출시의 입력 데이터로 간주된다.

### scanf 규칙

- 읽혀져야 될 각 변수는 반드시 그에 적합한 필드 표현식으로 표현되어야 한다.
- 각 필드의 명세에서는 반드시 그와 적합한 형태의 변수 주소가 사용되어져야 한다.
- 서식 문자열에 있는 모든 비공백 명세들은 사용자 입력 중 반드시 그에 해당하는 입력 문자들이 있어야 한다.
- 서식 문자열은 공백으로 끝나서는 안되며 이는 치명적인 오류를 만들 수 있다.
- scanf의 입력 과정은 다음 상황에서 종료된다.
  - 숫자 표현 중 공백 문자가 발견되는 경우
  - 데이터 필드 폭만큼의 문자가 입력된 경우
  - 오류가 발견된 경우
  - 파일의 끝에 도달한 경우

7. 데이터 필드 폭을 명세하기 위한 *w*가 사용되는 경우, w는 반드시 입력 데이터의 크기를 포함할 수 있도록 충분히 커야만 한다.

## 5.5 서식화된 출력

**LO 5.4** 서식화된 출력을 설명한다.

설명이나 수치적인 결과를 보여주기 위해서 지금까지는 **printf** 함수를 사용했다. 출력 결과를 사용자들이 이해하기 쉽고 사용하기 쉬운 형태로 출력하는 것이 바람직하다. 따라서 프로그램의 출력 결과가 분명하고 명확하게 보이도록 주의를 기울이는 것이 필요하다.

**printf** 함수는 출력될 때의 정렬 방법 및 배치 방법 등을 효과적으로 제어할 수 있게 도와주는 많은 기능들을 제공한다. printf의 일반적인 사용 형태는 다음과 같다.

```
printf("control string", arg1, arg2, ... , argn);
```

여기서 제어 문자열은 다음의 세 가지 요소로 구성된다.

1. 화면에 그대로 출력될 문자들
2. 각 출력요소의 출력 형태를 지정하기 위한 서식 지정자
3. \n, \t, \b와 같은 탈출문자들

참고로 제어 문자열은 얼마나 많은 인자들이 뒤따를 것인지와 함께 그들의 형태에 대해 알려준다. 인자 *arg1, arg2, ... , argn*은 특정 형태로 표현될 변수들이며 이들은 제어 문자열에 맞추어 적절한 형태로 출력된다. 따라서 이러한 인자들은 개수, 순서 그리고 자료형이 서식 지정자의 내용과 맞아야 한다. 다음은 추상화된 형태 표현식을 보여준다.

```
% w.p type-specifier
```

여기서 w는 출력될 변수의 자리수를 표현해주는 정수이며, *p*는 실수에서는 소수점 아래의 범위를 의미하는 정수이고 그 외의 경우에는 문자열에서 출력될 문자의 수를 의미하는 정수로 사용된다. 또한, *w*와 *p*는 반드시 포함되어야 하는 요소는 아니다. 서식있는 **printf** 문장의 예는 다음과 같다.

```
printf("Programming in C");
printf(" ");
printf("\n");
printf("%d",x);
printf("a = %f\n b= %f", a, b);
printf("sum = %d", 1234);
printf("\n\n");
```

**printf**는 자동적인 줄 바꿈 기능을 제공하지 않으므로 여러 개의 **printf** 문장이 한 줄로 표현되는 출력을 만들 수도 있다. 또한, 줄 바꿈은 위의 예제와 같이 줄 바꿈 문자 '\n'를 사용해

서 이루어진다.

## 정수 출력하기

정수를 출력하기 위한 서식 지정은 다음과 같다.

**%*w* *d***

***w***는 출력을 위한 최소 필드 폭을 의미한다. 즉, 어떤 수의 표현이 정해진 필드 폭보다 클 경우 그 수에 대한 표현은 원래 표현대로 이루어지며, 이 경우 최소 필드 폭은 무시된다. 또한, ***d***는 출력될 변수의 값이 정수로 표현된다는 것을 의미한다. 기본적으로 정수의 출력은 정해진 필드 폭에 대해 오른쪽 맞춤을 기본으로 가정하며, 필요한 경우 공백이 왼쪽에 채워지게 된다. 다음의 예들은 정수 9876에 대해 서로 다른 서식을 사용한 결과를 보여준다.

| 서식 | 출력 | | | | | |
|---|---|---|---|---|---|---|
| printf( "%d", 9876) | 9 | 8 | 7 | 6 | | |
| printf( "%6d", 9876) | | | 9 | 8 | 7 | 6 |
| printf( "%2d", 9876) | 9 | 8 | 7 | 6 | | |
| printf( "%-6d", 9876) | 9 | 8 | 7 | 6 | | |
| printf( "%06d", 9876) | 0 | 0 | 9 | 8 | 7 | 6 |

% 문자 다음에 - 기호를 붙임으로써 정렬방식을 왼쪽 맞춤으로 바꾸는 것이 가능하다. 또한, 위의 마지막 예에서 보여준 바와 같이 필드 폭을 결정짓기 전에 % 문자 다음에 0을 붙임으로써 출력 표현의 앞부분 공백을 숫자 0으로 채울 수 있다. 이와 같은 -와 0은 표시문자(*flag*)라고 불린다.

**long** 정수형은 서식 지정자에 **d** 대신 **ld**를 사용하면 되고, short 정수형은 **d** 대신 **hd**를 사용하면 된다.

**예제 5.9** 다양한 서식으로 정수 값을 출력하는 프로그램이 그림 5.9에 있다. M

```
Program
    main()
    {
      int m = 12345;
      long n = 987654;
      printf("%d\n",m);
      printf("%10d\n",m);
      printf("%010d\n",m);
      printf("%-10d\n",m);
      printf("%10ld\n",n);
      printf("%10ld\n",-n);
```

(계속)

```
    }

Output
            12345
                 12345
            0000012345
            12345
                 987654
              - 987654
```

그림 5.9 정수의 서식있는 출력

## 실수 출력하기

실수는 다음과 같은 서식 지정자를 이용해서 십진법으로 출력된다.

***% w.p f***

***w***는 변수 값의 출력을 위해 사용될 최소 자리수를 의미하고, 정수 ***p***는 소수점 아래로 표현될 숫자의 개수를 의미한다. 따라서 변수 값은 소수점 아래 *p*번째 숫자 이후의 경우 반올림된 후 출력되며 *w*개의 자리에 대해 오른쪽 맞춤법으로 출력된다. 또한 w개 공간의 앞부분과 소수점 아래 끝부분 이후의 남은 공간은 0으로 채워진다. 최소 자리수 w의 디폴트값은 6이며 음수의 경우 - 기호를 포함해 [–] mmm.nnn과 같이 출력된다.

또한, 다음과 같이 지수표현 방법으로도 실수를 표현할 수 있다.

***% w.p e***

출력 결과는 다음과 같다.

***[-] m.nnnne [±] xx***

위의 표현에서 n의 개수는 소수점 아래 표현의 정확도인 *p*에 의해 결정되며, 디폴트값은 6이다. 필드 폭 **w**는 항상 다음의 조건을 만족시켜야 한다.

$$w \geq p+7$$

값은 반올림된 후 오른쪽 맞춤에 따라 **w**개의 자리 수에 맞게 출력된다.

빈 칸에 0을 채우거나 또는 **왼쪽 맞춤**으로 출력하는 것 또한 필드 폭 **w** 앞에 0 또는– 의 표시 문자를 붙이면 가능하다. 다음의 예는 y = 98.7654를 다양한 서식 지정자로 출력한 결과를 보여준다.

| 서식 | 출력 |
|---|---|
| printf("%7.4f", y) | \| 9 \| 8 \| . \| 7 \| 6 \| 5 \| 4 \| |
| printf("%7.2f", y) | \|   \|   \| 9 \| 8 \| . \| 7 \| 7 \| |

| | | | | | | | | | | | | |
|---|---|---|---|---|---|---|---|---|---|---|---|---|
| printf("%-7.2f", y) | 9 | 8 | . | 7 | 7 | | | | | | | |
| printf("%f", y) | 9 | 8 | . | 7 | 6 | 5 | 4 | | | | | |
| printf("%10.2e", y) | | | 9 | . | 8 | 8 | e | + | 0 | 1 | | |
| printf("%11.4e", -y) | − | 9 | . | 8 | 7 | 6 | 5 | e | + | 0 | 1 | |
| printf("%-10.2e", y) | 9 | . | 8 | 8 | e | + | 0 | 1 | | | | |
| printf("%e", y) | 9 | . | 8 | 7 | 6 | 5 | 4 | 0 | e | + | 0 | 1 |

일부 시스템에서는 사용자가 실시간으로 필드 폭을 결정할 수 있게 도와주는 특수한 필드 서식 문자를 제공하고 있으며, 사용법은 다음과 같다.

***printf("%*.*f", width, precision, number);***

이 경우, 필드 폭 **w**와 표현정확도 **p** 모두 다음과 같이 함수의 인자로 사용된다.

```
printf("%*.*f", 7, 2, number);
```

결국 위의 프로그램 구문은 아래의 표현과 일치하게 된다.

```
printf("%7.2f", number);
```

이 표현의 장점은 필드 폭과 표현 정확도에 대한 값이 실행 도중에 결정될 수 있다는 점이며, 이로 인해 서식을 동적으로 만들 수 있다. 다음은 위의 문장에 대한 사용 예이다.

```
int width = 7;
int precision = 2;
......
......
printf("%*.*f", width, precision, number);
```

**예제 5.10** 다양한 옵션으로 실수를 출력하는 프로그램이 그림 5.10에 있다. E

```
Program
    main()
    {
      float y = 98.7654;
      printf("%7.4f\n", y);
      printf("%f\n", y);
      printf("%7.2f\n", y);
      printf("%-7.2f\n", y);
      printf("%07.2f\n", y);
      printf("%*.*f", 7, 2, y);
      printf("\n");
```

(계속)

```
        printf("%10.2e\n", y);
        printf("%12.4e\n", -y);
        printf("%-10.2e\n", y);
        printf("%e\n", y);
    }
Output
        98.7654
        98.765404
        98.77
        98.77
        0098.77
        98.77
        9.88e+001
        -9.8765e+001
        9.88e+001
        9.876540e+001
```

**그림 5.10 실수**의 서식있는 출력

## 하나의 문자 출력하기

하나의 문자는 아래의 서식에 따라 원하는 위치에 출력된다.

***% w c***

이 때, 문자는 기본적으로 *w*개의 자리 수에 맞게 **오른쪽 맞춤**으로 출력되며, 이는 w 앞에 –표시문자를 붙임으로써 **왼쪽 맞춤**으로 변경할 수 있다. w의 디폴트값은 1이다.

## 문자열 출력하기

문자열 출력을 위한 서식 지정자는 실수에서와 비슷하며 다음과 같다.

***% w. p s***

*w*는 출력을 위한 필드 폭을 의미하며 *p*는 문자열에서 처음 *p*개의 문자들만이 출력됨을 의미한다. 또한, 기본적으로 맞춤방식은 **오른쪽 맞춤**이다.

다음은 공백을 포함해 17개의 문자로 이루어진 문자열 "WELCOME TO ANSI C"을 다양한 서식으로 출력한 결과를 보여준다.

| 서식 | 출력 | | | | | | | | | | | | | | | | | | | |
|---|---|---|---|---|---|---|---|---|---|---|---|---|---|---|---|---|---|---|---|---|
| | 1 | 2 | 3 | 4 | 5 | 6 | 7 | 8 | 9 | 0 | 1 | 2 | 3 | 4 | 5 | 6 | 7 | 8 | 9 | 0 |
| %s | W | E | L | C | O | M | E | | T | O | | A | N | S | I | | C | | | |
| %20s | | | | W | E | L | C | O | M | E | | T | O | | A | N | S | I | | C |

| %20.10s | | | | | | | | | | | W | E | L | C | O | M | E | | T | O |
|---|---|---|---|---|---|---|---|---|---|---|---|---|---|---|---|---|---|---|---|---|
| %.5s | W | E | L | C | O | | | | | | | | | | | | | | | |
| %-20.10s | W | E | L | C | O | M | E | | T | O | | | | | | | | | | |
| %5s | W | E | L | C | O | M | E | | T | O | | A | N | S | I | | C | | | |

**예제 5.11** 문자들과 문자열의 출력이 그림 5.11에 있다. M

```
Program
        main()
        {
           char x = 'A';
           char name[20] = "ANIL KUMAR GUPTA";
           printf("OUTPUT OF CHARACTERS\n\n");
           printf("%c\n%3c\n%5c\n", x,x,x);
           printf("%3c\n%c\n", x,x);
           printf("\n");
           printf("OUTPUT OF STRINGS\n\n");
           printf("%s\n", name);
           printf("%20s\n", name);
           printf("%20.10s\n", name);
           printf("%.5s\n", name);
           printf("%-20.10s\n", name);
           printf("%5s\n", name);
        }
   Output
           OUTPUT OF CHARACTERS
           A
             A
               A
             A
           A
           OUTPUT OF STRINGS
           ANIL KUMAR GUPTA
             ANIL KUMAR GUPTA
                  ANIL KUMAR
           ANIL
           ANIL KUMAR
           ANIL KUMAR GUPTA
```

**그림 5.11** 문자들과 문자열의 출력

## 다양한 데이터 출력하기

하나의 `printf` 문장으로 혼합된 자료형을 출력하는 것이 가능하다. 다음의 예를 살펴보자.

```
printf("%d %f %s %c", a, b, c, d);
```

앞에서 설명한 바와 같이 `printf`는 제어 문자열을 이용해서 출력할 변수의 수와 변수의 형을 결정한다. 따라서 서식 지정자는 변수의 개수, 순서, 그리고 형이 일치해야 한다. 만약 충분한 변수가 없거나 또는 데이터 형이 다르면 올바르지 못한 출력결과가 발생할 것이다.

**표 5.3** 흔히 사용되는 printf의 서식 코드

| 코드 | 의미 |
|---|---|
| %c | 하나의 문자를 출력한다. |
| %d | 하나의 십진수 정수를 출력한다. |
| %e | 지수형태를 사용해 하나의 실수를 출력한다. |
| %f | 지수표현 없이 하나의 실수를 출력한다. |
| %g | 변수 값에 따라 %e 형태 또는 %f 형태를 자동적으로 선택해 하나의 실수를 출력한다. |
| %i | 하나의 부호 있는(signed) 십진수 정수를 출력한다. |
| %o | 앞쪽 빈칸에는 0을 채우지 않은 채 하나의 8진수 정수를 출력한다. |
| %s | 하나의 문자열을 출력한다. |
| %u | 하나의 부호 없는(unsigned) 십진수 정수를 출력한다. |
| %x | 앞쪽에 Ox를 붙이지 않은 채 하나의 16진수 정수를 출력한다. |

다음의 문자들은 접두어로 사용되며 다음과 같은 데이터 형을 의미한다.

- h short 정수
- l long 정수 또는 double 실수
- L long double 실수

**표 5.4** 흔히 사용되는 출력 서식의 표시문자

| 표시문자 | 의미 |
|---|---|
| − | 필드 폭에 맞게 왼쪽 맞춤으로 출력된다. 남은 빈 칸들은 공백으로 남는다. |
| + | 유부호 수의 출력시 앞에 부호 + 또는 -를 붙여준다. |
| O | 앞쪽 빈 칸을 0으로 채운다. |
| # (with o or x) | 8진수 또는 16진수 출력시 앞에 O 또는 Ox를 붙여준다. |
| # (with e, f or g) | 정수를 포함해 모든 수에서 소수점을 항상 표현해준다. 또한, g형태 변환에서 뒤따르는 0들이 없어지는 효과를 방지해준다. |

**주의** C99에는 더 많은 서식 코드가 있다. 이에 대해서는 부록 "C99 특징"을 참조.

**스킬테스트**

1. 학생의 성적들을 입력하면 평균 성적을 출력하는 C 프로그램을 작성하라. [E]
2. 삼각형의 두 개의 각을 입력하면 세 번째 각을 알아내는 C 프로그램을 작성하라. [E]

## 출력의 가독성 높이기

컴퓨터 출력은 흔히 변수 간의 관계를 분석하거나 또는 어떤 결정을 내리기 위한 정보로 활용된다. 따라서 출력 결과의 정확성과 명료성은 프로그램 작성시 매우 중요하다. 출력 결과의 정확성은 결과를 이끌어내는 과정에 의해 결정되지만, 명료성의 경우 출력 결과를 어떻게 보여주는지에 따라 결정된다. 다음은 이러한 명료성을 높이기 위한 단계별 방법들을 보이며, 이를 통해 출력 결과의 가독성과 이해도를 높일 수 있다.

1. 두 수 사이에는 충분히 공백을 제공하라.
2. 출력에서는 항상 적절한 헤딩과 변수 이름을 제공하라.
3. 특별한 상황이 발생할 경우 그에 대한 특별 메시지를 출력하라.
4. 출력의 중요한 부분들 사이에는 충분히 공백 줄(blank line)을 제공하라.

시스템은 종종 수들을 출력할 때 수와 수 사이에 2칸 정도의 공백을 포함해 출력해준다. 하지만 이는 필드 폭을 변화함에 따라 적절히 달라져야 하며, 흔히 두 수 사이에 탭(tab) 문자를 추가하는 방법이 많이 사용된다. 다음의 예를 살펴보자.

```
printf("a = %d\t b = %d", a, b);
```

위 프로그램은 두 개의 필드 사이에 4칸의 공백을 제공해준다. 또한 아래 프로그램과 같이 2개의 구분되는 줄에 결과를 출력할 수도 있다.

```
printf("a = %d\n b = %d", a, b);
```

마지막으로 메시지와 헤딩들은 **printf** 문장에서 아래와 같이 직접 문자열을 넣음으로써 출력시킬 수 있다.

```
printf("\n OUTPUT RESULTS \n");
printf("Code\t Name\t Age\n");
printf("Error in input data\n");
printf("Enter your name\n");
```

## 주요 개념

- getchar: 표준 입력에서 하나의 문자를 읽어들인다. [LO 5.1]
- putchar: 표준 출력으로 하나의 문자를 내보낸다. [LO 5.2]
- **서식화된 입력:** 입력 데이터들이 특정 형태로 정리되어 있는 것을 의미한다. [LO 5.3]
- **제어 문자열:** 포맷 명세, 탈출 문자, 표시할 문자들의 조합으로 구성된다. [LO 5.4]
- **서식화된 출력:** 읽기 좋도록 특정 포맷으로 정리된 출력 데이터를 의미한다. [LO 5.4]

## 알아두기

- getchar 함수를 사용할 때 입력 문자열에 원하지 않는 문자가 포함되지 않도록 주의해야 한다. [LO 5.1]
- 표준 입출력 라이브러리에 있는 함수를 사용할 때에는 반드시 <stdio.h>를 포함시켜야 한다. [LO 5.1]
- 문자 관련 라이브러리에 있는 문자 다루는 함수들을 사용할 때에는 반드시 <ctype.h>를 포함시켜야 한다. [LO 5.2]
- 읽거나 쓸 모든 변수에 대해 적절한 서식을 지정해야 한다. [LO 5.3]
- 서식제어 문자열은 반드시 큰따옴표 내에 존재해야 한다. [LO 5.3]
- scanf 함수의 입력 변수에는 반드시 해당 변수의 주소가 사용되어야 하며 기본 변수에 대해서는 주소 연산자 &가 사용된다. [LO 5.3]
- 입력에 대한 서식 지정에는 정밀도를 지정하지 않는다. [LO 5.3]
- scanf 구문의 서식 문자열의 끝에는 공백을 남기지 않는다. [LO 5.3]
- scanf 함수의 서식 문자열에 쉼표를 사용하면 안 된다. [LO 5.3]
- 문자열을 표현하고자 할 때에는 반드시 큰따옴표를 사용해야 한다. [LO 5.4]
- 단일 문자를 표현하고자 할 때에는 반드시 작은따옴표를 사용해야 한다. [LO 5.4]
- 출력될 변수를 나타낼 수 있도록 충분한 필드 폭을 제공해야 한다. [LO 5.4]
- 잘못된 서식으로 인해 출력 결과가 부정확해지는 상황을 주의해야 한다. [LO 5.4]
- scanf 또는 printf 문의 서식 문자열은 반드시 큰따옴표로 끝나야 한다. [LO 5.4]
- 읽거나 쓸 데이터의 형을 잘못 변환시키게 되면 이는 실행오류를 야기한다. [LO 5.4]
- scanf와 printf 문장의 서식 문자열 뒤에 쉼표를 잊으면 안 된다. [LO 5.4]
- 읽기 위한 인자와 쓰기 위한 인자를 분리하지 않으면 오류이다. [LO 5.4]
- printf 함수의 변수에 주소연산자 &를 붙이면 실행오류를 야기한다. [LO 5.4]

사례연구

## 1. 재고 목록 출력

[LO 5.3, 5.4 M]

**문제:** ABC 전기 회사는 4개의 상품을 제조하였다. 특정 날짜에 이 상품들에 대한 재고 목록은 다음과 같다.

| 코드 | 수량 | 단가 |
|---|---|---|
| F105 | 275 | 575.00 |
| H220 | 107 | 99.95 |
| I019 | 321 | 215.5 |
| M315 | 89 | 725.00 |

위의 입력에 대해 다음과 같은 형태의 재고 목록 출력을 준비하고자 한다.

INVENTORY REPORT

| Code | Quantity | Rate | Value |
|---|---|---|---|
| — | — | — | — |
| — | — | — | — |
| — | — | — | — |
| — | — | — | — |
| | | Total value: | ___ |

단, 위의 출력 표현에서 각 항목의 가격은 수량과 단가의 곱으로 결정된다고 가정하자.

**Program:** 그림 5.12의 프로그램은 입력 데이터를 읽어와서 원하는 출력을 만들어내는 과정을 보여준다. 또한, 이 프로그램에서는 배열 변수를 사용하고 있으며 이에 대해서는 8장에서 자세히 소개될 것이다.

```
Program
     #define ITEMS 4
     main()
     { /* BEGIN */
       int i, quantity[5];
       float rate[5], value, total_value;
       char code[5][5];
       /* READING VALUES */
       i = 1;
       while ( i <= ITEMS)
       {
         printf("Enter code, quantity, and rate:");
         scanf("%s %d %f", code[i], &quantity[i],&rate[i]);
         i++;
```

(계속)

```
    }
  /*.......Printing of Table and Column Headings.......*/
    printf("\n\n");
    printf("      INVENTORY REPORT      \n");
    printf("----------------------\n");
    printf("  Code Quantity Rate Value  \n");
    printf("----------------------\n");
  /*.......Preparation of Inventory Position..........*/
    total_value = 0;
    i = 1;
    while ( i <= ITEMS)
    {
      value = quantity[i] * rate[i];
      printf("%5s %10d %10.2f %e\n",code[i],quantity[i],
        rate[i],value);

      total_value += value;
      i++;
    }
  /*.......Printing of End of Table.................*/
    printf("-----------------\n");
    printf("          Total Value = %e\n",total_value);
    printf("-----------------\n");
  } /* END */
```

**Output**

```
    Enter code, quantity, and rate:F105 275 575.00
    Enter code, quantity, and rate:H220 107 99.95
    Enter code, quantity, and rate:I019 321 215.50
    Enter code, quantity, and rate:M315 89 725.00
                INVENTORY REPORT
  ------------------------------------------
  Code    Quantity   Rate        Value
  ------------------------------------------
  F105       275    575.00    1.581250e+005
  H220       107     99.95    1.069465e+004
  I019       321    215.50    6.917550e+004
  M315        89    725.00    6.452500e+004
  ------------------------------------------
               Total Value =  3.025202e+005
  ------------------------------------------
```

**그림 5.12** 프로그램:재고 목록 출력 프로그램

## 2. 신뢰도 그래프

[LO 5.4 H]

**문제:** 전자 부품에 대한 신뢰도는 일반적으로 다음과 같은 형태의 식으로 표현된다.

신뢰도(r) $= e^{-\lambda t}$

이 때, λ는 시간 당 실패율을 의미하고 t는 부품 동작시간을 의미한다. 0부터 3000시간까지의 다양한 동작시간에 대한 신뢰도를 확인하기 위해 그래프적인 방법으로 결과를 표현해보고자 한다. 참고로 본 문제에서 λ는 0.001로 가정한다.

**Problem**

```
#include <math.h>
#define LAMBDA 0.001
main()
{
  double t;
  float r;
  int i, R;
  for (i=1; i<=27; ++i)
  {

    printf("--");
  }
  printf("\n");
  for (t=0; t<=3000; t+=150)
  {
    r = exp(-LAMBDA*t);
    R = (int)(50*r+0.5);
    printf(" |");
    for (i=1; i<=R; ++i)
    {
      printf("*");
    }
    printf("#\n");
  }
  for (i=1; i<3; ++i)
  {
    printf(" |\n");
  }
}
```

**Output**

```
------------------------------------------------------
 |**************************************************#
 |*******************************************#
 |*************************************#
 |********************************#
 |***************************#
 |************************#
 |********************#
 |*****************#
 |***************#
 |*************#
 |***********#
 |**********#
 |********#
 |*******#
```

(계속)

```
|******#
|*****#
|*****#
|****#
|***#
|***#
|**#
```

**그림 5.13** 신뢰도 그래프를 그려주는 프로그램

**프로그램:** 그림 5.13의 프로그램은 그래프 출력을 보여준다. t의 값은 아래의 **for** 구문에 의해 150 단계로 생성된다.

```
for (t=0; t <= 3000; t = t+150)
```

또한, 아래 식에서 정수 50은 r값을 증가시켜서 그래프로 표현할 수 있도록 하는 확대 인자이다. 실제 r 값은 항상 1보다 작다.

```
R = (int) (50*r+0.5)
```

## 다중선택 문제

다음 다중선택 문제에서 올바른 답을 고르시오.

5.1 문자열 상수는 _____ 기호로 둘러싼다. **[LO 5.4 M]**

(a) 작은 따옴표 (b) 큰 따옴표
(c) {} (d) 위 모두 아님

5.2 scanf 문장의 서식 문자열에서 서식 지정자를 구분하는데 사용되는 것은 무엇인가? **[LO 5.3 E]**

(a) 빈 칸 하나 (b) 쉼표
(c) 큰 따옴표 (d) 세미콜론

5.3 하나의 문자를 출력하는데 사용되는 함수는 무엇인가? **[LO 5.4 M]**

(a) scanf() (b) printf() (c) purchar() (d) 2와 3

5.4 다음 중에서 scanf() 함수에 대한 설명이 올바른 것은? **[LO 5.3 H]**

(a) scanf에서 데이터나 부합되지 않거나 읽은 값이 유효한 문자가 아닐 때는 읽기 동작이 종료된다.
(b) scanf() 함수는 성공적으로 읽은 항목의 개수를 값으로 반환한다.
(c) 한 줄에서 읽혀지지 않은 데이터는 다음 scanf() 함수 호출에서 입력 데이터 줄의 부분이 된다.

(d) 위 모두 옳다

5.5 다음 중에서 printf() 함수에 대한 설명이 틀린 것은? [LO 5.4 H]

(a) printf() 문장에서 서식 명세는 변수들과 개수, 순서, 데이터형이 부합되어야 한다.

(b) print() 함수에서 출력되는 값의 길이가 서식 명세에서 지정된 것보다 더 길면 명세를 무시하고 전체 길이가 출력된다.

(c) printf 문장에서 변수에 주소 연산자 &를 사용하면 실행시간 에러를 발생시킨다.

(d) 위 모두 옳다

5.6 다음 중에서 부동소수점 값을 읽는데 사용되는 서식 지정자는 무엇인가? [LO 5.3 M]

(a) %e (b) %f (c) %g (d) 위 모두

## 복습 질문

5.1 다음 문장이 참인지 거짓인지 말하시오.

(a) <stdio.h> 헤더 파일의 목적은 사용자가 작성한 프로그램을 저장하는 것이다. [LO 5.1 E]

(b) 키보드에서 하나의 문자를 읽어내는 C언어 표준 함수는 getchar이다.

(c) scanf 문 안의 입력 리스트는 하나 이상의 변수를 포함할 수 있다. [LO 5.3 E]

(d) scanf 문은 키보드에서 하나의 문자를 읽고자 할 때에는 사용될 수 없다. [LO 5.3 E]

(e) getchar는 키보드에서 텍스트 한 줄을 읽기 위한 용도로는 사용될 수 없다 . [LO 5.1 E]

(f) printf 문의 서식 제어 문자열에 변수를 사용하는 것은 정당하다. [LO 5.4 M]

(g) 만약 입력된 한 숫자가 양수일 때 서식 지정자 %+−8d는 출력 넓이 8에 왼쪽 정렬이며 + 기호가 붙은 정수가 출력됨을 의미한다. [LO 5.4 M]

(h) 만약 서식 지정자의 필드 폭이 실제 입력되는 값의 개수보다 많을 때에는 오른쪽 정렬되어서 출력된다. [LO 5.4 M]

(i) 서식 지정자 %5s는 주어진 문자열에서 처음 5개의 문자만이 출력됨을 의미한다. [LO 5.4 M]

(j) scanf 문 안의 명세보다 더 많은 데이터를 입력 스트림이 포함할 때 사용되지 않은 데이터는 다음 scanf 문이 호출될 때 사용된다. [LO 5.3 H]

(k) 출력에서 사용되는 서식 지정자들은 데이터들의 내부표현을 읽을 수 있는 문자들로 바꾸어준다. [LO 5.4 H]

(l) printf 문장에서 인쇄 목록에 함수 호출을 포함할 수 있다. [LO 5.4 H]

5.2 다음 빈 칸을 적절히 채우시오.

(a) 서식 지정자 ______은 해당 변수 값을 short 정수의 형태로 읽거나 쓰기 위해 사용된다. [LO 5.3 E]

(b) double 형태의 값을 읽기 위해서는 ______서식 지정을 사용해야 한다. [LO 5.3 E]

(c) 문자 함수들을 사용하려면 _____헤더 파일을 프로그램에 포함시켜야 한다. [LO 5.4 E]

(d) 자료를 왼쪽맞춤으로 출력하려면 서식 지정에 _____를 사용한다. [LO 5.4 E]

(e) 서식 지정자 _____은 정수를 16진수 형태로 출력하기 위해 사용된다. [LO 5.4 M]

(f) 서식 지정 _____은 입력 데이터를 읽어들일 때 특정 데이터를 생략해서 변수들에 할당되지 않게 하기 위해 사용된다. [LO 5.3 M]

(g) 서식 지정 %[ ]는 ___가 포함된 문자열을 읽기 위해 사용된다. [LO 5.3 M]

(h) 실수 값의 출력시 정밀도 표현의 디폴트값은 ___칸이다. [LO 5.4 M]

(i) 서식 지정자 ___는 부동소수점 수를 과학적 표기법으로 출력시킨다. [LO 5.4 M]

(j) 서식 지정 ______은 특정 문자를 만나면 읽기를 종료도록 만든다. [LO 5.3 H]

(k) 서식 지정자 ___는 한 문자를 출력하고 ___는 문자열을 출력하는데 사용된다. [LO 5.4 H]

(l) Long integer를 출력하려면 서식 지정자의 d 자리에 ___를 써야하고, short integer는 ___를 써야한다. [LO 5.4 H]

5.3 아래의 쌍들을 비교 설명하시오.

(a) getchar와 scanf 함수. [LO 5.1 E]

(b) 읽기를 위한 %s와 %c 서식. [LO 5.3 E]

(c) 출력을 위한 %g와 %f 서식. [LO 5.4 E]

(d) 읽기를 위한 %s와 %[] 서식. [LO 5.3 M]

(e) 출력을 위한 %f와 %e 서식. [LO 5.4 E]

5.4 아래의 데이터들을 읽기 위한 scanf 문장을 작성하시오. [LO 5.3 M]

(a) 75 B 45 (b) 123 1.23 45A

(c) 15-10-2002 (d) 10 TRUE 20

5.5 아래의 printf 문이 출력하는 결과를 기술하시오. [LO 5.4 H]

(a) printf“( %d%c%f”, 10 ‘, x’ , 1.23);

(b) printf“( %2d %c %4.2f”, 1234 ‘, x’ , 1.23);

(c) printf( “%d\t%4.2f”, 1234, 456);

(d) printf( “\” %08.2f\” ”, 123.4);

(e) printf( “%d%d %d”, 10, 20);

문제 5.6~5.10까지는 아래의 선언문이 프로그램에 작성되어 있다고 가정한다.

```
int year, count;
float amount, price;
char code, city[10];
double root;
```

5.6 다음 문장에서 입력 데이터가 1988, x인 경우 변수 year와 code에 무슨 값이 저장되는지 기술하시오. [LO 5.3 H]

(a) scanf( "%d %c" , &year, &code);

(b) scanf( "%c %d" , &year, &code);

(c) scanf( "%d, %c" , &code, &year);

(d) scanf( "%s %c" , &year, &code);

5.7 count, price, city 변수들이 각각 아래의 값을 가진다. [LO 5.4 H]

count ←—1275

price ←—-235.74

city ←—Cambridge

이 때 아래의 문장이 어떠한 결과를 출력하는지 정확히 기술하시오.

(a) printf( "%d %f" , count, price);

(b) printf( "%2d\n%f" , count, price);

(c) printf( "%d %f" , price, count);

(d) printf("%10dxxxx%5.2f ", count, price);

(e) printf( "%s" , city);

(f) printf( "%-10d %-15s" , count, city);

5.8 아래의 문장에서 만약 잘못된 부분이 있다면 그것을 기술하시오. [LO 5.4 M]

(a) printf(%d 7.2%f, year, amount);

(b) printf( "%-s %c" \n, city, code);

(c) printf( "%f, %d, %s, price, count, city);

(d) printf( "%c%d%f\n" , amount, code, year);

5.9 아래의 명령어 구문에 대한 응답으로 다음의 데이터를 입력하였다. [LO 5.3 M]

scanf( "%4d%*%d" , &year, &code, &count);

데이터: 19883745

year, code, count 변수에 어떠한 값이 대입되겠는가?

5.10 다수 문자가 포함된 문장을 읽기 위해 getchar() 함수를 어떻게 사용할 수 있는가? [LO 5.1 H]

5.11 다수 문자가 포함된 문장을 출력하기 위해 putchar() 함수를 어떻게 사용할 수 있는가? [LO 5.2 H]

5.12 scanf() 함수의 목적은 무엇인가? [LO 5.3 E]

5.13 scanf() 함수에서 일반적으로 사용되는 변환문자의 목적을 설명하시오. [LO 5.3 E]

5.14 입력 데이터가 아래의 특성을 포함한다면 어떤 결과가 발생하는가? [LO 5.3 H]

(a) 명세된 필드 폭보다 더 많은 문자가 포함됨

(b) 명세된 필드 폭보다 더 적은 문자가 포함됨

5.15 printf() 함수의 목적은 무엇인가? [LO 5.4 E]

5.16 printf() 함수에서 일반적으로 사용되는 변환문자의 목적을 설명하시오. [LO 5.4 E]

5.17 printf() 함수의 제어 문자열과 scanf() 함수의 제어 문자열은 어떤 차이가 있는가? [LO 5.4 M]

5.18 출력 데이터가 아래의 특성을 포함한다면 어떤 결과가 발생하는가? [LO 5.4 H]

(a) 명세된 필드 폭보다 더 많은 문자가 포함됨

(b) 명세된 필드 폭보다 더 적은 문자가 포함됨

5.19 아래 함수의 제어 문자열에서 인식되지 않은 문자는 어떻게 처리되는가? [LO 5.4 H]

(a) scanf 함수

(b) printf 함수

## 디버깅 연습

5.1 만일 아래의 입력 문장에 오류가 있다면 그 오류를 기술하시오. [LO 5.3 M]

(a) scanf( "%c%f%d", city, &price, &year);

(b) scanf( "%s%d", city, amount);

(c) scanf( "%f, %d, &amount, &year);

(d) scanf(\n" %f", root);

(e) scanf( "%c %d %ld", *code, &count, Root);

## 프로그래밍 연습

5.1 주어진 문장 "WORDPROCESSING"을 입력으로 받아 아래와 같은 형태로 출력하는 프로그램을 작성하시오. [LO 5.4 M]

(a) WORD PROCESSING

(b) WORD

    PROCESSING

(c) W.P.

5.2 변수 x와 y의 값을 읽을 수 있으며 또한 한 줄로 아래 표현식의 결과를 출력해주는 프로그램을 작성하시오. [LO 5.3 M]

(a) $\frac{x+y}{x-y}$ (b) $\frac{x+y}{2}$ (c) $(x+y)(x-y)$

5.3 아래의 숫자들을 읽고 이들을 반올림하여 정수로 출력하는 프로그램을 작성하시오. [LO 5.4 H]

35.7 50.21 −23.73 −46.45

5.4 0.0에서 20.0 사이의 실수 4개를 입력받은 뒤 이 값을 *를 사용한 수평 막대그래프로 표시하는 프로그램을 작성하시오. 그래프 표현을 위해서는 입력되는 값들이 정수로 반올림되어야 하며, 그 수 만큼 *가 수평방향으로 표시되어야 한다. 예를 들어, 4.36은 아래와 같이 나타내어진다. [LO 5.3, 5.4 H]

```
* * * *
* * * * 4.36
* * * *
```

각 수평 막대의 끝에 실제 값이 출력되는 것에 주목하라.

5.5 곱하기 과정을 보여주기 위한 상호작용 프로그램을 작성하시오. 프로그램은 사용자에게서 2개의 2자리수 정수를 받으며 곱셈의 과정을 아래와 같이 보여줘야 한다. [LO 5.4 H]

```
                     45
                 ×   37
                 ------
7 × 45 is           315
3 × 45 is          135
                 ------
Add   them         1665
                 ------
```

5.6 scanf 함수를 사용하여 키보드에서 0~9 사이의 정수를 2개 입력받는 프로그램을 작성하고 아래에서 제시하는 방법을 사용해 2개의 정수들을 한 줄에 띄워쓰기 없이 출력하시오. [LO 5.4 H]

(a) 2개의 printf 함수

(b) 변환문자 %를 사용하는 하나의 printf 함수

(c) 변환문자 %를 사용하지 않는 printf 함수

5.7 아래의 명세에 따라 지수 형식으로 10.45678을 출력하는 프로그램을 작성하시오. [LO 5.4 M]

(a) 소수점 둘 째 자리까지

(b) 소수점 넷 째 자리까지

(c) 소수점 여덟 째 자리까지

5.8 아래의 명세에 따라 고정소수점 형식으로 10.45678을 출력하는 프로그램을 작성하시오. [LO 5.4 M]

(a) 소수점 둘 째 자리까지

(b) 소수점 다섯 째 자리까지

(c) 정수 부분까지

5.9 scanf 함수를 사용하여 3개의 부분으로 구성되어 있는 이름인 ANIL KUMAR GUPTA 읽는 프로그램을 작성 후 이를 printf 함수를 이용하여 아래와 같이 출력하시오. [LO 5.3, 5.4 H]

(a) ANIL K. GUPTA

(b) A.K. GUPTA

(c) GUPTA A. K.

5.10 아래의 데이터 테이블을 입력받고 출력할 수 있는 프로그램을 작성하시오. [LO 5.3, 5.4 H]

| 이름 | 코드 | 가격 |
|---|---|---|
| Fan | 67831 | 1234.50 |
| Motor | 450 | 5786.70 |

이름과 코드의 값은 반드시 왼쪽 정렬되어야 하며 가격은 오른쪽 정렬되어야 한다.

5.11 약간의 샘플 데이터를 이용해서 재고 목록 보고서를 출력하는 C 프로그램을 작성하라. 보고서에는 항목 코드, 수량, 위치를 서식화된 출력으로 나타내야 한다. [LO 5.4 M]

5.12 Pascal의 삼각형을 표시하는 C 프로그램을 작성하라. [LO 5.2 H]

5.13 액수를 달러로 입력받아서 유로화와 한화로 출혁하는 C 프로그램을 작성하라. 환율 변환은 현재 환율을 반영하라. [LO 5.2 E]

5.14 다음과 같은 패턴을 출력하는 C 프로그램을 작성하라. [LO 5.2 H]

```
5 4 3 2 1
  4 3 2 1
    3 2 1
      2 1
        1
```

5.15 투자액을 입력받아서 이율 8.75%로 10년 후의 누적액을 계산해주는 C 프로그램을 작성하라. [LO 5.4 E]

## 인터뷰 질문

5.1 % 문자를 출력하려면 어떻게 해야 하는가? [LO 5.4 M]

5.2 다음 코드의 출력은 무엇인가? [LO 5.4 H]

```
#define char int
void main()
{
 char i;
 print("%d,sizeof(i));
}
```

5.3 다음 문장은 성공적으로 컴파일 될 것인가? [LO 5.4 H]

```
printf("%d",printf("Hello");
```

5.4 헤더 파일 없이도 프로그램을 실행하는 것이 성공할 수 있을까? 예를 들어, 다음 코드의 실행이 성공할 것인가? [LO 5.4 H]

```
void main()
{
printf("Hello World\n");
getch();
}
```

5.5 다음 printf 문장의 출력은 무엇인가? [LO 5.4 H]

```
printf("%d");
```

5.6 다음 코드의 출력은 무엇인가? [LO 5.4 H]

```
#define rate 10
void main()
{
#define rate 20
printf("rate = %d",rate);
}
```

Chapter 6

# 판단과 분기

**학습목표**

- **LO 6.1** if 문을 이용한 판단문을 설명한다.
- **LO 6.2** if...else 문을 설명한다.
- **LO 6.3** switch 문을 설명한다.
- **LO 6.4** 조건 연산자에 대해서 배운다.
- **LO 6.5** 무조건 분기에서 goto 문을 사용하는 법을 설명한다.

## 6.1 소개

C 프로그램은 순차적으로 실행되는 문장들의 집합이다. 이런 순차적인 실행은 또 다른 계산과정을 수행하거나 특정 계산을 반복적으로 수행할 필요가 없는 경우에 해당한다. 하지만, 실제로는 특정 조건에 맞추어 문장들의 실행 순서를 변경하거나 특정 조건이 만족될 때까지 일부 문장들을 반복적으로 수행해야 할 경우가 많다. 따라서 특정 조건이 발생하거나 발생하지 않았는지 확인하는 판단문이 필요하며 이에 따라 실행의 흐름을 변경시킨다.

C언어에서 이와 같은 판단 기능은 다음 문장들을 통해 제공된다.

1. **if** 문
2. **switch** 문
3. 조건 연산자를 포함한 문
4. **goto** 문

이러한 문장들은 흔히 **판단문**이라고 알려져 있다. 또한 실행의 흐름을 제어하기 때문에 **제어문**이라고도 알려져 있다. 이전의 예제에서 이러한 구문들을 사용했으며, 본 장에서는 이들의 속성과 기능 그리고 응용 예에 대해 보다 더 자세히 살펴볼 것이다.

## 6.2 if 문을 사용하는 판단문

**LO 6.1** if 문을 이용한 판단문을 설명한다.

**if** 문은 매우 유용한 판단문이며 실행의 흐름을 제어하기 위해 사용된다. 기본적으로 2갈래 판단을 하며 표현식과 함께 사용되며 다음과 같은 형식이다.

***if (test expression)***

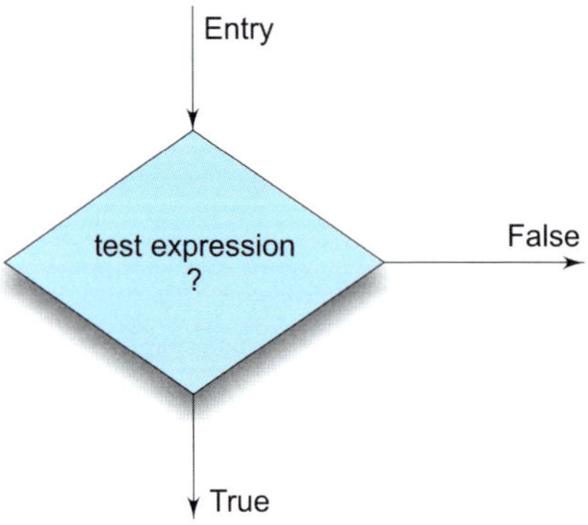


**그림 6.1** 2갈래 분기

테스트 표현식을 평가해서 그 값이 참(0이 아닌 값)인지, 혹은 거짓(0인 값)인지 확인한 뒤, 그 결과에 따라 특정 문장으로 제어를 넘긴다. 프로그램은 그림 6.1과 같이 참인 조건에 대한 경로와 거짓인 조건에 대한 경로, 이렇게 두 가지 경로를 가지게 된다.
**if** 문을 사용하는 예는 다음과 같다.

**1. if** (은행 잔고가 없다)
돈을 빌린다
**2. if** (방이 어둡다)
불을 켠다
**3. if** (코드 값이 1이다)
이 사람은 남성이다
**4. if** (나이가 55세 이상이다)
이 사람은 은퇴했다

**if** 문은 테스트 표현식의 복잡도에 따라 다음과 같이 서로 다른 형태로 구현될 수 있다.

**1.** 단순 **if** 문
**2. if...else** 문
**3.** 중첩 **if...else** 문
**4. else if** 사다리

다음 절에서는 위의 내용에 대해 자세히 다룰 것이다.

## 6.3 단순 if 문

단순 **if** 문의 일반적인 형태는 다음과 같다.

```
if (test expression)
 {
     statement-block;
 }
statement-x;
```

위에서 '문장 블록'은 하나의 문장 혹은 여러 개의 문장이다. 만약 **테스트 표현식**이 참이면 이 **문장 블록**이 수행되며, 테스트 표현식이 참이 아니면 이 문장 블록이 실행에서 생략되고 문장-*x*로 이동하게 된다. 결국 테스트 표현식이 참이면 문장 블록과 **문장-*x***가 모두 실행된다. 이 과정이 그림 6.2에 나타나 있다.

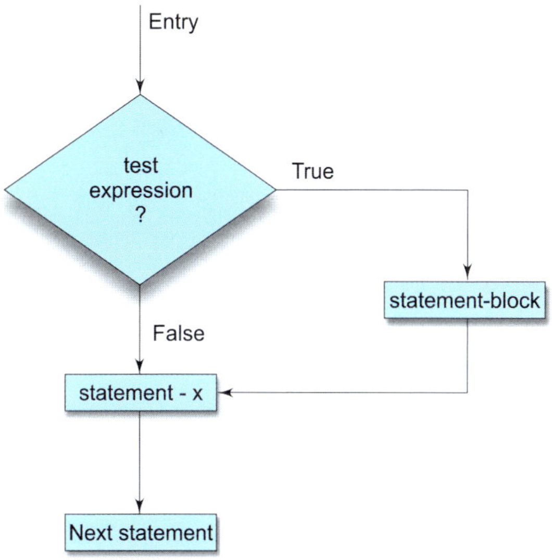


**그림 6.2** 단순 if 문의 플로우차트

입학시험에서 성적을 처리해주기 위한 다음의 부분 프로그램을 살펴보자.

```
.........
.........
if (category == SPORTS)
{
    marks = marks + bonus_marks;
}
```

```
printf("%f", marks);
.........
..........
```

위의 프로그램은 학생이 속한 그룹을 확인하고 해당 학생이 SPORTS 그룹에 속한 경우, 추가적인 보너스 점수를 그의 점수에 더해서 출력한다. 또한 SPORTS 그룹에 속하지 않은 학생들에게는 추가적인 보너스 점수를 부여하지 않는다.

**예제 6.1** **그림 6.3의 프로그램은 a, b, c, d 네 개의 값을 입력받은 뒤 (a + b)와 (c − d)의 비율을 계산해 만약 c − d가 0이 아니면 그 결과를 출력한다.** E

```
Program
  main()
  {
       int a, b, c, d;
       float ratio;

       printf("Enter four integer values\n");
       scanf("%d %d %d %d", &a, &b, &c, &d);

       if (c-d != 0) /* Execute statement block */
       {
            ratio = (float)(a+b)/(float)(c-d);
            printf("Ratio = %f\n", ratio);
       }
  }

Output

  Enter four integer values
  12 23 34 45
  Ratio = -3.181818

  Enter four integer values
  12  23  34  34
```

**그림 6.3** 단순 **if** 문의 예

그림 6.3의 프로그램은 선택될 수 있는 두 가지 경로 모두에 대해 적절한 결과가 나오는지를 확인하기 위해 두 개의 데이터 집합에 대해 실행되었으며 첫 번째 실행의 결과는 다음과 같다.

Ratio = −3.181818

두 번째 실행에서는 어떤 결과 메시지도 출력되지 않는다. 이는 두 번째 실행에서 (c–d)의 값이 0이 되어 결과적으로 문장 블록의 전체 내용이 생략되었기 때문이다. 문장 블록 이후에 또 다른 문장이 없기 때문에 프로그램은 아무런 결과도 출력하지 않았다.

> **TIP**
>
> 값이 같은지 다른지를 판단하는 소건 검사에서는 부동소수점 수를 피하는 것이 좋다.

ratio를 계산하기 위한 명령어 구문에서 float 형으로의 변환이 사용된 점에 주의하자. 이는 정수 나눗셈의 결과가 항상 정수로 되는 오류를 피하기 위해 사용된 것이다. 또한, 첫 번째 실행 결과가 정확히 소수점 이하 6자리로 표현된 –3.181818임에도 유의하자. 이 결과는 반올림에 의한 오차를 포함하고 있으며, 만약 더 높은 정밀도를 가진 표현을 원할 경우에는 **double** 또는 **long double** 데이터 형이 사용되어야 한다.

단순 **if** 문은 수를 셈하기 위한 용도로 많이 사용되며 예제 6.2는 이러한 예를 보여준다.

**예제 6.2** **그림 6.4는 몸무게가 50kg 이하이고 키가 170cm 이상인 남학생들의 수를 센다.** M

이 프로그램은 몸무게와 키 두 가지 테스트를 위한 표현식을 가지며, 다음과 같은 복합 관계식으로 표현된다.

**if (weight < 50 && height > 170)**

이런 복합 관계식은 두 개의 **if** 문으로도 동일하게 표현될 수 있다.

**if (weight < 50)**
**if (height > 170)**
**count = count + 1;**

```
Program
  main()
  {
       int count, i;
       float weight, height;

       count = 0;
       printf("Enter weight and height for 10 boys\n");

       for (i =1; i <= 10; i++)
       {
            scanf("%f %f", &weight, &height);
            if (weight < 50 && height > 170)
                 count = count + 1;
       }
```

(계속)

```
        printf("Number of boys with weight < 50 kg\n");
        printf("and height > 170 cm = %d\n", count);
    }

Output

    Enter weight and height for 10 boys
    45   176.5
    55   174.2
    47   168.0
    49   170.7
    54   169.0
    53   170.5

    49   167.0
    48   175.0
    47   167
    51   170
    Number of boys with weight < 50 kg
    and height > 170 cm = 3
```

**그림 6.4** 수를 세는 if 문

## 드 모르간의 규칙 적용

판단문을 작성할 때 !( x && y || !z) 와 같이 논리적인 NOT 연산자가 복합 논리식에 적용되는 상황을 직면하게 된다. 그러나 부정논리(negative logic)에 비해 긍정논리(positive logic)가 읽거나 이해하기 더 쉬우므로 전체 표현식을 긍정논리로 바꾸기 위해 다음과 같은 **드 모르간의 규칙**을 적용할 수 있다.

"논리식의 모든 피연산자에 대해 NOT 연산을 수행하고 연산자에 대해서는 보수 표현을 하며 괄호를 없앤다."

즉,

x 는 !x 가 된다.
!x 는 x 가 된다.
&& 는 || 가 된다.
|| 는 && 가 된다.

예제:

!( x && y || !z ) 는 !x || !y && z 와 동일하다.
!( x <= 0 || !condition ) 은 x > 0 && condition 과 동일하다.

만약 몸무게가 50보다 작으면 그 다음 문장이 실행되며 거기에는 또 다른 **if** 문이 있다. 이 **if** 문에서는 키를 판단하게 되며 만약 키 또한 170 보다 크다면 **count**는 1이 더해진다.

## 6.4 if...else 문

**if...else** 문은 단순 **if** 문의 확장이며, 일반적인 형태는 다음과 같다.

LO 6.2 if...else 문을 설명한다.

```
If (test expression)
      {
         True-block statement(s)
      }
else
     {
         False-block statement(s)
     }
statement-x
```

테스트 표현식이 참인 경우 "참–블록 문장"이 수행되며, 테스트 표현식이 거짓인 경우 "거짓–블록 문장"이 수행된다. 결국 참–블록과 거짓–블록 중 하나는 반드시 수행되며 두 가지 모두 수행되는 경우는 없다. 이는 그림 6.5에서도 확인 가능하며 두 블록들이 수행된 뒤에는 항상 문장-x가 연이어 수행된다.

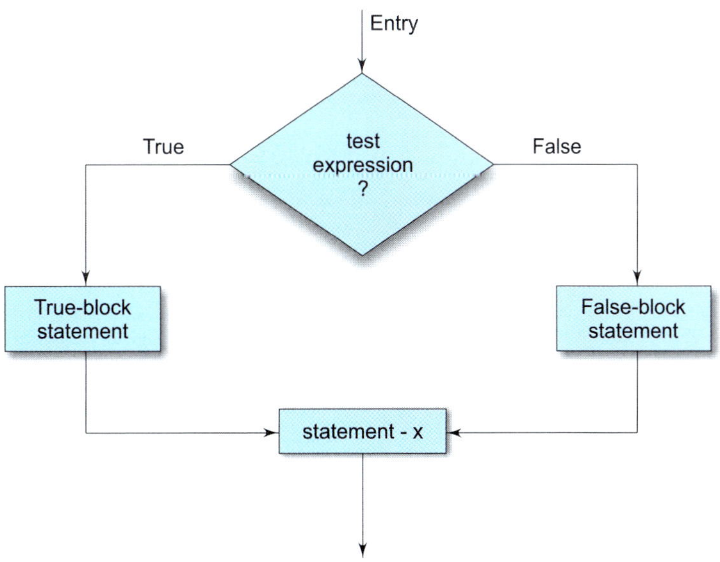


**그림 6.5** **if...else** 문의 플로우차트

한 반에서 남학생과 여학생의 수를 세는 예를 생각해보자. 남학생인 경우 코드1을, 여학생인 경우 코드 2를 부여한다면, 프로그램은 다음과 같이 작성될 수 있다.

```
.........
.........
if (code == 1)
  boy = boy + 1;
if (code == 2)
  girl = girl+1;
.........
.........
```

첫 번째 테스트에서는 그 학생이 남학생인지 확인한다. 만약 남학생이 맞다면, 남학생의 수가 1 증가될 것이고 프로그램은 두 번째 테스트 과정으로 넘어가게 된다. 두 번째 테스트에서는 다시 그 학생이 여학생인지 확인한다. 하지만, 한 학생이 남학생으로 파악되었다면 여학생인지를 재차 확인하는 과정은 필요가 없으므로 결국 두 번째 테스트 과정은 쓸모없는 것이 된다. 결국 한 학생에 대해서는 남학생인지 여학생인지 한 번만 테스트하면 되고 두 번의 테스트를 모두 수행할 필요는 없다. 이것을 반영하여 위의 프로그램을 다음과 같이 else 절을 이용하여 수정하였다.

```
..........
..........
if (code == 1)
  boy = boy + 1;
else
  girl = girl + 1;
xxxxxxxxxx
..........
```

여기서, 코드값이 1이면 `boy = boy + 1`이 수행되고 프로그램의 흐름은 `else` 부분을 생략한 채 xxxxxx 문장으로 옮겨가 실행이 계속된다. 또한, 코드값이 1이 아닌 경우 `boy = boy + 1` 부분은 생략되고 `else` 부분에 위치한 `girl = girl + 1`이 수행된 뒤 xxxxxx 문장으로 옮겨간다.

그림 5.3에 주어진 프로그램을 살펴보자. (c–d)의 값이 0이면 ratio는 계산될 수 없고 프로그램은 어떤 메시지도 출력하지 않은 채 종료된다. 그런 경우에 프로그램에 0이라는 값 때문에 종료되었는지 아니면 또 다른 오류로 인해 종료되었는지 알 수가 없다. 따라서 이 프로그램은 **else** 절을 사용해 다음과 같이 개선할 수 있다.

```
..........
..........
if (c-d != 0)
  {
    ratio = (float)(a+b)/(float)(c-d);
    printf("Ratio = %f\n", ratio);
  }
else
  printf("c-d is zero\n");
..........
..........
```

**예제 6.3** 그림 6.6은 아래의 멱급수(power series)를 계산해주는 프로그램이며, if...else를 사용해서 정확도를 검사한다. H

$$e^x = 1 + x + \frac{x^2}{2!} + \frac{x^3}{3!} + \dots + \frac{x^n}{n!},\ 0 < x < 1$$

위의 멱급수는 다음 형태의 점화 관계로 표현가능하다.

$$T_n = T_{n-1}\left(\frac{x}{n}\right) \quad n > 1\text{일 때}$$

$$T_1 = x \quad n = 1\text{일 때}$$

$$T_0 = 1$$

만약 $T_{n-1}$을 알면, $T_n$은 그 전 항에 $\left(\frac{x}{n}\right)$을 곱함으로써 쉽게 계산될 수 있다. 따라서 다음과 같은 식이 성립된다.

$$e^x = T_0 + T_1 + T_2 + \dots\dots + T_n = \text{sum}$$

```
Program
    #define ACCURACY 0.0001
    main()
    {
      int n, count;
      float x, term, sum;
      printf("Enter value of x:");
      scanf("%f", &x);
      n = term = sum = count = 1;
      while (n <= 100)
      {
        term = term * x/n;
```

(계속)

```
            sum = sum + term;
            count = count + 1;
            if (term < ACCURACY)
               n = 999;
            else
               n = n + 1;
         }
         printf("Terms = %d Sum = %f\n", count, sum);
      }
Output
         Enter value of x:0
         Terms = 2 Sum = 1.000000
         Enter value of x:0.1
         Terms = 5 Sum = 1.105171
         Enter value of x:0.5
         Terms = 7 Sum = 1.648720

         Enter value of x:0.75
         Terms = 8 Sum = 2.116997
         Enter value of x:0.99
         Terms = 9 Sum = 2.691232
         Enter value of x:1
         Terms = 9 Sum = 2.718279
```

**그림 6.6 if...else** 문의 예

프로그램은 현재까지 더해진 항의 수를 확인하면서, 더해질 항이 정확도의 목표로 설정한 0.0001보다 작거나 또는 100개 이상의 항이 더해진 경우 종료된다. 더해질 항이 정확도의 목표보다 작은 경우 n의 값을 강제적으로 100보다 큰 999로 설정함으로써 **while** 반복문을 강제로 종료시킨다. 결과는 **while** 반복문의 바깥에서 출력된다.

## 6.5 중첩된 if...else 문

판단들이 연속된 경우에는 하나 이상의 **if...else** 문을 아래와 같이 중첩된 형태로 사용한다. 실행 논리는 그림 6.7에 있다. 만약 테스트 조건-*1*이 거짓인 경우 문장-3이 실행되고, 그렇지 않은 경우 두 번째 테스트를 거치게 된다. 만약 테스트 조건-*2*가 참인 경우 문장-1이 실행되고, 그렇지 않은 경우 문장-2가 수행된 뒤 문장-x가 수행된다.

```
if    (test condition-1)
{
    if  (test condition-2);
    {
      statement -1;
    }
    else
    {
      statement -2;
    }
}
else
{
  statement -3;
}
statement -x;
```

은행이 고객들에게 이자를 제공하는 인센티브 정책을 사용하고 있다고 가정하자. 구체적인 정책의 내용은 다음과 같다.

기본적으로 계좌에 있는 입금액의 2%에 해당되는 이자를 12월 31일 모두에게 제공하고, 특별히 5000달러 이상의 계좌를 보유하고 있는 여성 고객에게는 5%의 이자를 제공한다는 것이다. 이에 대한 논리는 다음과 같다.

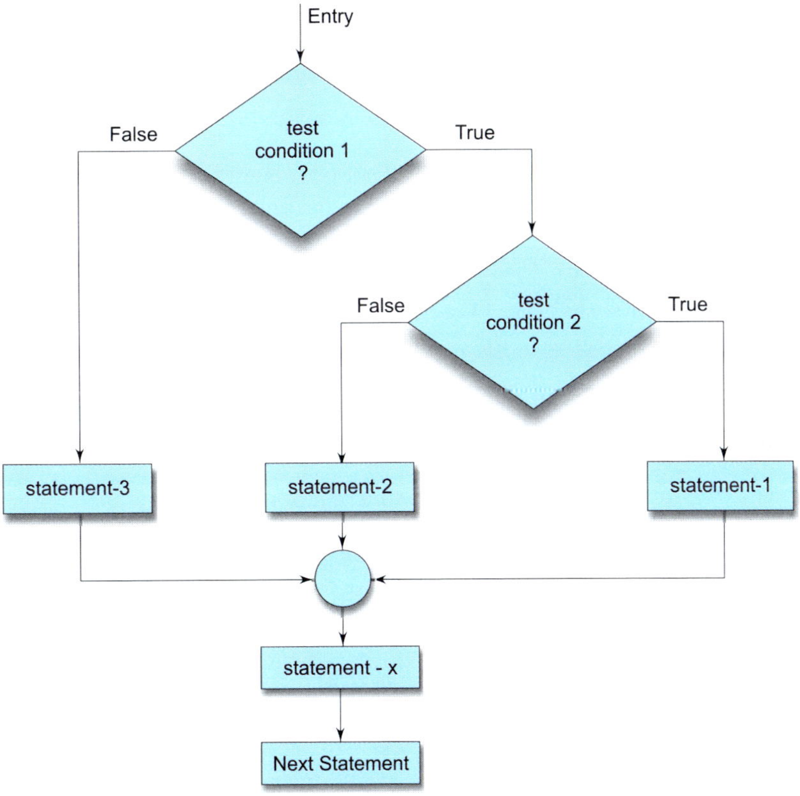


**그림 6.7** 중첩 **if...else** 문의 플로우차트

```
.........
if (성별이 여성)
{
   if (입금계좌액 > 5000)
     bonus = 0.05 * balance;
   else
     bonus = 0.02 * balance;
}
else
{
     bonus = 0.02 * balance;
}
balance = balance + bonus;
.........
.........
```

중첩문에서는 모든 if가 하나의 else에 대응되는지 주의해야 한다. 위 프로그램의 또 다른 형태로 다음 프로그램을 살펴보자.

```
if (성별이 여성)
   if (입금계좌액 > 5000)
     bonus = 0.05 * balance;
   else
     bonus = 0.02 * balance;
   balance = balance + bonus;
```

이 프로그램은 else와 대응되는 if가 어느 것인지 모호하다. C에서 else는 항상 그와 가장 가까운 종료되지 않은 if와 짝이 된다. 따라서 위 프로그램에서 else는 안쪽의 if와 짝이 되고 바깥쪽 if와 짝이 되는 else는 없다. 그 결과 남성 고객에 대해서는 보너스를 계산하지 않고 아래 구문이 수행되는 오류가 발생한다.

```
balance = balance + bonus;
```

다음은 위 프로그램의 또 다른 변형 형태이다.

이 경우, else는 바깥쪽 if와 짝이 되고 남성 고객에 대해서도 적합한 보너스의 계산이 이루어진다. 그러나 입금 계좌액이 5000 이하인 여성 고객인 경우 안쪽 if와 짝이 되는 else가 없으므로 보너스의 계산이 이루어지지 않게 된다.

**TIP**

if/else에서 논리 오류를 예방하기 위해서는 중괄호를 이용해서 문장 블록을 분명하게 정의해야 한다.

```
if (sex is female))
   {
      if (balance > 5000)
      bonus = 0.05 * balance;
   }
   else
      bonus = 0.02 * balance;
   balance = balance + bonus;
```

**예제 6.4** 그림 6.8은 중첩 if...else 문을 사용해 세 개의 수들 중 가장 큰 수를 출력하는 프로그램이다. H

```
Program
        main()
        {
        float A, B, C;

        printf("Enter three values\n");
        scanf("%f %f %f", &A, &B, &C);
        printf("\nLargest value is ");
        if (A>B)
        {
           if (A>C)
              printf("%f\n", A);
           else
              printf("%f\n", C);
        }
        else
        {
           if (C>B)
              printf("%f\n", C);
           else
              printf("%f\n", B);
        }
      }
Output
        Enter three values
        23445 67379 88843
        Largest value is 88843.000000
```

**그림 6.8** 세 개 중에서 가장 큰 수 선택

### Dangling else 문제

중첩 **if...else** 문을 사용할 때 가장 많이 직면하게 되는 문제 중 하나는 **Dangling else** 문제이다. 이는 짝을 이루는 **else**를 가지고 있지 않은 **if**가 있을 때 발생하며, 이를 해결하기 위해서는 현재 블록에서 가장 최근에 짝없는 **if**가 발견될 때마다 항상 **else**를 붙여 짝을 만드는 것이다. 물론 else의 상황이 요구되지 않는 경우도 존재하며 그런 경우에는 else 부분의 생략이 가능하다.

"**else**는 항상 가장 최근에 else와 짝이 되지 않은 **if**와 연계되어야 한다."

## 6.6 else if 사다리

판단의 결과가 여러 가지로 나눠질 수 있는 경우 여러 개의 `if`들을 같이 사용하는 방법이 있다. 각각의 **else**가 또 다른 **if**와 연계된 형태이며 기본적으로 **if**들의 체인으로 다음과 같이 구성된다.

**TIP**

중첩된 if/else 문에서 else는 가장 가까운 짝없는 if와 짝이 된다는 것을 기억하는 것이 좋다.

```
if ( condition 1)
     statement-1;
else if ( condition 2)
          statement-2;
   else if ( condition 3)
             statement-3;
       else if ( condition n)
                 statement-n;
               else
                 default-statement;
     statement-x;
```

이런 구조를 `else if` 사다리라고 부른다. 테스트 조건들은 사다리의 꼭대기에서부터 아래로 내려오면서 차례대로 평가하게 되고, 가장 먼저 참이 되는 테스트 조건에서 거기에 속한 문장을 수행한 뒤 사다리의 남은 부분은 무시되고 문장-x로 옮겨간다. 만약 모든 테스트 조건이 거짓이 되면, 최종 `else`에 포함된 디폴트 문장이 수행된다. 그림 6.9는 `else if` 사다리 문장의 실행 논리를 보여준다.

수업을 듣는 학생들의 성적을 매기는 상황을 가정해보자. 성적은 다음 규칙에 맞추어 부여된다.

| **평균 점수** | **성적** |
|---|---|
| 80~100 | Honours |
| 60~79 | First Division |
| 50~59 | Second Division |
| 40~49 | Third Division |
| 0~39 | Fail |

이러한 성적 부여는 **else if** 사다리를 이용해 다음과 같이 가능하다.

```
if (marks > 79)
    grade = "Honours";
  else if (marks > 59)
      grade = "First Division";
    else if (marks > 49)
        grade = "Second Division";
      else if (marks > 39)
              grade = "Third Division";
          else
                    grade = "Fail";
          printf ("%s\n", grade);
```

또 다른 예제를 살펴보자.

```
----
----
if (code == 1 )
   colour – "RED";
else if (code == 2 )
     colour = "GREEN";
  else if (code == 3 )
          colour = "WHITE";
        else
          colour = "YELLOW";
---
---
```

1, 2, 3이 아닌 코드 번호들은 YELLOW로 표현되게 되며, 이는 중첩된 **if...else**문으로 구현될 수도 있다.

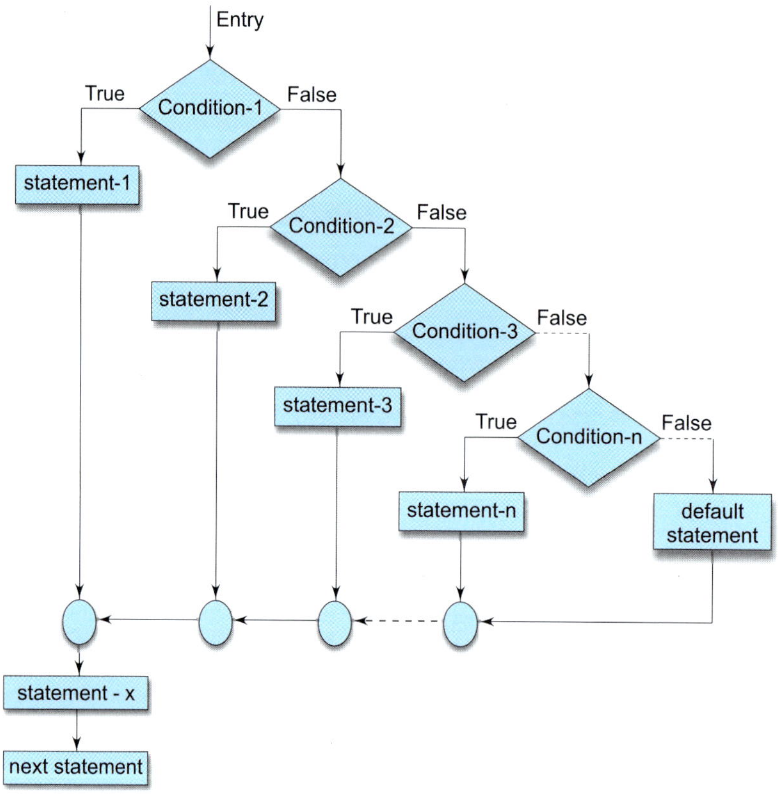


**그림 6.9 else...if** 사다리의 플로우차트

```
if (code != 1 )
  if (code != 2 )
    if (code != 3 )
      colour = "YELLOW";
    else
      colour = "WHITE";
  else
      colour = "GREEN";
else
      colour = "RED";
```

위의 두 가지 중에서 어떤 방법으로 구현해야 하는지는 프로그래머의 선택에 달려 있다. 또한, 효과적이면서 효율적인 **if** 구조를 선택하기 위해서는 프로그래머가 **if** 문의 다양한 형태와 중첩 방법을 잘 알고 있어야 한다.

**예제 6.5** **전력 분배 회사는 고객들에게 다음과 같은 방식으로 요금을 부과하고 있다.** H

| *소비전력 단위* | *요금율* |
| --- | --- |
| 0~200 | 단위당 0.5 |
| 201~400 | 기본요금 100 + 200 초과 단위당 0.65 |
| 401~600 | 기본요금 230 + 400 초과 단위당 0.80 |
| 601 이상 | 기본요금 390 + 600 초과 단위당 1.00 |

그림 6.10의 프로그램은 고객의 ID 번호와 소비된 전력을 읽고 그에 해당되는 부과요금을 출력해준다.

**Program**

```
main()
{
   int units, custnum;
   float charges;
   printf("Enter CUSTOMER NO. and UNITS consumed\n");
   scanf("%d %d", &custnum, &units);
   if (units <= 200)
      charges = 0.5 * units;
   else if  (units <= 400)
            charges = 100 + 0.65 * (units - 200);

               else if (units <= 600)
               charges = 230 + 0.8 * (units - 400);
                  else
                  charges = 390 + (units - 600);
   printf("\n\nCustomer No: %d: Charges = %.2f\n",
      custnum, charges);
}
```

**Output**

```
Enter CUSTOMER NO. and UNITS consumed 101 150
Customer No:101 Charges = 75.00

Enter CUSTOMER NO. and UNITS consumed 202 225
Customer No:202 Charges = 116.25

Enter CUSTOMER NO. and UNITS consumed 303 375
Customer No:303 Charges = 213.75

Enter CUSTOMER NO. and UNITS consumed 404 520
Customer No:404 Charges = 326.00

Enter CUSTOMER NO. and UNITS consumed 505 625
Customer No:505 Charges = 415.00
```

**그림 6.10 else...if** 사다리의 예

### 들여쓰기 규칙

제어문을 사용할 때, 한 문장이 뒤 따르는 많은 문장을 통제하는 경우가 있다. 그런 경우 앞의 문장과 뒤따르는 문장들이 서로 관련이 있음을 보여주기 위해 들여쓰기를 적절히 사용하는 것은 아주 좋은 습관이다. 들여쓰기 사용에 관한 지침은 다음과 같다.

- 앞의 문장과 관련된 문장은 들여쓰기를 한다. 최소 세 칸 이상의 들여쓰기를 한다.
- else 절은 대응되는 if 절과 수직으로 정렬이 되도록 배치한다.
- 문장 블록이 명확히 표현되도록 괄호 { 와 }는 별개의 줄에 배치한다.
- 블록 안의 문장들은 괄호보다 최소 세 칸 이상 오른쪽으로 들여쓰기를 한다.
- 괄호 {와 }는 수직으로 정렬이 되도록 배치한다.
- 블록의 시작과 끝을 명확하게 하기 위해 적절한 주석을 사용한다.
- 위의 규칙에 맞추어 내포된 문장들은 내포될 때마다 들여쓰기를 한다.
- 한 줄에는 하나의 문장이 포함되도록 배치한다.

**스킬테스트**

어떤 항목의 재료비와 판매액을 입력받아서 이익 액수를 출력하는 C 프로그램을 작성하라. [E]

## 6.7 Switch 문

LO 6.3 switch 문을 설명한다

많은 선택의 대안들 중 하나를 선택해야 할 때 **if** 문이 사용될 수 있음을 확인하였다. 그러나 **if** 문을 사용하게 되면 대안들의 수가 늘어남에 따라 해당 프로그램의 복잡도 또한 엄청나게 증가하게 되고 그 결과 프로그램은 읽기도 이해하기도 힘든 구조가 되어버린다. 동시에 이는 프로그램의 작성자 조차도 혼란스럽게 만드는 요인이 된다. 다행히도 C에는 이와 같은 경우에 사용할 수 있는 **switch**라는 내장된 다방향 결정문을 포함하고 있다. **switch** 문은 주어진 변수값 또는 표현식의 값을 각 **case**에 대해 테스트하고, 일치되는 **case**가 존재할 경우 그 **case**와 연계된 문장 블록을 실행한다. **switch** 문의 일반적인 형태는 다음과 같다.

```
switch (expression)
{
   case value-1:
              block-1
              break;
   case value-2:
              block-2
              break;
   ......
   ......
   default:
              default-block
              break;
}
statement-x;
```

표현식은 정수 또는 문자로 이루어진 변수이고, 값-*1*, 값-*2* 등은 모두 상수 또는 상수 표현식으로 이루어져 있으며 판단을 위해 꼭 필요한 값으로 *case* 라벨이라고도 불린다. 또한, 값-1, 값-2, ... 의 값들은 **switch** 문에서 유일한 값이어야 한다. **블록-1, 블록-2**, ... 들은 0개 이상의 문장들로 이루어진 리스트이다. 이러한 블록에 대해서는 괄호로 감쌀 필요가 없으며 **case** 라벨의 끝에는 콜론이 붙여지는 것에 유의하자.

**switch** 문이 실행되면, 표현식의 값은 각 case의 값-*1*, 값-*2* 등과 비교되고, 어떤 case의 값과 일치하는 경우 그 case에 속한 블록이 수행된다.

각 블록의 끝에 위치한 **break**문은 특정 **switch** 문이 종료되었음을 알려주며, 제어를 **switch** 문 다음에 있는 **문장-x**로 이동시킨다.

**default** 문은 필수적으로 포함되어야 하는 부분은 아니며, 표현식의 값이 어떠한 case의 값들과도 일치하지 않는 경우 수행된다. 만약 default 문이 존재하지 않는다면 case와의 비교에서 모두 실패하더라도 아무런 동작수행이 이루어지지 않으며 곧바로 **문장-x**의 실행이 이어지게 된다(참고로 ANSI C에서는 최대 257개의 case 라벨을 허용한다).

**switch** 문의 플로우차트가 그림 6.11에 나와있다.

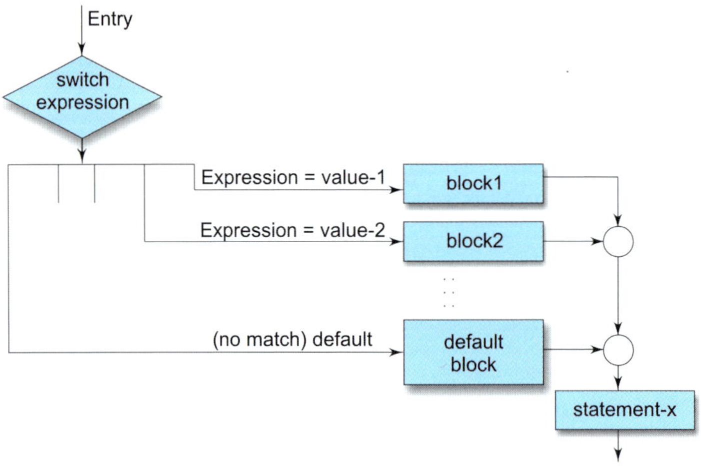


그림 6.11 switch 문의 선택 흐름도

**switch**문은 앞의 절에서 소개된 학생들의 성적 프로그램에도 사용될 수 있다.

```
---
---
index = marks/10
switch (index)
{
  case 10:
  case 9:
  case 8:
       grade = "Honours";
       break;
  case 7:
  case 6:
       grade = "First Division";
       break;
  case 5:
       grade = "Second Division";
       break;
  case 4:
       grade = "Third Division";
       break;

  default:
       grade = "Fail";
       break;
}
printf("%s\n", grade);
---
---
```

앞의 프로그램에서 다음과 같은 문장을 사용하였다.

```
index = marks / 10;
```

이 때, **index**는 정수로 정의되어 있으며 다음과 같은 값들을 가지게 된다.

| marks | index |
|---|---|
| 100 | 10 |
| 90~99 | 9 |
| 80~89 | 8 |
| 70~79 | 7 |
| 60~69 | 6 |
| 50~59 | 5 |
| 40~49 | 4 |
| . | . |
| . | . |
| 0 | 0 |

위 프로그램은 두 가지 특징적인 면을 보여주고 있다. 첫 번째는 공백 case의 사용이다. 그로 인해 처음 세 번의 case 문은 모두 동일한 다음의 구문을 수행하게 된다.

```
grade = "Honours";
break;
```

이런 특징은 case 6과 case 7에서도 나온다. 두 번째 특징으로 40보다 작은 모든 점수에 대해 디폴트 조건이 사용되었음을 확인 할 수 있다.

**switch** 문은 메뉴의 선택에도 종종 사용되며 그 예는 다음과 같다.

```
----
----
printf(" TRAVEL GUIDE\n\n");
printf(" A Air Timings\n" );
printf(" T Train Timings\n");

printf(" B Bus Service\n" );
printf(" X To skip\n" );
printf("\n Enter your choice\n");
character = getchar();
switch (character)
{
  case 'A' :
          air_display();
          break;
```

(계속)

```
    case 'B' :
                bus_display();
                break;
    case 'T' :
                train_display();
                break;
  default :
                printf(" No choice\n");
  }
    ----
    ----
```

**switch** 문이 또 다른 **switch**을 내포하도록 배치하는 것 또한 가능하다. 이 경우 **switch** 문은 case 문의 한 부분으로 사용되며 ANSI C 언어에서는 이런 내포를 15단계까지 허용한다.

## switch 문의 규칙

- switch 문에서 표현식은 정수형이어야 한다.
- case 라벨은 상수나 상수 표현식이어야 한다.
- case 라벨은 switch 문에서 유일해야 한다. 즉, 동일한 값을 가진 두 개 이상의 라벨이 존재해서는 안 된다.
- case 라벨은 항상 콜론(:)으로 끝나야 한다.
- break 문을 만나면 프로그램의 흐름은 switch 문 다음의 문장으로 이동된다.
- break 문은 선택적이며, 두 개 이상의 case 라벨이 하나의 문장과 연계되어도 된다.
- defulat 라벨도 선택적이며, 표현식의 값이 모든 case 라벨의 값과 일치하지 않을 경우에만 수행된다.
- default 라벨은 최대 하나만 가능하다.
- default 라벨은 switch 문 아무 곳에나 있을 수 있지만 맨 끝에 놓는 것이 일반적이다.
- switch 문은 또 다른 switch 문을 내포할 수 있다.

**TIP**

switch 문에서는 언제나 문자나 정수를 사용해야 한다.

**예제 6.6** 1에서 12 사이의 값을 읽어서 그 달과 다음 달의 이름을 출력하는 C 프로그램을 작성하라. 다른 입력 값에 대해서는 에러를 출력한다. E

**Program**

```
#include<stdio.h>
#include<conio.h>
#include<stdlib.h>
void main()
{
  char month[12][20] = {"January","February","March","April","May","June",
  "July","August","September","October","November","December"};
  int i;

  printf("Enter the month value: ");
  scanf("%d",&i);

  if(i<1 || i>12)
  {
    printf("Incorrect value!!\nPress any key to terminate the program...");
    getch();
    exit(0);
  }

  if(i!=12)
    printf("%s followed by %s",month[i-1],month[i]);



  else
    printf("%s followed by %s",month[i-1],month[0]);

getch();
}
```

**Output**

```
Enter the month value: 6
June followed by July
```

**그림 6.12** 1에서 12 범위의 달의 이름을 인쇄하는 프로그램

**스킬테스트**

switch-case 문을 이용해서 주어진 수에서 개별 숫자들이 몇 번씩 나오는지 계산하는 C 프로그램을 작성하라. [M]

## 6.8 ? : 연산자

C에는 양방향 판단을 수행하는데 유용한 연산자를 포함하고 있다. 이는 ?와 : 의 결합으로 구성되며 세 개의 피연산자를 가진다. 조건 연산자라고도 불리는 이 연산자의 일반적인 사용 형태는 다음과 같다.

LO 6.4 조건 연산자에 대해서 배운다.

***conditional expression ? expression1 : expression2***

맨 처음 조건식을 테스트하고, 그 결과가 0이 아닌 경우 **표현식***1*이 수행되며 그 뒤 표현식1의 값을 반환해준다. 또한 조건식의 결과가 0인 경우 **표현식***2*가 수행되며 표현식2의 값이 반환된다. 다음의 예를 살펴보자.

```
if (x < 0)
  flag = 0;
else
  flag = 1;
```

위 프로그램은 다음과 같이 변경할 수 있다.

```
flag = ( x < 0 ) ? 0 : 1 ;
```

좀 더 복잡한 예를 살펴보자.

$y = 1.5x + 3 \quad x \le 2$일 때

$y = 2x + 5 \quad x > 2$일 때

위 표현식은 다음과 같이 조건 연산자를 사용해 계산될 수 있다.

```
y = ( x > 2 ) ? (2 * x + 5) : (1.5 * x + 3);
```

조건 연산자는 더욱 복잡한 판단과 할당을 위해 중첩될 수도 있다. 예를 들어 내수용 물품을 판매하는 한 세일즈맨의 주간 급료를 생각해보자. x가 한 주 동안 판매한 상품의 수일 때, 급료는 다음과 같다.

$$salary = \begin{cases} 4x + 100 & x < 40\text{일 때} \\ 300 & x = 40\text{일 때} \\ 4.5x + 150 & x > 40\text{일 때} \end{cases}$$

위의 표현식은 다음과 같이 표현될 수 있다.

```
salary = (x != 40) ? ((x < 40) ? (4*x+100) : (4.5*x+150)) : 300;
```

**if...else** 문을 사용해서 계산할 수도 있다.

```
if (x <= 40 )
    if (x < 40 )
      salary = 4 * x +100;
```

```
        else
         salary = 300;
    else
         salary = 4.5 * x + 150;
```

조건 연산자를 사용하면 프로그램 코드가 더욱 간결해져서 효율적일 수 있다. 그러나 가독성이 떨어지므로 하나 이상의 중첩된 조건 연산자가 있는 경우에는 **if** 절을 사용하는 것이 바람직하다.

**예제 6.7** **직장인은 매 6개월이 시작될 때마다 대출을 신청할 수 있지만 다음의 회사 규칙에 따라 대출금액의 제한을 받게 된다.** M

***규칙1***: 직장인은 어떤 시점에서도 두 개 이상의 대출을 동시에 받을 수 없다.

***규칙2***: 최대 허용 가능한 대출액은 제한되어 있으며 이는 직장인의 직급에 따라 달라진다.

**Program**

```
#define MAXLOAN 50000
main()
{
  long int loan1, loan2, loan3, sancloan, sum23;
  printf("Enter the values of previous two loans:\n");
  scanf(" %ld %ld", &loan1, &loan2);
  printf("\nEnter the value of new loan:\n");
  scanf(" %ld", &loan3);
  sum23 = loan2 + loan3;
  sancloan = (loan1>0)? 0 : ((sum23>MAXLOAN)?
              MAXLOAN - loan2 : loan3);
  printf("\n\n");
  printf("Previous loans pending:\n%ld %ld\n",loan1,loan2);
  printf("Loan requested = %ld\n", loan3);
  printf("Loan sanctioned = %ld\n", sancloan);
}
```

**Output**

```
Enter the values of previous two loans:
0 20000
Enter the value of new loan:
45000
Previous loans pending:
0 20000

Loan requested = 45000
Loan sanctioned = 30000
Enter the values of previous two loans:
1000 15000
Enter the value of new loan:
25000
```

(계속)

```
Previous loans pending:
1000 15000
Loan requested  = 25000
Loan sanctioned = 0
```

**그림 6.13** 조건 연산자의 사용 예

그림 6.13은 직장인들의 대출 신청을 받고, 허가 여부를 결정하기 위한 프로그램이다.

위 프로그램에서는 다음과 같은 변수들이 사용된다.

**loan3** - 현재 요청한 대출액
**loan2** - 지난번 대출액
**loan1** - 지지난번 대출액
**sum23** - loan2와 loan3의 합
**sancloan** - 승인된 대출

또한, 새로운 대출을 승인해주는 규칙은 다음과 같다.

1. loan1이 0이어야 한다.
2. loan2 + loan3가 MAXLOAN 보다 같거나 작아야 한다.

이러한 변수들의 선언에 **long int** 형이 사용된 것에 유의하자.

## 다방향 선택문 작성의 유의할 점

복잡한 다방향 선택문을 사용할 때에는 그 논리의 내용을 쉽게 이해할 수 있도록 특별한 주의가 요구된다. 다음은 가독성을 높이고 프로그램의 유지보수를 도와줄 수 있게 해주는 프로그램 작성시 유의할 점들을 설명한다.

- 부정문들이 혼합되어 사용되는 것을 방지하고 가능하면 긍정문을 사용한다.
- 논리식을 간결하게 표현한다. 참고로 중첩 if 문을 사용하면 간결한 표현이 가능하다.
- 정상적이고 예견되는 조건을 먼저 기술한다.
- 가장 많이 발생할 것 같은 조건을 먼저 기술한다. 이는 불필요한 테스트를 줄여줌으로써 프로그램의 효율성을 높여주는 효과가 있을 수 있다.
- 중첩 if 문과 switch 문 중에서 선택하는 것은 취향의 문제이지만, 경험적으로 볼 때 case가 3~10개인 경우는 switch 문을 사용하는 것이 바람직하나.
- 들여쓰기를 적절히 수행한다(앞 절의 들여쓰기 규칙을 참고).

- switch 문을 사용할 때에는 default 절을 포함하는 습관을 가진다.
- 비슷한 동작을 수행하는 case 라벨들은 하나로 묶는다.

**예제 6.8** 두 수의 최대 공약수(GCD)를 구하는 프로그램을 작성하라. M

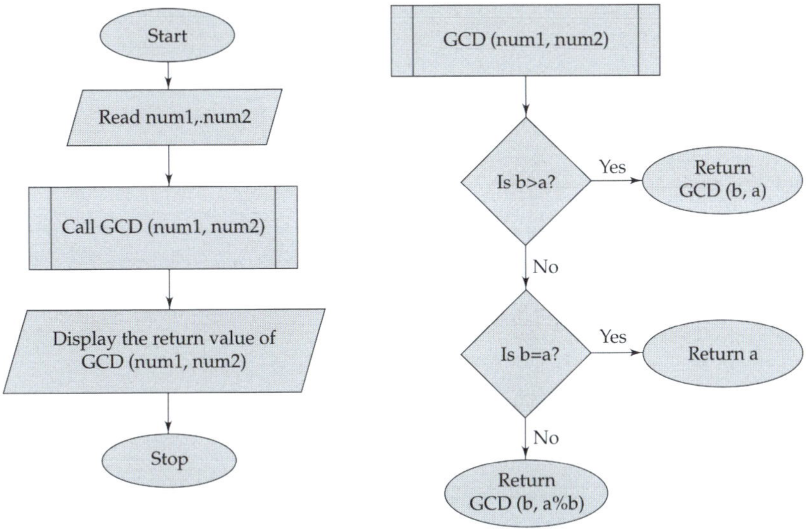


```
Algorithm
Step 1 – Start
Step 2 – Accept the two numbers whose GCD is to be found (num1, num2)
Step 3 – Call function GCD(num1,num2)
Step 4 – Display the value returned by the function call GCD(num1, num2)
Step 5 – Stop
GCD(a,b)
Step 1 – Start
Step 2 – If b > a goto Step 3 else goto Step 4
Step 3 – Return the result of the function call GCD(b,a) to the calling function
Step 4 – If b = 0 goto Step 5 else goto Step 6
Step 5 – Return the value a to the calling function
Step 6 – Return thFCe result of the function call GCD(b,a mod b) to the calling function

Flowchart
Program
#include <stdio.h>
#include <conio.h>
#include <math.h>

int GCD(int m, int n);
void main()
```

(계속)

```
{
      int num1,num2;
      clrscr();
      printf("Enter the two numbers whose GCD is to be found: ");
      scanf("%d %d",&num1,&num2);

      printf("\nGCD of %d and %d is %d\n",num1,num2,GCD(num1,num2));
      getch();
}

int GCD(int a, int b)
{
      if(b>a)
         return GCD(b,a);
      if(b==0)
         return a;
      else
         return GCD(b,a%b);
}


Output
Enter the two numbers whose GCD is to be found: 18 12
GCD of 18 and 12 is 6
```

**그림 6.14** 두 수의 GCD를 구하는 프로그램

## 6.9 GOTO 문

**LO 6.5** 무조건 분기에서 goto 문을 사용하는 법을 설명한다.

지금까지는 특정 조건에 맞추어 프로그램의 수행 흐름을 제어할 수 있는 다양한 방법들에 대해 설명했다. 다른 많은 언어와 마찬가지로 C에서도 프로그램의 한 문장에서 다른 문장으로 무조건 점프를 수행하는 **goto** 문이 있다. 비록 C와 같이 고도로 구조화된 언어에서 **goto** 문을 반드시 사용해야 될 필요는 없지만, 여전히 **goto** 문이 필요한 상황이 발생할 수 있다.

**goto** 문을 사용하기 위해서는 점프가 어디로 이루어질 지를 표현해주는 *label*이 필요하며, 이러한 *label*은 유효한 변수명을 가져야 하고 반드시 콜론(:)으로 끝나야 한다. 또한 *label*은 항상 점프 이후 수행될 문장 바로 앞에 있어야 하며 **goto**와 *label*을 사용하는 방법은 다음과 같다.

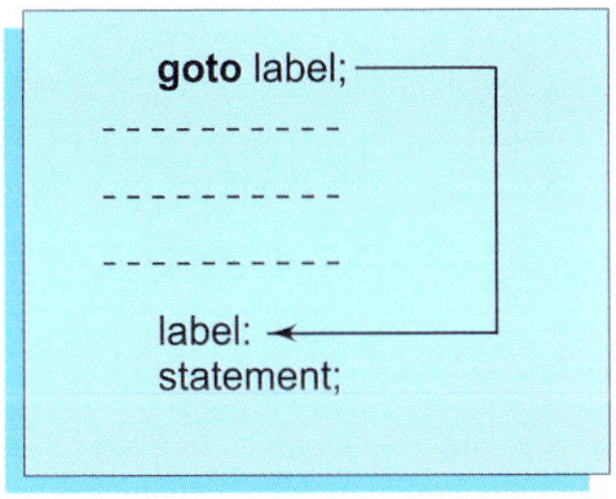


전방 점프

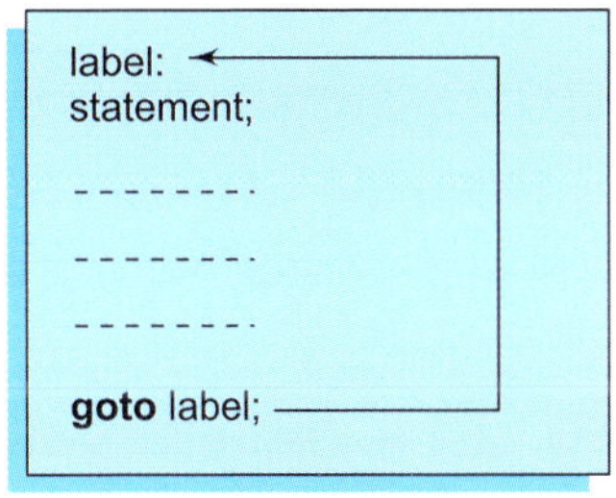


후방 점프

*label*: 의 표현은 **goto** label; 이전이나 이후 모두 사용 가능하며 프로그램 어디에나 있을 수 있다.

프로그램이 수행되는 동안 아래와 같은 goto 문을 만나게 되면, 프로그램은 즉시 라벨 값이 **begin**으로 시작되는 문장으로 점프하게 되고, 이 과정은 무조건적으로 수행된다.

```
goto begin;
```

이 과정에서 **goto**가 프로그램의 정상적이고 순차적인 수행 흐름을 끊는다는 것을 유의하자. 만약 *label*: 이 **goto** *label* 보다 앞에 위치하게 된다면, 프로그램의 흐름이 되돌아가면서 루프가 형성되게 되고 그 결과 일부 문장들에 대해서는 일련의 수행과정이 반복적으로 이루어진다. 참고로 이러한 점프를 후방 점프라고 한다. 반면에 만약 *label*: 이 **goto** *label*;보다 뒤에 위치하면, 일부 문장들이 생략될 것이며 이러한 점프를 전방 점프라고 한다.

**goto** 문은 데이터를 추가로 입력받기 위해 프로그램의 끝에서 다시 프로그램의 입력 부분으로 이동할 때 종종 사용된다. 다음의 예를 살펴보자.

```
main()
{
      double x, y;
      read:
      scanf("%f", &x);
      if (x < 0) goto read;
      y = sqrt(x);
      printf("%f %f\n", x, y);
      goto read;
}
```

위 프로그램은 읽어 들인 수들의 제곱근을 계산하기 위한 것이다. 위 프로그램에서는 두 번의 **goto** 문이 사용되었으며, 하나는 프로그램의 맨 마지막에서 결과를 출력한 뒤 다시 입력 문으로 프로그램의 흐름을 바꾸기 위함이고, 또 다른 하나는 입력된 수가 음수인 경우 제곱근 계산을 생략하고 다시 입력을 받아들이기 위함이다.

이렇게 프로그램의 끝에 위치한 무조건적인 **goto** 문으로 인해 프로그램의 흐름은 항상 입력문으로 다시 돌아가게 된다. 사실 이 프로그램은 무한히 반복적인 계산을 하도록 만들며, 이러한 상황을 무한루프(*infinite loop*)라고 부른다. 컴퓨터는 이러한 루프를 끝내기 위한 별도의 절차를 거칠 때까지 계속해서 계산을 수행하게 된다. 이러한 무한루프는 꼭 피해야 하며 예제 6.9에서는 무한루프가 어떻게 효과적으로 종료될 수 있는지 보여준다.

**TIP**

goto 문은 가급적이면 피해야 한다. goto를 사용하면 프로그램이 구조적이지 않게 된다.

**예제 6.9** **그림 6.15에 goto 문의 사용 예를 보여준다. 프로그램은 5개 숫자의 제곱근을 계산하며 count라는 변수가 입력받은 수들의 개수를 검사한다. count 값이 5보다 작거나 같은 경우에는 goto read; 에 의해 프로그램은 read: 라벨로 다시 이동하게 되고, 그렇지 않은 경우에는 메시지를 출력하며 프로그램이 종료된다.** E

**Program**

```
#include <math.h>
main()
{
     double x, y;
     int count;
     count = 1;
     printf("Enter FIVE real values in a LINE \n");
read:

     scanf("%lf", &x);
     printf("\n");
     if (x < 0)
       printf("Value - %d is negative\n",count);
     else
     {
       y = sqrt(x);
       printf("%lf\t %lf\n", x, y);
     }
     count = count + 1;
     if (count <= 5)
goto read;
     printf("\nEnd of computation");
}
```

**Output**

```
Enter FIVE real values in a LINE
50.70 40 -36 75 11.25
50.750000     7.123903
40.000000     6.324555
Value -3 is negative
75.000000     8.660254
11.250000     3.354102
End of computation
```

**그림 6.15** goto 문의 사용 예

**goto** 문의 또 다른 사용 예로, 중첩 루프 또는 특정 루프 안에서 프로그램이 수행되는 도중에 특정 조건이 만족됐을 때 프로그램의 흐름을 강제로 루프 밖으로 보내고자 할 때도 사용된다. 다음의 예를 살펴보자.

```
----
----
while (----)
{
   for (----)
   {
   ----
   ----
   if (----)goto end_of_program;──┐
   ----                           │
   }                              │  Jumping
----                              │  out of
----                              │  loops
}                                 │
end_of_program:  ◄────────────────┘
```

가능하면 **goto** 문의 사용은 피하는 것이 좋다. 그러나 프로그램의 가독성을 높이거나 실행 속도를 높이기 위해 사용된다면 그리 나쁜 것은 아니다.

## 주요 개념

- **판단문:** 프로그램에서 실행의 흐름을 제어하는 문장이다. [LO 6.1]
- **switch 문:** case 값의 목록에 부합되는 문장 블록을 선택하도록 하는 여러 갈래 판단문이다. [LO 6.3]
- **조건 연산:** 조건식의 결과에 따라 두 개의 값 중에서 하나를 받는 두 갈래 판단문이다. [LO 6.4]
- **goto 문:** 무조건 분기에 사용된다. 제어의 흐름을 라벨이 있는 곳으로 이동시킨다. [LO 6.5]
- **무한루프:** 명령어들의 일부가 계속해서 반복적으로 실행될 때의 조건이다. [LO 6.5]

## 알아두기

- if (x++)과 같은 조건식의 부작용에 대해서 잘 알아야 한다. [LO 6.1]
- 등호 연산자 ==를 사용할 곳에 대입 연산자 =를 사용하지 않았나 검사해야 한다. [LO 6.1]
- 두 개의 기호로 이루어진 관계연산자 ==, !=, >=, <= 사이에는 빈 칸이 있어서는 안 된다. [LO 6.1]
- !=, >=, <= 연산자를 각각 =!, =>, =< 이렇게 표현하는 것은 오류이다. [LO 6.1]

- 논리 연산자를 사용할 때에는 두 개의 &(&&)와 두 개의 |(||)를 사용해야 한다. 만일 한 개의 & 또는 | 만을 사용할 경우 논리적인 오류가 발생된다. [LO 6.1]
- if 표현식에 괄호를 사용하는 것을 잊으면 안 된다. [LO 6.1]
- if 표현식 다음에 세미콜론(;)을 붙이게 되면 오류가 발생한다. [LO 6.1]
- 두 개의 실수를 비교할 때는 동치 연산자를 사용하지 않는다. 실수들의 표현 정밀도로 인해서 완전히 일치하기가 어렵기 때문이다. [LO 6.1]
- (x--&&++y)과 같이 논리 이진 표현식이 부작용을 가질 수 있는 것은 피하는 것이 좋다. [LO 6.1]
- dangling else를 주의해야 한다. [LO 6.1]
- if...else 문에서 if와 else 절에 괄호를 사용한다. [LO 6.2]
- switch 문에서 case들이 서로 배타적이면 break 문이 사용되어야 한다. [LO 6.3]
- switch 문에서 default 절은 선택적이지만 사용하는 것이 바람직하다. [LO 6.3]
- switch 문의 case label 값으로 변수를 사용하는 것은 오류를 발생시킨다. case label 값으로는 상수만이 가능하다. [LO 6.3]
- 이 경우 두 번째 피연산자에 대해서는 적절한 계산이 이루어지지 못할 가능성이 있다. [LO 6.4]
- 가능한 간단한 논리식을 사용해야 한다. [LO 6.4]
- 프로그램에서 goto를 사용할 때는 무한루프가 되지 않는지 주의해야 한다. [LO 6.5]

## 사례연구

### 1. 수의 범위 [LO 6.1, 6.2 M]

**문제:** 컴퓨터 시장에 대한 조사 보고서에 따르면 개인용 컴퓨터는 판매자별로 가격이 조금씩 다르게 판매되고 있다고 한다. 다음은 이러한 판매자별 가격에 대한 목록이다.

| | | | | |
|---|---|---|---|---|
| 35.00, | 40.50, | 25.00, | 31.25, | 68.15, |
| 47.00, | 26.65, | 29.00, | 53.45, | 62.50 |

평균 판매가격과 판매가격의 범위를 찾으시오.

**문제 분석:** 범위(range)는 일련의 데이터들에 대한 통계적 분석 과정에서 분산되어 있는 정도를 표현할 수 있는 하나의 측정도구이다. 데이터의 범위는 그 값들 중 가장 큰 값과 가장 작은 값의 차이로 구해진다. 즉,

범위 = (가장 큰 값) − (가장 작은 값)

그러므로 주어진 데이터에서 가장 큰 값과 가장 작은 값을 찾는 과정이 필요하다.

**프로그램:** 그림 6.16에 나타난 프로그램은 개인용 컴퓨터의 가격의 범위와 평균 가격을 찾아주는 기능을 가지고 있다.

```
Program
   main()
   {
     int count;
     float value, high, low, sum, average, range;
     sum = 0;
     count = 0;
     printf("Enter numbers in a line :
       input a NEGATIVE number to end\n");
input:
     scanf("%f", &value);

     if (value < 0) goto output;
       count = count + 1;
     if (count == 1)
       high = low = value;
     else if (value > high)
         high = value;
       else if (value < low)
           low = value;
     sum = sum + value;
     goto input;
Output:
     average = sum/count;
     range = high - low;
     printf("\n\n");
     printf("Total values : %d\n", count);
     printf("Highest-value: %f\nLowest-value : %f\n",
           high, low);
     printf("Range        : %f\nAverage : %f\n",
           range, average);
   }

Output
   Enter numbers in a line : input a NEGATIVE number to end
   35 40.50 25 31.25 68.15 47 26.65 29 53.45 62.50 -1

   Total values  : 10
   Highest-value : 68.150002
   Lowest-value  : 25.000000
   Range  : 43.150002
   Average  : 41.849998
```

**그림 6.16** 범위값 계산

하나의 값이 처음 읽혀졌을 때 그 값은 다음의 문장에서 **high**와 **low** 모두에 할당된다.

```
high = low = value;
```

연이어 나오는 값들에 대해서는 먼저 high와 비교하게 되고, 만약 high 보다 크다면 그 값이 high에 할당된다. 또한, high 보다 작다면 그 값은 low와 비교되고, 만약 low보다 작다면 그 값은 low에 할당된다. 이런 과정을 반복적으로 수행하면 high와 low에는 그 동안 읽어들인 데이터 중 가장 큰 값과 가장 작은 값이 들어간다.

입력을 받아들인 뒤에는 **goto** input; 문에 의해 입력 루프를 따라서 반복적으로 재입력을 받아들이게 되고, 만약 음수가 입력된 경우에는 아래 문장에 의해 입력 루프를 벗어나게 된다.

```
if ( value < 0 ) goto output;
```

참고로 이 프로그램은 **goto** 문의 사용 없이도 작성될 수 있으며 이에 대한 작성은 독자에게 맡긴다.

## 2. 급여 계산 [LO 6.2, 6.5 M]

**문제:** 한 제조 회사에서는 그들의 임원에게 주는 특전 혜택을 직급 수준에 따라 4 단계로 나누어 관리하고 있다. 각 수준별 특전의 내용은 다음과 같다.

| 수준 | 특전수당 | |
|---|---|---|
| | 교통수당 | 복지수당 |
| 1 | 1000 | 500 |
| 2 | 750 | 200 |
| 3 | 500 | 100 |
| 4 | 250 | – |

임원들의 총 급여는 기본급, 기본급의 25%에 해당되는 주택임대 지원금, 그리고 위의 특전수당으로 구성되어 있다. 또한 소득세는 아래의 기준에 따라 급여에서 원천 징수된다.

| 총 급여 | 세율 |
|---|---|
| 총 급여 <= 2000 | 세금 없음 |
| 2000 < 총 급여 <= 4000 | 3% |
| 4000 < 총 급여 <= 5000 | 5% |
| 총 급여 > 5000 | 8% |

임원의 회사 사번, 직급 수준, 기본급을 읽어들인 뒤 세금을 제외한 실제 소득을 계산해주는 프로그램을 작성하시오.

**문제 분석:**

총 급여 = 기본급 + 주택임대 지원금 + 특전수당

실제 소득 = 총 급여 – 세금

특전 수당의 계산은 직급 수준에 따라 이루어지며, 세금은 총 급여에 따라 계산되어진다. 따라서 수행해야 할 계산과정은 다음과 같다.

1. 데이터 읽기
2. 직급 수준 결정하기 및 특전 수당 계산하기
3. 총 급여 계산하기
4. 세금 계산하기
5. 실제 소득 계산하기
6. 결과 출력하기

**프로그램:** 그림 6.17의 프로그램은 위의 내용을 수행해주는 프로그램과 테스트 데이터를 이용한 결과를 보여주고 있다. 마지막 문장이 반드시 수행되어야 한다. 즉, 라벨 **stop**:에서 끝나서는 안 된다.

```
Program
  #define CA1 1000
  #define CA2 750
  #define CA3 500
  #define CA4 250
  #define EA1 500
  #define EA2 200
  #define EA3 100
  #define EA4 0

  main()
  {
    int level, jobnumber;
    float  gross,
           basic,
           house_rent,
           perks,
           net,
           incometax;
    input:
    printf("\nEnter level, job number, and basic pay\n");
    printf("Enter 0 (zero) for level to END\n\n");
    scanf("%d", &level);
    if (level == 0) goto stop;
    scanf("%d %f", &jobnumber, &basic);
    switch (level)
```

(계속)

```
    {
      case 1:
             perks = CA1 + EA1;
             break;
      case 2:
             perks = CA2 + EA2;
             break;
      case 3:
             perks = CA3 + EA3;
             break;
      case 4:
             perks = CA4 + EA4;
             break;

      default:
             printf("Error in level code\n");
             goto stop;
    }
    house_rent = 0.25 * basic;
    gross = basic + house_rent + perks;
    if (gross <= 2000)
      incometax = 0;
    else if (gross <= 4000)
           incometax = 0.03 * gross;
         else if (gross <= 5000)
             incometax = 0.05 * gross;
           else
             incometax = 0.08 * gross;
    net = gross - incometax;
    printf("%d %d %.2f\n", level, jobnumber, net);
    goto input;
    stop: printf("\n\nEND OF THE PROGRAM");
  }
```

**Output**

```
Enter level, job number, and basic pay
Enter 0 (zero) for level to END
1 1111 4000
1 1111 5980.00
Enter level, job number, and basic pay
Enter 0 (zero) for level to END
2 2222 3000
2 2222 4465.00
Enter level, job number, and basic pay
Enter 0 (zero) for level to END
3 3333 2000
3 3333 3007.00
```

(계속)

```
Enter level, job number, and basic pay
Enter 0 (zero) for level to END
4 4444 1000
4 4444 1500.00
Enter level, job number, and basic pay
Enter 0 (zero) for level to END
0
END OF THE PROGRAM
```

**그림 6.17** 급여 계산

## 다중선택 문제

다음 다중선택 문제에서 올바른 답을 고르시오.

6.1 다음 문자 중에서 중첩이 허용되는 것는 무엇인가? [LO 6.3 H]

(a) if (b) if else

(c) switch (d) 위 모두 다

6.2 다음 if-else 문장의 출력은 무엇인가? [LO 6.2 H]

```
if (x=5)
printf("Condition is true\n");
else
printf("Condition is false\n");
```

(a) 'Condition is true' 가 출력됨

(b) x는 5의 값을 갖고 'Condition is true' 가 출력됨

(c) 'Condition is false' 가 출력됨

(d) 위 모두 아님

6.3 다음 if-else 문에서 올바른 것은 무엇인가? [LO 6.2 M]

```
if (a>=5 && a<=10)
printf("True");
else
printf("False");
```

(a) 5>=a>=10이면 참, 아니면 거짓 (b) 5<=a<=10이면 참, 아니면 거짓

(c) 5<=a>=10이면 참, 아니면 거짓 (d) 위 모두 아님

6.4 다음 if-else 문에서 올바른 것은 무엇인가? [LO 6.2 M]

```
if (x%3==0 && x%7==0)
printf("True");
else
printf("False");
```

(a) 주어진 정수 x가 3과 7의 배수이면 참, 아니면 거짓
(b) 주어진 정수 x가 3 또는 7의 배수이면 참, 아니면 거짓
(c) 주어진 정수 x가 3과 7의 배수이면 거짓, 아니면 참
(d) 주어진 정수 x가 3 또는 7의 배수이면 거짓, 아니면 참

6.5 다음 프로그램의 출력은 무엇인가? [LO 6.2 H]

```
main()
{
x=5;
if(x==5);
printf("Hellow World");
else
print("I am in else block");
}
```

(a) 문자열 'Hello World' 가 출력됨
(b) 문자열 'I am in else block' 이 출력됨
(c) 아무것도 출력되지 않음
(d) 컴파일러가 구문 오류를 발생시키고 프로그램이 실행되지 않음

## 복습 질문

6.1 다음 문장이 참인지 거짓인지 말하시오.

(a) switch 문의 표현식은 어떤 형도 가능하다. [LO 6.3 E]
(b) 프로그램이 break 문을 만나면 실행을 멈춘다. [LO 6.3 E]
(c) case label마다 하나의 문장만 올 수 있다. [LO 6.3 E]
(d) switch 문에는 default case가 필수적이다. [LO 6.3 E]
(e) if 문이 중첩될 경우, 마지막 else 문은 연계되어 있지 않은 가장 가까운 if문과 연계 된다. [LO 6.2 M]
(f) 하나의 if문은 다수의 else문을 가질 수 있다. [LO 6.2 M]
(g) else if 문의 모든 표현식은 같은 변수를 검사해야만 한다. [LO 6.2 M]
(h) switch 문은 언제나 일련의 if...else 문으로 대체될 수 있다. [LO 6.3 M]
(i) if 표현식에는 어떠한 표현식도 올 수 있다. [LO 6.1 H]
(j) 구문 !((x >= 10)|(y == 5))는 (x < 10) && (y != 5)와 동치이다. [LO 6.1 H]
(k) if문에는 반드시 else 블록이 있어야 한다. [LO 6.1 H]
(l) switch case 구조에서 디폴트 블록은 맨 앞에 둔다. [LO 6.1 H]

6.2 다음 빈 칸을 적절히 채우시오.

(a) _____연산자는 두 개의 피연산자가 모두 참일 때만 참이다. [LO 6.1 E]
(b) 다방향 선택은 else if 문 또는 _____문을 통해 구현될 수 있다. [LO 6.3 E]

(c) switch 문에서 ____가 실행되면 switch 문의 구조를 즉시 빠져나온다. [LO 6.3 E]

(d) 부정논리식 !(x != y)는 긍정논리식 _____과 동치이다. [LO 6.1 M]

(e) 양방향 결정문 ? : _____는 문을 통해 쉽게 구현될 수 있다. [LO 6.4 M]

(f) 표현식의 결과에 따라 두 값 중에서 하나를 선택하는데는 ____연산자를 사용할 수 있다. [LO 6.4 E]

(g) C 프로그램에서 한 장소에서 다른 곳으로 무조건 분기를 할 때는 _____문을 사용할 수 있다. [LO 6.5 E]

6.3 다음은 프로그램의 한 부분이다. [LO 6.1 M]

```
x = 1;
y = 1;
if ( n > 0)
  x = x + 1;
  y = y - 1;
printf("%d %d", x, y);
```

(a) 만약 n이 1일 때 x와 y의 값은 어떻게 되는가?

(b) 만약 n이 0일 때 x와 y의 값은 어떻게 되는가?

6.4 아래의 각 프로그램을 복합 관계식을 사용하지 않고 기술해 보시오.

(a) [LO 6.1 E]

```
if (grade <= 59 && grade >= 50)
     second = second + 1;
```

(b) [LO 6.2 M]

```
if (number > 100 || number < 0)
     printf(" Out of range");
 else
     sum = sum + number ;
```

(c) [LO 6.2 M]

```
if ((M1 > 60 && M2 > 60) || T > 200)
     printf(" Admitted\n");
 else
     printf(" Not admitted\n");
```

6.5 x = 10일 때, 아래의 논리식들에 대해 참 또는 거짓을 판별하시오. [LO 6.1 H]

(a) x = = 10 && x > 10 && !x

(b) x = = 10 || x > 10 && !x

(c) x = = 10 && x > 10 || !x

(d) x = = 10 || x > 10 || !x

6.6 아래의 swich 문을 살펴보고 오류가 있다면 그 오류를 찾으시오. x와 y는 int 형이고 또한 x = 1, y = 2라고 가정하시오. [LO 6.3 H]

(a) `switch(y)`

(b) `case 10`

(c) `switch(x + y)`

(d) `switch(x) { case 2: y = x + y; break };`

6.7 아래의 복합 논리식을 단순화 시키시오. [LO 6.1 M]

(a) !(x <= 10) (b) !(x= =10) | | !((y= =5) | | (z<0))

(c) !((x+y= =z)&&!(z > 5) (d) !((x<=5) && (y = = 10) && (z < 5))

6.8 x = 5, y = 0, z = 1인 경우 아래의 프로그램을 실행하고 나면 변수의 값들이 어떻게 바뀌는지 설명하시오. [LO 6.2 M]

(a)
```
if (x && y)
        x = 10;
    else
        y = 10;
```
(b)
```
if (x || y || z)
        y = 10;
    else
        z = 0;
```
(c)
```
if (x)
      if (y)
        z = 10;
    else
        z = 0;
```
(d)
```
if (x == 0 || x && y)
     if (!y)
        z = 0;
    else
        y = 1;
```

6.9 x = 2, y = 1, z = 0인 경우 아래의 프로그램을 실행하고 나면 변수의 값들이 어떻게 바뀌는지 설명하시오. [LO 6.3 M]

(a)
```
switch(x)
      {
          case 2:
              x = 1;
              y = x + 1;
          case 1:
              x = 0;
              break;
       default:
              x = 1;
              y = 0;
      }
```
(b)
```
switch(y)
      {
```

```
        case 0:
            x = 0;
            y = 0;
        case 2:
            x = 2;
            z = 2;
        default:
            x = 1;
            y = 2;
    }
```

6.10 아래 프로그램의 실행 결과는 무엇인가? [LO 6.2 M]

```
main( )
{
    int m = 5;
    if (m < 3) printf("%d", m+1);
    else if(m < 5) printf("%d", m+2);
    else if(m < 7) printf("%d", m+3);
    else printf("%d", m+4);
}
```

6.11 아래 프로그램의 실행 결과는 무엇인가? [LO 6.2 M]

```
main( )
{
    int m = 1;
    if (m==1)
  {
    printf( " Delhi ");
    if (m == 2)
    printf( "Chennai" );
    else
    printf("Bangalore");
  }
  else;
  printf(" END");
}
```

6.12 아래 프로그램의 실행 결과는 무엇인가? [LO 6.4 M]

```
main( )
{
    int m;
```

```
        for(m=1; m<5; m++)
          printf("%d\n", (m%2) ? m : m * 2);
}
```

6.13 아래 프로그램의 실행 결과는 무엇인가? [LO 6.5 M]

```
main( )
{
        int m, n, p;
        for (m = 0; m < 3; m++)
        for (n = 0; n < 3; n++)
        for (p = 0; p < 3; p++)
        if (m+n+p == 2)
        goto print;

        print :
        printf("%d, %d, %d", m, n, p);
}
```

6.14 아래 프로그램을 실행한 후 x 값은 어떻게 달라지는가? [LO 6.4 E]

```
int x = 10, y = 15;
x = (x < y) ? (y + x) : (y - x);
```

6.15 아래 프로그램의 실행 결과는 무엇인가? [LO 6.2 M]

```
         int x = 0;
         if (x >= 0)
         if (x > 0)
         printf("Number is positive");
else
printf("Number is negative");
```

6.16 아래 프로그램의 실행 결과는 무엇인가? [LO 6.3 M]

```
char ch = 'a';
switch(ch)
{
     case 'a':
     printf("A");
     case 'b':
     printf("B");
     default:
     printf("C");
}
```

6.17 아래 프로그램의 실행 결과는 무엇인가? [LO 6.2 E]

```
int x = 10, y = 20;
if ((x < y) || (x + 5) > 10)
printf("%d", x);
else
printf("%d", y);
```

6.18 아래 프로그램의 실행 결과는 무엇인가? [LO 6.2 M]

```
int a = 10, b = 5;
if (a > b)
{
        if(b > 5)
        printf("%d", b);
}
else
        printf("%d", a);
```

## 디버깅 연습

6.1 만일 아래의 프로그램에 오류가 있다면 그 오류를 찾으시오.

(a) [LO 6.1 E]
```
if (x + y = z && y > 0)
        printf(" ");
```

(b) [LO 6.1 E]
```
if (p < 0) || (q < 0)
        printf("sign is negative");
```

(c) [LO 6.2 M]
```
if (code > 1);
        a = b + c
else
        a = 0
```

6.2 만약 오류가 있다면 아래의 문장에서 오류를 찾으시오. [LO 6.1 H]

(a)
```
if (x >= 10) then
printf("\n");
```

(b)
```
if x >= 10
printf("OK");
```

(c)
```
if (x = 10)
printf("Good" );
```

(d)
```
if (x =< 10)
printf("Welcome");
```

## 프로그래밍 연습

6.1 주어진 수가 짝수인지 홀수인지를 판별해주는 프로그램을 작성하고 결과에 따라 아래의 문장을 출력하시오.

짝수인 경우: NUMBER IS EVEN

홀수인 경우: NUMBER IS ODD

(a) else를 사용하지 않고 작성 [LO 6.1 E]

(b) else를 사용해서 작성 [LO 6.2 E]

6.2 7로 나눌 수 있으면서 100보다 크고 200보다 작은 정수들을 찾고 또한 그 총합을 구해주는 프로그램을 작성하시오. [LO 6.1 M]

6.3 두 개의 선형 방정식과 미지수 x1과 x2가 아래와 같이 주어졌다. [LO 6.1 H]

$$ax_1 + bx_2 = m$$
$$cx_1 + dx_2 = n$$

분모 ad – cb가 0이 아니라면, 위 방정식은 아래와 같은 유일 해를 가질 것이다.

$$x_1 = \frac{md - bn}{ad - cb}$$
$$x_2 = \frac{na - mc}{ad - cb}$$

상수 a, b, c, d, m, n을 입력으로 받아 $x_1$과 $x_2$를 계산하는 프로그램을 작성하시오. 또한, 만약 ad – cb = 0이면 계산을 생략하고 적절한 메시지만 출력하시오.

6.4 0에서 100점까지의 점수들이 포함된 성적 리스트가 주어졌을 때, 아래의 조건에 부합되는 학생의 수를 계산하고 출력하는 프로그램을 작성하시오. [LO 6.2 M]

단, 프로그램은 최소한의 if 문으로 구성되어야 한다.

(a) 80점 이상을 획득한 학생 수

(b) 60점 이상을 획득한 학생 수

(c) 40점 또는 그보다 적은 점수를 획득한 학생 수

(d) 81점부터 100점 사이의 학생 수

(e) 61점부터 80점 사이의 수

(f) 41점부터 60점 사이의 수

(h) 0점부터 40점 사이의 수

6.5 전문 과정에 들어가기 위해서는 아래와 같은 조건들을 충족시켜야 한다. [LO 6.2 M]

(a) 수학 점수 >= 60점

(b) 물리학 점수 >= 50점

(c) 화학 점수 >= 40점

(d) (위 세과목 점수의 합) >= 200점 또는 (수학과 물리학 점수의 합) >= 150

세 명의 지원자들의 과목별 점수가 주어졌을 때, 신청자들 중에서 적합한 사람을 찾아내는 프로그램을 작성하시오.

6.6 0.0부터 9.9까지의 모든 수에 대해 그 수의 제곱근을 아래와 같이 제곱근 표 형식으로 출력해주는 프로그램을 작성하시오. 예를 들어, x는 3.2의 제곱근이고 y는 3.9의 제곱근이다. [LO 6.2 H]

**Square Root Table**

| | 0.0 0.1 | 0.2 | .......... | 0.9 |
|---|---|---|---|---|
| 0.0<br>1.0<br>2.0 | | | | |
| 3.0 | | x | | y |
| 9.0 | | | | |

6.7 아래는 플로이드(Floyd)의 삼각형이다. [LO 6.2 H]

1
2 3
4 5 6
7 8 9 10
11 .. .. .. 15
.
.
79 .. .. .. .. .. .. 91

(a) 이 삼각형을 출력하는 프로그램을 작성하시오.

(b) 아래와 같은 형태의 플로이드의 삼각형을 출력하도록 수정하시오.

1
0 1
1 0 1
0 1 0 1
1 0 1 0 1

6.8 어떤 옷 가게에서는 아래와 같은 계절별 할인율을 공개하였다. switch 문과 if 문을 사용 해 고객이 지불해야 될 실 지불금을 계산해주는 프로그램을 작성하시오. [LO 6.1, 6.3 H]

| 구입비용 | 할인률 | |
|---|---|---|
| | 공장 제작 | 수공업 제작 |
| 0~100 | – | 5% |
| 101~200 | 5% | 7.5% |
| 201~300 | 7.5% | 10.0% |
| 300초과 | 10.0% | 15.0% |

6.9 값을 읽어온 뒤 y값을 찾아내주는 프로그램을 작성하시오.

$$y = \begin{cases} 1 & \text{for } x < 0 \\ 0 & \text{for } x = 0 \\ -1 & \text{for } x < 0 \end{cases}$$

(a) 중첩 if 문 사용 [LO 6.1 M]

(b) else if 문 사용 [LO 6.2 M]

(c) 조건 연산자 ? : 사용 [LO 6.4 M]

6.10 아래와 같은 이차 방정식의 실수근을 구하는 프로그램을 작성하시오. [LO 6.2 H]

$$ax^2 + bx + c = 0$$

참고로 이차방정식의 근은 근의 공식으로부터 구할 수 있다.

$$x_1 = -b + \frac{\sqrt{b^2 - 4\,ac}}{2a}$$

$$x_2 = -b - \frac{\sqrt{b^2 - 4\,ac}}{2a}$$

또한, 프로그램은 상수 a, b, c의 값을 입력받아야 하며 $x_1$과 $x_2$의 값을 출력해야 한다. 그리고 아래의 규칙을 따라야 한다.

(a) 만약 a와 b 둘 다 0이라면 해는 없다.

(b) 만약 a = 0 (x = –c/b)이라면 하나의 근만 존재한다.

(c) 만약 $b^2 - 4\,ac$가 음수라면 실수근은 존재하지 않는다.

(d) 이 외의 경우에는 항상 두 개의 실수근이 존재한다.

작성한 프로그램이 의도한 논리에 맞게 동작하는지 적절한 데이터를 통해 검사하시오. 또한, 각각의 경우에 적절한 출력 메시지를 만드시오.

6.11 입력으로부터 3개의 정수를 읽어온 뒤 이들이 직각 삼각형의 세 변이 될 수 있는지 판별해주는 프로그램을 작성하시오. [LO 6.2 M]

6.12 전력회사에서는 아래와 같은 비율로 전기 사용에 대한 요금을 부과하고 있다. [LO 6.2 H]

처음 200 단위까지 : 각 단위에 대해 0.80 달러

그 다음 100단위까지: 각 단위에 대해 0.90 달러

300단위를 넘긴 경우: 각 단위에 대해 1.00 달러

모든 사용자들은 최소 100 달러를 지불한다. 만약 총 요금이 400 달러보다 크다면 총액의 15%가 또한 추가 요금으로 적용된다. 사용자의 이름 및 사용한 단위를 읽고 이로부터 이름과 지불할 요금을 출력하는 프로그램을 작성하시오.

6.13 6으로 나누어지면서 4로는 나누어지지 않는 0부터 100사이의 수들의 총합을 계산하는 프로그램을 작성하시오. 또한 이 프로그램은 해당되는 수들의 총 개수 및 각각의 수들을 출력할 수 있어야 한다. [LO 6.2 M]

6.14 양의 정수 하나를 입력받으면, 그 입력된 숫자가 소수(prime number)인지 판별해주는 프로그램을 작성하시오. 또한 작성된 프로그램을 수정해 100부터 200 사이의 모든 소수의 개수를 찾아주는 프로그램을 작성하시오. [LO 6.2 M]

참고: 소수(prime number)란 1과 자기 자신으로만 나누어지는 양의 정수이다.

6.15 sin, cos, tan 등의 삼각함수를 의미하는 문자형 변수 T와 라디안을 나타내는 double형 변수 x의 값을 입력받은 뒤, 다음 함수의 값을 출력하는 프로그램을 if...else 문 [LO 6.2 M]과 switch 문 [LO 6.3 M]을 사용해서 각각 작성하시오.

(a) 만약 s 또는 S가 T에 대입된다면 sin(x)를 계산한다.

(b) 만약 c 또는 C가 T에 대입된다면 cos(x)를 계산한다.

(c) 만약 t 또는 T가 T에 대입된다면 tan(x)를 계산한다.

6.16 월요일을 1로하는 요일 값을 입력받아서 요일의 이름을 출력하는 C 프로그램을 작성하라. [LO 6.3 M]

6.17 두 수 a와 b를 입력받고 다음을 출력하는 C 프로그램을 작성하라.

(a) a가 b보다 큰 지

(b) b가 a보다 큰 지

(c) a와 b가 같은지 [LO 6.2 E]

6.18 전체 학생 성적의 퍼센트 값을 입력받아서 다음 규칙에 따라 부류를 출력하는 C 프로그램을 작성하라.

(a) 80퍼센트 이상이면 "첫 번째 부류"

(b) 60퍼센트 이상이고 80퍼센트 이하이면 "두 번째 부류"

(c) 60퍼센트 이하이면 "세 번째 부류" [LO 6.2 M]

6.19 switch case를 이용해서 달의 이름을 사용자에게서 입력받고 그 달의 날 수를 출력하는 프로그램을 작성하라. [LO 6.3 M]

6.20 문자열을 입력받고 대문자와 소문자의 수를 세는 C 프로그램을 작성하라. [LO 6.1 M]

## 인터뷰 질문

6.1 C에서 중첩의 단계는 얼마나 많이 만들 수 있는가? [LO 6.3 E]

6.2 if문에서 조건문이 없으면 어떻게 되는가? [LO 6.1 E]

6.3 goto문장의 목적은 무엇인가? [LO 6.5 E]

6.4 다음 코드의 출력은 무엇인가? [LO 6.2 H]

```
void main()
{
int a =5;
 if (a<0);
printf("a is negative");
```

```
else
printf("a is positive");
}
```

6.5 if문이 언제나 참이나 거짓만을 만든다면 어떻게 되겠는가? [LO 6.1 E]

6.6 switch 문에는 어떤 유형의 값만 허용되는가? [LO 6.3 M]

Chapter 7

# 판단과 반복

**학습목표**

LO 7.1 while 문을 설명한다.
LO 7.2 do 문을 설명한다.
LO 7.3 for 문을 설명한다.
LO 7.4 루프에서 이동을 하는 방법을 보여준다.

## 7.1 소개

앞 장에서 반복횟수를 셈하는 계수기와 **if** 문을 사용해서 원하는 만큼 반복되었는지를 확인함으로써 프로그램의 일부분을 반복적으로 수행할 수 있다는 것을 알았다. 이런 방법들이 대부분의 예에서는 만족스럽게 수행되지만, 특정 반복이 완료되었는지 확인하기 위해서 계수기를 초기화하거나 증가시키거나 또는 프로그램의 적절한 위치에서 그 계수기의 값을 확인하는 과정이 필요하다. 예를 들어 1과 10 사이의 모든 정수들의 제곱의 합을 계산한다고 가정하자. **if** 문을 사용하여 다음과 같이 프로그램 하는 것이 가능하다.

```
------------
------------
sum = 0;
n = 1;
loop:
sum = sum + n*n;
if (n == 10)
    goto print;
else
{
    n = n+1;
    goto loop;
}
print:
------------
------------
```

Loop

n = 10,
end of loop

이 프로그램에서는 다음과 같은 작업들이 수행된다.

**1.** 변수 **n**을 초기화한다.

**2.** **n**의 제곱을 계산하고 **sum**에 더한다.

**3. n**의 값을 확인해 n이 10과 같은지 검사한다. **n**이 10과 같다면 프로그램은 결과를 출력한다.
**4. n**이 10보다 작다면 **n**을 1 증가시키고 프로그램의 수행흐름을 다시 2번으로 보낸다.

위의 프로그램에서는 다음과 같은 명령어 구문이 10번 반복 수행된다.

```
sum = sum + n*n;
```

즉, 루프가 10번 돌아가고 이때 이 10이라는 숫자는 **if** ( n == 10 )의 표현에서 숫자를 적절히 조정함에 따라 늘어나거나 줄어들 수 있다. 원하는 반복 횟수를 명확히 알고 있는 경우 C에서는 반복과정을 훨씬 편리하게 해주는 반복문(looping)이라는 방법을 제공하고 있다. 반복문은 **goto** 문을 사용하지 않고도 더 간결하게 반복과정을 포함한 프로그램을 작성할 수 있게 해준다.

반복문에서 일련의 명령어 구문들은 반복 종료조건을 만족시킬 때까지 반복해서 수행된다. 결국 반복문은 두 가지 부분요소로 구성되어 있다. 하나는 반복의 내용에 해당되는 부분이고, 또 다른 하나는 반복을 제어하기 위한 부분이다. 이 때 반복을 제어하기 위한 명령어 구문은 특정 조건을 테스트하면서 반복 내용이 담긴 명령어 구문을 반복적으로 수행하게 만든다.

반복문에서 반복을 제어하기 위한 명령어 구문의 위치에 따라 제어 구조는 크게 **입구통제 반복문**(*entry-controlled loop*)과 **출구통제 반복문**(*exit-controlled loop*)으로 분류된다. 그림 6.1의 수행 흐름도는 이런 구조를 잘 보여주고 있다. 입구통제 반복문에서는 테스트 조건식이 반복문의 입구에서 테스트되고, 조건식이 만족되지 않는 경우 반복 내용은 수행되지 않는다. 그에 비해 출구통제 반복문에서는 반복문의 끝에서 테스트가 이루어지므로 반복문의 내용이 처음 한

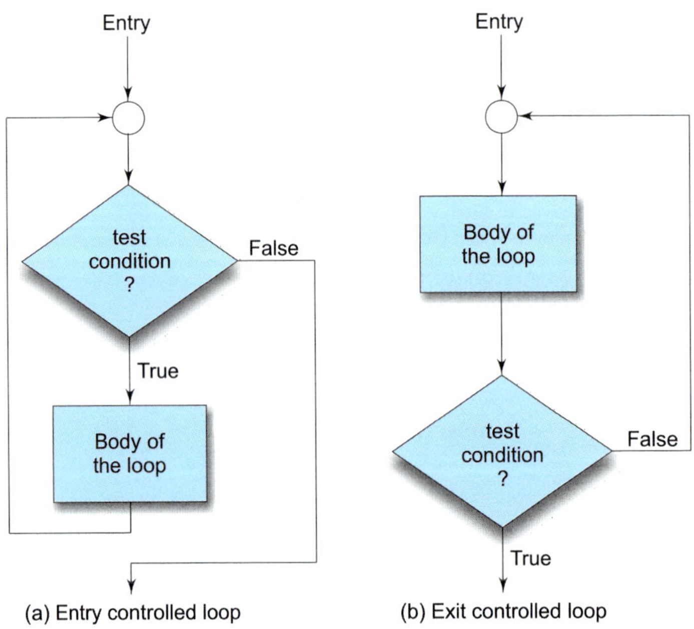


**그림 7.1** 반복문의 제어 구조

번은 무조건적으로 수행된다. 입구통제 반복문과 출구통제 반복문은 각각 사전검사(*pre-test*) 반복문과 사후검사(*post-test*) 반복문이라고도 한다.

반복문의 반복 횟수를 정확히 수행시키기 위해서는 테스트 조건식을 신중히 기술해야 한다. 테스트 조건식은 특정 상황이 되면 반복문에서 벗어나도록 가정되어 있으며, 만약 어떤 이유로 반복문에서 벗어날 수가 없다면 프로그램은 **무한루프**에 빠지게 되어 영원히 반복될 것이다. 일반적으로 반복 과정은 다음과 같은 4가지 단계로 이루어져 있다.

1. 제어변수의 설정 및 초기화
2. 반복문 내에 위치한 반복내용의 실행
3. 반복실행을 결정짓기 위한 제어변수값의 테스트
4. 조건 변수의 증가 또는 업데이트

테스트는 대개 반복문이 정해진 반복 횟수만큼 반복되었는지를 확인하거나 특정한 조건을 만족하였는지를 확인하는 내용으로 구성된다.

C 언어에서는 이러한 반복 연산을 위해 아래와 같이 세 개의 반복구조를 제공하고 있다.

1. **while** 문
2. **do** 문
3. **for** 문

이 장에서는 각각의 문장에 대해 그 특징과 응용 예에 대해 살펴볼 것이다.

## 센티넬 반복문

조건식을 테스트할 때 제어변수의 속성과 그 변수에 할당된 값의 종류에 기초해서 반복문은 아래의 두 가지 부류로 나뉠 수 있다.

1. 계수기 제어 반복문(counter-controlled loops)
2. 센티넬 제어 반복문(sentinel-controlled loops)

반복이 일어날 횟수를 정확히 알고 있는 상황에서 사용한 반복문이 *계수기 제어 반복*문이다. 우리는 계수기로 알려진 제어 변수를 사용하였으며, 이 계수기는 초기화 되어야 하고 원하는 반복 횟수만큼의 반복을 위해 테스트되고 또한 적절히 업데이트 되어야 한다. 또한 반복 횟수는 상수이거나 특정 값이 할당된 변수여야 한다. 이와 같은 계수기 제어 반복문은 가끔씩 *정횟수 반복문*(*definite repetition loop*)이라고도 불린다.

*센티넬 제어 반복*문에서는 센티넬이라고 부르는 특별한 변수가 반복문의 제어 표현식에서 참 또는 거짓 값을 가지며 반복문의 흐름을 제어한다. 예를 들어 어떤 데이터를 읽어 들일 때 우리는 "데이터의 끝"을 −1이나 999와 같은 특별한

값으로 지정할 수 있다. 이 경우 제어변수인 센티넬은 현재 값이 "데이터의 끝"을 의미하는 값인지를 확인함으로써 반복적인 입력과정에서 적절한 종료시점을 결정할 수 있게 된다. 센티넬 제어 반복문은 종종 *부정횟수 반복문*(*indefinite repetition loop*)이라고도 불리어지는데, 이는 반복문을 실제로 실행시키기 전에는 그 반복의 횟수를 알 수가 없기 때문이다.

## 7.2 while 문

LO 7.1 while 문을 설명한다.

C언어의 모든 반복 구조 가운데 가장 간단한 형태가 **while** 문이다. 우리는 이전의 많은 프로그램들에서 이런 **while** 문을 사용했으며, 기본적인 사용 형태는 다음과 같다.

```
while (test condition)
{
        body of the loop
}
```

**while** 문은 입구통제 반복문의 일종이다. 테스트 조건식이 평가되고 그 조건이 참이면 루프 몸체가 수행된다. 루프 몸체를 수행한 뒤에는 다시 한 번 테스트 조건식을 평가하게 되고 여전히 참이면 루프 몸체가 다시 한 번 수행된다. 이러한 루프 몸체의 반복적인 실행은 테스트 조건식의 값이 최종적으로 거짓이 될 때까지 계속되며, 거짓이 된 이후에는 반복문에서 벗어나게 된다. 반복문을 벗어나서는 루프 몸체 다음에 바로 이어지는 문장을 계속해서 수행하게 된다.

루프 몸체는 하나 또는 그 이상의 문장으로 구성된다. 또한 루프 몸체가 두 개 이상의 명령어 구문으로 구성된 경우에 이들은 중괄호로 묶여야 한다. 하지만, 루프 몸체가 하나의 문장으로 구성되었더라도 중괄호를 사용하는 것이 좋은 프로그래밍 습관이다.

7.1절에서 논의한 반복 프로그램을 **while**문을 이용해서 아래와 같이 다시 작성할 수 있다.

```
          ========
          sum = 0;
          n = 1;                     /* Initialization */
      ┌─→ while(n <= 10)             /* Testing */
      │   {
 loop │   sum = sum + n * n;
      │   n = n+1;                   /* Incrementing */
      └─→ }
          printf("sum = %d\n", sum);
          ========
```

위 프로그램에서 반복의 내용은 n=1, 2, ..... , 10에 대해 매 순간 n의 값을 제곱해서 더하고 또한 n의 값을 증가시켜가면서 모두 10번 수행되었다. 또한 테스트 조건식은 **n < 11** 으로도 사용될 수 있으며 이 경우 결과 값은 동일하다. 위 프로그램은 계수기 제어 반복문의 대표적인 예이며, 이 때 변수 n은 **계수기**(***counter***) 또는 **제어변수**(***control variable***)라고 불린다.

키보드 입력을 사용하는 **while** 문의 또 다른 예를 살펴보자.

```
=========
character = '';
while (character != 'Y')
        character = getchar();
xxxxxxx;
=========
```

먼저 character는 ''로 초기화되어져 있고 **while** 문은 character의 값이 Y와 같지 않은지를 확인하면서 시작된다. character는 ''로 초기화되어져 있으므로 테스트 조건식의 결과는 참이 되고 아래와 같은 반복의 내용이 수행된다.

```
character = getchar();
```

키보드로부터 입력이 들어오는 매 순간 테스트의 조건식이 확인되고 반복문은 문자 Y가 눌려질 때까지 계속해 수행되게 된다. 만약 Y가 눌려지면 character는 Y와 같게 되므로 테스트 조건식의 값은 거짓이 되어 반복문은 종료되며 프로그램의 수행흐름은 다음 문장인 xxxxxxx;로 옮겨지게 된다. 이는 센티넬 제어 반복문의 전형적인 예제로서, 이때 문자 상수 'Y'가 센티넬 값이 되며 character는 제어변수 또는 센티넬 변수가 된다.

**예제 7.1** n이 음 아닌 정수일 때 아래 식을 계산하는 프로그램이 그림 7.2에 있다. M

$y = x^n$

변수 **y**의 값은 1로 초기화되고 **while** 반복문이 수행되는 동안 n번 반복해가며 **x**가 n번 곱해진다. 또한 반복문의 제어변수인 **count**는 반복 구조의 바깥에서 초기화되고 반복 구조의 내부에서 업데이트 된다. 그리고 **count**가 **n** 보다 크다면 프로그램은 반복문을 벗어난다.

```
Program
    main()
    {
      int count, n;
      float x, y;
      printf("Enter the values of x and n : ");
      scanf("%f %d", &x, &n);
      y = 1.0;
```

(계속)

```
        count = 1;            /* Initialisation */
        /* LOOP BEGINs */
        while ( count <= n)   /* Testing */
        {
          y = y*x;
          count++;            /* Incrementing */
        }
        /* END OF LOOP */
        printf("\nx = %f; n = %d; x to power n = %f\n",x,n,y);
      }
Output
      Enter the values of x and n : 2.5 4
      x = 2.500000; n = 4; x to power n = 39.062500
      Enter the values of x and n : 0.5 4
      x = 0.500000; n = 4; x to power n = 0.062500
```

**그림 7.2** while 문을 사용해 $X^n$을 계산하는 프로그램

**스킬테스트**

정수 m의 팩토리얼은 1에서 m까지 연속된 정수들의 곱이다. 즉, m! = m x (m−1) x ... x 1 이다. m이 주어졌을 때 팩토리얼 표를 계산해서 출력하는 프로그램을 작성하라. [M]

## 7.3 DO 문

LO 7.2 do 문을 설명한다

앞 절에서 소개한 **while** 반복문의 구조는 루프 몸체가 수행되기 전에 테스트 조건식을 검사한다. 따라서 테스트 조건식이 처음부터 만족되지 않았다면 반복문의 내용은 실행되지 않고 생략된다. 반복문의 내용이 테스트 조건식에 앞서 수행되기를 원할 때가 있으며, 이럴 때 **do** 문을 사용하면 해결된다. **do** 문의 기본적인 형태는 다음과 같다.

```
do
{
      body of the loop
}
while (test-condition);
```

프로그램의 수행흐름이 **do** 문에 도달하면, 프로그램은 루프 몸체를 먼저 수행한다. 그 뒤 반복문의 끝에서 테스트 조건식의 만족여부가 판단되며 이런 과정은 테스트 조건식이 참인 동

안 반복적으로 계속 수행된다. 만약 테스트 조건식이 거짓이 되는 순간이 발생되면, 반복문은 종료되며 프로그램의 흐름은 **while** 문 바로 다음에 위치한 문장으로 이동한다.

테스드 조건식이 반복문의 끝에서 평가되기 때문에 이러한 **do ... while** 구조는 출구통제 반복문이 되고 또한 반복의 내용은 최소한 한 번 이상 항상 수행된다.

다음은 **do ... while** 문의 간단한 예제이다.

```
        ------------
        do
        {
             printf ("Input a number\n");
loop         number = getnum ( );
        }
        while (number > 0);
        ------------
```

이 부분 프로그램은 키보드 입력으로부터 0 또는 음수가 입력될 때까지 계속해서 숫자를 읽어내고, 이를 센티넬 변수인 **number**에 할당시킨다.

또한 테스트 조건식은 아래와 같이 복합 관계식으로 표현될 수도 있다.

```
while ( number > 0 && number < 100 );
```

참고로 위 예는 입력된 숫자가 0과 100 사이에 속하는 동안 반복문이 계속 수행되도록 해주는 제어 기능을 갖는다.

다음의 예를 살펴보자. 반복문은 두 관계식 중 하나라도 참인 동안 계속 수행될 것이다.

```
        -------
        I = 1;                           /* Initializing */
        sum = 0;
        do
        {
          sum = sum + I;
loop      I = I+2;                         /* Incrementing */
        }
        while(sum < 40 || I < 10);       /* Testing */
        printf("%d %d\n", I, sum);
        -------
```

**예제 7.2** 1 × 1부터 12 × 10까지의 곱셈결과를 아래의 표 형태로 정리해 보여주는 프로그램이 그림 7.3에 있다. M

```
1    2    3    4    ...   10
2    4    6    8    ...   20
3    6    9    12   ...   30
4
.
.
.
12        .    .    ...   120
```

이 프로그램은 중첩된 형태로 두 개의 **do ... while** 문을 가지고 있다. 바깥쪽 반복문은 제어변수 **row**에 의해 제어되며 총 12번 수행되고, 안쪽 반복문은 제어변수 **column**에 의해 제어되며 바깥쪽 반복문이 한 번 수행될 때마다 총 10번씩 수행된다. 즉, 안쪽 반복문은 모두 합쳐 120번 수행되며, 매 번 수행시마다 표의 한 값을 출력한다.

**Program:**

```
#define COLMAX 10
#define ROWMAX 12
main()
{
    int row,column, y;
    row = 1;
    printf("     MULTIPLICATION TABLE      \n");
    printf("-------------------------\n");
    do /*......OUTER LOOP BEGINS........*/
    {
        column = 1;
        do /*.......INNER LOOP BEGINS.......*/
        {
          y = row * column;
          printf("%4d", y);
          column = column + 1;
        }
        while (column <= COLMAX); /*... INNER LOOP ENDS ...*/
        printf("\n");
        row = row + 1;
    }
    while (row <= ROWMAX);/*..... OUTER LOOP ENDS .....*/
    printf("-----------------------------------\n");
}
```

**Output**

```
        MULTIPLICATION TABLE
— — — — — — — — — — — — — — — — — — —
1   2   3   4   5   6   7   8   9   10
2   4   6   8   10  12  14  16  18  20
3   6   9   12  15  18  21  24  27  30
4   8   12  16  20  24  28  32  36  40
5   10  15  20  25  30  35  40  45  50
6   12  18  24  30  36  42  48  54  60
7   14  21  28  35  42  49  56  63  70
8   16  24  32  40  48  56  64  72  80
9   18  27  36  45  54  63  72  81  90
10  20  30  40  50  60  70  80  90  100
11  22  33  44  55  66  77  88  99  110
12  24  36  48  60  72  84  96  108 120
— — — — — — — — — — — — — — — — — — —
```

**그림 7.3** while 문을 이용한 곱셈표 출력하기

안쪽 반복문의 **printf**는 줄바꾸기(\n)를 포함하지 않음에 유의하자. 이로 인해 출력결과에서 한 행의 모든 값들은 한 줄에 출력되게 된다. 또한 바깥쪽 반복문의 내용이 빈 **printf**는 새로운 행을 출력하기 위해 줄바꾸기를 하는 효과가 있다.

> **TIP**
>
> while문은 입구 통제형이고 do-while은 출구 통제형이라는 것을 기억하라.

## 7.4 FOR 문

### 간단한 'for' 반복문

**for** 반복문은 입구통제 반복문의 일종으로 보다 간결한 반복 제어 구조를 제공한다. **for** 반복문의 일반적인 형태는 다음과 같다.

> **LO 7.3** for 문을 설명한다.

```
for ( initialization ; test-condition ; increment or decrement)
{
body of the loop
}
```

**for** 문의 수행은 다음과 같이 이루어진다.

1. 가장 먼저 i = 1, count = 0과 같은 할당문을 통해 제어변수의 초기화가 이루어진다. 이 때 **i, count**와 같은 변수는 반복 제어 변수(loop-control variable)이다.
2. 테스트 조건식을 통해 제어 변수의 값을 검사한다. 테스트 조건식은 i < 10과 같은 관계식으로 반복문이 언제 끝날지를 결정해준다. 만약 테스트 조건식이 참이면 반복문의 내용이 수행되고, 테스트 조건식이 거짓인 경우 반복문은 종료되며 반복문 다음에 바로 이어지는 문장으로 프로그램의 수행 흐름이 이동된다.
3. 루프 몸체가 수행될 때 반복문의 마지막 문장이 수행되고 나면 프로그램의 수행 흐름은 다시 **for** 문으로 옮겨지게 된다. 이 때, 제어변수는 i = i + 1과 같은 할당문을 통해 증가되게 되고, 제어변수의 새로운 값이 반복을 위한 테스트 조건식을 만족하는지 테스트된다. 만약 조건식이 만족되면 루프 몸체는 다시 수행되고, 이런 과정은 제어변수가 테스트 조건식을 만족시키지 못하게 될 때까지 계속된다.

> **주의** C99에서는 **for**문 사용시 초기화 부분에서 변수선언까지 허용해주고 있다. 자세한 내용은 부록 "C99/C11 특징" 참조.

다음의 부분 프로그램을 살펴보자.

```
loop  ┌→ for ( x = 0 ; x <= 9 ; x = x+1)
      │  {
      │      printf("%d", x);
      │  }
      └─ printf("\n");
```

여기서 **for** 반복문은 10번 수행되며 한 줄에 0부터 9까지의 숫자들을 출력시킨다. for 문의 괄호 안에 포함된 세 부분들은 세미콜론으로 서로 구분된다. 이 때 x = x + 1로 표시된 마지막 제어변수 증가 부분은 세미콜론이 사용되지 않음에 유의하자.

**for** 문은 제어변수의 감소 또한 허용하고 있다. 아래의 예에서는 위에서 소개된 부분 프로그램의 또 다른 표현을 보여주고 있다.

```
for ( x=9; x>=0; x=x-1 )
    printf("%d", x);
printf("\n");
```

이 반복문 또한 10번 수행되지만 출력 결과로는 0부터 9까지의 숫자들이 아닌 9부터 0까지의 숫자들이 출력된다.

테스트 조건식은 항상 반복문의 시작 부분에서 테스트되므로 처음부터 조건식을 만족시키지 못하게 되면 반복 내용은 전혀 수행되지 않는다. 다음의 예를 살펴보자.

```
for ( x=9; x<9; x = x-1)
printf("%d", x);
```

이 프로그램은 제어변수의 초기값 자체가 테스트 조건식을 만족시키지 못하므로 한 번도 수행되지 않는다.

7.1절의 정수들에 대해 제곱의 합을 계산하는 프로그램을 살펴보자. 이 문제는 **for** 문을 사용해서 아래와 같이 구현될 수 있다.

```
------------------
sum = 0;
for (n = 1; n <= 10; n = n+1)
{
        sum = sum+ n*n;
}
printf("sum = %d\n", sum);
------------------
```

이 때 아래의 반복 내용은 n = 1, 2, ..., 10에 대해 총 10번 수행되고, 매 순간 n 값의 제곱을 **sum**에 누적해 더해간다.

```
sum = sum + n*n;
```

**for** 반복문의 중요한 특징들 중 하나는 제어변수 **초기화**, **테스트**, **제어변수 증가**로 알려진 세

**표 7.1** 세 가지 반복문의 비교

<table>
<tr><th>for</th><th>while</th><th>do</th></tr>
<tr><td>for (n − 1; n <− 10; n++)<br>{<br>    ______<br>    ______<br>}</td><td>n = 1;<br>while (n <= 10)<br>{<br>    ______<br>    ______<br>    n = n + 1;<br>}</td><td>n = 1;<br>do<br>{<br>    ______<br>    ______<br>    n = n + 1;<br>}<br>while (n <= 10)</td></tr>
</table>

가지 동작이 **for** 문장 내에 한 줄로 직접 포함됨으로 인해 보기 편하게 된다는 점이다. 표 7.1은 **for** 문과 동치에 해당되는 **while**문과 **do ... while** 문을 보여주고 있다.

**예제 7.3** 0부터 20까지의 지수에 대해 2의 지수승과 2의 −(지수승)의 값들을 출력해주는 프로그램이 그림 7.4에 있다. M

**Program**

```
main()
{
  long int p;
  int n;
  double q;
  printf("-----------------------------------\n");
  printf(" 2 to power n        n        2 to power -n\n");
  printf("-----------------------------------\n");
  p = 1;
  for (n = 0; n < 21 ; ++n) /* LOOP BEGINS */
  {
    if (n == 0)
      p = 1;
    else
      p = p * 2;
    q = 1.0/(double)p ;
    printf("%10ld %10d %20.12lf\n", p, n, q);
  }                     /* LOOP ENDS */
  printf("-----------------------------------\n");
}
```

**Output**

```
------------------------------------------
  2 to power n        n          2 to power -n
------------------------------------------
           1          0         1.000000000000
           2          1         0.500000000000
           4          2         0.250000000000
```

(계속)

```
                8          3             0.125000000000
               16          4             0.062500000000
               32          5             0.031250000000
               64          6             0.015625000000
              128          7             0.007812500000
              256          8             0.003906250000
              512          9             0.001953125000
             1024         10             0.000976562500
             2048         11             0.000488281250
             4096         12             0.000244140625
             8192         13             0.000122070313
            16384         14             0.000061035156
            32768         15             0.000030517578
            65536         16             0.000015258789
           131072         17             0.000007629395
           262144         18             0.000003814697
           524288         19             0.000001907349
          1048576         20             0.000000953674
        ----------------------------------------------
```

**그림 7.4** 반복문을 사용해서 **2의 지수승**을 출력하는 프로그램

이 프로그램은 2를 n번 곱하거나 또는 나누는 과정을 연속적으로 반복함으로써 아래의 값들을 계산한다.

$$p = 2^n$$

$$q = 2^{-n} = \frac{1}{p}$$

이 때 **p**는 ***long int***로, **q**는 **double** 형의 변수로 정의되어 있음에 유의하자.

**예제 7.4** **그림 7.5의 프로그램 n 번째 피보나치(Fibonacci) 수를 인쇄한다.** E

**Program**

```
# include <stdio.h>
# include <conio.h>

void main()
{
int num 1=0, num2=1, n, i, fib;
clrscr();

printf("\n\nEnter the value of n: ");
scanf ("%d", &n);
```

(계속)

```
for (i = 1; i <= n-2; i++)
{
fib-num1 + num2;
num1=num2;
num2=fib;
}
printf("\nnth fibonacci number (for n = %d) = %d, n,fib);
getch();
}
```

**그림 7.5** n 번째 피보나치수를 인쇄하는 프로그램

**예제 7.5** 그림 7.6의 프로그램은 1과 n 사이의 모든 소수(prime number)를 인쇄한다. 여기서 'n'은 사용자가 준다. H

```
Program
    # include <stdio.h>
    # include <conio.h>

    void main()
    {
      int prime (int num):
      int n.i;
    int temp:

    printf("Enter the value of n: ");
    scanf ("%d", &n);

    printf("Prime numbers between 1 and %d are:\n",n);
    for (i=2; j<=n;i++)
    {
      temp=prime(i);
      if(temp==-99)
        continue;

    else
      printf("%d\t", i);
    }

    getch();
  }
```

(계속)

```
        int prime (int num)
        {
           int j:
           for (j=2;j<num; j++)
           {
              if(num%j==0)
                 return (-99);
              else
              ;
           }
        if (j==num)
           return(num);
        }
Output  Enter the value of n: 20
        Prime numbers between 1 and 20 are:
        2     3     5     7     11     13     17     19
```

**그림 7.6** 1과 n 사이의 모든 소수를 인쇄하는 프로그램

## for 문의 추가적인 특징

C에서 **for** 반복문은 다른 반복 구성체에서는 찾아보기 힘든 능력들을 보유하고 있다. 예를 들어 **for** 문에서는 하나 이상의 변수들이 동시에 초기화되는 것이 가능하다.

```
p = 1;
for (n=0; n<17; n++)
```

위의 프로그램은 아래와 같이 다시 작성될 수 있다.

```
for (p=1, n=0; n<17; n++)
```

이 때 제어변수 초기화 부분이 **p** = 1과 **n** = 0의 두 개 부분으로 나누어져 있고 이들이 쉼표로 구분되어 있음에 유의하자. 제어변수 초기화 부분과 유사하게 제어변수 증가 부분 또한 하나 이상을 포함할 수 있다. 다음의 예를 살펴보자.

```
for (n=1, m=5; n<=m; n=n+1, m=m-1)
{
     p = m/n;
     printf("%d %d %\n", n, m, p);
}
```

위 부분 프로그램 또한 유효한 것으로 제어변수 증가 부분에서 2개의 요소가 쉼표로 구분되어 같이 사용되고 있다.

for 반복문의 또 다른 특징으로는 테스트 조건식이 임의의 복합 관계식으로 구성될 수 있다는 점과 이 조건식에 반복문의 기본 제어변수가 아닌 변수 또한 제어변수로 사용될 수 있다는 점이다. 다음의 예를 살펴보자.

```
sum = 0;
for ( i=1; i<20 && sum<100; i++ )
{
    sum = sum+i;
    printf("%d %d\n", i, sum);
}
```

위 프로그램에서는 반복문의 테스트 조건식으로 계수기 변수 **i**와 센티넬 변수 **sum**이 같이 사용된 복합 관계식이 이용되고 있다. 이 반복문은 **i** < 20과 **sum** < 100이 모두 참인 동안은 계속 수행된다. 또한, 반복문 내에서는 기본 제어변수가 아닌 **sum** 또한 제어변수로 함께 이용되고 있다.

또한 제어변수의 초기화 부분과 증가 부분에서는 단순한 수의 할당이 아닌 표현식을 통한 할당 또한 다음의 예에서와 같이 가능하다.

```
for ( x = (m+n)/2; x > 0; x = x/2 )
```

**for** 반복문이 다른 반복문들과 구별되는 점으로, 필요할 경우 하나 이상의 부분 구성요소들이 생략될 수 있다는 장점이 있다. 다음의 예를 살펴보자.

```
-------
m = 5;
for ( ; m != 100 ; )
{
    printf("%d\n", m);
    m = m+5;
}
-------
```

위의 프로그램에서 **for** 반복문의 제어변수 초기화 부분과 증가 부분은 모두 생략되어 있다. 초기화 부분은 **for** 반복문이 시작되기 전에 있고, 제어변수의 증가는 반복문 내부에서 이루어진다. 이와 같은 경우 이런 부분 구성요소들은 공백 상태로 남겨질 수 있다. 하지만, 부분 구성요소들 사이를 구분해주기 위한 세미콜론은 반드시 포함되어야 한다. 또한 만약 테스트 조건식이 존재하지 않는다면 **for** 반복문은 무한 루프(무한 반복문)가 되어버릴 것이고, 이 경우 반복문을 멈추기 위해서는 **break** 또는 **goto**와 같은 명령어 구문이 반드시 사용되어야 한다.

또한 시간지연 반복문(*time delay loop*)의 효과를 내기 위해 아래와 같이 반복문의 내용이 공백이 되는 경우도 있다.

```
for ( j = 1000; j > 0; j = j-1 )
```

위 반복문은 아무런 출력없이 모두 1000번의 반복 수행을 하게 되고 이는 시간 지연의 효과를 가지게 된다. 반복문의 내용 부분이 단지 세미콜론(;)만으로 구성된 공백문장(null statement)임에 유의하자.

즉, for 반복문의 끝에는 반드시 세미콜론을 붙이지 않아도 무방하며 실수로 세미콜론을 붙였다 하더라도 C 컴파일러는 이에 대해 오류로 인식하지 않는다. 결국 세미콜론만 존재하는 것은 공백문장으로 인식되며 무의미한 표현에 해당된다.

## for 루프의 중첩

C언어에서는 하나의 **for** 문 내부에 또 다른 **for** 문을 가진 중첩 **for** 반복문이 허용된다. 예를 들어 아래 두 반복문은 중첩되어 있다.

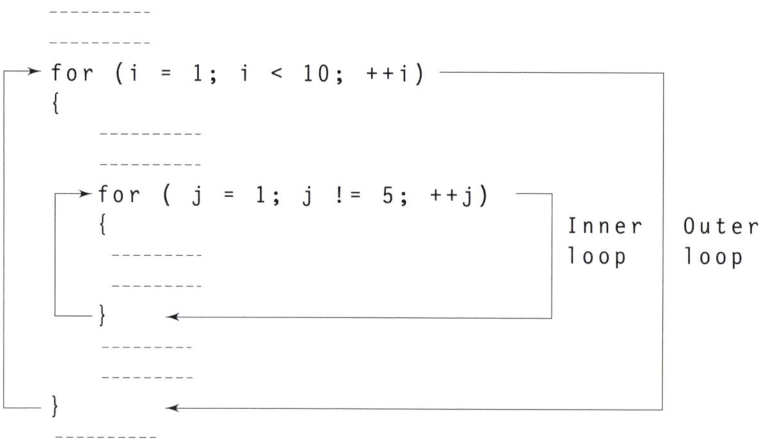


반복문의 중첩은 여러 단계로 이루어지는 것도 가능하며, 이 경우 각각의 for 문에 어떤 문장이 포함되어 있는지 독자들이 명확하게 이해할 수 있도록 적절히 표현해주어야 한다. ANSI C에서는 최대 15단계의 중첩을 허용하고 있으며 다른 컴파일러에서는 그 이상의 중첩도 허용한다.

예제 7.2의 곱셈표를 출력하는 프로그램은 아래와 같이 중첩된 for 문을 이용하여 간결하게 구

```
--------------
for (row = 1; row <= ROWMAX ; ++row)
{
   for (column = 1; column <= COLMAX ; ++column)
   {
        y = row * column;
        printf("%4d", y);
   }
   printf("\n");
}
--------------
```

현될 수 있다.

이때, 안쪽 반복문은 열(column)을 제어하며 바깥쪽 반복문은 행(row)을 제어한다.

**예제 7.6** **n명의 학생들로 구성된 학급에서 m개의 과목에 대해 정기시험을 치렀다. 여러 과목들에 대해 각각의 학생들의 성적을 읽고 학생들이 취득한 성적의 합계를 계산해서 출력해주는 프로그램이 그림 7.7에 있다.** M

이 프로그램은 두 개의 **for** 반복문을 사용하며, 하나는 학생들을 처리하기 위한 목적으로 또 다른 하나는 과목들을 처리하기 위한 목적으로 사용된다. 학생 수 및 과목 수 모두 프로그램의 입력으로 결정되므로 결국 이 프로그램은 임의의 수의 학생들과 임의 수의 과목들을 다룰 수 있게 된다. 바깥쪽 반복문은 다음의 세 부분을 포함하고 있다.

(1) 학생 각자의 답안지들을 차례대로 입력받는 부분
(2) 각각 학생들의 성적이 읽혀지고 총합이 계산되는 안쪽 반복문
(3) 성적 합계와 등급을 출력해주는 부분

```
Program
     #define FIRST 360
     #define SECOND 240
     main()
     {
          int n, m, i, j,
               roll_number, marks, total;
          printf("Enter number of students and subjects\n");
          scanf("%d %d", &n, &m);
          printf("\n");
          for (i = 1; i <= n ; ++i)
          {
               printf("Enter roll_number : ");
               scanf("%d", &roll_number);
               total = 0 ;
               printf("\nEnter marks of %d subjects for ROLL NO %d\n",
                         m,roll_number);
               for (j = 1; j <= m; j++)
               {
                    scanf("%d", &marks);
                    total = total + marks;
               }
               printf("TOTAL MARKS = %d ", total);
               if (total >= FIRST)
                   printf("( First Division )\n\n");
               else if (total >= SECOND)
                       printf("( Second Division )\n\n");
                 else
                       printf("( *** F A I L *** )\n\n");
```

(계속)

```
        }
    }
Output
        Enter number of students and subjects
        3 6
        Enter roll_number : 8701
        Enter marks of 6 subjects for ROLL NO 8701
        81 75 83 45 61 59
        TOTAL MARKS = 404 ( First Division )
        Enter roll_number : 8702
        Enter marks of 6 subjects for ROLL NO 8702
        51 49 55 47 65 41
        TOTAL MARKS = 308 ( Second Division )
        Enter roll_number : 8704
        Enter marks of 6 subjects for ROLL NO 8704
        40 19 31 47 39 25
        TOTAL MARKS = 201 ( *** F A I L *** )
```

**그림 7.7** 중첩된 for 반복문의 예

**예제 7.7** 그림 7.8의 프로그램은 피라미드 모양을 출력한다. H

```
Program
    #include <stdio.h>
    #include <conio.h>
    void main()
      {
        int num,i,y,x=40;
        clrscr();
        printf("\nEnter a number for \ngenerating the
        pyramid:\n");
        scanf("%d",&num);
        for(y=0;y<=num;y++)
        {
            gotoxy(x,y+1);
            for(i=0-y;i<=y;i++)
            printf("%3d",abs(i));
            x=x-3;
        }
        getch();
        }
Output
  Enter a number for
  generating the pyramid:
7
```

(계속)

```
                0
              1 0 1
            2 1 0 1 2
          3 2 1 0 1 2 3
        4 3 2 1 0 1 2 3 4
      5 4 3 2 1 0 1 2 3 4 5
    6 5 4 3 2 1 0 1 2 3 4 5 6
  7 6 5 4 3 2 1 0 1 2 3 4 5 6 7
```

**그림 7.8** 피라미드를 만드는 프로그램

## 반복문 선택하기

어떤 문제가 주어질 때 프로그래머의 첫 번째 관심사는 어떤 종류의 반복 구조를 사용하는 것이 가장 바람직한지를 결정하는 것이다. C에서 제공해주는 세 가지 반복문 중 하나를 선택하기 위해서는 다음과 같은 전략들이 사용될 수 있다.

- 문제를 분석해서 이 문제가 사전검사와 사후검사 반복문 중 어떤 것을 요구하는지 확인한다.
- 만약 사후검사 반복문을 요구한다면 우리는 **do ... while**을 사용해야 한다.
- 만약 사전검사 반복문을 요구한다면 우리는 **for** 문 또는 **while** 반복문을 사용할 수 있다.
- 그 뒤 반복문의 종료가 계수기 기반 제어를 요구하는지 아니면 센티넬 기반 제어를 요구하는지를 확인하다.
- 만약 계수기 기반 제어가 필요하다면 **for** 문을 사용한다.
- 또한 센티넬 기반 제어가 필요하다면 **while** 문을 사용한다.
- 다만 계수기 제어 반복문이든 센티넬 제어 반복문이든 C언어의 세 가지 반복문 모두에 의해 사실상 구현은 가능하다.

**스킬테스트**

양의 정수를 읽어서 2진수 형태로 출력하는 프로그램을 작성하라. (힌트: 정수를 2로 계속 나누면서 나머지 0, 1을 모으면 2진수 형태를 얻는다.) [M]

## 7.5 반복문에서의 점프

LO 7.4 루프에서 이동을 하는 방법을 보여준다.

반복문은 제어변수가 테스트 조건식을 만족시키지 못할 때까지 일련의 동작들을 반복적으로 수행한다. 반복문이 반복되는 횟수는 대부분 사전에 결정되며 테스트 조건식은 이를 제어하기 위해 존재한다. 하지만 반복문이 수행되는 도중에 남은 반복 내용을 생략하게 만들거나 또는 특정 조건 발생시에 반복문을 빠져나가게 하는 과정이 요구되기도 한다. 예를 들어 100명의 이름이 포함된 리스트에서 특정 이름을 검색하는 문제를 생각해보자. 100명의 이름을 차례대로 읽어가며 테스트를 수행하는 이 프로그램은 원하는 이름이 발견되는 즉시 종료되는 것이 바람직하다. C에서는 이러한 경우에 점프(*jump*)를 수행할 수 있으며 반복문의 내에서 다른 문장으로의 점프 또는 반복문 내에서 반복문 바깥에 위치한 다른 문장으로의 점프 모두 가능하다.

### 반복문 바깥으로의 점프

반복문을 빠져나갈 수 있는 기본적인 방법으로 **break** 문과 **goto** 문이 있다. 앞에서 **switch** 문에서 **break**의 사용법을 배웠으며 **goto** 문 또한 **if ... else** 문에서 확인한 바 있다. 이런 문장들은 그림 7.9와 그림 7.10에서와 같이 **while, do, for**와 같은 반복문에서 사용할 수도 있다.

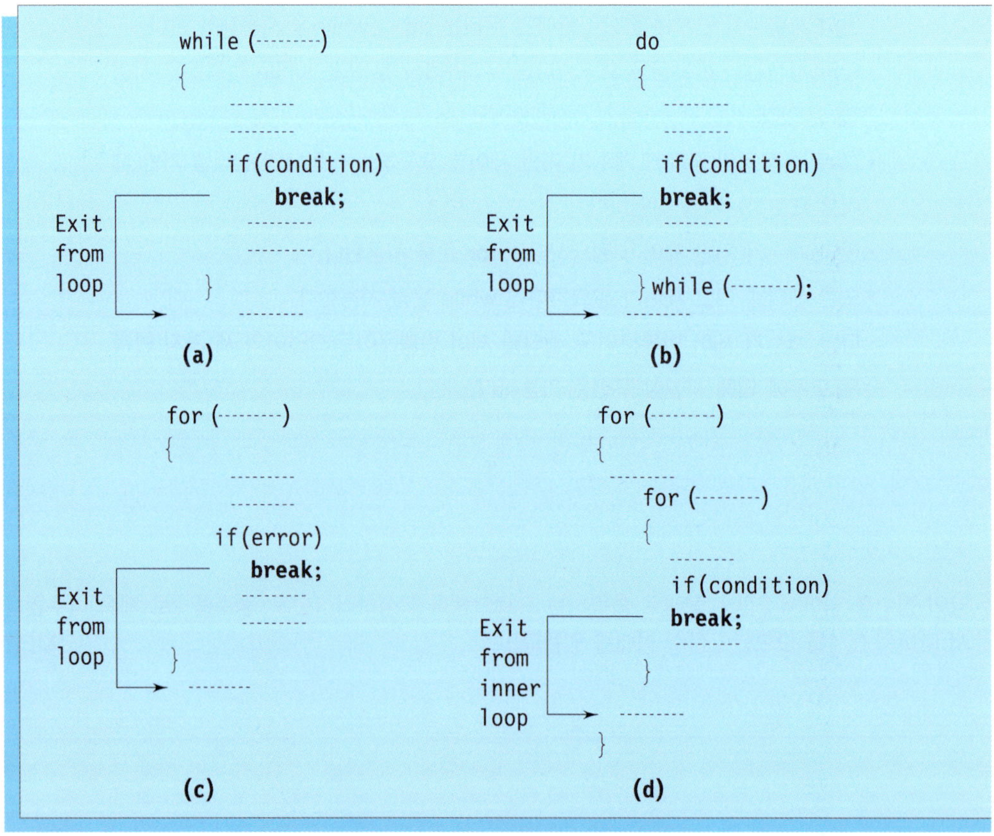


**그림 7.9** break 문을 통한 반복문에서의 점프

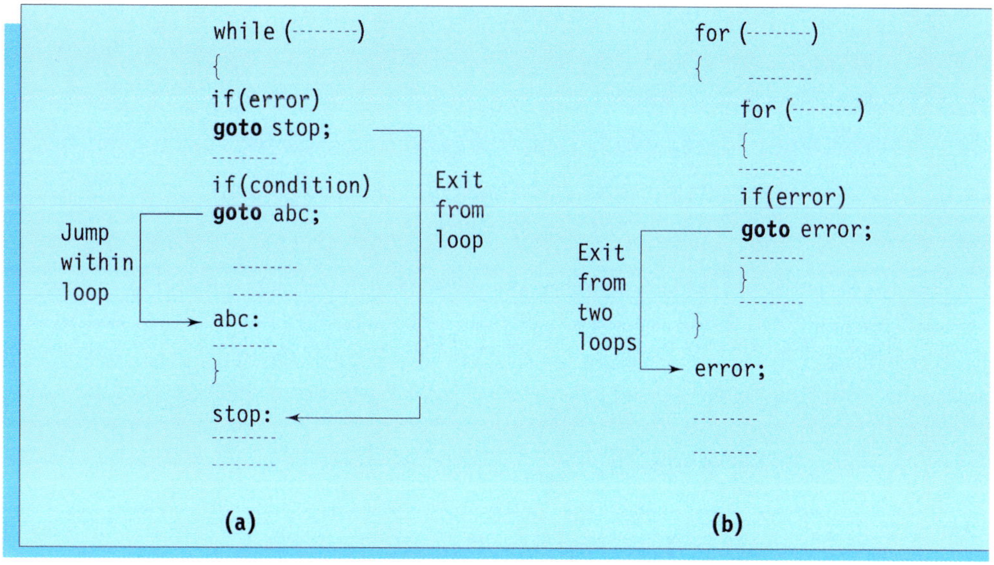


**그림 7.10** goto 문을 통한 반복문 내부에서 외부로의 점프

반복문 내에서 **break** 문을 만나게 되면, 프로그램의 수행흐름은 그 즉시 반복문을 빠져나가게 되고, 반복문 다음에 가장 먼저 나오는 문장이 수행된다. 또한, 반복문들이 중첩되어 있다면 break 문은 자신을 포함한 반복문만 빠져나간다. 결국 **break** 문은 하나의 반복문 만을 바깥으로 점프시키는 역할을 하는 것이다.

이에 비해 **goto** 문은 프로그램 내 어느 위치로든 점프를 가능하게 해주기 때문에 반복문 내에서 분기를 위해 사용되는 경우 매우 유용할 수 있다. **break** 문과 다른 **goto** 문의 또 다른 장점은 다단계로 중첩된 반복문 내에서 어떤 오류가 발견될 경우 전체 반복 구조를 바로 빠져나올 수 있게 해준다는 점이다.

**예제 7.8** **프로그램에서 break문을 사용한 예가 그림 7.11에 있다.** E

위 프로그램은 양의 정수들의 리스트를 입력받아 그들의 평균값을 계산해준다. 여기서 **for** 반복문은 양의 정수 1000개의 값을 읽기 위해 사용되며, 1000개 미만의 수들에 대한 평균을 구하고자 할 때에는 입력 데이터의 끝을 알릴 수 있는 음의 정수를 데이터의 맨 마지막에 포함시킴으로써 가능하다. 또한 이러한 음의 정수를 처리하기 위해 데이터가 읽혀질 때마다 그 수가 양수인지 아니면 음수인지를 확인하는 과정이 필요하며, 양수인 경우 그 값을 **sum**에 더하고 음수인 경우에는 반복문을 종료시킨다. 프로그램의 맨 마지막 단계에서는 읽혀진 각 수들의 평균값을 계산하고 그 결과를 출력한다.

```
Program
     main()
     {
          int m;
          float x, sum, average;

          printf("This  program computes the average of a
                         set of numbers\n");
          printf("Enter values one after another\n");
          printf("Enter a NEGATIVE number at the end.\n\n");
          sum = 0;
          for (m = 1 ; m < = 1000 ; ++m)
          {
             scanf("%f", &x);
             if (x < 0)
                break;
             sum += x ;
          }
          average = sum/(float)(m-1);
          printf("\n");
          printf("Number of values = %d\n", m-1);
          printf("Sum              = %f\n", sum);
          printf("Average          = %f\n", average);
     }
Output
     This program computes the average of a set of numbers
     Enter values one after another
     Enter a NEGATIVE number at the end.
     21 23 24 22 26 22 -1

     Number of values = 6

     Sum              = 138.000000
     Average          = 23.000000
```

**그림 7.11 break문의 사용 예**

**예제 7.9** **$-1 < x < 1$을 만족하는 x에 대해 $1/(1-x)$ 의 값을 아래 식을 이용해 0.01% 미만의 오차를 갖도록 계산해주는 프로그램이 그림 7.12에 있다.** H

$$\frac{1}{1-x} = 1 + x + x^2 + x^3 + \ldots.. + x^n$$

단, 원하는 정확도를 갖도록 해주는 반복문은 **goto** 문을 통해 종료되도록 만든다.

여기서는 위 전개식의 각 항을 반복해서 더하는 **for** 문이 사용된다. 특히 위 전개식은 기본적으로 무한 전개식이기 때문에 $X^n$이 원하는 정확도에 도착할 때까지 반복될 것이다. 결국 반복 횟수를 결정짓는 n의 값은 초기에 알려져 있지 않으므로 우리는 원하는 정확도에 도착을 하든 하지 못하든 반복이 유한시간 내에 종료되도록 임의의 상한 값을 결정해야 하며, 이 프로그램에서는 n의 상한 값으로 100이 사용되었다.

```
Program
    #define   LOOP        100
    #define   ACCURACY    0.0001
    main()
    {
        int n;
        float x, term, sum;
        printf("Input value of x : ");
        scanf("%f", &x);
        sum = 0 ;
        for (term = 1, n = 1 ; n <= LOOP ; ++n)
        {
            sum += term ;
            if (term <= ACCURACY)
              goto output; /* EXIT FROM THE LOOP */
            term *= x ;
        }
        printf("\nFINAL VALUE OF N IS NOT SUFFICIENT\n");
        printf("TO ACHIEVE DESIRED ACCURACY\n");
        goto end;
        output:
        printf("\nEXIT FROM LOOP\n");
        printf("Sum = %f; No.of terms = %d\n", sum, n);
        end:
        ;      /* Null Statement */
    }
Output
    Input value of x : .21
    EXIT FROM LOOP
    Sum = 1.265800; No.of terms = 7
    Input value of x : .75
    EXIT FROM LOOP
    Sum = 3.999774; No.of terms = 34
    Input value of x : .99
    FINAL VALUE OF N IS NOT SUFFICIENT
    TO ACHIEVE DESIRED ACCURACY
```

**그림 7.12** 반복문을 빠져나오기 위한 **goto**문의 사용

위 프로그램에서 정확도에 대한 테스트는 **if** 문을 통해 이루어지며 정확도 조건식이 만족되는 경우 **goto** 문을 통해 반복문을 빠져나오게 된다. 또한 만약 원하는 정확도를 만들어내기에 설정된 반복 횟수가 충분히 크지 못할 경우 위 프로그램은 적절한 오류 메시지를 출력하며 종료되게 된다.

참고로 **break** 문은 위 예제에서 사용하기에는 적절치 못할 수도 있다. 왜냐하면 **break**문이 사용되는 경우 정상적인 반복문의 종료 및 break문에 의한 반복문의 종료 모두 그 이후에는 반복문 바로 다음에 위치한 동일한 명령어 구문이 수행되기 때문이다. 그러나 위의 문제에서는 원하는 정확도에 도달하지 못해 반복문이 종료된 경우에는 아래 메시지가 출력되어야 하고, 원하는 정확도에 도달해 도중에 반복문을 빠져나온 경우에만 위 표현식의 값이 출력되어야 한다.

"FINAL VALUE OF N IS NOT SUFFICIENT
TO ACHIEVE DESIRED ACCURACY"

또한 위 프로그램의 끝에 공백문장( ;)이 사용되었음에 유의하자. 이는 goto 문을 위한 label이 프로그램의 마지막 문장이 되어서는 안되기 때문이다.

## 구조적 프로그래밍

구조적 프로그래밍이란 프로그램을 설계하고 구현하기 위한 하나의 방법이다. 이는 프로그램의 논리를 기본적인 아래 세 가지 제어 구조만을 이용함으로써 가이는 프로그램의 논리를 기본적인 아래 세 가지 제어 구조만을 이용함으로써 가능한 이해하기 쉽도록 만든다는 특징이 있다.

- 순차 구조
- 선택(분기) 구조
- 반복 구조

비록 순차 구조와 반복 구조가 거의 대부분의 프로그램을 가능하게 해주지만, 선택 구조는 몇몇 상황에서 더 편하다는 것으로 알려져 있다.
이와 같은 구조적 프로그래밍 기술을 사용하면 보다 더 잘 설계된 프로그램이 만들어질 수 있으며, 이를 통해 다른 비구조화된 방법에 비해 보다 작성하기 쉽고, 이해하기 쉽고, 수정이 쉬우며, 유지보수가 쉬운 프로그램이 만들어진다.
구조적 프로그래밍에서는 **goto**, **break**, **continue**와 같은 무조건적인 분기를 만들어내는 점프 문들의 사용을 가능한 자제시키고 있다. 참고로 이상적인 구조적 프로그래밍은 "*goto 없는 프로그래밍*"으로도 통한다.

Do not go to **goto** statement!

## 반복문의 남은 부분을 생략시키기

반복 동작 도중에 특정 조건이 만족된다면 반복 내용의 남은 부분을 생략시키는 과정이 필요할 수도 있다. 예를 들어 어떤 직업에 대한 지원자들을 처리하는 과정에서 특정 그룹에 속해져 있는 지원자들의 데이터는 배제시키고 싶을 수도 있다. 이를 위해 지원자들이 속해져 있는 그룹의 코드를 읽음으로써 해당 지원자를 고려할 것인지 배제시킬 것인지를 결정하게 된다. 이 때 만약 배제시키는 경우라면 해당 지원자를 처리하기 위한 프로그램 반복문의 남은 부분들은 생략되고 프로그램의 수행 흐름은 남은 지원자에 대한 처리과정으로 넘어가게 될 것이다.

C에서는 **break** 문과 유사한 **continue** 라는 문장이 있다. 반복문을 종료시키는 기능이 있는 **break** 문과는 달리 **continue** 문은 그 이름에서 알려주는 것처럼 반복내용의 남은 부분들은 생략하고 그 다음 반복에 대한 처리로 프로그램의 흐름을 강제로 이동시킨다. 즉, **continue** 문은 컴파일러에게 "이후 명령어 구문들을 생략하고 다음 반복으로 옮겨가라"고 알려주는 것이다. **continue** 문의 사용 방법은 아래와 같이 간단하다.

```
continue;
```

반복문 내에서 **continue**의 사용 예를 그림 7.13에서 소개하고 있다. **while** 과 **do** 반복문에서 **continue**는 프로그램의 수행흐름을 바로 테스트 조건식으로 보내서 그 이후 다음 반복문이 계속 수행되도록 한다. 이에 비해 **for** 반복문의 경우 반복문을 위한 제어변수의 증가 부분이 테스트 조건식 이전에 먼저 수행되게 된다.

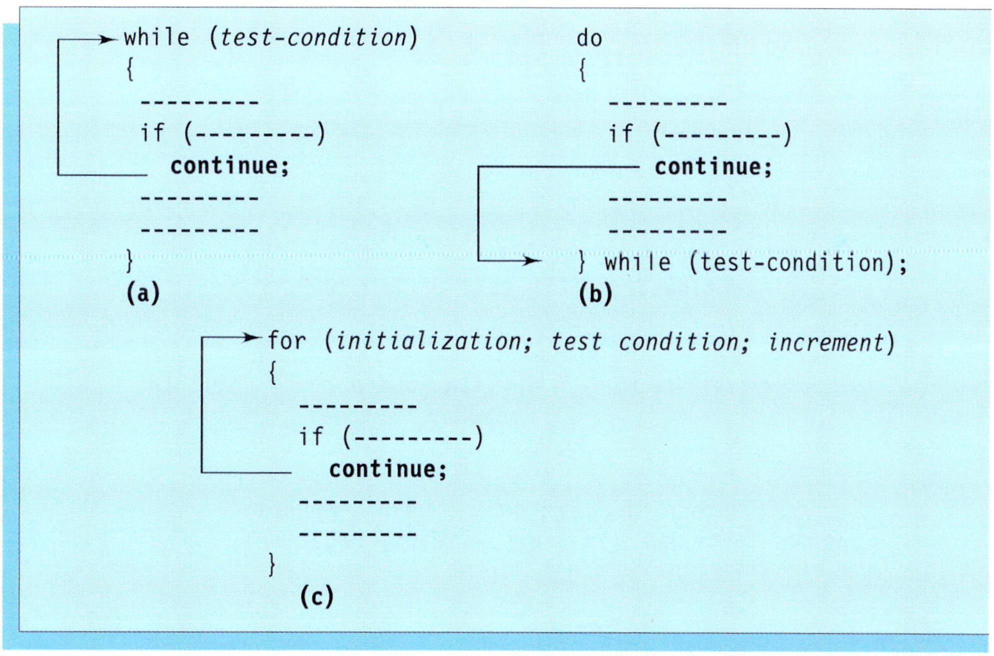


**그림 7.13** 반복문 내에서 continue의 사용 및 남은 부분 생략시키기

**예제 7.10** 그림 7.14는 continue 문의 또 다른 사용 예를 보여주고 있다. M

이 프로그램은 일련의 숫자들의 제곱근들을 계산한 뒤 이들을 출력해준다. 9999라는 숫자가 입력되면 프로그램은 종료된다.

이 때 음수 또한 입력이 가능하고 음수의 경우 제곱근이 존재하지 않으므로 프로그램에서는 음수와 같은 숫자들이 들어오면 남은 제곱근 계산 과정을 생략해야 한다. 이를 위해 continue 문을 사용하며, 프로그램에서는 음수가 입력될 경우 continue문을 사용해 남은 계산 과정을 생략하는 대신 음수가 입력되었음을 알려주는 메시지를 출력하고 현재까지 입력된 음수들의 총 개수를 누적해나간다.

따라서 프로그램의 최종 결과는 처리된 양수의 총 개수 및 음수의 총 개수를 포함한다.

**Program:**

```
#include <math.h>
main()
{
  int count, negative;
  double number, sqroot;
  printf("Enter 9999 to STOP\n");
  count = 0 ;
  negative = 0 ;
  while (count < = 100)

  {
      printf("Enter a number : ");
      scanf("%lf", &number);
      if (number == 9999)
        break;      /* EXIT FROM THE LOOP */
      if (number < 0)
      {
        printf("Number is negative\n\n");
        negative++ ;
        continue; /* SKIP REST OF THE LOOP */
      }
      sqroot = sqrt(number);
      printf("Number    = %lf\n Square root = %lf\n\n",
                          number, sqroot);
      count++ ;
  }
  printf("Number of items done = %d\n", count);
  printf("\n\nNegative items = %d\n", negative);
  printf("END OF DATA\n");
}
```

**Output**

```
Enter 9999 to STOP
Enter a number : 25.0
```

(계속)

```
Number          = 25.000000
Square root     = 5.000000

Enter a number : 40.5
Number          = 40.500000
Square root     = 6.363961

Enter a number : -9
Number is negative

Enter a number : 16
Number          = 16.000000
Square root     = 4.000000

Enter a number : -14.75
Number is negative

Enter a number : 80
Number          = 80.000000
Square root     = 8.944272

Enter a number : 9999
Number of items done = 4
Negative items       = 2
END OF DATA
```

**그림 7.14** continue의 사용 예

### goto 사용 자제하기

앞서 언급한 것처럼 **goto**의 사용을 자제하는 것은 여러 가지 이유에서 좋은 프로그래밍 습관에 해당된다. 우선 **goto**가 사용되면 많은 컴파일러들은 보다 효율적이지 못한 프로그램 코드를 생성해낸다. 또한 **goto**를 많이 사용하면 프로그램의 논리는 보다 복잡해지게 되고 프로그램은 더 이해하기 어려워진다. 대부분의 프로그램에서는 신중한 설계를 통해 **goto** 문을 사용하지 않고도 구현하는 것이 가능하며, 부득이하게 **goto** 문을 사용해야만 하는 경우에는 분명히 명시해야만 한다. 그림 7.15에서는 **goto**로 인한 점프가 문제시될 수 있는 경우들을 보여주고 있으며, 이러한 경우들은 반드시 피해야만 한다.

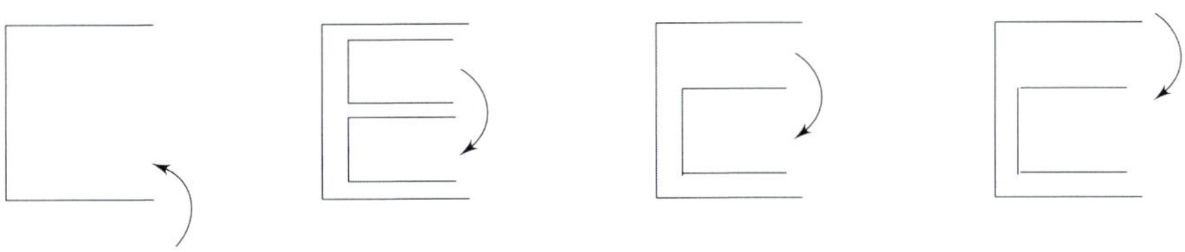

**그림 7.15** 피해야 하는 goto 점프들

### 프로그램 바깥으로 빠져나가기

지금까지 우리는 **break** 문 또는 **goto** 문을 통해 반복문에서 빠져나갈 수 있음을 확인하였다. 비슷한 방법으로 라이브러리 함수 exit()를 사용하면 프로그램의 바깥으로 빠져나가는 것 또한 가능해진다. 어떤 이유로 인해 우리가 프로그램의 수행을 중지시키고 운영체제로 돌아가고자 한다면, 이는 exit() 함수를 아래와 같이 사용하면 가능하다.

```
........
........
if (테스트 조건식) exit(0);
........
........
```

exit() 함수는 정수를 그 인자로 받아들인다. 인자 0은 프로그램의 정상종료를 의미하고, 0이 아닌 수를 인자로 가지면 어떤 오류나 비정상적인 조건에 의해 프로그램이 강제 종료되었음을 의미한다. exit() 함수를 사용하기 위해서는 표준 라이브러리인 **<stdlib.h>**가 삽입되어야 한다.

## 7.6 간결한 테스트 표현식

지금까지 **if, for, while, do** 문과 같은 문장에서 테스트 표현식을 사용해왔다. 이러한 테스트 표현식들은 그 값을 계산한 뒤 숫자 0(거짓)과의 비교를 통해 분기결정이 이루어지게 된다. 또한, 모든 정수 표현식은 그 자체로 참 또는 거짓 값을 가질 수 있으므로, 우리는 0과의 숫자 비교를 위해 명확한 비교식을 사용하지 않아도 무방하다. 예를 들어, x가 0이 아닌 경우 정수표현식 x는 참을 의미하고 x가 0인 경우 정수표현식 x는 거짓을 의미한다. 따라서 테스트 표현식을 위해 명확한 관계식을 사용하지 않더라도 보다 간결한 테스트 표현식만으로도 테스트 표현식의 작성이 가능해진다.
예를 들어 아래 두 명령어 구문은 동일하며,

*if ( expression == 0 )*
*if ( ! expression )*

이와 유사하게 아래의 두 명령어 구문들 또한 동일하게 취급받는다.

*if( expression != 0 )*
*if( expression )*

추가적으로 아래 두 명령어 구문 또한 동일하다.

**if (m%5==0 && n%5==0)**
**if (!(m%5) && !(n%5))**

## 주요 개념

- **제어문:** 조건을 검사하여 루프의 몸체의 반복적 실행을 지시한다. [LO 7.1]
- **프로그램 루프:** 루프의 종료조건이 만족될 때까지 일련의 문장들을 반복적으로 실행한다. [LO 7.1]
- **while 문:** 입구 통제형 루프로서 검사 조건을 우선 평가한 후 조건이 참이면 루프 몸체를 실행한다. [LO 7.1]
- **do 문:** 루프 몸체를 먼저 실행하고 나서 뒤에 나오는 while문의 검사 조건을 평가한다. [LO 7.2]
- **break 문:** 루프를 종료하고 프로그램 제어를 루프 다음에 나오는 문장으로 시동시킨다. [LO 7.4]
- **continue 문:** 루프의 나머지 부분을 생략하고 다음 번 루프 반복으로 프로그램 제어를 이동시킨다. [LO 7.4]

## 알아두기

- 테스트 표현식에서 관계 연산자를 잘못 사용하는 것은 흔히 범하기 쉬운 오류이므로, 반복문이 원하는 반복 횟수만큼 반복되는지에 대해 반드시 확인해야 한다. [LO 7.1]
- ==(동치) 연산자 대신에 =(할당) 연산자를 사용하는 것 또한 범하기 쉬운 오류이므로 주의 해야 한다. [LO 7.1]
- 실수에 대해서는 동일성을 비교해서는 안 된다. [LO 7.1]
- 반복문이 시작되기 전과 후에는 공백 또는 적절한 메시지를 포함시키는 것이 좋다. [LO 7.1]
- 루프 몸체의 문장들은 가독성을 높이고 프로그램을 이해하기 쉽게 만들기 위해 들여쓰기를 하는 것이 좋다. [LO 7.1]
- 반복문의 루프 몸체에서 한 변수에 대한 연산이 반복적으로 수행되는 경우 해당 변수는 반드시 반복문 수행 이전에 적절히 초기화되어야만 한다. [LO 7.1]
- do ... while 문의 끝에는 반드시 세미콜론(;)을 붙여야 한다. [LO 7.2]
- while 또는 do ... while 반복문의 루프 몸체에는 반드시 제어변수의 증가 부분이 포함 되어야만 한다. [LO 7.2]
- 출구통제(사후검사) 반복문을 구현할 때에는while 문 또는 for 문을 사용하지 말고 do ... while 문을 사용하는 것이 좋다. 이와 유사하게 사전검사 반복문을 구현할 때에는 do ... while 문을 사용하지 않는 것이 좋다. [LO 7.2]
- while 문 또는 for 문의 앞부분(제어변수 초기화, 테스트 조건식, 제어변수 증가를 포함한 부분) 끝에 세미콜론(;)을 붙이는 것은 문법적 오류(syntax error)는 아니지만 논리적 오류(logic error)에 해당될 수 있다. [LO 7.3]
- for 문의 앞부분에서 세미콜론 대신 쉼표를 사용하면 안 된다. [LO 7.3]
- for 반복문의 앞부분과 내부 루프 몸체 두 곳에서 모두 제어 변수를 변경해서는 안 되며 이는 논리적 오류에 해당된다. [LO 7.3]

- 제어변수 초기화, 테스트 조건식, 제어변수 증가의 내용을 for 문의 헤더 밖에 두어도 문법적으로 틀리지 않지만 가능하면 피하는 것이 좋다. [LO 7.3]
- 비록 for 문의 제어변수 초기화와 제어변수 증가 부분에서 산술 계산식을 포함하는 것은 가능하지만, 이들의 계산 도중 소수점 이하 내림으로 인한 오류가 발생할 수 있음에 유의해야 한다. [LO 7.3]
- 비록 for 문 앞에 오는 문장과 for 문의 루프 몸체에 있는 문장을 for 문의 헤더에 포함시킬 수도 있지만 프로그램을 읽기 어렵게 하므로 피하는 것이 좋다. [LO 7.3]
- 반복문에서break 문과 continue 문의 사용은 프로그램을 비구조적으로 만들 수 있으므로 가능한 사용하지 않는 것이 좋다. [LO 7.4]
- goto 문은 가능한 사용하지 않는 것이 좋다. [LO 7.4]
- 프로그램을 강제 종료시키고자 할 때에는 exit() 함수를 사용할 수 있다. [LO 7.4]

## 사례연구

### 1. 이항계수 표 [LO 7.1, 7.2 M]

**문제:** 이항계수는 이항분포와 관련된 연구 또는 다수 부품들로 구성된 다중화 시스템에서의 신뢰도 분석 등을 위해 사용되고 있으며 아래와 같이 정의된다.

$$B(m,x) = \binom{m}{x} = \frac{m!}{x!(m-x)!} \quad , m >= x$$

임의의 m과 x에 대해 이항계수 값을 바로 결정할 수 있도록 이항계수 표를 만드시오.

**문제분석:** 이항계수는 아래와 같이 순환적으로도 계산될 수 있다.

$$B(m,0) = 1$$

$$B(m,x) = B(m,x\text{–}1)\left[\frac{m-x+1}{x}\right], x = 1,2,3,\ldots,m$$

또한,

$$B(0,0\ ) = 1$$

결국 이항계수는 x = 0 이거나 m = 0 일 때 모두 1이 된다. 그림 7.16의 프로그램에서는 m이 10인 경우의 이항계수 표를 출력해주고 있다. 또한 이 프로그램에서는 하나의 **do ... while** 반복문과 하나의 **while** 반복문이 사용되고 있다.

**Program**

```
#define MAX 10
main()
{
     int m, x, binom;
     printf(" m x");
     for (m = 0; m <= 10 ; ++m)
          printf("%4d", m);
     printf("\n-----------------------------------\n");
     m = 0;
     do
     {
          printf("%2d ", m);
          x = 0; binom = 1;
          while (x <= m)
          {
               if(m == 0 || x == 0)
                  printf("%4d", binom);
               else
                  {
                       binom = binom * (m - x + 1)/x;
                       printf("%4d", binom);
                  }

                  x = x + 1;
            }
            printf("\n");
            m = m + 1;
       }
       while (m <= MAX);
       printf("-----------------------------------\n");
  }
```

**Output**

```
        mx    0    1    2    3    4    5    6    7    8    9   10
     ------------------------------------------------------------
         0    1
         1    1    1
         2    1    2    1
         3    1    3    3    1
         4    1    4    6    4    1
         5    1    5   10   10    5    1

         6    1    6   15   20   15    6    1
         7    1    7   21   35   35   21    7    1
         8    1    8   28   56   70   56   28    8    1
         9    1    9   36   84  126  126   84   36    9    1
        10    1   10   45  120  210  252  210  120   45   10    1
     ------------------------------------------------------------
```

**그림 7.16** 이항계수 표를 출력하는 프로그램

## 2. 히스토그램

[LO 7.3 M]

**문제:** 어떤 회사에서 특별수당을 책정하기 위한 목적으로 직원들을 그들의 기본 급여액에 맞추어 그룹화하고 있다. 각 그룹별 직원들의 급여 범위와 직원수는 다음과 같다.

| 그룹 번호 | 급여 범위 | 직원 수 |
|---|---|---|
| 1 | 750~1500 | 12 |
| 2 | 1501~3000 | 23 |
| 3 | 3001~4500 | 35 |
| 4 | 4501~6000 | 20 |
| 5 | 6001 이상 | 11 |

각 그룹별 크기를 표현할 수 있도록 히스토그램을 그리시오.

**문제분석:** 각 그룹별 크기가 주어졌을 때 이를 표현할 수 있는 막대그래프를 그린다. 또한, 각각의 막대에는 그룹 번호와 함께 그 크기가 적혀져야 한다. 그림 7.17의 프로그램은 각 그룹에 속해있는 직원의 수를 입력받은 뒤에 히스토그램을 그려준다. 이 프로그램에서는 4개의 **for** 반복문과 2개의 **if ... else** 문이 사용되고 있다.

```
Program:
    #define  N 5
    main()
    {
        int  value[N];
        int i, j, n, x;
        for (n=0; n < N; ++n)
        {
          printf("Enter employees in Group - %d : ",n+1);
          scanf("%d", &x);
          value[n] = x;
          printf("%d\n", value[n]);
        }
        printf("\n");
        printf("|\n");

        for (n = 0 ; n < N ; ++n)
        {
          for (i = 1 ; i <= 3 ; i++)
          {
              if ( i == 2)
                printf("Group-%1d  |",n+1);
              else
                printf("|");
              for (j = 1 ; j <= value[n]; ++j)
                printf("*");
              if (i == 2)
```

(계속)

```
                    printf("(%d)\n", value[n]);
                else
                    printf("\n");
            }
            printf("|\n");
        }
    }
```

**Output**

```
    Enter employees in Group - 1 : 12
    12
    Enter employees in Group - 2 : 23
    23
    Enter employees in Group - 3 : 35
    35
    Enter employees in Group - 4 : 20
    20
    Enter Employees in Group - 5 : 11
    11
                |
                |************
    Group-1     |************(12)
                |************
                |
                |***********************
    Group-2     |***********************(23)
                |***********************
                |
                |***********************************
    Group-3     |***********************************(35)
                |***********************************
                |
                |********************
    Group-4     |********************(20)
                |********************
                |
                |***********
    Group-5     |***********(11)
                |***********
                |
```

**그림 7.17 히스토그램**을 그려주는 프로그램

### 3. 최소 비용

[LO 7.3, 7.4 M]

**문제:** 하나의 단위 시스템에 대한 운영 비용이 두 개의 요소 C1과 C2로 구성되고, 이들 각각은 아래 식과 같이 매개변수의 p의 함수로 표현될 수 있다고 가정하자.

$$C1 = 30 - 8p$$
$$C2 = 10 + p^2$$

단, 매개변수 p는 0부터 10까지 변할 수 있다. 운영비용을 최소화시킬 수 있는 매개변수 p의 값을 0.1의 정확도로 찾아내시오.

**문제분석:**

$$\text{전체 비용} = C_1 + C_2 = 40 - 8p + p^2$$

$p = 0$일 때 비용은 40이고 $p = 1$일 때 비용은 33이며 $p = 10$일 때 비용은 60이다. 위 전체 비용 식이 2차 함수이므로 결국 p의 값이 0부터 10까지 변해갈 때 비용이 초기에는 감소되다가 그 이후에는 다시 증가되는 양상을 보이고 있는 것이다. 그림 7.18의 프로그램은 0.1 단위로 p의 값을 증가시켜가며 연속적으로 전체비용을 계산해보고 다시 증가되기 시작하는 시점에 멈추는 방식으로 최소 비용을 찾아준다. 또한 이 프로그램에서는 반복문을 빠져나오게 하기 위해 **break** 문과 **continue** 문을 사용하고 있다.

```
Program
    main()
    {
      float p, cost, p1, cost1;
      for (p = 0; p <= 10; p = p + 0.1)
      {
          cost = 40 - 8 * p + p * p;
          if(p == 0)
          {
            cost1 = cost;
            continue;
          }
          if (cost >= cost1)

            break;
          cost1 = cost;
          p1 = p;
      }
      p = (p + p1)/2.0;
      cost = 40 - 8 * p + p * p;
      printf("\nMINIMUM COST = %.2f AT p = %.1f\n",
            cost, p);
    }
Output
    MINIMUM COST = 24.00 AT p = 4.0
```

**그림 7.18** 최소 비용 문제 프로그램

## 4. 두 함수의 그래프 동시 그리기 [LO 7.3, 7.4 H]

**문제**: 아래와 같이 두 개의 함수식이 주어져 있다.

$$y1 = \exp(-ax)$$
$$y2 = \exp(-ax^2/2)$$

x의 값이 0부터 5.0까지 변해갈 때 두 함수의 그래프를 동시에 그리시오.

**문제분석**: 초기에 $x = 0$ 일 때 $y1 = y2 = 1$ 이므로, 결국 두 그래프는 동일한 지점에서 같이 출발하게 된다. 또한 두 개의 함수식은 $x = 2.0$ 일 때 다시 같아지게 되어 두 그래프 사이에는 다시 한 번 교차하는 지점이 발생한다. 이 프로그램에서는 아래 세 가지 조건들에 맞추어 그래프를 출력해주는 적절한 분기문이 필요하다.

1. $y1 > y2$
2. $y1 < y2$
3. $y1 = y2$

또한, 출력을 위해 y1과 y2 함수는 아래와 같이 적절한 크기로 정규화 되어야 하고, 반올림 과정을 고려해 정수로 변환되어져야 한다.

$$y1 = 50 \exp(-ax) + 0.5$$
$$y2 = 50 \exp(-ax^2/2) + 0.5$$

그림 7.19의 프로그램은 이러한 두 함수들의 그래프를 동시에 그려주고 있다(y1의 값은 0으로, y2의 값은 *로, y1과 y2의 값이 같은 경우에는 #으로 표시됨).

**Program**
```
#include <math.h>
main()
{
   int i;
   float a, x, y1, y2;
   a = 0.4;
   printf("                     Y ---->                    \n");
   printf(" 0 ----------------------------------\n");
   for ( x = 0; x < 5; x = x+0.25)
   { /* BEGINNING OF FOR LOOP */
   /*......Evaluation of functions .......*/
      y1 = (int) ( 50 * exp( -a * x ) + 0.5 );
      y2 = (int) ( 50 * exp( -a * x * x/2 ) + 0.5 );
   /*......Plotting when y1 = y2.........*/
      if ( y1 == y2)
      {
         if ( x == 2.5)
              printf(" X    |");
         else
```

(계속)

```
            printf("    |");
          for ( i = 1; i <= y2 -1 ; ++i)
            printf(" ");
          printf("*");
          for ( i = 1; i <= (y1 - y2 - 1); ++i)
            printf("-");
          printf("0\n");
          continue;
        }
    /*........ Plotting when y2 > y1.........*/
        if ( x == 2.5)
          printf(" X |");
        else
          printf("    |");
        for ( i = 1 ; i <= (y1 - 1); ++i )
          printf(" ");

        printf("0");
        for ( i = 1; i <= ( y2 - y1 - 1 ); ++i)
          printf("-");
        printf("*\n");
    } /*.......END OF FOR LOOP........*/
        printf("    |\n");
  }
```

**Output**

```
                                    Y ------->
 0 -------------------------------------------------------------
   |                                                           #
   |                                                     0 --- *
   |                                                 0------ *
   |                                             0------- *
   |                                         0------ *
   |                                     0------ *
   |                                 0---- *
   |                               0- *
   |                            #
   |                        * -0
 X |                    *--- 0
   |                 *----- 0
   |             * ------0
   |          *-------0
   |        *-------0
   |      *-------0
   |     *-------0
   |   *-------0
   |  *------0
   |  *-----0
   |
```

그림 7.19 두 함수의 그래프 동시 그리기

## 다중선택 문제

다음 다중선택 문제에서 올바른 답을 고르시오.

7.1 다음 루프 문장 중에서 세미콜론으로 끝나는 것은 무엇인가? [LO 7.2 E]
(a) while (b) do while (c) for (d) 모두 아님

7.2 다음 제어 구조 중에서 구조적 프로그래밍 방법에 해당하는 것은 무엇인가? [LO 7.4 E]
(a) 순차 (b) 선택 (c) 반복 (d) 모두 해당

7.3 전형적인 반복 제어 구조는 다음 중 어느 부분을 포함하는가? [LO 7.1 E]
(a) 조건 변수의 초기화 (b) 실행 블록
(c) 검사 조건과 카운터 갱신 명령 (d) 위 모두

7.4 다음 중 프로그램에서 즉시 빠져나오는데 사용되는 문장은 무엇인가? [LO 7.4 E]
(a) exit() (b) break (c) goto (d) 1과 3 모두

7.5 다음 중 루프의 나머지 부분의 실행을 생략하는 명령어는 무엇인가? [LO 7.4 E]
(a) break (b) continue (c) 1과 2 모두 (d) 위 모두 아님

## 복습 질문

7.1 다음 문장이 참인지 거짓인지 말하시오.

(a) 사전검사 반복문에서는 루프 몸체가 n번 수행되었다면 테스트 조건식은 n + 1번 검사되었다. [LO 7.1 M]

(b) 반복 제어변수가 갱신된 횟수는 반복문의 루프 몸체가 수행된 횟수와 항상 같다. [LO 7.1 H]

(c) do ... while 문에서는 먼저 반복문의 루프 몸체를 한번 수행한 뒤 테스트 조건식을 평가한다. [LO 7.2 E]

(d) 출구통제 반복문의 루프 몸체는 최소한 한 번 이상 반드시 수행된다. [LO 7.2 E]

(e) for 반복문의 헤더에 포함되는 제어변수 초기화, 테스트 조건시, 제어변수 증가 부분은 반드시 쉼표 기호로 구분되어야 한다. [LO 7.3 E]

(f) whlie 반복문은 루프 몸체에 아무런 수정 없이도 for 반복문으로 대체될 수 있다. [LO 7.3 M]

(g) for 문, while 문과 같은 사전검사 반복문들은 모두 반복문의 앞부분에서 제어변수의 초기화가 이루어진다. [LO 7.3 M]

(h) for 반복문에서 제어변수의 시작 값은 반드시 끝 값보다 작아야 한다. [LO 7.3 M]

(i) 제어변수의 초기화, 테스트 조건식, 그리고 제어변수 증가 부분은 for 반복문의 헤더에서 생략될 수도 있다. [LO 7.3 H]

(j) continue 문의 사용은 비구조적 프로그래밍으로 간주된다. [LO 7.4 M]

7.2 다음 빈 칸을 적절히 채우시오.

(a) 센티넬 제어 반복문은 _____ 반복문 이라고도 알려져 있다. [LO 7.1 E]

(b) 계수기 제어 반복문에서 _____ 라고 알려진 변수는 수행된 반복 횟수를 세기 위해 사용된다. [LO 7.1 E]

(c) 출구통제 반복문에서 반복 내용이 n번 수행되었다면 테스트 조건식은 _____ 번 수행되었다. [LO 7.2 M]

(d) 테스트 조건식이 없는 for 반복문은 _____반복문이라고도 알려져 있다. [LO 7.3 M]

(e) _____ 문은 반복문에서 루프 몸체의 남은 부분 수행을 생략시키기 위해 사용된다. [LO 7.4 E]

(f) for문을 사용한 루프 반복 구조는 _____루프를 대신 사용해서 똑같이 만들 수 있다. [LO 7.3 M]

(g) ______문은 루프를 즉시 빠져나와서 루프 바로 뒤의 문장을 실행하도록 만든다. [LO 7.4 M]

7.3 for 문 안에서 제어변수의 값을 특정 값으로 바꿀 수 있는가? 만약 가능하다면, 이로 인해 어떤 일이 벌어지는지 설명하시오. [LO 7.3 E]

7.4 공백문장(null statement)이란 무엇인가? 일반적인 사용법에 대해 설명하시오. [LO 7.1 M]

7.5 goto 문의 사용은 가급적 피하는 것이 좋다. goto 문의 사용이 필요한 전형적인 예에 대해 설명하시오. [LO 7.4 H]

7.6 반복과정이 필요한 어떤 문제가 주어졌을 때 C언어에서 제공해주는 세 가지 반복문들중 어떤 것을 사용해야 할지에 대해 어떻게 결정할 수 있는지 설명하시오. [LO 7.3 H]

7.7 반복 횟수가 미리 정해져 있지 않은 경우 for 문을 어떻게 사용해야 하는가? [LO 7.3 M]

7.8 아래 for 문에서 어떤 연산이 이루어지는지 설명하시오. [LO 7.3 M]

(a)
```
for(n = 1; n != 10 ; n += 2)
    sum = sum + n;
```
(b)
```
for(n = 5; n <= m; n -= 1)
    sum = sum + n;
```
(c)
```
for(n = 1; n <= 5; )
    sum = sum + n;
```
(d)
```
for(n = 1; ; n = n+1)
    sum = sum + n;
```
(e)
```
for(n = 1;n < 5; n++)
    n = n - 1
```

7.9 아래 각 프로그램의 실행결과는 무엇인가? [LO 7.1 M]

(a)
```
count = 5;
    while (count -- > 0)
    printf(count);
```
(b)
```
count = 5;
    while ( -- count > 0)
```

```
   printf(count);
(c) count = 5;
   do printf(count);
   while (count > 0);
(d) for (m = 10; m > 7, m -= 2)
   printf(m);
```

7.10 아래의 각 구문들 쌍에 대해서 그 기능들을 서로 비교하시오.

(a) while 문과 do ... while 문 [LO 7.2 E]

(b) while 문과 for 문 [LO 7.3 E]

(c) break 문과 goto 문 [LO 7.4 E]

(d) break 문과 continue 문 [LO 7.4 M]

(e) continue 문과 goto 문 [LO 7.4 M]

7.11 아래의 각 프로그램들을 분석하고 반복문의 루프 몸체가 몇 번씩 수행되는지 찾으시오.

(a) [LO 7.1 E]

```
x = 5;
    y = 50;
    while (x <= y)
    {
      x = y / x;
      ---
      -
    }
```

(b) [LO 7.1 M]

```
int m = 10;
    int n = 7;
    while (m % n > 0);
    {
      ---
     m = m + 1;
     n = n + 2;
     ---
    }
```

(c) [LO 7.2 E]

```
m = 1;
    do
    {
      ---
      -
      m = m + 2;
    }
    while (m < 10);
```

(d)
```
int i;
    for (i =0; i <= 5; i = I + 2/3)
    {
      ---
      ---
      -
    }
```
[LO 7.3 M]

7.12 아래의 순서대로 정수를 출력하기 위한 for 문을 작성하시오. [LO 7.3 H]

(a) 1, 2, 4, 8, 16, 32

(b) 1, 3, 9, 27, 81, 243

(c) −4, −2, 0, 2, 4

(d) −10, −12, −14, −18, −26, −42

7.13 아래의 for 문을 while 문으로 바꾸시오. [LO 7.3 M]

(a)
```
for (m = 1; m < 10; m = m + 1)
   printf(m);
```

(b)
```
for ( ; scanf("%d", &m) != -1); )
   printf(m);
```

7.14 문제 7.13의 for 문을 do 루프로 바꾸시오. [LO 7.3 M]

7.15 아래 프로그램의 실행결과는 무엇인가? [LO 7.1 M]

```
int m = 100, n = 0;
while(n == 0)
{
        if (m < 10)
            break;
  m = m - 10;
```

7.16 아래 프로그램의 실행결과는 무엇인가? [LO 7.2 E]

```
int m = 0;
do
{
    if (m > 10)
          continue;
  m = m + 10;
} while(m < 50);
printf("%d", m);
```

7.17 아래 프로그램의 실행결과는 무엇인가? [LO 7.2 E]

```
int n = 0, m = 1;
do
```

```
{
    printf(m);
    m++;
}
while(m <= n);
```

7.18 아래 프로그램의 실행결과는 무엇인가? [LO 7.3 M]

```
int n = 0, m;
for (m = 1; m <= n + 1; m++)
   printf(m);
```

7.19 아래와 같은 구문은 어떤 경우에 사용될 수 있는가? [LO 7.3 H]

```
for( ; ; )
```

## 프로그래밍 연습

7.1 어떤 숫자가 주어졌을 때 각 자리수를 역순으로 표현한 수를 출력해주는 프로그램을 while 문을 사용해 작성하시오. 예를 들어, [LO 7.1 H]

숫자

12345는

다음과 같이 표현되어야 한다.

54321

(힌트: mod 연산자를 사용해 마지막 자리의 숫자를 가져올 수 있다. 또한 n 자리수의 숫자에서 처음 n−1자리의 숫자를 얻기 위해 10으로 숫자를 나누는 방법을 사용할 수 있다.)

7.2 어떤 정수가 주어졌을 때 그 수를 이루는 각 자리수의 합을 구하는 프로그램을 작성하시오. [LO 7.1 M]

7.3 아래와 같은 수열을 피보나치 수열이라고 부른다. [LO 7.2 H]

1 1 2 3 5 8 13 21 ...

do ... while 문을 사용해 처음 m개의 피보나치 수들을 구하고 이들을 출력하는 프로그램을 작성하시오.

(힌트: 피보나치 수열에서 처음 두 개의 숫자가 나온 이후에 각 피보나치 수는 그 이전 두 개의 피보나치 수들의 합으로 결정된다.)

7.4 아래와 같은 투자방정식을 계산해주는 프로그램을 작성하시오. [LO 7.3 M]

$V = P(1+r)^n$

그리고 아래의 P, r, n의 값들에 대해 V의 값을 바로 확인해줄 수 있는 표를 출력하시오.

P : 1000, 2000, 3000, ... , 10,000

r : 0.10, 0.11, 0.12, ... , 0.20

n : 1 2, 3, ... , 10

(힌트: P는 원금, V는 n년 후 돈의 가치이다. 또한 이 방정식은 아래와 같이 재귀적으로도 표현될 수 있다.

V = P(1+r)

P = V

즉, 이전 년도가 끝나는 시점의 돈의 가치는 다음 년도의 원금이 된다.)

7.5 아래와 같이 출력해주는 for문을 작성하시오. [LO 7.3 H]

| (a) | (b) |
|---|---|
| 1 | * * * * * |
| 2 2 | * * * * |
| 3 3 3 | * * * |
| 4 4 4 4 | * * |
| 5 5 5 5 5 | * |

7.6 100명 사람들의 나이를 입력받은 뒤 50세부터 60세에 속하는 사람들의 수를 구해주는 프로그램을 작성하시오. 단, for 문과 continue 문을 사용하시오. [LO 7.3, 7.4 M]

7.7 사례 연구 7.4(두 개 함수의 그래프 동시 그리기)의 프로그램을 continue 문 대신에 else... if 문을 사용해 다시 작성하시오. [LO 7.9 H]

7.8 x 값이 0.0부터 10.0까지 0.10 단위로 변해갈 때, 아래 함수 y의 값들을 바로 확인할 수 있게 해주는 표를 출력하는 프로그램을 작성하시오. 단, 표는 아래와 같이 출력되어야 한다. [LO 7.3 M]

$$y = \exp(-x)$$

**Y = EXP(−X) 표**

| *x* | *0.1* | *0.2* | *0.3* | ............ | *0.9* |
|---|---|---|---|---|---|
| 0.0 | | | | | |
| 1.0 | | | | | |
| 2.0 | | | | | |
| 3.0 | | | | | |
| . | | | | | |
| . | | | | | |
| . | | | | | |
| 9.0 | | | | | |

7.9 가로×세로의 크기가 각각 19와 15인 격자에 대문자 S를 아래와 같이 출력해주는 프로그램을 for문과 if문을 사용해 작성하시오. [LO 7.3 H]

```
************************
**---------------------**
*********--------------**
****
****
****
*****----------------****
----------------------****
----------------------****
----------------------****
----------------------****
----------------------****
****------------------****
***-------------------****
**--------------------****
```

7.10 자연 로그에서 사용되는 오일러 수 e를 계산해주기 위한 프로그램을 아래의 전개식을 참고해 작성하시오. [LO 7.3 H]

$$e = 1 + 1/1! + 1/2! + 1/3! + \ldots\ldots + 1/n!$$

이를 위해 적절한 반복문을 선택해 사용하시오. 단, 위의 전개식에서 연속된 두 개 항 사이의 차이가 0.00001 보다 작을 경우에만 반복문이 종료될 수 있다.

7.11 아래의 함수들을 0.0001%의 정확도로 계산해내기 위한 프로그램을 작성하시오. [LO 7.3 H]

(a) $\sin x = x - x^3/3! + x^5/5! - x^7/7! + \ldots\ldots$

(b) $\cos x = 1 - x^2/2! + x^4/4! - x^6/6! + \ldots\ldots$

(c) $SUM = 1 + (1/2)^2 + (1/3)^3 + (1/4)^4 + \ldots\ldots$

7.12 어떤 상품의 현재 가치(거래 가격)가 다음과 같은 관계로 정의되어 있다. [LO 7.3 H]

$$P = c(1 - d)^n$$

이 때, c = 원가

d = 감가상각 비율 (매 년 단위)

n = 연도 수

p = y년 후의 가치

만약 P가 이 상품의 실제적인 사용이 끝나는 시점에서의 잔존가치라면 원가, 감가상각 비율, 그리고 잔존가치가 주어졌을 때, 이 상품을 실제적으로 몇 년간 사용하는 것이 경제적인지 그 기간을 계산하는 프로그램을 작성하시오. 단, 이 프로그램에서 필요한 정보들은 사용자로부터 직접 입력받는다.

7.13 아래와 같이 문자 S를 사용해 크기가 5인 정사각형을 출력하는 프로그램을 작성하시오. [LO 7.3 M]

```
(a) S S S S S          (b) S S S S S
    S S S S S              S       S
    S S S S S              S       S
    S S S S S              S       S
    S S S S S              S S S S S
```

7.14 0도부터 180도까지 15도 간격으로 변해가는 x값에 대해 아래의 함수 y의 값들을 그래프로 출력하는 프로그램을 작성하시오. [LO 7.3 M]

$$y = \sin(x)$$

그래프 표현은 6장의 사례 연구 4에서 사용된 방법을 참고하시오.

7.15 실습문제 6.16에서 문자 S 대신에 문자 O가 아래와 같이 정사각형의 중앙에 출력되는 프로그램을 작성하시오. [LO 7.3 M]

```
S S S S S
S S S S S
S S O S S
S S S S S
S S S S S
```

7.16 양 또는 음의 정수가 포함되어있는 10개의 두 자릿수 정수에 대해 for 문을 이용하여 모든 양의 정수들에 대한 합계를 구하고 그 합계와 양의 정수의 총 개수를 출력하는 프로그램을 작성하시오. 단, 이 프로그램은 정수 값을 입력받기 위해 scanf 함수를 사용해야하며, 정수들의 합계가 999를 넘기면 종료된다. 또한 goto 문은 사용하면 안 된다. [LO 7.3 H]

7.17 줄마다 색깔을 달리해서 출력하는 C 프로그램을 작성하라. [LO 7.1 M]

7.18 다음과 같은 패턴을 출력하는 C 프로그램을 작성하라. [LO 7.3 M]

```
    1
   A B
  2 3 4
 C D E F
5 6 7 8 9
```

7.19 다음과 같은 패턴을 출력하는 C 프로그램을 작성하라. [LO 7.3 H]

```
  1
 121
12321
 121
  1
```

7.20 다음과 같은 패턴을 출력하는 C 프로그램을 작성하라. [LO 7.3 H]

```
1
0 1
1 0 1
0 1 0 1
```

## 인터뷰 질문

7.1 다음 코드가 실행된 후에 변수 a의 값은 얼마인가? [LO 7.3 M]

```
int a;
for (a=0;a<10;a++)
{
}
```

7.2 다음 코드가 실행된 후에 a의 최종 값은 얼마인가? [LO 7.3 M]

```
for (x=9; x>=0; x--)
{
}
```

7.3 do-while 루프에서 실행이 보장되는 최소 횟수는 얼마인가? [LO 7.2 E]

7.4 다음 문장이 실행된 후에 x와 y의 값은 얼마인가? 그 이유를 논리적으로 설명하라. [LO 7.3 H]

```
int x = 10, y = 20;
x = x++ + ++y;
y = ++x + y++;
```

7.5 다음 코드의 출력은 무엇인가?

```
i=0;
while(i++<5)
{
 if (i==0)
  print("Zero\n");
 else
  print("Hello World\n");
}
```

[LO 7.1 H]

7.6 exit 문장의 목적은 무엇인가? [LO 7.4 E]

7.7 어떠한 루프 구조도 사용하지 않고 정수 1에서 100까지의 값을 출력하는 것이 가능한가? [LO 7.1 H]

7.8 루프에서 사전검사와 사후검사의 예를 들어보시오. [LO 7.1 E]

Chapter 8

# 배열

**학습목표**

- LO 8.1 배열의 개념을 정의한다.
- LO 8.2 일차원 배열을 선언하고 초기화하는 방법을 정한다.
- LO 8.3 이차원 배열의 개념을 안다.
- LO 8.4 이차원 배열을 선언하고 초기화하는 방법을 설명한다.
- LO 8.5 다차원 배열을 설명한다.
- LO 8.6 동적 배열을 설명한다.

## 8.1 소개

지금까지 기본 자료형으로 **char**, **int**, **float**, **double** 그리고 이에 더하여 **int**와 **double**의 변형 등이 사용되었다. 이러한 기본 자료형은 매우 유용하게 사용될 수 있지만 한 번에 하나의 값만을 저장해야 하는 한계가 있다. 따라서 기본 자료형은 한정된 양의 데이터만큼을 처리하게 된다. 하지만 많은 경우에 대규모의 데이터를 입력하고 처리하고 출력해야 하는 경우가 있다. 이렇게 많은 양의 데이터를 처리하기 위해서는 효과적으로 데이터를 저장하고 읽고 처리할 수 있는 또 다른 자료형이 필요하며, 이러한 경우에 대하여 C언어는 **배열**(*array*)이라는 유도 자료형을 지원한다.

배열은 **요소 수가 정해진** 동일 자료형 요소의 순차적 집합체이며, 간단히 말하여 동일 자료형의 집합이라 할 수 있다. 가장 간단한 예로, 배열은 숫자의 집합 또는 이름의 집합 등을 표현하는데 쓰일 수 있다. 또한 다음과 같은 예에서 배열이 사용된다.

- 하루, 한 달, 또는 한 해 동안 시간대로 기록된 온도
- 어느 회사의 사원들 이름
- 어느 상점의 상품들과 그 가격
- 어느 한 반 학생들의 시험 성적
- 고객들 이름과 전화번호
- 일간 강수량 데이터 표

배열은 이렇게 데이터를 처리하는데 편리한 구조를 제공하므로, 배열이 C언어의 **자료구조**의 하

나로 분류된다. 그 외의 자료구조로 구조체(structure)를 비롯하여 리스트(list), 큐(queue), 트리(tree) 등이 있는데, 이들 자료구조에 대한 설명은 이 교재의 목적에 벗어나니 생략한다. 다만 10장에서 구조체를, 그리고 13장에서 리스트를 학습할 예정이다.

앞서 언급한 바와 같이 배열은 연관되는 자료의 순차적 집합체로서 같은 이름을 공유한다. 예를 들면 어느 회사 **사원들의 월급**이라는 자료 집합체에 대하여 *salary*라는 배열 이름을 사용할 수 있다. 여기서 각 사원의 월급은 배열 이름 뒤의 대괄호에 **인덱스**(*index*) 또는 **첨자**(*subscript*)를 기입하여 나타낼 수 있다. 그 예로 다음은

```
salary[10]
```

열 번째 사원의 월급을 나타내게 된다. 이러한 값들의 집합체를 배열이라 하며, 각각의 값을 요소(*element*)라고 한다.

데이터 집합체에 대하여 하나의 이름을 사용하고 번호를 이용하여 개별 데이터를 부를 수 있어서 간결하고도 효율적인 프로그램 개발이 가능하다. 예를 들면, 앞서 언급된 바와 같이 반복문과 더불어 제어변수를 첨자로 이용하여 전체 배열을 읽고 계산하고 결과를 출력할 수 있다.

배열을 이용함으로써 단순히 간단한 데이터 집합체만을 상대하는 것이 아니라, 2차원, 3차원 또는 그 이상의 다차원적인 표 형식의 데이터도 처리가 가능하다. 이 장에서는 배열의 개념과 더불어 다음과 같은 형식의 배열을 만들어 사용하는 방법도 다룰 예정이다.

- 1차원 배열
- 2차원 배열
- 다차원 배열

### 자료구조

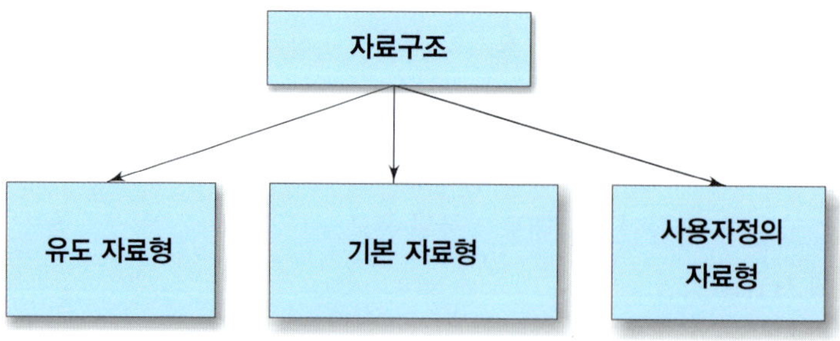


C언어는 다음과 같이 기본 자료형뿐만 아니라 유도 자료형 및 사용자정의 자료형도 지원한다.

– 배열　　– 정수형　　– 구조체
– 함수　　– 실수형　　– 공용체
– 포인터　– 문자형　　– 열거형

배열과 구조체는 어떤 구조를 가지는 값들에 쓰이기에 *구조적 자료형*으로 분류된다. 구조적 자료형은 각 원소간의 관계를 표현하는 조직적인 방법을 제공하며 효율적인 데이터 처리에 유리하도록 되어있다. 이러한 자료형의 구분을 프로그래밍 용어로 자료구조라 한다.

배열과 구조체와 더불어 C언어는 다음과 같은 자료구조의 생성과 이용을 지원한다.

- 연결리스트(linked list)
- 스택(stack)
- 큐(queue)
- 트리(tree)

## 8.2 1차원 배열

LO 8.1 배열의 개념을 정의한다.

데이터 값들에 대하여 한 개의 첨자를 이용하여 하나의 변수 이름으로 처리될 수 있으며, 이러한 변수 처리를 **단첨자 변수** 또는 *1*차원 **배열**이라 한다. 수학적으로 보면, 하나의 첨자만을 이용한 변수를 사용할 때가 있는데, 다음과 같이 *n*개의 *x* 변수 값들의 평균을 구하는 식을 예로 들 수 있다.

$$A = \frac{\sum_{i=1}^{n} x_i}{n}$$

여기서 첨자가 붙은 변수인 $x_i$ 는 $x$의 $i$번째 원소를 뜻한다. C언어에서는 단첨자 변수인 $x_i$가 다음과 같이 표현된다.

**x[1], x[2], x[3],..........x[n]**

첨자는 0부터도 시작하게 될 수 있으며 따라서 다음과 같은 표현이 허용된다.

**x[0]**

예로 (35, 40, 20, 57, 19)와 같이 5개의 숫자 집합체를 **number**라는 배열로 표현하려 한다면, 다음과 같이 먼저 배열이 선언되어야 한다.

```
int number[5];
```

그런 후에 컴퓨터에는 다음과 같이 5개의 저장 공간이 마련된다.

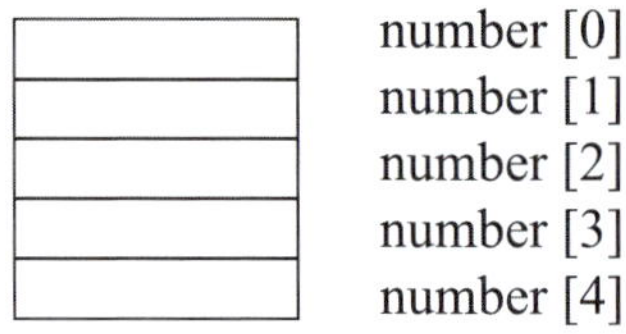


그리고 각 배열 요소에 다음과 같이 값들을 할당할 수 있다.

```
number[0] = 35;
number[1] = 40;
number[2] = 20;
number[3] = 57;
number[4] = 19;
```

이렇게 되면 다음과 같이 각 배열 요소에 값들이 저장된다.

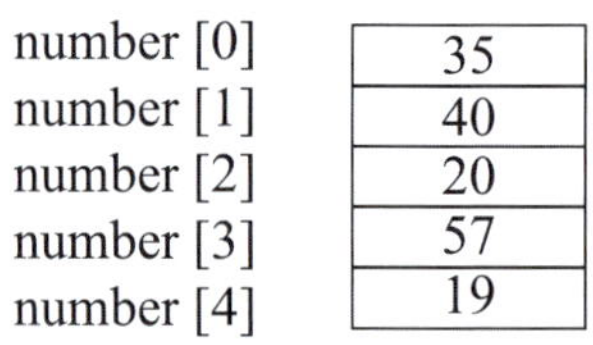


이러한 각 배열 요소는 그 하나가 C언어의 변수인 것처럼 쓰일 수 있다. 그 예를 다음에서 보도록 하자.

```
a = number[0] + 10;
number[4] = number[0] + number[2];
number[2] = x[5] + y[10];
value[6] = number[i] * 3;
```

배열의 첨자에는 정수 상수, *i*와 같은 정수 변수, 또는 정수가 나올 연산식 등을 사용할 수 있다. 하지만 *C*언어는 첨자가 범위를 넘어서는지 확인을 하지 않으므로 배열의 첨자가 선언된 범위 안에 있는지 주의해야 한다.

> **TIP**
>
> C에서 배열 첨자는 0에서 시작한다.

## 8.3 1차원 배열의 선언

여느 변수와 마찬가지로 배열 역시 사용하기 전에 선언되어 컴파일러가 메모리에 공간을 할당할 수 있도록 해야 한다. 배열 선언은 다음과 같은 형식으로 한다.

**type *variable-name[size]*;**

여기서 *type*은 배열 내에 존재할 각 요소의 자료형을 지정하는데, **int**, **float**, **char** 등의 키워드가 나오게 된다. 그리고 *size*는 배열 내에 존재할 원소의 최대 개수를 나타낸다. 다음의 예에서는 **height**라는 이름으로 선언되는 배열에 50개의 실수 요소가 들어가게 된다.

```
float height[50];
```

이 배열에서 유효한 첨자는 0부터 49까지이다. 마찬가지로 다음의 예에서는 **group**이라는 이름의 배열에 최대 10개의 정수를 저장할 수 있다.

```
int group[10];
```

배열 선언에 관하여 다음 사항에 유의하도록 하자.

- 배열에 선언된 크기를 넘어서 배열이 사용되더라도 오류가 나오지 않을 수 있다. 다만 프로그램 실행에서 전혀 의도하지 않는 결과가 나올 것이다.
- 배열의 크기는 숫자 형태의 정수 또는 매크로 상수가 사용되어야 한다.

C언어에서는 문자열을 다룰 때 문자 배열로 처리된다. 문자열의 크기는 최대로 저장될 문자 개수를 나타낸다. 다음의 예에서는 **name**이란 이름으로 선언된 문자열 또는 문자배열이 최대 10개의 문자를 저장하게 된다.

```
char name[10];
```

다음과 같은 문자열 상수를 문자배열 **name**에 저장하도록 해보자.

"WELL DONE"

이러한 경우에 다음과 같은 형태로 문자열의 각 문자가 다음과 같이 문자배열 **name**의 각 요소로 처리되고 또한 그 결과가 메모리에 저장된다.

| 'W' |
|---|
| 'E' |
| 'L' |
| 'L' |
| ' ' |
| 'D' |
| 'O' |
| 'N' |
| 'E' |
| '\0' |

컴파일러가 문자열을 처리할 때, 그 처리작업은 마지막에 추가적으로 들어가는 널 문자에서 중지된다. 즉, 마지막 요소인 **name[10]**은 널문자인 '\0' 을 담게 된다. 문자배열을 선언할 때는 마지막 요소에 널 문자가 들어가는 것을 고려해야 한다.

**예제 8.1** 다음과 같은 표현식을 계산하도록 1차원 배열을 이용한 프로그램을 작성하라. E

$$\text{Total} = \sum_{i=1}^{10} x_i^2$$

x1, x2... 등의 값은 터미널에서 표준입력하도록 한다.

**Program**

```
main()
  {
      int i ;
      float x[10], value, total ;

/* . . . . . .READING VALUES INTO ARRAY . . . . . . */

      printf("ENTER 10 REAL NUMBERS\n") ;

      for( i = 0 ; i < 10 ; i++ )
      {
          scanf("%f", &value) ;
          x[i] = value ;
      }
/* . . . . . . .COMPUTATION OF TOTAL . . . . . . .*/

      total = 0.0 ;
      for( i = 0 ; i < 10 ; i++ )
          total = total + x[i] * x[i] ;

/*. . . . PRINTING OF x[i] VALUES AND TOTAL . . . */

      printf("\n");
      for( i = 0 ; i < 10 ; i++ )
          printf("x[%2d] = %5.2f\n", i+1, x[i]) ;

      printf("\ntotal = %.2f\n", total) ;
}
```

**Output**

```
     ENTER 10 REAL NUMBERS

  1.1 2.2 3.3 4.4 5.5 6.6 7.7 8.8 9.9 10.10

           x[ 1] = 1.10
           x[ 2] = 2.20
           x[ 3] = 3.30
           x[ 4] = 4.40
           x[ 5] = 5.50
           x[ 6] = 6.60
           x[ 7] = 7.70
           x[ 8] = 8.80
```

(계속)

```
x[ 9] = 9.90
x[10] = 10.10

Total = 446.86
```

**그림 8.1 1차원 배열** 사용 예를 보여주는 프로그램

그림 8.1의 프로그램에서는 1차원 배열 *x*를 이용하여 값들을 읽고 그 값의 제곱합을 계산하게 된다.

**주의** C99에서는 배열의 크기를 실행시간에 지정할 수 있다. 부록 "C99 특징" 참조.

## 8.4 1차원 배열의 초기화

배열이 선언되었다면 초기화가 필요하며, 초기화가 되지 않았다면 배열은 쓰레기값이 들어가 있을 것이다. 배열은 다음 두 시기에서 초기화 될 수 있다.

**LO 8.2** 일차원 배열을 선언하고 초기화하는 방법을 정한다.

- 컴파일 시간
- 프로그램 실행 시간

### 컴파일 시간 초기화

일반 변수를 선언할 때 초기화하는 것과 같은 방식으로 배열의 요소도 초기화를 할 수 있다. 배열의 초기화 방식은 다음과 같다.

**type** ***array-name[size] = {list of values};***

중괄호 내의 초기화 값들은 다음과 같이 쉼표로 구분하여 나열한다.

```
int number[3] = { 0,0,0 };
```

여기서 크기가 3인 배열 **number**가 선언되며 동시에 각 요소에 0이 저장된다. 만약 초기화 값들의 개수가 배열 요소의 개수보다 적다면 초기화 값들의 개수만큼 요소들이 초기화가 되며, 남은 요소는 자동적으로 0으로 초기화된다.

```
float total[5] = { 0.0,15.75,-10 };
```

위의 예에서는 처음 3개의 요소가 0.0, 15.75, −10으로 초기화되고 나머지 요소는 0으로 초기화된다.

배열의 크기는 생략될 수 있는데, 이 경우에는 주어지는 초기화 값들의 개수만큼 컴파일러가 자동적으로 배열 크기를 할당하게 된다.

```
int counter[ ] = {1,1,1,1};
```

위의 예에서는 배열 **counter**가 4개의 요소가 1이란 초기화 값을 갖도록 선언된다. 이런 방식으로 배열을 초기화를 할 때는 모든 요소가 주어지는 초기화 값들로 초기화된다.

문자배열도 비슷한 방식으로 다음과 같이 초기화를 할 수 있다.

```
char name[ ] = {'J','o','h','n','\0'};
```

위의 예에서 문자배열 **name**은 5개의 요소를 갖도록 선언되며, "John"과 마지막의 널 문자로 이루어진 문자열로 초기화된다. 이와는 다른 방식으로 다음과 같이 문자열상수를 직접 할당할 수도 있다.

```
char name[ ] = "John";
```

(문자배열 및 문자열은 9장에서 자세히 소개될 예정이다.)

초기화 값의 수가 선언된 배열의 크기보다 작은 경우 컴파일 시의 배열 초기화는 부분적으로 수행된다. 이럴 때 남아있는 배열의 요소는 *0*으로 초기화 되며, 자료형이 문자라면 널 문자(*NULL*)로 초기화된다. 다음의 예에서는 배열의 처음 두 개 요소가 10과 20으로 초기화되며, 나머지 요소들은 0으로 초기화된다.

```
int number [5] = {10,20};
```

다음과 같은 배열 선언에서 처음 배열 요소는 'B'로 초기화되며, 나머지 요소는 *NULL*로 초기화된다.

```
char city [5] = {'B'};
```

하지만 초기화 값의 수가 선언된 배열의 크기보다 많다면 컴파일 에러가 나게 된다. 다음과 같은 문장은 허용되지 않으며, C언어 문법 위반이다.

```
int number [3] = {10,20,30,40};
```

### 프로그램 실행 시간 초기화

프로그램이 실행될 때 배열을 초기화하도록 지정할 수 있다. 이러한 방식은 배열의 크기가 클 때 주로 적용되는데, 다음의 C 프로그램을 보도록 하자.

```
--------
--------
for (i = 0; i < 100; i = i+1)
{
  if i < 50
     sum[i] = 0.0;           /* assignment statement */
  else
     sum[i] = 1.0;
}
--------
```

--------

여기서는 프로그램 실행 시간에 배열 **sum**의 처음 50개 요소가 0으로 초기화되며, 나머지 50개는 1.0으로 초기화된다.

다른 방법으로 다음처럼 **scanf**와 같은 입력함수를 이용하여 배열의 초기화가 가능하다.

```
int x [3];
scanf("%d%d%d", &x[0], &[1], &x[2]);
```

위의 예에서는 키보드를 통하여 입력되는 값들로 배열 요소가 초기화된다.

**예제 8.2** **다음과 같이 주어진 한 반 50명 학생의 시험성적으로 0~9, 10~19, 20~29, ... , 100 등의 각 점수대에 속하는 학생 수를 계산하는 프로그램을 작성하라.** M

43 65 51 27 79 11 56 61 82 09 25 36 07 49 55 63 74 81 49 37

40 49 16 75 87 91 33 24 58 78 65 56 76 67 45 54 36 63 12 21

73 49 51 19 39 49 68 93 85 59

그림 8.2에 코딩된 프로그램에서는 11개의 요소를 가진 배열 **group**을 이용하는데, 각 요소는 하나의 점수대를 담당한다. 각 요소에는 해당 점수대에 들어오는 값을 센 숫자가 저장된다.

**Program**

```
#define  MAXVAL   50
#define  COUNTER  11
main()
{
     float       value[MAXVAL];
     int         i, low, high;
     int  group[COUNTER] = {0,0,0,0,0,0,0,0,0,0,0};
     /* . . . . . . . . .READING AND COUNTING . . . . . . .*/
     for( i = 0 ; i < MAXVAL ; i++ )
     {
     /*. . . . . . . . .READING OF VALUES . . . . . . . . . */
       scanf("%f", &value[i]) ;
     /*. . . . . .COUNTING FREQUENCY OF GROUPS. . . . . */
       ++ group[ (int) ( value[i]) / 10] ;
     }
     /* . . . .PRINTING OF FREQUENCY TABLE . . . . . . . .*/
     printf("\n");
     printf(" GROUP     RANGE     FREQUENCY\n\n") ;
     for( i = 0 ; i < COUNTER ; i++ )
     {
          low = i * 10 ;
          if(i == 10)
            high = 100 ;
```

(계속)

```
            else
              high = low + 9 ;
            printf(" %2d %3d to %3d %d\n",
                   i+1, low, high, group[i] ) ;
        }
    }
Output
    43 65 51 27 79 11 56 61 82 09 25 36 07 49 55 63 74
    81 49 37 40 49 16 75 87 91 33 24 58 78 65 56 76 67 (Input data)
    45 54 36 63 12 21 73 49 51 19 39 49 68 93 85 59
   GROUP                  RANGE                    FREQUENCY
     1                  0  to   9                      2
     2                 10  to  19                      4
     3                 20  to  29                      4
     4                 30  to  39                      5
     5                 40  to  49                      8
     6                 50  to  59                      8
     7                 60  to  69                      7
     8                 70  to  79                      6
     9                 80  to  89                      4
    10                 90  to  99                      2
    11                100  to 100                      0
```

**그림 8.2** 점수대 해당 점수의 **개수 계산** 프로그램

주어지는 값을 10으로 나눈 결과로서 그 값이 어느 점수대에 속하는지 쉽게 결정할 수 있다. 예를 들면, 59라는 값을 10이란 정수로 나눈다면 결과로 5가 나오며, 이 숫자가 바로 59가 속하는 배열 요소를 나타낸다.

참고로 프로그램에서 다음의 문장은

```
int group [COUNTER] = {0,0,0,0,0,0,0,0,0,0,0};
```

다음과 같은 문장으로 바꾸어 쓸 수 있으며, 이 문장을 시행하면 배열 내의 모든 요소가 0으로 초기화된다.

```
int group [COUNTER] = {0};
```

**예제 8.3** **그림 8.3에는 2진수에 대해서 2의 보수를 구하는 알고리즘, 흐름도(flow chart), C프로그램을 보인다.** H

이진 숫자의 2의 보수는 숫자 플러스의 1의 보수로 정의됩니다. 다음 예를 고려하십시오.

| Number | 1's Complement | 2's Complement |
|---|---|---|
| (11010101) | (00101010) | (00101011) |
| (11111111) | (00000000) | (00000001) |
| (10011000) | (01100111) | (01101000) |
| (00000000) | (11111111) | (00000000) |

```
Algorithm
Step 1 - Start
Step 2 - Read a binary number string (a[])
Step 3 - Calculate the length of string str (len)
Step 4 - Initialize the looping counter k=0
Step 5 - Repeat Step 6 while a[k] != '\0'
Step 6 -        If a[k]!= 0 AND a[k]!= 1
                     Display error "Incorrect binary number format"
                     and terminate the program
                else
                     k = k + 1
                End If
         End While
Step 7 - Initialize the looping counter i = len - 1
Step 8 - Repeat Step 9 while a[i]!='1'
Step 9 -        i = i - 1
         End While
Step 10 - Initialize the looping counter j = i - 1
Step 11 - Repeat Step 14-15 while j >= 0
Step 14 -       If a[j]=1
                    a[j]='0'
                else
                    a[j]='1'
                End If
Step 15 -       j = j - 1
          End While
Step 16 - Display a[] as the two's compliment
Step 17 - Stop
```

(계속)

**Flowchart**

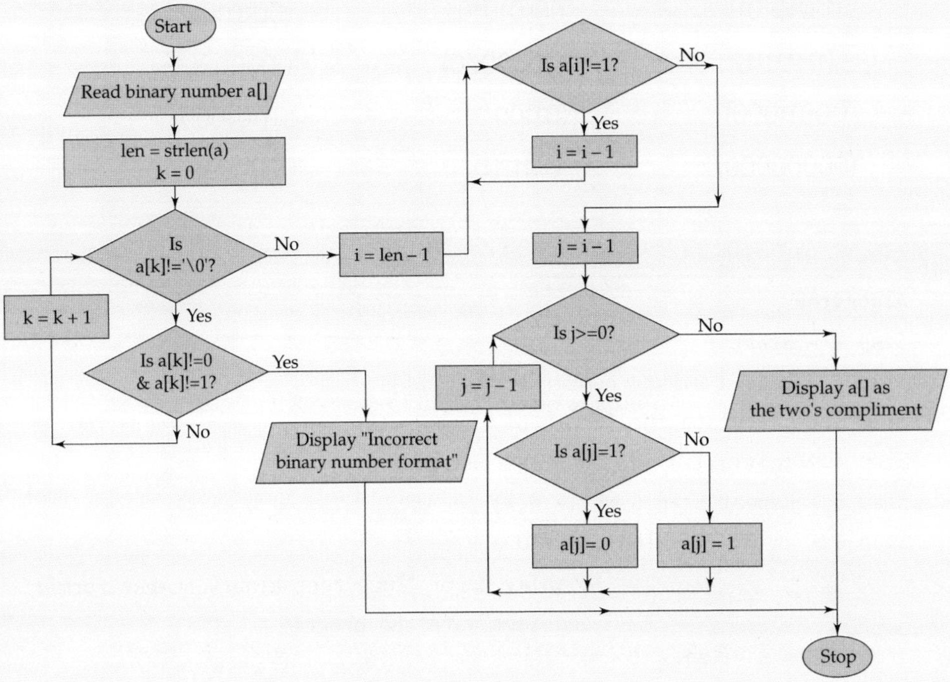


**Program**

```
#include <stdlib.h>
#include <stdio.h>
#include <string.h>
void main()
{
        char a[16];
        int i,j,k,len;

        printf("Enter a binary number: ");
        gets(a);
        len=strlen(a);
for(k=0;a[k]!='\0'; k++)
{
            if (a[k]!='0' && a[k]!='1')
            {
                    printf("\nIncorrect binary number
                    format...the program will quit");
```

(계속)

```
                    exit(0);
                }
            }
            for(i=len-1;a[i]!='1'; i--) ;
            for(j=i-1;j>=0;j--)
            {
                if(a[j]=='1')
                    a[j]='0';
                else
                    a[j]='1';
            }
            printf("\n2's compliment = %s",a);
        }
output
    Enter a binary number: 01011001001
    2's compliment = 10100110111
```

**그림 8.3** 2의 보수를 구하는 알고리즘, 흐름도, C프로그램

**스킬테스트**

10개의 정수를 입력받아 배열에 저장하고 최대값과 최소값을 찾는 C 프로그램을 작성하라. 또한 배열에 있는 모든 값의 평균을 계산하라. [E]

## 8.5 2차원 배열

**LO 8.3** 이차원 배열의 개념을 안다.

지금까지 한 줄의 값들을 저장할 배열에 관하여 알아보았는데, 이제는 표 형식의 값들을 저장할 경우를 생각해 보도록 한다. 네 명의 상점 판매원이 세 가지 물품을 판매하는 경우에 대한 다음의 표를 다루어 보도록 하자.

| | 물품 *1* | 물품 *2* | 물품 *3* |
|---|---|---|---|
| 판매원 #1 | 310 | 275 | 365 |
| 판매원 #2 | 210 | 190 | 325 |
| 판매원 #3 | 405 | 235 | 240 |
| 판매원 #4 | 260 | 300 | 380 |

위의 표에서는 한 줄에 3개씩 총 12개의 값들이 있다. 이러한 표를 4개 **행**과 3개 **열**로 이루어지는 행렬로 생각할 수 있는데, 각 행은 특정한 판매원의 판매실적을, 그리고 각 열은 특정한 물품의 판매실적을 나타낸다.

수학적으로 행렬 내의 특정한 값을 두 개의 첨자를 이용하여 $\mathbf{v}_{ij}$로 표현할 수 있다. 이 표현에서 **v**는 행렬을 나타내며 $\mathbf{v}_{ij}$는 i번 째 행 및 j번 째 열에 해당하는 값을 표현한다. 예를 들면 $v_{23}$은 표에서 325란 값을 나타낸다.

C언어에서는 이러한 방식에 따라 2차원 배열을 이용하여 표 형식의 데이터를 표현할 수 있다. 방금 전 예로 든 데이터 값은 C언어에서 다음과 같이 표현된다.

v[4][3]

2차원 배열은 다음의 형식으로 선언된다.

**type *array-name* [row_size][column_size];**

참고로 한 쌍의 괄호 내에서 배열 행과 열 크기가 쉼표로 구분되는 다른 프로그래밍 언어와는 달리 C언어에서는 각 배열 크기가 각각의 괄호와 함께 쓰여진다.

2차원 배열은 그림 8.4와 같이 메모리에 저장되어진다. 1차원 배열과 마찬가지로 2차원 배열에서 배열의 각 차원의 첨자는 0에서 시작되어 최대값에서 1을 뺀 값까지로 주어진다. 첫 첨자는 행을 나타내며, 둘째 첨자는 열을 나타낸다.

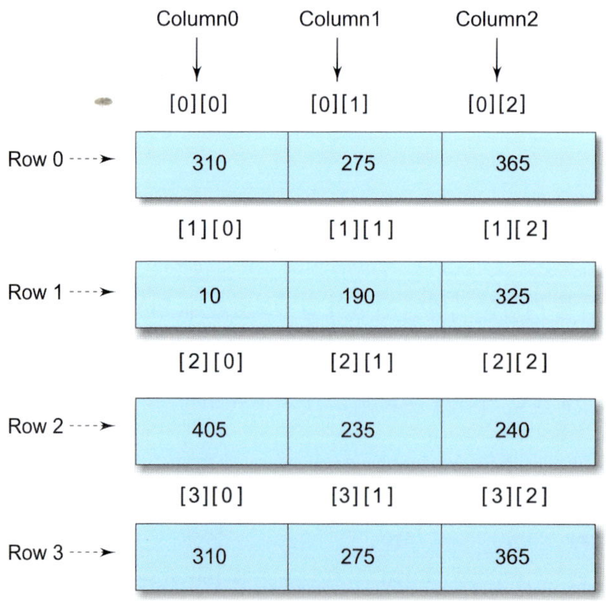


**그림 8.4** 메모리상의 **2차원** 배열 저장 형식

**예제 8.4** 다음과 같이 행과 열이 각각 5개씩인 곱셈표를 만들어 출력할 프로그램을 작성하라. L

**Program**

```
#define  ROWS     5
#define  COLUMNS  5
main()
{
    int row, column, product[ROWS][COLUMNS] ;
    int i, j ;

    printf(" MULTIPLICATION TABLE\n\n") ;
    printf(" ") ;
    for( j = 1 ; j <= COLUMNS ; j++ )
      printf("%4d" , j ) ;
    printf("\n") ;
    printf("-------------------------------\n");
    for( i = 0 ; i < ROWS ; i++ )
    {
        row = i + 1 ;
        printf("%2d |", row) ;
        for( j = 1 ; j <= COLUMNS ; j++ )
        {
          column = j ;
          product[i][j] = row * column ;
          printf("%4d", product[i][j] ) ;
        }

        printf("\n") ;
    }
}
```

**Output**

```
    MULTIPLICATION TABLE
    1   2   3   4   5
------------------------
1 | 1   2   3   4   5
2 | 2   4   6   8  10
3 | 3   6   9  12  15
4 | 4   8  12  16  20
5 | 5  10  15  20  25
```

**그림 8.5** 2차원 배열을 이용한 곱셈표 출력 프로그램

| | 1 | 2 | 3 | 4 | 5 |
|---|---|---|---|---|---|
| 1 | 1 | 2 | 3 | 4 | 5 |
| 2 | 2 | 4 | 6 | 8 | 10 |
| 3 | 3 | 6 | . | . | . |
| 4 | 4 | 8 | . | . | . |
| 5 | 5 | 10 | . | . | 25 |

그림 8.5의 프로그램에서 표의 값들을 저장하기 위하여 2차원 배열이 이용되었다. 표의 각 데이터 값들은 중첩된 반복문의 제어변수들이 사용되어 다음과 같이 계산되었다.

```
product[i][j] = row * column
```

여기서 i는 곱셈표 상의 행을, j는 열을 의미한다. 첨자 i와 j는 0부터 4까지이므로 다음과 같은 변환이 필요하다.

$$row = i+1$$
$$column = j+1$$

**예제 8.5** **2차원 배열을 이용하여 앞서의 표에 나타난 데이터 값을 처리한 후에 다음의 정보를 출력할 프로그램을 작성하라.** H

(a) 각 판매원의 총 판매실적
(b) 각 물품의 판매실적
(c) 모든 판매원과 물품에 대한 총 판매실적

작성된 프로그램과 출력결과가 그림 8.6에 있다. 프로그램에 나오는 **value**라는 2차원 배열에서 첨자 i는 판매원을, 첨자 j는 물품을 나타내는데, 다음과 같은 표현식이 출력결과를 계산하는데 사용되었다.

$$\text{(a) m번째 판매원의 총 판매실적} = \sum_{j=0}^{2} \text{value }[m][j](\text{girl\_total}[m])$$

$$\text{(b) n번째 물품의 총 판매실적} = \sum_{i=0}^{3} \text{value }[i][n](\text{item\_total}[n])$$

$$\text{(c) 총 판매실적} = \sum_{i=0}^{3} \sum_{j=0}^{2} \text{value}[i][j]$$

$$= \sum_{i=0}^{3} \text{girl\_total}[i]$$

$$\sum_{j=0}^{2} \text{item\_total}[j]$$

**Program**

```
#define MAXGIRLS 4
#define MAXITEMS 3
main()
{
   int value[MAXGIRLS][MAXITEMS];
   int girl_total[MAXGIRLS] , item_total[MAXITEMS];
   int i, j, grand_total;
/*.......READING OF VALUES AND COMPUTING girl_total ...*/

   printf("Input data\n");
   printf("Enter values, one at a time, row-wise\n\n");

   for( i = 0 ; i < MAXGIRLS ; i++ )
   {
        girl_total[i] = 0;
        for( j = 0 ; j < MAXITEMS ; j++ )
        {
            scanf("%d", &value[i][j]);
            girl_total[i] = girl_total[i] + value[i][j];
        }
   }
/*.......COMPUTING item_total.........................*/

   for( j = 0 ; j < MAXITEMS ; j++ )
   {
        item_total[j] = 0;
        for( i =0 ; i < MAXGIRLS ; i++ )
             item_total[j] = item_total[j] + value[i][j];
   }
/*.......COMPUTING grand_total........................*/
   grand_total = 0;
   for( i =0 ; i < MAXGIRLS ; i++ )
      grand_total = grand_total + girl_total[i];
/* .......PRINTING OF RESULTS.........................*/

   printf("\n GIRLS TOTALS\n\n");
```

(계속)

```
        for( i = 0 ; i < MAXGIRLS ; i++ )
            printf("Salesgirl[%d] = %d\n", i+1, girl_total[i] );
        printf("\n ITEM TOTALS\n\n");
        for( j = 0 ; j < MAXITEMS ; j++ )
            printf("Item[%d] = %d\n", j+1 , item_total[j] );
        printf("\nGrand Total = %d\n", grand_total);
    }
```

**Output**

```
    Input data
    Enter values, one at a time, row_wise
    310 257 365
    210 190 325
    405 235 240
    260 300 380
    GIRLS TOTALS
    Salesgirl[1] = 950
    Salesgirl[2] = 725
    Salesgirl[3] = 880
    Salesgirl[4] = 940
    ITEM TOTALS
    Item[1] = 1185
    Item[2] = 1000
    Item[3] = 1310
    Grand Total = 3495
```

**그림 8.6** 2차원 배열 예제 프로그램

## 8.6 2차원 배열의 초기화

1차원 배열과 마찬가지로 2차원 배열에서도 배열 선언 후에 따라오는 괄호 내에 초기화 값들을 넣어 배열을 초기화할 수 있다. 다음의 예와 같은 2차원 배열 초기화에서는 배열의 첫 행은 0으로, 두 번째 행은 1로 초기화된다.

LO 8.4 이차원 배열을 선언하고 초기화하는 방법을 설명한다.

```
int table[2][3] = { 0,0,0,1,1,1};
```

초기화는 각 행별로도 할 수 있다. 다음의 예는 각 행의 요소를 괄호로 묶어 초기화를 하는데, 앞서의 예와 동일한 효과를 가진다.

```
int table[2][3] = {{0,0,0},{1,1,1}};
```

다음과 같이 행렬 형태로 2차원 배열을 초기화하는 것도 가능하다.

```
int table[2][3] = {
                    {0,0,0},
                    {1,1,1}
                  };
```

위에서 C언어 규칙을 잘 살펴볼 필요가 있는데, 각 행에 대한 괄호 사이에 쉼표가 있음에 주의해야 한다.

배열의 모든 요소가 초기화될 수 있다면, 다음의 예와 같이 배열의 첫 째 크기를 생략할 수 있다.

```
int table [ ][3] = {
                     { 0, 0, 0},
                     { 1, 1, 1}
                   };
```

만약에 초기화 값들이 부족하다면, 남는 해당 요소들은 다음의 예처럼 자동적으로 0으로 초기화된다.

```
int table[2][3] = {
                    {1,1},
                    {2}
                  };
```

위의 예에서는 배열의 첫째 행의 처음 두 개 요소와 둘째 행의 처음 하나의 요소가 주어진 값으로 초기화되며, 나머지 요소들은 0으로 초기화된다.

배열 내 요소 모두를 0으로 초기화하려 한다면, 다음과 같은 간편한 방법이 있다.

```
int m[3][5] = { {0},{0},{0}};
```

위의 예에서는 배열의 각 행에서 첫째 요소가 미리 명시된 0으로 초기화되며, 나머지 요소들도 0으로 초기화된다. 다른 방법으로 다음과 같이 하여도 같은 결과를 기대할 수 있다.

```
int m[3][5] = { 0,0 };
```

**예제 8.6** **4개 도시(Busan, Changwon, Daegu, Masan)에서 4가지 자동차 모델(Alpheon, Fiat, Dolphin, Matiz)에 대한 선호도 설문조사가 진행되었다. 조사에 응한 사람들은 자신이 사는 도시와 자신의 자동차에 대하여 질문을 받았으며, 그 결과는 다음과 같은 도표로 정리되었다.** M

| | | | | | | | | | | | |
|---|---|---|---|---|---|---|---|---|---|---|---|
| M | 1 | C | 2 | B | 1 | D | 3 | M | 2 | B | 4 |
| C | 1 | D | 3 | M | 4 | B | 2 | D | 1 | C | 3 |
| D | 4 | D | 4 | M | 1 | M | 1 | B | 3 | B | 3 |
| C | 1 | C | 1 | C | 2 | M | 4 | M | 4 | C | 2 |
| D | 1 | C | 2 | B | 3 | M | 1 | B | 1 | C | 2 |
| D | 3 | M | 4 | C | 1 | D | 2 | M | 3 | B | 4 |

위의 표에서 각 기호는 다음을 의미한다.

| | |
|---|---|
| M–Masan | 1–Alpheon |
| D–Daegu | 2–Fiat |
| C–Changwon | 3–Dolphin |
| B–Busan | 4–Matiz |

4개 도시에서 각 자동차의 선호도를 보여주는 표를 출력하는 프로그램을 작성하라.

프로그램에서 frequency라는 2차원 배열에 각 도시에서 조사된 자동차의 수를 저장하는데, 예를 들면 **frequency** [i][j] 요소에는 i도시의 j 자동차의 수를 나타낸다. frequency는 5×5 크기의 배열로 선언되고 0으로 초기화되었다.

그림 8.7에는 키보드 입력을 통하여 도시와 자동차를 나타내는 데이터가 입력된다. 데이터 입력은 도시를 나타내는 자리에 X를 입력함으로써 종료된다.

**Program**

```
main()
{
   int i, j, car;
   int frequency[5][5] = { {0},{0},{0},{0},{0} };
   char city;
   printf("For each person, enter the city code \n");
   printf("followed by the car code.\n");
   printf("Enter the letter X to indicate end.\n");
/*. . . . . . TABULATION BEGINS . . . . . */
   for( i = 1 ; i < 100 ; i++ )
   {
      scanf("%c", &city );
      if( city == 'X' )
        break;
      scanf("%d", &car );
      switch(city)
      {
              case 'B' : frequency[1][car]++;
                         break;
              case 'C' : frequency[2][car]++;
                         break;
              case 'D' : frequency[3][car]++;
                         break;
              case 'M' : frequency[4][car]++;
```

(계속)

```
                                        break;
                  }
              }
            /*. . . . .TABULATION COMPLETED AND PRINTING BEGINS. . . .*/
              printf("\n\n");
              printf(" POPULARITY TABLE\n\n");
              printf("————————————————————————————————————\n");
              printf("City Ambassador Fiat Dolphin Maruti \n");
              printf("————————————————————————————————————\n");
              for( i = 1 ; i <= 4 ; i++ )
              {
                  switch(i)
                  {
                          case 1 : printf("Bombay ") ;
                            break ;
                  case 2 :   printf("Calcutta ") ;
                            break ;
                  case 3 : printf("Delhi ") ;
                            break ;
                  case 4 : printf("Madras ") ;
                            break ;
              }
              for( j = 1 ; j <= 4 ; j++ )
                 printf("%7d", frequency[i][j] ) ;
              printf("\n") ;
            }
            printf("————————————————————————————————————\n");
            /*. . . . . . . . . . PRINTING ENDS. . . . . . . . . . .*/
            }
```

**Output**

```
For each person, enter the city code
followed by the car code.
Enter the letter X to indicate end.
M 1 C 2 B 1 D 3 M 2 B 4
C 1 D 3 M 4 B 2 D 1 C 3
D 4 D 4 M 1 M 1 B 3 B 3
C 1 C 1 C 2 M 4 M 4 C 2
D 1 C 2 B 3 M 1 B 1 C 2
D 3 M 4 C 1 D 2 M 3 B 4        X
                  POPULARITY TABLE
```

(계속)

| City | Ambassador | Fiat | Dolphin | Maruti |
|---|---|---|---|---|
| Bombay | 2 | 1 | 3 | 2 |
| Calcutta | 4 | 5 | 1 | 0 |
| Delhi | 2 | 1 | 3 | 2 |
| Madras | 4 | 1 | 1 | 4 |

**그림 8.7** 설문조사 결과를 표로 정리하는 프로그램

## 메모리 배치

2차원 배열의 선언에 나타나는 두 첨자는 행과 열을 나타내며, 이러한 형식은 메모리상에서 데이터 요소들이 어떻게 배치될지를 결정한다. 모든 배열의 요소는 한 줄로 연속적으로 메모리 주소 순으로 배치된다. 메모리상에서 가장 낮은 주소는 왼쪽에, 가장 높은 주소는 오른쪽에 있는 바이트 열로 생각한다면, 1차원 배열의 첫 요소는 가장 왼쪽에, 그리고 마지막 요소는 가장 오른쪽에 배치된다. 마찬가지로, 2차원 배열에서도 각 행을 1차원 배열로 생각하여 첫 행에서 시작하여 마지막 행까지 한 줄로 배치된다. 다음 그림에는 이러한 개념이 그려져 있다.

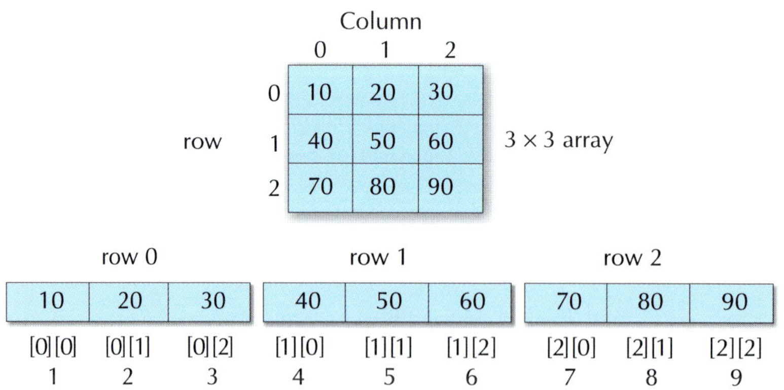


**메모리 배치**

다차원 배열의 경우, 배치 순서는 첫째 요소는 모든 첨자가 0이 되고 다음 요소에서는 가장 오른쪽 첨자가 1이 되고 나머지는 0으로 남는 방식으로 진행된다. 다음의 그림에는 2×3×3배열의 배치순서를 보여준다.

| 1 | 2 | 3 | 4 | 5 | 6 | 7 | 8 | 9 | |
|---|---|---|---|---|---|---|---|---|---|
| 000 | 001 | 002 | 010 | 011 | 012 | 020 | 021 | 022 | .. |

| | 10 | 11 | 12 | 13 | 14 | 15 | 16 | 17 | 18 |
|---|---|---|---|---|---|---|---|---|---|
| .. | 100 | 101 | 102 | 110 | 111 | 112 | 120 | 121 | 122 |

가장 오른쪽의 첨자가 먼저 증가하고 다음으로 그 다음 오른쪽 첨자가 증가함을 볼 수 있다. 여기서 1, 2, ...... , 18로 표시된 숫자는 한 줄로 된 배치에서의 요소의 위치를 나타낸다.

**TIP**

배열의 크기를 지정할 때는 주의를 기울여야 한다.

**예제 8.7** 그림 8.8의 프로그램은 행렬의 전치(transpose)를 구한다. E

```
Algorithm
    Step 1 - Start
    Step 2 - Read a 3 X 3 matrix (a[3][3])
    Step 3 - Initialize the looping counter i = 0
    Step 4 - Repeat Steps 5-9 while i<3
    Step 5 - Initialize the looping counter j = 0
    Step 6 - Repeat Steps 7-8 while j<3
    Step 7 - b[i][j]=a[j][i]
    Step 8 - j = j + 1
    Step 9 - i = i + 1
    Step 10 - Display b[][] as the transpose of the matrix a[][]
    Step 11 - Stop
```

(계속)

**Flowchart**

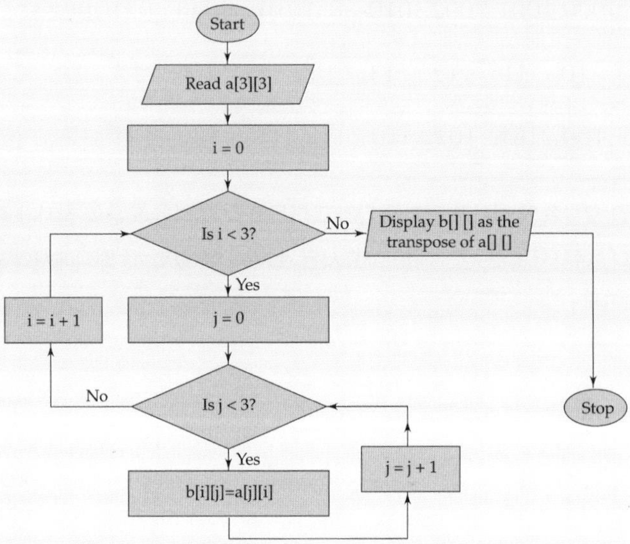


**Program**

```
#include <stdio.h>
#include <conio.h>
void main()
{
int i,j,a[3][3],b[3][3];
clrscr();
printf("Enter a 3 X 3 matrix:\n");
for(i=0;i<3;i++)
{
    for(j=0;j<3;j++)
    {
    printf("a[%d][%d] = ",i,j);
    scanf("%d",&a[i][j]);
    }
}
printf("\nThe entered matrix
is: \n");
for(i=0;i<3;i++)
{
    printf("\n");
    for(j=0;j<3;j++)
    {
    printf("%d\t",a[i][j]);
```

(계속)

```
        }
    }
    for(i=0;i<3;i++)
    {
        for(j=0;j<3;j++)
        b[i][j]=a[j][i];
    }
    printf("\n\nThe transpose of the matrix is: \n");

    for(i=0;i<3;i++)
    {
        printf("\n");
        for(j=0;j<3;j++)
        {
        printf("%d\t",b[i][j]);
        }
        }
        getch();
        }
```

**Output**

```
Enter a 3 X 3 matrix:
a[0][0] = 1
a[0][1] = 2
a[0][2] = 3
a[1][0] = 4
a[1][1] = 5
a[1][2] = 6
a[2][0] = 7
a[2][1] = 8
a[2][2] = 9
The entered matrix is:
   1    2    3
   4    5    6
   7    8    9
The transpose of the matrix is:
   1    4    7
   2    5    8
   3    6    9
```

**그림 8.8** 전치행렬을 구하는 프로그램

**예제 8.8** 그림 8.9의 프로그램은 두 개의 N x N 행렬의 곱셈을 계산한다. M

**Program**

```
#include<stdio.h>
void main()
{
int a1[10][10],a2[10][10],c[10][10],i,j,k,a,b;
printf("Enter the size of the square matrix\n");
scanf ("%d", &a);
b=a;
printf("You have to enter the matrix elements in row-wise fashion\n");
for(i=0;i<a;i++)
{
for(j=0;j<b;j++)
{
printf("\nEnter the next element in the 1st matrix=");
scanf("%d",&a1[i][j]);
}
}
for(i=0;i<a;i++)
{
for(j=0;j<b;j++)
{
printf("\n\nEnter the next element in the 2nd matrix=");
scanf("%d",&a2[i][j]);
}
}
printf("\n\nEntered matrices are\n");
for(i=0;i<a;i++)
{
printf("\n");
for(j=0;j<b;j++)
printf(" %d ",a1[i][j]);
}
printf("\n");
for(i=0;i<a;i++)
{
printf("\n");
for(j=0;j<b;j++)
printf(" %d ",a2[i][j]);
}
```

(계속)

```
printf("\n\nProduct of the two matrices is\n");
for(i=0;i<a;i++)
for(j=0;j<b;j++)
{
c[i][j]=0;
for(k=0;k<a;k++)
c[i][j]=c[i][j]+a1[i][k]*a2[k][j];
}
for(i=0;i<a;i++)
{
printf("\n");
for(j=0;j<b;j++)
printf(" %d ",c[i][j]);
}
}
```

**Output**

```
Enter the size of the square matrix
2
You have to enter the matrix elements in row-wise fashion
Enter the next element in the 1st matrix=1
Enter the next element in the 1st matrix=0
Enter the next element in the 1st matrix=2
Enter the next element in the 1st matrix=3
Enter the next element in the 2nd matrix=4
Enter the next element in the 2nd matrix=5
Enter the next element in the 2nd matrix=0
Enter the next element in the 2nd matrix=2
Entered matrices are
   1 0
   2 3
   4 5
   0 2
Product of the two matrices is
   4 5
   8 16
```

**그림 8.9** N x N 형렬 곱셈 프로그램

**스킬테스트**

두 개의 3 x 3 행렬의 합을 계산하는 C 프로그램을 작성하라. [M]

## 8.7 다차원 배열

C언어에서는 3차원 또는 그 이상 차원의 배열이 허용되는데, 그 허용범위는 컴파일러에 따라 다르다. 다차원 배열은 일반적으로 다음과 같은 형식을 가진다.

LO 8.5 다차원 배열을 설명한다.

```
type array-name [s1][s2][s3]....[sm];
```

여기서 $s_i$ 는 i번째 차원의 크기를 표시한다. 예를 들면

```
int survey[3][5][12];
float table[5][4][5][3];
```

배열 **survey**는 180개의 정수 요소를 가지는 3차원 배열이 된다. 같은 방식으로 배열 **table**은 300개의 실수 요소를 가지는 4차원 배열이 된다.

배열 **survey**가 지난 3년간 5개의 도시에서 1월부터 12월까지 내린 강우량을 저장할 배열로 사용된다고 해보자.

첫째 첨자는 연도를, 둘째 첨자는 도시를, 셋째 첨자는 월을 표시하게 하면, **survey[2][3][10]**은 셋째 도시에서 둘째 해의 10월 강우량을 나타내게 된다.

다음 그림에서는 3차원 배열이 여러 개의 2차원 배열로 그려져 있다.

Year 1

| month<br>city | 1 | 2 | ...................... | 12 |
|---|---|---|---|---|
| 1 | | | | |
| .<br>.<br>.<br>.<br>5 | | | | |

Year 2

| month<br>city | 1 | 2 | ...................... | 12 |
|---|---|---|---|---|
| 1 | | | | |
| .<br>.<br>.<br>.<br>5 | | | | |

ANSI C에 배열의 차원에 대한 한계가 명시되어 있지는 않다. 하지만 대개의 컴파일러에서는 7에서 10차원 정도까지만 허용되는데, 가끔 그 이상을 지원하는 컴파일러도 있다.

## 8.8 동적 배열

LO 8.6 동적 배열을 설명한다.

지금까지는 배열이 컴파일 시간에 생성되었다. 배열 크기가 지정되어 컴파일 시에 생성되는 배열에서는 배열 크기가 고정되어 프로그램 실행 동안 변하지 않는다. 이렇게 컴파일 시간에 메모리를 할당하는 과정을 **정적 메모리 할당**(*static memory allocation*)이라 하며, 정적 메모리 할당을 통하여 생성되는 배열을 **정적 배열**(*static array*)이라 한다. 만약 얼마만큼의 메모리가 필요한지 안다면 이런 방식에 문제가 없을 것이다.

필요한 배열 크기가 일정하지 않고 도중에 크게 변할 수 있는 경우를 생각해보자. 이런 경우에는 최대로 필요한 배열 크기를 추정하고 그에 맞추어 배열을 만들어야 하는데 사실 쉽지 않은 일이다. C언어와 같이 현대적 프로그래밍 언어에서는 이러한 제약을 극복할 수 있는데, C언어에서 프로그램 실행 시에 배열에 메모리를 할당함이 가능하다. 이러한 기능을 **동적 메모리 할당**(*dynamic memory allocation*)이라 하며, 프로그램 실행 시간에 생성되는 배열을 **동적** 배열(*dynamic* array)이라 한다. 이렇게 동적 메모리 할당을 통하여 배열 선언을 실행 시간에 수행할 수 있다.

동적 배열은 포인터 변수와 **malloc, calloc, realloc** 등과 같은 **메모리관리 함수**를 통하여 만들어지며, 메모리관리 함수는 **<stdlib.h>** 헤더파일에 저장되어있다. 이런 동적 배열의 개념은 앞서 언급된 연결리스트, 스택, 큐 등과 같은 자료구조를 만들고 활용할 때 사용된다. 11장에서 포인터와 포인터변수에 대하여 자세히 알아보며, 13장에서 연결리스트 활용이 소개될 예정이다.

## 8.9 배열에 대한 기타사항

지금까지 배열에 대한 기본개념과 그 활용법을 부족하게나마 알아보았는데, 아직도 다음과 같은 배열 활용에 대한 중요사항이 많이 남아있다.

- 배열 호출 시 포인터 사용
- 함수의 매개변수로서의 배열 전달
- 구조체로서의 배열
- 배열 요소로서의 구조체형 데이터 활용
- 동적 자료구조로서의 배열
- 문자배열 및 문자열 활용

배열과 관한 위의 사항은 후에 다음과 같은 장에서 다루어질 예정이다.

8장 : 문자열
9장 : 함수
10장 : 포인터
13장 : 연결리스트

## 주요 개념

- **배열:** 동일한 데이터형을 갖는 원소들의 고정된 크기의 순차적인 모임 [LO 8.1]
- **일차원 배열:** 하나의 변수 이름과 하나의 인덱스를 이용해서 원소들을 접근하는 리스트 [LO 8.1]
- **구조적 데이터형:** 데이터 값이 어떤 종류의 구조를 가진 형태인 것. 예를 들어 배열, 구조체 등. [LO 8.1]
- **검색:** 리스트에서 특정 원소의 위치를 찾는 과정 [LO 8.2]
- **정렬:** 리스트에 있는 원소를 오름차순이나 내림차순으로 재정렬하는 과정 [LO 8.2]
- **이차원 배열:** 값을 접근하기 위해서 두 개의 인덱스를 사용하는 배열의 배열. 표나 행렬 데이터를 표현하는 데 사용된다. [LO 8.3]
- **다차원 배열:** 일차원 이상의 배열. 다차원 배열의 예는 이차원 배열, 삼차원 배열 등이다. [LO 8.3]
- **동적 배열:** 동적 메모리 할당 기법을 이용해서 선언된 배열 [LO 8.5]
- **동적 메모리 할당:** 실행 시간에 메모리를 할당하는 과정 [LO 8.6]
- **정적 배열:** 정적 메모리 할당 기법을 이용해서 선언된 배열 [LO 8.6]
- **정적 메모리 할당:** 컴파일 시간에 메모리를 할당하는 과정 [LO 8.6]

## 알아두기

- 배열 선언에 있어 배열의 이름, 배열의 자료형, 배열의 크기와 같은 세 가지 사항이 지정되어야 한다. [LO 8.1]
- 잘못된 아래 첨자를 사용하는 것은 일반적인 오류 중 하나입니다. 올바르지 않거나 유효하지 않은 색인으로 인해 예기치 않은 결과가 발생할 수 있습니다. [LO 8.1]
- 배열의 첨자는 1이 아닌 0에서 시작하며 크기 –1에 해당하는 첨자 값에서 끝이 난다. [LO 8.2]
- 매크로 상수를 이용하여 배열의 크기를 지정하는 것이 후에 프로그램을 쉽게 고치는 데 도움이 된다. [LO 8.2]
- "k번째 요소"와 "요소 k"의 차이점을 이해해야 한다. k번째 요소는 첨자 k–1에 해당하며, 요소 k는 그대로 첨자 k를 의미한다. [LO 8.2]
- 배열 요소의 초기화를 잊지 말도록 한다. 초기화가 되지 않은 요소에는 쓰레기값이 들어가게 된다. [LO 8.2]
- 배열 초기화 값이 필요 이상으로 많으면 컴파일 에러가 발생한다. [LO 8.2]
- 첨자를 지정할 때 그 범위가 0부터 크기 –1까지 허용된다. 이 범위를 벗어난 첨자를 사용하면 프로그램 수행 시 오류가 발생한다. [LO 8.2]
- 배열 처리에 반복문이 사용될 때 조건검사 구문에 첨자가 하나 씩 벗어나도록 처리되는 실수를 저지를 수 있다. 크기가 5인 배열에 대하여 다음과 같은 for 반복문은 잘못된 경우이다. [LO 8.2]

```
for (i = 1; i < =5; i+ +)
for (i = 0; i < =5; i+ +)
```

for (i = 0; i = =5; i+ +)
for (i = 0; i < 4; i+ +)

- 2차원 배열의 요소를 부를 때 첨자를 x[i][j] 대신에 x[i,j]로 잘못 사용하면 컴파일 에러가 나오게 된다. [LO 8.3]
- 첨자를 지정할 때 [ ] 괄호를 넣도록 하며, 그렇지 않으면 컴파일 에러가 발생한다. [LO 8.3]
- 문자배열을 초기화할 때 널 문자를 고려하여 크기를 충분히 잡아야 한다. [LO 8.4]
- 첨자 변수가 제대로 되었는지 확인하십시오. 사용하기 전에 초기화해야 한다. [LO 8.4]
- 다차원 배열 초기화 시에 첫 번째 크기만 생략이 가능하며, 나머지 크기는 생략할 수 없다. [LO 8.5]
- 정적 배열을 사용하는 동안 메모리 공간을 효율적으로 활용하고 오버플로 조건이없는 방식으로 배열 크기를 선택합니다. [LO 8.6]

## 사례연구

### 1. 숫자 집합에서 중앙값 구하기 [LO 8.2, M]

숫자 집합의 값들을 순서대로 정렬하였을 때, 가장 중간에 위치하여 숫자 집합을 반으로 나누는 값을 **중앙값**(*median*)이라 한다. 숫자들의 개수가 홀수이면 하나의 중간값이 나오며 그것이 중앙값이 된다. 개수가 짝수이면 두 개의 중간값이 나온다. 따라서 숫자들의 개수가 짝수이면 두 개의 중간값의 평균이 중앙값이 된다.

중앙값을 구하는 주요 단계는 다음과 같이 요약된다.

1. 숫자들의 개수를 세면서 숫자들을 배열로 읽는다.
2. 올림차순으로 숫자들을 정렬한다.
3. 중앙값을 계산한다.

그림 8.10에는 프로그램과 실행 예가 나와 있으며, 다음과 같은 알고리듬으로 정렬이 수행되었다.

1. 처음 두 요소의 값들을 비교하여(예로 a[1]와 a[2]). a[2]가 a[1]보다 작으면 두 값을 서로 교환한다.
2. 이번에는 a[2]와 a[3]를 비교하여. a[3]가 a[2]보다 작으면 두 값을 서로 교환한다.
3. 이런 방식으로 마지막 두 개 요소까지 비교와 교환을 수행한다.
4. 위의 작업을 n–1번 반복한다.

배열에 위의 반복 작업을 수행하다보면 가장 작은 숫자가 위로 떠오르게 된다. 이렇게 숫자가 물속에서 공기방울처럼 떠오르는 것 같은 효과에 빗대어 이 알고리듬을 **버블 정렬**(*bubble sort*)이라 한다. 다음 그림에서는 이러한 버블 정렬작업이 네 개 숫자에 대하여 수행되어 있다.

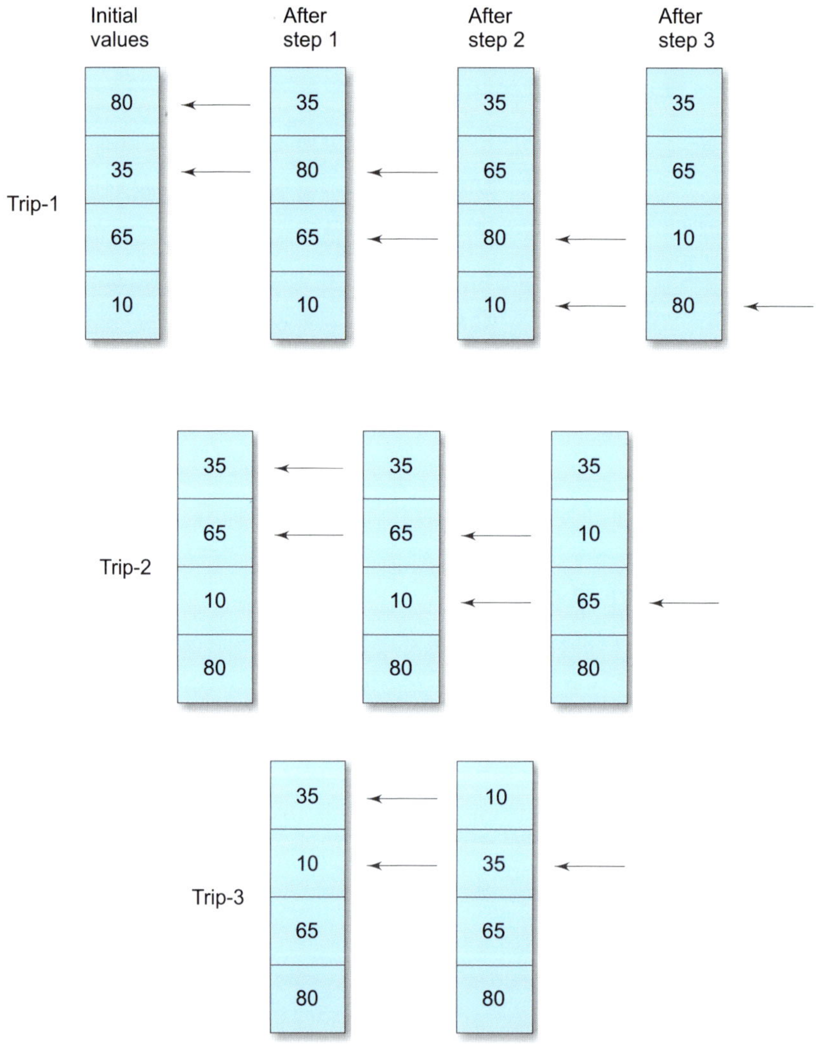


처음 작업 동안에 세 쌍의 숫자가 비교되고, 필요한 경우에 숫자들이 교환되었다. 그 동안 가장 큰 숫자인 80이 가장 밑바닥으로 이동한 것을 볼 수 있다. 이에 따라 가장 밑에 있는 80은 다음에는 더 이상 고려할 필요가 없음을 알 수 있다. 따라서 두 번째 과정에서는 두 쌍의 숫자만 비교하면 된다. 이번에는 두 번째로 큰 숫자인 65가 순서에서 내려감을 볼 수 있다. 또한 가장 작은 숫자인 10이 한 단계 씩 올라가고 있다.

다음 과정으로 넘어갈 때마다 비교 횟수가 하나씩 줄어든다. 마지막 과정에서는 비교 횟수가 한 번이 되면 전체 작업이 끝나게 된다. 숫자 개수가 **n**이라면 **n(n–1)/2**번만큼 숫자 비교가 진행된다.

**Program**

```
#define N 10
main( )
{
  int i,j,n;
  float median,a[N],t;
  printf("Enter the number of items\n");
  scanf("%d", &n);
/* Reading items into array a */
  printf("Input %d values \n",n);
  for (i = 1; i <= n ; i++)
    scanf("%f", &a[i]);
/* Sorting begins */
  for (i = 1 ; i <= n-1 ; i++)
  {    /* Trip-i begins */
    for (j = 1 ; j <= n-i ; j++)
    {
        if (a[j] <= a[j+1])
        { /* Interchanging values */
          t = a[j];
          a[j] = a[j+1];
          a[j+1] = t;
        }
        else
          continue ;
    }

  } /* sorting ends */
/* calculation of median */
  if ( n % 2 == 0)
     median = (a[n/2] + a[n/2+1])/2.0 ;
  else
     median = a[n/2 + 1];
/* Printing */

  for (i = 1 ; i <= n ; i++)
      printf("%f ", a[i]);
  printf("\n\nMedian is %f\n", median);
}
```

**Output**

```
Enter the number of items
5
Input 5 values
1.111 2.222 3.333 4.444 5.555
5.555000 4.444000 3.333000 2.222000 1.111000

Median is 3.333000
```

(계속)

```
Enter the number of items
6
Input 6 values
3 5 8 9 4 6
9.000000 8.000000 6.000000 5.000000 4.000000 3.000000
Median is 5.500000
```

**그림 8.10** 숫자들을 정렬하고 중앙값을 구하는 프로그램

## 2. 표준편차 구하기

[LO 8.2, M]

통계학에서 표준편차는 데이터가 평균에서 벗어난 정도를 수치화한 값이다. **n**개의 숫자들에서 표준편차를 계산하는 수식은 다음과 같다.

$$s = \sqrt{\text{variance}}$$

여기서 분산은

$$\text{variance} = \frac{1}{n}\sum_{i=1}^{n}(x_i - m)^2$$

이며 평균은 다음과 같이 구한다.

$$m = \text{mean} = \frac{1}{n}\sum_{i=1}^{n} x_i$$

표준편차를 구하는 알고리듬은 다음과 같다.

1. **n**개의 숫자를 읽어 들인다.
2. 숫자들의 합과 평균을 계산한다.
3. 분산을 계산한다.
4. 표준편차를 계산한다.

그림 8.11에는 표준편차를 계산하는 프로그램이 실행 예와 함께 나와 있다.

```
Program
     #include <math.h>
     #define MAXSIZE 100
     main( )
     {
          int i,n;
          float value [MAXSIZE], deviation,
                 sum,sumsqr,mean,variance,stddeviation;
          sum = sumsqr = n = 0 ;
```

(계속)

```
        printf("Input values: input -1 to end \n");
        for (i=1; i< MAXSIZE ; i++)
        {
          scanf("%f", &value[i]);
          if (value[i] == -1)
            break;
          sum += value[i];
          n += 1;
        }
        mean = sum/(float)n;
        for (i = 1 ; i<= n; i++)
        {
          deviation = value[i] – mean;
          sumsqr += deviation * deviation;
        }
        variance = sumsqr/(float)n ;
        stddeviation = sqrt(variance) ;
        printf("\nNumber of items : %d\n",n);
        printf("Mean : %f\n", mean);
        printf("Standard deviation : %f\n", stddeviation);
    }
Output
    Input values: input -1 to end
    65 9 27 78 12 20 33 49 -1

    Number of items : 8

    Mean : 36.625000
    Standard deviation : 23.510303
```

**그림 8.11** 표준편차를 계산하는 프로그램

## 3. 시험성적 처리하기

[LO 8.2, H]

총 25개의 나시선나형 문제로 구성된 시험을 3명의 학생이 보았다고 하자. 다음 방식으로 정답과 학생의 답안이 정리되어있다.

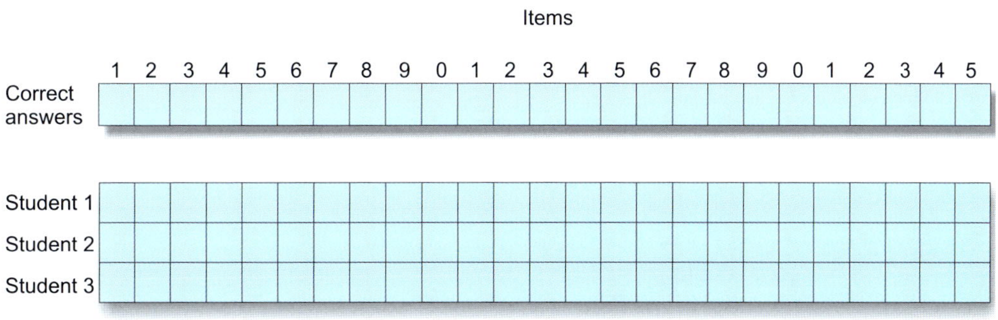

학생들의 답안을 채점할 알고리듬은 다음과 같다.

**1.** 배열에 정답을 읽어 들인다.
**2.** 학생 답안을 읽어 들이면서 맞은 답안 개수를 센다.
**3.** 2번 단계를 각 학생들에게 적용한다.
**4.** 결과를 출력한다.

이 알고리듬을 구현한 프로그램은 그림 8.12에 주어져 있으며, 프로그램에는 다음과 같은 배열이 사용되었다.

| | |
|---|---|
| key[i] | - 정답을 저장함. |
| response[i] | - 학생들의 답안을 저장함. |
| correct[i] | - 답안이 맞았는지 여부를 저장함. |

**Program**

```
#define STUDENTS 3
#define ITEMS   25
main( )
{
  char key[ITEMS+1],response[ITEMS+1];
  int count, i, student,n,
      correct[ITEMS+1];

/* Reading of Correct answers */
  printf("Input key to the items\n");
  for(i=0; i < ITEMS; i++)
    scanf("%c",&key[i]);

  scanf("%c",&key[i]);
  key[i] = '\0';
/* Evaluation begins */
  for(student = 1; student <= STUDENTS ; student++)
  {
/*Reading student responses and counting correct ones*/
    count = 0;
    printf("\n");
    printf("Input responses of student-%d\n",student);
    for(i=0; i < ITEMS ; i++)
      scanf("%c",&response[i]);
    scanf("%c",&response[i]);
    response[i] = '\0';
    for(i=0; i < ITEMS; i++)
      correct[i] = 0;
    for(i=0; i < ITEMS ; i++)
      if(response[i] == key[i])
```

(계속)

```
            {
               count = count +1 ;
               correct[i] = 1 ;
            }
          /* printing of results */
          printf("\n");
          printf("Student-%d\n", student);
          printf("Score is %d out of %d\n",count, ITEMS);
          printf("Response to the items below are wrong\n");
          n = 0;
          for(i=0; i < ITEMS ; i++)
            if(correct[i] == 0)
            {
                printf("%d ",i+1);
                n = n+1;
            }
          if(n == 0)
            printf("NIL\n");
          printf("\n");
          } /* Go to next student */
      /* Evaluation and printing ends */
      }
```

**Output**

```
Input key to the items
abcdabcdabcdabcdabcdabcda

Input responses of student-1
abcdabcdabcdabcdabcdabcda

Student-1
Score is 25 out of 25
Response to the following items are wrong
NIL

Input responses of student-2
abcddcbaabcdabcdddddddddd

Student-2
Score is 14 out of 25
Response to the following items are wrong
5 6 7 8 17 18 19 21 22 23 25

Input responses of student-3
aaaaaaaaaaaaaaaaaaaaaaaaa

Student-3
Score is 7 out of 25
Response to the following items are wrong
2 3 4 6 7 8 10 11 12 14 15 16 18 19 20 22 23 24
```

**그림 8.12** 다지선다형 시험성적을 처리하는 프로그램

## 4. 생산실적과 판매실적 분석 [LO 8.3, 8.4, H]

어느 회사는 다섯 가지의 품목을 생산하는데, 각 품목이 생산된 개수와 판매된 개수가 매주 단위로 기록된다. 회사는 월말에 생산일정을 검토하게 되는데, 다음과 같은 정보가 필요하다.

(a) 주 단위의 생산 및 판매 실적
(b) 모든 품목에 대한 총생산량
(c) 모든 품목에 대한 총판매량
(d) 각 품목에 대한 총생산량 및 총판매량

각 품목에 대한 생산량과 판매량을 다음과 같이 2차원 배열인 M과 S로 나타내었다.

M =

| | | | | |
|---|---|---|---|---|
| M11 | M12 | M13 | M14 | M15 |
| M21 | M22 | M23 | M24 | M25 |
| M31 | M32 | M33 | M34 | M35 |
| M41 | M42 | M43 | M44 | M45 |

S =

| | | | | |
|---|---|---|---|---|
| S11 | S12 | S13 | S14 | S15 |
| S21 | S22 | S23 | S24 | S25 |
| S31 | S32 | S33 | S34 | S35 |
| S41 | S42 | S43 | S44 | S45 |

여기서 Mij는 i번째 주에서 j번째 품목에 대한 생산량이며, Sij는 i번째 주에서 j번째 품목에 대한 판매량을 의미한다. 그리고 다음과 같은 1차원 배열 C에는 각 품목에 대한 비용이 저장된다.

C =

| | | | | |
|---|---|---|---|---|
| C1 | C2 | C3 | C4 | C5 |

따라서 Cj는 j번째 품목의 비용을 나타낸다.

각 품목에 대한 생산액과 판매액을 2차원 배열인 **Mvalue**와 **Svalue**에 다음과 같이 계산하여 저장한다.

$$\text{Mvalue[i][j]} = \text{Mij} \times \text{Cj}$$
$$\text{Svalue[i][j]} = \text{Sij} \times \text{Cj}$$

생산일정 수립에 필요한 결과를 만들어내기 위한 프로그램은 그림 7.13에 나타나있으며 다음과 같은 계산이 수행되었다.

$$\text{Mweek[i]} = \text{i번째 주에서 모든 품목의 총생산액}$$
$$= \sum_{j=1}^{5} \text{Mvalue[i][j]}$$

$$\text{Sweek[i]} = \text{i번째 주에서 모든 품목의 총판매액} = \sum_{j=1}^{5} \text{Svalue[i][j]}$$

$$\text{Mproduct[j]} = \text{j번째 품목에 대한 한 달간의 총생산액} = \sum_{i=1}^{4} \text{Mvalue[i][j]}$$

$$\text{Sproduct[j]} = \text{j번째 품목에 대한 한 달간의 총판매액} = \sum_{i=1}^{4} \text{Svalue[i][j]}$$

$$\text{Mtotal} = \text{모든 품목에 대한 한 달간 총생산액} = \sum_{i=1}^{4} \text{Mweek[i]} = \sum_{j=1}^{5} \text{Mproduct[j]}$$

$$\text{Stotal} = \text{모든 품목에 대한 한 달간 총판매액} = \sum_{i=1}^{4} \text{Sweek[i]} = \sum_{j=1}^{5} \text{Sproduct[j]}$$

**Program**

```
main( )
{
  int M[5][6],S[5][6],C[6],
    Mvalue[5][6],Svalue[5][6],
    Mweek[5], Sweek[5],
    Mproduct[6], Sproduct[6],
    Mtotal, Stotal, i,j,number;
/*  Input data    */
  printf (" Enter products manufactured week_wise \n");
  printf (" M11,M12,—, M21,M22,— etc\n");
  for(i=1; i<=4; i++)
    for(j=1;j<=5; j++)
      scanf("%d",&M[i][j]);
  printf (" Enter products sold week_wise\n");
  printf (" S11,S12,—, S21,S22,— etc\n");
  for(i=1; i<=4; i++)
    for(j=1; j<=5; j++)
      scanf("%d", &S[i][j]);
  printf(" Enter cost of each product\n");
    for(j=1; j <=5; j++)
      scanf("%d",&C[j]);
```

(계속)

```
/*Value matrices of production and sales */
  for(i=1; i<=4; i++)
    for(j=1; j<=5; j++)
    {
      Mvalue[i][j] = M[i][j] * C[j];
      Svalue[i][j] = S[i][j] * C[j];
    }
/*Total value of weekly production and sales */
  for(i=1; i<=4; i++)
  {
    Mweek[i] = 0 ;
    Sweek[i] = 0 ;
    for(j=1; j<=5; j++)
    {
      Mweek[i] += Mvalue[i][j];
      Sweek[i] += Svalue[i][j];
    }
  }
/*Monthly value of product_wise production and sales */
  for(j=1; j<=5; j++)
    Mproduct[j] = 0 ;
    Sproduct[j] = 0 ;
    for(i=1; i<=4; i++)
    {
      Mproduct[j] += Mvalue[i][j];
      Sproduct[j] += Svalue[i][j];
    }
  }
/*Grand total of production and sales values */
  Mtotal = Stotal = 0;
  for(i=1; i<=4; i++)
  {
    Mtotal += Mweek[i];
    Stotal += Sweek[i];
}
/***********************************************
  Selection and printing of information required
***********************************************/
printf("\n\n");
printf(" Following is the list of things you can\n");
printf(" request for. Enter appropriate item number\n");
printf(" and press RETURN Key\n\n");
printf(" 1.Value matrices of production & sales\n");
printf(" 2.Total value of weekly production & sales\n");
printf(" 3.Product_wise monthly value of production &");
printf(" sales\n");
printf(" 4.Grand total value of production & sales\n");
printf(" 5.Exit\n");
```

(계속)

```
  number = 0;
  while(1)
  {   /* Beginning of while loop */
    printf("\n\n ENTER YOUR CHOICE:");
    scanf("%d",&number);
    printf("\n");
    if(number == 5)
    {
      printf(" G O O D  B Y E\n\n");
      break;
    }
    switch(number)
    { /* Beginning of switch */
/* V A L U E  M A T R I C E S */
    case 1:
      printf(" VALUE MATRIX OF PRODUCTION\n\n");
      for(i=1; i<=4; i++)
      {
        printf(" Week(%d)\t",i);
        for(j=1; j <=5; j++)

          printf("%7d", Mvalue[i][j]);
        printf("\n");
      }
      printf("\n VALUE MATRIX OF SALES\n\n");
      for(i=1; i <=4; i++)
      {
        printf(" Week(%d)\t",i);
        for(j=1; j <=5; j++)
          printf("%7d", Svalue[i][j]);
        printf("\n");
      }
      printf("%7d", Mvalue[i][j]);
    printf("\n");
  }
  printf("\n VALUE MATRIX OF SALES\n\n");
  for(i=1; i <=4; i++)
  {
    printf(" Week(%d)\t",i);
    for(j=1; j <=5; j++)
      printf("%7d", Svalue[i][j]);
    printf("\n");
  }
      break;
  /* W E E K L Y  A N A L Y S I S */
    case 2:
      printf(" TOTAL WEEKLY  PRODUCTION &  SALES\n\n");
      printf("                 PRODUCTION    SALES\n");
```
(계속)

```
            printf("                    -----        --  \n");
            for(i=1; i <=4; i++)
            {
              printf(" Week(%d)\t", i);
              printf("%7d\t%7d\n", Mweek[i], Sweek[i]);
            }
            break;
    /* P R O D U C T  W I S E  A N A L Y S I S */
          case 3:
            printf(" PRODUCT_WISE TOTAL PRODUCTION &");
            printf(" SALES\n\n");
            printf("                    PRODUCTION SALES\n");
            printf("                    -----        --  \n");
            for(j=1; j <=5; j++)
            {
              printf(" Product(%d)\t", j);
              printf("%7d\t%7d\n",Mproduct[j],Sproduct[j]);
            }
            break;
    /* G R A N D  T O T A L S */
          case 4:
            printf(" GRAND TOTAL OF PRODUCTION & SALES\n");
            printf("\n Total production = %d\n", Mtotal);
            printf(" Total sales = %d\n", Stotal);
            break;
    /* D E F A U L T */
          default :
            printf(" Wrong choice, select again\n\n");
            break;
          } /* End of switch */
        } /* End of while loop */
        printf(" Exit from the program\n\n");
    } /* End of main */
```

**Output**

```
    Enter products manufactured week_wise
      M11, M12, ----, M21, M22, ---- etc
      11   15   12   14   13
      13   13   14   15   12
      12   16   10   15   14
      14   11   15   13   12
    Enter products sold week_wise
    S11,S12,----, S21,S22,---- etc
    10   13   9    12   11
    12   10   12   14   10
    11   14   10   14   12
    12   10   13   11   10
    Enter cost of each product
    10 20 30 15 25
```

(계속)

```
Following is the list of things you can
request for. Enter appropriate item number
and press RETURN key
1.Value matrices of production & sales
2.Total value of weekly production & sales
3.Product_wise monthly value of production & sales
4.Grand total value of production & sales
5.Exit
ENTER YOUR CHOICE:1
VALUE MATRIX OF PRODUCTION
    Week(1)    110    300    360    210    325
    Week(2)    130    260    420    225    300
    Week(3)    120    320    300    225    350
    Week(4)    140    220    450    185    300
VALUE MATRIX OF SALES
    Week(1)    100    260    270    180    275
    Week(2)    120    200    360    210    250
    Week(3)    110    280    300    210    300
    Week(4)    120    200    390    165    250
ENTER YOUR CHOICE:2
TOTAL WEEKLY  PRODUCTION &  SALES
              PRODUCTION    SALES
              __________    _____
  Week(1)       1305        1085
  Week(2)       1335        1140
  Week(3)       1315        1200
  Week(4)       1305        1125
ENTER YOUR CHOICE:3

PRODUCT_WISE TOTAL PRODUCTION &  SALES
                   PRODUCTION    SALES
                   __________    _____
  Product(1)          500         450
  Product(2)         1100         940
  Product(3)         1530        1320
  Product(4)          855         765
  Product(5)         1275        1075
ENTER YOUR CHOICE:4

GRAND TOTAL OF PRODUCTION & SALES

PRODUCT_WISE TOTAL PRODUCTION &  SALES
                   PRODUCTION    SALES
                   __________    _____
  Product(1)          500         450
  Product(2)         1100         940
  Product(3)         1530        1320
  Product(4)          855         765
  Product(5)         1275        1075
ENTER YOUR CHOICE:4
```

(계속)

```
GRAND TOTAL OF PRODUCTION & SALES

PRODUCT_WISE TOTAL PRODUCTION &  SALES
                  PRODUCTION     SALES
                  __________     _____
  Product(1)         500          450
  Product(2)        1100          940
  Product(3)        1530         1320
  Product(4)         855          765
  Product(5)        1275         1075

ENTER YOUR CHOICE:4

GRAND TOTAL OF PRODUCTION & SALES
Total production     = 5260
Total sales     = 4550
ENTER YOUR CHOICE:5
G O O D  B Y E
Exit from the program
```

**그림 8.13** 생산실적과 판매실적 분석 프로그램

## 다중선택 문제

다음 다중선택 문제에서 올바른 답을 고르시오.

8.1 배열 N[5][5]에는 얼마나 많은 정수 값을 저장할 수 있는가? **[LO 8.3 E]**

(a) 10 (b) 25 (c) 16 (d) 24

8.2 정수형 배열 N[10]의 가장 마지막 원소를 접근할 때 사용하는 인덱스 값은 얼마인가? **[LO 8.1 E]**

(a) 10 (b) 9 (c) 11 (d) 모두 아님

8.3 고정된 크기의 배열을 생성할 때 컴파일 시간에 메모리 공간을 할당받는 과정을 무엇이라 하는가? **[LO 8.6 E]**

(a) 정적 메모리 할당 (b) 동적 메모리 할당

(c) 실행 시간 메모리 할당 (d) 위 모두 아님

8.4 C 프로그램에서 배열 N[3]={1, 2, 3}이 선언되고 초기화 되었다. 다음 문장의 출력은 무엇인가?

printf("%d", N[3]); **[LO 8.2 H]**

(a) 3 (b) 2 (c) 4 (d) 쓰레기 값

8.5 다섯 명의 학생의 이름을 저장하려고 한다. 다음 배열 선언문 중에서 어떤 것이 좋은가? **[LO 8.3 M]**

(a) char student [4][30];
(b) char student [30][4];
(c) char student [5][30];
(d) char student [30][5]

8.6 배열 ARR[5][20]이 선언되었다. 다음 문장의 출력은 무엇인가?
printf("%d", sizeof(ARR)); [LO 8.4 M]
(a) 100 (b) 200 (c) 400 (d) 800

## 복습 질문

8.1 다음 문장이 참인지 거짓인지 말하시오.
(a) 하나의 배열 내 모든 요소의 자료형은 같아야한다. [LO 8.2 E]
(b) 배열 선언 시에 배열의 크기는 상수, 변수, 연산식 모두를 사용할 수 있다. [LO 8.2 E]
(c) int x[2] = {1,2,3};과 같은 배열 선언은 틀린 문장이다. [LO 8.2 E]
(d) C언어에서는 배열이 선언될 때 배열의 모든 요소가 자동적으로 0으로 초기화된다. [LO 8.2, 8.5 M]
(e) 정수가 나오는 연산식을 배열의 첨자로 사용할 수 있다. [LO 8.1, 8.2 M]
(f) C언어에서는 첫 번째 첨자의 값은 0으로 시작하도록 정해져 있다. [LO 8.1, 8.2 M]
(g) 다차원 배열을 초기화할 때 모든 차원을 다 지정하지 않는 것은 오류이다. [LO 8.1, 8.2 M]
(h) 배열 첨자에 표현식을 사용할 때, 표현식의 결과는 언제나 0보다 커야한다. [LO 8.1, 8.2 M]
(i) C언어에서는 4차원 배열이 한계이며 더 이상의 다차원 배열은 허용되지 않는다. [LO 8.1, 8.2 M]
(j) 범위 밖의 배열의 요소를 읽으려하면 컴파일 에러가 난다. [LO 8.2 H]
(k) 문자형 변수를 배열의 첨자로 사용할 수 없다. [LO 8.2 H]
(l) unsigned long int로 선언된 변수를 배열의 첨자로 사용할 수 있다. [LO 8.2 H]

8.2 다음 빈 칸을 적절히 채우시오.
(a) 첨자로 사용되는 변수를 ___변수라 힌다. [LO 8.1 E]
(b) 두 개 또는 그 이상의 첨자를 가지는 배열을 ___배열이라 한다. [LO 8.2 E]
(c) 배열 내의 요소를 순서에 맞게 바꾸는 과정을 ___이라 한다. [LO 8.3 E]
(d) 배열은 컴파일 시 또는 ___시에 초기화될 수 있다. [LO 8.6 M]
(e) 프로그램 실행 시에 malloc 함수를 이용하여 만들어지는 배열을 ___배열이라 한다. [LO 8.6 M]
(f) 배열을 초기화 하지 않고 접근하려고 하면 ____ 값을 반환한다. [LO 8.2 M]
(g) 문자형 배열에 문자열을 저장하려고 하면 추가로 한 자라를 _____를 위해서 더 확보해야 한다. [LO 8.2 E]

8.3 for 반복문을 이용하여 다음과 같이 5개 행과 5개 열로 주어진 배열에 대각선상의 요소에는 1, 그리고 나머지 요소에는 0을 넣도록 프로그램을 작성하라. [LO 8.4 M]

| 1 | 0 | 0 | 0 | 0 | ..... | 0 |
|---|---|---|---|---|---|---|
| 0 | 1 | 0 | 0 | 0 | ..... | 0 |
| 0 | 0 | 1 | 0 | 0 | ..... | 0 |
| .<br>.<br>.<br>.<br>. | .<br>.<br>.<br>.<br>. | .<br>.<br>.<br>.<br>. | .<br>.<br>.<br>.<br>. | .<br>.<br>.<br>.<br>. | | .<br>.<br>.<br>.<br>. |
| 0 | 0 | 0 | 0 | 0 | ..... | 1 |

8.4 3개 행과 5개 열을 가지는 배열 matrix를 정수형 2차원 배열로 선언하는 다음 문장에서 맞게 작성된 경우를 고르라. [LO 8.4 M]

(a) int maxtrix [3],[5];

(b) int matrix [5] [3];

(c) int matrix [1+2] [2+3];

(d) int matrix [3,5];

(e) int matrix [3] [5];

8.5 다음 문장 중에서 초기화가 올바로 된 경우를 찾아라. [LO 8.2 H]

(a) char str1[4] = "GOOD";

(b) char str2[ ] = "C";

(c) char str3[5] = "Moon";

(d) char str4[ ] = {'S', 'U', 'N'};

(e) char str5[10] = "Sun";

8.6 자료구조란 무엇인가? 배열이 자료구조로 불리는 이유는 무엇인가? [LO 8.1 E]

8.7 동적 배열은 무엇이며 어떻게 만들어 지는가? 동적 배열이 사용되는 예를 설명하라. [LO 8.6 M]

8.8 배열의 초기화 시에 다음 경우에는 어떠한 일이 발생하는가? [LO 8.2 H]

(a) 정해진 배열의 크기보다 초기화 값이 적은 경우

(b) 정해진 배열의 크기보다 초기화 값이 많은 경우

8.9 다차원 배열에 초기화 값이 어떤 식으로 할당되는지 설명하라. [LO 8.5 E]

## 디버깅 연습

8.1 다음과 같은 배열 선언이 담긴 문장에서 오류가 있다면 찾아서 설명하라. ROW와 COLUMN은 매크로 상수이다.

(a) `int score (100);` [LO 8.2, 8.4 E]

(b) `float values [10,15];` [LO 8.2, 8.4 E]

(c) `float average[ROW],[COLUMN];` [LO 8.2, 8.4 E]

(d) `char name[15];` [LO 8.2, 8.4 M]

(e) `int sum[ ];` [LO 8.2, 8.4 M]

(f) `double salary [i + ROW]` [LO 8.2, 8.4 M]

(g) `long int number [ROW]` [LO 8.2, 8.4 H]

(h) `int array x[COLUMN];` [LO 8.2, 8.4 H]

8.2 다음의 배열 초기화 문장에서 오류가 있다면 찾아서 설명하라.

(a) `int number[ ] = {0,0,0,0,0};` [LO 8.2, 8.4 M]

(b) `float item[3][2] = {0,1,2,3,4,5};` [LO 8.2, 8.4 M]

(c) `char word[ ] = {'A','R', 'R', 'A', 'Y'};` [LO 8.2, 8.4 M]

(d) `int m[2,4] = {(0,0,0,0)(1,1,1,1)};` [LO 8.2, 8.4 M]

(e) `float result[10] = 0;` [LO 8.2, H]

8.3 배열 A와 B는 다음과 같이 선언된다.

```
int A[5][4];
float B[4];
```

다음의 프로그램 문장에서 오류가 있다면 찾아서 설명하라.

(a) [LO 8.2, E]
```
for (i=1; i<4; i++)
    scanf("%f", B[i]);
```

(b) [LO 8.2, 8.4 M]
```
for (i=1; i<=5; i++)
    for(j=1; j<=4; j++)
    A[i][j] = 0;
```

(c) [LO 8.2, 8.4 M]
```
for (i=0; i<=4; i++)
    B[i] = B[i]+i;
```

(d) [LO 8.2, 8.4 M]
```
for (i=4; i>=0; i--)
    for (j=0; j<4; j++)
    A[i][j] = B[j] + 1.0;
```

8.4 다음 프로그램에서 오류를 찾아라. [LO 8.2 M]

```
main ( )
{
        int x ;
        float y [ ] ;
        ......
}
```

8.5 다음 프로그램에서 어떤 출력이 나올지 설명하라. [LO 8.2 M]

```
main ( )
{
        int m [ ] = { 1,2,3,4,5 }
        int x, y = 0;
        for (x = 0; x < 5; x++ )
                y = y + m [ x ];
        printf("%d", y) ;
}
```

8.6 다음 프로그램에서 어떤 출력이 나올지 설명하라. [LO 8.2 M]

```
main ( )
{
        chart string [ ] = "HELLO WORLD" ;
        int m;
        for (m = 0; string [m] != '\0'; m++ )
                if ( (m%2) == 0)
                        printf("%c", string [m] );
}
```

## 프로그래밍 연습

8.1 $(x_i, y_i)$, i = 1,....,n으로 주어진 값들에 대하여 다음과 같은 식으로 회귀직선을 찾는 프로그램을 작성하라. 직선의 식은 다음과 같다. [LO 8.4 H]

$$y = mx + c$$

여기서 상수 m과 c는 아래와 같이 주어진다.

$$m = \frac{n\,\Sigma\,(x_1 y_i) - (\Sigma x_1)(\Sigma y_i)}{n\left(\Sigma x_i^2\right) - (\Sigma x_i)^2}$$

$$c = \frac{1}{n}\,(\,\Sigma\, y_i - m\,\Sigma\, x_i)$$

식에 나오는 합을 의미하는 기호는 1부터 n까지의 합을 뜻한다.

8.2 10개 도시에서 한 달간(총 31일) 측정된 일간 최고온도 데이터가 다음과 같이 표 형식으로 정리되어 있다. [LO 8.4 M]

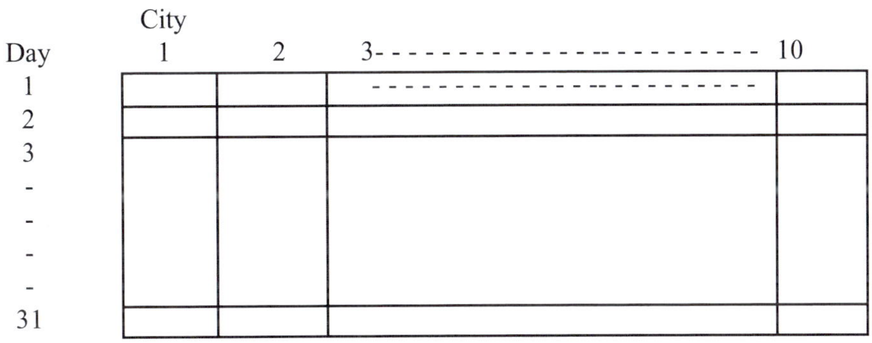


표의 각 요소를 temperature라는 2차원 배열로 읽어 들인 후에 다음과 같은 조건에 맞는 도시와 날짜를 찾는 프로그램을 작성하라.

(a) 가장 높은 온도

(b) 가장 낮은 온도

8.3 어느 선거에 5명의 후보자가 입후보하였다. 선거에서는 각 후보자가 1부터 5까지의 번호로 선거용지에 표시된다. 선거용지의 내용을 읽어 들이고 count라는 배열에 각 후보자가 얻은 표를 헤아리는 프로그램을 작성하라. 만약에 선거용지의 숫자가 1부터 5까지의 범위를 벗어나면 그 선거용지는 무효이며 무효가 된 선거용지의 수를 헤아리도록 한다. [LO 8.2 M]

8.4 다음과 같은 형식의 숫자 조합을 파스칼의 삼각형이라고 한다. [LO 8.5 H]

```
1
1    1
1    2    1
1    3    3    1
1    4    6    4    1
1    5    10   10   5    1
-    -    -    -    -    -    -
-    -    -    -    -    -    -    -
```

행을 i로, 열을 j로 표시한다면 삼각형에서 가장자리 요소를 제외한 어떠한 요소들도 다음과 같은 관계를 가진다.

$$p_{ij} = p_{i-1,\,j-1} + p_{i-1,\,j}$$

10개 행을 가지는 파스칼의 삼각형 내 요소들을 계산하는 프로그램을 작성하고 그 결과를 출력하라.

8.5 학생 100명의 시험결과가 다음과 같은 표로 정리된다고 하자. [LO 8.2 M]

| *ROll No.* | *Subject 1* | *Subject 2* | *Subject 3* |
|---|---|---|---|
| . | | | |
| . | | | |
| . | | | |

먼저 데이터를 읽어 들인 후에 다음과 같은 계산을 하는 프로그램을 작성하라.

(a) 각 학생의 합계 점수

(b) 각 과목에 대하여 최고점수와 해당 학생의 번호(Roll No.)

(c) 최고 합계점수를 기록한 학생의 번호

8.6 1차원 배열인 A와 B에 순차적으로 정렬된 값들이 저장되어있다. 이 두 배열 안의 값들을 합쳐서 순차적으로 정렬되도록 하여 그 결과를 또 다른 배열 C에 저장하도록 프로그램을 작성하라. [LO 8.2 H]

8.7 다음처럼 동일한 행과 열의 개수를 가지는 두 개의 행렬은 곱셈을 통하여 세 번째 행렬이 나올 수 있다. [LO 8.4 M]

$$A = \begin{bmatrix} a_{11}\ a_{12} \ldots\ldots a_{1n} \\ a_{21}\ a_{22} \ldots\ldots a_{2n} \\ . \qquad\qquad . \\ . \qquad\qquad . \\ . \qquad\qquad . \\ a_{n1} \ldots\ldots\ a_{nn} \end{bmatrix}$$

$$B = \begin{bmatrix} b_{11}\ b_{12} \ldots\ldots b_{1n} \\ b_{21}\ b_{22} \ldots\ldots b_{2n} \\ . \qquad\qquad . \\ . \qquad\qquad . \\ . \qquad\qquad . \\ b_{n1} \ldots\ldots\ b_{nn} \end{bmatrix}$$

A와 B의 곱셈으로 나오는 행렬 C의 요소는 다음과 같은 식을 따른다.

$$\mathbf{C}_{ij} = \sum_{k=1}^{n} a_{ik} b_{kj}$$

행렬 A와 B의 요소를 읽고 곱셈 행렬 C를 만드는 프로그램을 작성하라.

8.8 다음 조건과 같은 5×5 행렬을 만드는 프로그램을 작성하라. [LO 8.4 M]

- 행렬의 대각선 위 부분은 +1로 채운다.
- 행렬의 대각선 아래 부분은 –1로 채운다.
- 행렬의 대각선 부분은 0으로 채운다.

8.9 선택 정렬(selection sort)은 다음과 같은 아이디어를 기반으로 한다. [LO 8.2 M]
배열 요소 중에서 가장 큰 값을 찾아 마지막 배열 요소의 값과 교환하는데, 이러면 아직 정렬이 되지 않은 숫자의 개수는 원래 숫자 개수보다 1만큼 작게 된다. 같은 작업을 정렬되지 않은 숫자들에 대하여 반복한다면, 이번에는 정렬된 숫자는 두 개이며 정렬되지 않은 숫자들의 개수는 n – 2가 된다. 이러한 작업을 반복하면 정렬되지 않은 숫자의 개수는 1이 되고 정렬 작업이 완성된다.
이런 알고리듬을 구현하는 프로그램을 작성하라.

8.10 다음과 같은 이진검색(binary search) 알고리듬을 구현하는 프로그램을 작성한다. 이 알고리듬에서는 정렬되어 있는 값들에서 검색 키를 중간에 위치한 요소들과 비교한다. 그 다음의 단계는 다음과 같다.
(a) 비교 결과가 일치한다면 검색이 종료된다.
(b) 검색 키가 중간의 값보다 작다면, 그 앞쪽에 찾고자 하는 값이 위치하게 된다.
(c) 검색 키가 중간의 값보다 크다면, 그 뒤쪽에 찾고자 하는 값이 위치하게 된다.
이러한 방식으로 검색이 성공할 때까지 검색영역을 반씩 나누며 찾게 된다. 만약에 검색영역이 하나의 요소로 줄고 그 요소가 찾는 값이 아니라면 주어진 값들에 찾고자 하는 값이 없다고 할 수 있다. [LO 8.2 H]

8.11 문자열의 길이를 계산하는 프로그램을 작성하라. [LO 8.2 E]

8.12 주어진 문장에서 특정한 문자가 몇 번 나오는지 세는 프로그램을 작성하고 그 프로그램의 실행 예를 보여라. [LO 8.2 E]

8.13 7.13 m × n 크기 행렬을 읽어 들인 후에 그 행렬의 전치행렬(transpose matrix)을 구하는 프로그램을 작성하라. [LO 8.2 E]

8.14 출판되는 모든 서적들에는 국제표준도서번호(ISBN)라는 국제적으로 통용되는 고유번호가 부여된다. 이 번호는 다음과 같이 4개 부분으로 구분되는 10개의 숫자로 구성된다.

0-07-041183-2

첫 부분의 숫자는 지역을, 둘째 부분은 출판사를, 셋째 부분은 책 번호, 마지막 부분 숫자는 확인번호를 의미한다. 여기서 확인번호는 다음과 같은 공식으로 결정된다.

$$\begin{aligned} \text{Sum} = &(1 \times \text{첫자리 숫자}) + (2 \times \text{둘째 자리 숫자}) \\ &+ (3 \times \text{셋째 자리 숫자}) + \text{----} + (9 \times \text{아홉째 자리 숫자}) \end{aligned}$$

위에서 구한 Sum을 11로 나누어 나오는 나머지 수가 확인번호가 된다. 주어지는 ISBN 번호를 입력받아 이 번호가 유효한지를 검사하는 프로그램을 작성하라. [LO 8.2 M]

8.15 행렬 A와 B를 입력받아 다음의 연산을 수행하는 프로그램을 작성하라. [LO 8.4 L]

(a) A + B

(b) A – B

8.16 두 개의 일차원 배열의 원소에 대한 합을 계산해서 또 다른 배열에 저장하는 C 프로그램을 작성하라. [LO 8.2 M]

8.17 배열에 있는 홀수의 개수를 세고 그 합을 계산하는 C 프로그램을 작성하라. [LO 8.2 M]

8.18 금액을 입력받고 해당하는 최소 개수의 화폐로 바꾸는 C 프로그램을 작성하라. [LO 8.2 H]

8.19 로마숫자를 입력받아서 동일한 10진수를 계산하는 C 프로그램을 작성하라. [LO 8.2 M]

8.20 NxN 행렬을 입력받아서 행렬의 합과 곱을 계산하는 C 프로그램을 작성하라. [LO 8.4 H]

## 인터뷰 질문

8.1 null 배열과 빈 배열의 차이는 무엇인가? [LO 8.2 H]

8.2 malloc과 calloc 함수의 차이는 무엇인가? [LO 8.6 M]

8.3 문자열을 정수로 바꾸거나 그 반대로 하는데 사용되는 함수는 무엇인가? [LO 8.2 M]

Chapter 9

# 문자배열과 문자열

**학습목표**

LO 9.1 문자열 변수를 선언하고 초기화 하는 방법을 설명한다.
LO 9.2 문자열을 터미널에서 읽는 방법을 설명한다.
LO 9.3 문자열을 스크린에 출력하는 방법을 설명한다.
LO 9.4 문자열을 처리하는 방법을 보여준다.

## 9.1 소개

문자열은 하나의 데이터로 처리되는 연속적인 일련의 문자들의 집합으로 이전에도 여러 번 소개된 적이 있다. 문자열 상수는 큰따옴표를 제외한 문자들의 집합이 다음의 예와 같이 큰따옴표로 묶여진 것을 지칭한다.

"Man is obviously made to think."

만약에 큰따옴표를 포함한 문장을 출력하려면 다음에 보이는바와 같이 백슬래시를 이용하면 된다.

"\"Man is obviously made to think,\" said Pascal."

예를 들면, 다음의 출력문에서는

```
printf("\" Well Done !"\");
```

아래와 같은 문장이 출력된다.

" Well Done !"

반면에 다음의 출력문은

```
printf(" Well Done !");
```

아래와 같은 문장이 출력된다.

Well Done !

문자열은 프로그램을 좀 더 의미 있고 읽기 쉽도록 만드는 데 자주 쓰이는데, 문자열을 다룰 때 다음과 같은 작업이 수행된다.

- 문자열을 읽고 쓰는 경우
- 두 문자열을 합치는 경우
- 어느 문자열을 다른 문자열에 복사하는 경우
- 두 문자열을 비교하는 경우
- 문자열의 일부를 추출하는 경우

이 장에서는 위에 소개된 문자열 처리작업을 자세히 다루며, 또한 문자열 관련 라이브러리 함수를 알아본다.

## 9.2 문자열 변수의 선언과 초기화

LO 9.1 문자열 변수를 선언하고 초기화 하는 방법을 설명한다.

C언어에서 문자열 자체는 하나의 자료형으로는 지원되지 않는다. 하지만 문자열을 문자배열로 나타냄이 가능하다. 따라서 C언어에서 문자열 변수는 여느 변수와 같은 이름을 가지는 문자배열로서 처리된다. 문자열 변수는 다음과 같이 선언할 수 있다.

**char string_name[*size*];**

위에서 *size*는 string_name이란 문자열의 크기를 정한다. 그 예를 다음에서 보자.

```
char city[10];
char name[30];
```

컴파일러가 문자배열에 문자열을 할당할 때, 문자열 마지막에는 자동적으로 널 문자가 붙게 된다. 따라서 문자열의 크기는 문자의 개수에 하나를 더한 값이 된다.

숫자 배열과 마찬가지로 문자배열 역시 선언되는 동시에 초기화가 가능하다. C언어는 다음과 같은 두 가지 방식의 문자배열 초기화를 허용한다.

```
char city [9] = "NEW YORK";
char city [9] = {'N','E','W',' ',,'Y','O','R','K','\0'};
```

여기서 문자배열 **city**의 크기가 9인 까닭은 NEW YORK이라는 문자열이 8개의 문자를 가지며 이에 더하여 널 문자로 인한 한 개의 배열요소가 붙기 때문이다. 각 배열요소를 지정하는 방식으로 문자배열을 초기화할 때는 널 문자가 명시적으로 꼭 포함되어야 한다.

C언어에서는 문자배열의 크기를 지정하지 않고 문자배열을 초기화 할 수 있다. 이런 경우에는 문자배열의 크기가 다음의 예와 같이 문자의 개수에 따라 자동적으로 지정된다.

```
char string [ ] =  {'G','O','O','D','\0'};
```

위의 예에서는 문자배열 **string**은 5개의 요소를 가지는 배열이 된다.

초기화 값으로 주어지는 문자들의 개수보다 크게 문자배열의 크기를 선언하는 것도 다음의 예처럼 가능하다.

```
char string [10] = "GOOD";
```

이 경우에는 크기가 10인 문자배열이 생성되며, 그 안에 "GOOD"이라는 문자열이 널 문자와 함께 들어가게 된다. 또한 다음과 같이 문자배열 내의 남는 요소는 널 문자로 초기화된다.

| G | O | O | D | \0 | \0 | \0 | \0 | \0 | \0 |
|---|---|---|---|---|---|---|---|---|---|

하지만 다음의 문자배열 선언은 허용되지 않으며, 컴파일 에러가 나온다.

```
char string2[3] = "GOOD";
```

그리고 다음과 같이 문자배열 선언과 초기화가 다른 줄에 나타나는 것은 허용되지 않음에 주의해야 한다.

```
char str3[5];
str3 = "GOOD";
```

마찬가지로 다음과 같은 프로그래밍도 허용되지 않는다.

```
char s1[4] = "abc";
char s2[4];
s2 = s1; /* error */
```

문자배열 이름이 대입연산자 왼쪽에 나오는 것은 허용되지 않는다.

**TIP**

문자열은 문자배열을 이용해서 표현되며 언제나 끝 글자는 ASCII 0에 해당하는 널문자('\0')이어야 한다. 문자열을 저장하는 문자배열의 크기는 문자열을 크기보다 하나 더 커야한다(널문자를 저장하기 위해서).

## 널 문자

널 문자가 왜 필요한지 의아하게 생각될 수 있는데, 이에 대하여 알아보자. 앞서 언급한 바와 같이 문자열 자체는 C언어의 자료형이 아니다. 하지만 문자열을 배열에 저장할 수 있는 자료구조로는 취급할 수 있다. 여기서 배열은 고정된 크기를 가지는 저장소이나, 저장되는 문자열은 그 크기가 일정치 않을 수 있다. 문자배열의 크기가 저장된 문자열의 크기와 동일하지 않으며, 대개는 배열의 크기가 문자열의 크기보다 크다. 따라서 배열의 마지막 요소가 문자열의 끝과 일치를 하지 않게 된다. 문자열 데이터의 마지막을 표시할 방법이 필요한데 널 문자가 그 역할을 한다.

**스킬테스트**

입력된 문자가 알파벳인지 숫자인지 판단하는 C 프로그램을 작성하라. [E]

## 9.3 문자열의 입력

### scanf 함수를 이용하는 방법

LO 9.2 문자열을 터미널에서 읽는 방법을 설명한다.

지금껏 입력함수로 사용된 **scanf**를 서식지정 %s와 함께 사용하여 다음 예처럼 문자열을 읽어 들일 수 있다.

```
char address[10];
scanf("%s", address);
```

입력함수 **scanf**를 이용할 때 한 가지 문제점은 문자열에서 공백을 발견한 즉시 입력이 중단되는 것으로, 여기서 공백이라 함은 스페이스, 탭, 캐리지리턴, 폼피드, 줄바꿈 문자 등을 포함한다. 따라서 만약 다음과 같은 문자열을 터미널에서 입력하려 한다면

NEW YORK

"NEW" 다음의 공백에서 문자열 입력이 종료되어 "NEW"라는 문자열만 배열 **address**에 들어가게 된다.

**scanf** 함수는 읽은 문자열 끝에 널 문자를 자동으로 붙이므로 문자배열은 입력할 문자열과 마지막 나오는 널 문자를 수용할 만큼 충분히 커야한다. 지금까지의 **scanf** 사용법과는 다르게 문자열 입력 시에는 &기호가 변수이름 앞에 필요하지 않음에 주의해야 한다.

위의 예에서 다음과 같이 배열 **address**가 메모리상에 생성된다.

| N | E | W | \0 | ? | ? | ? | ? | ? | ? |
|---|---|---|---|---|---|---|---|---|---|
| 0 | 1 | 2 | 3 | 4 | 5 | 6 | 7 | 8 | 9 |

위에서 사용되지 않은 배열 요소에는 쓰레기값이 들어감에 주의하라.

만약에 "NEW YORK" 전체가 입력되어야 한다면 다음과 같이 충분한 크기를 가지는 두 개의 문자배열을 이용할 수 있다.

```
char adr1[5], adr2[5];
scanf("%s %s", adr1, adr2);
```

이렇게 하면 "NEW"는 **adr1**에, "YORK"는 **adr2**에 입력된다.

**예제 9.1** scanf 함수를 이용하여 여러 개의 단어를 연속적으로 입력하는 프로그램을 작성하라. E

```
Program
  main( )
  {
     char word1[40], word2[40], word3[40], word4[40];
```

(계속)

```
        printf("Enter text : \n");
        scanf("%s %s", word1, word2);
        scanf("%s", word3);
        scanf("%s", word4);

        printf("\n");
        printf("word1 = %s\nword2 = %s\n", word1, word2);
        printf("word3 = %s\nword4 = %s\n", word3, word4);
    }
```

**Output**

```
Enter text :
Oxford Road, London M17ED

word1 = Oxford
word2 = Road,
word3 = London
word4 = M17ED

Enter text :
Oxford-Road, London-M17ED United Kingdom
word1 = Oxford-Road

word2 = London-M17ED
word3 = United
word4 = Kingdom
```

**그림 9.1** scanf를 이용하여 여러 개의 단어를 연속적으로 입력

그림 9.1의 프로그램에서는 네 개의 단어를 입력하여 스크린 상에 출력하게 된다. 참고로 "Oxford Road"는 두 개의 단어로 취급되며, "Oxford-Road"는 한 개의 단어로 취급된다.

**scanf** 사용 시에 서식 %ws를 이용하면 입력될 문자열에서 원하는 개수만큼의 문자만을 입력할 수 있으며, 여기서 w는 필드 폭 값을 지정한다.

```
scanf("%ws", name);
```

이러한 경우 두 가지 상황이 나오는데 하나 씩 알아보도록 하자.

1. 필드 폭 **w**가 입력되는 문자열의 크기와 같거나 크다면, 전체 문자열에 문자배열에 입력된다.
2. 필드 폭 **w**가 입력되는 문자열의 크기보다 작다면, 문자열의 일부만 입력되고 나머지는 입력되지 않는다.

다음의 예제를 보도록 하자.

```
char name[10];
scanf("%5s", name);
```

RAM이라는 문자열이 입력되면 결과는 다음과 같다.

| 0 | 1 | 2 | 3 | 4 | 5 | 6 | 7 | 8 | 9 |
|---|---|---|---|---|---|---|---|---|---|
| R | A | M | \0 | ? | ? | ? | ? | ? | ? |

이에 비하여 KRISHNA라는 문자열이 입력되면 다음과 같은 결과가 나온다.

| 0 | 1 | 2 | 3 | 4 | 5 | 6 | 7 | 8 | 9 |
|---|---|---|---|---|---|---|---|---|---|
| K | R | I | S | H | \0 | ? | ? | ? | ? |

## 문장 한 줄 전체를 읽는 방법

방금 전에는 **scanf** 함수를 %s 또는 %ws와 함께 이용하여 공백이 없는 문자열을 읽는 방법을 보았는데, 이렇게는 하나의 단어 이상을 포함하는 문장 한 줄 전체를 입력할 수 없다. 하지만 C 언어에서는 %[..] 방식의 서식을 이용하면 공백을 포함한 문자 줄 전체를 읽을 수 있다.

```
char line [80];
scanf("%[^\n]", line);
printf("%s", line);
```

위의 프로그램에서는 키보드에서 타이핑된 한 줄의 데이터가 입력되어 스크린 상에 출력된다. 하지만 다음에 소개될 더 좋은 입력 방법이 있기에 이러한 방식은 잘 사용되지는 않는다.

## *getchar* 와 *gets* 함수를 이용하는 방법

4장에서 이미 **getchar** 함수를 이용하여 하나의 문자를 입력하는 방법이 소개되었는데, 입력되는 여러 개의 문자를 연속적으로 배열에 입력하는데 이 함수를 이용할 수 있다. 따라서 이 방법을 응용하면 줄 전체를 입력하여 배열에 저장하는 것이 가능하다. 입력은 새 줄을 뜻하는 \n을 만나면 종료되며 이 때 널 문자가 마지막에 들어간다. **getchar** 함수는 다음과 같은 형식으로 사용된다.

```
chat ch;
ch = getchar( );
```

참고로 **getchar** 함수는 매개변수가 필요없다.

**예제 9.2** scanf 함수를 이용하여 터미널에서 여러 개의 단어를 연속적으로 입력할 프로그램을 작성하라. M

그림 9.2의 프로그램에서는 **getchar** 함수를 이용하여 최대 80개의 문자로 이루어진 문장 한 줄을 읽어 문자배열 **line**으로 저장한다. 하나의 문자를 읽을 때마다 그 문자는 문자배열 **line**에 저장되고 그 다음 줄바꿈 문자가 나오는지를 검사하게 된다. 줄 마지막을 표시하는 줄바꿈 문자가 읽어진

다면 입력 반복문은 종료되고 줄바꿈 문자는 문자열 마지막을 나타내는 널 문자로 대치된다.

인덱스 **c**는 문자 저장 후에 증가하기에 반복문에서 빠져나올 때 인덱스 **c**는 문장의 마지막 위치보다는 더 큰 숫자가 된다. 따라서 **c-1**의 인덱스 값에 해당하는 배열 상의 위치가 널 문자가 저장되는 곳이 된다.

**Program**

```
#include <stdio.h>
main( )
{
  char line[81], character;
  int c;
  c = 0;
  printf("Enter text. Press <Return> at end\n");
  do
  {
    character = getchar();
    line[c] = character;
    c++;
  }
  while(character != '\n');
  c = c - 1;
  line[c] = '\0';
  printf("\n%s\n", line);
}
```

**Output**

```
Enter text. Press <Return> at end
Programming in C is interesting.
Programming in C is interesting.
Enter text. Press <Return> at end
National Centre for Expert Systems, Hyderabad.
National Centre for Expert Systems, Hyderabad.
```

**그림 9.2** 문장 한 줄 전체를 읽는 프로그램

공백을 포함하는 문장 한 줄 전체를 읽어들이는 더 간단한 방법이 있는데, *<stdio.h>* 헤더파일에 있는 `gets` 라이브러리 함수를 이용하는 방법이다. 이 함수는 한 개의 매개변수를 이용하여 다음과 같이 간단하게 사용된다.

```
gets(str);
```

여기서 `str`은 이전에 선언되는 문자배열이며, 키보드 상에서 줄바꿈 문자가 나오기 전까지 입력된 문자들이 `str` 내에 들어가고 마지막에 널 문자가 붙여진다. **scanf** 함수와는 다르게 `gets` 함수는 공백도 읽어 들이는데, 다음의 예를 보자.

```
char line [80];
gets (line);
printf("%s", line);
```

이 프로그램은 키보드에서 입력된 한 줄 전체를 읽어 스크린 상에 출력한다. 참고로 마지막의 두 줄은 다음과 같이 한 줄로 쓸 수 있다.

```
printf("%s", gets(line));
```

(선언된 문자배열의 크기보다 더 많은 문자가 입력되지 않도록 주의해야 하며, C언어에서는 배열의 범위를 특별히 확인하지 않기에 잘못하면 문제가 생길 수 있다.)

C언어에서는 문자열을 처리할 연산자가 존재하지 않는다. 예를 들면 다음과 같이 문자열이나 문자배열을 문자배열에 직접적으로 대입할 수 없다.

```
string = "ABC";
string1 = string2;
```

위와 같은 방식은 허용되지 않으며, 문자배열 **string2**를 다른 문자배열 **string1**로 복사하려 한다면 문자를 하나씩 복사해야 한다.

> **TIP**
>
> gets 함수를 사용할 때는 많은 주의가 필요하다. 문자배열을 위해서 충분한 크기의 메모리 공간이 할당되었는지 확인해야 한다.

**예제 9.3** 문자배열을 다른 문자배열로 복사하고 복사된 문자배열 내의 문자 개수를 세는 프로그램을 작성하라. M

그림 9.3은 for 반복문을 이용하여 **string2**에 저장된 문자들을 **string1**로 복사하는 프로그램을 보여준다. 반복문은 널 문자를 만날 때 종료되며, **string1**에도 널 문자가 들어감에 주의하라.

**Program**
```
main( )
{
    char string1[80], string2[80];
    int i;
    printf("Enter a string \n");
    printf("?");
    scanf("%s", string2);
    for( i=0 ; string2[i] != '\0'; i++)
        string1[i] = string2[i];
```

(계속)

```
        string1[i] = '\0';
        printf("\n");
        printf("%s\n", string1);
        printf("Number of characters = %d\n", i );
    }
Output
    Enter a string
    ?Manchester
    Manchester
    Number of characters = 10
    Enter a string
    ?Westminster
    Westminster
    Number of characters = 11
```

그림 9.3 문자배열 복사 프로그램

**예제 9.4** 그림 9.4의 프로그램은 문자열에 있는 자음과 모음의 개수를 센다. H

```
Algorithm
Step 1 - Start
Step 2 - Read a text string (str)
Step 3 - Set vow = 0, cons = 0, i = 0
Step 4 - Repeat steps 5-6 while (str[i]!='\0')
Step 5 - IF str[i] = 'a' OR str[i] = 'A' OR str[i] = 'e' OR str[i] = 'E' OR str[i] = 'i'
         OR str[i] = 'I' OR str[i] = 'o' OR str[i] = 'O' OR str[i] = 'u' OR str[i] = 'U'
                Increment the vowels counter by 1 (vow=vow+1)
                Increment the consonants counter by 1 (cons=cons+1)
         Else
         End If
Step 6 - i = i + 1
Step 7 - Display the number of vowels and consonants (vow, cons)
Step 8 - Stop
```
(계속)

**Flowchart**

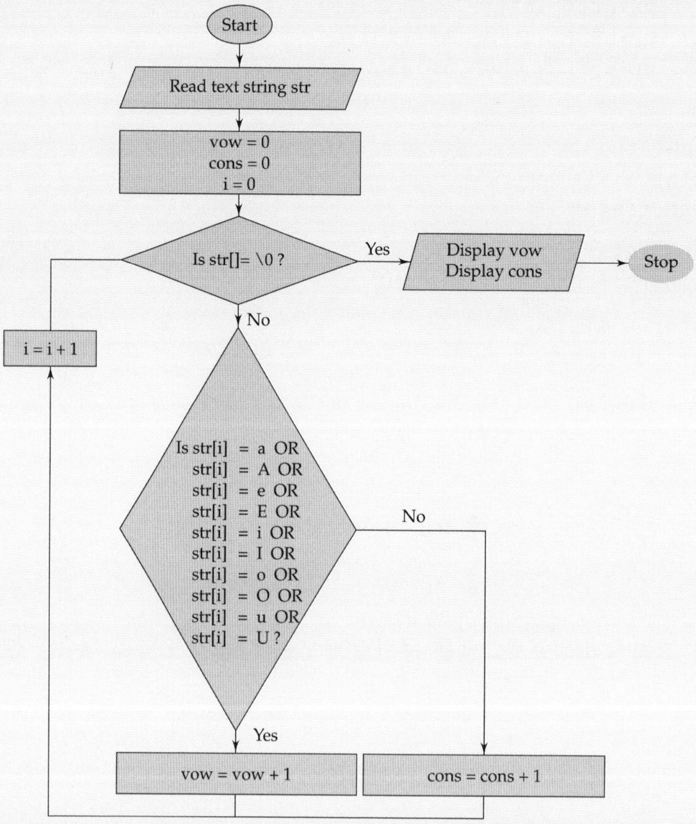


**Program**

```
#include <stdio.h>
#include <string.h>
void main(){
      char str[30];
      int vow=0,cons=0,i=0;
      printf("Enter a string: ");
      gets(str);
      while(str[i] != '\0')
      {
        if(str[i]== a' || str[i]=='A' || str[i]=='e' || str[i]=='E' || str[i]=='i'
        || str[i]=='I' || str[i]=='o' || str[i]=='O' || str[i]=='u' || str[i]=='U')
              vow++;
        else
              cons++;
        i++;
```

(계속)

```
        }
        printf("\nNumber of Vowels = %d",vow);
        printf("\nNumber of Consonants = %d",cons);
}
Output
    Enter a string: Chennai
    Number of vowels = 3
    Number of consonants = 4
```

**그림 9.4** 문자열에 있는 자음과 모음의 개수를 세는 프로그램

## 9.4 문자열의 스크린 출력

### printf 함수를 이용하는 방법

LO 9.3 문자열을 스크린에 출력하는 방법을 설명한다.

지금까지 서식 %s와 함께 **printf** 함수를 이용하여 문자열을 스크린에 출력해왔다. 여기서 %s는 널 문자로 끝나는 문자배열의 저장물을 다음 예와 같이 출력하게 된다.

```
printf("%s", name);
```

위의 명령문에서 **name**이란 배열의 전체 내용물이 출력된다.
다음과 같은 서식을 사용하여 배열을 출력할 때

```
%10.4
```

10개 공간에 처음 *4*개 문자가 출력된다.

이에 비하여 %–10.4처럼 음수기호를 덧붙이면 출력이 왼쪽으로 정렬된다. 예제 8.5에는 %s 서식지정의 여러 가지 이용예가 나와 있다.

**예제 9.5** "United Kingdom"이란 문자열을 문자배열 country에 저장하고 서식 %s를 여러 가지로 변형하여 문자열을 출력하는 프로그램을 작성하라. M

그림 9.5에 있는 프로그램과 출력결과는 서식 %**s**를 이용한 예를 보여준다.

**1.** 필드 폭이 문자열 길이보다 작으면 전체 문자열이 출력된다.
**2.** 소수점 오른쪽 정수값은 출력될 문자 개수를 정해준다.
**3.** 출력될 문자 개수를 0으로 정하면 아무것도 출력되지 않는다.
**4.** 서식지정에 음수기호를 넣으면 출력되는 문자열이 왼쪽으로 정렬된다.
**5.** %.ns로 서식을 정하면 문자열 중에서 처음 n개의 문자만 출력된다.

```
Program
     main()
     {
        char country[15] = "United Kingdom";
        printf("\n\n");
        printf("*123456789012345*\n");
        printf(" ----- \n");
        printf("%15s\n", country);
        printf("%5s\n", country);
        printf("%15.6s\n", country);
        printf("%-15.6s\n", country);
        printf("%15.0s\n", country);
        printf("%.3s\n", country);
        printf("%s\n", country);
        printf("----- \n");
     }
Output
     *123456789012345*
     -----
     United Kingdom
     United Kingdom
            United
     United

     Uni
     United Kingdom
     -----
```

그림 9.5 서식지정 %s를 이용한 문자열 출력

UNIX에서는 **printf** 함수가 다음과 같이 서식지정에 변수를 사용할 수 있다.

```
printf("%*.*s\n", w, d, string);
```

위의 명령문을 실행하면 필드 폭 **w** 만큼의 공간에 문자열의 **d**개 문자가 출력된다.

이 기능은 연속된 문자를 출력하는데 편리하다. 프로그램 9.6에서 이것을 보여준다.

**예제 9.6** **다음과 같은 출력이 나오도록 for 반복문을 이용한 프로그램을 작성하라.** M

```
C
CP
CPr
CPro
.....
.....
```

(계속)

```
CProgramming
CProgramming
.....
.....
CPro
CPr
CP
C
```

그림 9.6과 그림 9.7은 %**12.*s, %.*s,** %***.1s** 등의 형태로 변수를 사용하는 서식을 이용한 프로그램 출력을 보여준다.

**Program**

```
main()
{
  int c, d;
  char string[] = "CProgramming";
  printf("\n\n");
  printf("------------\n");
  for( c = 0 ; c <= 11 ; c++ )
  {
    d = c + 1;
    printf("|%-12.*s|\n", d, string);
  }
  printf("|------------|\n");
  for( c = 11 ; c >= 0 ; c-- )
  {

    d = c + 1;
    printf("|%-12.*s|\n", d, string);
  }
  printf("------------\n");
}
```

**Output**

```
C
CP
CPr
CPro
CProg
CProgr
CProgra
CProgram
CProgramm
CProgrammi
CProgrammin
CProgramming
```

(계속)

```
CProgramming
CProgrammin
CProgrammi
CProgramm
CProgram
CProgra
CProgr
CProg
CPro
CPr
CP
C
```

**그림 9.6** 서식지정에 변수를 이용한 문자열 출력 예제

```
           C
          CP
         CPr
        CPro
       CProg
      CProgr
     CProgra
    CProgram
   CProgramm
  CProgrammi
 CProgrammin
CProgramming
CProgramming
 CProgrammin
  CProgrammi
   CProgramm
    CProgram
     CProgra
      CProgr
       CProg
        CPro
         CPr
          CP
           C
```

(a) %12.*s

```
C|
CP|
CPr|
CPro|
CProg|
CProgr|
CProgra|
CProgram|
CProgramm|
CProgrammi|
CProgrammin|
CProgramming|
CProgramming|
CProgrammin|
CProgrammi|
CProgramm|
CProgram|
CProgra|
CProgr|
CProg|
CPro|
CPr|
CP|
C|
```

(b) %.*s

```
C|
 C|
  C|
   C|
    C|
     C|
      C|
       C|
         C|
         C|
           C|
           C|
          C|
         C|
        C|
       C|
      C|
     C|
    C|
   C|
  C|
 C|
C|
C|
```

(c) %*.1s

**그림 9.7** 서식지정에 변수를 이용한 문자열 출력 추가 예제

### putchar와 puts 함수를 이용하는 방법

C언어에는 **getchar** 함수와 비슷하게 문자를 출력하는 기능을 제공하는 **putchar** 함수가 있다. 이 함수 사용 예를 다음에서 보자.

```
char ch = 'A';
putchar (ch);
```

**putchar** 함수는 단 하나의 매개변수가 필요한데, 위의 명령문은 다음의 명령문과 동일한 효과를 나타낸다.

```
printf("%c", ch);
```

4장에서 이미 **putchar** 함수를 이용하여 문자를 스크린 상에 출력해보았는데, 여기서는 다음의 예처럼 반복문으로 이 함수를 반복적으로 사용하는 방식으로 문자배열 내의 문자열을 출력하려한다.

```
char name[6] = "PARIS"
for (i=0, i<5; i++)
    putchar(name[i]);
putchar ('\n');
```

문자열을 출력하는 좀 더 편리한 다른 방법으로 *<stdio.h>* 헤더파일에 있는 **puts** 라이브러리 함수를 이용할 수 있다. 이 함수는 다음과 같이 하나의 매개변수를 가진다.

```
puts ( str );
```

여기서 **str**은 문자열이 저장된 문자배열이다. 위의 명령문으로 **str**에 저장된 데이터가 출력되며, 그 후에 커서는 다음 줄 앞으로 가게 된다.

```
char line [80];
get (line);
puts (line);
```

위의 예에서는 키보드로 한 줄의 문장이 입력되고 다시 스크린에 출력된다. 여기서 **scanf**나 **printf** 함수에 비하여 사용 문법이 매우 간단함을 볼 수 있다.

## 9.5 문자에 대한 산술연산

> **LO 9.4** 문자열을 처리하는 방법을 보여준다.

C언어에서는 숫자처럼 문자 역시 연산이 가능하다. 문자 상수나 문자 변수가 연산식에 들어가면 자동적으로 정수로 변환되어 연산이 수행된다. 다만 특정 문자에 대한 정수값은 시스템마다 다를 수 있다.

문자를 정수값으로 표현하는데 각 문자에는 특정 정수가 할당된다. 컴퓨터가 ASCII 코드를 이용할 때, 다음의 예를 보도록 하자.

```
x = 'a';
printf("%d\n", x);
```

위를 실행하면 97이란 숫자가 스크린에 출력된다.

또한 문자 상수와 문자 변수에 대하여 다음과 같이 연산 작업을 적용할 수 있다.

```
x = 'z'-1;
```

ASCII 코드에서 'z'는 122로 표현되므로 변수 **x**에 121이란 정수가 들어가게 된다.

관계식에도 다음처럼 문자 정수의 사용이 가능하다.

```
ch >= 'A' && ch <= 'Z'
```

위의 프로그램에서 변수 **ch**에 저장된 문자가 알파벳 대문자인지를 확인할 수 있다.

다음의 프로그램을 이용하면 숫자형의 문자를 해당하는 숫자로 변환할 수 있다.

```
x = character - '0';
```

**x**는 정수 변수이며 **character**는 10진수 숫자 문자를 저장한 문자 변수이다. 예를 들면 **character**가 '7' 이란 숫자 문자를 가질 때 다음과 같은 결과가 나온다.

x = '7' 에 해당하는 ASCII 코드값 – '0' 에 해당하는 ASCII 코드값
= 55 – 48
= 7

C언어의 라이브러리에는 다음과 같이 10진수 숫자 문자를 해당하는 10진수로 바꾸어주는 함수가 있다.

```
x = atoi(string);
```

**x**는 정수 변수이며 **string**은 10진수 숫자 문자가 저장되는 문자배열이다. 다음의 예제를 보자.

```
number = "1988";
year = atoi(number);
```

여기서 **number**는 "1988"이라는 문자열이 저장된 문자배열로서, 함수 atoi를 통하여 **number**에 저장된 문자열 "1988"이 숫자 1988로 변환되어 정수 변수 **year**에 저장된다. 참고로 이 문자열 변환 함수는 <stdlib.h> 헤더파일에 들어있다.

**예제 9.7** **알파벳 a부터 z까지를 A부터 Z까지로 변환하여 10진수와 문자로 출력하는 프로그램을 작성하라.** E

작성된 프로그램은 그림 9.8에 있다. ASCII 코드에서 알파벳 대문자를 표현하는 10진수는 65부터 90까지이며, 알파벳 소문자를 표현하는 10진수는 97부터 122까지이다. 이에 따라 프로그램에서는 **for** 반복문 내에서 **if** 조건문을 이용하여 91부터 96까지를 제외시켰다.

```
Program
    main()
    {
      char c;
      printf("\n\n");
      for( c = 65 ; c <= 122 ; c = c + 1 )
      {
        if( c > 90 && c < 97 )
          continue;
        printf("|%4d - %c ", c, c);
      }
      printf("|\n");
    }
Output
    | 65 - A | 66 - B | 67 - C | 68 - D | 69 - E | 70 - F
    | 71 - G | 72 - H | 73 - I | 74 - J | 75 - K | 76 - L
    | 77 - M|  78 - N|  79 - O|  80 - P|  81 - Q|  82 - R
    | 83 - S|  84 - T|  85 - U|  86 - V|  87 - W|  88 - X
    | 89 - Y|  90 - Z|  97 - a|  98 - b|  99 - c| 100 - d
    |101 - e| 102 - f| 103 - g| 104 - h| 105 - i| 106 - j
    |107 - k| 108 - l| 109 - m| 110 - n| 111 - o| 112 - p
    |113 - q| 114 - r| 115 - s| 116 - t| 117 - u| 118 - v
    |119 - w| 120 - x| 121 - y| 122 - z|
```

**그림 9.8** 알파벳을 10진수와 문자로 출력하는 프로그램

## 9.6 문자열 연결

앞서 설명한 바와 같이 문자열을 다른 문자열로 직접 복사할 수 없는데, 다음처럼 간단히 두 개의 문자열을 합치는 것도 허용되지 않는다.

```
string3 = string1 + string2;
string2 = string1 + "hello";
```

문자열 **string1**과 **string2**가 **string3**에 각각 따로 복사되어야 하며, 문자배열 **string3**의 크기는 두 문자열이 들어갈 만큼 충분히 커야한다.

두 문자열을 합쳐 하나로 만드는 작업을 문자열 연결(*concatenation*)이라 하는데, 예제 9.8에는 세 개의 문자열 연결 작업을 보여준다.

**예제 9.8** 어느 회사의 종업원 이름이 세 가지 배열 first_name, second_name, last_name에 저장되어 있다. 이를 연결하여 하나의 문자열로 만드는 프로그램을 작성하라. M

작성된 프로그램은 그림 9.9에 나타나 있다. 세 가지 문자열을 복사하기 위하여 세 개의 반복문이 필요하다. 처음 반복문은 **first_name**에 저장된 문자들을 널 문자가 나올 때까지 **name**이란 문자배열에 복사하게 된다. 널 문자 자체는 복사되지 않고, 다음처럼 스페이스가 대신 들어가게 된다.

```
name[i] = ' ';
```

비슷한 방식으로 **second_name**의 내용은 아까의 스페이스 뒤의 위치부터 **name**으로 다음처럼 복사된다.

```
name[i+j+1] = second_name[j];
```

만약에 **first_name**이 4개의 문자를 가진다면, 변수 **i**의 값은 4가 되며 이에 따라 **second_name**의 첫 문자는 **name**의 5번째 요소에 들어간다. 스페이스가 들어가는 곳은 4번째 요소이다.

같은 방법으로 다음 프로그램 명령문을 보자.

```
name[i+j+k+2] = last_name[k];
```

이 명령문으로 **last_name**의 문자들이 **name** 상의 적당한 요소에 들어가게 된다.

이렇게 연결된 문자열이 들어간 **name**에 마지막으로 널 문자가 들어가게 된다. 이 예제에서 **i+j+1**과 **i+j+k+2**가 어떠한 의미를 가지는지 잘 이해하도록 하자.

**Program**

```
main()
{
  int i, j, k ;
  char first_name[10] = {"VISWANATH"} ;
  char second_name[10] = {"PRATAP"} ;
  char last_name[10] = {"SINGH"} ;
  char name[30] ;
/* Copy first_name into name */
  for( i = 0 ; first_name[i] != '\0' ; i++ )
    name[i] = first_name[i] ;
/* End first_name with a space */
  name[i] = ' ' ;
/* Copy second_name into name */
  for( j = 0 ; second_name[j] != '\0' ; j++ )
    name[i+j+1] = second_name[j] ;
/* End second_name with a space */
  name[i+j+1] = ' ' ;
/* Copy last_name into name */
  for( k = 0 ; last_name[k] != '\0'; k++ )
    name[i+j+k+2] = last_name[k] ;
```

(계속)

```
    /* End name with a null character */
      name[i+j+k+2] = '\0' ;
      printf("\n\n") ;
      printf("%s\n", name) ;
    }
Output
    VISWANATH PRATAP SINGH
```

**그림 9.9** 문자열 연결 프로그램

## 9.7 문자열 비교

C언어는 두 개의 문자열을 직접적으로 비교하는 것을 허용하지 않는다. 즉, 다음과 같은 프로그래밍이 허용되지 않는다.

```
if(name1 == name2)
if(name == "ABC")
```

따라서 두 문자열을 비교하려면 문자를 하나씩 비교해야 한다. 문자 비교는 비교하는 문자가 달라지거나 문자열 마지막의 널 문자가 나오거나 두 경우 중 어느 하나가 나올 때까지 수행된다. 다음의 프로그램에서 이를 이해하도록 해보자.

```
i=0;
while(str1[i] == str2[i] && str1[i] != '\0'
        && str2[i] != '\0')
  i = i+1;
if (str1[i] == '\0' && str2[i] == '\0')
    printf("strings are equal\n");
  else
    printf("strings are not equal\n");
```

## 9.8 문자열 처리함수

앞서 설명된 문자열을 처리하는 여러 작업에 대하여 이를 처리할 수 있도록 C언어 라이브러리는 다양한 종류의 문자열 처리함수를 제공한다. 다음 표에는 많이 쓰이는 문자열 처리함수가 정리되어 있다.

| 함수 | 수행기능 |
|---|---|
| cstrcat() | 두 문자열 연결 |
| strcomp() | 두 문자열 비교 |
| strcpy() | 문자열을 다른 문자열에 복사 |
| strlen() | 문자열의 길이 계산 |

이제 위에서 소개된 문자열 처리함수가 어떻게 문자열을 처리하는지 알아보도록 하자.

## strcat( ) 함수

**strcat()** 함수는 다음과 같은 형식으로 두 개의 문자열을 연결한다.

```
strcat(string1, string2);
```

위에서 **string1**과 **string2**는 문자배열인데, **strcat** 함수가 수행되면 **string2**가 **string1** 뒤에 붙게 된다. **string1** 마지막에 있는 널 문자가 제거되고 그 위치에 **string2**가 들어가게 되는데, **string2**의 내용은 변하지 않는다. 다음의 세 가지 문자열로 사용 예를 보도록 하자.

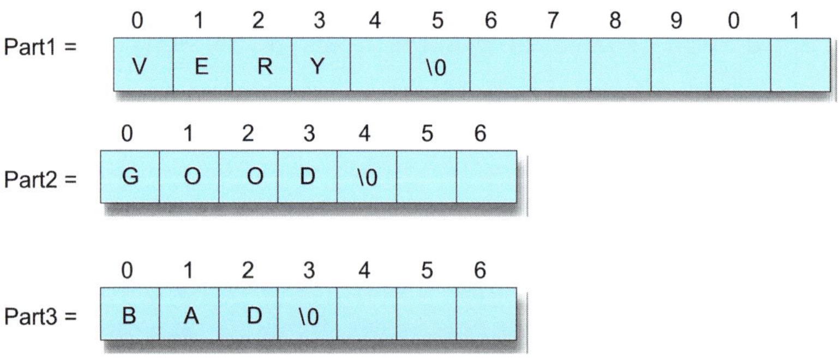


다음 프로그램 명령문을 실행한다면

```
strcat(part1, part2);
```

그 결과는 다음과 같다.

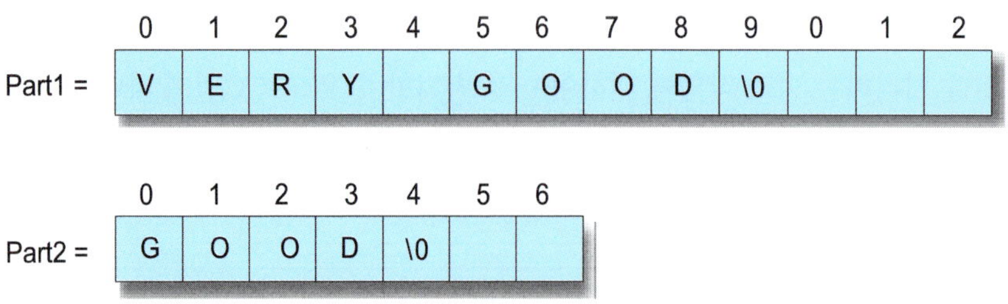

이번에는 다음 프로그램 명령문을 실행하면

```
strcat(part1, part3);
```

다음의 결과가 나온다.

| | 0 | 1 | 2 | 3 | 4 | 5 | 6 | 7 | 8 | 9 | 0 | 1 | 2 |
|---|---|---|---|---|---|---|---|---|---|---|---|---|---|
| Part1 = | V | E | R | Y | | B | A | D | \0 | | | | |

| | 0 | 1 | 2 | 3 | 4 | 5 | 6 |
|---|---|---|---|---|---|---|---|
| Part2 = | B | A | D | \0 | | | |

여기서 **string1**의 크기가 **string2**가 들어갈 만큼 커야한다.

**strcat** 함수는 다음과 같이 문자열 상수도 문자배열에 붙여 넣을 수 있다.

```
strcat(part1, "GOOD");
```

C언어는 **strcat** 함수를 다음처럼 중첩해서 사용하도록 허용한다.

```
strcat(strcat(string1, string2), string3);
```

이렇게 하면 세 개의 문자열을 한꺼번에 연결할 수 있으며, 그 결과는 **string1**에 저장된다.

## strcmp( ) 함수

**strcmp** 함수는 두 개의 함수를 비교하여 동일하다면 0을 출력한다. 비교결과가 다르다면 해당하는 문자들의 차이가 숫자로 출력된다.

사용 형식은 다음과 같다.

```
strcmp(string1, string2);
```

**string1**과 **string2**는 다음처럼 문자배열이나 문자열 상수가 될 수 있다.

```
strcmp(name1, name2);
strcmp(name1, "John");
strcmp("Rom", "Ram");
```

이 함수를 사용할 때 먼저 두 개의 문자열이 동일한지 여부가 첫 관심사이며 다음으로 어느 문자열이 알파벳 순서상으로 앞서는지가 그 다음 관심사이다. 비교결과가 다를 때 나오는 숫자의 크기 자체는 중요한 것은 아니다. 다음 예를 보도록 하자.

```
strcmp("their", "there");
```

위의 프로그램 명령문을 실행하면 결과가 –9가 나오는데, 그 이유는 ASCII 코드 상에서 "i"

와 “r” 문자의 10진수값 차이가 –9가 되기 때문이다. 결과가 음수로 나왔는데, 이는 알파벳 순서로 보면 **string1**이 **string2**에 앞선다는 의미가 된다.

## strcpy( ) 함수

**strcpy** 함수는 다음과 같은 형식으로 대입연산자와 유사한 기능을 수행한다.

```
strcpy(string1, string2);
```

위의 명령문을 실행하면 **string2**의 내용이 **string1**로 복사된다. 여기서 **string2**는 문자배열이거나 또는 다음 예처럼 문자열 상수가 될 수 있다.

```
strcpy(city, "SEOUL");
```

위의 명령문을 실행하면 “SEOUL”라는 문자열 상수가 문자배열 **city**에 대입된다.

```
strcpy(city1, city2);
```

비슷한 예로 위의 명령문에서는 문자배열 **city2**의 내용이 문자배열 **city1**에 대입된다. 참고로 **city1**의 크기가 **city2**의 내용물을 수용할 만큼 충분히 커야한다.

## strlen( ) 함수

이 함수는 다음과 같은 형식으로 문자열 내에 저장된 문자들의 개수를 세어 출력하는 기능을 가진다.

```
n = strlen(string);
```

위에서 **n**은 정수 변수로서 **string**의 길이 값이 저장된다. 이 함수의 매개변수는 문자열 상수가 될 수도 있는데, 널 문자가 나오기 전까지의 문자 개수를 세게 된다.

**예제 9.9** **s1, s2, s3라는 세 가지 문자배열이 있다. 두 가지 문자열 상수를 s1과 s2에 읽어들인 후에 비교하여 같은지 확인하는 프로그램을 작성하라. 만약 두 문자열이 같지 않다면 이 두 문자열을 연결한다. 그리고 s1의 내용을 s3에 복사하고, 마지막으로 각 문자열의 길이를 구하여 그 내용과 함께 출력하도록 한다.** M

작성된 프로그램은 그림 9.10에 있다. 첫째 실행 예에서는 “New”와 ”York”라는 두 문자열 상수를 입력하여 이 둘을 다음 명령문으로 비교한다.

```
x = strcmp(s1, s2);
```

비교결과로 서로 같지 않으니 다음 명령문으로 이 둘을 연결하여 **s3**에 저장한다.

```
strcpy(s3, s1);
```

그 다음으로 세 개 문자열의 내용과 길이를 출력한다.

둘째 실행 예에서는 **s1**과 **s2**에 저장된 내용이 동일하므로 문자열 연결이 실행되지 않는다. 이 경우에는 세 개 문자열이 모두 같은 길이를 가지게 된다.

**Program**

```
#include <string.h>
main()
{ char s1[20], s2[20], s3[20];
  int x, l1, l2, l3;
  printf("\n\nEnter two string constants \n");
  printf("?");
  scanf("%s %s", s1, s2);
/* comparing s1 and s2 */
  x = strcmp(s1, s2);
  if(x != 0)
  {    printf("\n\nStrings are not equal \n");
       strcat(s1, s2); /* joining s1 and s2 */
  }
  else
       printf("\n\nStrings are equal \n");
/* copying s1 to s3
  strcpy(s3, s1);
/* Finding length of strings */

  l1 = strlen(s1);
  l2 = strlen(s2);
  l3 = strlen(s3);
/* output */
  printf("\ns1 = %s\t length = %d characters\n", s1, l1);
  printf("s2 = %s\t length = %d characters\n", s2, l2);
  printf("s3 = %s\t length = %d characters\n", s3, l3);
}
```

**Output**

```
Enter two string constants
? New York

Strings are not equal
s1 = NewYork  length = 7 characters
s2 = York     length = 4 characters
s3 = NewYork  length = 7 characters

Enter two string constants
? London London

Strings are equal

s1 = London length = 6 characters
s2 = London length = 6 characters
s3 = London length = 6 characters
```

**그림 9.10** 문자열 처리 함수 사용 예제 프로그램

**예제 9.10** 그림 9.11의 프로그램은 문자열을 읽고 앞뒤 어디로 읽어도 같은지를 판단한다. M

**Program**

```
#include <stdio.h>
#include <string.h>
void main()
{
        char chk='t', str[30];
        intlen, left, right;
        printf("\nEnter a string:");
        scanf("%s", str);
        len=strlen(str);
        left=0;
        right=len-1;
        while(left < right &&chk=='t')
        {
                if(!(str[left] == str[right]))
                            chk='f';
                left++;
                right--;
        }
        if(chk=='t')
               printf("\nThe string %s is a palindrome",str);
        else
               printf("\nThe string %s is not a palindrome",str);
        }
```

**Output**

```
Enter a string: nitin
The string nitin is a palindrome
```

**그림 9.11** 문자열이 앞뒤 어디로 읽어도 같은지를 검사하는 프로그램

## 기타 문자열 함수

<**string.h**> 헤더파일에는 그 외에도 유용하게 쓰일 수 있는 더 많은 문자열 처리 함수가 있다.

### strncpy

특정 문자열을 다른 문자열로 통째로 복사하는 **strcpy**에 비교하여, **strncpy** 함수는 복사할 문자열의 가장 왼쪽 n개 문자만을 다른 문자열에 복사한다. 이 함수는 다음과 같이 세 개의 매개변수를 가진다.

```
strncpy(s1, s2, 5);
```

위의 명령문을 실행하면 **s2** 내의 처음 5개 문자만을 **s1**에 복사한다. 복사되는 5개의 문자는 널 문자를 포함하지 않기에 다음과 같이 **s2**의 6번째 요소에는 널 문자를 삽입해야 한다.

```
s1[6] = "\0";
```

이렇게 해야 **s1** 내에 제대로 된 문자열이 저장된다.

### strncmp

**strncmp** 함수는 **strcmp** 함수의 변형으로 다음과 같은 방식으로 쓰인다.

```
strncmp (s1, s2, n);
```

이 명령문으로 **s1**과 **s2**의 첫 n개의 문자들이 비교된다.

(a) 비교결과가 같다면 0이 출력된다.
(b) s1이 s2보다 앞이면 음수가 출력된다.
(c) 그 외의 경우는 양수가 출력된다.

### strncat

이 함수는 문자열 연결기능을 수행하는 또 다른 함수로 다음처럼 세 개의 매개변수를 가진다.

```
strncat(s1, s2, n);
```

이 명령문을 실행하면 **s2**의 처음 n개의 문자만 **s1**에 연결된다. 다음의 예를 보자.

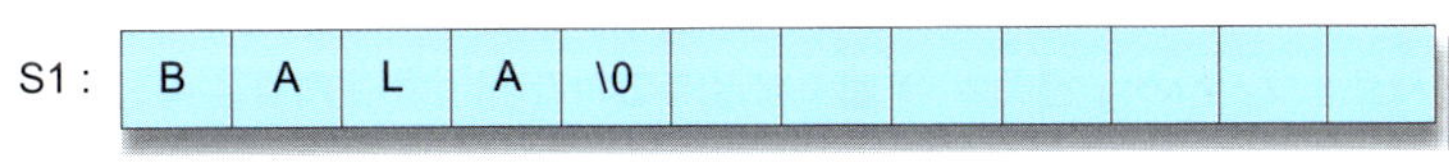

**strncat**(s1, s2, 4)를 실행하면 다음의 결과가 나온다.

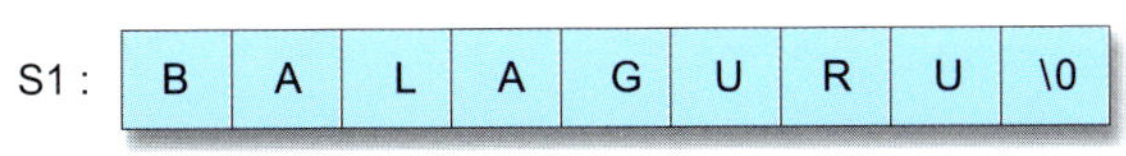

### strstr

이 함수는 다음 형식과 같이 두 개의 매개변수를 가지며 특정 문자열이 다른 문자열 내에 포함되어 있는지를 검사한다.

```
strstr(s1, s2);
strstr(s1, "ABC");
```

**strstr** 함수는 **s1**에 **s2**가 포함되어 있는지 찾아서 있다면 찾는 문자열의 처음 위치를 출력한다. 찾는 문자열이 없으면 널 문자가 출력된다. 다음의 예를 보자.

```
if (strstr (s1, s2) == NULL)
  printf("substring is not found");
else
  printf("s2 is a substring of s1");
```

특정 문자가 문자열에 포함되어 있는지를 검사하는 다음과 같은 함수도 있다.

```
strchr(s1, 'm');
```

위의 함수 수행에서는 'm' 이란 문자가 처음 나오는 위치를 찾는다.

```
strrchr(s1, 'm');
```

이 경우에는 'm' 이란 문자가 마지막 나오는 위치를 찾는다.

**경고**

- 문자배열 선언 시에 초기화를 한다면 널 문자를 고려하여 문자배열의 크기를 잡아야 한다.
- 문자열의 크기를 모르는 문자열을 복사하여 문자배열을 만들 때 다음과 같이 문자열의 크기를 계산할 수 있다.

  **strlen** (stringname) +1
- 문자열을 복사하거나 연결할 때 문자배열의 크기가 들어올 문자들을 수용할 만큼 충분해야 한다. 만약에 이 조건이 만족하지 않더라도 에러가 표시되지 않음에 주의해야하며, 이럴때 메모리의 일부가 영향을 받아 프로그램이 예상대로 돌아가지 않을 수 있다.
- 특정 문자열에서 주어진 개수만큼의 문자를 복사하기 위하여 **strncpy** 함수를 사용할 때, 복사할 문자열의 크기가 문자 개수보다 작다면 저장될 문자배열에 널 문자가 붙여져야 한다.

## 9.9 2차원 문자열

한 반의 학생 이름이나 회사의 종업원 이름 목록처럼 문자열을 한 줄의 목록 형태로 자주 보았는데, 이를 표 형식으로도 표현하여 2차원 문자배열로 문자열 자료를 정리하는데 쓸 수 있다. 다음 그림에서 보이는 **student[30][15]**라는 문자배열은 총 30개의 이름을 저장할 수 있으며, 각 이름은 15개 이하의 문자를 가질 수 있다.

| C | h | a | n | d | i | g | a | r | h |
|---|---|---|---|---|---|---|---|---|---|
| M | a | d | r | a | s | | | | |
| A | h | m | e | d | a | b | a | d | |
| H | y | d | e | r | a | b | a | d | |
| B | o | m | b | a | y | | | | |

다음과 같은 문자배열 선언을 통하여 위와 같이 문자배열에 이름을 저장할 수 있다.

```
char city[ ] [ ]
        {
          "Chandigarh",
          "Madras",
          "Ahmedabad",
          "Hyderabad",
          "Bombay"
        };
```

위의 표에 저장된 i번째 도시의 이름을 찾으려면 다음과 같이 하면 된다.

```
city[i-1]
```

이에 따라 **city[0]**은 “Chandigarh”를 의미하며 **city[1]**에는 “Madras”가 저장된다. 배열이 2차원 배열로 선언되었을 때 이를 1차원 배열로도 취급이 가능하며, 표에서 보는 것처럼 여러 줄의 문자열이 모여 표를 이루는 것으로 생각할 수 있다.

**예제 9.11** **문자열들을 알파벳 순서로 정렬하는 프로그램을 작성하라.** M

그림 9.12에 보이는 프로그램은 주어진 문자열들을 알파벳 순서로 정렬하는 프로그램이다. 이 프로그램에서는 7장의 첫 번째 사례연구에서 소개된 버블 정렬 방식이 이용된다.

**Program**

```
#define ITEMS 5
#define MAXCHAR 20
main( )
{
   char string[ITEMS][MAXCHAR], dummy[MAXCHAR];
   int i = 0, j = 0;
   /* Reading the list */
   printf ("Enter names of %d items \n ",ITEMS);
   while (i < ITEMS)
      scanf ("%s", string[i++]);
   /* Sorting begins */
   for (i=1; i < ITEMS; i++) /* Outer loop begins */
   {
      for (j=1; j <= ITEMS-i ; j++) /*Inner loop begins*/
      {
         if (strcmp (string[j-1], string[j]) > 0)
         { /* Exchange of contents */
            strcpy (dummy, string[j-1]);
            strcpy (string[j-1], string[j]);
            strcpy (string[j], dummy );
         }
      } /* Inner loop ends */
   } /* Outer loop ends */
   /* Sorting completed */
   printf ("\nAlphabetical list \n\n");
   for (i=0; i < ITEMS ; i++)
      printf ("%s", string[i]);
}
```

**Output**

```
Enter names of 5 items
London Manchester Delhi Paris Moscow

Alphabetical list
Delhi
London
Manchester
Moscow
Paris
```

**그림 9.12** 문자열을 알파벳 순서로 정렬하는 프로그램

여러 개의 문자열을 2차원 문자배열에 저장하는 방법을 보도록 하자. 각 문자열은 %s 서식을 이용하여 **scanf** 함수로 읽어 들일 수 있다. 여기서 문자열에 공백이 있으면 공백 전후가 각기 다른 문자열로 **scanf**에서는 취급된다. 이러한 경우에 줄 전체를 읽어야 한다면 다른 방법을 써야 하는데 **gets** 함수를 사용하면 여러 개의 단어를 포함한 한 줄 전체를 읽어 들일 수 있다. 출력 시에는 **scanf** 대신에 **puts** 함수를 사용하면 된다.

**스킬테스트**

한 문자열이 다른 문자열의 부분 문자열인지 판단하도록 strstr() 함수를 이용한 C 프로그램을 작성하라. [E]

## 9.10 문자열에 관한 기타사항

아직까지 언급되지 않은 문자열에 관한 사항은 다음과 같다.

- 포인터를 이용한 문자열 처리
- 함수 매개변수로서 문자열 이용
- 구조체 멤버로 문자열 선언하고 정의

이러한 사항은 후에 함수, 포인터, 구조체 등을 다룰 때 다시 언급될 것이다.

### 주요 개념

- **문자열:** 하나의 데이터 항목으로 간주되는 문자들의 순차 [LO 9.1]
- strcat: 두 개의 문자열을 연결한다. [LO 9.4]
- strcmp: 두 개의 문자열을 비교하고 이들이 같은지 여부를 판단한다. [LO 9.4]
- strcat: 하나의 문자열을 다른 곳으로 복사한다. [LO 9.4]
- strstr: 하나의 문자열이 다른 것의 부분집합인지 판단한다. [LO 9.4]

### 알아두기

- 문자 상수는 작은따옴표로 표시되며, 문자열 상수는 큰따옴표로 표시된다. [LO 9.1]
- 마지막에 나올 널 문자를 고려하여 문자배열의 크기를 충분히 잡아야 한다. [LO 9.1]
- 하나의 문자를 문자열로 처리하는 것은 피하도록 한다. [LO 9.1]
- scanf 사용할 때 문자배열에 대해서 주소 연산자 &를 붙이면 에러가 발생한다. [LO 9.1]
- 표준입출력 함수를 사용할 때는 〈stdio.h〉 헤더파일이 필요하다. [LO 9.1]
- 일반적인 유틸리티 함수는 〈stdlib.h〉 헤

더파일에 존재한다. [LO 9.1]

- null 문자로 끝나는 문자열 또는 문자 배열을 인쇄하려면 %s 형식을 사용합니다. [LO 9.3]
- 대입연산자 왼쪽에 문자배열의 이름이 나오는 것은 허용되지 않는다. [LO 9.4]
- 문자배열에서 각각의 문자를 부를 때 배열 범위 밖에서 부르면 논리 에러가 난다. [LO 9.4]
- 문자열은 연산자로 처리할 수 없으며, 대신에 문자열 처리함수를 사용해야 한다. [LO 9.4]
- 널 문자로 끝나지 않는 char형 자료는 문자열 처리함수를 사용하면 안 된다. [LO 9.4]
- 복사할 문자의 개수가 해당 문자열보다 작으면 복사 내용이 들어갈 문자열에 널 문자를 붙여야 한다. [LO 9.4]
- 문자열을 비교하는 strcmp와 strncmp 함수를 사용할 때 결과로 나오는 리턴값에 주의해야 한다. [LO 9.4]
- 문자열 복사와 연결을 위한 함수 사용에서 복사 내용이 들어갈 문자열의 크기가 충분한지 주의해야 하며, 그렇지 않으면 메모리의 다른 지역에 결과가 들어가게 된다. [LO 9.4]
- 문자 처리함수를 사용할 때는 〈ctype.h〉 헤더파일이 필요하다. [LO 9.4]
- 문자열 처리함수를 사용할 때는 〈string.h〉 헤더파일이 필요하다. [LO 9.4]

## 사례연구

### 1. 문장에서 단어 수 세기 [LO 9.1, 9.2 M]

대표적인 문자열 처리 예로 문장에 몇 개의 단어가 있는지를 세는 작업이 있다. 여기서 단어는 공백이나 탈출 문자 없이 연속적인 문자로 이루어진 것이며 두 단어 사이에는 공백이 들어가 있다고 가정하자. 단어를 세는 작업의 알고리듬은 다음과 같다.

1. 문장을 읽어 들인다.
2. 문장의 첫 문자부터 시작하여 공백이 나타나는지를 검사한다. 공백이 나타나면 단어 수를 1씩 증가시킨다.
3. 앞의 1번과 2번 과정을 문장이 끝날 때까지 반복한다.

**Program**

```
#include <stdio.h>
main()
{
   char line[81], ctr;
   int i,c,
         end = 0,
         characters = 0,
```

(계속)

```
            characters = 0,
            words = 0,
            lines = 0;
        printf("KEY IN THE TEXT.\n");
        printf("GIVE ONE SPACE AFTER EACH WORD.\n");
        printf("WHEN COMPLETED, PRESS 'RETURN'.\n\n");

        while( end == 0)
        {
          /* Reading a line of text */
          c = 0;
          while((ctr=getchar()) != '\n')
            line[c++] = ctr;
          line[c] = '\0';
          /* counting the words in a line */
          if(line[0] == '\0')
            break ;
          else
          {
            words++;
            for(i=0; line[i] != '\0';i++)
                if(line[i] == ' ' || line[i] == '\t')
                  words++;
          }
          /* counting lines and characters */
          lines = lines +1;
          characters = characters + strlen(line);
        }
        printf ("\n");
        printf("Number of lines = %d\n", lines);
        printf("Number of words = %d\n", words);
        printf("Number of characters = %d\n", characters);
    }
```

**Output**

```
    KEY IN THE TEXT.
    GIVE ONE SPACE AFTER EACH WORD.
    WHEN COMPLETED, PRESS 'RETURN'.

    Admiration is a very short-lived passion.
    Admiration involves a glorious obliquity of vision.
    Always we like those who admire us but we do not
    like those whom we admire.
    Fools admire, but men of sense approve.

    Number of lines = 5
    Number of words = 36
    Number of characters = 205
```

**그림 9.13** 문장의 문자 수, 단어 수, 줄 수를 세는 프로그램

위의 알고리듬을 구현한 프로그램이 그림 9.13에 나타나있다. 바깥 쪽 **while** 반복문은 문장 각 줄에 대하여 한 번씩 반복 수행된다. 문장 입력을 마칠 때는 리턴 키 입력으로써 입력되는 문장 마지막을 표시하도록 한다. 이 리턴 키 입력으로 줄바꿈을 표시하는 문자가 마지막 줄에서 입력되는데, 마지막 줄은 널 문자만 포함하게 된다.

프로그램은 이 특별한 마지막 줄에 대하여 다음과 같은 검사를 한다.

if( line[0] == '\0' )

만약 어느 줄의 처음 문자가 널 문자로 판명되면 단어 세기를 멈추게 된다. 이 경우에는 널 문자가 이 줄의 유일한 문자가 된다. 참고로 널 문자와 공백 문자를 구분하여 이해하도록 한다.

이 프로그램에서는 문장이 포함하는 단어 수와 줄 수도 세도록 되어있다. 참고로 널 문자만 있는 마지막 줄은 줄 수에 포함되지 않는다.

바깥 쪽 **while** 반복문이 종료된 후에 프로그램이 결과를 출력하도록 되어있다.

## 2. 고객 목록 처리작업 [LO 9.1, 9.2, 9.3, 9.4 M]

다음과 같은 고객의 전화번호 목록을 보도록 하자.

| **Full name** | **Telephone number** |
|---|---|
| Joseph Louis Lagrange | 869245 |
| Jean Robert Argand | 900823 |
| Carl Freidrich Gauss | 806788 |
| ----- | ----- |
| ----- | ----- |

위와 같은 고객 목록에 대하여 고객 이름의 surname (family name), middle name, first name 순서로 하여 알파벳순으로 정렬한 목록을 다시 만든다고 하자. 다음 예처럼 surname 다음에 쉼표가 나오고, middle name과 first name은 이니셜(머리글자)로 처리하고자 한다.

Argand, J. R

표 형식의 2차원 문자배열인 first_name, middle_name, last_name, telephone_number를 이용하여 각 줄에 한 고객의 정보를 저장한다. 목록은 last_name을 기준으로 정렬한다. 그림 8.14에 이렇게 작성된 프로그램이 나와 있다.

```
Program

  #define  CUSTOMERS   10

  main( )
  {
```

(계속)

```
    char   first_name[20][10], second_name[20][10],
           surname[20][10], name[20][20],
           telephone[20][10], dummy[20];

    int   i,j;

      printf("Input names and telephone numbers \n");
      printf("?");
      for(i=0; i < CUSTOMERS ; i++)
      {
        scanf("%s %s %s %s", first_name[i],
            second_name[i], surname[i], telephone[i]);

        /* converting full name to surname with initials */

        strcpy(name[i], surname[i] );
        strcat(name[i], ",");
        dummy[0] = first_name[i][0];

        dummy[1] = '\0';
        strcat(name[i], dummy);
        strcat(name[i], ".");
        dummy[0] = second_name[i][0];
        dummy[1] = '\0';
        strcat(name[i], dummy);
  }
    /* Alphabetical ordering of surnames */

        for(i=1; i <= CUSTOMERS-1; i++)
           for(j=1; j <= CUSTOMERS-i; j++)
              if(strcmp (name[j-1], name[j]) > 0)
              {
              /* Swaping names */
                  strcpy(dummy, name[j-1]);
                  strcpy(name[j-1], name[j]);
                  strcpy(name[j], dummy);

              /* Swaping telephone numbers */
                 strcpy(dummy, telephone[j-1]);
                 strcpy(telephone[j-1],telephone[j]);
                 strcpy(telephone[j], dummy);
              }
       /* printing alphabetical list */
    printf("\nCUSTOMERS LIST IN ALPHABETICAL ORDER \n\n");
    for(i=0; i < CUSTOMERS ; i++)
       printf("   %-20s\t %-10s\n", name[i], telephone[i]);
}
```

(계속)

```
Output

   Input names and telephone numbers
   ?Gottfried Wilhelm Leibniz 711518
   Joseph Louis Lagrange 869245
   Jean Robert Argand 900823
   Carl Freidrich Gauss 806788
   Simon Denis Poisson 853240
   Friedrich Wilhelm Bessel 719731
   Charles Francois Sturm 222031
   George Gabriel Stokes 545454
   Mohandas Karamchand Gandhi 362718
   Josian Willard Gibbs 123145

 CUSTOMERS LIST IN ALPHABETICAL ORDER
              Argand,J.R   900823
              Bessel,F.W   719731
              Gandhi,M.K   362718
              Gauss,C.F    806788
              Gibbs,J.W    123145
              Lagrange,J.L 869245
              Leibniz,G.W  711518
              Poisson,S.D  853240
              Stokes,G.G   545454
              Sturm,C.F    222031
```

**그림 9.14** 고객 목록을 알파벳순으로 정렬하는 프로그램

## 다중선택 문제

다음 다중선택 문제에서 올바른 답을 고르시오.

9.1 다음 중에서 strcmp() 함수의 반환값은 무엇인가? **[LO 9.4 M]**

(a) 양수 값 (b) 음수 값 (c) 0 (d) 모두 다

9.2 다음 중에서 특정 개수의 문자를 한 문자열에서 다른 문자열에 이어붙이는 함수는 무엇인가? **[LO 9.4 E]**

(a) strcat() (b) strstr() (c) strncat() (d) 모두 아님

9.3 다음 중에서 부분 문자열을 다른 문자열에서 검색하는데 사용하는 함수는 무엇인가? **[LO 9.4 E]**

(a) searchstr() (b) strstr() (c) substr() (d) 모두 아님

9.4 다음 중에서 어떤 조직에서 일하는 10명의 종업원의 이름을 저장하는데 사용되는 배열은 무엇인가? [LO 9.4 M]

(a) employee[10][80] (b) employee[80][10]

(c) employee[][10][80] (d) 모두 아님

9.5 다음 중에서 터미널에서 문자열을 읽는 입력 문으로 올바른 것은? [LO 9.2 H]

(a) scanf("%[^\n]", str); (b) gets(str);

(c) scanf("%[^\n]", str[0]); (d) 모두 다 옳다

9.6 문자열 배열 str[]에 다음 문자열이 저장되어 있다. strlen(str) 함수의 반환값은 무엇인가? [LO 9.4 E]

| N | E | W | \0 |
|---|---|---|---|

(a) 3 (b) 4 (c) 0 (d) 모두 아님

9.7 다음 중에서 터미널에서 문자열을 읽어들이는 입력 문으로 틀린 것은 무엇인가? [LO 9.2 M]

(a) scanf("%[^\n]", str); (b) gets(str);

(c) scanf("%s", &str[0]); (d) 모두 다 옳다

## 복습 질문

9.1 다음 문장이 참인지 거짓인지 말하시오.

(a) 문자배열을 선언할 때 초기화를 수행한다면 "GOOD\0"와 같이 문자열 상수에 널 문자가 포함되어야 한다. [LO 9.1 M]

(b) gets 함수를 사용하면 키보드로 입력되는 문자열 마지막에 자동적으로 널 문자가 붙는다. [LO 9.2 E]

(c) scanf를 이용하여 문자열을 입력할 때는 널 문자가 자동적으로 들어간다. [LO 9.2 E]

(d) gets 입력함수는 하나의 문자열 매개변수를 가진다. [LO 9.2 E]

(e) 공백이 있는 한 줄의 문장을 scanf 함수로 입력할 수 없다. [LO 9.2 M]

(f) getchar 함수를 이용하면 공백을 지나서 입력을 계속할 수 있다. [LO 9.2 M]

(g) C언어에서 프로그램 실행 시에 문자열을 초기화하는 것은 허용되지 않는다. [LO 9.2 H]

(h) 문자열 변수를 대입 연산자와 함께 사용할 수 없다. [LO 9.4 E]

(i) 문자 변수에 대하여 산술 연산을 수행할 수 없다. [LO 9.4 E]

(j) ASCII 문자 집합에는 128개의 문자가 포함되어 있다. [LO 9.4 E]

(k) ASCII 코드에서 알파벳 대문자의 순서가 소문자의 순서보다 앞선다. [LO 9.4 M]

(l) C언어에서 문자 자료형을 숫자와 함께 연산하는 것은 허용되지 않는다. [LO 9.4 M]

(m) strcpy(s2, s1); 함수를 실행하면 문자열 s2로부터 s1로 복사된다. [LO 9.4 M]

(n) strcmp("abc", "ABC"); 함수를 수행하면 양수가 반환된다. [LO 9.4 M]

(o) 문자 상수나 문자 변수를 int형 변수에 대입할 수 있다. [LO 9.4 H]

9.2 다음 빈 칸을 적절히 채우시오.

(a) scanf 함수를 이용하여 문장 한 줄을 입력할 때 서식지정 __를 사용하면 된다. [LO 9.2 E]

(b) ___ 함수에서는 키보드에서 입력되는 문자를 읽는데 변환 서식이 필요 없다. [LO 9.2 E]

(c) printf 함수 대신에 ___ 함수를 사용하여 문자열을 출력할 수 있다. [LO 9.3 E]

(d) strncat 함수는 ___개의 매개변수를 가진다. [LO 9.4 E]

(e) ____ 함수는 문자열의 길이를 구할 때 쓰인다. [LO 9.4 E]

(f) 문자열 처리함수인 ___를 이용하여 문자열을 초기화할 수 있다. [LO 9.2 M]

(g) atoi 함수를 프로그램에서 이용하려면 헤더파일____ 이 프로그램에 포함되어야 한다. [LO 9.4 M]

(h) 문자열처리 함수인___을 이용하여 문자열에 특정문자가 들어 있는지 검사할 수 있다. [LO 9.4 M]

(i) strcat(s2, s1); 함수를 실행하면 ___이 ___으로 연결된다. [LO 9.4 M]

(j) ___ 함수를 이용하여 문자열들을 알파벳순으로 정렬할 수 있다. [LO 9.4 H]

9.3 문자열을 입력할 때 사용하는 getchar와 scanf 함수의 제한사항을 각각 설명하라. [LO 9.2 M]

9.4 문자열의 마지막은 널 문자로 마무리되는데, 문자열 처리작업에 이 사실을 어떻게 활용할 수 있을지를 설명하라. [LO 9.4 H]

9.5 문자배열 입력에 대한 다음의 여러 가지 방법을 보자. [LO 9.1, 9.2, 9.4 M]

(a) 문자배열을 선언할 때 char string[ ] = {“.......”};

(b) strcpy 함수를이용할때 strcpy(string“, ......” );

(c) scanf 함수로 입력할 때 scanf(“%s”,string);

(d) gets 함수로 입력할 때 gets(string);

각각의 방법이 어느 때 좋은 방법인지를 서로 비교하여 설명하라.

9.6 문자배열 string에 “The sky is the limit.” 이란 문장이 저장되어 있다고 하자. 다음과 같은 프로그램 명령문을 실행해서 어떤 출력이 나올지를 설명하라. [LO 9.3 H]

(a) printf(“%s”, string);

(b) printf(“%25.10s”, string);

(c) printf(“%s”, string[0]);

(d)
```
for (i=0;string[i]!=“.”;i++)
        printf(“%c”, string[i]);
```

(e)
```
for (i=0; string[i]!= ‘\0’ ; i++;)
    printf(“%d\n”, string[i]);
```

(f)
```
for (i=0; i<=strlen[string]; ;)
   {
        string[i++]=i;
        printf(“%s\n”, string[i]);
   }
```

(g) printf( "%c\n", string[10] + 5);

(h)printf( "%c\n", string[10] + 5')

9.7 다음에서 문자열 s1과 s2를 연결하여 s3에 저장하는 올바른 프로그램 실행문을 찾아라. [LO 9.4 M]

(a) s3 = strcat (s1, s2);

(b) strcat (s1, s2, s3);

(c) strcat (s3, s2, s1);

(d) strcpy (s3, strcat (s1, s2));

(e) strcmp (s3, strcat (s1, s2));

(f) strcpy (strcat (s1, s2), s3);

9.8 다음 프로그램 실행문은 어떤 출력이 나오는가? [LO 9.3 M]

```
printf ("%d", strcmp ("push", "pull"));
```

9.9 문자배열 s1, s2, s3이 다음과 같이 선언되었다. [LO 9.4 H]

```
char s1[10] = "he", s2[20] = "she", s3[30], s4[30];
```

다음의 실행문은 어떤 출력이 나오는가?

```
printf("%s", strcpy(s3, s1));
printf("%s", strcat(strcat(strcpy(s4, s1), "or"), s2));
printf("%d %d", strlen(s2)+strlen(s3), strlen(s4));
```

9.10 다음 프로그램은 어떤 출력이 나오는가? [LO 9.4 E]

```
char s1[ ] = "Kolkotta"
char s2[ ] = "Pune"
strcpy (s1, s2);
printf("%s", s1);
```

9.11 다음 프로그램은 어떤 출력이 나오는가? [LO 9.4 E]

```
char s1[ ] = "NEW DELHI";
char s2[ ] = "BANGALORE";
strncpy (s1, s2, 3);
printf("%s", s1);
```

9.12 다음 프로그램은 어떤 출력이 나오는가? [LO 9.4 E]

```
char s1[ ] = "Jabalpur";
char s2[ ] = "Jaipur";
printf (strncmp(s1, s2, 2));
```

9.13 다음 프로그램은 어떤 출력이 나오는가? [LO 9.4 E]

```
char s1[ ] = "ANIL KUMAR GUPTA";
char s2[ ] = "KUMAR";
```

```
printf (strstr(s1, s2));
```

9.14 다음 두 함수의 기능을 비교하여 설명하라. [LO 9.4 M]

(a) strcpy와 strncpy

(b) strcat과 strncat

(c) strcmp와 strncmp

## 디버깅 연습

9.1 다음 프로그램에서 오류가 있으면 찾아라. [LO 9.4 M]

(a) char str[10]

strncpy(str, "GOD", 3)

printf("%s", str)

(b) char str[10];

strcpy(str, "Balagurusamy");

(c) if strstr("Balagurusamy", "guru") == 0);

printf("Substring is found");

(d) char s1[5], s2[10],

gets(s1, s2)

## 프로그래밍 연습

9.1 키보드로부터 이름을 입력받은 후에 각 문자에 해당하는 ASCII 코드값을 출력하는 프로그램을 작성하라. [LO 9.4 M]

9.2 다음의 작업을 수행하는 프로그램을 작성하라. [LO 9.4 M]

(a) " Who is the inventor of C?" 라는질문출력

(b) 질문에 대한 응답을 입력

(c) 정답이 맞으면 "GOOD" 이란 문장을 출력하고 종료

(d) 정답이 틀리면 "try again" 이란 문장을 출력

(e) 세 번 시도 후에도 정답이 틀리면 정답을 출력하고 종료

9.3 문자열의 일부를 추출하여 출력하는 프로그램을 작성하라. 문자열에서 n번째 문자에서 부터 m개의 문자를 추출하도록 한다. [LO 9.4 M]

9.4 문장을 입력받은 후에 특정 단어가 몇 번 나오는지 세는 프로그램을 작성하라. [LO 9.4 H]

9.5 문자열을 입력받아서 문자열 내의 문자를 알파벳순으로 다시 출력하는 프로그램을 작성하라. 예를 들어 STRING이란 단어를 입력하면 GINRST라는 출력이 나오도록 한다. [LO 9.4 H]

9.6 주어진 문자열에서 특정한 단어를 다른 단어로 바꾸는 프로그램을 작성하라. 예를 들어 "It is good to program in PASCAL language." 라는 문장이 있을 때 PASCAL이란 단어를 C란 단어로 바꾸도록 한다. [LO 9.4 H]

9.7 다음과 같은 형식으로 자동차 판매상이 각 차량에 대한 판매기록을 가지고 있다고 하자. [LO 9.4 M]

| Vehicle type | Month of sales | Price |
|---|---|---|
| MARUTI-800 | 02/01 | 210000 |
| MARUTI-DX | 07/01 | 265000 |
| GYPSY | 04/02 | 315750 |
| MARUTI-VAN | 08/02 | 240000 |

이 데이터를 표 형식으로 문자열에 입력한 후에 특정 기간에 특정한 차량의 판매액을 출력하는 프로그램을 작성하라. 차량 종류와 기간은 사용자가 입력하도록 한다.

9.8 키보드로 문자열을 읽어 그 문자열이 왼쪽이나 오른쪽 방향 어디로 읽어도 같은지 검사하는 프로그램을 작성하라. 예로 Madam이나 Anna란 단어는 왼쪽이나 오른쪽 방향 어디로나 읽어도 같은 단어가 된다. [LO 9.4 M]

9.9 DDDD.CC와 같은 형식으로 물건 가격을 읽고 이 숫자를 문장으로 출력하는 프로그램을 작성하라. DDDD는 달러이며 CC는 센트이다. 예를 들어 입력값이 125.75이면 "ONE HUNDRED TWENTY FIVE DOLLARS AND SEVENTY FIVE CENTS" 라는 출력이 나와야 한다. [LO 9.3 H]

9.10 다음과 같은 형식으로 정리된 학생 정보를 읽은 다음에 아래에 주어진 작업을 수행하는 프로그램을 작성하라. [LO 9.4 H]

| Roll No. | Name | Marks obtained |
|---|---|---|
| ........ | ........ | ........ |
| ........ | ........ | ........ |
| ........ | ........ | ........ |

(a) 학생 이름으로 알파벳순 정렬
(b) 학생 번호(Roll No.)로 정렬
(c) 학생 성적(Marks)이 높은 순으로 정렬

9.11 두 개의 문자열을 읽은 후 strncmp 함수를 이용하여 두 문자열을 비교하여 두 문장이 같은지 어느 것이 앞서 오는지 결과를 출력하는 프로그램을 작성하라. [LO 9.4 E]

9.12 키보드로 문장 한 줄을 입력한 후에 strstr 함수를 이용하여 특정한 문구가 나오는 횟수를 출력하는 프로그램을 작성하라. [LO 9.4 M]

9.13 문자열 s1에서 n번째 문자로부터 m개의 연속적인 문자를 복사하여 다른 문자열 s2에 저장하라. [LO 9.4 E]

9.14 학생 이름과 학생 번호로 구성되는 학적부 프로그램을 작성하라. 이 프로그램에서는 입력되는 학생 이름에 대해서 학생 번호를 출력하거나 입력되는 학생 번호에 대해서 학생 이름을 출력하도록 한다. [LO 9.4 M]

9.15 다음처럼 주어지는 문자열에 대하여

```
char str[ ] = "123456789";
```

아래와 같은 출력이 나오는 프로그램을 작성하라. [LO 9.3 M]

```
    1
   2 3 2
  3 4 5 4 3
 4 5 6 7 6 5 4
```

5 6 7 8 9 8 7 6 59.16 문자열 함수를 사용하지 않고 두 개의 문자열을 비교하는 C 프로그램을 작성하라. [LO 9.3 M]

9.17 문자열에서 가장 긴 단어와 가장 짧은 단어를 찾는 C 프로그램을 작성하라. [LO 9.3 H]

9.18 문자열에서 모든 빈 칸을 두 개의 빈 칸으로 바꾸는 C 프로그램을 작성하라. [LO 9.3 M]

9.19 여러 개의 문자열을 입력 받아서 사전 순서로 출력하는 C 프로그램을 작성하라. [LO 9.4 H]

9.20 문자열 함수를 사용하지 않고 두 개의 문자열을 연결하는 C 프로그램을 작성하라. [LO 9.3 M]

## 인터뷰 질문

9.1 printf 함수를 이용해서 "Hello World" 라고 출력하는 코드를 작성하라. 하지만 printf 함수는 세미콜론으로 끝나지 않아야 한다. [LO 9.3 H]

9.2 프로그램의 if 블록에 printf("Hello") 문장이 있고 else 블록에 printf(" World"); 문장이 있을 때, if문의 조건을 어떻게 해야 출력이 'Hello World' 가 되겠는가? [LO 9.3 H]

9.3 세미콜론을 하나도 쓰지 않고 실행을 올바르게 하는 프로그램을 작성할 수 있겠는가? [LO 9.1 H]

9.4 strcat 함수는 무엇인가? [LO 9.4 E]

9.5 strstr이라고 불리는 문자열 함수가 있는가? [LO 9.4 E]

Chapter 10

# 사용자정의 함수

**학습목표**

LO 10.1 사용자 정의 함수의 개요을 설명한다.
LO 10.2 사용자 정의 함수의 요소를 구별한다.
LO 10.3 함수들의 여러 부류를 설명한다.
LO 10.4 재귀의 개념을 배운다.
LO 10.5 함수에서 배열을 전달하는 방법을 설명한다.
LO 10.6 변수의 범위, 가시성, 생존시간에 대해서 저장 클래스와 관련해서 설명한다.

## 10.1 소개

앞서 C언어의 여러 장점 중의 하나는 함수에 있다고 언급한 바 있다. C언어에서 함수는 만들기 쉽고 사용하기 쉽게 되어있다. 사실 지금까지 보인 모든 프로그램에서 함수가 사용된 적이 있긴 하였다. 하지만 지금까지 사용된 함수는 주로 **main,printf,scanf**로 제한되었다. 이제 9장에서는 함수에 관련된 다음과 같은 사항을 자세히 다루려 한다.

- 함수가 어떻게 만들어지는가?
- 함수를 어떻게 프로그램에서 사용하는가?
- 다수의 함수를 어떻게 함께 사용하는가?
- 함수 간에 어떻게 정보를 주고받는가?

C언어의 함수는 **라이브러리 함수**와 **사용자정의 함수** 이 두 가지로 크게 구분을 할 수 있다. **main** 함수는 사용자정의 함수의 대표적인 예가 되며 **scanf**나 **printf** 함수는 라이브러리 함수 범주에 들어간다. 전에 소개된 **sqrt, cos, strcat** 함수 등도 라이브러리 함수가 된다. 이 두 함수 유형간의 주된 차이점을 살펴보면, 라이브러리 함수는 사용자가 직접 개발하지 않아도 되는 반면에 사용자정의 함수는 프로그램 개발 시에 사용자가 직접 작성한다는 점이다. 물론 사용자정의 함수도 후에 C언어 라이브러리에 포함되어 질 수가 있으며, 이는 C언어의 또 다른 강점이 된다.

## 10.2 사용자정의 함수가 필요한 이유

LO 10.1 사용자정의 함수의 개요을 설명한다.

앞서 지적된 바와 같이 **main** 함수는 C언어에서 특별히 지정된 함수이다. 즉 모든 프로그램에 **main** 함수가 존재해야 하며, **main** 함수가 프로그램 실행이 시작되는 부분이 된다. 프로그램을 작성할 때 **main** 함수 하나만으로도 가능하지만, 이 경우에 여러 문제점이 발생할 수 있다. 프로그램이 너무 방대하거나 복잡하다면 이에 따라 프로그램을 디버깅하고 테스팅하고 유지보수하기가 까다로워진다. 이럴 때 프로그램을 기능에 따라 여러 부분으로 나누어 관리한다면, 각 부분을 독립적으로 작성하고 나중에 하나로 합칠 수 있다. 이렇게 독립적으로 작성되는 프로그램을 **서브프로그램**이라 하며, 이러한 방식을 이용하면 좀 더 이해하기가 쉽게 또한 좀 더 간편하게 디버깅과 테스트과정을 거칠 수 있다. C언어에서는 이러한 서브프로그램을 **함수(function)**라고 부른다.

특정한 작업이나 계산이 하나의 프로그램 안의 여러 부분에서 빈번하게 수행되는 경우가 많다. 예를 들면 어떤 숫자에 대한 팩토리얼 계산을 동일한 프로그램에 여러 번 수행할 필요가 있을 수 있다. 이럴 때 이러한 계산이 필요한 부분마다 해당 명령문을 집어넣으면 되긴 된다. 하지만 좀 더 좋은 다른 방법으로 이 특정 작업에 대한 함수를 작성하여 필요할 때마다 불러서 사용하게 되면 프로그램 개발시간과 프로그램 상의 공간을 절약할 수 있게 된다.

이렇게 나누어 프로그램을 작성하는 방식으로 다음과 같은 많은 장점을 얻을 수 있다.

1. 그림 10.1에 나타난 바와 같은 톱다운 모듈화 프로그래밍이 가능해진다. 이런 방식에서는 우선 개략적으로 문제 해결방법을 정하고 그 후에 필요한 세부적인 작업을 함수로 처리할 수 있다.
2. 함수를 적소에 사용하면 소스 프로그램의 크기를 줄일 수 있다. 이는 마이크로컴퓨터와 같이 메모리 공간이 제한될 때 특히 고려해야할 사항이다.

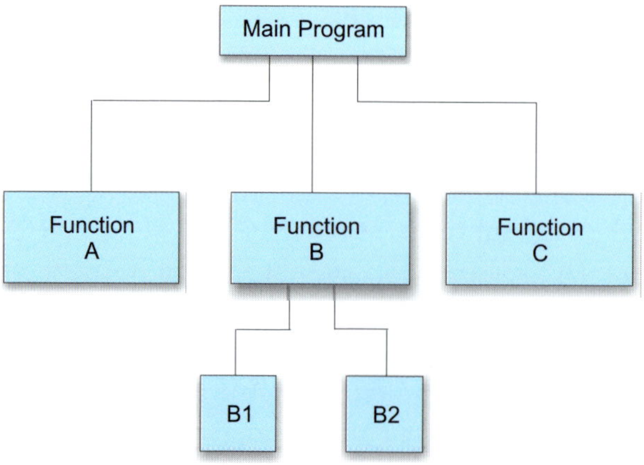


**그림 10.1** 함수를 활용한 톱다운 모듈화 프로그래밍

3. 프로그램 개발 후에 문제가 발생한 함수를 찾기가 쉽다.
4. 개발된 함수를 다른 프로그램에서도 활용할 수 있다. 프로그램을 완전히 새롭게 개발하는 것보다는 이미 만들어진 함수들을 활용하여 프로그램을 좀 더 쉽게 작성할 수 있게 된다.

## 10.3 다수의 함수로 구성되는 프로그램

함수는 특정한 작업을 수행할 수 있도록 만들어진 독립적인 프로그램 블록이라 할 수 있다. 함수가 개발되면 이 함수는 메인 프로그램으로부터 데이터를 받고 결과를 반환하는 일을 하는 하나의 블랙박스처럼 취급될 수 있다. 다른 프로그램 영역에서는 이 함수의 내부에서 세부적으로 일어나는 일을 알 필요가 없게 되며, 메인 프로그램은 이 함수로 들어가고 나오는 데이터만 고려하면 된다. 이렇게 블랙박스와 같은 함수를 모아 C 프로그램이 완성된다고 할 수 있다.

다음과 같은 프로그램을 보도록 하자.

```
void println(void)
{
  int i;
  for (i=1; i<40; i++)
       printf("-");
  printf("\n");
}
```

위의 프로그램에서는 printline이란 함수가 정의되어있으며, 이 함수는 39개 문자로 이루어지는 줄을 출력하는 기능을 한다. 이 함수는 메인 프로그램에서 다음 예처럼 사용될 수 있다.

```
void printline(void);   /* declaration  */
  main( )
  {
       printline( );
       printf("This illustrates the use of C functions\n");
       printline();
  }
   void printline(void)
  {
    int i;
    for(i=1; i<40; i++)
    printf("-");
    printf("\n");
   }
```

다음과 같은 출력이 위의 프로그램에서 나오게 된다.

```
---------------------------------------
 This illustrates the use of C functions
---------------------------------------
```

위의 프로그램에는 다음과 같은 두 개의 사용자정의 함수가 포함되어있다.

**main()** 함수
**printline()** 함수

예상하듯이 프로그램 실행은 **main** 함수에서 언제나 시작되는데 첫 줄에 나오는 명령문인

**printline( );**

으로 **printline** 함수가 실행된다. 이 시점에서 프로그램 실행은 **printline** 함수로 넘어가게 된다. **printline** 함수 내에서 39개 문자 길이에 해당하는 줄이 출력되는 작업이 수행되며, 그 후에 프로그램 실행이 **main** 함수로 돌아가게 된다. 이제 프로그램 실행위치는 함수가 호출된 위치로 다시 돌아온 상황이다. 다음의 **printf** 명령문이 수행되고, 그 다음 명령문에서 프로그램 실행은 다시 한 번 **printline** 함수로 넘어간다.

결과적으로 **main** 함수는 사용자정의 함수인 **printline** 함수를 두 번 호출했으며, 라이브러리 함수인 **printf** 함수를 한 번 호출하였다. 참고로 **printline** 함수는 **printf** 함수를 39번 호출한다.

함수는 다른 함수를 호출할 수 있으며, 함수 자신도 호출이 가능하다. 또한 호출된 함수는 또 다른 함수를 호출할 수 있다. 함수는 여러 번 호출될 수 있는데, 이는 함수를 활용하는 주요 목적이기도 하다. 그림 9.2는 여러 함수를 가진 프로그램이 어떻게 작동하는지 보여준다.

> **TIP**
>
> 하나의 함수는 결합된 단위이다. 서로 다른 함수들 간의 상호 연관은 최소화 되어야 한다.

프로그램 실행이 시작되는 위치를 제외하면 프로그램 내에서 함수가 어떻게 구성되는지, 함수가 어떻게 연결되는지 특별한 제약사항은 없다. 호출되는 함수는 호출하는 함수 앞이나 뒤 어디에나 위치할 수 있다. 그래도 호출되는 함수가 호출하는 함수 뒤에 놓이는 게 대체적인 프로그래밍 관례이긴 한데, 다음의 "모듈화 프로그래밍"에 나오는 사항을 참조하라.

### 모듈화 프로그래밍

모듈화 프로그래밍은 크고 방대한 프로그램을 모듈이라는 작고 독립적인 프로그램 조각으로 나누어 소프트웨어를 개발하는 방법으로, ***모듈***은 각각 고유의 명칭이 붙는 개별적인 *프로그램 단위*라고 할 수 있다. 이러한 모듈을 세심하게 종합하여 하나의 소프트웨어가 만들어지는데, 이런 방식은 문제 해결방법에서 쓰이는 "분할정복법(Divide and Conquer)" 전략과 유사하다고 할 수 있다.

모듈은 조직도와 비슷한 성격을 가지는 톱다운 계층도를 따라 설계되는데 C언어에서 모듈은 하나의 기능을 갖도록 하는 함수를 지칭한다.

모듈화 프로그래밍은 다음과 같은 성격을 지니고 있다.

1. 각 모듈은 하나의 기능을 갖도록 한다.
2. 모듈을 호출함으로써 모듈 간의 상호관계가 이루어진다.
3. 모듈은 하나의 상위 모듈에 의하여 호출된다.
4. 호출이 이루어지지 않는 모듈은 서로 간에 직접적인 관계가 없다.
5. 모든 모듈은 *입구*와 *출구*가 하나씩 있도록 디자인된다.

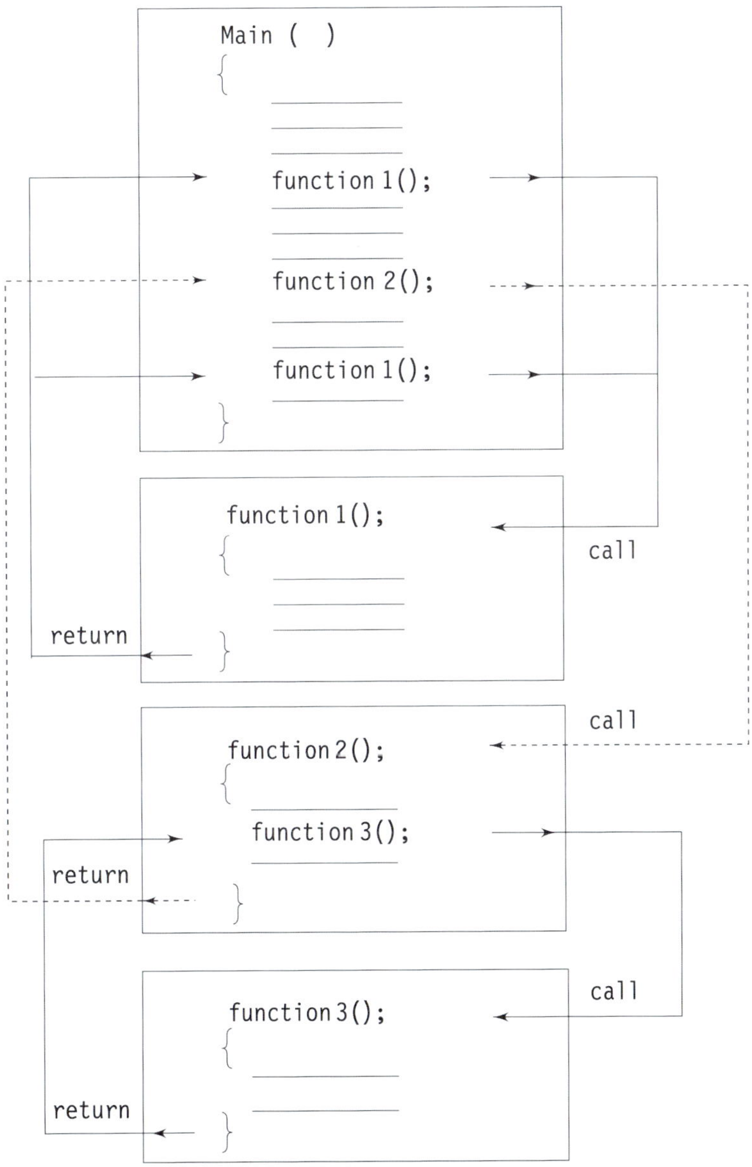


**그림 10.2** 다수의 함수로 구성된 프로그램의 실행 흐름도

## 10.4 사용자정의 함수의 구성

LO 10.2 사용자 정의 함수의 요소를 구별한다.

지금까지 프로그램에서 사용되는 여러 유형의 자료형과 변수에 대하여 소개한 바 있다. 하지만 이러한 변수들은 아직까지는 **main** 함수 내에서만 선언되고 사용되어져 왔다. C언어에서 함수는 유도 자료형의 일종으로 분류된다고 4장에서 언급하였다. 그러므로 C언어의 여느 변수처럼 함수도 선언된 후에나 사용될 수 있으며, 이에 따라 C언어에서 변수와 함수 간에 다음과 같은 여러 유사성이 존재하게 된다.

- 함수의 이름 역시 변수의 이름처럼 식별자가 되며, 함수의 이름을 정할 때 식별자 규칙을 준수해야 한다.
- 변수처럼 함수도(예를 들면 int 같은) 자료형을 가진다.
- 변수처럼 함수에서도 함수가 프로그램에서 사용되기 전에 함수 이름과 자료형이 정의되고 선언되어야 한다.

사용자정의 함수를 활용하기 위해서는 다음과 같은 세 가지 함수 관련 구성요소가 있어야 한다.

1. 함수 정의(function definition)
2. 함수 호출(function call)
3. 함수 선언(function declaration)

**함수 정의**는 함수가 성립되기 위해 필요한 구성을 갖추어 작성되어지는 하나의 독립적인 프로그램 모듈이라고 할 수 있다. 이제 이 함수를 사용하려면 프로그램의 적절한 위치에서 이 함수를 불러야 하며 이를 **함수 호출**이라 한다. 함수를 **호출하는** 프로그램이나 함수를 **호출 프로그램** 또는 호출 함수라 한다. 호출 프로그램에서는 변수의 선언과 마찬가지로 프로그램 내에서 사용될 함수가 선언되어야 하며 이를 **함수 선언** 또는 **함수 원형**(*function prototype*)이라 한다.

## 10.5 함수의 정의

**함수의 정의**는 **함수의 구현**이라고도 하는데, 여기에는 다음과 같은 세부적 요소가 필요하다.

1. 함수의 이름
2. 함수의 자료형
3. 매개변수
4. 지역변수 선언
5. 함수 내 명령문
6. 리턴 명령문

위의 6개 요소는 다음과 같은 두 가지 부분으로 나뉠 수 있다.

- 함수 헤더(처음 세 개 요소)
- 함수 몸체(마지막 세 개 요소)

이러한 두 부분이 나타나 있는 일반적인 함수 정의를 다음에서 보도록 하자.

```
function_type  function_name(parameter list)
{
  local variable declaration;
  executable statement1;
  executable statement2;
  . . . . .
  . . . . .
  return statement;
}
```

첫째 줄인 function_type function_name(parameter list)가 바로 **함수의 헤더**가 되며 중괄호 내의 명령문들이 **함수의 몸체**를 이룬다.

## 함수의 헤더

함수의 헤더는 함수의 자료형(리턴형), 함수의 이름, 형식 매개변수 등 세 개 부분으로 이루어진다. 참고로 함수의 헤더 뒤에는 세미콜론이 붙지 않음에 주의해야 한다.

## 함수의 이름과 자료형

**함수의 자료형**은 프로그램이 함수를 호출할 때 반환되는 값의 자료형을 결정한다. 만약에 함수의 자료형이 명시되지 않으면, C언어에서는 int 정수형으로 함수의 자료형을 간주한다. 함수가 아무런 값도 반환하지 않는다면 리턴형을 **void**로 명시하면 된다. C언어에서는 **void**도 기본 자료형이다. 리턴형이 int 정수형이라도 함수의 리턴형을 명시하는 것이 좋은 프로그래밍 습관이다. 참고로 리턴값은 함수에서 만들어져 나오는 값을 의미한다.

**함수의 이름**은 C언어 식별자이며, 이에 따라 C언어 변수와 같은 이름 작성규칙을 따른다. 함수의 이름은 해당 함수의 내용에 맞게 작성하는 것이 좋으며, 라이브러리 함수 이름이나 컴퓨터 운영체제의 명령어 등을 함수의 이름으로 쓰는 것은 피해야 한다.

## 형식 매개변수

**매개변수**(*parameter*)는 호출하는 프로그램에서 보내는 데이터를 받도록 지정되는 변수를 지칭한다. 특정한 작업을 수행하는 함수에서 매개변수를 통하여 데이터 입력이 함수 내로 들어오도록 하는 역할을 맡는다. 이 매개변수는 실제적으로 입력 데이터가 저장되므로 **형식 매개변수**(*formal* parameter)라고 불린다. 또한 이 매개변수를 통하여 호출 프로그램으로 데이터를 전송할 수도 있다. 자세한 사항은 함수에 대한 설명과 함께 소개될 예정이다. 매개변수는 **인자**

(*argument*)라고도 불린다.

함수 정의의 매개변수 표현으로 소괄호 안에 선언되는 다수의 변수가 쉼표로 구분되어 나열된다. 다음의 예를 보도록 하자.

```
float quadratic (int a, int b, int c) {....}
double power (double x, int n) {....}
float mul (float x, float y) {....}
int sum (int a, int b) {....}
```

소괄호 뒤에 세미콜론이 붙지 않음에 주의해야 하며, **int sum(int a,b)**처럼 매개변수의 자료형 선언을 일괄적으로 할 수는 없다.

모든 함수가 꼭 호출 프로그램에서 데이터를 받을 필요는 없다. 이런 경우에는 형식 매개변수가 없게 되며, 매개변수가 없다는 것에 대하여 다음과 같이 키워드 **void**를 괄호 안에 써주게 된다.

```
void printline (void)
{
    ....
}
```

위의 함수는 입력값이 없으며 리턴값도 존재하지 않는 경우로서, 대개의 컴파일러는 다음처럼 괄호 안에 아무것도 쓰지 않더라도 이를 허용해준다.

```
void printline( )
```

그래도 매개변수가 없으면 **void**를 명기하는 것이 좋은 프로그래밍 습관이다.

## 함수의 몸체

함수의 몸체에는 함수에 주어지는 기능을 수행할 변수선언과 명령문들이 들어간다. 함수의 몸체는 중괄호로 묶여지고 그 안의 내용은 다음과 같은 순서로 세 가지 부분으로 구성된다.

**1.** 함수에 필요한 지역변수 선언
**2.** 주어진 함수의 작업을 수행할 명령문들
**3.** 함수가 구한 값을 반환할 **리턴** 명령문

위에 나온 **printline()** 함수처럼 함수가 반환할 값이 없다면 **리턴** 명령문은 생략될 수 있으며, **void**로 리턴 자료형이 주어지게 된다. 리턴값이 없을 때도 리턴 명령문을 포함하는 것이 일반적이긴 하다.

다음에서 함수 정의의 예를 살펴보자.

```
(a)  float mul (float x, float y)
     {
        float result;            /* local variable */
        result = x * y;          /* computes the product */
        return (result);         /* returns the result */
     }
(b)  void sum (int a, int b)
     {
        printf ("sum = %s", a + b); /* no local variables */
        return;                  /* optional */
     }
(c)  void display (void)
        {                        /* no local variables */
          printf ("No type, no parameters");
                                 /* no return statement */
        }
```

**주의**

1. 함수가 실행되어 리턴 명령문에 이르면 프로그램 실행은 호출 프로그램으로 다시 돌아가게 된다. 만약 리턴 명령문이 없다면 마지막 중괄호가 *void 리턴* 역할을 하게 된다.
2. *지역변수*는 함수 내에서 정의되는 변수를 말하며 함수 외부에서는 통용되지 않는다.

## 10.6 리턴값과 리턴값 자료형

앞서 설명한 바와 같이 함수는 호출함수로 리턴값을 보낼 수도 있고 보내지 않을 수도 있다. 리턴값이 있는 경우에는 **리턴** 명령문이 필요하다. 함수로는 여러 개의 데이터 값이 입력될 수 있지만 호출되는 함수에서 반환되는 값은 한 개여야 한다.

**리턴** 명령문은 다음과 같은 형식을 가진다.

```
return;
또는
return(expression);
```

위의 처음 명령문에서는 **리턴**값이 없으며 마지막 중괄호와 동일한 효과를 낸다. 따라서 실행이 **return**에 이르면 프로그램 실행이 호출 함수로 즉시 넘어가게 된다. 다음은 간단한 **return** 사용에 대한 예이다.

```
if(error)
return;
```

**주의** C99에서는 함수가 리턴값을 가진다면 **return** 명령문에 명시가 되어야 한다.

다음으로 두 번째 **return** 명령문 형식에서는 실제로 리턴값이 있는 경우이다. 다음의 예제에서는

```
int mul (int x, int y)
{
  int p;
  p = x*y;
  return(p);
}
```

변수 **x**와 **y**값의 곱인 변수 **p**의 값이 반환된다. 위의 프로그램에서 마지막 두 명령문은 다음과 같이 하나의 명령문으로 쓸 수 있다.

```
return(x*y);
```

함수 내에서 하나 이상의 리턴 명령문이 존재할 수 있다. 다음의 프로그램에서와 같이 주어진 조건에 따라 리턴값을 정하는 것이 그 예이다.

```
if( x <= 0 )
   return(0);
else
   return(1);
```

이 시점에서 함수가 반환하는 값은 어떤 자료형일 것인지 살펴보자. 기본적으로는 리턴값의 자료형은 **int** 정수형이다. 그렇다면 다른 자료형을 반환하려면 어떻게 해야 하는가? 앞서 잠깐 언급한 바와 같이 함수 헤더에서 자료형을 지정하여 우리가 원하는 자료형을 함수에서 반환하도록 할 수 있다.

어떤 값이 반환될 때 정해진 자료형에 자동적으로 맞추어 값이 반환된다. 함수 내에서 **double** 형의 데이터가 계산되었다고 하더라도 리턴값의 자료형이 **int** 형이라면 실수가 정수로 바뀌어 반환된다.

```
int product (void)
{
    return (2.5 * 3.0);
}
```

위의 프로그램에서는 계산되는 실수의 정수부인 7이 반환된다.

## 10.7 함수의 호출

함수는 그 함수의 이름과 그 다음에 괄호 안에 오는 실 매개변수(또는 인자)를 사용하여 다음과 같이 호출할 수 있다.

```
main( )
{
   int y;
   y = mul(10,5);    /* Function call */
   printf("%d\n", y);
}
```

컴파일러가 함수 호출을 만나면 프로그램 실행이 **mul()** 함수로 넘어가게 되며, 이 함수 내에서 명령문이 하나씩 수행되고 리턴 명령문에 이르러 리턴값이 반환된다. 위 프로그램에서 리턴값은 **y**에 저장된다. 아래에는 이러한 프로그램 수행이 그려져 있다.

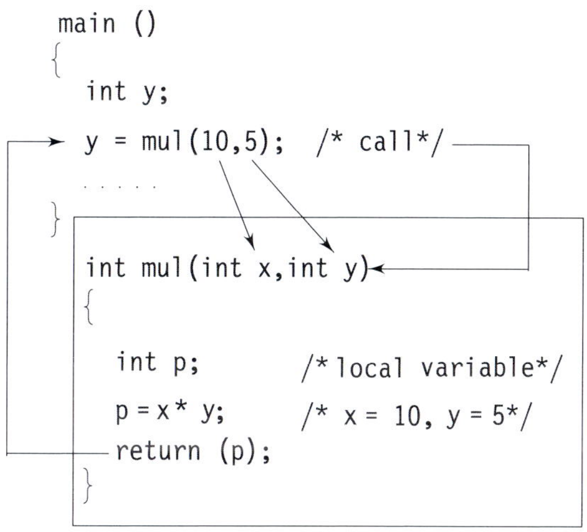


위의 프로그램에서 정수값 10과 5가 함수 호출로 다음의 함수로 들어간다.

**int mul(int x, int y)**

여기서 두 정수값은 **x**와 **y**에 각각 대입된다. 함수에서는 **x**와 **y**의 곱이 계산되어 그 결과는 지역변수 **p**에 저장되며 정수 50이 **main** 함수로 반환되어 **y**에 저장된다.

함수를 호출하는데는 여러 가지 유형이 있는데 다음에서 **mul** 함수 호출의 예를 보도록 하자.

```
mul(10, 5)
mul(m, 5)
mul(10, n)
mul(m, n)
mul(m + 5, 10)
mul(10, mul(m, n))
mul(expressionl, expression2)
```

위에서 여섯 번째는 함수가 자기 자신을 호출하는 경우이다. 또한 함수에 연산식을 사용할 때는 연산식에서 하나의 값만이 나와서 매개변수로 이용되도록 해야 한다.

리턴값이 있는 함수는 변수처럼 연산식에 사용이 될 수 있어 다음과 같은 명령문이 가능하다.

```
printf("%d\n", mul(p,q));
y = mul(p,q) / (p+q);
if (mul(m,n)>total) printf("large");
```

하지만 다음처럼 함수가 대입연산자 왼쪽에 올 수는 없다.

```
mul(a,b) = 15;
```

리턴값이 없는 함수는 연산식에 사용할 수는 없지만, 특정한 작업을 수행하는데 호출되어 이용될 수 있다. 9.3절에서 언급된 **println( )** 함수가 바로 이러한 경우로서, 다음 예처럼 함수의 이름 자체를 독립적인 명령문으로 사용할 수 있다.

```
main( )
{
   println( );
}
```

위의 예에서 함수 이름 뒤에 세미콜론이 붙는 것에 주의하라.

### 함수 호출

함수 호출은 후위 연산이라고 할 수 있다. (. .) 연산자는 표 3.8에서 보는 바와 같이 최상위 우선순위를 가진다. 따라서 함수 호출이 연산식에 사용될 때 특별한 상황이 주어지지 않는다면 함수 호출이 먼저 수행된다.

함수의 호출에서 함수의 이름이 피연산자이며, 실 매개변수를 포함하는 (. .) 괄호가 연산자 구실을 한다. 실 매개변수는 형식 매개변수와 개수, 자료형, 그리고 순서가 일치해야 한다. 실 매개변수가 여러 개가 있을 때 쉼표로 구분하여 나열한다.

**주의**

1. 실 매개변수가 형식 매개변수보다 많다면 남는 실 매개변수는 버려진다.
2. 반대로 실 매개변수가 형식 매개변수보다 적다면 남는 형식 매개변수는 쓰레기값으로 초기화된다.
3. 자료형이 일치하지 않는 경우에는 쓰레기값이 들어가게 된다.

## 10.8 함수의 선언

변수와 마찬가지로 C 프로그램에 등장하는 모든 함수는 사용되기 전에 선언되어야 한다. 함수의 선언(또는 함수의 원형)은 다음과 같은 네 개의 부분으로 구성된다.

- 함수 자료형(리턴값 자료형)
- 함수 이름
- 매개변수
- 마지막의 세미콜론

함수의 선언은 다음과 같은 형식을 갖는다.

```
Function-type function-name (parameter list);
```

위의 형식은 마지막에 나오는 세미콜론을 제외한다면 함수의 헤더 부분과 매우 유사함을 볼 수 있다. 앞서 나온 **mul** 함수는 다음과 같이 선언될 수 있다.

```
int mul(int m, int n); /* Function prototype */
```

**주의할 점:**

1. 매개변수는 쉼표로 구분되어 나열된다,
2. 매개변수의 이름이 함수 원형 선언과 함수 정의에서 동일할 필요는 없다.
3. 매개변수의 자료형이 함수 정의에서의 매개변수의 자료형과 순서와 개수에서 일치해야 한다.
4. 함수 선언에서는 매개변수의 이름을 생략할 수 있다.
5. 함수에 형식 매개변수가 없다면 괄호 안이 (void)로 쓰인다.
6. 함수의 리턴값이 **int** 정수형이면 리턴값의 자료형을 생략할 수 있다.
7. 리턴값이 없다면 리턴값의 자료형은 **void**가 된다.
8. 함수 선언과 함수 정의의 자료형이 일치하지 않으면 컴파일러 에러가 나올 수 있다.

mul 함수을 선언할 때 다음과 같은 형식도 유효하다.

```
int mul (int, int);
    mul (int a, int b);
    mul (int, int);
```

함수에 매개변수도 없고 리턴값도 없을 때 함수 원형은 다음과 같다.

```
void display (void);
```

함수 선언은 프로그램 상에서 다음의 두 위치에 둘 수 있다.

**1. main** 함수를 포함하여 모든 함수가 나오기 전

**2.** 함수 정의 내부

함수 선언이 전역변수가 오는 자리이기도 한 모든 함수 앞 위치에 놓이면 이런 함수 선언을 **전역 원형**(*global prototype*)이라 부르며, 프로그램에 나오는 모든 함수에 대하여 적용할 수 있다.

이와는 반대로 함수 선언이 지역변수가 오는 자리인 다른 함수의 정의 내부에 놓이면 이를 **지역 원형**(*local prototype*)이라 하며, 함수 내에 함수가 오는 경우에 주로 사용된다.

함수 선언의 위치에 따라 프로그램 내의 다른 함수가 이 함수를 사용할 수 있는 영역이 결정되며, 이 영역을 함수 범위(scope)라 한다. 함수 범위에 대해서는 후에 다시 설명될 예정이다. 함수 선언은 **main** 함수 앞인 전역변수가 오는 자리에 위치하는 것이 좋은데, 이렇게 하면 프로그램을 좀 더 융통성있게 구성하고, 또한 프로그램에 등장하는 함수를 좀 더 쉽게 찾아볼 수 있도록 한다.

> **TIP**
>
> 선언부에 있는 함수의 원형은 함수 정의부에 있는 함수 헤더 부분과 정확히 일치되어야 한다.

### 함수 원형: YES OR NO

함수 원형은 언제나 꼭 필요한 것은 아니다. 하지만 함수가 사용되기 전에 선언되어 있지 않으면 C언어에서는 프로그램 링크 시에 이 함수에 대한 정보가 주어질 것으로 가정된다. 함수 원형이 없다면 일단 C언어에서는 이 함수의 리턴값이 정수형이고 실 매개변수가 형식 매개변수와 같다고 예상한다. 프로그램이 링크될 때 이러한 예상이 맞지 않으면 링크 작업에서 에러가 발생하게 되며 이를 바로 잡기 위하여 프로그램을 수정해야 한다. 따라서 함수 선언은 언제나 하는 것이 좋으며, 또한 함수 선언은 전역 변수 선언 위치에 하는 것이 좋다.

### 매개변수

매개변수(또는 인자)는 다음과 같은 세 가지 종류의 위치에 등장할 수 있다.

1. 함수 선언(원형)
2. 함수 호출
3. 함수 정의

함수 원형과 함수 정의에 나타나는 매개변수를 *형식 매개변수*(*formal parameter*)라 하며, 함수 호출에서의 매개변수를 *실 매개변수*(*actual parameter*)라 한다. 함수 호출에서 실 매개변수로 상수가 될 수도 있으며, 변수나 연산식이 될 수도 있다.

실 매개변수와 형식 매개변수는 개수나 순서, 그리고 자료형이 서로 일치해야 한다. 하지만 두 매개변수의 이름이 꼭 같을 필요는 없다.

## 10.9 함수의 사용유형

인자와 리턴값의 존재 유무에 따라 함수가 사용되는 유형을 다음과 같이 정리할 수 있다.

사용유형 1: 인자도 없고 리턴값도 없는 함수
사용유형 2: 인자는 있으나 리턴값이 없는 함수
사용유형 3: 인자도 있고 리턴값도 있는 함수
사용유형 4: 인자는 없으나 리턴값이 있는 함수
사용유형 5: 다수의 리턴값이 있는 함수

지금부터는 각 사용유형에 대하여 사용 예와 함께 자세히 알아보려 하며, 매개변수라는 용어 대신에 인자라는 용어가 더 많이 쓰일 예정이다.

## 10.10 인자도 없고 리턴값도 없는 함수

함수에 인자가 없다는 말은 호출 함수로부터 데이터를 넘겨받지 않는다는 뜻이다. 그리고 함수의 리턴값이 없음은 호출되는 함수에서 호출 함수로 반환되어 들어가는 값이 없음을 뜻한다. 따라서 이 경우에는 그림 10.3에 그려진 것처럼 호출 함수와 호출되는 함수사이에 데이터의 교환이 전혀 없게 된다. 그림에서 점선은 데이터 교환 없이 프로그램 실행만 넘어감을 의미한다.

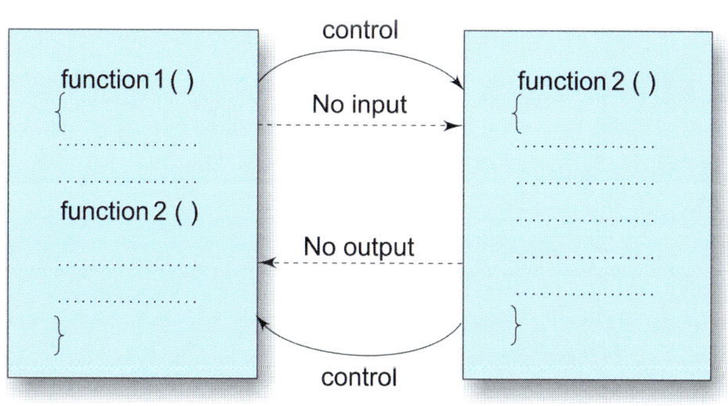


**그림 10.3** 데이터 교환이 없는 함수 호출

**예제 10.1** **여러 개의 함수를 포함하지만 함수 간에 데이터 교환이 없는 프로그램을 작성하라.** E

그림 10.4에 나타난 프로그램에는 세 개의 사용자정의 함수가 포함되어 있다. **main** 함수는 호출 함수로서 **printline** 함수와 **value** 함수를 호출한다. 호출되는 함수는 인자가 없으며, 이에 따라 인자 선언도 나타나지 않는다. **printline** 함수는 호출되면 35개 문자로 구성된 줄을 출력하는 기능을 한다. **value** 함수에서는 원금과 이자, 그리고 상환기간을 입력받아 상환금액을 계산하여 출력하게 되는데, 다음의 공식에 따라 금액 계산이 주어진 해마다 수행된다.

**value = principal(1+interest-rate)**

**Program**

```
/* Function declaration */
void printline (void);
void value (void);
main()
{
        printline();
        value();
        printline();
}
/*        Function1: printline( )        */

void printline(void)    /* contains no arguments */
{
        int i ;
        for(i=1; i <= 35; i++)
            printf("%c",'-');
        printf("\n");
}
/*        Function2: value( )            */

void value(void)        /* contains no arguments */
{
        int    year, period;
        float  inrate, sum, principal;

        printf("Principal amount?");
        scanf("%f", &principal);
        printf("Interest rate?   ");
        scanf("%f", &inrate);
        printf("Period?          ");
        scanf("%d", &period);

        sum = principal;
        year = 1;
        while(year <= period)
        {
            sum = sum *(1+inrate);
            year = year +1;
        }
        printf("\n%8.2f %5.2f %5d %12.2f\n",
                principal,inrate,period,sum);
}
```

(계속)

```
Output
------------------------------------------
    Principal amount?   5000
    Interest rate?      0.12
    Period?             5

    5000.00   0.12      5        8811.71
------------------------------------------
```

그림 10.4 인자도 없고 리턴값도 없는 함수

프로그램의 **value** 함수에서 데이터를 입력받을 때 데이터가 터미널에서 직접 입력됨에 주의하라. 원금과 이자, 그리고 상환기간이 입력되는 데이터이며, **while** 반복문을 통하여 상환기간 끝에 갚아야할 상환금액이 계산되고 **printf** 라이브러리 함수로 그 결과가 출력된다. **value()** 함수의 몸체 마지막의 괄호 위치까지 실행되면 프로그램 실행은 다시 **main** 함수로 돌아가게 된다. 함수에서 계산이 자체적으로 수행된 다음에 호출 함수로 돌아갈 때는 아무 데이터도 동반하지 않으며, 이에 따라 **printline** 함수와 **value** 함수의 리턴값 자료형이 **void**로 선언되어 있다.

## 10.11 인자는 있으나 리턴값이 없는 함수

그림 10.4에 나타난 함수 사용유형에서는 사용자정의 함수가 데이터를 받는데 **main** 함수가 전혀 관여를 하지 않았다. **printline** 함수에서는 호출될 때마다 동일한 문장 한 줄을 출력하였으며, **value** 함수에서도 **main** 함수가 함수 실행에 관여를 하지 않았다. 하지만 이번에는 호출 함수에서 데이터를 입력받아 호출되는 함수에 전달하려 한다. 호출 함수에서 데이터를 입력받아 필요한 경우에 그 데이터의 유효성을 확인한 다음에 호출되는 함수에 넘겨주는 것이 호출되는 함수에서 데이터를 직접 입력받는 것보다는 좀 더 좋은 방식이 될 수 있다.

그림 10.5에는 인자는 있으나 리턴값이 없는 함수가 호출 함수와 어떻게 데이터 교환이 이

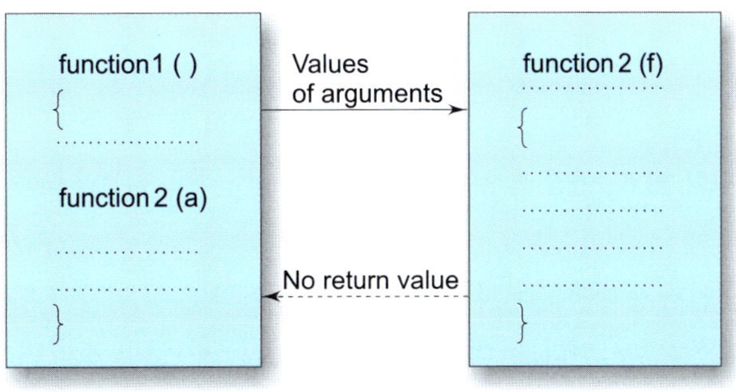


그림 10.5 함수에서 한 방향 데이터 교환

루어지는지 나타나 있다.

함수가 인자를 갖도록 다음처럼 함수의 정의를 변경해보자.

**void printline(char ch)**
**void value(float p, float r, int n)**

위에 나오는 인자인 *ch*, *p*, *r*, *n*은 형식 인자(*formal argument*)이며, 호출 함수에서는 이 인자들에게 값을 전달할 때 함수 호출에 적절한 인자를 명시해야 한다. 다음 함수 호출의 예를 실행하면

**value(500, 0.12, 5)**

500, 0.12, 5라는 값들이 다음의 함수로 전해진다.

**void value(float p, float r, int n)**

함수 호출 후에 500은 **p**에, 0.12는 **r**에, 5는 **n**에 각각 할당된다. 여기서 500, 0.12, 5라는 값은 실인자(*actual argument*)에 해당되며, 이 값들이 호출되는 함수에 전해지면서 형식 인자에 들어가게 된다.

실 인자와 형식 인자는 개수도 일치해야 하며 순서에 맞추어 자료형도 일치해야 한다. 따라서 그림 10.6에 나타난 것처럼 실 인자와 형식 인자는 일대일로 대응한다고 볼 수 있다.

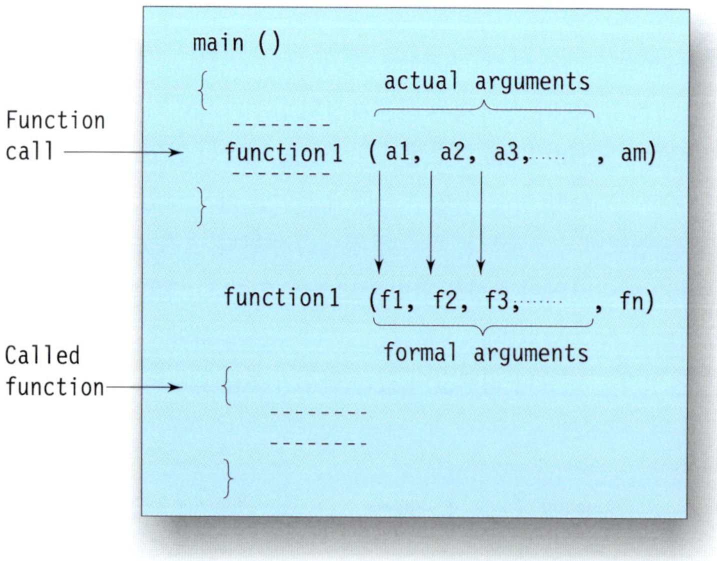


**그림 10.6** 호출 함수와 호출되는 함수 간 인자의 일대일 대응

함수를 호출할 때 인자가 대응되는지 확인해야 한다. 만약에 실 인자가 형식 인자보다 많다면 (m > n) 남는 실 인자들은 무시된다. 반대로 실 인자가 형식 인자보다 적다면 남는 형식 인자들은 쓰레기값으로 초기화된다. 인자 간에 자료형이 일치하지 않으면 쓰레기값이 전달되는 상황이 벌

어질 수 있다. 이런 상황이 일어나도 에러가 뜨는 것은 아니기에 주의를 기울일 필요가 있다.

형식 인자에는 유효한 변수의 이름이 사용되어야 한다. 하지만 실 인자에는 변수 이름 외에도 연산식이나 상수가 쓰이는 것도 허용된다. 또한 실 인자로 쓰이는 변수는 함수 호출이 되기 이전에 데이터가 할당되어져 있어야 한다.

함수 호출이 실행되면 실 인자의 값이 복사되어 호출되는 함수로 들어가게 되며, 호출된 함수 내에서 어떤 일이 벌어지건 실 인자에 사용된 변수에는 아무 영향을 미치지 못한다.

**예제 10.2** 예제 10.1에 나오는 프로그램을 변경하여 함수가 인자를 갖도록 하라. M

그림 10.7에는 함수가 인자를 갖도록 고쳐진 프로그램이 수록되어 있다. 프로그램 대부분 내용은 그림 10.4의 프로그램과 동일하긴 하지만 입력 안내문과 다음의 **scanf** 명령문이 **value** 함수에서 **main** 함수로 옮겨져 있다. 변수 **principal, inrate, period**는 이제 **main** 함수 내에서 입력값을 저장하는데 쓰이므로 **main** 함수에서 선언이 되어야 한다. 다음과 같은 함수 호출이 실행되면

```
value(principal, inrate, period);
```

이 변수들에 저장된 값들이 **value** 함수로 전해진다.

**value** 함수의 헤더를 보면 세 개의 형식 인자인 **p, r, n**이 있으며, 함수 호출에 의하여 이 형식 인자들은 실 인자인 **principal, inrate, period**와 일대일 대응하여 값을 전해 받는다. 함수가 호출되면 실 인자의 값들이 대응하는 형식 인자에 할당된다. 따라서 다음과 같은 대입이 일어난다고 할 수 있다.

```
p = principal;
r = inrate;
n = period;
```

**Program**

```
/* prototypes */
void printline (char c);
void value (float, float, int);

main( )
{
     float principal, inrate;
     int period;
```

(계속)

```
        printf("Enter principal amount, interest");
        printf(" rate, and period \n");
        scanf("%f %f %d",&principal, &inrate, &period);
        printline('Z');
        value(principal,inrate,period);
        printline('C');
    }
    void printline(char ch)
    {
        int i ;
        for(i=1; i <= 52; i++)
            printf("%c",ch);
        printf("\n");
    }

    void value(float p, float r, int n)
    {
        int year ;
        float sum ;
        sum = p ;
        year = 1;
        while(year <= n)
        {
            sum = sum * (1+r);
            year = year +1;
        }
        printf("%f\t%f\t%d\t%f\n",p,r,n,sum);
    }
```

**Output**

```
    Enter principal amount, interest rate, and period
    5000 0.12  5
    ZZZZZZZZZZZZZZZZZZZZZZZZZZZZZZZZZZZZZZZZZZZZZZZZZZZZ
    5000.000000     0.120000        5       8811.708984
    CCCCCCCCCCCCCCCCCCCCCCCCCCCCCCCCCCCCCCCCCCCCCCCCCCCC
```

**그림 10.7** 인자는 있으나 리턴값이 없는 함수

함수 내에서 선언되는 변수를 **지역변수**라 하며, 이 변수에 저장되는 값은 함수 내에서만 통용되고 다른 함수에서는 이 변수의 사용이 불가능하다. 이에 대해서는 후에 좀 더 자세히 다루어질 예정이다.

주어진 상환기간에 대한 상환금액이 **value** 함수에서 계산되고 결과가 출력되는 것은 이전

프로그램에서와 같다. 함수 내에서 프로그램이 실행되다가 마지막 괄호 부분에 이르면 프로그램 실행이 다시 돌아오는데, 이 때 리턴값이 없음에 주의하라.

프로그램에서 **printline** 함수는 두 번 호출된다. 첫 호출 때는 문자 'Z'가 전해지며, 두 번째 호출 때는 문자 'C'가 함수로 전해진다. 함수로 넘어오는 문자는 형식 인자 **ch**에 할당되어 출력 예에서 보는 것과 같이 한 줄이 출력된다.

### 인자의 개수가 정해져 있지 않으면

어떤 경우에는 함수가 가지는 인자의 개수와 자료형이 정해지지 않아 컴파일 시간에는 몇 개의 인자가 있을지 알 수 없는 함수가 있을 수 있다. 이런 함수의 대표적인 예가 printf나 scanf 함수이다. ANSI 표준에서는 *생략부호(ellipsis)*를 이용하여 이러한 기능을 가지는 함수를 허용하도록 하였다. 여기서 생략부호는 세 개의 쉼표(...)를 말하며 다음과 같이 사용될 수 있다.

```
double area(float d,...)
```

인자의 개수와 자료형이 정해지지 않은 함수에 대해서 생략부호를 쓸 때는 이 생략부호가 함수의 선언과 정의 두 부분에 모두 있어야 한다.

## 10.12 인자도 있고 리턴값도 있는 함수

그림 10.7의 프로그램에서 **value** 함수는 인자를 통하여 호출 함수로부터 데이터를 전해 받지만 돌려주는 리턴값은 없다. 따라서 이 함수는 계산 결과를 출력하고 종료된다. 하지만 많은 경우에 함수가 결과를 보여주는 것에 그치지 않고 결과값을 호출 함수에서 받아 후에 재사용을 해야 할 때가 있다. 실제로 프로그램 간의 호환성을 유지하기 위해서는 함수에 입출력 기능 없이 프로그램을 작성하는 것이 권장된다. 예를 들면 프로그램마다 결과를 어떻게 보여줄 것인지 출력 형식 때마다 다를 수가 있다. 이러한 문제를 해결하려면 함수의 실행으로 나온 결과값을 호출 함수로 전달하여 거기서 결과값을 이용하도록 프로그램을 작성해야 한다.

함수는 독립적으로 기능을 수행하도록 만들어져 블랙박스처럼 일정 형식의 입력을 받아 원하는 출력을 받아낼 수 있도록 되어야 한다. 그림 10.8에는 함수가 양방향으로 데이터를 주고받음이 표현되어 있다.

그림 10.7의 프로그램을 변경하여 호출 함수와 호출되는 함수 간에 양방향으로 데이터가 교환되는 예를 다음에 보도록 하자.

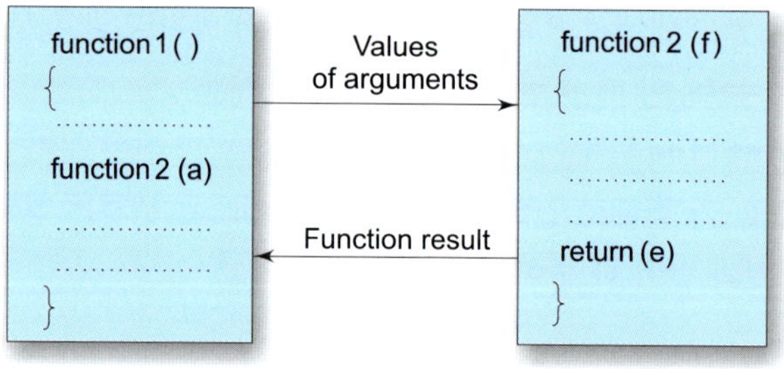


**그림 10.8** 함수 간의 양방향 데이터 교환

**예제 10.3** **그림 10.7의 프로그램에서 value 함수를 변경하여 계산된 값을 main 함수로 전달하고 거기서 출력되도록 하라. 그리고 printline 함수를 고쳐 출력되는 문장을 이루는 문자 개수를 인자로 전달하는 기능을 추가하도록 한다.** M

앞서 요구된 기능을 포함하도록 변경된 프로그램이 그림 10.10에 있으며, **printf** 명령문이 이제 **value** 함수에서 **main** 함수로 옮겨진 것에 주의하라.

**Program**

```
void printline (char ch, int len);
value (float, float, int);

  main( )
  {
    float principal, inrate, amount;
    int period;
    printf("Enter principal amount, interest");
    printf("rate, and period\n");
    scanf(%f %f %d", &principal, &inrate, &period);
    printline ('*' , 52);
    amount = value (principal, inrate, period);
    printf("\n%f\t%f\t%d\t%f\n\n",principal,
      inrate,period,amount);
    printline('=',52);
  }
  void printline(char ch, int len)
  {
    int i;
    for (i=1;i<=len;i++) printf("%c",ch);
    printf("\n");
  }
```

(계속)

```
        value(float p, float r, int n) /* default return type */
        {
          int year;
          float sum;
          sum = p; year = 1;
          while(year <=n)
          {
            sum = sum * (1+r);
            year = year +1;
          }
          return(sum);        /* returns int part of sum */
        }
Output

   Enter principal amount, interest rate, and period
   5000   0.12    5
   ************************************************

   5000.000000   0.1200000   5    8811.000000

   = = = = = = = = = = = = = = = = = = = = = = = = =
```

**그림 10.9** 인자도 있고 리턴값도 있는 함수

함수에서 계산된 값은 다음의 명령문을 통하여 **main** 함수로 전달된다.

```
return(sum);
```

프로그램에서 **value** 함수 리턴값의 자료형이 명시되어있지 않으므로 자동적으로 **int** 정수형이 리턴값의 자료형이 되며, **sum**에 저장된 데이터의 정수값이 다음의 명령문에 의하여 **main** 함수로 전달되어 변수 **amount**에 할당된다.

```
amount = value (principal, inrate, period);
```

위의 함수 호출이 이루어지면 다음과 같은 순서로 프로그램이 실행된다.

1. 함수 호출에 의하여 프로그램 실행이 **value** 함수로 넘어가며, 그 때 실 인자 **principal**, **inrate**, **period**의 데이터가 복사되어 형식 인자 **p**, **r**, **n**으로 각각 할당된다.
2. **value** 함수 내의 명령문들이 하나씩 실행되면서 **return(sum);**에 이르렀을 때 **sum**의 정수값이 **main** 함수로 넘어가면서 다음의 식과 같은 효과를 낸다.

```
value(principal, inrate, period) = sum;
```

3. 함수 호출이 정상적으로 실행된 후에는 리턴값이 **float**형 실수변수인 **amount**에 할당된다.
4. **amount**는 **float**형 실수변수이므로 출력 예에서 보는 바와 같이 정수인 리턴값이 실수로 변환되어 저장된다.

위의 프로그램에서 **printline** 함수에 인자가 하나 더 추가되어 호출 함수로부터 문자의 개수를 전달받도록 되어있다. 따라서 다음의 함수 호출이 이루어지면

```
printline('*',52);
```

**printline** 함수로 프로그램 실행이 넘어가면서 동시에 다음과 같이 형식 인자 **ch**와 **len**에 데이터가 할당된다.

```
ch = '*';
len = 52;
```

## 실수형 리턴값

앞서 언급한 것처럼 리턴값의 자료형이 명시되지 않으면 리턴값의 자료형은 int 정수형으로 간주된다. 예제 9.3의 프로그램에서 value 함수 내에서는 실수 계산이 이루어졌으나 다음과 같은 리턴 명령문에 의하여

```
return(sum);
```

**sum**에 저장된 값의 정수부만 리턴값이 되었다. 이는 함수의 헤더에 리턴값의 자료형이 없기 때문인데, 잘려나간 실수부가 정수부에 비하여 작은 값이라면 **sum**의 정수부만 취해도 큰 문제가 아닐 수 있다. 하지만 많은 경우에 리턴값을 **float**나 **double**형 실수로 받아야 할 필요가 있다. 예로 주어진 자료의 평균이나 표준편차를 계산하는 함수가 있다면 이 함수는 결과를 **float**나 **double** 형으로 리턴값을 주어야 할 것이다.

이런 경우에는 함수 정의와 함수 원형 선언에 리턴형을 명시적으로 지정해야 한다.

호출 함수가 기대하는 리턴값의 자료형과 호출되는 함수가 실제로 보내는 리턴값의 자료형은 일치해야 하며, 그렇지 못하면 예기치 않은 결과가 나올 수 있다. 따라서 호출 함수와 호출되는 함수 간에 리턴형이 일치하도록 주의해야 한다.

**예제 10.4** 정수 x의 정수 y 승을 계산하여 double 형 실수를 반환하는 **power** 함수를 작성하라. E

그림 10.10에 **double** 실수형 리턴값을 내보내는 **power** 함수가 있다. 다음과 같은 함수의 원형이 함수 호출 이전에 **main** 함수에 나옴에 주의하라.

```
double power(int, int);.
```

**Program**

```
main( )
{
  int x,y;         /*input data */
  double power(int, int);/* prototype declaration*/

  printf("Enter x,y:");
  scanf("%d %d" , &x,&y);
  printf("%d to power %d is %f\n", x,y,power (x,y));
}
double power (int x, int y);
{
  double p;
  p = 1.0 ;     /* x to power zero */

  if(y >=0)
    while(y--)    /* computes positive powers */
     p *= x;
  else
    while (y++)   /* computes negative powers */
     p /= x;
  return(p);      /* returns double type */

}
```

**Output**

```
Enter x,y:16 2
16 to power 2 is 256.000000

Enter x,y:16 -2
16 to power -2 is 0.003906
```

**그림 10.10** 실수형 리턴값을 내보내는 지수 함수

**power**의 선언이 **main** 보다 앞에 나오게 만드는 또 다른 방법은 **power** 함수를 **main** 보다 앞에 정의하는 것이다. **power**의 형을 함수 정의로부터 알 수 있으므로 더 이상 **main**에서 형 선언을 할 필요가 없다.

**예제 10.5** 그림 10.11의 프로그램은 배열 x에 있는 앞의 n개 요소에서 첫 최소값의 위치를 반환하는 프로그램을 작성하는 법을 보여준다. H

**Program**

```
#include <stdio.h>
#include <conio.h>
#include <stdio.h>

int minpos(float []. int);
void main()
{
   int n:
   float x[10] = {12.5, 3.0, 45.1, 8.2, 19.3, 10.0, 7.8, 23.7, 29.9, 5.2};
   printf("Enter the value of n: ");
   scanf("%d", &n);

   if(n>=1 && n<=10)
      :
   else
   {


   printf("invalid value of n...Press any key to terminate the program..");
   getch():
   exit(0);
}
printf("Within the first %d elements of array, the first minimum value is
stored at index %d". n, minpos(x,n));
   getch();
}
int minpos(float a[]).int N)
{
   int i.index;
   float min-9999.99:
   for(i=0;i<N;i++)
      if(a[i]<min)
      {
      min-a[i];
      index = i;
      }
      return (index);
}
```

**Output**

```
Enter the value of n: 5
Within the first 5 elements of array, the first minimum value is stored at index 1
```

**그림 10.11** 배열에서 첫 최소값의 위치를 반환하는 프로그램

## 10.13 인자는 없으나 리턴값이 있는 함수

인자가 없더라도 리턴값이 있는 함수가 필요한 경우가 있을 수 있다. 이런 경우의 대표적인 예는 <**stdio.h**> 헤더파일에 있는 getchar 함수로서 이전에 이 함수를 여러 번 활용한 적이 있다. getchar 함수에는 인자가 필요없지만 입력되는 문자에 해당하는 정수형 리턴값이 나온다.

이런 예와 비슷한 유형의 함수가 다음 프로그램에 나타나 있다.

```
int get_number(void);
main
{
    int m = get_number( );
    printf("%d",m);
}
int get_number(void)
{
    int number;
    scanf("%d", &number);
    return(number);
}
```

여러 개의 값을 반환하는 함수도 가능한데, 포인터의 도움을 받아야 한다. 이에 대해서는 13장에서 포인터에서 자세히 설명한다.

## 10.14 중첩된 함수

C언어에서는 함수를 자유로이 중첩하여 사용할 수 있다. 예를 들면 **main** 함수가 **function1** 함수를 호출하고, 이 함수가 **function2** 함수를 호출하고, 이 함수가 **function3** 함수를 호출하는 식이다. 어느 깊이까지 중첩이 허용되는지에 대한 제한은 없다.

다음의 프로그램을 보도록 하자.

```
float ratio (int x, int y, int z);
int difference (int x, int y);
main( )
{
  int a, b, c;
  scanf("%d %d %d", &a, &b, &c);
  printf("%f \n", ratio(a,b,c));
}

float ratio(int x, int y, int z)
{
  if(difference(y, z))
    return(x/(y-z));
```

```
    else
      return(0.0);
  }
  int difference(int p, int q)
  {
    if(p != q)
       return (1);
    else
       eturn(0);
  }
```

위의 프로그램에서는 다음의 수식으로 주어진 비율이 계산되어 출력된다.

$$\frac{a}{b-c}$$

프로그램에는 다음의 세 가지 함수가 존재하는데

**main()**
**ratio()**
**difference()**

**main** 함수는 a, b, c의 값을 읽고 **ratio** 함수를 호출하여 a/(b−c)의 값을 계산한다. 이 비율식은 (b−c) = 0인 경우에는 계산이 되지 않으므로 **ratio** 함수는 **difference** 함수를 호출하여 (b−c)가 영인지 아닌지를 확인한다. b와 c의 값이 다르면 **difference** 함수에서 리턴값이 1로 나오며, 그렇지 않으면 0이 나오게 된다. 다음 단계로 리턴값이 1일 때 a/(b−c)의 값을 계산하여 **float** 실수형의 결과를 **main** 함수로 보낸다. 만약 **difference** 함수로부터의 리턴값이 0이면 (b−c) = 0임을 뜻하는 값인 0.0을 **main** 함수로 내보낸다.

함수 호출도 중첩하여 사용이 가능한데 다음의 예처럼 프로그래밍이 가능하다.

```
p = mul(mul(5,2),6);
```

위의 함수 호출을 실행하면 같은 함수가 두 번 연속하여 호출된다. 괄호 안의 함수가 먼저 실행되고 이 때 나온 리턴값을 실 인자로 다시 사용하여 괄호 밖의 함수 호출이 실행된다. **mul** 함수가 주어지는 두 인자의 곱을 계산하는 함수라면 변수 **p**에는 60(= 5 × 2 × 6)이 저장될 것이다.

참고로 함수를 중첩하여 사용한다는 것은 함수 내에 또 다른 함수를 정의한다는 것은 아니며, 이는 C언어에서 허용되지 않는다.

**스킬테스트**

주어진 문자열이 앞이나 뒤에서 읽은 것이 같은지를 판단하는 함수를 이용해서 C 프로그램을 작성하라. [M]

## 10.15 재귀함수

LO 10.4 재귀의 개념을 배운다.

호출되는 함수가 호출 함수를 호출하면 순환적으로 함수가 호출되는 현상이 발생하는데, 함수가 자기 자신을 호출하는 "재귀함수(recursion)"는 이러한 경우 중에서도 특별한 경우다. 재귀 함수 사용 예를 다음에서 보도록 하자.

```
main( )
{
    printf("This is an example of recursion\n")
    main( );
}
```

위의 프로그램이 실행되면 다음과 같은 출력이 나오게 된다.

This is an example of recursion
This is an example of recursion
This is an example of recursion
This is an ex

중간에 프로그램 실행을 강제로 중지시키지 않으면 위와 같은 출력이 나오면서 프로그램이 끝없이 실행된다.

재귀함수를 유용하게 사용할 수 있는 하나의 예로 팩토리얼 계산을 들 수 있다. n이란 값의 팩토리얼은 다음과 같이 반복적인 형식의 계산으로 표현된다.

$$n\text{의 팩토리얼} = n(n-1)(n-2)........1$$

예를 들면

$$4\text{의 팩토리얼} = 4 \times 3 \times 2 \times 1 = 24$$

다음은 n의 팩토리얼을 계산하는 함수이다.

```
factorial(int n)
{
        int fact;
        if (n==1)
            return(1);
        else
            fact = n*factorial(n-1);
        return(fact);
}
```

위에서 재귀함수가 어떻게 실행되는지 보도록 하자. n = 3에 해당하는 계산 예를 본다면, 먼저 n이 1이 아니므로 다음 명령문이 실행된다.

```
fact = n * factorial(n-1);
```

n = 3이므로 위의 명령문은 다음과 같이 실행된다.

```
fact = 3 * factorial(2);
```

오른쪽 항에 n = 2일 때 **factorial** 함수를 호출하는데, 리턴값으로 다음의 값이 계산된다.

2 * factorial(1)

n = 1로 **factorial** 함수가 호출될 때는 리턴값이 1이다. 따라서 결과적으로 다음과 같은 반복적인 계산이 실행된다.

fact = 3 * factorial(2)
= 3 * 2 * factorial(1)
= 3 * 2 * 1
= 6

어떤 계산 결과에 대해서 같은 반복적인 계산이 적용되는 문제에서 재귀함수가 유용하게 사용될 수 있다. 재귀함수를 적용할 때 함수 내에 재귀함수에서 탈출할 **if** 명령문이 함수 내 어디엔가 있어야 하며, 그렇지 않으면 재귀함수에서 빠져나올 수가 없다.

재귀적 연산의 또 다른 예는 피보나치(Fibonacci) 수열이다. 피보나치 수열에서 n번째 항은 다음 재귀식을 이용해서 정의할 수 있다.

F1 = 1
F2 = 1
$F_n = F_{n-1} + F_{n-2}$

따라서 수열은 1, 1, 2, 3, 5, 8, 13, 21, .... 이다.
수열의 처음 두 개의 값을 0과 1로 정의할 때도 있다.
수열의 n번째 항을 생성시키는 C 함수는 다음과 같다.

```
int fibonacci (int n) {
        if (n <= 0) {
                printf("\nTh term number cannot be negative");
                return -999; /*error state*/
        }
        else if(n == 1 || n == 2)
                return 1;
        else
                return (fibonacci (n -1) + fibonacci (n -2));
}
```

함수 'fibonacci'가 두 번 재귀적으로 호출된다. 한 번은 (n−1)번째 항을 위해서고 또 하나는 (n−2)번째 항을 계산하기 위함이다.

에커맨(Ackerman) 함수는 잘 정의된 완전 계산가능 함수의 또 다른 예이다. 이 함수는 지수적인 함수보다도 더 빨리 커진다. 이 함수는 여러 형태가 있는데 여기서는 자주 사용되는 변종 중의 한 가지에 대해서 살펴본다. 에커맨 함수 A(m, n)는 m>=0, n>=0이고, 다음과 같이 정의된다.

$$A(m, n)=\begin{cases} n+1, \text{ for } m=0 \\ A(m-1, 1), \text{ for } m>0 \text{ and } n=0 \\ A(m\text{-}1, A(\ m, n-1)\ , \text{ for } m>0 \text{ and } n>0 \end{cases}$$

에커맨 함수를 계산하는 C 함수를 작성할 때는 주의할 것이 있다. 함수가 다중 지수적 증가율을 가지기 때문에 m=4, n=3이나 m=4, n=4와 같은 작은 값에 대해서도 에커맨 함수는 엄청나게 큰 값을 갖는다. 연산 또한 자원을 아주 많이 소비한다. 따라서 이런 큰 값을 담기 위해서는 자료형이 적어도 long int 이거나 long double이어야 한다. 아래에는 A(m, n)의 계산하는 재귀적인 구현을 보여준다.

```
long double Ackermann (long double m, long double n) {
        if(m<0 || n<0) {
                printf("\nm, n should be >=0");
                return -999.0; /*error state*/
        }
        else if(m == 0)
                return n + 1;
        else if(m > 0 && n == 0)
                return Ackermann (m - 1, 1);
        else
                return Ackermann (m - 1, Ackermann (m, n - 1));
        }
```

> **스킬테스트**
>
> 두 수의 GCD를 재귀함수를 이용해서 찾는 C 프로그램을 작성하라. [M]

## 10.16 함수로의 배열 전달

### 1차원 배열

일반 변수에 저장된 값처럼 배열에 저장된 값도 함수로 전달함이 가능하다. 호출되는 함수로 1차원 배열을 전달하려면 다음과 같이 첨자를 생략하고 배열의 이름과 배열의 크기만을 인자로 명시하면 된다.

> **LO 10.5** 함수에서 배열을 전달하는 방법을 설명한다.

**largest(a,n)**

이렇게 하면 배열 **a** 전체가 호출되는 함수로 전달된다. 호출되는 함수에서는 이런 함수 호출에 맞추어 함수의 정의가 적절히 이루어져야 한다. 따라서 **largest** 함수의 헤더는 다음과 같이 구성된다.

**float largest(float array[ ], int size)**

위의 **largest** 함수 정의에는 배열 이름과 크기를 수용하는 두 개의 인자가 나타나있으며, 여기서 형식 인자 배열은 다음과 같이 정의되어 있다.

```
float array[ ];
```

배열 이름 뒤의 괄호는 컴파일러에게 이 인자가 **배열**임을 알리는 역할을 하는데 괄호 안에 **배열** 크기를 명시할 필요는 없다.

다음 프로그램에서는 배열 내에 저장된 값들에서 최대값을 구하게 되어있다.

```
main( )
{
     float largest(float a[ ], int n);
     float value[4] = {2.5,-4.75,1.2,3.67};
     printf("%f\n", largest(value,4));
}
float largest(float a[], int n)
{
     int i;
     float max;
     max = a[0];
     for(i = 1; i < n; i++)
          if(max < a[i])
          max = a[i];
     return(max);
}
```

함수 호출 **largest**(value,4)가 실행되면 배열 **value**의 모든 요소에 있는 값은 호출되는 함수의 배열 **a**의 요소들에 대응된다. **largest** 함수에서는 이 요소들의 값에서 최대값을 구하여 **main** 함수로 반환하게 된다.

C언어에서는 배열의 이름이 배열의 첫 번째 요소의 주소를 의미한다. 따라서 배열의 이름을 전달한다는 것은 곧 호출되는 함수로 배열의 주소를 전달하는 것이 된다. 그러므로 호출되는 함수에서 배열의 내용을 바꾸면 그 바뀐 내용이 원래 배열에도 반영된다.

이렇게 함수로 매개변수의 주소를 전달하는 방식을 주소 전달(또는 포인터 전달)이라 한다. 참고로 일반 변수의 값을 전달하듯이 배열 전체의 값들을 직접 전달하는 것은 허용되지 않는다.

**예제 10.6** **배열 내의 값들에 대한 표준편차를 계산하는 프로그램을 작성하라. 터미널에서 배열의 요소 값을 입력받도록 하며, 함수에서 표준편차와 평균을 구하도록 한다.** H

총 n개의 값들에 대한 표준편차는 다음의 식으로 구할 수 있으며 $\bar{x}$는 평균이다.

$$S.D = \sqrt{\frac{1}{n}\sum_{i=1}^{n}(\bar{x} - x_i)^2}$$

**Program**

```
#include      <math.h>
#define SIZE    5
float std_dev(float a[], int n);
float mean (float a[], int n);

main( )
{
      float value[SIZE];
      int i;

      printf("Enter %d float values\n", SIZE);
      for (i=0 ;i < SIZE ; i++)
          scanf("%f", &value[i]);
      printf("Std.deviation is %f\n", std_dev(value,SIZE));
}

float std_dev(float a[], int n)
{     int i;

      float x, sum = 0.0;
      x = mean (a,n);

      for(i=0; i < n; i++)
       sum += (x-a[i])*(x-a[i]);
      return(sqrt(sum/(float)n));
}

float mean(float a[],int n)
{
      int i ;
      float sum = 0.0;
      for(i=0 ; i < n ; i++)
         sum = sum + a[i];
      return(sum/(float)n);
}
```

(계속)

```
Output
   Enter 5 float values
   35.0 67.0 79.5 14.20 55.75

   Std.deviation is 23.231582
```

**그림 10.12** 함수로의 배열 전달

그림 10.12의 프로그램은 **main, std_dev, mean** 등 여러 개의 함수로 구성되어있다. **main** 함수에서는 배열 **value**의 요소 값들을 터미널에서 입력받고 **std_dev** 함수를 호출하여 배열 요소 값들의 표준편차를 받아 출력한다. **std_dev** 함수에서는 **mean** 함수를 호출하여 배열 요소 값들의 평균값을 받아들인다.

**std_dev**와 **mean** 함수의 리턴형은 **float** 실수형으로 프로그램의 전역 영역에 **float** 형으로 선언되어 있다.

### 함수로 배열을 전달하는 세 가지 법칙

1. 함수를 호출할 때 배열의 이름을 전달한다.
2. 함수 정의에서 형식 매개변수는 배열 형식으로 표시하는데 배열 크기는 명시할 필요가 없다.
3. 함수 원형에 인자가 배열임이 표시되어야 한다.

배열 인자를 다룰 때 주의할 사항을 다시 한 번 요약해보도록 한다. 배열 요소의 값이 함수에서 바뀌면 원래 배열의 요소 값들도 바뀐다. 배열이 인자로서 함수로 전달된다는 것은 배열의 내용이 형식 배열 인자로 직접 복사되는 것이 아니라 배열 요소의 주소가 함수로 전달된다. 따라서 함수에서 배열 인자에 어떠한 변화가 생기면 호출 함수의 원래 배열에도 같은 변화가 생기게 된다. 이러한 방식은 요소의 값이 인자로서 직접 전달되는 경우와는 전혀 다름에 주의해야 하며, 예제 10.6에서 이를 살펴보기로 하자.

## 10.17 검색과 정렬

검색(searching)과 정렬(sorting)은 배열과 함수를 포함하는 가장 일반적인 응용이다. 이들 동작이 어떻게 이루어지는지 알아보자.

## 검색

검색은 데이터 목록에서 지정된 값의 위치를 찾는 작업이다. 검색 동작은 다양한 방법으로 수행될 수 있다. 선형 검색과 이진 검색이 가장 유명한 검색 기법이다. 선형 검색(Linear search)은 원하는 항목이 있는지 배열의 모든 위치를 처음부터 차례대로 검색하는 방식으로 작업이 이루어진다. 검색 작업의 시간 복잡도는 O(n)이다. 이 복잡도는 배열에서 한 항목을 꺼내오기 위해서는 비교 횟수가 n차가 된다는 것을 뜻한다.

다음은 선혀 검색 알고리즘을 구현한 프로그램이다. 이 프로그램은 `linear_search()` 함수를 사용하여 원하는 항목을 찾으면 그 위치를 반환하고 그렇지 않으면 –1을 반환한다.

```
#include <stdio.h>
#include <stdlib.h>
int linear_search(int [], int, int);
main(){
      int A[100], i, n, loc, d;
      printf("\nEnter the size of the list: ");
      scanf("%d", &n);
      if(n>100){
            printf("\nSize should be less or equal to 100");
            exit(0);
      }
      printf("\nEnter the elements of the array:");
      for(i = 0; i < n; i++){/*input the numbers*/
              printf("\nEnter A[%d]: ", i);
              scanf("%d", %A[i]);
      }
      printf("\nEnter the data that needs to be searched: ");
      scanf("%d", &d);
      loc = linear_search(A, n, d);
      if(loc == -1)
              printf("\nThe data %d is not present in the array");
      else printf("\nThe data %d is present at position %d of the array", d, loc);
}/*end of main*/
int linear_search(int A[], int n, int d){
      int i;
      for(i = 0; i < n; i++)
            if(A[i] == d)
                  return i; /*search successful*/
```

(계속)

```
        return -1; /*search unsuccessful*/
}/*end of linear_search function*/
```

프로그램의 출력은 다음과 같다.

Enter the size of the list: 5
Enter the elements of the array:
Enter A[0] = 50
Enter A[1] = 30
Enter A[2] = 10
Enter A[3] = 60
Enter A[4] = 80
Enter the data that needs to be searched: 60
The data 60 is present at position 3 of the array

또 다른 가능한 출력은 다음과 같다.

Enter the size of the list: 5
Enter the elements of the array:
Enter A[0] = 50
Enter A[1] = 30
Enter A[2] = 10
Enter A[3] = 60
Enter A[4] = 80
Enter the data that needs to be searched: 75
The data 75 is not present in the array

## 정렬

정렬은 데이터 집합을 정해진 순서대로 정리하는데 필요한 작업이다. 버블 정렬, 머지 정렬, 힙 정렬, 라딕스 정렬, 퀵 정렬 등의 정렬 알고리즘이 있다. 수들을 오름차순으로 재편하기 위해서 선택 정렬(Selection sort)라는 잘 알려진 알고리즘을 소개한다. 우선 모든 요소 중에서 최소값을 골라서 제일 첫 위치에 놓는다(최소값을 맨 앞에 둔다). 이제 나머지 숫자들을 처리한다. 나머지 중에서 최소값을 고른다. 이 두 번째 최소값을 두 번째 자리에 놓는다. 이제 정렬이 필요한 수들이 2개가 줄었다. 이렇게 최소값을 선택하고 적절한 위치에 놓는 과정이 하나의 수가 남을 때까지 계속된다. 마지막 수는 정렬이 된 상태이다. 프로그램 예제를 보면 이해하는데 도움이 된다. 여기서는 5개의 수가 배열에 저장된다. 수들과 그 위치가 표에 있다(표 1). 첫 번째 패스는 목록에서 최소값을 선택하고(위치 4에 있는 값 1) 목록의 위치 0으로 옮긴다. 바뀐 목록이 표 2에 보인다. 음영 부분은 이미 정렬이 된 수를 표시한다. 알고리즘의 두 번째 패스는 목록에 있는 나머지 4개로 작업한다(위치 1에서 4까지). 남은 4개의 항목 중에서 최소값을 고른다(표 2에서 위치 3에 있는 수 2). 이 값을 목록 위치 1로 옮긴다. 바뀐 목록이 표 3에 보인다. 첫 두 열의 음영은 이 두 위치의 정렬이 끝났음을 나타낸다. 이런 과정을 두 번 더 반복한다. 그 과정이 표 3과 4에 있다. 표 5는 4개 요소의 정령이 된 이후를 보여준다. 남은 한 개는 가장 큰 값이며 이 마지막 자리가 제 위치이다. 따라서 5개의 수를 정렬하는데 4번의 패스가 필요하다. 일반적으로 n개의 수를 정렬하는데 n−1번의 패스가 필요하다. 모든 패스는 남은 수 중에서 최소값을 선택하는 작업이다. 이 알고리즘의 시간 복잡도는 $O(n^2)$이다.
n개의 수를 정렬하는 C 프로그램은 다음과 같다.

**표 1** 첫 번째 패스

| Number | 5 5 | 7 | 3 | 2 | 1 |
|---|---|---|---|---|---|
| Position | 0 0 | 1 | 2 | 3 | 4 |

**표 2** 두 번째 패스

| Number | 5 1 | 7 | 3 | 2 | 5 |
|---|---|---|---|---|---|
| Position | 0 0 | 1 | 2 | 3 | 4 |

**표 3** 세 번째 패스

| Number | 5 1 | 2 | 3 | 7 | 5 |
|---|---|---|---|---|---|
| Position | 0 0 | 1 | 2 | 3 | 4 |

**표 4** 네 번째 패스

| Number | 5 1 | 2 | 3 | 7 | 5 |
|---|---|---|---|---|---|
| Position | 0 0 | 1 | 2 | 3 | 4 |

**표 5** 다섯 번째 패스

| Number | 5 1 | 2 | 3 | 5 | 7 |
|---|---|---|---|---|---|
| Position | 0 0 | 1 | 2 | 3 | 4 |

```
#include <stdio.h>
#include <stdlib.h>

void selection_sort(int [], int);

main(){
        int A[100], int n, i;
        printf("\nEnter the size of the list: ");
        scanf("%d"±, &n);
        if(n>100){
                printf("\nSize should be less or equal to 100");
                exit(0);
        }
        printf("\nEnter the elements of the array:");
        for(i = 0; i < n; i++){/*input the numbers*/
                printf("\nEnter A[%d]: ", i);
                scanf("%d:, &A[i]);
        }
        selection_sort(A, n);/*call the sorting function*/
        printf("\nThe sorted list is as follows: ");
        for(i = 0; i < n; i++)
                printf("\nA[%d] = %d", i, A[i]);
}/*end of main*/

void selection_sort(int A[], int n){
        int i, j, pos, min;
        for(i = 0; i < n < 1; i++){
                        pos = i;/*assume that first of remaining numbers is the
minimum*/
                min = A[i];
                for(j = i +1; j < n; j++)
                        if(A[j] < min){/*change assumption if proven wrong*/
                                min = A[j];
                                pos = j;
                        }
                A[pos] = A[i];
                A[i] = min; /*move minimum to appropriate position*/
```

(계속)

```
    }/*end of outer for*/
}/*end of selection_sort function*/
```

프로그램의 출력은 다음과 같다.

Enter the size of the list: 5

Enter the elements of the array:

Enter A[0] = 5

Enter A[1] = 3

Enter A[2] = 10

Enter A[3] = 6

Enter A[4] = 8

정렬된 목록은 다음과 같다.

A[0] = 3

A[1] = 5

A[2] = 6

A[3] = 8

A[4] = 10

**예제 10.7** **함수에서 배열에 저장된 정수값을 정렬하는 프로그램을 작성하라.** M

그림 10.13의 프로그램에서는 배열의 정수를 정렬하는 기능이 **sort()** 함수로 처리되어있다. 출력 예에서 인자로 전해지는 배열의 값을 함수에서 바꿀 수 있음을 볼 수 있다.

```
Program
    void sort(int m, int x[ ]);
    main()
    {
        int i;
        int marks[5] = {40, 90, 73, 81, 35};

        printf("Marks before sorting\n");
        for(i = 0; i < 5; i++)
            printf("%d ", marks[i]);
        printf("\n\n");

        sort (5, marks);
```

```
        printf("Marks after sorting\n");
        for(i = 0; i < 5; i++)
           printf("%4d", marks[i]);
        printf("\n");
    }
    void sort(int m, int x[ ])
    {
        int i, j, t;

        for(i = 1; i <= m-1; i++)
           for(j = 1; j <= m-i; j++)
              if(x[j-1] >= x[j])
              {
                 t = x[j-1];
                 x[j-1] = x[j];
                 x[j] = t;

              }
    }
Output
         Marks before sorting
         40 90 73 81 35

         Marks after sorting
         35  40  73  81  90
```

**그림 10.13** 함수를 이용한 배열 요소의 정렬

## 2차원 배열

1차원 배열뿐만 아니라 다차원 배열 역시 함수로 전달이 가능하다. 그 전달 방식은 1차원 배열을 전달하는 경우와 비슷한데 다음과 같은 규칙을 따르면 된다.

1. 함수 호출 시 배열의 이름만을 전달한다.
2. 함수 정의에 두 개의 대괄호를 이용하여 배열이 2차원이란 것을 표시한다.
3. 배열의 두 번째 크기는 명시되어야 한다.
4. 함수의 헤더와 유사하게 원형 선언을 한다.

다음 함수에서는 2차원 배열의 값들에 대한 평균을 계산하도록 되어있다.

```
double average(int x[][N], int M, int N)
{
     int i, j;
```

```
        double sum = 0.0;
        for (i=0; i<M; i++)
             for(j=1; j<N; j++)
               sum += x[i][j];
        return(sum/(M*N));
   }
```

이 함수를 **main** 함수에서 사용하는 예를 다음에서 보도록 하자.

```
main( )
{
       int M=3, N=2;
       double average(int [ ] [N], int, int);
       double mean;
       int matrix [M][N]=
                 {
                   {1,2},
                   {3,4},
                   {5,6}
                 };

       mean = average(matrix, M, N);
       . . . . . .
       . . . . . .
}
```

## 10.18 함수로의 문자열 전달

C언어에서 문자열은 문자 배열로 처리가 되므로 함수로 문자열을 전달하는 것은 배열을 함수로 전달하는 방식과 유사하다고 할 수 있다.

이에 대한 기본 규칙은 다음과 같다.

**1.** 함수 정의에서 전달될 문자열을 다음과 같이 형식 인자로 선언한다.

```
void display (char item_name[])
{
      ......
      ......
}
```

**2.** 함수 원형에서 인자가 문자열임을 표시한다. 위의 함수 선언에 대응하여 함수 원형은 다

음과 같이 쓸 수 있다.

```
void display(char str[ ]);
```

**3.** 함수를 호출할 때는 다음과 같이 실 인자로서 괄호 없이 문자배열 이름만을 사용한다.

```
display (names);
```

위에서 **names**는 호출 함수에서 문자배열로 선언되어 있어야 한다.

**스킬테스트**

N개 수가 들어있는 배열을 함수에 전달해서 총합을 계산하는 C 프로그램을 작성하라. [E]

## 10.19 변수의 유효범위, 가용성, 생존기간

**LO 10.6** 변수의 범위, 가시성, 생존시간에 대해서 저장 클래스와 관련해서 설명한다.

C언어의 변수는 다른 프로그래밍 언어의 변수와는 다른 특징을 가지고 있다. 예를 들면 BASIC 프로그램에서는 변수가 프로그램 실행 내내 유효하지만, C언어에서는 그렇지 않을 수도 있으며 이는 변수에 설정된 저장 클래스(storage class)에 따라 정해진다.

C언어에서는 변수가 자료형뿐만 아니라 **저장 클래스**라는 성질도 가지고 있다. 여러 저장 클래스 중에서 함수와 가장 연관있는 것은 다음과 같다.

**1.** 자동 변수
**2.** 외부 변수
**3.** 정적 변수
**4.** 레지스터 변수

이제 위에 나타난 변수 부류에 대하여 변수의 **유효범위**(*scope*), **가용성**(*visibility*), **생존기간**(*longevity*)을 알아보려 한다. 변수의 유효범위라 함은 그 변수가 실제로 사용 또는 통용될 수 있는 프로그램 영역을 말한다. **생존기간**은 프로그램이 실행되는 동안 변수가 주어진 값을 보존하고 있는 기간을 말한다. 그러므로 어떠한 변수의 사용은 그 변수의 생존기간에 **직접적**인 영향을 받게 된다. 가용성은 메모리에서의 그 변수에 대한 접근성을 말한다.

변수는 프로그램 상에서 선언되는 위치에 따라 **내부**(지역)변수와 **외부**(전역)변수로 크게 나눌 수 있다. 내부변수라 함은 변수가 특정한 함수 내에서 선언됨을 의미하며, 이에 반하여 외부변수는 모든 함수 밖에서 선언된 변수를 말한다.

저장 클래스의 개념과 이 쓰임새를 이해하는 것이 다수의 함수로 구성되는 프로그램을 효율적으로 개발하는데 매우 중요하다.

## 자동변수

자동변수는 이 변수가 사용될 함수 내에서 선언된 변수이다. 해당 함수가 호출되면 이 변수가 생성되고 함수의 실행이 종료되면 이 변수는 자동적으로 소멸되는데, 이러한 변수를 자동변수라 한다. 자동변수는 이 변수가 선언된 함수 내에서만 지역적으로 통용되는 변수이다. 따라서 자동변수는 지역변수 또는 내부변수라고 하기도 한다.

함수 내에서 선언되는 변수에 특정한 저장 클래스 유형이 명시되어있지 않다면 이 변수는 자동변수로 간주된다. 다음 프로그램 예에서 선언된 변수 number의 저장 클래스는 자동변수이다.

```
main( )
{
     int number;
     - - - - -
     - - - - -
}
```

변수가 자동변수임은 다음과 같이 auto라는 키워드를 사용하여 명시할 수 있다.

```
main( )
{
     auto int number;
     -----
     -----
}
```

자동변수의 가장 중요한 특징은 프로그램의 다른 함수에 의해서는 변수의 값이 마음대로 바뀔 수가 없다는 것이다. 따라서 동일 프로그램의 각기 다른 함수들에서 같은 이름의 변수를 선언해서 사용하더라도 문제가 없다.

**예제 10.8** **자동변수가 어떻게 작동하는지를 보여주도록 다수의 함수로 구성된 프로그램을 작성하라.** M

그림 10.14의 프로그램에는 두 개의 함수 function1과 function2이 포함되어 있다. 변수 m은 자동변수이며 이 변수는 각각의 함수에서 선언되어있다. 변수 m은 function1, function2, main 함수에서 10, 100, 1000으로 각각 초기화된다.

이 프로그램이 실행되면 먼저 function2 함수를 호출하고 그 다음에 function1 함수를 호출하게 된다. 프로그램 함수가 main 함수에 머무를 때는 m = 1000이나, function2 함수가 호출되면 main 함수의 변수 m은 일단 유보되고 지역변수 m = 100이 유효하게 된다. 이번에는 function1 함수가 호출되면 아까의 두 m은 유보되고 이제 지역변수 m = 10이 유효하다. function1 함수(m = 10)의 실행이 끝나면 function2 함수(m = 100)로 다시 돌아오게 되고, 이 함수의 실행이 끝나면 main 함수(m = 1000)로 돌아간다. 프로그램 실행결과를 살펴보면 특정 함수의 변수 m에 저장되는 값이 다른 함수의 변수에 영향을 끼치지 못하며 지역변수 m의 값은 함수가 종료되면 소멸됨을 알 수 있다.

**Program**

```
void function1(void);
void function2(void);
main( )
{
      int m = 1000;
      function2();

      printf("%d\n",m); /* Third output */
}
 void function1(void)
{
      int m = 10;

      printf("%d\n",m); /* First output */
}


 void function2(void)
{
      int m = 100;
      function1();
      printf("%d\n",m); /* Second output */
}
```

**Output**

```
10
100
1000
```

**그림 10.14** 자동변수의 사용 예

자동변수를 유효범위와 생존기간의 측면에서 볼 때 다음 두 가지 중요한 특징을 관찰할 수 있다. 첫째로 main 함수에 선언된 지역변수는 main 함수가 실행되는 동안만 유효하긴 하지만 프로그램이 실행되는 동안 살아있다. 둘째로 재귀함수의 경우에 중첩되는 변수는 고유한 자동변수이며 중첩되어 있는 함수에서의 이름이 같은 자동변수와 유사한 상황이다.

## 외부변수

전체 프로그램이 실행되는 내내 살아있으면서 동시에 유효한 변수를 외부변수라고 하며 전역 변수라고도 한다. 지역변수와는 다르게 전역변수는 프로그램의 어느 함수에서나 접근이 가능하다. 외부변수는 함수 외부에서 선언된다. 다음의 프로그램 예에서 정수형 number와 실수형 length가 외부변수로 선언되었다.

```
int number;
float length = 7.5;
main( )
{
  -----
  -----
}
function1( )
{
  -----
  -----
}
function2( )
{
  -----
  -----
}
```

위에서 변수 number와 length는 어느 함수에서나 사용이 가능하다. 만약에 지역변수와 전역변수의 이름이 같은 경우에는 지역변수가 선언된 함수에서는 지역변수가 전역변수에 우선한다. 다음에서 그 예를 보도록 하자.

```
int count;
main( )
{
    count = 10;
    -----
    -----
}
function( )
{
    int count = 0;
    -----
    -----
```

```
                count = count+1;
            }
```

위의 프로그램에서 function 함수가 count라는 이름의 변수를 사용하려 하면 전역변수가 아닌 지역변수가 불려진다. 하지만 main 함수의 변수 count의 값은 영향을 받지 않는다.

### 예제 10.9 전역변수가 어떻게 작동하는지를 보여주도록 다수의 함수로 구성된 프로그램을 작성하라. E

그림 10.15의 프로그램에서 전역변수가 어떻게 작동하는지 살펴보도록 하자. 변수 **x**는 모든 함수에서 나타나긴 하는데, 특히 fun2 함수에서는 지역변수 선언이 되어있다. 변수 **x**는 모든 함수가 나오기 전에 선언되어 있어 함수 인자의 사용없이 모든 함수에서 사용이 가능하다. 또한 변수 x는 전역적으로 유효하므로 fun1과 fun2 함수에서는 return(x) 명령문도 필요없다. 하지만 fun2 함수에서는 **x**의 변수 선언이 있으므로 **x**의 지역변수 값을 반환해야 할 때는 return 명령문이 필요하다. fun2 함수에서 전역변수 **x**는 통용되지 않으며 대신에 지역변수 **x**가 통용된다.

**Program**

```
int fun1(void);
int fun2(void);
int fun3(void);
int x ;        /* global */
main( )
{
     x = 10 ;   /* global x */
     printf("x = %d\n", x);
     printf("x = %d\n", fun1());
     printf("x = %d\n", fun2());
     printf("x = %d\n", fun3());
}
fun1(void)
{
     x = x + 10 ;
}
int fun2(void)
{
     int x ;          /* local */
     x = 1 ;
     return (x);
}
fun3(void)
{
     x = x + 10 ;    /* global x */
}
```

(계속)

```
Output
  x = 10
  x = 20
  x = 1
  x = 30
```

**그림 10.15** 전역변수의 사용 예

변수가 전역변수로 선언되면 모든 함수에서 이 변수의 값을 변경할 수 있으며, 이후에 호출되는 함수에서는 이 변경된 변수 값을 보게 된다.

## 매개변수로서의 전역변수

프로그램 소스파일에 존재하는 모든 함수에서 전역변수에 접근할 수 있으므로 이를 이용하면 함수 간에 데이터를 교환할 수 있다. 하지만 전역변수를 매개변수로 사용한다면 다음과 같은 문제점이 따르게 된다.

- 호출되는 함수에서 전역변수의 값이 그 함수에서 의도하지 않게 변경될 수 있다.
- 함수는 서로 간에 독립적으로 만들어져야 하나, 전역변수를 사용하면 이러한 특징을 잃어버리게 된다.
- 어떤 값들이 호출되는 함수로 들어가는지가 사용자에게는 명확하게 보이지 않는다.
- 전역변수를 사용하는 함수는 재사용성이 떨어진다.

전역변수의 또 다른 특징으로 전역변수는 선언되는 시점부터 프로그램의 끝까지 영역에서만 유효하다는 점을 들 수 있다. 다음의 프로그램을 살펴보도록 하자.

```
main( )
{
    y = 5;
    . . . .
    . . . .
}
int y;          /* global declaration */
func1( )
 {



   y = y+1;

}
```

위에서 한 가지 문제점이 보이는데, main 함수 입장에서는 아직 변수 y가 선언되지 않은 상황이므로 컴파일 시에 에러 경고문이 나올 것이다. 지역변수와는 다르게 전역 변수는 초기화가 되어있지 않으면 자동적으로 영으로 초기화된다. 따라서 func1 함수에서 다음 명령문을 수행하면

```
y = y+1;
```

y에 1이 들어가게 된다.

## extern 선언

앞서의 프로그램 예에서는 변수 y가 main 함수 이후에 선언되어 있기에 main 함수에서는 변수 y를 사용할 수 없다. 이러한 문제점은 변수를 **extern** 저장 클래스 키워드를 이용하여 다음과 같이 선언하면 해결된다.

> **TIP**
> External 혹은 전역 변수는 모든 함수에서 접근 가능하지만 프로그램에서 자주 사용하지 않는 것이 좋다.

```
main( )
{
    extern int y;          /* external declaration */
    . . . . .
    . . . . .
}
func1( )
{
    extern int y;          /* external declaration */
    . . . . .
    . . . . .
}
int y;                     /* definition */
```

변수 **y**가 main과 func1 두 함수 뒤에 선언되어 있기는 하지만, 함수 내에서 **y**가 **외부변수**로 선언되어있어 y는 정수형 변수로 프로그램 어디엔가 선언되어 있다는 것을 컴파일러에게 알리는 역할을 한다. 참고로 **extern** 키워드를 이용한 변수 선언 자체로는 변수를 위한 메모리 공간이 잡히지는 않는다. 또한 이 키워드를 배열에 적용할 때는 배열 정의에 크기도 명시되어야 한다.

```
main( )
{   int i;
    void print_out(void);
    extern float height [ ];
    . . . . .
```

```
    . . . . .
    print_out( );
}
void print_out(void)
{
    extern float height [ ];
    int i;
    . . . . .
    . . . . .
}
float height[SIZE];
```

함수 안에서 선언된 **extern**은 그 함수에만 형 정보를 제공한다. extern 선언을 맨 앞에 두면 파일 안에 있는 모든 함수들에 형 정보를 제공할 수 있다.

```
extern float height[ ];
main( )
{
    int i;
    void print_out(void);
    . . . . .
    . . . . .
    print_out( );
}
void print_out(void)
{
    int i;
    . . . . .
    . . . . .
}
float height[SIZE];
```

변수의 정의와 선언이 다른 개념이라는 것은 함수에도 적용할 수 있다. 함수는 매개변수와 함수 몸체가 주어질 때 함수가 정의되는데, 함수 정의에 따라 컴파일러는 함수를 위한 공간을 확보하고 매개변수에 대한 자료형 정보를 제공한다. 함수 자체는 기본적으로 외부변수와 같은 부류라고 할 수 있으므로 **extern** 키워드 없이(호출 함수 내에서) 선언이 가능하다. 다음의 함수 선언을 보도록 하자.

```
void print_out(void);
```

이 함수 선언은 다음의 함수 선언과 동일한 효과를 가진다.

```
extern void print_out(void);
```

모든 함수 밖의 함수 선언은 함수 밖의 변수 선언과 비슷한 효과를 나타내게 된다.

## 정적변수

이름에서 나타난 것처럼 정적변수의 값은 프로그램 실행이 끝날 때까지 변하지 않는다. 정적변수는 다음과 같이 **static** 키워드를 이용하여 선언된다.

```
static int x;
static float y;
```

정적변수는 선언되는 위치에 따라 내부변수가 될 수도 있고 외부변수가 될 수도 있다.

내부 정적변수는 함수 내에서 선언되는데, 이 변수의 유효범위는 변수가 선언되는 함수 내로 제한된다. 따라서 내부 정적변수는 자동변수와 비슷한 면이 있다. 하지만 내부 정적변수는 프로그램이 끝날 때까지 소멸되지 않는다. 이에 따라 함수 호출들 간에 어떤 값을 보존할 필요성이 있을 때 내부 정적변수가 유용하게 쓰일 수 있다. 다음의 예에서 특정한 함수가 몇 번 호출되는지를 헤아릴 때 내부 정적변수를 이용하였다.

**예제 10.10** **정적변수가 어떻게 작동하는지를 보여주는 프로그램을 작성하라.** E

그림 10.16의 프로그램에서 정적변수가 어떻게 사용되는지 알아보도록 하자.

```
Program
        void stat(void);
        main ( )
        {
          int i;
          for(i=1; i<=3; i++)
          stat( );
        }
        void stat(void)
        {

          static int x = 0;

          x = x+1;
          printf("x = %d\n", x);
        }
Output
        x = 1
        x = 2
        x = 3
```

**그림 10.16** 정적변수의 사용 예

정적변수는 컴파일 시간에 단 한번 초기화되며 그 후로는 다시 초기화될 수는 없다. **stat** 함수가 처음 호출될 때 **x**의 값은 1로 증가하는데, **x**가 정적변수이므로 이 값이 보존되며 다음 함수 호출 때는 1이 더해져 **x**의 값이 2가 된다. 함수가 세 번째 호출되면 **x**의 값은 3이 된다.

만약 **x**가 자동변수로 선언되었다면 다음과 같은 출력이 나왔을 것이다.

```
x = 1
x = 1
x = 1
```

**stat** 함수가 호출될 때마다 자동변수 x가 영으로 초기화되기에 이러한 결과가 나오는데, 함수 실행이 종료될 때마다 변수의 값 1은 소멸된다.

외부 **정적**변수는 모든 함수 밖에 선언되며 프로그램의 모든 함수에서 그 변수에 접근할 수 있다. 일반적인 외부변수와 **정적** 외부변수와의 차이점을 살펴보면, **정적** 외부변수는 그 변수가 정의된 파일에서만 통용되는 반면, 일반적인 외부변수는 다른 파일에서도 접근이 가능하다.

변수의 유효범위는 필요하다면 조정이 가능하다. 예를 들면 어느 함수가 그 함수가 정의된 파일 내의 함수에서만 호출되길 원한다면, 이 함수를 정의할 때 **static**으로 저장 클래스를 설정하면 된다.

## 레지스터변수

프로그램 컴파일 시에 일반적으로 변수가 잡히는 위치인 메모리가 아닌 컴퓨터의 레지스터에 변수가 잡히도록 할 수 있다. 메모리보다는 레지스터에 접근하는 것이 훨씬 빠르기 때문에 반복문에 쓰이는 첨자 변수처럼 계속적으로 사용되는 변수를 레지스터에 잡아놓으면 프로그램 실행속도를 높일 수 있다. 레지스터변수는 다음과 같이 정의한다.

```
register int count;
```

ANSI 표준에서는 레지스터변수를 어느 자료형에나 적용하도록 허용하지만 대개의 컴파일러에서는 **int**나 **char**형 변수만을 레지스터에 잡을 수 있도록 한다.

레지스터에 잡을 수 있는 변수의 개수는 제한되어 있기에 레지스터변수의 목적에 맞도록 소수의 변수만을 레지스터변수로 선택하는 것이 매우 중요하다. 레지스터변수의 개수가 허용치를 넘으면 C언어에서는 **레지스터**변수를 비레지스터변수로 자동적으로 전환시킨다.

표 10.1에는 함수와 변수에 대한 가용성과 생존기간이 저장 클래스에 따라 정리되어있다.

**표 10.1** 변수의 가용성과 생존기간

| 저장 클래스 | 선언 위치 | 가용성 | 생존기간 |
|---|---|---|---|
| 없음 | 파일 내의 모든 함수 이전 (초기화 가능) | 해당 파일 전체. **extern**으로 선언되는 다른 파일에서도 가능 | 프로그램 전체 (전역) |
| **extern** | 파일 내의 모든 함수 이전 (초기화 불가능) 전역변수로 최초로 선언된 파일 내 | 해당 파일 전체. 변수 선언된 다른 파일에서도 가능 | 전역 |
| **static** | 파일 내의 모든 함수 이전 | 해당 파일 내에서만 | 전역 |
| 없음 또는 **auto** | 함수 또는 블록 내 | 해당 함수 또는 블록 내 | 함수 끝 부분까지 |
| **register** | 함수 또는 블록 내 | 해당 함수 또는 블록 내 부분까지 | 함수나 블록 끝 |
| **static** | 함수 내 | 해당 함수 내 | 전역 |

## 중첩된 블록

중괄호로 묶여지는 프로그램 내 명령문 영역을 **블록**(*block*) 또는 **복합문**(*compound* statements)이라고 한다. 블록 내에는 명령문과 더불어 변수 선언이 올 수 있다. 또한 함수나 블록 내에 또 다른 블록이 들어갈 수 있는데, 이렇게 블록 내에 블록이 들어가는 경우를 **중첩된 블록**(*nested block*)이라고 한다.

```
main()
{                                  <-----------+
        int a = 20;                            |
        int b = 10;                            |
        .....                                  |  Outer
        {                      <----+          |  block
                int a = 0;          |  Inner   |
                int c = a + b;      |  block   |
                .....               |          |
        }                      <----+          |
        b = a;                                 |
}                                  <-----------+
```

이 프로그램이 실행되면 변수 c에 들어가는 값은 30이 아니라 10이 되며, b = a; 명령문에 의해서 변수 **b**에는 영이 아닌 20이 저장된다. 변수 **a**의 유효범위는 **main** 함수의 끝 부분까지이긴 하지만 변수 **a**가 새롭게 선언된 내부 블록에서는 유효하지 않다. 내부 블록의 변수 a에 의하여 외부 블록의 변수 **a**는 내부 블록에서는 가용성을 잃게 된다. 하지만 프로그램 실행이 내부 블록을 벗어나자마자 내부 블록의 a는 유효범위 밖에 놓이며 외부 블록의 **a**가 다시 유효하게 된다.

참고로 변수 b는 내부 블록에서 다시 선언되지 않았기에 내부나 외부 블록 모두에서 유효하다. 이에 따라 다음의 명령문이 실행될 때

```
int c = a+b;
```

변수 **a**의 값은 0이며 변수 **b**의 값은 10이다.

main 함수의 변수는 내부 블록에서 가용성을 가지지만, 그 반대는 성립되지 않음에 주의하라.

## 유효범위에 대한 규칙

**유효범위(scope)**

특정 변수가 사용될 수 있는 프로그램 내 영역

**가용성(visibility)**

메모리에서 변수에 접근할 수 있는 상태

**생존기간(lifetime)**

프로그램이 실행되는 동안 변수가 메모리상에 존재하는 기간

**사용 규칙**

1. 전역변수의 유효범위는 프로그램 전체이다.
2. 지역변수의 유효범위는 선언되는 위치부터 해당 함수나 블록이 끝나는 위치까지이다.
3. 함수의 형식 인자에 대한 유효범위는 해당 함수 내이다.
4. main 함수에서 선언되는 자동변수의 유효범위는 main 함수 이내이지만, 생존기간은 프로그램이 실행되는 전체 기간이다.
5. 함수 내에 선언된 자동변수의 생존기간은 그 함수가 종료될 때까지이다.
6. 정적 지역변수의 유효범위는 선언된 함수이지만 생존기간은 프로그램이 실행되는 전체 기간이다.
7. 다시 변수 선언되는 경우만 없으면 모든 변수는 유효범위 내에서 가용성을 가진다.
8. 유효범위 내에서 다시 선언되는 변수는 다시 선언된 변수의 유효범위 내에서 가용성을 잃게 된다.

## 10.20 다수의 파일로 구성되는 프로그램

지금까지는 main 함수를 포함한 모든 함수가 하나의 파일 내에 선언되었다. 하지만 현실적으로는 프로그램이 여러 개의 파일에서 코딩되어 각각 컴파일된 후에 실행 가능한 하나의 오브젝트 파일로 링크된다. 하나의 파일이 다른 파일과 독립적으로 코딩되면 전체 프로그램을 다시 컴파일할 필요가 없어 이러한 프로그램 개발방식은 매우 유용하다.

다수의 소스파일은 적절하게 선언된 외부변수를 공유할 수 있다. 둘 또는 그 이상의 파일에서 공용으로 사용되는 변수는 전역변수로서 특정 파일에서 선언하여 다른 파일에서는 extern 키워드로만 명시하면 된다. 그림 10.17에는 다수의 파일로 구성되는 프로그램에서 이러한 extern 선언이 활용되는 예를 보여준다.

file2에서 전역변수로 선언된 **m**은 file1의 main 함수에서도 사용이 가능하다. 이에 비하여 function1 함수에서는 변수 **m**은 사용될 수 없다. 하지만 extern int m; 명령문이 main 함수 앞에 나온다면 두 함수 모두 변수 **m**을 사용할 수 있다.

컴파일러는 extern 키워드와 함께 나오는 해당되는 변수의 이름과 자료형을 통하여 이 변수가 어디에선가 선언이 되어 다시 이 변수를 위한 공간을 잡을 필요가 없다는 것을 알게 된다. 그 다음으로 다른 파일에서 이 변수를 참조하는 문제는 **링커**에서 해결하게 된다. 다수의 파일에서 사용되는 전역변수는 하나의 파일에서만은 extern 키워드 없이 선언되어야 하며, 나머지 파일에서 이 변수를 참조하는 목적으로 extern을 이용한 변수 선언이 이루어지게 된다. 만약에 하나의 프로그램을 이루는 두 개의 파일에서 변수가 전역변수로 선언되면 링크 과정에서 어느 변수를 사용할지 결정하지 못하는 모순이 일어나므로 경고가 나오게 된다.

**file1.c**

```
main( )
{
        extern int m;
        int i;
        . . . . .
        . . . . .
}
function1( )
{
        int j;
        . . . . .
        . . . . .
}
```

**file2.c**

```
int m /* global variable */
function2( )
{
        int i;
        . . . . .
        . . . . .
}
function3( )
{
        int count;
        . . . . . . . .
        . . . . . . . . .
}
```

**그림 10.17** 다수의 파일로 구성된 프로그램에서의 extern 키워드 이용

그림 10.17의 프로그램이 그림 10.18처럼 변경될 수 있다.

**file1.c**

```
int m; /* global variable */

main( )
{       {
        int i;
        . . . . .
}
function1( )
{
        int j;
        . . . . .
}
```

**file2.c**

```
extern int m;

function2( )

        int i;
        . . . . .
}
function3( )
{
        int count;
        . . . . .
}
```

**그림 10.18** 다수의 파일로 구성된 프로그램의 다른 사용 예

하나의 파일에서 어느 함수가 정의되어 다른 파일에서 사용될 때, 그 다른 파일에는 함수 선언이 있어야 한다. 함수 선언을 통하여 해당 함수가 다른 곳에서 정의된 외부함수임을 명시한다. 이러한 함수 선언은 대개 파일의 처음 부분에 다른 함수가 나오기 전에 위치한다. 모든 함수가 사실상 외부함수이기는 하지만, 위에 설명되는 함수 경우에는 저장 클래스를 **extern** 키워드로 선언하는 것이 바람직한 프로그래밍 습관이다.

## 주요 개념

- **인자:** 함수에 전달되어서 함수가 원하는 일을 할 수 있도록 만드는 값들의 집합 [LO 10.1]
- **블록문:** 괄호 안에 들어있는 문장들의 집합 [LO 10.1]
- **함수:** 특정한 일을 수행하는 독립적으로 코딩된 부프로그램 [LO 10.1]
- **모듈적 프로그래밍:** 큰 프로그램을 모듈이라고 불리는 작고 독립적인 프로그램 조각으로 구성하는 소프트웨어 개발 방식[LO 10.1]
- **호출 프로그램:** 다른 함수를 호출하는 프로그램 이나 함수 [LO 10.2]
- **함수 몸체:** 원하는 작업을 수행하는 문장 블록을 포함하는 부분 [LO 10.2]
- **함수 타입:** 함수가 반환하는 값의 형을 뜻한다. [LO 10.2]
- **매개변수 목록:** 함수 호출시에 전달 데이터 값을 전달받는 변수 목록 [LO 10.2]
- **프로그램 정의:** 특정한 일을 수행하기 위해서 작성된 독립적인 프로그램 모듈이며 함수 정의라고도 부른다. [LO 10.2]
- **재귀:** 함수가 자신을 호출하는 것을 말한다. [LO 10.4]
- **extern 변수:** 프로그램 전체에서 통하는 변수, 전역 변수라고도 부른다. [LO 10.6]
- **지역 변수:** 특정한 함수나 문장 블록 내에서만 활성화된 변수. 내부 변수라고도 부른다. [LO 10.6]

## 알아두기

- 리턴값이 있는 함수는 C언어의 변수처럼 연산식에 포함되어 사용될 수 있다. [LO 10.1]
- 리턴값이 있는 함수 경우에 함수의 이름만으로 하나의 독립적인 명령문이 될 수 없다. [LO 10.1]
- 여러 개의 함수가 있을 때, 함수는 순서에 상관없이 나열되어도 된다. [LO 10.1]
- 함수의 원형과 선언에서 자료형이 일치하지 않으면 문법 에러가 발생한다. [LO 10.2]
- 함수 호출에서의 실 매개변수의 개수와 함수 선언에서의 매개변수의 개수가 일치하지 않으면 문법 에러가 발생한다. [LO 10.2]
- 함수 호출에서 실 매개변수의 순서가 맞지 않으면 논리 에러가 발생한다. [LO 10.2]
- 함수 헤더 마지막에 세미콜론을 넣으면 안 된다. [LO 10.2]
- 함수 원형 마지막에 세미콜론을 넣지 않으면 에러가 발생한다. [LO 10.2]
- 리턴 명령문은 함수 몸체 내 어디에서나 위치할 수 있다. [LO 10.2]
- 함수 정의는 main 함수 앞이나 뒤 어디에나 위치할 수 있다. [LO 10.2]
- 리턴형이 void가 아니라면 리턴 명령문이 있어야 한다. [LO 10.3]
- 함수의 리턴값이 없다면 리턴형이 void로 선언되어야 한다. [LO 10.3]
- 함수에 매개변수가 없다면 매개변수가 올 자리에 void가 들어간다. [LO 10.3]
- 함수에서 리턴값이 있어야 할 때 리턴형을 void로 하면 에러가 발생한다. [LO 10.3]
- 함수의 리턴형이 void로 명시되었을 때 어떤 값을 반환하려 시도하면 에러가 발생한다. [LO 10.3]
- 함수 몸체 내에 또 다른 함수를 정의하는 것은 허용되지 않는다. [LO 10.3]
- 형식 인자의 이름과 같은 지역변수의 이름을 사용하는 것은 허용되지 않는다. [LO 10.3]
- 매개변수로서의 변수는 각각 그 자료형이 선언되어야 한다. 지역변수나 전역변수를 선언할 때처럼 다수의 매개변수를 한꺼번에 묶어 같은 자료형으로 선언하는 것은 허용되지 않는다. [LO 10.3]
- 반환할 데이터의 자료형이 함수의 리턴형과 일치하지 않으면 에러가 발생한다. [LO 10.3]
- 실 인자와 형식 인자 사이에 자료형이 일치하지 않으면 논리 에러가 발생할 가능성이 높다. [LO 10.4]
- 함수가 반환하는 리턴값의 기본 자료형은 정수형이다. [LO 10.5]
- 직접 값으로 전달되는 매개변수로는 리턴 명령문이 없는 함수에서 데이터를 반환할 수 없다. [LO 10.5]
- 리턴값이 변수로 대입되면 그 값이 변수의 자료형으로 변환되어 변수로 들어간다. [LO 10.5]
- 함수 이름이 대입연산자의 왼쪽에 올 수는 없다. [LO 10.5]
- void 리턴형을 가지는 함수는 대입연산자 오른쪽에 올 수 없으며, 대신에 함수의 이름만으로 하나의 독립적인 명령문이 구성된다. [LO 10.5]

- 함수에는 여러 개의 리턴 명령문이 존재할 수 있다. [LO 10.5]
- 전역변수의 값은 보존이 되어 향후에 사용할 수 있다. [LO 10.6]
- 함수 내에서 선언되는 지역변수는 그 함수 내에서만 통용되며, 함수가 종료되면 변수는 소멸된다. [LO 10.6]
- 전역변수는 선언되는 지점에서 프로그램 끝까지의 영역에서 통용된다. [LO 10.6]
- 변수가 그 유효범위 내부의 함수 또는 블록 내에서 다시 선언되면, 원래 변수는 다시 선언된 변수의 유효범위 안에서 가용성을 잃게 된다. [LO 10.6]
- static으로 선언된 지역변수는 해당 함수가 종료된 후에도 저장된 값을 보존한다. [LO 10.6]
- 정적변수는 컴파일 시에 초기화되며, 그 후에는 다시 초기화될 수 없다. [LO 10.6]
- 호출 함수와 호출되는 함수 사이에서 변수 값이 의도하지 않게 변경되는 것을 막으려면 직접 값을 전달하는 인자 전달방식을 이용하는 것이 좋다. [LO 10.6]
- 함수 원형 선언에 매개변수 이름을 꼭 넣을 필요는 없지만 그렇게 하는 것이 프로그램 가독성 측면에서 좋다. [LO 10.6]

## 사례연구

### 1. 곡선 아래의 면적 계산 [LO 10.1, 10.2, 10.3, 10.6 M]

수치해석에서 컴퓨터를 활용하는 예로 곡선 아래의 면적을 계산하는 것에 대해 살펴보자. 곡선 밑의 면적을 구하는 간단한 방법으로 그 면적을 같은 폭을 갖는 여러 개의 사다리꼴로 나누어 각 사다리꼴의 면적을 구해 더하는 방법이 있다. 사다리꼴의 면적은 다음의 식으로 구한다.

$$Area = 0.5 * (h1 + h2) * b$$

위의 식에서 h1과 h2는 그림 10.19에 표시된 것처럼 사다리꼴 양면의 높이이며 b는 폭을 나타낸다.

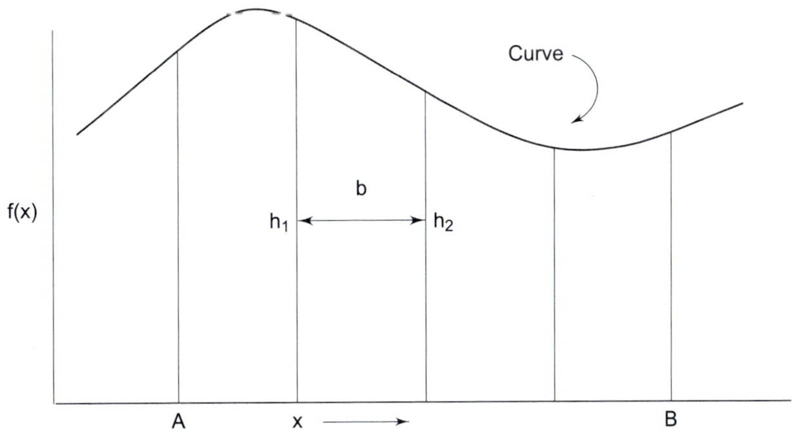


**그림 10.19** 곡선 아래의 면적

그림 10.21의 프로그램에서는 다음 식으로 주어진 곡선의 면적을 A와 B로 주어지는 구간에서 구하게 된다.

$$f(x) = x^2 + 1$$

입력값

구간의 하단값 (A)

구간의 상단값 (B)

사다리꼴의 개수

출력값

주어지는 구간 내의 곡선 아래 전체면적 값

알고리듬

**1.** 구간의 상단값과 하단값 그리고 사다리꼴의 개수를 입력받는다.

**2.** 사다리꼴의 폭을 계산한다.

**3.** 전체면적 값을 저장할 변수를 초기화한다.

**4.** 첫 번째 사다리꼴의 넓이를 계산하여 전체면적 값에 더한다.

**5.** 4번 단계를 모든 사다리꼴에 적용한다.

**6.** 전체면적 값을 출력한다.

위의 알고리듬이 그림 9.20에 톱다운 방식의 모듈화 형식으로 그려져 있다.

식 f(x)의 계산은 독립적인 함수로 이루어지도록 되어있어 후에 곡선의 식을 변경할 때 편리하도록 되어있다.

아래 두 가지 실행 예에서 보듯이 사다리꼴의 개수가 많을수록 계산의 정확도가 올라가는 것을 알 수 있다. 참고로 0과 3사이 영역에 대한 면적의 정확한 해석값은 12이다.

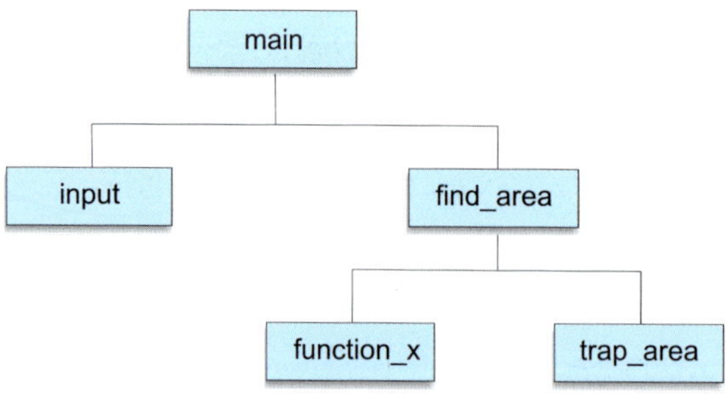


**그림 10.20** 모듈화 도표

**Program**

```
#include <stdio.h>
float  start_point,                /* GLOBAL VARIABLES */
       end_point,
       total_area;
int    numtraps;
main( )
{
     void   input(void);
     float  find_area(float a,float b,int n); /* prototype */

     print("AREA UNDER A CURVE");
     input( );
     total_area = find_area(start_point, end_point, numtraps);
     printf("TOTAL AREA = %f", total_area);
}
void input(void)
{
     printf("\n Enter lower limit:");
     scanf("%f", &start_point);
     printf("Enter upper limit:");
     scanf("%f", &end_point);
     printf("Enter number of trapezoids:");
     scanf("%d", &numtraps);
}
float find_area(float a, float b, int n)
{
     float base, lower, h1, h2;  /* LOCAL VARIABLES */
     float function_x(float x);  /* prototype */
     float trap_area(float h1,float h2,float base);/*prototype*/

     base = (b-1)/n;
     lower = a;

      for(lower =a; lower <= b-base; lower = lower + base)
     {
          h1   = function_x(lower);
          h1   = function_x(lower + base);
          total_area += trap_area(h1, h2, base);
     }
          return(total_area);

float trap_area(float height_1,float height_2,float base)
{
   float area;     /* LOCAL VARIABLE */
   area = 0.5 * (height_1 + height_2) * base;
   return(area);
}
```

(계속)

```
float function_x(float x)
{
     /* F(X) = X * X + 1 */

     return(x*x + 1);
}
Output
     AREA UNDER A CURVE
     Enter lower limit: 0
     Enter upper limit: 3
     Enter number of trapezoids: 30
     TOTAL AREA = 12.005000

     AREA UNDER A CURVE
     Enter lower limit: 0
     Enter upper limit: 3
     Enter number of trapezoids: 100
     TOTAL AREA = 12.000438
```

**그림 10.21** 곡선 아래 면적을 계산하는 프로그램

## 다중선택 문제

다음 다중선택 문제에서 올바른 답을 고르시오.

10.1 다음 중에서 배열을 함수에 전달할 때 올바른 것은? **[LO 10.5 M]**

(a) 배열의 이름에 각괄호를 붙이지 않고 전달하는 식으로 함수를 호출한다.

(b) 배열의 크기는 형식인자 목록에 지정할 필요가 없다.

(c) 함수 원형에는 인자가 배열이라는 것을 보여야 한다.

(d) 위 모두 다

10.2 다음 중에서 자동 변수에 관해서 올바른 것은? **[LO 10.6 M]**

(a) 자동 변수는 사용될 함수 내부에서 선언된다.

(b) 자동 변수는 함수가 불려질 때 생성되고 함수를 떠나면 자동으로 파괴된다.

(c) 저장 클래스 지정없이 함수 안에서 선언된 변수는 기본으로 자동 변수가 된다.

(d) 위 모두 다

10.3 다음 중에서 전역 변수에 관해서 올바른 것은? **[LO 10.6 M]**

(a) 전역 변수는 선언한 지점에서부터 프로그램의 끝까지 유효하다.

(b) 전역 변수는 프로그램의 모든 함수에서 접근 가능하다.

(c) 전역 변수는 기본적으로 0으로 초기화된다.

(d) 위 모두 다

10.4 다음 변수의 타입 중에서 프로그램 끝까지 변수의 값이 유지되는 것은 무엇인가? [LO 10.6 E]

(a) 외부 (b) 정적 (c) 자동 (d) 레지스터

10.5 C 프로그램에서 함수 정의는 어느 곳에 놓여야 하는가? [LO 10.2 M]

(a) main 함수 앞 (b) main 함수 뒤

(c) main 함수 내부 (d) 1과 2 모두

10.6 만일 함수 선언과 함수 정의의 개수와 타입이 일치하지 않는다면, [LO 10.2 M]

(a) 함수 정의에 있는 타입이 사용된다.

(b) 함수 선언에 있는 타입이 사용된다.

(c) 일치하지 않아서 컴파일러 에러가 발생된다.

(d) 위 모두 다 아님

10.7 다음 중 함수 선언에 관해서 올바른 것은? [LO 10.2 M]

(a) 함수 선언문 끝에는 세미콜론을 붙여야 한다.

(b) 함수 원형에 변수 이름을 지정할 필요는 없고 인자 유형만 있어도 충분하다.

(c) 함수 정의만 프로그램에 있으면 함수 선언문은 생략할 수 있다.

(d) 위 모두 다

## 복습 질문

10.1 다음 문장이 참인지 거짓인지 말하시오.

(a) 어떤 이름도 함수 이름으로 사용할 수 있다. [LO 10.1 E]

(b) 함수에 리턴 명령문이 빠지는 것은 허용되지 않는다. [LO 10.2 E]

(c) 함수 원형은 언제나 호출할 함수 바깥에 위치해야 한다. [LO 10.2 E]

(d) 함수 원형에 나오는 변수의 이름은 함수 정의에 나오는 인자 이름과 일치해야 한다. [LO 10.2 E]

(e) 함수 기본 리턴형은 int 정수형이다. [LO 10.2 M]

(f) 함수로 변수의 값이 직접 전달될 때는 그 값을 복사한 값이 메모리에 생성된다. [LO 10.2 M]

(g) 함수는 main 함수 내부에서 정의될 수 있다. [LO 10.2 M]

(h) 함수는 main 함수 이전에 정의되고 놓여질 수 있다. [LO 10.2 M]

(i) C언어에서는 함수가 그 함수의 이름을 통해서 단 하나의 값만을 반환한다. [LO 10.3 E]

(j) C언어에서 함수는 최소한 한 개의 인자를 가져야 한다. [LO 10.3 E]

(k) void 리턴형 함수만이 void를 인자로 쓸 수 있다. [LO 10.3 E]

(l) main 함수가 프로그램 상에서 어디에 위치하던 간에 프로그램 실행은 언제나 main 함수에서 시작한다. [LO 10.3 M]

(m) 포인터에 의한 인자 전달방식을 따르려면 형식 인자 선언에서 형식 인자 이름 앞에 *기호가 나와야 한다. [LO 10.3 M]

(n) 포인터에 의한 인자 전달방식에서 함수 호출에 사용되는 실 인자로 변수 또는 상수가 쓰일 수 있다. [LO 10.3 H]

(o) 사용자정의 함수는 최소한 한 번은 호출되어야 하며, 그렇지 않으면 경고문이 뜬다. [LO 10.3 H]

(p) 함수는 자기 자신을 호출할 수 있다. [LO 10.4 E]

(q) 함수로 배열을 전달할 때 함수 호출에 전달될 배열의 이름이 괄호없이 나와야 한다. [LO 10.5 E]

(r) 함수로 문자열을 전달할 때 실 인자로 문자열의 이름이 괄호 내 크기와 함께 나와야 한다. [LO 10.5 M]

(s) 전역변수는 프로그램 전체에서 사용이 가능하다. [LO 10.6 E]

(t) 전역변수는 자동변수로 선언될 수 없다. [LO 10.6 H]

10.2 다음 빈 칸을 적절히 채우시오.

(a) 함수 호출에 나오는 매개변수를 ______ 이라고 부른다. [LO 10.1 E]

(b) 함수 내에 선언되는 변수를 ______ 이라고 부른다. [LO 10.2 E]

(c) C언어에서 함수의 기본 리턴형은 ______ 이다. [LO 10.2 H]

(d) 포인터에 의한 인자 전달방식에서 형식 인자의 변수 이름 앞에는 ______ 기호가 붙어야 한다. [LO 10.3 M]

(e) 함수 원형 선언에서 ______ 은 명시하지 않아도 된다. [LO 10.3 M]

(f) 변수가 실제로 통용되는 지역을 ______ 이라고 한다. [LO 10.4 E]

(g) 자기 자신을 호출하는 함수를 ______ 함수라 한다. [LO 10.6 E]

(h) 어떤 지역변수가 함수 종료 후에도 그 값을 유지하려면 그 변수는 ______ 으로 선언되어야 한다. [LO 10.6 M]

(i) ______을 통하여 컴파일러에게 실 인자와 형식 인자가 일치하는지를 알려준다. [LO 10.6 M]

(j) 함수 내에서 선언되는 변수의 기본 저장 클래스는 ______ 이다. [LO 10.6 M]

10.3 main 함수도 사용자정의 함수라 할 수 있는데, 다른 사용자정의 함수와의 차이점은 무엇인가? [LO 10.1 H]

10.4 인자를 함수로 전달하는 두 가지 방식을 설명하고, 각 방식이 유리한 경우를 예를 들어 설명하라. [LO 10.5 M]

10.5 함수 원형은 무엇인가? 또한 함수 원형이 왜 필요한지도 설명하라. [LO 10.2 E]

10.6 다음의 두 가지에 대한 차이점을 설명하라.

(a) 실 인자와 형식 인자 [LO 10.2 M]

(b) 전역변수와 지역변수 [LO 10.3 M]

(c) 자동변수와 정적변수 [LO 10.6 E]

(d) 변수의 유효범위와 변수의 가용성 [LO 10.6 M]

(e) & 연산자와 * 연산자 [LO 10.6 M]

10.7 프로그램 상에서 다음과 같은 경우가 발생하면 어떤 결과가 나오는지 설명하라. [LO 10.3 H]

(a) 실 인자가 함수의 형식 인자보다 적다.

(b) 실 인자의 자료형이 형식 인자의 자료형과 일치하지 않는다.

(c) 함수 원형에 나오는 인자의 자료형이 함수 헤더의 인자 자료형과 일치하지 않는다.

(d) 모든 인자의 자료형이 동일하지만 함수 호출의 실 인자 순서가 함수의 형식 인자의 순서와 일치하지 않는다.

(e) 리턴 명령문에 나오는 연산식의 자료형과 함수 리턴형의 자료형이 일치하지 않는다.

10.8 다음에서 잘못된 함수 원형을 찾아 이유를 설명하라. [LO 10.2 M]

(a) `int (fun) void;`

(b) `double fun (void)`

(c) `float fun (x, y, n);`

(d) `void fun (void, void);`

(e) `int fun (int a, b);`

(f) `fun (int, float, char);`

(g) `void fun (int a, int &b);`

10.9 다음에서 잘못된 함수 헤더를 찾아 이유를 설명하라. [LO 10.2 M]

(a) `float average (float x, float y, float z);`

(b) `double power (double a, int n-1)`

(c) `int product (int m, 10)`

(d) `double minimum (double x; double y;)`

(e) `int mul (int x, y)`

(f) `exchange (int *a, int *b)`

(g) `void sum (int a, int b, int &c)`

10.10 다음 함수에서는 두 실수의 나누기 연산을 수행한다. [LO 10.3 M]

```
divide (float x, float y)
{
return (x / y);
}
```

다음과 같은 함수 호출에서 어떠한 결과값이 나오는가?

(a) divide (10, 2)

(b) divide (9, 2)

(c) divide (4.5, 1.5)

(d) divide (2.0, 3.0)

10.11 위의 함수 호출에 대하여 함수 헤더를 다음처럼 바꾸면 어떤 결과가 나오게 되는가? [LO 10.3 H]

(a) int divide (int x, int y)

(b) double divide (float x, float y)

10.12 다음 프로그램에서는 어떤 출력이 나오는가? [LO 10.3 H]

```
int prod( int m, int n);
main ( )
{
        int x = 10;
        int y = 20;
        int p, q;
        p = prod (x,y);
        q = prod (p, prod (x,z));
        printf ("%d %d\n", p,q);
}
        int prod( int a, int b)
{
        return (a * b);
}
```

10.13 다음 프로그램에서는 어떤 출력이 나오는가? [LO 10.3 H]

```
void test (int *a);
main ( )
{
        int x = 50;
        test ( &x);
        printf("%d\n", x);
}
void test (int *a);
{
    *a = *a + 50;
}
```

10.14 test라는 함수가 다음과 같이 코딩되어 있다. [LO 10.3 M]

```
int test (int number)
```

```
{
    int m, n = 0;
    while (number)
    {
        m = number % 10;
        if (m % 2)
            n = n + 1;
        number = number /10;
    }
    return (n);
}
```

다음의 명령문이 수행되면 변수 x와 y의 값은 무엇이 되는가?

```
int x = test (135);
int y = test (246);
```

10.15 함수 호출에 대하여 지켜야 할 규칙을 설명하라. [LO 10.2 M]

10.16 포인터에 의한 인자 전달방식에서 지켜야 할 규칙을 요약하여 설명하라. [LO 10.3 M]

10.17 함수에 배열을 전달할 때 지켜야 할 규칙을 설명하라. [LO 10.5 M]

10.18 함수에 인자를 전달할 때 전역변수를 사용한다면 이에 따라 발생할 수 있는 문제점을 설명하라. [LO 10.6 H]

## 디버깅 연습

10.1 다음의 함수 정의에서 문제점이 있으면 찾아 설명하라. [LO 10.3 H]

(a)
```
void abc (int a, int b)
{
    int c;
    . . . .
    return (c);
}
```

(b)
```
int abc (int a, int b)
{
    . . . .
    . . . .
}
```

(c)
```
int abc (int a, int b)
{
    double c = a + b;
```

```
                    return (c);
    }
(d) void abc (void)
    {
                    . . . .
                    . . . .
                    return;
    }
(e) int abc(void)
    {
                    . . . .
                    . . . .
                    return;
    }
```

10.2 다음의 함수 호출에서 문제점을 찾아 설명하라. [LO 10.3 M]

(a) `void xyz ( );`

(b) `xyx ( void );`

(c) `xyx ( int x, int y);`

(d) `xyzz ( );`

(e) `xyz ( ) + xyz ( );`

## 프로그래밍 연습

10.1 두 변수 **x**와 **y**의 값을 서로 교환하는 **exchange** 함수를 작성하고, 이 함수를 호출하여 사용하는 방법을 설명하라. 여기서 x와 y는 전역변수이다. [LO 10.2, 10.6 M]

10.2 두 숫자의 출력 사이에 **x**개의 빈칸을 넣는 **space(x)** 함수를 작성하고 사용 예를 보여라. [LO 10.2 M]

10.3 다음의 수학식을 재귀함수로 구현하라. [LO 10.4 H]

$$f(x) = x - \frac{x^3}{3!} + \frac{x^5}{5!} - \frac{x^7}{7!} + .....$$

10.4 n차 다항식이 다음과 같이 주어졌다. [LO 10.5 H]

$$P = (.....(((a_0x+a_1)x+a_2)+a_3)x+..+a_n)$$

배열을 이용하여 이 다항식을 계산하는 함수를 작성하고, 이 함수를 main 함수에서 호출하여 사용하는 예를 보여라.

10.5 피보나치수열은 다음과 같이 재귀적으로 표현된다. [LO 10.3 M]

$F_1 = 1$

$F_2 = 1$

$F_n = F_{n-1} + F_{n-2}, n > 2$

배열을 이용하여 첫 n개의 피보나치수를 생성하는 함수를 작성하고, n = 5, 10, 15일 때의 사용 예를 보여라.

10.6 실수를 주어지는 위치에서 반올림하는 함수를 작성하라. 예를 들면 17.457을 둘째 소수 자리에서 반올림하면 17.46이 된다. [LO 10.2 E]

10.7 전달받은 인자가 소수이면 1을, 아니면 0을 반환하는 **prime** 함수를 작성하라. [LO 10.2 E]

10.8 문자열을 전달받아 이 문자열의 모든 소문자를 대문자로 바꾸는 함수를 작성하라. [LO 10.5 H]

10.9 계산기 역할을 하는 프로그램을 톱다운 모듈화 형식으로 작성하라. 프로그램에서 두 개의 숫자를 입력받아 사용자가 다음과 같은 선택을 할 수 있도록 하라. [LO 10.2, 10.3 H]

(a) 두 숫자의 합

(b) 두 숫자의 차이

(c) 두 숫자의 곱

(d) 두 숫자의 나누기

숫자 입력, 계산, 출력 등 각 기능에 대하여 독립적인 함수를 작성해야 한다. 계산 모듈은 둘째 모듈화 단계에서 구현하여 각 종류의 계산을 수행하도록 한다. main 함수에서는 단 한 번의 함수 호출을 하도록 한다.

10.10 삼각형 각 변의 길이를 입력받은 후에 삼각형의 면적이나 둘레길이 계산을 사용자가 선택하도록 하는 모듈화 형식의 프로그램을 작성하라. 삼각형 각 변의 길이가 a, b, c로 주어질 때, 둘레길이와 면적은 다음과 같이 구한다. [LO 10.2, 10.3 H]

$$\text{둘레길이} = a + b + c$$
$$\text{면적} = \sqrt{(s-a)(s-b)(s-c)}$$
$$s = (a+b+c)/2$$

10.11 m × n 행렬에서 최대 요소값을 구하는 함수를 작성하라. [LO 10.5 M]

10.12 m × n 행렬과 n × m 행렬의 곱을 계산하는 함수를 작성하라. main 함수에서 두 행렬을 이 함수에 전달하도록 한다. [LO 10.5 M]

10.13 m × n 행렬을 전달받아 행 방향의 평균값과 열 방향의 평균값을 계산하여 그 결과를 전체 행렬과 함께 출력하는 모듈화 형식의 프로그램을 작성하라. [LO 10.3, 10.5 M]

10.14 다음과 같은 작업을 수행하는 톱다운 모듈화 형식의 프로그램을 작성하라. [LO 10.3, 10.5 H]

(a) 정렬되지 않은 요소값을 가진 두 개의 정수형 배열을 입력받는다.

(b) 두 배열의 요소값을 오름차순으로 정렬한다.

(c) 두 배열을 합친다.

(d) 정렬된 요소값을 출력한다.

위의 각 작업을 수행하는 각각의 함수를 작성하며, main 함수에서는 함수 호출이 단 한번 이루어지도록 한다.

10.15 다음과 같은 문자배열 관련 작업을 수행하는 함수를 작성하라. **[LO 10.3, 10.5 M]**

(a) 문자배열을 다른 문자배열에 복사

(b) 두 문자배열을 비교

(c) 문자배열을 다른 문자배열 뒤에 붙이기

위의 함수를 시험해보는 실행 프로그램도 함께 작성한다.

10.16 다음과 같은 작업을 하는 **find()** 함수를 호출하는 프로그램을 작성하라. **[LO 10.5 M]**

(a) 하나의 문자배열과 하나의 문자를 전달받는다.

(b) 주어진 문자가 문자배열에서 발견되면 1을, 아니면 0을 리턴값으로 반환한다.

10.17 두 문자배열 s1과 s2 그리고 정수값 **m**을 인자로 전달받아 **s2**를 **s1**의 **m**번째 요소 위치에 삽입하는 **locate()** 함수를 작성하라. **s1**이라는 문장에서 빠진 단어 **s2**를 넣는 것과 같은 예의 실제 응용 프로그램도 개발한다. **[LO 10.5 H]**

10.18 달수를 의미하는 정수형 매개변수 **m**을 전달받아 그 달의 영문명을 반환하는 함수를 작성하라. 예로 m = 3이면 March가 반환된다. **[LO 10.3 M]**

10.19 달력을 만든다고 할 때 그 해가 윤년인지 여부를 알 필요가 있다. 연도를 인자로 입력받아 윤년인지 여부에 대한 결과를 반환하는 **leap()** 함수를 작성하라. 실제로 달력을 만드는 프로그램에 사용하기 위해서 이 함수를 어떻게 변경해야 하는지도 설명하라. **[LO 10.2 E]**

10.20 실수 **x**를 전달받아 이 값을 둘째 소수점에서 반올림한 값을 반환하는 함수를 작성하라. 예로 123.4567이란 값을 반올림하면 123.46이 된다. math.h 라이브러리에 있는 수학함수를 사용하도록 한다. **[LO 10.2 M]**

## 인터뷰 질문

10.1 main 함수가 끝나 후에 어떤 명령어를 실행하는 것이 가능한가? **[LO 10.1 H]**

10.2 형식 인자와 실 인자 간의 차이는 무엇인가? **[LO 10.2 E]**

10.3 'call by value' 와 'call by reference' 의 차이는 무엇인가? **[LO 10.3 M]**

10.4 두 개의 정수를 입력 매개변수로 받고 최대공약수(GCD)를 반환하는 재귀적 함수의 코드를 작성하라. **[LO 10.4 M]**

10.5 콤마 연산자가 무엇인가? **[LO 10.2 E]**

10.6 문자열 'Hello World' 를 녹색으로 출력하려면 어떻게 해야 하는가? **[LO 10.1 E]**

10.7 반환형 없이 정의된 함수의 기본 반환형은 무엇인가? **[LO 10.2 M]**

Chapter 11

# 구조체와 공용체

**학습목표**

- LO 11.1 프로그램에서 구조체가 어떻게 사용되는지 설명한다.
- LO 11.2 구조체 변수와 멤버를 다루는 방법을 설명한다.
- LO 11.3 구조체와 배열을 설명한다.
- LO 11.4 중첩 구조체와 '구조체와 함수'를 보여준다.
- LO 11.5 구조체와 공용체가 저장 기법에서 어떻게 다른지를 배운다.

## 11.1 소개

이전 장들에서 배열을 사용하여 **int**나 **float**와 같이 동일한 형을 갖는 요소들의 그룹을 표현하는 방법을 살펴보았다. 그러나, 자료형이 다른 요소들은 배열로 묶어서 사용할 수는 없었다. 다행히 C언어에서 이렇게 다른 자료형의 데이터를 하나로 묶어서 구조화된 하나의 자료형으로 만들 수 있는 **구조체**(*structure*)를 제공한다. C언어에서 구조체는 논리적으로 관련된 데이터 요소들을 한꺼번에 다룰 수 있는 매우 효과적인 도구이다. 예를 들어서 학생이라는 구조체를 사용하여 해당 학생의 이름, 학번, 그리고 성적 등을 하나로 묶어서 표현할 수 있다. 구조체의 개념은 여러 가지 다른 언어에서 레코드(record)라고 불리는 것과 유사하다. 좀 더 예를 들면 다음과 같은 구조체가 가능하다.

| | | |
|---|---|---|
| 시간 | : | 초, 분, 시 |
| 날짜 | : | 날, 달, 년도 |
| 책 | : | 저자, 제목, 가격, 발행년도 |
| 도시 | : | 이름, 나라, 인구수 |
| 주소 | : | 이름, 호수, 도로명, 도시 |
| 재고 | : | 아이템, 재고량, 재고가치 |
| 손님 | : | 이름, 전화번호, 도시, 분류 |

구조체의 장점은 복합적인 데이터를 좀 더 의미 있는 형태로 구성할 수 있다는 것으로, 많은 프로그램 설계에서 필수적인 요소이다. 이 장에서 프로그램 개발 시에 사용되는 구조체에 대하여 살펴 볼 것이다. 또한, 구조체와 관련된 개념인 공용체에 대하여도 소개한다.

## 11.2 구조체의 정의

LO 11.1 프로그램에서 구조체가 어떻게 사용되는지 설명한다

프로그램에서 구조체 변수를 사용하기 위해서는 우선 배열과 마찬가지로 그 포맷이 정의되어야한다. 이를 구조체의 정의라고 부른다[1). 예를 들어, 책의 정보를 모은 데이터베이스를 생각하자. 책의 정보는 책이름, 저자, 페이지 수, 가격이라고 하면, 이 정보를 요소로 사용하는 다음과 같은 구조체를 정의할 수 있다.

```
struct book_bank
{
    char    title[20];
    char    author[15];
    int     pages;
    float   price;
};
```

키워드 **struct**는 book_bank라는 구조체의 **title, author, pages, price**의 세부적인 구성을 정의한다. 이러한 내부 인자들을 **구조체 원소**(*structure element*) 또는 **멤버라고 부른다.** 각 원소들은 각기 다른 형이 될 수 있다. '**book_bank**' 는 선언된 구조체의 **구조체 태그라고** 부른다. 이 태그명은 해당된 구조체와 동일한 멤버를 사용하는 변수들을 선언하는데 사용할 수 있다.

위의 구조체 정의는 아무런 변수도 선언하고 있지 않는다는 점에 유의할 필요가 있다. 이는 구조체의 정의는 단지 구조체의 포맷, 즉 템플릿을 정의하는데 있다.

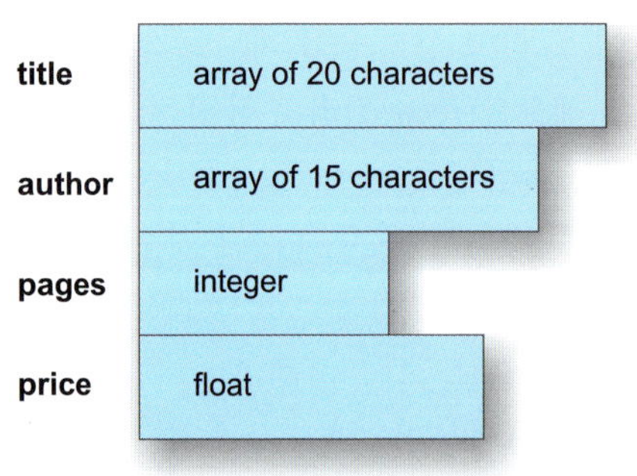


구조체 정의의 일반적인 문법은 다음과 같다.

1) 역자주: 독자들은 구조체의 정의와 변수의 선언에 대한 차이에 대하여 주의하여야 한다. 구조체의 정의는 구조체의 형태를 정의하는 것이고, 변수의 선언은 프로그램 실행에 사용한 메모리 공간을 확보하는 것을 의미한다.

```
struct        tag_name
{
    data_type              member1;
    data_type              member2;
       ----                ----
       ----                ----
};
```

구조체를 정의함에 있어서, 다음과 같은 문법에 주의하여야한다.

1. 템플릿은 세미콜론으로 끝나야한다.
2. 구조체 전체가 하나의 문장으로 정의되지만, 각 멤버는 템플릿 안에서 독립적으로 이름과 자료형이 선언된다.
3. 태그의 이름은 이후 프로그램 안에서 구조체 변수를 선언할 때 사용된다.

> **TIP**
>
> 구조체는 이질적인 데이터를 저장할 수 있는데 이는 실제 세계를 실체를 나타낸 것이다

### 배열과 구조체의 비교

C언어에서 배열과 구조체 모두 데이터의 접근을 손쉽게 해주기 때문에 구조적 자료형으로 분류되나, 다음과 같이 여러 가지 면에서 차이점을 갖는다.

1. 배열은 동일한 자료형을 갖는 관련된 데이터들의 모음인 반면 구조체는 다른 데이터들로 구성될 수 있다.
2. 배열은 기존 자료형에서 파생된 자료형인 반면, 구조체는 프로그래머가 정의한 자료형이다.
3. 배열은 마치 언어에서 제공되는 자료형과 같다. 프로그래머가 해야하는 일은 단지 변수를 선언하는 것 뿐이다. 반면 구조체의 경우 구조체의 형태를 정의하고 해당 변수를 구조체 형으로 선언을 해야 사용할 수 있게 된다.

## 11.3 구조체 변수의 선언

구조체의 포맷을 정의한 이후에 해당 구조체 형의 변수를 선언할 수 있다. 구조체 변수 선언 방법은 다른 자료형의 변수 선언과 거의 동일하며, 다음과 같은 절차를 따른다.

1. 키워드 **struct** 를 사용
2. 구조체의 태그명을 사용

**3.** 선언하는 변수명들을 쉼표를 사용하여 구분

**4.** 문장의 끝에는 세미콜론을 사용

예를 들어 다음 문장은 **book1, book2, book3**이라는 변수를 구조체 struct book_bank라는 형태의 구조체로 선언하는 것이다.

```
struct book_bank book1, book2, book3;
```

변수들은 각기 앞서 정의된 **strcut book_bank**의 네 개의 멤버 변수를 가지고 있다. 즉, 다음과 같이 길게 선언하는 것과 동일하다.

```
struct book_bank
{
   char  title[20];
   char  author[15];
   int   pages;
   float price;
};
struct book_bank book1, book2, book3;
```

자주 혼동이 될 수 있는 것으로, 구조체 정의의 멤버 자체가 변수가 아니라는 것을 명심해야한다. 정의에 사용된 멤버 자체는 어떠한 메모리 공간을 차지하지 않으며, 구조체 변수로 선언되었을 때 해당되는 메모리 공간이 생긴다. 좀 더 기술적으로 말하면, 컴파일러가 해당 구조체 변수의 선언을 만났을 때 저장공간을 확보한다는 것이다. 또한 다음과 같이 하나의 문장에서 구조체의 정의와 변수 선언을 같이하는 것도 가능하다.

```
struct book_bank
{
   char   title[20];
   char   author[15];
   int    pages;
   float  price;
} book1, book2, book3;
```

또한 이러한 경우에 다음과 같이 태그명을 생략하는 것도 가능하다.

```
struct
{
   char title[20];
   char author[15];
   int   pages;
   float price;
} book1, book2, book3;
```

그러나, 이 방법은 다음과 같은 두 가지 이유로 바람직하지 않다.

1. 태그명이 없는 경우는 이후에 추가적인 같은 형태의 구조체의 변수 선언이 불가능하다.
2. 보통, 구조체 정의는 프로그램 소스코드의 앞부분, 변수와 함수 선언의 앞에 위치하여 **main**을 비롯한 다른 함수들 앞에 위치하여, 전역 정의로 사용되며, 다른 함수에서 활용될 수 있다.

### 타입정의된 구조체

키워드 typedef을 사용하여 구조체를 다음과 같이 정의할 수 있다.

```
typedef struct
{ . . . . .
   type member1;
   type member2;
   type member3;
   . . . . .
} type_name;
```

type_name은 해당 구조체의 정의를 나타내며, 따라서 변수선언을 다음과 같이 간략화 할 수 있다.

```
type_name  variable2, variable2, ..... ;
```

*type_name*은 자료형의 이름이며 변수가 아니라는 점과 *typedef*과 함께 한 문장에서 변수를 선언할 수 없다는 점에 유의할 필요가 있다.

**예제 11.1** **구조체를 이용해서 복소수를 표현하는 방법을 설명하라. 두 개의 복소수에 대한 덧셈과 곱셈을 계산하는 C 함수를 작성하라.** M

1. 복소수는 두 부분으로 되어 있다. 실수와 허수. C에서 복소수를 나타내기 위해서 구조체를 이용한다.

```
Struct complex /*Declaring the complex number datatype using structure*/
{

  double real;/*Real part*/
  double img;/*Imaginary part*/
};
```

2. 두 개의 복소수의 합을 반환하는 함수이다.

```
Struct complex add(struct complex c1, struct complex c1)
{
  struct complex c3;
  c3.real=c1.real+c2.real;
  c3.img=c1.img+c2.img;
  return(c3);
}
```

3. 두 개의 복소수의 곱을 반환하는 함수이다.

```
Struct complex product(struct complex c1, struct complex c1)
{
  struct complex c3;
  c3.real=c1.real*c2.real-c1.img*c2.img;
  c3.img=c1.real*c2.img+c1.img*c2,real;
  return(c3);
}
```

## 11.4 구조체 멤버의 접근 방법

C언어에서 구조체의 멤버를 읽고 쓰는 다양한 방법이 존재한다. 앞서 지적하였듯이 멤버 자체는 변수가 아니다. 멤버들은 구조체 변수와 연결되어야 의미가 있다. 예를 들어, **title(제목)** 자체는 아무 의미가 없다. 특정한 책의 제목, 즉 특정한 책이 주어지고 그 책의 제목을 얘기할 때 실제적인 문맥이 형성된다. 이 구조체 변수와 멤버간의 연결은 **멤버 연산자** '.' 로 생성된다. 프로그래머들 사이에서 통상 점 연산자 또는 마침표 연산자라고 불리기도 한다.

예를 들어 **book1**이라는 구조체 변수의 멤버 price를 접근하고 싶으면 다음과 같이 적으면 된다.

```
book1.price
```

이 표현 자체로 다른 변수들과 동일하게 사용될 수 있다. 다음은 각 변수에 값을 할당하는 몇 가지 예를 보여 준다.

```
strcpy(book1.title, "C Programming");
strcpy(book1.author, "Ritchie");
book1.pages = 250;
book1.price = 120.50;
```

또한, 다음과 같이 함수의 변수로도 사용될 수 있다.

```
scanf("%s\n", book1.title);
scanf("%d\n", &book1.pages);
```

**예제 11.2** **멤버로 이름, 입사일, 급여를 가지고 있는 회사의 직원에 대한 정보를 표현하는 struct personal 이란 이름의 구조체를 정의해보라. 그리고 이를 이용하여 키보드에서 해당 정보를 읽고 이를 다시 화면에 출력하는 프로그램 코드를 작성하라.** E

그림 11.1은 구조체 정의와 멤버 접근 방법을 설명하는 프로그램 리스트이다. **scanf**와 **printf** 문은 멤버 연산 (.)을 통하여 각 구조체의 멤버 변수들에 값을 쓰고 읽는 방법에 대한 예를 보여주고 있다. 변수명과 멤버 연산 그리고 멤버 명을 결합하여 일반 변수와 동일하게 사용할 수 있다.

**Program**

```
struct  personal
{
        char  name[20];
        int   day;
        char  month[10];
        int   year;
        float salary;
};
main()
{
        struct personal person;
      printf("Input Values\n");

        scanf("%s %d %s %d %f",
                  person.name,
                 &person.day,
                  person.month,
                 &person.year,
                 &person.salary);
        printf("%s %d %s %d %f\n",
                  person.name,
                  person.day,
                  person.month,
                  person.year,
                  person.salary);
}
```

**Output**

```
Input Values
M.L.Goel 10 January 1945 4500
M.L.Goel 10 January 1945 4500.00
```

**그림 11.1** 구조제 멤버의 정의와 접근 예

## 11.5 구조체의 초기화

다른 자료형과 마찬가지로, 구조체 변수도 컴파일 시간에 초기화를 할 수 있다.

```
main()
 {
    struct
    {
       int weight;
       float height;
    }
    student = {60, 180.75};
    .....
    .....
}
```

위 코드는 **student. weight**에 60을 **student. height**에 180.75를 할당한다. 보다시피 멤버와 초기화 값 간에 차례로 일대일 대응이 성립한다.

구조체를 초기화하는 방법에는 여러 가지 다른 형태가 가능하다. 아래 코드들은 두 개의 구조체 변수를 초기화하는 예이다. 여기서는 태그명을 사용하는 것이 핵심적이다.

```
main()
{
    struct st_record
    {
       int weight;
       float height;
    };
    struct st_record student1 = {60, 180.75};
    struct st_record student2 = {53, 170.60};
     .....
     .....
}
```

구조체 초기화는 함수 안의 내부변수 뿐 아니라 함수 밖에서 초기화를 하는 것도 가능하다.

```
struct st_record
{
   int weight;
   float height;
} student1 = {60, 180.75};
main()
```

```
{
   struct st_record student2 = {53, 170.60};
   .....
   .....
}
```

하지만, C 언어에서는 구조체 정의, 즉 템플릿에서 멤버의 초기화를 하는 것을 허용하지 않는다. 초기화는 실제 변수의 선언에서만 초기화가 가능하다. 컴파일 시점에서의 구조체 변수의 초기화는 다음과 같은 내용을 준수하여야한다.

1. 키워드 **struct** 사용
2. 태그명 사용
3. 선언에 사용되는 변수명
4. 대입 연산자 =
5. 대괄호로 둘러싸이고, 쉼표로 구분된 구조체의 멤버들의 초기화값들
6. 끝을 나타내는 세미콜론

**TIP**

구조체 멤버에 값을 할당하거나 입력하는데 적용되는 규칙은 멤버의 자료형에 적용되는 것과 같다. 유일한 차이점은 구조체 변수 이름과 (.) 연산자를 붙이는 것 뿐이라는 것을 기억해야 한다.

### 구조체 초기화의 규칙

컴파일 시점에서의 구조체 초기화에 대하여 기억해 두어야 할 몇 가지 규칙이 존재한다.

1. 구조체 정의에서 멤버변수를 초기화 할 수 없음.
2. 초기화하는 값들의 순서는 멤버변수의 순서와 정확히 일치해야함.
3. 앞부분을 초기화하고 뒷부분은 초기화하지 않는 부분적 초기화가 가능함. 단 초기화되지 않는 멤버는 초기화되는 멤버의 뒤에만 위치함.
4. 초기화되지 않은 멤버변수들은 기본 값이 할당된다. 즉, 정수와 부동소수점 변수인 경우 0, 문자와 문자열인 경우 '\0' 즉 널 문자.

## 11.6 구조체 변수의 비교와 복사

같은 구조체 자료형의 두 변수는 기존의 단순 변수들과 마찬가지로 복사할 수 있다. 예를 들어 만약 `person1`과 `person2`가 동일 자료형이라면, 다음 문장은 유효하다.

LO 11.2 구조체 변수와 멤버를 다루는 방법을 설명한다.

```
person1 = person2;
person2 = person1;
```

그러나, 다음과 같은 문장은 허용되지 않는다.

```
person1 == person2
person1 != person2
```

C 언어에서는 구조체 변수에 대하여 어떠한 논리 연산도 허용되지 않는다. 만약 두 개의 구조체 변수가 가지고 있는 멤버의 값들을 비교해보고 싶은 경우는 각 멤버들을 하나씩 비교해야 한다.

> **TIP**
>
> 구조체 멤버에는 관계 연산자를 쓸 수 없다.

### 예제 11.3 구조체 변수의 비교를 설명하는 프로그램 작성 M

다음 그림 11.2의 프로그램은 앞서 설명한 구조체 변수의 복사와 구조체 변수들의 멤버 비교를 통한 구조체의 일치 여부를 확인하는 예를 보여준다.

```
program
    struct class
    {
        int  number;
        char name[20];
        float marks;
    };

    main()
    {
        int  x;
        struct class student1 = {111,"Rao",72.50};
        struct class student2 = {222,"Reddy", 67.00};
        struct class student3;

        student3 = student2;

        x = ((student3.number ==  student2.number) &&
             (student3.marks  ==  student2.marks)) ? 1 : 0;

        if(x == 1)
       {
          printf("\nstudent2 and student3 are same\n\n");

          printf("%d %s %f\n", student3.number,
                               student3.name,
                               student3.marks);

        }
        else
            printf("\nstudent2 and student3 are different\n\n");

   }
```

(계속)

```
Output
    student2 and student3 are same
    222 Reddy 67.000000
```

**그림 11.2** 구조체 변수들의 복사와 비교

## 워드 경계와 슬랙바이트

컴퓨터는 구조체의 데이터를 워드 경계의 개념에 따라 저장한다. 워드의 크기는 CPU에 따라 달라진다. 만약 2바이트 워드를 사용하는 컴퓨터에서 구조체의 멤버들은 아래 그림과 같이 워드 단위의 좌측정렬(주소 값이 작은 쪽을 의미) 형태로 저장된다. C 언어에서는 char는 한 바이트를 차지하고 int 형은(2byte CPU인 경우) 2바이트를 차지한다. 따라서 두 멤버 사이에 한 바이트의 빈공간이 생기게 된다. 이렇게 단어 경계에 의하여 남겨진 빈공간을 슬랙 바이트라고 한다.

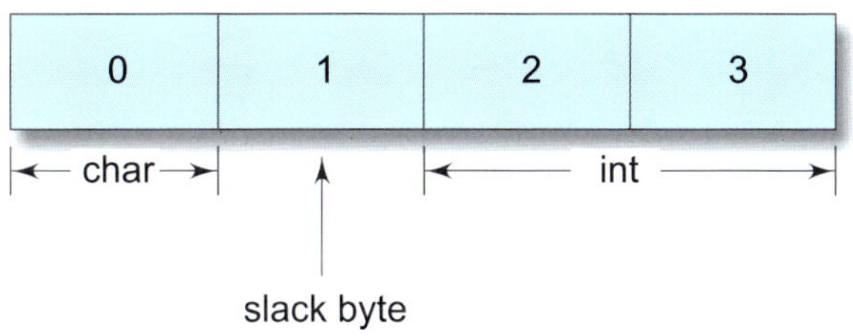


따라서, 구조체를 정의할 때 각 멤버는 슬랙바이트를 포함할 수 있고 이 공간의 값은 정의되지 않는다. 따라서 모든 멤버들의 값이 일치하더라도, 구조체 변수 전체의 메모리상의 값이 일치하지는 않는다. 이것이 C언어에서 구조체 비교가 직접적으로 지원되지 않는 이유이다. 그러나 앞서 예에서 보았듯이 각 멤버들의 값을 비교함으로써 두 개의 구조체의 내용이 일치하는지 확인할 수 있다.

## 11.7 개별 멤버들의 연산

앞서 언급하였듯이, 구조체의 개별 멤버들은 멤버 연산자를 통하여 식별된다. 또한 구조체 변수명과 멤버연산자 그리고 멤버명을 사용하면 다른 변수와 동일하게, 표현식이나 연산에서 사용될 수 있다. 그림 11.2의 프로그램을 예를 들면, 다음과 같은 연산을 수행할 수 있다.

```
if (student1.number == 111)
    student1.marks += 10.00;
```

```
float sum = student1.marks + student2.marks;
student2.mark *= 0.5;
```

또한, 수치형 멤버들인 경우에 증가연산, 감소연산을 적용할 수 있다.

```
student1.number ++;
++student1.number;
```

이 경우, 멤버연산자가 모든 수치 연산자나 비교 연산자들에 비하여 우선순위가 높음에 유의하여야한다. 따라서 별도의 괄호는 필요하지 않다.

## 멤버를 접근하는 3가지 방법

앞서 점-연산을 사용하여 구조체 멤버에 접근하는 방법을 사용하였다. 여기서는 멤버 변수에 접근하는 또 다른 두 가지 방법을 설명한다. 우선 다음과 같은 2차원상의 한 점을 나타내는 구조체를 정의해보자.

```
typedef struct
{
    int x;
    int y;
} VECTOR;

VECTOR v, *ptr;
ptr = & v;
```

변수 **ptr**는 구조체 변수 v의 주소값을 저장한 **포인터** 변수이다. 이제 다음 3가지 형태의 변수 접근 방법 모두 동일한 멤버를 가리킨다.

- 점연산을 사용 : v.x
- 간접 접근 사용 : (*ptr).x
- 선택 표현법 사용 : ptr->x

두 번째와 세 번째 표현 방법은 구조체를 유연하게 다루는데 필수적이며, 자세한 내용은 12장에서 다루게 된다.

**스킬테스트**

학생에 관한 사항을 구조체를 이용해서 저장하는 C 프로그램을 작성하라. [E]

## 11.8 구조체의 배열

관련된 다수의 변수들을 묶어서 표현하기 위하여 구조체를 사용한다고 하였다. 예를 들어 학생들의 성적을 분석하기 위하여 학생들의 이름과 각 과목의 성적들로 구성된 구조체를 정의할 수 있다. 동일한 데이터를 갖는 여러 명의 학생들이 존재하므로, 다시 이 학생 구조체의 배열을 생각할 수 있다.

LO 11.3 구조체와 배열을 설명한다.

예를 들어 다음 문장은 **student**라는 변수를 class **구조체** 형태의 100개의 요소를 가지는 배열로 정의한다.

```
struct class student[100];
```

각 요소는 **struct class** 자료형으로 정의된다.

```
struct marks
{
   int subject1;
   int subject2;
   int subject3;
};

main()
{
   struct marks student[3] =
     {{45,68,81},{75,53,69},{57,36,71}};
```

이 문장은 **student**를 3개의 요소 **student[0]**, **student[1]**, **student[2]**를 갖는 배열로 선언하며, 각 배열의 멤버들을 다음과 같이 초기화하는 것이다.

```
student[0].subject1 = 45;
student[0].subject2 = 68;
  ...
student[2].subject3 = 71;
```

구조체의 배열도 다른 배열들과 마찬가지로 정의되며, **student**가 배열이므로 각 인덱스의 멤버들을 접근하는데 동일한 연산을 사용하는 것을 볼 수 있다. **student** 배열의 각 멤버는 3개의 멤버를 갖는 구조체 변수이다.

구조체의 배열은 다른 다차원 배열과 유사하게 메모리 안에 저장된다. 보다 자세한 **student** 배열은 그림 11.3과 같다.

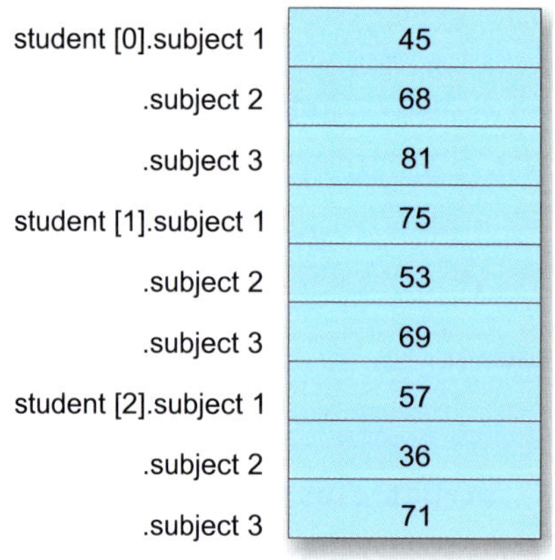


**그림 11.3** 구조체 student 배열의 내부 메모리 배치

**예제 11.4** **앞서 설명한 student 배열에서, 과목별 학생별 총합을 계산하여 동일한 구조체에 저장하는 코드를 작성하라.** M

그림 11.4는 이에 대한 프로그램 코드이다. 앞서 사용한 3개 과목의 점수에 해당하는 멤버에 총점을 나타내는 4번째 멤버를 포함하여 4개의 멤버를 갖는 구조체를 정의하였다. 또한 학생들의 과목과 전체 총점의 합을 관리하는 구조체 변수 **total**을 사용한다. 즉, 총합은 **total.total**로 표시된다. 이처럼 멤버명은 C 언어의 변수명 규칙을 따르기 때문에, 존재하는 구조체 변수명과 동일할 수 있다. 즉, **total.total**에서 앞의 **total**은 구조체 변수명이고, 뒤의 **total**은 멤버명을 의미한다.

```
Program
    struct marks
    {
        int  sub1;
        int  sub2;
        int  sub3;
        int  total;
    };
    main()
    {
        int  i;
        struct marks student[3] =  {{45,67,81,0},
                                     {75,53,69,0},
                                     {57,36,71,0}};
        struct marks total;
        for(i = 0; i <= 2; i++)
        {
            student[i].total = student[i].sub1 +
                               student[i].sub2 +
                               student[i].sub3;
```
(계속)

```
            total.sub1 = total.sub1 + student[i].sub1;
            total.sub2 = total.sub2 + student[i].sub2;
            total.sub3 = total.sub3 + student[i].sub3;
            total.total = total.total + student[i].total;
        }
        printf(" STUDENT            TOTAL\n\n");
        for(i = 0; i <= 2; i++)
           printf("Student[%d]        %d\n", i+1,student[i].total);
        printf("\n SUBJECT            TOTAL\n\n");
        printf("%s       %d\n%s       %d\n%s       %d\n",
               "Subject 1   ", total.sub1,
               "Subject 2   ", total.sub2,
               "Subject 3   ", total.sub3);

        printf("\nGrand Total = %d\n", total.total);
    }
```

**Output**

```
    STUDENT          TOTAL
    Student[1]        193
    Student[2]        197

    Student[3]        164

    SUBJECT          TOTAL
    Subject 1         177
    Subject 2         156
    Subject 3         221

    Grand Total   = 554
```

**그림 11.4** 구조체 배열: 배열인덱스를 사용한 구조체 변수의 사용 예

## 11.9 배열을 포함하는 구조체

C언어에서는 구조체 안에 멤버로 배열을 사용할 수 있다. 앞선 예에서 이미 char 변수의 배열을 멤버로 사용하는 예를 살펴보았다. 마찬가지로, **float** 나 **int** 그리고 사실상 모든 자료형의 일차원 뿐 아니라 다차원 배열도 선언할 수 있다. 예를 들어 다음과 같은 구조체의 정의가 가능하다.

```
  struct marks
{
  int number;
  int subject[3];
} student[2];
```

이 구조체에서 멤버 **subject**는 3개의 원소, **subject[0]**, **subject[1]**, **subject[2]**을 포함한다. 이 세 개의 요소들은 배열의 인덱스 접근 방식에 의하여 접근이 가능하다. 즉, **student[1].subject[2]**는 두 번째 학생의 3번째 과목의 성적을 나타낸다.

**예제 11.5** **예제 11.4의 프로그램을 3개의 과목 배열로 표시하는 방식으로 변경하라.** E

배열 변수를 사용하여 변경한 프로그램 코드가 그림 11.5에 제시되었다. 배열을 사용함으로써 앞서의 예보다 코드가 간략화된 점에 주목하여야한다.

```
Program
   main()
   {
       struct  marks
       {
           int  sub[3];
           int  total;
       };
       struct marks student[3] =
       {45,67,81,0,75,53,69,0,57,36,71,0};

       struct marks total;
       int  i,j;

       for(i = 0; i <= 2; i++)
       {
          for(j = 0; j <= 2; j++)
          {
             student[i].total += student[i].sub[j];
             total.sub[j] += student[i].sub[j];
          }
          total.total += student[i].total;
       }
       printf("STUDENT         TOTAL\n\n");
       for(i = 0; i <= 2; i++)
          printf("Student[%d]       %d\n", i+1, student[i].total);

       printf("\nSUBJECT          TOTAL\n\n");
       for(j = 0; j <= 2; j++)
          printf("Subject-%d         %d\n", j+1, total.sub[j]);

       printf("\nGrand Total   =   %d\n", total.total);

   }
Output

   STUDENT         TOTAL
   Student[1]       193
   Student[2]       197
   Student[3]       164
```

(계속)

```
STUDENT          TOTAL
Student-1         177
Student-2         156
Student-3         221

Grand Total  =    554
```

**그림 11.5** 구조체 배열을 사용하는 예

## 11.10 구조체를 포함하는 구조체

구조체 안에 구조체를 포함하는 것을 구조체 **중첩**이라고 한다. C언어에서는 이러한 구조체 중첩이 허용이 된다. 다음과 같이 직원의 월급에 관한 정보를 포함하는 구조체가 있다고 하자.

LO 11.4 중첩 구조체와 '구조체와 함수'를 보여준다.

```
struct salary
{
   char name;
   char department;
   int basic_pay;
   int dearness_allowance;
   int house_rent_allowance;
   int city_allowance;
} employee;
```

위 구조체는 직원의 이름, 소속, 기본급, 그리고 3가지 수당을 포함한다. 이 3가지 수당은 서로 유사성이 있으므로 묶어서 세부 구조체로 정의할 수 있다.

```
struct salary
{
   char name;
   char department;
   int basic_pay;
   struct
   {
     int dearness;
     int house_rent;
     int city;
   }
   allowance
}
employee;
```

새로 정의한 구조체 **salary**는 내부적으로 **allowance**라는 멤버를 갖고 있고, 이 **allowance**는 다시 3개의 멤버를 갖는 구조체 변수이다. 이 중첩된 멤버들을 접근하기 위해서는 다음과 같이 반복해서 멤버 연산을 사용하면 된다.

employee.allowance.dearness;
employee.allowance.house_rent;
employee.allowance.city;

가장 내부에 있는 멤버는 해당 멤버 변수들의 외부에서 내부로 차례대로 멤버 연산자를 사용하여 적음으로써 얻을 수 있다. 따라서 다음과 같은 표현은 유효하지 않다.

**employee.allowance**(최종 멤버가 누락됨)
**employee.house_rent**(중간 멤버 변수가 누락됨)

구조체 내부에 포함되는 구조체는 하나 이상을 사용할 수 있다. 즉, 다음과 같은 구조체 선언이 가능하다.

```
struct salary
{
   .....
   struct
   {
     int dearness;
     .....
   }
   allowance,
   arrears;
}
employee[100];
```

위 구조체는 두 개의 구조체 변수, **allowance, arrears**를 사용한다. 특히 동일한 형태의 두 개의 구조체를 사용한다. 해당 멤버를 다음과 같이 접근할 수 있다.

**employee[1].allowance.dearness**
**employee[1].arrears.dearness**

내부 구조체에서도 태그명을 사용할 수 있다. 예를 들어 앞서 사용한 구조체는 다음과 같이 변경이 가능하다.

```
struct pay
   {
     int dearness;
     int house_rent;
```

```
    int city;
};
struct salary
{
    char name;
    char department;
    struct pay allowance;
    struct pay arrears;
};
struct salary employee[100];
```

**pay** 구조체는 salary 구조체 외부에 정의되었고, **allowance**와 **arrears** 구조를 정의하기 위해서 salary 안에서 사용되었다.

또한 다른 자료형의 구조체를 포함하는 것도 가능하다.

```
struct personal_record
{
    struct name_part name;
    struct addr_part address;
    struct date date_of_birth;
    .....
    .....
};
struct personal_record personal;
```

이 구조체의 첫 번째 멤버인 **name**은 **struct name_part** 자료형을 가지고 있고, 두 번째 멤버는 **struct addr_part**, 그리고 세 번째는 **struct date** 구조체 자료형을 사용하고 있다.

| 주의 | C99에서는 63레벨의 중첩까지 허용하고 있다. |
|---|---|

## 11.11 구조체와 함수

C언어의 주요 특징중의 하나는 함수이다. 따라서 새로운 자료형인 구조체도 함수의 입력으로 사용할 수 있는 것이 당연하다. C언어에서 구조체 변수를 함수에서 함수로 전달하는 방법은 3가지로 구별할 수 있다.

1. 첫 번째 방법은 구조체 변수의 각 멤버들을 따로따로 함수의 매개변수로 사용하는 방법이다. 이 방법이 가장 기초적이지만 멤버의 수가 증가하면 비효율적이며, 관리가 어렵다.

2. 두 번째 방법은 구조체 전체의 복사본을 피호출함수에 전달하는 방법이다. 이 방식은 입력변수의 복사본을 사용하기 때문에 입력변수에 변화를 반영하려면 해당 구조체 변수를 반환하고, 호출함수에서 반환된 변수를 이용하여야한다. 또한, 어떤 컴파일러는 매개변수로 구조체 변수가 복사되는 것을 지원하지 않을 수도 있다.
3. 세 번째 방법은 다음 장에서 배울 **포인터**를 사용하는 방법이다. 이 방법은 구조체 변수의 복사본 대신, 구조체 변수의 주소값을 입력으로 사용한다. 피호출함수는 원래 구조체 변수를 간접적으로 접근하여 사용할 수 있다. 앞서 배열의 주소값을 넘겨서 처리한 방식과 동일한 방식이다. 또한 변수 복사가 이루어지지 않으므로 두 번째 방법에 비하여 효율적이다.

본 장에서는 두 번째 방식에 대하여 더 자세히 다루고, 세 번째 방식은 포인터를 설명하는 다음 장에서 다루게 된다.

구조체를 매개변수로 사용하는 함수의 일반적인 형태는 다음과 같다.

**function_name(structure_variable_name);**

피호출 함수의 형태는 다음과 같다.

```
data_type function_name(struct_type st_name)
{
  ......
  ......
  return(expression);
}
```

다음과 같은 사항에 주의를 해야 한다.

1. 호출함수는 적절한 입력과 출력 자료형으로 정의되어야한다. 만약 반환시 구조체를 반환하게되면, 반환 타입은 **struct**와 태그 이름을 사용하여 정의하여야한다.
2. 호출함수에서 전달하는 데이터는 정의된 구조체와 동일한 **자료**형이어야한다.
3. 구조체의 반환은 실제 구조체에 변화가 생긴 경우에만 수행해야한다. 반환할 때의 수식은 구조체 변수로만 구성할 수도 있고, 변수들을 사용한 표현식일 수도 있다.
4. 구조체가 반환되면 반환된 구조체는 호출함수에서 동일한 구조체의 변수에 할당되어야한다.
5. 호출된 함수는 호출하는 함수에서 사용할 수 있도록 원형이 미리 선언되어 있어야한다.

**예제 11.6** **구조체 전체를 함수의 입력 변수로 사용하는 간단한 프로그램을 작성하라.** M

그림 11.6은 아이템을 갱신하는 프로그램을 보여준다. 함수 **update**의 반환값과 입력 매개변수 모두 **struct stores**의 구조체 형을 갖는다. 이 함수는 이 구조체를 변수 **item**으로 받고, 변경한 후 다시 반환한다. 함수 **mul**는 **product**의 price와 quantity를 곱하여 반환하므로, **float** 형이다. 그러나 매개변수 stock은 입력변수 **item**을 받기 위하여 **struct stores**의 구조체 형으로 정의된다. **update**에 의하여 반환되는 전체 구조체 값은 동일한 구조체 변수로 복사된다. 따라서 다음 문장은 입력에 사용하였던 구조체 변수를 반환 변수값으로 대치한다.

```
item = update(item, p_increment, q_increment);
```

**Program**

```
/*        Passing a copy of the entire structure         */
  struct stores
  {
      char  name[20];
      float price;
      int   quantity;
  };
  struct stores update (struct stores product, float p, int q);
  float mul (struct stores stock);
  main()
  {
      float    p_increment, value;
      int      q_increment;

      struct stores item = {"XYZ", 25.75, 12};

      printf("\nInput increment values:");
      printf("   price increment and quantity increment\n");
      scanf("%f %d", &p_increment, &q_increment);

  /* - - - - - - - - - - - - - - - - - - - - - - - - - - - - */
      item  = update(item, p_increment, q_increment);
  /* - - - - - - - - - - - - - - - - - - - - - - - - - - - - */
      printf("Updated values of item\n\n");
      printf("Name      : %s\n",item.name);
      printf("Price     : %f\n",item.price);
      printf("Quantity  : %d\n",item.quantity);

  /* - - - - - - - - - - - - - - - - - - - - - - - - - - - - */
      value  = mul(item);
  /* - - - - - - - - - - - - - - - - - - - - - - - - - - - - */
      printf("\nValue of the item  =  %f\n", value);
  }
```

(계속)

```
    struct stores update(struct stores product, float p, int q)
    {
        product.price += p;
        product.quantity += q;
        return(product);
    }
    float mul(struct stores stock)
    {
        return(stock.price * stock.quantity);
    }

Output
Input increment values:   price increment and quantity increment
10 12
Updated values of item
Name       : XYZ
Price      : 35.750000
Quantity   : 24
Value of the item  =  858.000000
```

**그림 11.6** 구조체를 함수의 변수로 사용하는 예

여기서 stores의 템플릿이 **main** 함수의 앞에서 정의되었다. 따라서 **struct stores**는 전역이 되어, **update()**와 **mul()**함수에서 이 구조체를 사용할 수 있다.

**스킬테스트**

구조체의 중첩을 사용하는 C 프로그램을 작성하라. [E]

## 11.12 공용체(Union)

**LO 11.5** 구조체와 공용체가 저장 기법에서 어떻게 다른지를 배운다.

공용체는 하나의 메모리 공간을 사용하여 여러 가지 자료형의 변수를 저장시키는 방법이다. 나아가서 동적으로 실제로 사용되는 자료형을 바꾸어 사용할 수 있는 방법을 제공한다.

C언어의 공용체는 구조체의 개념을 변화시킨 것이다. 따라서 문법적으로는 구조체와 동일한 규칙을 따른다. 그러나 저장내용에 차이점이 있다. 구조체는 각 멤버가 자신의 저장공간을 갖는 반면, 공용체의 모든 멤버는 하나의 저장공간을 공유하게 된다. 따라서 공용체는 다른 자료형의 다수의 멤버를 갖더라도, 한 시점에는 하나의 멤버만을 다룰 수 있게 된다.

구조체와 유사하게 공용체는 키워드 union을 사용하여 다음과 같이 정의된다.

```
union item
{
   int m;
   float x;
   char c;
} code;
```

위 코드는 **code**라는 **union 변수**를 선언한다. 이 union 타입은 3개의 멤버를 갖고 있는데, 각각은 다른 자료형을 사용한다. 그러나 하나의 union 변수는 보통 하나의 자료형만을 사용할 수밖에 없다. 그 이유는 union 변수의 모든 멤버에 단지 하나의 메모리 공간만이 할당되기 때문이다.

컴파일러는 공용체의 어떤 멤버도 포함이 가능하도록 멤버들 중에서 가장 큰 멤버의 크기에 해당하는 공간을 할당한다. 위의 예에서 멤버 x는 4바이트로 가장 큰 멤버변수이다. 따라서 그림 11.7과 같이 모든 멤버변수들이 4바이트의 하나의 공간을 공유하고 있다.

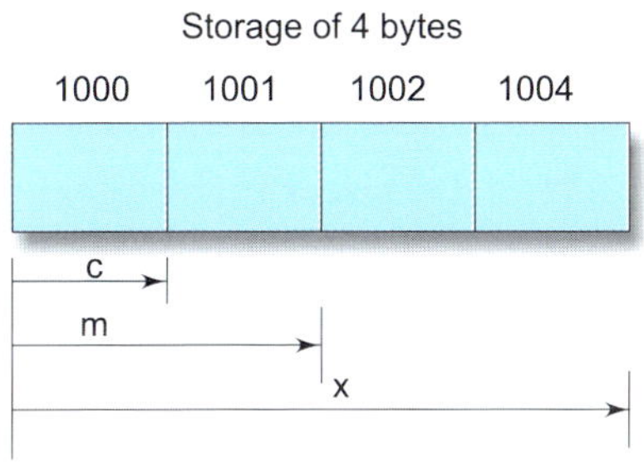


**그림 11.7** C 공용체 멤버들 간의 저장공간 공유

공용체의 멤버에 접근하는 방법은 구조체에서 멤버를 접근하는 방법과 동일하게 멤버 연산자를 사용한다.

예를 들어 위의 공용체의 멤버는 다음과 같이 접근 가능하다.

**codc.m**
**code.x**
**code.c**

한 가지 주의할 점은 멤버를 사용할 때, 현재 저장된 데이터형에 맞는 멤버를 선택하는지 유의해야 한다. 예를 들어 다음과 같은 문장은 올바르지 않은 결과를 출력할 수도 있다.

```
code.m = 379;
code.x = 7859.36;
printf("%d", code.m);
```

위의 결과는 저장 공간을 공유하므로 두 번째 문장에 의하여 첫 번째 문장의 저장결과가 변경된다(실제 실행결과의 오류의 형태는 컴퓨터마다 약간씩 차이가 있을 수 있다).

공용체는 문법적으로 구조체가 사용되는 모든 위치에 사용될 수 있다. 예를 들어 중첩된 공용체를 구조체가 사용되는 위치에 사용할 수 있다.

공용체는 변수가 선언될 때 초기화 될 수 있다. 그러나 구조체와 달리 첫 번째 공용체의 멤버의 자료형으로만 초기화가 가능하다. 예를 들어서

```
union item abc ={100};
```

는 가능하지만,

```
union item abc ={10.75};
```

는 문법적으로 오류이다. 이는 첫 번째 멤버의 자료형이 **int**이기 때문이다. 다른 멤버 변수로의 초기화는 직접적으로 해당 멤버에 값을 할당함으로써만 가능하다.

## 11.13 구조체의 크기

구조체나 공용체 그리고 배열은 주로 큰 사이즈의 변수들을 생성하기 위하여 사용된다. 이러한 변수들의 실제 크기는 일반적으로 컴퓨팅 환경에 따라 차이가 있다. 가끔 이러한 자료형이 차지하는 물리적인 크기를 알 필요가 있을때 **sizeof** 연산자를 사용한다. 즉, **sizeof(struct x)**는 구조체 **x**의 모든 멤버들을 저장할 수 있는 공간의 크기를 계산한다. 만약 **y** 가 단순한 구조체 타입 **x**의 변수라면 다음 표현

```
sizeof(y)
```

도 동일한 결과를 얻는다. 만약, **y**가 구조체 **x**의 배열이라면

```
sizeof(y)
```

는 해당 구조체 배열의 크기를 계산해낸다.

따라서 다음 표현은 배열 **y**에 있는 요소의 개수를 얻을 수 있다.

```
sizeof(y)/sizeof(x)
```

## 11.14 비트 필드

지금까지 한 바이트, 두 바이트, 또는 네 바이트 등 바이트 단위의 공간을 데이터 저장을 위하여 사용하였다. 어떤 경우에는 데이터 아이템의 크기가 한 바이트보다 작은 데이터를 다뤄야할 때가 있다. 그러한 경우에 각 데이터별로 한 바이트를 할당하면, 상당한 저장 공간을 낭비할 수가 있다.[2] 이러한 문제를 해결하기 위하여 C언어에서는 바이트의 일부만을 사용하는 **비트 필드**라

2) 역자주. 이런 경우와 더불어 실제 주변장치 하드웨어의 레지스터가 메모리에 매핑되어 있는 경우에는 byte 보다 작은 단위로 몇 개의 비트 묶음을 단위로 값을 해석해야하는 경우에도 필요 하다. 또한, 비트연산(shift, masking 등)을 컴파일러의 지원기능을 사용하여 효과적으로 처리하기 위해서 사용된다.

는 기법을 제공한다. 각 멤버들이 몇 비트들만 사용하게 되므로 여러 개의 멤버들을 합쳐서 하나의 바이트 공간에서 사용할 수 있다.

하나의 비트 필드는 1개부터 n개까지의 연속한 비트의 집합이다. n은 보통 시스템에 따라 다르지만 16비트 머신에서는 16이다. 비트 필드의 이름과 크기는 다음과 같이 구조체의 확장된 형태로 정의된다.

```
struct tag-name
{
      data-type name1: bit-length;
      data-type name2: bit-length;
      . . . . . .
      . . . . . .
      data-type nameN: bit-length;
}
```

보통 *data-type*은 (signed) **int** 또는 **unsinged int**를 사용하고, *bit-length*는 해당 필드가 차지하는 비트 길이이다. **signed**인 경우에는 부호 비트가 필요하므로 최소 2 비트 이상이어야 한다.

비트 필드의 내부구현 모습은 실제로 CPU 의존적이다. 즉, **int**의 크기와 비트의 배치 순서에 의존한다. 어떤 CPU는 좌측(MSB)부터 할당을 하는 반면 어떤 CPU는 우측(LSB)부터 할당을 하게 된다. 다음 그림은 16 bit의 little-endian인 경우의 비트 필드 할당의 예를 보여주고 있다.

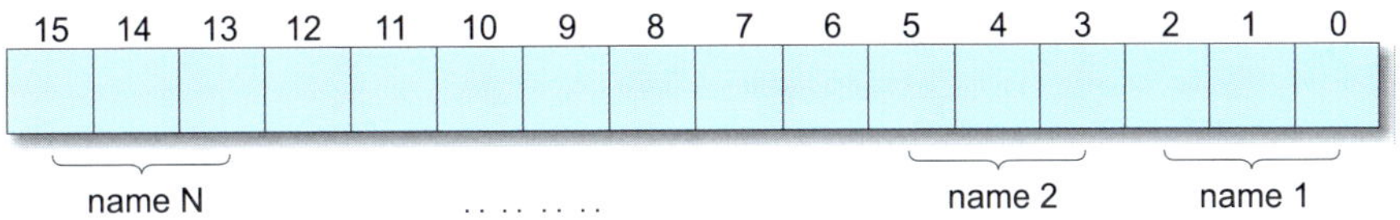


위의 예에서 몇 가지 주목할 만한 점이 있다.

1. 첫 번째 필드는 항상 워드의 첫 번째 비트부터 시작한다.
2. 비트 필드는 정수의 경계를 넘어서 정의되지 않는다. 만약 해당 비트 필드가 워드의 경계를 넘게 되면, 새로운 비트 필드는 다음 워드의 시작에서 할당되게 된다.
3. 이름이 붙여지지 않는 필드를 사용할 수 있다. 예를 들어 특정 비트 부분을 사용하지 않아서 건너 뛰어야 할 경우 사용된다.
4. 워드에서 사용되지 않는 부분이 존재한다.
5. 비트 필드의 경우는 주소 연산자를 사용할 수 없다. 그 결과 **scanf**의 입력 변수로 사용할 수 없다.
6. 비트 필드는 배열화 할 수 없다.
7. 비트 필드에 값을 할당할 때 값의 범위 안에서만 사용해야한다. 만약 범위를 넘는 경우에는 결과를 예측할 수 없다.

예를 들어 다음과 같이 직원의 정보를 압축된 형태로 저장하고 싶다고 하자.

```
struct personal
{
unsigned sex          :    1;
unsigned age          :    7;
unsigned m_status     :    1;
unsigned m_children   :    3;
unsigned              :    4;
} emp;
```

이 구조체는 **emp**라는 비트 필드로 구성된 변수를 정의한다.

| 비트 필드 | 비트 길이 | 값의 범위 |
|---|---|---|
| sex | 1 | 0 또는 1 |
| age | 7 | 0 또는 127 |
| m_status | 1 | 0 또는 1 |
| children | 3 | 0 또는 7 |

비트 필드가 정의되면, 다른 구조체와 마찬가지로 사용할 수 있다. 즉 다음과 같은 문장이 가능하다.

```
emp.sex = 1;
emp.age = 50;
```

다음과 같이 **scanf** 등에 사용할 수 없음을 명심하라. 만약 값을 읽고 싶으면 다음과 같이 처리하는 것이 필요하다.

```
scanf("%d %d", &AGE, &CHILDREN);
emp.age = AGE;
emp.children = CHILDREN;
```

같은 이유로 포인터 사용이 불가능하다. 그러나 그 외의 다른 연산은 가능하다.

```
sum = sum + emp.age;
if(emp.m_status) .....;
printf("%d\n", emp.age);
```

또한 일반적인 구조체 원소와 비트 필드 원소를 함께 구조체 안에 정의하여 사용하는 것도 가능하다.

```
struct personal
{
     char name[20];   /* 일반 변수 */
     struct addr address;
     unsigned sex:1;
     unsigned age:7;
     ......
     ......
}
emp[100];
```

위 선언문은 100개의 **구조체 배열**을 정의하고 있다. 이 구조체는 보통 자료형의 멤버 뿐 아니라 비트 필드도 포함하고 있다.

비트 필드는 정의에 표시된 순서대로 정렬되고 압축된다.

```
struct pack
{
     unsigned a:2;
     int count;
     unsigned  b:3;
}
```

즉 다음 예에서는 첫 번째 비트 필드 멤버는 1워드, 그 다음 count는 1워드, 나머지 b도 1워드를 차지한다.[3)]

> **주의** 구조체와 관련된 다른 주제들, 특히 구조체와 포인터, 구조체와 연결 리스트 등은 11장과 12장에서 각각 다루게 된다.

## 주요 개념

- **배열:** 동일한 자료형의 원소들로 이루어진 고정 크기의 순차적인 모음 [LO 11.1]
- **점 연산자:** 구조체 변수와 구조체 멤버를 연결시킨다. 멤버 값을 읽거나 쓰는데 사용된다. [LO 11.1]
- **구조체:** 사용자 정의 자료형으로서 다양한 자료형을 하나로 묶어서 데이터 레코드를 표현할 수 있게 한다. [LO 11.1]
- **공용체:** 구조체와 문법이 유사하지만 저장 기법이 다르다. 구조체와는 달리 공용체 멤버는 값을 저장하는데 있어서 동일한 메모리 위치를 사용한다. [LO 11.5]
- **비트 필드:** 인접된 비트 집합을 나타낸다. [LO 11.5]

3) 만약 메모리 공간을 절약하고 싶다면 struct pack{ unsigned a:2; usnigned b:3; int count}; 로 정의하여야 한다.

## 알아두기

- 구조체와 공용체 정의는 세미콜론으로 끝나야한다. [LO 11.1]
- 구조체 변수를 구조체 정의와 함께 정의할 때는 구조체 정의를 닫는 중괄호와 세미콜론 사이에 변수명을 위치시킨다. [LO 11.1]
- 구조체 멤버로 같은 구조체 형의 변수를 사용하는 것은 잘못이다. 서로 다른 구조체는 대입을 통해서 값을 전달할 수 없다. struct 키워드 없이 태그명 만을 사용하여 구조체를 선언할 수 없다. [LO 11.1]
- typedef을 사용하여 구조체의 타입을 생성할 때 닫는 중괄호 다음 세미콜론 앞에 타입명이 위치해야한다. [LO 11.1]
- 구조체 태그명은 키워드 struct와 여는 중괄호의 앞에 위치해야한다.
- typedef을 사용하여 구조체 타입을 정의할 때는 동시에 변수 선언은 불가능하다.
- 두 구조체 변수의 비교는 불가능하다.
- 멤버명만으로 구조체의 멤버를 지칭하는 것은 불가능하다.
- 구조체가 중첩되었을 때 멤버의 접근은 중첩되는 모든 수준의 구조체를 거쳐서 접근해야 한다.
- 멤버를 포인터와 멤버 연산 (.)을 사용하여 접근하려면, 괄호를 사용해야한다. 즉, (*ptr).number. [LO 11.2]
- 화살표 연산(->)은 하나의 심볼이다. 즉 중간에 공백이 포함되면 안 된다. [LO 11.2]
- scanf를 통하여 멤버의 값을 설정할 때는 일반형멤버는 주소연산(&)을 사용해야 한다.
- 구조체 배열을 접근할 때 각 원소를 나태내기위한 인덱스 표시([])를 사용해야 한다.
- 공용체는 한 시점에는 한 멤버만 사용해야 한다. 문맥에 합당한 멤버를 선택해야 한다.
- 잘못된 멤버를 선택하는 것은 논리에러로 컴파일러가 알아내지 못한다.
- 공용체의 초기화는 첫 번째 멤버로만 가능하다. 다른 멤버의 타입으로 초기화를 시도하면 오류가 발생한다.
- 구조체에 태그명을 부여하는 것이 바람직하다. 태그명이 있어야만 향후에 동일한 구조체 변수를 정의할 때 사용이 가능하다.
- 짧고 직관적으로 의미를 알 수 있는 태그명을 사용하는 것이 바람직하다.
- 동일한 멤버명을 다른 구조체에 사용하는 것은 혼동의 여지가 있으므로 주의를 기울여야 한다.
- 구조체를 함수에 전달할 때 복사에 의한 방법을 사용하는 것보다 포인터를 사용하는 것이 효과적이다(이에 대하여는 12장에서 자세히 다룬다). [LO 11.4]
- 비트 필드 멤버는 주소를 가지고 있지 않다. 따라서 scanf 함수에서 직접적으로 값을 할당하는 방법을 사용할 수 없다.
- 비트 필드 멤버는 배열형태로 정의할 수 없다.

사례연구

## 1. 서점 재고관리

[LO 11.1, 11.2, 11.3, 11.4, 11.5 M]

한 책방에서 PC를 사용하여 이 책방에서 파는 책의 재고를 관리하려고 한다. 포함될 내용으로는 책의 저자, 제목, 가격, 출판사, 진열위치 등을 사용한다. 손님이 책을 원하면, 점원은 책의 제목과 저자를 입력하고, 프로그램은 해당 책이 있는지 응답한다. 만약 책이 없으면, 적당한 메시지를 출력한다. 책이 있으면 책의 상세 정보를 출력하고 필요한 책의 수를 요구한다. 필요한 책의 수가 가능하면, 총 가격이 출력된다. 만약에 수가 모자라면, 재고가 없다고 출력한다.

이러한 동작을 수행하는 프로그램의 코드가 그림 10.8에 있다. 프로그램은 book이라는 구조체를 정의하여 사용한다. 구조체 안의 멤버인 출간일 date는 또 다시 구조체로 정의된다.

책의 저자와 제목이 주어질 때 프로그램은 함수 **look_up(table, s1, s2, m)**를 사용하여 배열에서 해당 아이템을 찾는다. 변수 **table**은 **record 구조체** 배열 즉, 배열의 시작 주소이고, 변

**Programs**

```
#include    <stdio.h>
#include    <string.h>
struct  record
{
    char     author[20];
    char     title[30];
    float    price;
    struct

    {
        char    month[10];
        int     year;
    }
    date;
    char    publisher[10];
    int     quantity;
 };
  int look_up(struct record table[],char s1[],char s2[],int m);
  void get (char string [ ] );
  main()
 {
     char title[30], author[20];
     int  index, no_of_records;
     char response[10], quantity[10];
     struct record book[] =  {
     {"Ritche","C Language",45.00,"May",1977,"PHI",10},
     {"Kochan","Programming in C",75.50,"July",1983,"Hayden",5},
     {"Balagurusamy","BASIC",30.00,"January",1984,"TMH",0},
     {"Balagurusamy","COBOL",60.00,"December",1988,"Macmillan",25}
                             };
```

(계속)

```
   no_of_records = sizeof(book)/ sizeof(struct record);
   do
   {
     printf("Enter title and author name as per the list\n");
     printf("\nTitle:    ");
     get(title);
     printf("Author:   ");
     get(author);
     index = look_up(book, title, author, no_of_records);
     if(index != -1)       /*  Book found  */
     {
         printf("\n%s %s %.2f %s %d %s\n\n",
                  book[index].author,
                  book[index].title,
                  book[index].price,
                  book[index].date.month,
                  book[index].date.year,
                  book[index].publisher);

         printf("Enter number of copies:");
         get(quantity);
         if(atoi(quantity) < book[index].quantity)

           printf("Cost of %d copies = %.2f\n",atoi(quantity),
               book[index].price * atoi(quantity));
         else
           printf("\nRequired copies not in stock\n\n");
       }
       else
           printf("\nBook not in list\n\n");

       printf("\nDo you want any other book? (YES / NO):");
       get(response);
   }
   while(response[0] == 'Y' || response[0] == 'y');
   printf("\n\nThank you.  Good bye!\n");
}
void get(char string [] )
{
   char  c;
   int  i = 0;
   do
   {
      c = getchar();
      string[i++] = c;
   }
   while(c != '\n');
   string[i-1] = '\0';
}
```

(계속)

```
int look_up(struct record table[],char s1[],char s2[],int m)
{
    int  i;
    for(i = 0; i < m;  i++)
       if(strcmp(s1, table[i].title) == 0  &&
          strcmp(s2, table[i].author) == 0)
          return(i);             /* book found       */
    return(-1);                  /* book not found   */
}
```

**Output**

```
Enter title and author name as per the list
Title:    BASIC
Author:   Balagurusamy
Balagurusamy BASIC 30.00 January 1984 TMH

Enter number of copies:5
Required copies not in stock

Do you want any other book? (YES / NO):y
Enter title and author name as per the list
Title:    COBOL
Author:   Balagurusamy
Balagurusamy COBOL 60.00 December 1988 Macmillan

Enter number of copies:7
Cost of 7 copies = 420.00

Do you want any other book? (YES / NO):y
Enter title and author name as per the list
Title:    C Programming
Author:   Ritche

Book not in list


Do you want any other book? (YES / NO):n


Thank you.  Good bye!
```

**그림 11.8** 책 재고관리 프로그램

수 **s1**과 **s2**은 **title** 과 **author**의 문자열을 **m**은 책의 총 종류수를 의미한다. 책의 총 종류수는 다음과 같이 계산된다.

**sizeof(book)/sizeof(struct record)**

책을 찾으면 책의 일련번호(배열 인덱스)가 반환되며, 책을 찾을 수 없으면 −1이 반환된다. 첫 번째 인덱스는 0임에 유의하라. 프로그램은 사용자가 질문 "Do you want any other book?"에 "NO"를 입력하면 중단된다.

또한, 제목, 저자이름 등을 입력받기 위하여 **get(string)**라는 함수를 제공하는 것에 유의할 필요가 있다. 이 함수는 스트링을 입력할 때 **space**를 사용할 수 있도록 한 것이 특징이다. **scanf**를 사용한 경우에는 공백이 추가되면 두 문자열로 인식된다. 또한, 개수도 **get(string)**함수를 사용하여 문자열로 읽기 때문에, **atoi()** 함수를 사용하여 문자열에서 정수로 변환한다.

## 다중선택 문제

다음 다중선택 문제에서 올바른 답을 고르시오.

11.1 다음 중에서 구조체 변수의 멤버를 접근하는 올바른 방법인 것은? **[LO 11.3 H]**

(a) 점 표기를 사용, v.x (b) 간접 표기를 사용, (*ptr).x

(c) 선택 표기를 사용, ptr->v (d) 위 모두 다

11.2 다음 중에서 구조체와 함수에 관해서 올바른 것은? **[LO 11.4 M]**

(a) 구조체에 대한 포인터는 함수 인자로 전달할 수 있다.

(b) 함수에서 구조체 변수를 반환하는 것이 가능하다.

(c) 실인자와 형식인자에서 사용되는 구조체 변수는 동일한 구조체 타입이어야 한다.

(d) 위 모두 다

11.3 다음 중 공용체에 관해서 틀린 것은? **[LO 11.5 M]**

(a) 공용체 변수의 크기는 가장 큰 멤보의 크기와 같다.

(b) 구조체와는 다르게 공용체는 첫 번째 멤버의 타입의 값으로만 초기화 할 수 있다.

(c) 구조체와는 다르게 공용체는 중첩을 허용하지 않는다.

(d) 어느 시점에 공용체 변수는 멤버 타입의 어떤 것이라도 저장할 수 있다.

11.4 다음 중에서 구조체 변수와 함께 사용할 수 있는 것은? **[LO 11.2 M]**

(a) = (b) + (c) == (d) !=

11.5 다음 코드의 출력은 무엇인가?

```
void main()
{
union U
{
```

```
int i;
int j;
};

union U test=5;
printf(°∞%d %d°±,test.i,test.j);
}
```

(a) 5, 0
(b) 5, 쓰레기 값
(c) 5, 5
(d) 컴파일러 에러

## 복습 질문

11.1 다음 문장이 참인지 거짓인지 말하시오.

(a) C언어의 구조체 형은 built-in 자료형이다. [LO 11.1 E]

(b) 구조체의 태그명은 선택사항이다. [LO 11.1 E]

(c) 구조체는 단지 한 종류의 자료형의 멤버들을 가지고 있다. [LO 11.1 E]

(d) 키워드 typedef은 새로운 자료형을 선언할 때 사용된다. [LO 11.1 E]

(e) 구조체 변수는 다수의 필드를 포함하는 변수로 선언된다. [LO 11.1 M]

(f) 구조체 변수를 동일한 다른 구조체 변수에 복사하는 것이 가능하다. [LO 11.1 M]

(g) 포인터를 사용하여 구조체 변수의 멤버에 접근할 수 있다. [LO 11.1 H]

(h) 포인터 p를 사용하여 구조체의 멤버를 접근할 때 (*p).member_name 과 p -> member_name은 동치이다. [LO 11.1 H]

(i) 수치형 데이터만을 포함하는 구조체 변수는 수치 연산(+, ?, * , /)을 적용할 수 있다. [LO 11.2 M]

(j) 배열을 구조체의 멤버로 사용할 수 없다. [LO 11.3 E]

(k) 구조체의 멤버로 하나의 구조체가 가능하다. [LO 11.4 E]

(l) 구조체는 함수로 전달될 경우 항상 포인터 값을 사용해서 전달된다. [LO 11.4 H]

(m) 공용체는 구조체와 동일한 방법으로 초기화 할 수 있다. [LO 11.5 E]

(n) 공용체는 또 다른 공용체의 멤버가 될 수 있다. [LO 11.5 H]

(o) 구조체는 공용체 타입의 멤버를 가질 수 없다. [LO 11.5 H]

11.2 다음 빈 칸을 적절히 채우시오.

(a) 구조체의 이름을 ____라고 부른다. [LO 11.1 E]

(b) 구조체 정의에서 선언된 내부 변수들을 ____라고 부른다. [LO 11.1 E]

(c) ____는 앞서 정의한 자료형의 동의어를 정의하는데 사용할 수 있다. [LO 11.1 M]

(d) 화살표 연산(->)은 구조체 변수의 멤버를 접근하기 위하여 ___를 사용해야 한다. [LO 11.1 H]

(e) ___는 동일한 메모리 공간을 공유하는 아이템들을 하나의 이름으로 묶어 놓은 것이다. [LO 11.5 E]

(f) 괄호를 이용해서 구조체 변수를 부분 초기화 할 때, 정수와 부동소수점 멤버는 ___값으로 초기화된다. [LO 11.1 E]

(g) 구조체 변수의 메모리 저장에서 점유되지 않은 바이트는 ___바이트라고 한다. [LO 11.2 M]

(h) 공용체 변수의 크기는 _____ 멤버의 크기와 같다. [LO 11.5 E]

11.3 구조체 태그명 abc를 사용하여 구조체 변수를 선언하고 초기화 하는 문장에 대한 질문이다. 다음 문장 중에서 옳지 않은 것은 무엇인가? 그 이유는 무엇인가? 여기서 구조체 abc는 순서대로 3개의 멤버, int 형, float 형, char 형을 갖는다. [LO 11.1, 11.2, 11.3 E]

(a) `struct a,b,c;`

(b) `struct abc a,b,c`

(c) `abc x,y,z;`

(d) `struct abc a[ ];`

(e) `struct abc a = { };`

(f) `struct abc = b, { 1+2, 3.0, "xyz"}`

(g) `struct abc c = {4,5,6};`

(h) `struct abc a = 4, 5.0, "xyz";`

11.4 다음과 같이 구조체 변수가 선언되었다고 하자. [LO 11.1, 11.2, M]

```
struct abc a,b,c;
```

이때 다음 문장 중 문법적으로 오류가 없는 것은 ?

(a) `scanf ("%d", &a);`

(b) `printf ("%d", b);`

(c) `a = b;`

(d) `a = b + c;`

(e) `if (a>b)`

11.5 다음과 같은 구조체 정의에 대하여 다음 중 올바른 구조체 배열의 선언은 어느 것인가? [LO 11.3 M]

```
struct item_bank
{
        int number;
        double cost;
};
```

(a) `int item_bank items[10];`

(b) `struct items[10] item_bank;`

(c) `struct item_bank items (10);`

(d) `struct item_bank items [10];`

(e) `struct items item_bank [10];`

11.6 다음 선언문에서 문장의 옳고 그름을 판단하고 이유를 말하시오. [LO 11.1, 11.3 M]

```
typedef struct abc
{
        char x;
        int y;
        float z[10];
} ABC;
```

(a) `struct abc v1;`

(b) `struct abc v2[10];`

(c) `struct ABC v3;`

(d) `ABC a, b, c;`

(e) `ABC a[10];`

11.7 구조체와 배열의 차이에 대하여 설명하라. [LO 11.3 E]

11.8 다음 C 언어의 문법 요소의 의미와 목적에 대하여 설명하라. [LO 11.1, 11.5 M]

(a) 템플릿

(b) struct 키워드

(c) typedef 키워드

(d) sizeof 연산자

(e) 태그명

11.9 다음 선언에서 잘못된 점을 찾아 설명하라. [LO 11.1 E]

```
struct
{
        int number;
       float price;
}
main( )
{
       . . .
       . . .
}
```

11.10 언제 다음 기능을 사용하는 것이 필요한가? [LO 11.5 M]

(a) 공용체

(b) 비트 필드

(c) sizeof 연산자

11.11 다음 표현은 무엇을 의미하는가? 전형적인 예를 들어 설명하라.

(a) 구조체 배열 [LO 11.3 E]

(b) 중첩 구조체 [LO 11.4 M]

(c) 공용체 [LO 11.5 M]

11.12 구조체의 멤버에 값을 할당하는 여러 가지 방법을 예를 들어서 설명하라. [LO 11.1 M]

11.13 구조체를 초기화하는 규칙에 대하여 설명하라. [LO 11.1 E]

11.14 슬랙 바이트는 무엇인가? 이와 관련하여 구조체의 구현시 고려해야할 사항은 무엇인가? [LO 11.2 M]

11.15 구조체를 함수의 매개변수로 사용하는 세 가지 다른 접근방법에 대하여 설명하라. [LO 11.4 H]

11.16 비트 필드를 사용하여 구조체를 만들 때 중요한 점들은 무엇인가? [LO 11.5 M]

11.17 두 개의 실수 x와 y를 사용하는 복소수 구조체를 정의하라. 이 구조체에 해당하는 변수 p를 선언하고, 각 멤버에 0.0과 1.1을 할당하라. [LO 11.1 M]

11.18 다음 프로그램의 출력은 무엇인가? [LO 11.5 H]

```
main ( )
{
      union x
      {
            int a;
            float b;
            double c;
      };
      printf("%d\n", sizeof(x));
        a.x = 10;
      printf("%d%f%f\n", a.x, b.x, c.x);
        c.x = 1.23;
      printf("%d%f%f\n", a.x, b.x, c.x);
 }
```

## 디버깅 연습

11.1 다음과 같이 구조체가 정의되고 변수 선언되었다. [LO 11.1 11.2 M]

```
struct abc
{
        int a;
        float b;
};
struct xyz
{
        int x;
        float y;
};
abc a1, a2;
xyz x1, x2;
```

아래 문장 중에서 오류가 있다면 찾아라.

(a) `a1 = x1;`

(b) `abc.a1 = 10.75;`

(c) `int m = a + x;`

(d) `int n = x1.x + 10;`

(e) `a1 = a2;`

(f) `if (a.a1 > x.x1) . . .`

(g) `if (a1.a < x1.x) . . .`

(h) `if (x1 != x2) . . .`

11.2 다음 프로그램의 오류는 무엇인가? [LO 11.1 M]

```
typedef struct product
{
      char name [ 10 ];
      float price;
} PRODUCT products [ 10 ];
```

## 프로그래밍 연습

11.1 **time_struct**라는 이름으로 구조체를 정의하라. 이 구조체는 **int**형 **hour, int**형 **minute,** 그리고 **int**형 **second**를 멤버로 갖는다. 각 멤버에 값을 할당하고, 다음 형태로 출력하는 프로그램을 작성하라.

16:40:51

11.2 10.1문제를 수정하라. 하나의 함수는 입력을 받아 멤버들을 세팅하고, 하나의 함수는 시간을 출력하도록 만들어라.

11.3 10.1에서 정의한 구조체를 입력으로 받고 1초를 더해서 반환하는 함수를 작성하라(만약 second가 60초가 되면 minute을 증가하고 second는 0으로 세팅하라. 또한 minute가 60에 이르면 hour를 증가하고, minute을 0으로 세팅하라).

11.4 **date**이라는 이름으로 구조체를 정의하라. 이 구조체는 3개의 **int**형 멤버, **day, month, year**를 갖는다. 이를 기반으로 다음과 같은 기능을 제공하는 프로그램을 작성하라.

- 콘솔 입력을 멤버변수로 저장하는 함수
- 날짜가 문제가 없는지 검토하는 함수
- 다음과 같은 포맷으로 날짜를 출력하는 함수

April 29, 2002

입력은 각각 29, 4, 2002와 같이 int형이라야 한다.

유효하지 않은 날짜 데이터의 예:

31, 4, 2002 – 4월은 30일까지 임.

29, 2, 2002 – 2002는 윤년이 아님

11.5 11.4에서 정의한 date 구조체를 입력받아 하루를 증가하고 반환하는 함수를 작성하라. 다음과 같은 규칙이 적용되어야 한다.

- 만약 달의 마지막이면, 다음 달로 넘어간다.
- 12월 마지막 날이면 다음 연도로 넘어간다.
- 윤년은 2월이 29일까지이다.

11.6 11.4의 입력받는 함수를 수정하여, 날짜를 long int 형으로 입력받도록 하라. 예를 들어 15-8-1945 (August 15, 1945) 대신 19450815.

날수를 **year, month, day**로 변환하는 알고리즘을 적용하라.

11.7 11.4에 **nextdate**라는 함수를 추가하여 다음 작업을 하도록 하라.

- 한 매개변수는 현재 **date**를 입력받고 두 번째는 추가할 날짜수를 입력받는다.
- 현재 날짜에 날짜수를 더하여 반환한다.

(앞서 예와 마찬가지로 달과 년도가 넘어가는 것을 처리하라)

11.8 11.4의 **date** 구조체를 사용하고, 두 개의 date를 입력받아 비교하는 함수를 작성하라.

- **date1**이 **date2**과 같거나 이르면 1을 반환하고,
- **date1**이 **date2**보다 늦으면 0을 반환한다.

11.9 일련의 int 형으로 구성된 벡터는 표현하는 구조체를 정의하고, 다음 기능을 제공하는 프로그램을 작성하라.
- 벡터를 생성한다.
- 주어진 원소의 값을 수정한다.
- 현재 벡터값에 스칼라 값을 곱한다.
- 벡터를 다음과 같은 형태로 출력한다(10, 20, 30, . . ).

11.10 11.9 문제에 두 개의 벡터를 받아 두 벡터의 덧셈, 즉 같은 성분끼리 더하여 반환하는 프로그램을 작성하라.

11.11 거리값을 저장하는 **metric**와 **British** 라는 이름의 두 개의 구조체를 정의하라. 구조체 **metric**은 meter와 centimeter라는 멤버를, 구조체 **British** 는 feet와 inch라는 멤버를 사용한다. **metric** 형의 입력과 **British** 형의 입력을 각각 입력받아 이를 더하는 프로그램을 작성하라. 프로그램은 결과를 요청에 따라 **British** 또는 **metric** 형태로 출력하여야 한다.

11.12 다음과 같이 세 개의 멤버를 갖는 **census**라는 이름의 구조체를 정의하라.
- 도시의 이름을 저장하는 char 형 배열 city
- 도시의 인구를 저장하는 long int 형 population
- 글자를 읽을 수 있는 사람들의 비율을 나타내는 float 형 literacy_level

그리고 이 구조체를 사용하여 다음과 같은 작업을 수행하는 프로그램을 작성하라.
- 배열을 사용하여 임의로 선택된 5개 도시의 정보를 읽음.
- 도시명을 기준으로 정렬
- 가독률의 기준으로 정렬
- 인구수를 기준으로 정렬
- 정렬결과를 보여준다.

11.13 hotel을 기술하는 구조체를 정의하라. 구조체의 멤버는 이름, 주소, 등급, 평균 객실사용료, 객실수를 포함하고, 다음과 같은 작업을 수행한다.
- 주어진 등급 안에서 객실 요금의 순으로 출력한다.
- 주어진 등급 안에서 주어진 가격 이하의 방들을 출력한다.

11.14 **cricket** 이라는 이름을 갖는 구조체를 정의한다. 이 구조체는 선수이름, 팀이름, 타율 등이 포함된다. 이 구조체를 사용하여 50명의 선수를 담을 수 있는 배열을 정의하여, 각각의 정보를 읽고, 팀별로 분리하여 각 팀의 선수들과 타율을 출력하게 하라.

11.15 **student_record**라는 구조체를 정의하라. 이 구조체는 학생의 이름, 생년월일, 취득학점을 포함한다. 10.4에서 작성한 구조체를 생년월일에 사용하라. 총 10명의 정보를 읽고 취득학점 순으로 출력되도록 프로그램을 구성하라.

11.16 구조체 자료형의 크기를 출력하는 C 프로그램을 작성하라. **[LO 11.2 E]**

11.17 동일한 수와 자료형의 멤버를 가진 구조체와 공용체의 크기를 출력하는 C 프로그램을 작성하라. [LO 11.5 E]

11.18 화살표 기호를 사용해서 구조체의 모든 멤버에 대한 동작을 하는 C 프로그램을 작성하라. [LO 11.2 H]

## 인터뷰 질문

11.1 구조체와 공용체가 크기 상으로 다른 점은 무엇인가? [LO 11.5 E]

11.2 가장 높은 우선순위와 가장 낮은 우선순위의 연산자는 무엇인가? [LO 11.2 M]

11.3 자기참조 구조체란 무엇인가? [LO 11.3 H]

11.4 C에서 사용자 정의 자료형의 예를 들어보라. [LO 11.2 E]

11.5 C에서 새로운 자료형을 만드는 다른 방법은 무엇이 있나? [LO 11.5 M]

11.6 다음은 유효한 구조체 정의인가? [LO 11.3 H]

```
struct s
{
    int n;
    struct s next;
};
```

Chapter 12

# 포인터

**학습목표**

LO 12.1 포인터의 개념을 배운다.
LO 12.2 프로그램에서 포인터 변수가 어떻게 사용되는지 설명한다.
LO 12.3 포인터들의 연쇄를 설명한다.
LO 12.4 포인터 표현식을 보여준다.
LO 12.5 포인터와 배열을 설명한다.
LO 12.6 포인터를 함수와 구조체와 함께 사용하는 방법을 설명한다.

## 12.1 소개

C언어에서 포인터는 파생 자료형이다. 여기서 파생이란 먼저 기본 자료형이 존재하고, 이에 관련되어 정의되는 것을 의미한다. CPU 입장에서 포인터는 단순히 메모리의 주소값을 갖는 변수라고 볼 수 있다. 컴퓨터에서 메모리 주소는 프로그램 코드나 데이터가 존재하는 위치 값이므로, 포인터를 사용하여 메모리에 저장된 어떠한 데이터도 접근하거나 사용할 수 있다.

포인터는 C언어의 가장 독특하고 흥미로운 특징들 중의 하나이다. 포인터를 통하여 C언어는 대단히 강력한 융통성을 갖추게 되었다. 물론, 이 유연성으로 인하여 C언어 초보자들에게는 상당히 혼동되고 이해하기 어려운 요소가 있으나, 일단 습득하고나면 매우 강력하고 간편한 기술이라는 것을 알게 될 것이다.

우선 포인터가 프로그래머에게 주는 장점을 다음과 같이 요약할 수 있다.

1. 포인터는 배열과 데이터 테이블을 다루는데 있어, 기존의 인덱스를 사용하는 방법보다 효과적이다.
2. 포인터를 함수의 입력 매개변수로 사용하면 다수의 변수를 반환하는 함수를 작성할 수 있다.
3. 포인터는 변수 뿐 아니라 함수의 주소를 가리키는데도 사용할 수 있다. 따라서 함수를 또 다른 함수의 매개변수로 사용할 수 있다.
4. 문자열들을 가리키는 포인터 배열을 사용하면 문자열의 중복을 피해서 메모리를 효과적으로 사용할 수 있다.

**5.** C언어의 동적 메모리 사용(malloc)은 포인터를 사용하면 효과적이다.
**6.** 포인터를 사용하면 연결리스트, 큐, 스택, 트리 등의 동적 자료구조를 쉽게 다룰 수 있다.
**7.** 포인터를 적절히 사용하면 프로그램의 코드와 복잡성을 줄이는데 효과적이다.
**8.** 포인터를 적절히 사용하면 프로그램의 실행 속도를 증가시켜 실행 시간을 줄일 수 있다.

이처럼 C언어에서 포인터의 역할은 지대하다고 할 수 있다. 이 장에서는 포인터에 대하여 자세히 설명하고, 프로그램에서 어떻게 사용할 수 있는지 예를 들어 설명할 것이다. 13장은 포인터를 사용하여 연결 리스트를 생성하고 다루는 방법에 대하여 다룬다.

## 12.2 포인터의 이해

컴퓨터의 메모리는 그림 12.1과 같이 일련의 메모리 **셀의 모임**, 즉 1차원 배열로 구성된다. 각 셀은 보통 **바이트**라고 불리며 정수로 표시되는 **주소**가 할당된다. 이 주소값은 통상 0으로 시작하여 연속적으로 증가하는 수이다. 간단히 말해서 1차원 배열에서의 인덱스라고 생각하면 된다. 마지막 주소값은 메모리의 크기와 관련된다. 64K바이트 메모리를 갖고 있는 컴퓨터의 최대주소는 65535이다.

변수를 선언할 때 시스템은 이 메모리 어딘가에 공간을 할당하는 것이다. 모든 바이트가 고유한(겹치지 않는) 주소값을 갖게 되기 때문에, 이 변수의 위치도 고유의 주소값을 갖는다. 예를 들어 다음과 같은 문장을 생각하자.

**그림 12.1** 메모리 구조

```
int quantity = 179;
```

이 문장은 시스템에게 **quantity**라는 변수의 메모리 위치를 찾아 그 위치에 179라는 값을 입력하라고 지시한다. 이 시스템이 **quantity**라는 변수의 위치를 주소값 5000에 확보하였다고 하자. 그러면 이 경우에 대한 시스템의 모습은 그림 12.2와 같다(단, 변수의 주소값은 그 변수가 차지하는 메모리 공간의 첫 번째 바이트의 주소값을 의미한다).

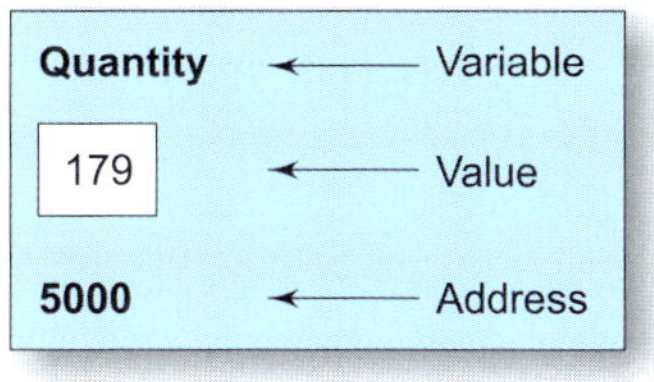


**그림 12.2** 변수의 표현

프로그램의 실행 중에 시스템은 항상 **quantity**라는 이름의 변수를 주소 5000과 연결시킨다(일상생활에서 집의 이름과 집의 주소가 연동되는 것과 동일하다). 따라서, 변수를 사용하거나 주소값 5000을 사용하여 동일한 위치의 값인 179를 접근할 수 있다. 한편, 메모리 주소는 사실상 정수값이기 때문에, 다른 수와 마찬가지로 이 정수를 표현할 수 있는 변수로 표현할 수 있다. 이렇게 주소값을 저장하는 변수를 어떤 위치를 가리킨다는 의미에서 **포인터 변수**라고 부른다. 따라서, 포인터 변수는 사실상 다른 변수의 위치인 정수 주소를 저장하는 변수일 뿐이다.

또한, 포인터 변수도 변수이기 때문에 역시 메모리상의 어떤 주소값을 갖는 위치에 저장된다. 앞서 선언한 변수 **quantity**의 주소값을 포인터 변수 **p**에 할당하였다고 하면, 그림 12.3과 같이 변수 **p**와 **quantity** 사이에 그림 12.3과 같은 관계가 형성된다. 이 경우 포인터 변수 **p**의 주소는 5048인 것을 볼 수 있다.

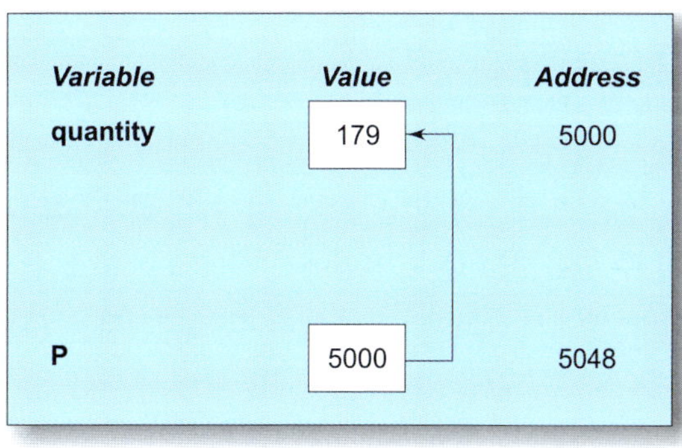


**그림 12.3** 포인터 변수

포인터 변수 **p**의 값이 변수 **quantity** 의 주소이기 때문에, **quantity** 변수의 값을 **quantity** 변수를 직접 통하지 않고, 이 변수의 위치를 가리키는 포인터 변수 **p**를 통하여 접근할 수 있다. 이러한 가리킨다는 의미에서 포인터 변수라고 명명되었다(참고로, 여기서 나온 구체적인 수 5000이 중요한 것이 아니라 **quantity** 변수와 포인터 변수 p간의 관계가 중요함에 유의하여야 한다).

**포인터의 개념**

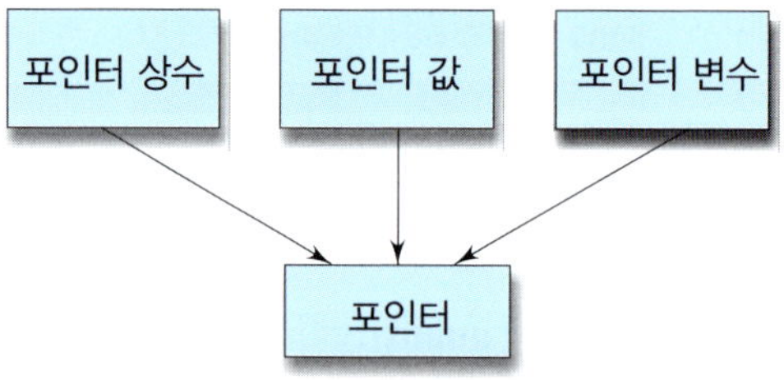


포인터는 다음과 같이 3가지 개념을 기반으로 생겨났다.
컴퓨터의 메모리 주소를 '*포인터 상수*'라고 부른다. 이 포인터 상수는 값의 변경이 불가능하다. 단지 데이터 값을 저장하기 위하여 사용하는 것만이 가능하다.
C 언어에서 메모리 주소의 값을 직접적으로 저장하는 것은 불가능하다. 단지 주소 연산자(&)를 통하여 해당 변수의 주소값을 얻을 수 있다. 이렇게 얻어진 값을 *포인터 값*이라고 한다. 이 포인터 값은 프로그램 실행시마다 변경될 수도 있다.

일단 포인터 값이 있으면 이 값은 다른 변수에 저장될 수 있다. 이처럼 포인터 값을 저장하는 변수를 '*포인터 변수*'라고 부른다.

## 12.3 변수의 주소 접근하기

LO 12.1 포인터의 개념을 배운다.

변수의 메모리상의 위치는 동일한 소스코드일지라도 시스템에 따라 달라진다. 따라서 변수의 주소값은 프로그램 작성시에는 알 수가 없다. 그러면 변수의 주소를 어떻게 알 수 있을까? 이는 C언어에서 제공하는 주소 연산자 **&**를 사용하여 가능하다. 앞에서 **scanf**의 사용에서 **주소 연산자**를 사용해보았다. 주소 연산자는 바로 뒤에 위치한 변수의 주소값을 알려준다. 예를 들어서 다음 문장

```
p = &quantity;
```

는 변수 **quantity**의 주소 5000을 포인터 변수 **p**에 할당할 것이다. 따라서 이 주소 연산자는 영어로 'address of' 라고 기억해두면 좋다.

주소연산자는 단순 자료형이나 배열의 원소만 사용할 수 있다.[1] 즉, 다음과 같은 사용 예는 문법적으로 오류이다.

**1.** **&125**(상수의 포인팅)

**2.** int x[10];

**&x**(배열명의 포인팅)

**3.** **&(x+y)** (수식에 대한 포인팅)

위의 예에서 만약 배열 **x**의 주소값을 알고 싶은 경우에는

**&x[0] 또는 &x[i+3]**

과 같이 각각 배열 **x**의 첫 번째와 $(i+3)$번째 원소의 주소값을 사용해야한다.

**예제 12.1** **변수의 값과 주소를 함께 출력하는 프로그램을 작성하라.** E

그림 12.4에 프로그램은 네 가지 변수 선언과 초기화를 하고, 이들 변수의 값과 주소값을 출력한다. 주소를 출력할 때 %u를 사용하고 있음에 주목하라.[2] 이는 메모리 주소가 unsigned integer이기 때문이다.

**Program**

```
main()
{
    char   a;
    int    x;
    float  p, q;

    a  = 'A';
    x  = 125;
    p  = 10.25, q = 18.76;
    printf("%c is stored at addr %u.\n", a, &a);
    printf("%d is stored at addr %u.\n", x, &x);
    printf("%f is stored at addr %u.\n", p, &p);
    printf("%f is stored at addr %u.\n", q, &q);

}
```

**Output**

(계속)

1) 역자주: 정확히 말하면 구조체와 공용체를 포함하여 모든 변수는 주소 연산자를 사용할 수 있다. 그러나, 어떤 수의 주소라는 개념은 정의될 수가 없으므로 사용이 불가능하다. 배열의 경우도 배열의 명칭 자체는 메모리상에 공간을 차지하지 않으며, 값도 할당 할 수 없으므로 주소 연산자를 사용할 수 없는 것이다.

2) 역자주: printf에서 변수의 주소값을 인쇄하는 가장 바람직한 방법은 %p를 사용하는 것이다.

```
A is stored at addr 4436.
125 is stored at addr 4434.
10.250000 is stored at addr 4442.
18.760000 is stored at addr 4438.
```

**그림 12.4** 변수의 주소 접근하기

## 12.4 포인터 변수의 선언

C 언어에서 모든 변수는 자료형과 같이 선언되어야 한다. 포인터 변수는 각기 다른 데이터 타입의 주소를 가리키고 있으므로, 사용하기 전에 포인터 변수로 선언되어야 한다.

**LO 12.2** 프로그램에서 포인터 변수가 어떻게 사용되는지 설명한다.

포인터 변수의 선언은 다음과 같은 형태이다.

***data_type*** ***pt_name;**

이 선언문은 컴파일러에게 3가지 사실을 알리게 된다.

1. 별표(*)는 변수 **pt_name**이 포인터 변수라는 것을 의미한다.
2. **pt_name**은 메모리 공간을 확보하여야 한다.
3. **pt_name**은 *data_type*의 형태의 데이터를 가리킨다.

예를 들어서,

```
int *p; /* integer pointer */
```

는 변수 **p**를 정수를 가리키는 포인터 변수로 선언한다. 다시 강조하지만, 변수 **p** 자체가 **int** 자료형이라는 의미가 아니고, **p**가 가리키는 대상이 **int** 형이라는 점을 명심해야한다. 유사하게, 다음 문장

```
float *x; /* float pointer */
```

는 변수 **x**가 float 형 데이터를 가리키는 포인터 변수라는 의미이다.

다른 선언들과 마찬가지로 이 선언들도 컴파일러가 메모리를 할당하는데 사용된다. 위의 예에서는 각 포인터 변수들에 초기화가 이루어지지 않았기 때문에 각기 임의의 값이 채워져 있게 된다. 따라서 임의의 위치를 가리키고 있게 된다.

> **TIP**
>
> 모든 포인터 변수의 크기는 자료형에 무관하게 모두 동일하다.

```
int *p;
```

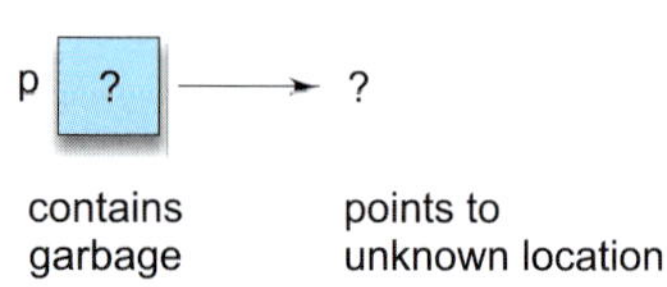

### 포인터 선언 스타일

포인터 변수의 선언은 연산자 *를 추가하는 것을 제외하면 다른 변수의 선언과 유사하다. 이 심볼은 자료형의 이름과 변수명 사이에 어디든 올 수 있으며, 다음 세가지 형태 모두 문법적으로 유효하다.

```
int*    p;    /* style 1 */
int    *p;    /* style 2 */
int   * p;    /* style 3 */
```

그러나, 두 번째 스타일이 다음과 같은 이유로 점차 일반화되고 있다.

1. 해당 자료형과 관련된 다양한 변수를 선언하는데 효과적이다. 즉,

```
int *p, x, *q;
```

2. 선언 뿐 아니라 코드 중간에 목적 값을 접근하기 위하여 사용하는 형태와 동일하다. 즉,

```
int x, *p, y;
x = 10;
p = &x;
y = *p;    /* accessing x through p */
*p = 20;   /* assigning 20 to x */
```

이런 이유에서 이 책에서는 두 번째 스타일의 선언을 사용하기로 한다.

**int *p;**

## 12.5 포인터 변수의 초기화

포인터 변수에 일반 변수의 주소값을 할당하는 과정을 **포인터의 초기화**라고 한다. 바로 앞 절에서 지적하였듯이, 초기화되지 않은 포인터 변수에는 임의의 값이 저장되어 있다. 이 값은 일반적으로 잘못된 주소값이나 접근이 허용되지 않은 주소값일 가능성이 매우 높다. 컴파일러는 이러한 에러를 모두 체크하지 않기 때문에, 초기화되지 않는 포인터 변수가 있는 프로그램은 잘못된 결과를 발생시킨다. 따라서, 포인터 변수를 사용하기 전에 초기화하는 것에 매우 주의를 기울여야 한다.[3)]

3) 역자주: 사실 포인터 뿐 아니라 모든 변수들의 초기화는 반드시 필요한 요소이다. 그러나 포인터의 초기화는 더욱 중요하다. 흔히 Unix 계열에서 볼수 있는 SEGMENT-FAULT나 Windows환경에서 잘못된 메모리 접근으로 인한 오류는 대부분 포인터의 초기화 실수에서 발생한 경우가 많다.

일단 포인터 변수가 선언이 되면, 이 변수의 초기화는 언제나 가능하다. 예를 들어,

```
int quantity;
int *p;              /* declaration    */
p = &quantity;       /* initialization */
```

여기서 주의할 점은 초기화는 포인터 변수 **p**를 초기화 하는 것이고, ***p** 즉 포인터 변수가 가리키는 메모리 공간을 초기화하는 것이 아니라는 점이다.

또한, 다음과 같이 한 문장에서 선언과 초기화를 동시에 하는 것도 가능하다.

```
int *p = &quantity;
```

선언에 있어서 유일한 제약사항은 **quantity** 변수가 포인터 변수 이전에 선언되어 있어야 한다는 점이다. 또한, 초기화하는 변수가 동일한 자료형을 가지고 있어야 한다.

예를 들어 다음 코드를 보자.

```
float a, b;
int x, *p;
p = &a;       /* wrong */
b = *p;
```

위 코드는 float 자료형 변수 a의 주소를 int 포인터 변수 p에 할당하므로, 오류가 발생하게 된다. 일단 해당 주소가 **int 포인터**에 할당이 되면, 컴퓨터는 그 주소의 내용을 정수형으로 생각하고 처리하게 되므로 문제가 발생하게 된다. C 언어의 컴파일러는 이러한 오류를 에러로 간주하지 않기 때문에, 프로그래머가 주의를 하여야한다.[4)]

또한 데이터 변수의 선언, 포인터 변수의 선언, 포인터 변수의 초기화를 한 번에 하는 것도 가능하다.

```
int x, *p = &x; /* three in one */
```

이 문장은 **int** 형 변수 **x**를 선언하고, **int** 포인터형 변수 **p**를 선언함과 동시에 **x**의 주소값으로 초기화를 하고 있다. 그러나, 앞서 언급하였듯이, 포인터 초기화에 사용하는 변수가 이전에 선언되어 있어야 하기 때문에 다음과 같은 경우는 문법적으로 오류를 발생한다.

```
int *p= &x, x;
```

경우에 따라서는 포인터 변수를 NULL 즉, 0으로 초기화하는 경우도 있다.[5)]

```
int *p = NULL;
int *p = 0;
```

---

4) 역자주: C++ 컴파일러는 타입검사를 철저히 하기 때문에 동일한 코드를 C++ 컴파일러를 사용하여 컴파일하게 되면, 에러로 간주된다. C 컴파일러도 이러한 경우를 warning으로 출력한다. 따라서 훌륭한 프로그래머는 warning도 주의하여 살펴보아야 한다.

5) 역자주: NULL 은 실질적으로 매크로 상으로 0과 동일하다. 그러나 포인터 변수라는 점을 코드상에 명확히 하면 여러 가지 면에 장점이 많으므로, 0 대신 NULL로 쓰는 습관을 갖기를 권장한다.

### 포인터의 유연성

포인터는 유연성이 있어서 서로 다른 데이터 변수를 가리키는데 같은 포인터를 사용할 수도 있다.

```
int x, y, z, *p;
. . . . .
p = &x;
. . . . .
p = &y;
. . . . .
p = &z;
. . . . .
```

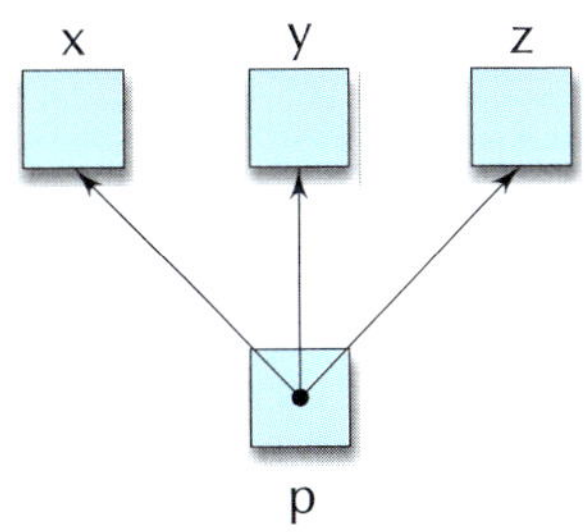


또한 같은 데이터 변수를 서로 다른 포인터로 가리키게 할 수도 있다.

```
int x;
int *p1 = &x;
int *p2 = &x;
int *p3 = &x;
. . . . .
. . . . .
```

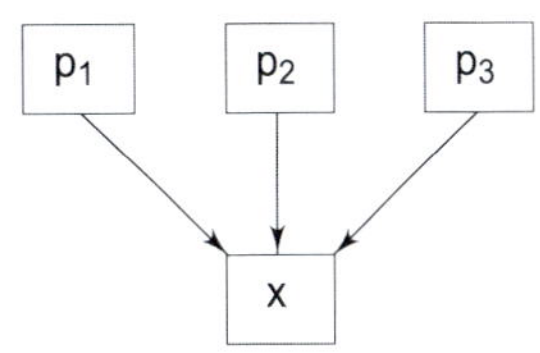


NULL 와 0을 제외하고 다른 상수 포인터 값은 포인터 변수의 초기값으로 사용할 수 없다. 즉, 다음 문장은 잘못된 표현이다.

```
int *p = 5360    /* absolute address */
```

## 12.6 포인터를 사용하여 변수 접근하기

일단 포인터 변수에 주소값이 할당되면, 포인터를 사용하여 해당 변수에 접근하는 방법을 알아야한다. 이는 또 다른 단항 연산자인 *를 사용하면 된다. 연산자 *는 **포인터 연산자, 역참조** (de-referencing) 연산자, 혹은 간접(indirect) 연산자라고 불린다.

```
int quantity *p, n;
quantity = 179;
p = &quantity;
n = *p;
```

첫 번째 문장은 **quantity**와 **n**을 **int** 형으로 선언하고, **p**는 **int** 포인터 형으로 선언한다. 두 번째 문장은 **quantity** 변수에 179를 할당하고, 세 번째 문장에서 **quantity**의 위치 주소를 p에 할당한다. 마지막 네 번째 문장에서 마침내 포인터 연산이 사용되었다. 포인터 변수에 포인터 연산자가 사용되면, 그 결과는 해당 포인터가 가리키는 주소에 해당하는 변수가 얻어진다. 이 **p**가 **quantity** 변수의 주소를 가지고 있으므로, ***p**는 **quantity** 변수의 값을 반환한다. 이러한 의미로 포인터 연산자 *를 '주소의 값(the value at address)' 로 기억해두면 유용하다. 따라서 변수 **n**의 값은 179가 된다. 다음 두 문장

```
p = &quantity;
n = *p;
```

는

```
n = *&quantity;
```

와 동일하고 다시

```
n = quantity;
```

와 같다.

C 언어에서 포인터와 주소의 할당은 항상 변수명을 사용하여 심볼기반으로 수행된다. 예를 들어, 5368 번지에 들어있는 변수를 접근하기위하여 *5368 처럼 사용할 수는 없다.[6)] 예제 11.2 에서 포인터 값과 포인터가 가리키는 값과의 차이를 설명한다.

**예제 12.2** **포인터에 의하여 지정되는 변수를 접근하기 위하여, 포인터 연산자 *를 사용하는 프로그램을 작성하라.** E

그림 12.5에 해당 프로그램 코드와 결과를 제시하였다. 프로그램은 포인터 변수를 사용하여 변수에 어떻게 접근할 수 있는지를 보여준다. 포인터 변수 **ptr**의 값은 4104이고, 포인터 변수가 가리키는 영역의 값은 10이다. 또한 다음과 같은 등식이 성립한다.

```
x = *(&x) = *ptr = y
&x = &*ptr
```

```
Program
   main()
   {
       int   x, y;
       int   *ptr;
       x = 10;
       ptr = &x;
       y = *ptr;
       printf("Value of x is %d\n\n",x);
       printf("%d is stored at addr %u\n", x, &x);
       printf("%d is stored at addr %u\n", *&x, &x);
```

(계속)

6) 역자주: 만약 이 경우 해당 주소의 int 형 데이터를 접근하고 싶다면, *(int *) 5368과 같이 포인터 상수로 변환하여 사용하여야한다.

```
        printf("%d is stored at addr %u\n", *ptr, ptr);
        printf("%d is stored at addr %u\n", ptr, &ptr);
        printf("%d is stored at addr %u\n", y, &y);
        *ptr = 25;
        printf("\nNow x = %d\n",x);

    }
Output

    Value of x is 10
    10      is stored at addr 4104
    10      is stored at addr 4104
    10      is stored at addr 4104
    4104    is stored at addr 4106
    10      is stored at addr 4108
  Now x = 25
```

**그림 12.5** 포인터를 사용한 변수의 접근

그림 12.6은 이 프로그램의 수행과정을 단계별로 표현한 것이다. 문장 **ptr = &x**는 **x**의 주소를 **ptr**에 할당하고, **y = *ptr**는 포인터에 의하여 지시되는 값을 y에 할당한다.

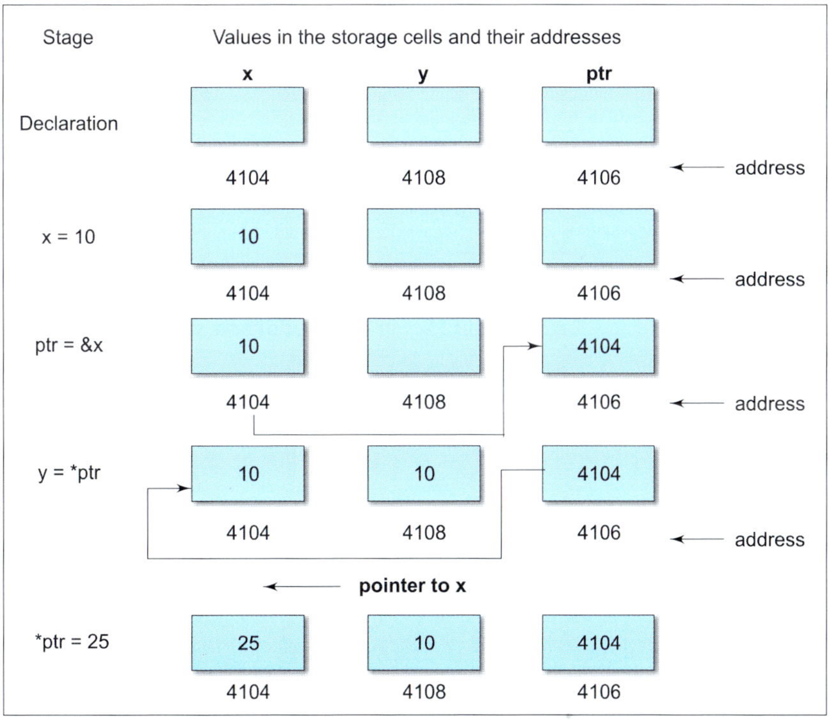


**그림 12.6** 포인터 할당의 과정 설명

```
*ptr = 25;
```

위 문장은 **ptr**가 지시하는 메모리 공간에 정수값 25를 할당한다. **ptr**의 값은 **x**의 주소이므로, **x**의 값은 25로 변경된다. 즉, **x** = 25와 동일한 결과가 얻어진다. 즉, **x** 값의 변경을 **x**를 사용하지 않고, **x**의 주소값을 갖는 포인터 변수를 사용하여 간접적으로 접근한 것이다. 이러한 이유로 포인터 연산을 간접 연산이라고도 부른다.

## 12.7 포인터의 연쇄

LO 12.3 포인터들의 연쇄를 설명한다.

C언어에서는 포인터가 또 다른 포인터를 가리키는 것도 가능하다. 따라서 연쇄적인 포인터가 다음 그림처럼 가능하다.

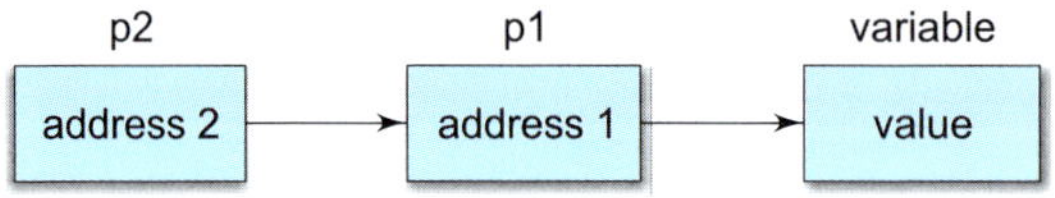


여기서, 포인터 변수 **p2**는 포인터 변수 p1의 주소를 가지며, 다시 **p1**는 목적 변수의 주소를 갖고 있다. 즉 다중 간접지정(*multiple indirection*)이 일어나는 것이다.

이처럼 포인터의 포인터는 추가적인 간접지정을 표시하여야한다. 즉, 선언문

```
int **p2;
```

은 컴파일러에게 p2가 `int` 형 데이터의 포인터의 포인터임을 알린다. 포인터 p2는 `int` 형의 포인터가 아니라 `int`형 포인터의 포인터라는 점에 주의하라.

실제 목적 변수의 값은 다음 코드처럼 포인터 연산을 반복해서 두 번 사용하여 얻을 수 있다.

```
main()
{
        int x, *p1,        **p2;
        x  = 100;
        p1 =  &x;          /* address of x */
        p2 = &p1;          /* address of p1 */
        printf("%d\n",     **p2);
}
```

이 코드는 화면에 100을 출력할 것이다. 여기서 p1은 `int` 형의 포인터를 p2는 `int` 형 포인터의 포인터이다.

## 12.8 포인터 표현식

LO 12.4 포인터 표현식을 보여준다

다른 변수들처럼 포인터 변수도 표현식에서 사용될 수 있다. 예를 들어서 **p1**과 **p2**가 적절히 선언되고 초기화되었다면, 다음 표현식은 유효하다.

```
y = *p1 + *p2;            same as (*p1) * (*p2))
sum = sum + *p1;
        z = 5* - *p2/ *p1;        same as (5 * (- (*p2)))/(*p1)
        *p2 = *p2 +10;
```

위 세 번째 문장에서 나눗셈 '/' 와 포인터 연산 '*' 사이에 공백이 있음에 유의하라. 만약 다음과 같이 표현되었다면 이는 잘못된 표현이다.

```
z = 5* - *p2 /*p1;
```

이는 두 개의 문자 '/'와 '*'가 연결되면 즉 코멘트 시작 표현이 되기 때문이다.

C 언어는 포인터 변수에 정수를 더하거나 빼는 기능을 제공한다. 또한 포인터들 간에 뺄셈을 제공한다. 즉 p1 + 4, p2 – 2, p1 – p2. 이 경우 연산은 정수들 간의 일반적인 연산과 의미가 다르다. 정수 덧셈과 뺄셈은 해당 포인터 변수에 해당하는 자료형의 개수 만큼이 주소에 더해지는 것을 의미하고, 포인터간의 뺄셈은 두 포인터 간에 존재하는 원소의 수를 의미한다.[7] 그러나, 두 개의 포인터 간의 덧셈, 즉, **p1+p2**는 허용되지 않는다.

또한 단축연산과, 증가연산자 ++, 감소연산자 – –도 포인터 변수에 사용할 수 있다.

```
p1++;
--p2;
sum += *p2;
```

포인터 변수에는 이와 같은 산술 연산 뿐 아니라, 비교 연산도 지원된다. 즉, **p1 > p2, p1 == p2, p1 != p2**와 같은 연산을 사용할 수 있다. 그러나, 사실상 관련없는 변수들을 지시하는 포인터들 간에 비교는 별로 의미가 없다. 포인터의 비교 연산은 문자 배열인 스트링처리 같은 경우에 주로 사용된다.

또한, 포인터 변수는 나눗셈이나 곱셈에서는 사용할 수 없다. 예를 들어 다음과 같은 표현은 허용되지 않는다.

**p1/p2  p1*p2  p1/3**

> **TIP**
>
> 두 포인터에 대해서 덧셈, 곱셈, 나눗셈 연산은 금지된다.

**예제 12.3** **포인터의 산술 연산을 설명하는 프로그램을 작성하라.** M

그림 12.7의 프로그램은 표현식에서 포인터 변수의 직접적인 사용 예를 보여준다. 또한 표현식의 우선순위도 함께 설명하고 있다. 예로

**4* – *p2 / *p1 + 10**

는 다음 표현과 동일하다.

---

7) 역자주: 만약 int 형이 4byte인 경우이고 int *p1, *p2;로 선언되었고, p1이 5000, p2가 5100의 값을 갖고 있다고 하면, p1 + 4 는 50014, p2 – 2는 5092, 그리고 p2 – p1은 25가된다. 포인터가 내부적으로 unsigned int 형과 같지만, C 언어는 어셈블 언어가 아니며 컴파일러는 정수와 포인터 변수를 동일하게 취급하지 않는다는 것을 이해해야 한다.

$$((4*(-(*p2)))/(*p1))+10$$

만약 *p1 = 12이고, *p2 =4이면 앞의 수식의 계산 결과는 -9이다. 모든 변수들의 자료형이 int 이기 때문에 int 형 산술계산을 사용한 것에 유의하라.

**Program**
```
main()
{
    int  a, b, *p1, *p2, x, y, z;
    a  = 12;
    b  =  4;
    p1 = &a;
    p2 = &b;
    x  =  *p1 * *p2 - 6;
    y  =  4*  - *p2 / *p1 + 10;
    printf("Address of a = %u\n", p1);
    printf("Address of b = %u\n", p2);
    printf("\n");
    printf("a = %d, b = %d\n", a, b);
    printf("x = %d, y = %d\n", x, y);
    *p2  = *p2 + 3;
    *p1  = *p2 - 5;
    z    = *p1 * *p2 - 6;
    printf("\na = %d, b = %d,", a, b);
    printf(" z = %d\n", z);
}
```

**Output**
```
Address of a = 4020
Address of b = 4016
a = 12, b = 4
x = 42, y = 9
a = 2, b = 7, z = 8
```

**그림 12.7** 포인터 연산의 예

## 12.9 포인터 증가 연산과 스케일 팩터

앞서 포인터에 정수를 더하거나, 뺄 수 있음을 설명하였다. 즉 다음과 같은 표현이 가능하다.

```
p1 = p2 +2;
p1 = p1 +1;
```

다음과 같은 표현 **p1++**는 해당 자료형의 다음 값의 위치를 가리키게 된다. 예를 들어 초기 값 2800을 가지고 있는 정수형 포인터 **p1**에 대하여 **p1 = p1+1**은 p1은 2801이 아니라 2804가

된다. 즉, 포인터 변수의 증분은 그 포인터 변수의 값을 그 포인터 변수의 자료형만큼 증가시킨다. 이 크기를 스케일 팩터라고 부른다. 예를 들어 PC에서는 각 자료형의 크기가 다음과 같다.

| | |
|---|---|
| characters | 1 byte |
| integers | 4 bytes |
| floats | 4 bytes |
| long integers | 4 bytes |
| doubles | 8 bytes |

자료형의 크기는 시스템마다 다르다. 이를 확인하려면 컴파일러 매뉴얼을 확인하거나, 실행시간에 **sizeof** 연산자를 사용하여 확인할 수 있다. 예를 들어 변수 **x**에 대하여 **sizeof(x)**는 이 변수를 저장하는 필요한 바이트수를 반환한다. Pentium CPU의 경우는 int 형에 4바이트, short int 형에는 2 바이트를 사용한다.

**TIP**

포인터는 1단위로 증가/감소한다. 단위의 크기는 포인터의 자료형에 따라 다르다.

## 포인터 연산 규칙

앞서 설명한 포인터 연산 규칙을 정리하면 다음과 같다.

1. 포인터 변수에는 다른 일반 변수의 주소를 할당할 수 있다.
2. 포인터 변수에는 다른 포인터 변수의 주소를 할당할 수 있다.
3. 포인터 변수는 NULL 또는 0으로 초기화 할 수 있다.
4. 포인터 변수는 전위 혹은 후위 증가 감소 연산을 사용할 수 있다.
5. 포인터 변수에 정수값을 더하거나 뺄 수 있다.
6. 두 개의 포인터가 동일한 배열의 원소들을 가리키고 있을 때, 포인터 간에 뺄셈을 사용할 수 있다.
7. 두 개의 포인터가 동일한 타입의 원소들을 가리키고 있을 때, 포인터 간에 비교 연산을 사용할 수 있다.
8. 포인터 변수에 상수를 곱할 수 없다.
9. 포인터 변수간의 덧셈은 사용할 수 없다.
10. 값을 임의의 주소에 할당할 수 없다(즉, &x = 10은 허용되지 않는다).

## 12.10 포인터와 배열

LO 12.5 포인터와 배열을 설명한다.

배열이 선언되면 컴파일러는 메모리에 기저주소와 모든 배열의 요소들이 포함될 수 있는 만큼의 연속적인 공간을 할당한다. 기저주소는 첫 번째 요소(인덱스 0)의 위치가 된다. 다음과 같은 배열 **x**를 생각해보자.

```
int x[5] = {1, 2, 3, 4, 5};
```

이 배열의 기저주소가 1000이라고 하고, int 형의 크기가 2바이트라고 하면 5개의 원소를 갖는 배열 x는 다음과 같이 저장 된다.

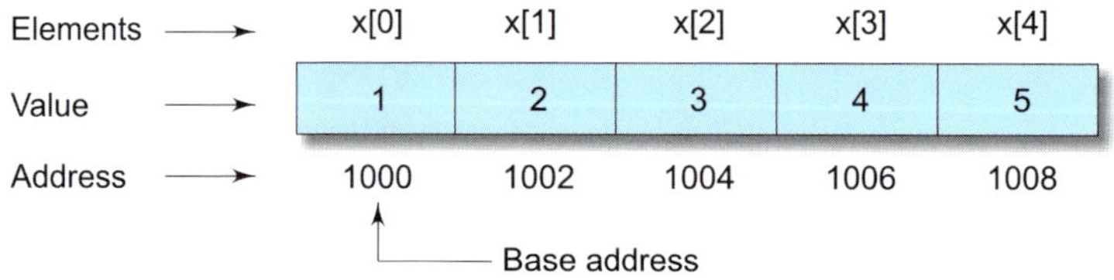


이름 **x**는 첫 번째 요소를 가리키는 상수포인터로 정의된다. 따라서 **x**의 값은 첫 번째 원소 **x[0]**이 저장된 1000이 된다. 즉,

**x = &x[0] = 1000**[8)]

만약 int 형 포인터인 **p**를 정의하면, **p**가 배열 **x**를 가리키게 할 수 있다.

```
p = x;
```

이 문장은

```
p = &x[0];
```

과 동일하다.

이제는 p++를 사용하여 배열 **x**의 모든 원소에 하나씩 접근이 가능하다. 즉 다음과 같은 관계가 성립한다.

p = &x[0]   (= 1000)
p+1 = &x[1]   (= 1002)
p+2 = &x[2]   (= 1004)
p+3 = &x[3]   (= 1006)
p+4 = &x[4]   (= 1008)

주소값이 인덱스와 스케일 팩터에 의하여 계산되는 것을 알 수 있다. 즉,

address of **x[3]** = base address × (3 × scale factor of **int**)
= 1000 + (3 * 4)
= 1012

또한 배열을 다룰 때 배열 인덱스를 다루는 대신, 포인터를 사용하고 이 포인터의 값을 증가시켜 접근할 수 있음을 알 수 있다. 즉, **x[3]**을 접근하기 위하여 ***(p+3)**를 사용할 수 있으며, 실제로 포인터를 사용하는 것이 보다 빠르고 유연한 방법이다.

예제 12.4는 포인터를 사용한 배열 원소들의 접근 방법에 대한 예를 설명한다.

8) 역자주: 여기서 =는 대입 연산자가 아니라 같다는 관계를 설명하기 위한 것이다.

**예제 12.4** **포인터 변수를 사용하여 배열의 모든 원소를 더하는 프로그램을 작성하라.** M

그림 12.8은 포인터를 사용하여 배열 전체를 이동하는 방법을 보여준다. 포인터에 증가 연산을 적용하면 다음 원소를 가리키기 때문에 반복문 안에서 증가 연산을 한 번씩 수행하면 전체 배열을 모두 가리킬 수 있다. 이 프로그램은 32비트 Linux 시스템에서 실행되었다.

**Program**

```
main()
{
    int *p, sum, i;
    int x[5] = {5,9,6,3,7};
    i  = 0;
    p  = x;       /* initializing with base address of x */
    printf("Element   Value   Address\n\n");
    while(i < 5)
    {
      printf(" x[%d] %d %u\n", i, *p, p);
      sum = sum + *p;     /* accessing array element  */
      i++, p++;          /* incrementing pointer     */
    }
    printf("\n  Sum    =  %d\n", sum);
    printf("\n  &x[0]  =  %u\n", &x[0]);
    printf("\n  p      =  %u\n", p);
}
```

**Output**

```
Element    Value    Address
x[0]         5        166
x[1]         9        168
x[2]         6        170
x[3]         3        172
x[4]         7        174
Sum     =   55
&x[0]   =   166
p       =   176
```

**그림 12.8** 포인터를 사용하여 1차원 배열의 원소들을 접근하는 방법

간혹 다음 코드와 같이 반복문의 제어변수 **i**를 생략하여 계산양을 줄이는 경우도 있다.

```
......
p = x;
while(p <= &x[4])
{
```

```
        sum += *p;
        p++;
    }
```

이 코드에서는 포인터 변수와 배열의 마지막 원소의 주소를 비교하여, 모든 원소를 접근했는지 판단하고 있다.

당연히 포인터는 2차원 배열을 접근할 수도 있다. 1차원 배열에서

***(x+i)와 *(p+i)**

모두 **x[i]**이다. 유사하게 2차원 배열에서의 원소는

***(*(a+i)+j) 또는 *(*(p+i)+j)**

로 표현할 수있다.

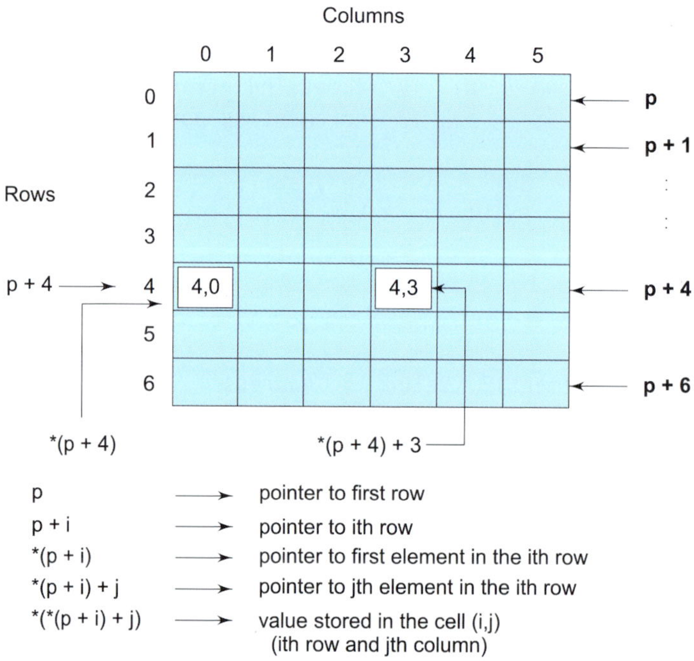


**그림 12.9** 이차원 배열의 포인터 사용

그림 12.9는 2차원 배열의 원소 **a[i][j]**를 포인터로 표시하는 방식에 대한 설명을 한다. 2차원 배열의 기저주소는 &a[0][0]이고 이 주소를 시작으로 행을 우선으로 하여 연속적으로 할당한다. 즉, 첫 번째 행의 원소들의 위치가 순서대로 할당된 후, 두 번째 행의 원소들이 할당되는 식이다. 따라서, 두 번째 행의 첫 번째 원소는 첫 번째 행의 마지막 원소 바로 다음에 할당된다. 예를 들어 다음 배열을 생각해보자.

```
int a[3][4] = {  {15, 27, 11, 35},
                 {22, 19, 31, 17},
                 {31, 23, 14, 36}
                 };
```

이 배열 **a**는 메모리에 다음과 같이 저장된다.

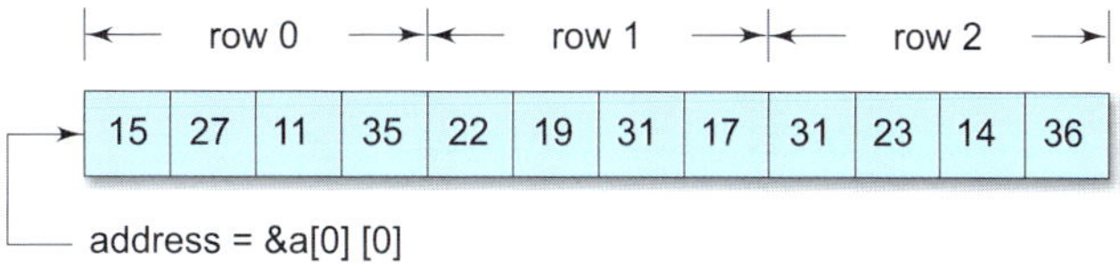


만약 **p**를 **int**형 포인터로 정의하고 &a[0][0]으로 초기화 하였다면,

a[i][j]는 $*(p + 4 \times i+j)$ 와 같다.

즉, 인덱스 **i**를 1만큼 증가시키면 포인터 **p**는 행의 크기인 4만큼 증가된다.[9] 예를 들어 **a[2][3]** 은 $*(\mathbf{p+2 \times 4+3})$이 된다.

참고로, 이것을 통해 2차원 배열을 정의할 때 반드시 행의 크기를 정해야 하는 이유가 공간을 확보하기위한 행의 길이가 필요하기 때문임을 알 수 있다.

## 12.11 포인터와 문자열

앞서 8장에서 C언어의 문자열은 단지 문자 배열로 표현될 수 있음을 배웠다. 따라서 한 문자열은 다음과 같이 선언되고 초기화 될 수 있다.

```
char str[5] = "good";
```

컴파일러는 위의 경우 자동적으로 null 문자 '\0' 을 문자열의 끝에 포함시킨다. 포인터 변수를 사용하여 또 다른 방법으로 문자열을 선언할 수 있다.

```
char *str  = "good";
```

이것은 문자열을 저장하고 이 위치를 포인터 변수에 할당한다. 포인터 변수 **str**은 다음처럼 "good" 문자열의 첫 번째 원소의 주소값을 가리키게 된다.

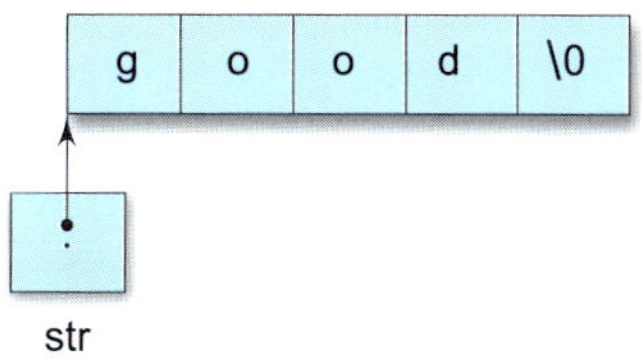


포인터를 사용하여 문자열을 표시하는 방법의 중요한 장점은 실행 도중 할당이 가능하다는 것이다. 예를 보자.

9) 역자주: 앞서 2차원 배열의 포인터 변수인 p와 혼동하면 안 된다. 여기서 p는 1차원 배열의 포인터이다.

```
char * string1;
string1 = "good";
```

이 경우 한 가지 알아둘 것은 두 번째 문장에서 문자열 복사가 발생하지 않는다는 것이다. 간단히 문자열의 주소값이 **string1**에 할당되어진다.

8장에서 언급했듯이 C언어에서는 대입 연산에 의한 배열의 복사가 허용되지 않는다.

**string1**의 내용을 **printf**나 **puts**으로 다음과 같이 출력하여 결과를 확인해 볼 수 있다.

```
printf("%s", string1); 또는
puts(string1);
```

**string1**은 문자열의 포인터값이기도 하지만, 문자열의 이름이기도 하다.[10] 따라서 포인터 연산자 *를 사용할 필요가 없다.

일차원 배열의 예에서 보았듯이 문자열의 개별 문자를 접근하기 위하여 포인터를 사용할 수 있다. 예제 12.5에서 그 예를 설명한다.

**예제 12.5** **포인터를 사용하여 문자열의 길이를 알아내는 프로그램을 작성하라.** E

그림 12.10은 문자열의 길이를 알아내는 프로그램이다. 문장

```
char *cptr = name;
```

은 **cptr**를 선언하면서 name이라는 문자열의 첫 번째 원소의 주소값으로 초기화 한다. 문자열은 마지막이 null 문자로 끝나므로, 문자열 끝에 도달하지 않는 이상, 다음 문장

```
while(*cptr != '\0')
```

은 참이고, 이 **while**문이 끝나면 cptr는 널문자를 가리키고 있게 된다. 따라서

```
length = cptr - name;
```

은 문자열에서 **null** 문자를 제외한 문자의 개수, 즉 문자열의 길이를 의미한다.

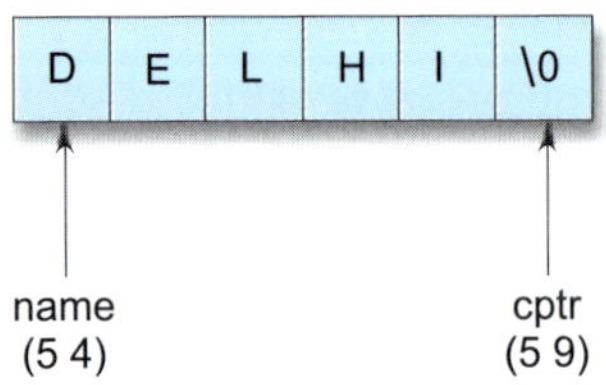


또한, 프로그램 출력은 문자열의 길이 뿐 아니라 각 문자의 주소값을 함께 보여준다.

C 언어에서 상수 문자는 항상 그 문자열의 포인터 값을 표시한다. 따라서 다음 문장은 유효하다.

```
char *name;
```

10) 실제 배열의 이름은 단지 배열의 기저 주소일 뿐이다. 따라서 포인터가 가지고 있는 주소값과 동일하다.

```
Program
   main()
   {
       char  *name;
       int   length;
       char  *cptr = name;
       name  = "DELHI";
       printf ("%s\n", name);
       while(*cptr != '\0')
       {
           printf("%c is stored at address %u\n", *cptr, cptr);
           cptr++;
       }
       length = cptr - name;
       printf("\nLength of the string = %d\n", length);
   }

Output
   DELHI
   D is stored at address 54
   E is stored at address 55
   L is stored at address 56
   H is stored at address 57
   I is stored at address 58

   Length of the string = 5
```

**그림 12.10** 포인터에 의한 문자열 다루기

```
name = "Delhi";
```

이 문장은 **name**이라는 char형 포인터 변수를 선언하고, "Delhi"라는 문자열을 값으로 할당한다. 참고로, 이 할당의 형태는 문자 배열에는 사용될 수 없다.

```
char name[20];
name = "Delhi";
```

## 12.12 포인터 배열

포인터를 이용한 문자열 테이블 다루기는 포인터의 중요한 용도 중 하나이다. 다음과 같은 문자열 배열을 예로 들어 보자.

```
char name[3][25];
```

이 선언은 **name**이라는 최대 25 문자(null 문자포함)가 들어가는 3개의 문자열 공간을 선언하는 것이다. 따라서, 전체 문자의 수는 총 75개이다.

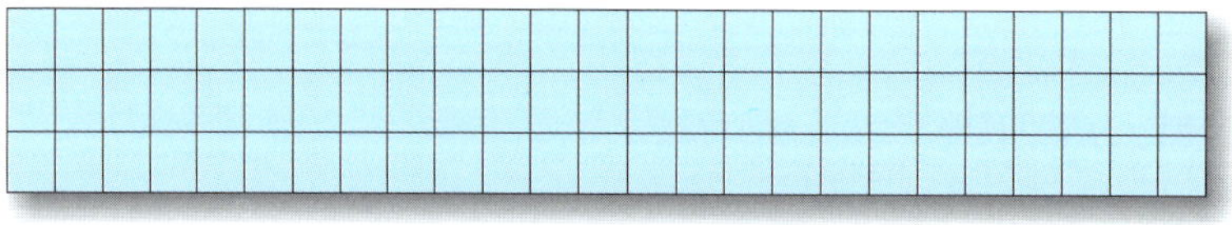

일반적으로 문자열들의 길이는 동일하지 않으므로, 메모리 공간의 낭비를 막기 위하여 고정된 길이 대신 다음과 같이 가변길이 문자열을 사용할 수 있다.

```
char *name[3] = {
                  "New Zealand",
                  "Australia",
                  "India"
                };
```

이 문장에서 **name**은 문자열 배열을 가리키는 포인터의 배열로 정의된다. 즉, 포인터들로 구성된 배열이라는 의미이다. 각 포인터들은 각기 문자열을 가리킨다.

```
name[0]  ——→  "New Zealand"
name[1]  ——→  "Australia"
name[2]  ——→  "India"
```

이 선언은 앞서 2차원 배열에서 75 바이트가 필요했던 것과 달리 단지 28바이트만을 필요로 한다.

| N | e | w |  | Z | e | a | l | a | n | d | \0 |
|---|---|---|---|---|---|---|---|---|---|---|---|
| A | u | s | t | r | a | l | i | a | \0 | | |
| I | n | d | i | a | \0 | | | | | | |

다음 문장은 위 3개의 글자열을 모두 출력한다.

```
for (i = 0; i <= 2; i++)
   printf("%s\n", name[i]);
```

만약 한 문자열의 특정 문자를 사용하여야하는 경우는, 다음과 같이 표현할 수 있다.

$$*(\mathbf{name}[\mathbf{i}] + \mathbf{j})$$

이처럼, 길이가 다른 문자열들을 원소로 갖는 배열을 누더기( 'ragged' ) 배열이라고 하고 포인터를 사용하면 효과적으로 다룰 수 있다.

***p[3]** 과 **(*p)[3]**과는 각기 전혀 다른 의미를 갖는 것을 이해해야 한다. 포인터 연산 *이 배열 인덱스 연산 []보다 우선순위가 낮으므로, ***p[3]**은 **p**가 3개의 포인터를 가진 배열이고

(*p)[3]은 p가 3개의 요소를 가진 배열을 가리키는 하나의 포인터이다.

**스킬테스트**

이차원 배열의 주소와 값을 출력하는 C 프로그램을 작성하라. [E]

## 12.13 포인터를 함수의 매개변수로 사용하기

LO 12.6 포인터를 함수와 구조체와 함께 사용하는 방법을 설명한다.

앞서 배열을 함수의 매개변수로 사용할 때, 배열 원소들의 값을 하나하나 사용하는 대신 배열의 이름 즉, 배열의 첫 번째 원소의 주소값을 이용하는 방법을 소개하였다. 즉, 배열 **x**에 대하여 **sort(x)**를 사용하면 함수에는 **x**의 첫 번째 원소의 주소값이 전달된다. 함수는 이 주소값을 이용하여 다른 원소들의 값을 접근한다. 동일한 개념으로 다른 일반적인 변수의 주소값도 함수의 입력으로 사용할 수 있다. 이미 9장에서는 다수의 반환값을 갖는 함수를 만드는 경우에 이 방식을 사용한 적이 있다.

함수에 주소값을 전달할 때, 함수에서 그 주소값을 받는 변수는 포인터 변수이어야 한다. 이렇게 주소값을 이용하여 함수를 호출하는 방식을 주소호출(*call-by-reference*)이라고 한다. 변수의 값 자체를 복사하여 전달하는 방식을 값-호출(call-by-value)이라고 불렀다. 이 두 가지 경우의 큰 차이점의 하나는 주소호출 방식에 의하여 전달된 변수는 불려진 피호출 함수에서 그 값을 변경할 수 있다는 점이다. 다음과 같은 코드를 살펴보자.

```
main()
{
        int x;
        x = 20;
        change(&x);   /* call by reference or address */
        printf("%d\n",x);
}
change(int *p)
{
        *p = *p + 10;
}
```

함수 change()가 호출되면, 이 함수로 변수 **x**의 주소가 전달된다. 호출된 함수 안에서 변수 **p**는 포인터 변수로 선언되어 있고, 그 초기값은 x의 주소가 된다. 따라서 다음문장

```
*p = *p + 10;
```

은 'p가 가리키는 곳에 있는 값을 읽어와서 10을 더한 후 다시 p가 가리키는 곳에 저장하라' 라

는 의미가 된다. **p**가 가리키는 곳은 **x**의 위치이므로 **x**는 20에서 30으로 변경된다. 따라서, 당연히 프린트된 결과는 20이 아니라 30이 된다.

> **주의** C99는 함수에 주소값 입력을 사용하는 것과 관련하여 **restrict**라는 수식어를 추가하였다. 자세한 설명은 부록 'C99 특징'을 참고하기 바란다.

**예제 12.6** **포인터를 사용하여 메모리상의 두 곳에 저장된 값을 교환하는 함수를 작성하라.** M

그림 12.11은 두 곳에 저장된 값을 이들의 주소값을 사용하여 교환하는 방법을 보여준다. 함수 exchange()는 변수 x와 y의 주소를 입력으로 받아, 이 둘의 저장 내용을 교환한다.
위 프로그램에서 다음과 같은 점을 주목할 필요가 있다.

**Program**

```
void exchange (int *, int *);     /* prototype */
main()
{
    int  x, y;
    x = 100;
    y = 200;
    printf("Before exchange  : x = %d   y = %d\n\n", x, y);
    exchange(&x,&y);/* call */
    printf("After exchange   : x = %d   y = %d\n\n", x, y);
}
exchange (int *a, int *b)
{
    int t;
    t = *a;     /* Assign the value at address a to t */
    *a = *b;    /* put b into a */
    *b = t;     /* put t into b */
}
```

**Output**

```
Before exchange  : x = 100   y = 200
After exchange   : x = 200   y = 100
```

**그림 12.11** 함수 매개변수로 포인터 사용하기

**1.** 함수의 입력 매개변수들은 포인터형으로 선언되었다.
**2.** 함수 안에서는 포인터를 역참조한 값이 사용되었다.
**3.** 함수가 호출되면 변수의 주소값들이 입력으로 전달된다.

배열을 접근하기 위하여 주소값을 사용하는 경우는 C언어 프로그램에서 아주 빈번하게 사용된다. 예제 12.4에서서는 배열의 각 원소들을 이동하기 위하여 포인터를 사용하였다. LO 12.6 함수와 구조체에서 포인터를 사용하는 방법을 설명한다. 9장에서 논의한 사용자 정의 함수를 설계 할 때도이 기술을 사용할 수 있다. 앞서 예제 9.6에서 다뤘던 배열의 정렬문제에 대하여 다시 생각해보자.

함수 sort는 포인터를 사용하여 다음과 같이 작성될 수 있다.

```
void sort(int m, int *x)
{  int i, j, temp;
   for(i = 1; i <= m-1; i++)
      for(j=1; j <= m-1; j++)
         if(*(x+j-1) >= *(x+j))
         {
            temp = *(x+j-1);
            *(x+j-1) = *(x+j);
            *(x+j) = temp;
         }
}
```

이 코드에서 매개변수로 배열 표현 x[] 대신 포인터 x가 사용되어 전달된 배열의 주소를 받는다. 따라서 포인터 x는 배열의 원소를 접근하는데 사용할 수 있다(12.10절에서 보였음). 이 함수는 다음과 같이 정수 배열을 정렬하는데 사용될 수 있다.

```
          . . . . .
int score[4] = {45, 90, 71, 83};
          . . . . .
sort(4, score); /* Function call */
          . . . . .
```

함수를 호출하기 위해서는 다음과 같이 함수 원형이 선언되어야 한다.

```
void sort (int, int *);
```

이것은 컴파일러에게 배열을 받는 형식 인자가 배열 변수가 아니라 포인터라는 것을 알려준다.

포인터 매개변수는 문자열 함수에서 자주 나타난다. 문자열을 다른 문자열에 복사하는 복사 함수를 살펴보자.

```
copy(char *s1, char *s2)
{
     while( (*s1++ = *s2++) != '\0')
}
```

이 함수는 **s2**의 내용을 **s1**으로 복사한다. **s1**과 **s2**는 각기 호출함수에서 주어진 주소값을 갖고 있는 포인터 변수이다. 예를 들어 다음과 같이 호출 하면,

```
copy(name1, name2);
```

**name1**의 첫 번째 원소의 주소와 **name2**의 첫 번째 원소의 주소가 피호출 함수에 전달된다.

앞서 ***s2++**의 값은 포인터 **s2**의 값, 즉 이 포인터가 가리키는 주소가 증가하기 전의 위치에 있는 원소의 값이다. 이것은 후위(postfix) 증가 연산 ++는 값을 계산하고 난 이후에 변수의 값을 바꾸기 때문이다. ***s1++**도 마찬가지로 값을 할당한 후에 포인터의 값이 증가하게 된다.

복사한 후에 각 문자는 null 문자와 비교되고 따라서 문자열의 복사가 끝나면 바로 반복문을 빠져 나오게 된다.

**예제 12.7** 그림 12.12의 프로그램은 두 수를 주소호출 방법으로 인자를 전달해서 합을 계산하는 것을 보여준다. M

**Program**

```
#include<stdio.h>

void swap (int *,int *);

main()
{
    int x=0;
    int y=20;

    printf("\nValue of X and Y before swapping are X=%d and Y=%d", x,y);
    swap(&x, &y);
    printf("\n\nValue of X and Y after swapping are X=%d and Y=%d", x,y);
}

void swap(int *p, int *q) /*Value of x and y are transferred using
        call by reference*/
{
    int r;
```

(계속)

```
        r=*p;
        *p=*q;
        *q=r;
    }

Output
    Value of X and Y before swapping are X=10 and Y=20
    Value of X and Y after swapping are X=20 and Y=10
```

**그림 12.12** 주소호출 방법으로 인자를 전달하는 프로그램

## 12.14 포인터를 반환하는 함수

지금까지 함수들은 값을 반환할 때 함수 호출 결과로 하나의 값을 반환하고, 포인터 변수를 이용하면 여러 개의 값을 반환할 수 있었다. 포인터도 C언어에서 하나의 자료형이기 때문에 함수의 호출 결과로 포인터를 반환하도록 할 수 있다. 다음 예를 보자.

```
int *larger(int *, int *);      /* prototype */
main()
{
        int a = 10;
        int b = 20;
        int *p;
        p = larger(&a, &b);  /Function call */
        printf("%d", *p);
}

int *larger(int *x, int *y)
{
        if(*x > *y)
             return (x);     /* address of a */
        else
             return (y);     /* address of b */
}
```

함수 larger는 두 개의 변수의 주소값을 입력으로 받고, 둘 중에 큰 것을 찾아서 해당하는 변수의 주소값을 반환한다. 반환된 주소값은 포인터 **p**에 할당되고, 이 경우 **b**의 주소가 된다. 따라서 프린트 결과는 20이 되어야한다.

여기서 주의할 점은 반환되는 주소가 호출하는 함수의 변수의 주소이어야 한다. 만약 피호출 함수에서 할당된 지역변수의 주소값을 반환하도록 프로그램이 되어있다면 이는 심각한 오류이다[11].

## 12.15 함수 포인터의 사용

변수와 마찬가지로 C언의 함수도 자료형과 메모리상의 주소를 가지고 있다. 따라서 함수, 즉 이 함수의 메모리상의 위치를 가리키는 포인터를 정의할 수 있다. 이 함수의 포인터는 다음과 같이 정의된다.

```
type (*fptr) ();
```

이 문장은 컴파일러에게 **fptr**가 *type*형 데이터를 반환하는 함수 포인터임을 의미한다. 괄호는 반드시 필요하다. 괄호가 생략되면, 즉,

```
type *gptr();
```

는 **gptr**라는 함수를 *type*형 포인터를 반환하는 일반적인 함수로 정의하는 의미로 해석된다.

함수 포인터 변수에 값을 할당하는 것은 다음과 같이 단지 해당 함수의 이름을 사용하면 된다.

```
double mul(int, int);
double (*p1)();
p1 = mul;
```

위 문장에서 **p1**은 함수 포인터이고, **mul**은 해당하는 타입의 함수이다. 따라서 함수 포인터 **p1**을 **mul** 함수, 즉 **mul** 함수의 주소값으로 초기화 할 수 있다.[12] 이 함수 포인터를 사용하여 함수를 호출하기 위해서는

**(*p1)(x, y)** /* Function call */

과 같이 하면 된다.

이 문장은

**mul(x, y)**

와 동일하며, 또한 (***p1**)처럼 괄호를 사용한 점에 다시 한 번 주목하라.

---

11) 역자주: 이 문제를 정확히 이해하기 위해서는 스택의 개념을 이해해야한다. 지역변수는 함수가 호출될 때 스택에 생성되며, 함수가 반환되면 즉시 사라진다. 즉, 함수안의 변수는 의미가 없어진다. 따라서 지역변수의 주소값도 의미가 없어진다. 의미가 없는 주소값을 사용하면 어떤 결과가 나올지는 C언어는 정의하고 있지 않으므로, 결과는 컴퓨디미디 디르나 일반적으로 프로그래머가 원하는 값을 갖는다고 보장할 수 없다.

12) 역자주: 사실 C언어에서는 함수 포인터를 할당할 때 원형을 고려하지 않는다. 따라서 이처럼 함수 포인터가 매개변수에 없고 mul 함수가 매개변수를 int형 두 개를 사용하는 경우도 문제없이 컴파일이 수행된다.

**예제 12.8** 함수 포인터를 함수의 매개변수로 사용하는 함수를 작성하라. H

그림 12.13는 주어진 범위의 값에 대하여 함수의 값을 출력하는 프로그램 리스트이다. 최종 출력은 함수 **table()**에 의하여 수행된다. 이 함수는 **main** 함수에서 전달된 함수를 사용하여 계산한다.

**Program**

```
#include  <math.h>
#define  PI  3.1415926
double y(double);
double cos(double);
double table (double(*f)(), double, double, double);

main()
{   printf("Table of y(x) = 2*x*x-x+1\n\n");
    table(y, 0.0, 2.0, 0.5);
    printf("\nTable of cos(x)\n\n");
    table(cos, 0.0, PI, 0.5);
}
double table(double(*f)(),double min, double max, double step)
{   double a, value;
    for(a = min; a <= max; a += step)
    {
       value = (*f)(a);
       printf("%5.2f  %10.4f\n", a, value);
    }
}
double y(double x)
{
   return(2*x*x-x+1);
}
```

**Output**

```
        Table of y(x) = 2*x*x-x+1
          0.00       1.0000
          0.50       1.0000
          1.00       2.0000
          1.50       4.0000
          2.00       7.0000
        Table of cos(x)
          0.00       1.0000
          0.50       0.8776
          1.00       0.5403
          1.50       0.0707
          2.00      -0.4161
          2.50      -0.8011
          3.00      -0.9900
```

**그림 12.13** 함수 포인터의 사용

우선 사용할 함수 포인터의 타입을 다음과 같이 정의한다.

```
double (*f)();
```

즉, **double**형 데이터를 반환하는 함수의 포인터이다. 이렇게 정의된 함수 포인터 타입을 사용하여 다음 문장과 같이 함수를 호출 할 수 있다.

```
table(y, 0.0, 2, 0.5);
```

여기서 첫 번째 매개변수인 **y**는 정의한 함수형을 갖는 함수의 이름이다. 함수의 주소를 전달하는 것이므로 이 함수의 매개변수는 사용하지 않는다.

**table** 함수의 실행과정에서 문장

```
value = (*f)(a);
```

는 **a**를 매개변수로 하여 함수 **y**를 호출한다. 함수 table()은 0.0에서 2.0까지 0.5의 간격으로 계산을 한다. 비슷하게

```
table (cos, 0.0. PI, 0.5);
```

를 호출하여, 함수로 **cos**을 사용하게 되면, 함수 **table()**은 cosine 함수의 결과를 0.0에서 PI까지 범위에서 계산하여 출력하게 된다. 이처럼 전체적으로 동일한 작업을 세부적으로 다른 처리 옵션을 사용하여 프로그램을 작성할 때 요긴하게 사용될 수 있다.[13)]

## 호환성과 캐스팅

포인터로 선언된 변수는 모두 동일한 *포인터형* 변수가 아니다. 포인터는 예를 들어 char형과 같은 *특정* 자료형을 지정한다. 따라서 포인터는 연관된 자료형이 존재한다. 포인터가 물리적으로는 동일한 메모리상의 주소값이긴 하지만, 한 가지 형의 포인터를 또 다른 형의 포인터로 전환하는 것은 의미가 없다. 이것을 포인터의 *비호환성*이라고 한다.

다시 말해서, 모든 포인터 변수에 저장된 주소값 자체는 호환성이 있으나, 그 주소가 가리키는 데이터에는 호환성이 없다는 것이다. 그러나 경우에 따라 프로그래머가 그 호환성을 보장할 수 있을 때, 명시적으로 캐스트 연산자를 사용하여 형을 변환할 수 있다. 예를 들어

```
int x;
char *p;
p = (char *) &x;
```

13) 역자주: 함수 포인터는 디바이스 드라이버나 플러그엔 플레이 등의 프로그램 수행 도중 동적인 변화를 필요로 하는 경우에 자주 사용되는 기능이다.

처럼 사용할 수 있다. 이 경우 프로그래머는 이 캐스팅이 문제가 없는지 알고 있어야한다.

이와 관련하여 한 가지 예외는 void 포인터라고 불리는 것이다. void 포인터는 ***범용 포인터***(*generic pointer*)로 어떠한 형의 데이터를 위해서도 사용할 수가 있다. 즉, 다른 어떤 형의 포인터도 범용포인터 형의 변수에 명시적인 캐스트 연산없이 사용할 수 있다. 이 void 포인터는

```
void *vp;
```

와 같이 생성할 수 있다.

그러나 범용 포인터는 그야말로 타입이 정의되어 있지 않기 때문에 역참조가 불가능하다. 즉 *vp를 사용할 수 없다.

## 12.16 포인터와 구조체

배열의 이름이 배열의 첫 번째 원소의 주소값을 의미한다는 것은 이미 여러 번 언급하였다. 구조체의 배열인 경우에도 이 원칙은 동일하게 적용된다. 예를 들어 **product**가 구조체 배열이라고 하자. **product**라는 배열명은 역시 첫 번째, 즉 0 인덱스 원소의 주소를 의미한다.
다음과 같은 선언문을 생각해보자.

```
struct inventory
{
  char name[30];
  int number;
  float price;
} product[2], *ptr;
```

이 선언문은 **product**를 크기 2인 구조체 배열로 선언하고, **ptr**를 이 구조체 형의 포인터 변수로 선언한다. 따라서

```
ptr = product;
```

은 포인터 **ptr**에 **product** 배열의 0 인덱스 원소의 주소값을 할당한다. 즉, **ptr**은 **product[0]**를 가리킨다. 따라서 이 원소의 각 멤버들은

```
ptr -> name
ptr -> number
ptr -> price
```

를 사용하여 접근할 수 있다.

여기서 심볼 '->'는 마이너스 문자('-')와 부등호('>')를 사용하여 표시되고, 보통 화살표 연산자라고 불린다. 따라서 **ptr->**를 사용하는 것은 **product[0]**를 사용하는 것과 같다.

앞서 포인터에 1을 더하면 다음 레코드를 가리키게 된다고 하였다. 즉 여기서는 product[1]. 따라서 다음 반복문은 **product**의 모든 원소의 값들을 출력하게 된다.

```
for(ptr = product; ptr < product+2; ptr++)
    printf("%s %d %f\n", ptr->name, ptr->number, ptr->price);
```

ptr-> 표현 대신에(*ptr). 표현을 사용할 수 있다. 예를 들어

```
(*ptr).number
```

는 **ptr->number**와 동일하다. 여기서 멤버 연산자 '.'이 포인터 연산자 '*' 보다 우선순위가 높기 때문에 괄호는 반드시 필요하다.

### 예제 12.9 구조체 포인터를 사용하는 프로그램을 작성하라. H

그림 12.14은 구조체 배열의 각 원소들을 포인터를 사용하여 다루는 방법을 설명하는 프로그램이다. 이 프로그램은 앞서 설명한 모든 구조체 포인터의 특징을 담고 있다.

```
Program
   struct invent
   {
       char  *name[20];
       int   number;
       float price;
   };
   main()
   {
      struct invent product[3], *ptr;
      printf("INPUT\n\n");
      for(ptr = product; ptr < product+3; ptr++)
        scanf("%s %d %f", ptr->name, &ptr->number, &ptr->price);
      printf("\nOUTPUT\n\n");
       ptr = product;
       while(ptr < product + 3)
       {
           printf("%-20s %5d %10.2f\n",
                    ptr->name,
                    ptr->number,
                    ptr->price);
           ptr++;
       }
   }
```

(계속)

```
Output

    INPUT
    Washing_machine   5    7500
    Electric_iron    12     350
    Two_in_one        7    1250

    OUTPUT
    Washing machine   5   7500.00
    Electric_iron    12    350.00
    Two_in_one        7   1250.00
```

**그림 12.14** 구조체 변수에 대한 포인터 사용 예

구조체 포인터를 사용할 때 연산자들의 우선순위에 주의를 기울여야한다.

연산자 '->' 와 '.' 그리고 (), []는 우선순위가 가장 높다. 예를 들어 다음 구조체를 보자.

```
struct
{
   int count;
   float *p;              /* 구조체 내부의 포인터 변수 */
}  ptr;                   /* 구조체 포인터 변수 */
```

이 경우

```
++ptr->count
```

는 화살표 연산이 증가연산보다 우선순위가 높으므로 **ptr**가 아닌 **count**를 증가시킨다. 따라서 다음 구조체의 **count** 변수를 접근하고 싶은 경우는

```
(++ptr)->count
```

라고 표현하여야 한다. 또한

```
ptr++ -> count
```

는 우선 **count** 값을 접근한 후 **ptr**를 증가시킨다.

다음에 일반적으로 자주 나오는 포인터와 구조체가 결합된 표현들을 정리하였다.

| | |
|---|---|
| ***ptr->p** | 현재 ptr가 가리키는 구조체의 멤버 **p**가 가리키는 변수(값) |
| ***ptr->p++** | 현재 ptr가 가리키는 구조체 멤버 **p**의 다음 원소 |
| **(*ptr->p)++** | 현재 ptr가 가리키는 구조체 멤버 **p**가 가리키는 변수를 1증가시킴 |
| ***ptr++-> p** | 현재 **ptr**가 가리키는 구조체 멤버 p의 값이 반환되며 ptr는 1이 증가됨 |

앞 장에서 구조체를 함수의 매개변수로 사용하는 방법에 대하여 설명하였다. 그때 구조체의

모든 멤버들을 복사해서 함수로 넘기고 처리를 한 후에 다시 반환값으로 넘기는 예를 살펴보았다. 이러한 방식은 구조체 전체를 복사하여야 하므로 실행속도나 메모리 면에서 효과적이지 못하다. 이제 포인터를 사용하여 이러한 단점을 극복할 수 있다. 다음과 같은 함수를 생각해보자.

```
print_invent(struct invent *item)
{
    printf("Name: %s\n", item->name);
    printf("Price: %f\n", item->price);
}
```

이 함수는 다음과 같이 호출 할 수 있다.

```
print_invent(&product);
```

함수 호출시 매개변수 **item**은 구조체 **product**의 주소를 할당받게 된다. 따라서 **product**와 동일하게 **struct invent**의 포인터형으로 선언되어 있다.

**스킬테스트**

지역 정수형 변수의 값을 다른 함수에서 변경시키는 C 프로그램을 작성하라. [E]

## 12.17 포인터의 문제

C언어에서 포인터는 엄청난 능력과 유연성을 제공한다. 그러나 포인터를 잘못 사용하게 되면 엄청난 문제가 발생한다. 포인터의 문제점은 컴파일러가 포인터와 관련된 상당수의 오류를 검출하지 못하고 결국 실행시에 오류로 반영된다는 점이다. 그리고 그 결과는 상당히 임의적이어서 프로그램의 출력결과로 오류의 원인을 찾아내기 힘들다는 점이다. 따라서 포인터에서 비롯된 디버깅 작업은 상당히 어려운 작업에 속한다.

여기서는 프로그래머들이 빈번하게 실수하는 포인터 관련 오류들을 나열하였다.

- 초기화되지 않는 포인터를 사용하여 값을 할당하는 경우

```
int *p, m = 100;
*p = m;            /* Error */
```

- 포인터 변수 자체에 값을 할당하는 경우

```
int *p, m = 100;
p = m;             /* Error */
```

- 역참조하여야 하는 곳에 포인터 자체를 사용하는 경우

```
int *p, x = 100;
p = &x;
printf("%d", p);  /* Error */
```

- 초기화되지 않은 변수의 주소를 할당하는 경우

```
int *p, m;
p = &m;            /* Error */
```

- 값을 비교하여야 하는 자리에 포인터 자체를 사용하는 경우

```
char name1[20], name2[30];
    char *p1 = name1;
    char *p2 = name2;
    if(p1 > p2) ...         /* Error */
```

포인터를 사용하기 전에 선언하고 값을 할당하는 과정에 특히 주의를 기울여야한다. 또한 주소 연산(&), 참조 연산(*)의 적용에 주의를 기울여야한다. 그렇지 않으면, 수많은 밤을 새면서 오류를 찾아야 할 것이다.

## 주요 개념

- **메모리:** 순차적인 저장소의 모임으로 각 저장소에는 해당하는 주소가 있다. [LO 12.1]
- **포인터:** 메모리 주소를 값으로 저장하는데 사용된다. [LO 12.1]
- **포인터 변수:** 다른 변수의 메모리 주소를 저장하는 변수 [LO 12.2]
- CALL BY REFERENCE: 변수의 주소를 전달하기 위해서 포인터를 사용해서 함수를 호출하는 과정 [LO 12.6]
- CALL BY VALUE: 변수의 실제 값을 전달하는 과정 [LO 12.6]

## 알아두기

- 변수의 주소값 만이 포인터 변수에 저장될 수 있다. [LO 12.1]
- 해당 포인터형과 다른 형의 변수의 주소를 포인터에 할당하지 마라. [LO 12.1]
- 일반 변수의 값 자체는 포인터 변수에 할당하면 안된다. [LO 12.1]
- 주소연산 &와 참조연산 *에 있어서, 이 연산자가 있어야하는 곳에 없거나, 없어야하는 곳에 있는 실수를 범하기 쉽다. 컴파일러를 통하여 점검되기 어려운 경우가 많으므로 특별한 주의가 필요하다. [LO 12.1]
- 포인터 변수의 선언은 포인터가 가리킬 변수를 위한 공간을 생성하지 않는다. 단지 이 변수의 주소값을 저장할 공간을 생성할 뿐이다. [LO 12.2]
- 수치 상수를 포인터 변수에 할당하는 것은 오류이다. [LO 12.2]
- 기본 자료형의 변수에 어떤 변수의 주소값을 할당하는 것은 오류이다. [LO 12.2]
- 포인터를 사용하는 표현식의 작성에는 연산 우선순위에 주의해야 한다. 예를 들어, *p++, *p[ ], (*p)[ ], (p).member 등의 차

이를 잘 이해하여야 한다. [LO 12.4]

- 포인터 변수와 함께 간접 연산자를 사용하는 동안 신중해야 한다. 단순 포인터는 단일 간접 연산자 (* ptr)를 사용하는 반면 포인터에 대한 포인터는 추가 간접 연산자 기호 (** ptr)를 사용한다. [LO 12.4]
- 배열이 함수의 인자로 전달 될 때, 실제로는 포인터가 전달된다. 헤더 값에는 반드시 크기가 함께 전달되어야 한다. [LO 12.5]
- 포인터 변수는 초기화되지 않으면 엉터리 값이 들어가 있다. 따라서 사용하기 전에 꼭 초기화를 하여야한다. [LO 12.5]
- 피호출 함수에서 입력 변수의 값을 변경하려면, 변수의 주소값을 전달하여야 한다. [LO 12.6]
- 함수에 주소값을 전달하는 경우에 함수인자는 포인터형으로 선언하여야 한다. [LO 12.6]
- 서로 다른 자료형에 대한 포인터 값을 cast 연산없이 포인터에 할당하는 것은 오류이다(void 포인터인 경우는 예외). [LO 12.6]

## 사례연구

### 1. 시험 성적 처리

[LO 12.2, 12.5, 12.6 H]

학년말 시험에서 학생들의 점수가 다음 표와 같다.

| 학생명 | 과목별 점수 |
|---|---|
| C. Laxmi | 45 67 38 55 |
| V.C. Rao | 77 89 56 69 |
| . | . . . . |

프로그램에서 각 학생별 총점과 총점에 의한 등수가 출력되어야 한다.

그림 12.15는 학생들의 **이름**과 **점수**들을 각각 배열로 저장한다. 모든 학생들의 점수의 총합을 계산한 후에, 등수를 매기고, 이를 출력한다. 선언문

```
int marks[STUDENTS][SUBJECTS+1];
```

는 **mark**를 학생들의 점수들의 첫 번째 행에 대한 배열로 선언한다. 변수 **rowptr**를 학생당 점수 배열의 포인터로 사용하고, 다음과 같이 초기화 한다.

```
int (*rowptr)[SUBJECTS+1] = array;
```

변수 **array**는 실제 학생당 점수들에 대한 값을 가지고 있는 함수의 인자이다. **rowptr**에 사용된 괄호는 **rowptr**가 크기 **SUBJECTS+1**의 배열의 포인터라는 것을 표현한다. 만약, 선언문

```
int *rowptr[SUBJECTS+1];
```

라고 했다면, **rowptr**를 **SUBJECTS+1** 개수의 정수 포인터 배열이라고 표현하는 것이다.

포인터 **rowptr**을 1 증가시키면, 증가는 다음 행으로 증가하라는 의미이므로 행의 크기만큼 증가하게 된다. **(*rowptr)[x]**는 해당 행의 **x** 번째 원소를 의미한다.

**Program**

```
#define  STUDENTS  5
#define  SUBJECTS  4
#include <string.h>

main()
{
  char name[STUDENTS][20];
  int  marks[STUDENTS][SUBJECTS+1];

  printf("Input students names & their marks in four subjects\n");
  get_list(name, marks, STUDENTS, SUBJECTS);
  get_sum(marks, STUDENTS, SUBJECTS+1);
  printf("\n");
  print_list(name,marks,STUDENTS,SUBJECTS+1);
  get_rank_list(name, marks, STUDENTS, SUBJECTS+1);
  printf("\nRanked List\n\n");
  print_list(name,marks,STUDENTS,SUBJECTS+1);
}
   /*  Input student name and marks        */
 get_list(char *string[ ],
          int array [ ] [SUBJECTS +1], int m, int n)
 {
     int  i, j, (*rowptr)[SUBJECTS+1] = array;
     for(i = 0; i < m; i++)
     {
        scanf("%s", string[i]);
        for(j = 0; j < SUBJECTS; j++)
           scanf("%d", &(*(rowptr + i))[j]);
     }
 }
 /*   Compute total marks obtained by each student   */
 get_sum(int array [ ] [SUBJECTS +1], int m, int n)
 {
     int  i, j, (*rowptr)[SUBJECTS+1] = array;
     for(i = 0; i < m; i++)
     {
        (*(rowptr + i))[n-1] = 0;
        for(j =0; j < n-1; j++)
           (*(rowptr + i))[n-1] += (*(rowptr + i))[j];
     }
 }

 /*   Prepare rank list based on total marks      */

 get_rank_list(char *string [ ],
               int array [ ] [SUBJECTS + 1]
               int m,
               int n)
```

(계속)

```
{
  int i, j, k, (*rowptr)[SUBJECTS+1] = array;
  char *temp;

  for(i = 1; i <= m-1; i++)
     for(j = 1; j <= m-i; j++)
        if( (*(rowptr + j-1))[n-1] < (*(rowptr + j))[n-1])
        {
         swap_string(string[j-1], string[j]);

         for(k = 0; k < n; k++)
         swap_int(&(*(rowptr + j-1))[k],&(*(rowptr+j))[k]);
         }
}
/*      Print out the ranked list            */
print_list(char *string[ ],
           int array [] [SUBJECTS + 1],
           int m,
           int n)
{
    int  i, j, (*rowptr)[SUBJECTS+1] = array;
    for(i = 0; i < m; i++)
    {
       printf("%-20s", string[i]);
       for(j = 0; j < n; j++)
          printf("%5d", (*(rowptr + i))[j]);
          printf("\n");
    }
}
/*     Exchange of integer values               */
swap_int(int *p, int *q)
{
    int  temp;
    temp = *p;
    *p   = *q;
    *q   = temp;
}
/*     Exchange of strings          */
swap_string(char s1[ ], char s2[ ])
{
    char  swaparea[256];
    int   i;
    for(i = 0; i < 256; i++)
       swaparea[i] = '\0';
    i = 0;
    while(s1[i] != '\0' && i < 256)
    {
       swaparea[i] = s1[i];
```

(계속)

```
            i++;
        }
        i = 0;
        while(s2[i] != '\0' && i < 256)
        {
            s1[i] = s2[i];
            s1[++i] = '\0';
        }
        i = 0;
        while(swaparea[i] != '\0')
        {
            s2[i] = swaparea[i];
            s2[++i] = '\0';
        }
    }
```

**Output**

```
    Input students names & their marks in four subjects
    S.Laxmi 45 67 38 55
    V.S.Rao 77 89 56 69
    A.Gupta 66 78 98 45
    S.Mani 86 72 0 25
    R.Daniel 44 55 66 77

    S.Laxmi              45   67   38   55  205
    V.S.Rao              77   89   56   69  291
    A.Gupta              66   78   98   45  287
    S.Mani               86   72    0   25  183
    R.Daniel             44   55   66   77  242

    Ranked List
    V.S.Rao              77   89   56   69  291
    A.Gupta              66   78   98   45  287
    R.Daniel             44   55   66   77  242
    S.Laxmi              45   67   38   55  205
    S.Mani               86   72    0   25  183
```

**그림 12.15** 학생들의 성적 처리 예

## 2. 물품 관리

[LO 12.2, 12.6 M]

상점의 물품의 가격과 재고량은 매일 바뀌기 마련이다. 그림 12.16의 프로그램은 가격와 재고의 증감량을 읽어 재고의 총량을 갱신한다.

이 프로그램은 특히 구조체 포인터를 함수의 입력으로 사용하는 예이다. 즉, 함수 **update()**와 **mul()**는 구조체의 주소값 **&item**을 함수의 인자로 사용한다. 따라서 함수 인자는 **struct stores**의 포인터형으로 선언되었다.

**Program**

```
struct stores
{
     char  name[20];
     float price;
     int   quantity;
};
main()
{
     void update(struct stores *, float, int);
     float          p_increment, value;
     int            q_increment;

     struct stores item = {"XYZ", 25.75, 12};
     struct stores *ptr = &item;

     printf("\nInput increment values:");
     printf(" price increment and quantity increment\n");
     scanf("%f %d", &p_increment, &q_increment);

/* - - - - - - - - - - - - - - - - - - - - - - - - - - - - - - - - - */
     update(&item, p_increment, q_increment);
/* - - - - - - - - - - - - - - - - - - - - - - - - - - - - - - - - - */
     printf("Updated values of item\n\n");
     printf("Name       : %s\n",ptr->name);
     printf("Price      : %f\n",ptr->price);
     printf("Quantity   : %d\n",ptr->quantity);

/* - - - - - - - - - - - - - - - - - - - - - - - - - - - - - - - - - */
     value  = mul(&item);
/* - - - - - - - - - - - - - - - - - - - - - - - - - - - - - - - - - */
     printf("\nValue of the item  =  %f\n", value);
}

void update(struct stores *product, float p, int q)
{
     product->price += p;
     product->quantity += q;
}
float mul(struct stores *stock)
{
     return(stock->price * stock->quantity);
}
```

**Output**

```
Input increment values: price increment and quantity increment
10 12
Updated values of item
```

(계속)

```
Name       : XYZ
Price      : 35.750000
Quantity   : 24

Value of the item  =  858.000000
```

**그림 12.16** 구조체 포인터를 함수의 매개변수로 사용하는 예

## 다중선택 문제

다음 다중선택 문제에서 올바른 답을 고르시오.

12.1 C언어에서 포인터는 [LO 12.1 E]

(a) 어떤 위치의 주소이다 (b) 연결리스트를 나타내는데 사용된다

(c) 배열의 요소를 접근하는데 사용할 수 있다 (d) 위 모두

12.2 포인터 변수에 어떤 상수 값을 할당할 수 있는가? [LO 12.4 M]

(a) 0 (b) Null (c) 아무것도 안됨 (d) 1과 2 모두

12.3 다음 중에서 포인터 변수(ptr과 같은)에 대해서 허용되는 연산은 무엇인가? [LO 12.4 M]

(a) ptr+1 (b) ptr-1 (c) ptr++와 ptr-- (d) 모두 다

12.4 다음 중에서 유효한 포인터 간접접근 표기는 무엇인가? [LO 12.3 H]

(a) *ptr (b) **ptr (c) ***ptr (d) 모두 다

12.5 다음 중에서 포인터에 관하여 틀린 것은? [LO 12.1 M]

(a) 포인터 변수는 초기화 되기 전까지는 NULL 값을 저장한다.

(b) 포인터 변수에는 0을 제외한 어떤 숫자 상수를 할당할 수 없다.

(c) void 포인터를 제외하고 다른 타입의 포인터를 캐스팅 없이 할당하는 것은 에러이다.

(d) 배열의 시작 주소를 포인터 변수에 할당할 때는 주소 연산자(&)를 사용할 필요가 없다.

## 복습 질문

12.1 다음 문장이 참인지 거짓인지 말하시오.

(a) 포인터 상수는 메모리 위치의 주소이다. [LO 12.1 M]

(b) 포인터 변수의 근원적 타입은 void이다. [LO 12.1 M]

(c) 포인터 변수는 주소 연산자를 사용해서 선언된다. [LO 12.2 E]

(d) float형 포인터를 int형 포인터로 형변환 하는 것이 가능하다. [LO 12.2 M]

(e) 포인터의 포인터는 또 다른 포인터 주소값을 저장하는 포인터를 의미한다. [LO 12.3 E]

(f) 포인터에서 포인터를 빼는 것은 불가능하다. [LO 12.4 E]

(g) 포인터에 정수를 더할 수 있다. [LO 12.4 M]

(h) 함수의 정의에서 포인터는 인자의 형으로 사용될 수 없다. [LO 12.6 E]

(i) 배열이 함수의 인자로 주어질 때, 실제로 포인터가 전달된다. [LO 12.6 M]

(j) 함수의 지역변수의 값은(해당함수에서 호출한 함수가 아닌) 다른 함수에서 변경할 수 있다. [LO 12.6 M]

12.2 다음 빈 칸을 적절히 채우시오.

(a) 포인터 변수에는 다른 변수의 ______ 가 저장된다. [LO 12.1 E]

(b) 연산자 ______ 는 이 연산자의 인수가 가리키는 변수의 값을 반환한다. [LO 12.1 E]

(c) 연산자 ______는 포인터 변수에 저장된 주소의 변수를 역참조할 때 사용된다. [LO 12.2 M]

(d) _______ 로 선언된 포인터는 결코 역참조 할 수 없다. [LO 12.2 M]

(e) 포인터 변수에 할당할 수 있는 유일한 정수는 ________ 이다. [LO 12.4 M]

(f) 변수의 주소를 전달하기 위해서 포인터를 사용하여 함수를 호출하는 과정을 ____라고 부른다. [LO 12.6 M]

(g) _____ 포인터를 일반형 포인터라고 부르며 모든 포인터 타입을 나타내는데 사용할 수 있다. [LO 12.4 M]

12.3 포인터란 도대체 무엇인가? [LO 12.1, 12.2 E]

12.4 다음 문장의 결과를 설명하라. [LO 12.2 M]

(a) `int a, *b = &a;`

(b) `int p, *p;`

(c) `char *s;`

(d) `a = (float *) &x;`

(e) `double(*f)();`

12.5 (*m)[5]과 *m[5]의 차이를 설명하라. [LO 12.5 M]

12.6 다음과 같은 변수들이 선언과 초기화되었다고 할 때, 다음 표현의 결과는 무엇인가? [LO 12.4 E]

```
int x = 10, y = 10;
int *p1 = &x, *p2 = &y;
```

(a) `(*p1) + +`

(b) `- - (*p2)`

(c) `*p1 + (*p2) - -`

(d) `+ + (*p2) - *p1`

12.7 프로그램 개발시 전형적인 포인터의 사용 예를 설명하라. [LO 12.1 E]

12.8 포인터에 대하여 허용되는 산술연산은 어떤 것이 있는가? [LO 12.4 E]

12.9 다음 문장의 출력 결과는 무엇인가? [LO 12.2, 12.3 M]

```
int m = 100;
int * p1 = &m;
int **p2 = &p1;
printf("%d", **p2);
```

12.10 name이 크기 15의 char 배열이라면, 다음 두 표현의 차이는 무엇인가? [LO 12.4, 12.5 E]

(a) name + 10

(b) *(name + 10)

12.11 다음 코드의 출력 결과는 무엇인가? [LO 12.5 H]

```
int m[2];
*(m+1) = 100;
*m = *(m+1);
printf("%d", m [0]);
```

12.12 다음 코드의 출력 결과는 무엇인가? [LO 12.4, 12.5 M]

```
int m [2];
int *p = m;
m [0] = 100;
m [1] = 200;
printf("%d %d", ++*p, *p);
```

12.13 다음 코드의 출력 결과는 무엇인가? [LO 12.5, 12.6 M]

```
int f(char *p);
main ( )
{
      char str[ ] = "ANSI";
      printf("%d", f(str) );
}
int f(char *p)
{
     char *q = p;
     while (*++p)
     ;
     return (p-q);
}
```

12.14 다음 두 가지 함수가 정의되었다고 하자. 두 개의 정의는 동일한지 설명하라.

[LO 12.3, 12.6 M]

(a) `void search (int* m[ ], int x)`

```
{
}
```

(b) `void search (int ** m, int x)`

```
{
}
```

12.15 다음 선언문은 같은 것을 나타내는가? 설명하라. [LO 12.5 M]

```
char s [ 5 ] ;
char *s;
```

12.16 다음 중에서 함수에 대한 포인터 성언으로 올바른 것은? 이유는? [LO 12.5, 12.6 E]

(a) `int (*p)(void);`

(b) `int *p(void);`

## 디버깅 연습

12.1 m과 n이 int형으로 p1과 p2가 int형 포인터로 선언되었다고 하자. 이 때 다음 문장 중 오류가 있으면 이를 찾아라. [LO 12.2, 12.4 M]

(a) `p1 = &m;`

(b) `p2 = n;`

(c) `*p1 = &n;`

(d) `p2 = &*&m;`

(e) `m = p2-p1;`

(f) `p1 = &p2;`

(g) `m = *p1 + *p2++;`

12.2 다음 문장 중 틀린 것이 있으면 이를 설명하라. [LO 12.2, 12.3 E]

(a) `int x = 10;`

(b) `int *y = 10;`

(c) `int a, *b = &a;`

(d) `int m;`

```
int **x = &m;
```

12.3 다음 코드의 잘못된 점은 무엇인가? [LO 12.2, 12.3 M]

```
int **p1, *p2;
p2 = &p1;
```

## 프로그래밍 연습

12.1 포인터를 사용하여 정수 배열을 읽고 이를 역방향으로 출력하는 프로그램을 작성하라.

[LO 12.5 M]

12.2 다음 2차함수의 $ax^2 + bx + c = 0$의 해는 다음과 같다. [LO 12.6 M]

$$x_1 = \frac{-b \ + \ \text{square - root}\ (b^2 - 4ac)}{2a}$$

$$x_2 = \frac{-\ b \ - \ \text{square - root}\ (b^2 - 4ac)}{2a}$$

위 식에 근거하여 해를 구하는 함수를 작성하라. 이 함수는 두 개의 포인터를 인자로 받는다. 한 인자는 2차함수의 계수인 a, b, c를 받고 나머지 인자는 호출함수에 두 개의 해를 반환한다.

12.3 정렬된 정수 배열과 정수를 입력으로 받아 새로운 정수를 올바른 위치에 삽입하는 프로그램을 작성하라. [LO 12.5, 12.6 H]

12.4 두 개의 행렬을 포인터를 사용한 인자로 받고 이 행렬을 곱한 결과를 또한 포인터를 사용하여 반환하는 함수를 작성하라. [LO 12.5, 12.6 M]

12.5 문자열 스트링의 포인터와 문자를 입력받아 문자열 스트링에서 해당 문자를 모두 지운후 반환하는 함수를 제공하라. 단, 지운 문자의 위치가 비어 있어서는 안 된다. [LO 12.5, 12.6 H]

12.6 정수 n을 인자로 받아 해당되는 요일의 이름을 반환하는 함수 day_name을 작성하라. 해당하는 요일명은 동적 변수가 아닌 static형으로 선언하여야 한다. 그 이유는 무엇인가?

[LO 12.5, 12.6 M]

12.7 이름들의 배열을 읽어서 알파벳 순으로 정렬하는 프로그램을 작성하라. sort 함수는 strcmp와 swap 함수에 대한 포인터를 받아서 사용한다. 따라서 sort는 이들 함수를 포인터를 이용해서 호출해야 한다. [LO 12.5, 12.6 H]

12.8 정렬된 int형 배열이 있을 때, 특별한 원소를 이진검색 방식으로 찾는 함수를 작성하라. 포인터와 포인터 연산을 사용하라. 그리고 이 함수를 어떻게 활용할 수 있는지 예를 보여라.

[LO 12.2, 12.4, 12.6 H]

(힌트: 이진검색에서, 목표값은 우선 배열의 중앙과 비교된다. 이 배열이 정렬이 되었으므로, 만약 중앙값보다 목표값이 작으면 중앙값보다 작은 반은 모두 목표값보다 작으므로 계산에서 제외시킬 수 있다. 반대로 중앙값이 목표값보다 크면 중앙값보다 큰 반을 계산에서 제외할 수 있다. 이 과정을 값을 찾을 때까지 재귀적으로 적용할 수 있다.)

12.9 주어진 입력배열을 포인터로 입력받아 이 배열의 원소의 순서를 뒤집는 함수를 작성하라.

[LO 12.5, 12.6 H]

12.10 두 int형 배열을 포인터 인자형으로 입력받아 동일한지 검사하는 함수를 작성하라. 만약 두 배열의 내용이 동일하면 0을 그렇지 않으면 1을 반환하라. [LO 12.5, 12.6 M]

12.11 함수와 포인터를 이용해서 하나의 문자열을 다른 문자열 안에 삽입하는 C 프로그램을 작성하라. [LO 12.6 H]

12.12 포인터 증가 연산을 이용해서 스케일 팩터를 보여주는 C 프로그램을 작성하라. [LO 12. M]

12.13 포인터 배열에 의해 지시되는 주소와 값을 출력하는 C 프로그램을 작성하라. [LO 12.5 E]

12.14 구조체 멤버의 초기화를 위해서 포인터를 사용하는 C 프로그램을 작성하라. [LO 12.6 E]

## 인터뷰 질문

12.1 포인터의 주소를 출력하는데 사용되는 서식 지정자는 무엇인가? [LO 12.1 M]

12.2 포인터에 대한 포인터는 무엇인가? [LO 12.3 E]

12.3 다음 코드의 출력은 무엇인가?

```
char *ptr;
printf("%d %d", sizeof(*ptr), sizeof(ptr));
```

[LO 12.4 H]

12.4 null 포인터는 무엇인가? [LO 12.1 E]

12.5 함수 포인터는 무엇인가? [LO 12.6 E]

12.6 void 포인터는 무엇인가? [LO 12.4 E]

12.7 초기화되지 않은 포인터와 NULL 포인터의 차이는 무엇인가? [LO 12.1 M]

Chapter 13

# 파일 다루기

**학습목표**

- LO 13.1 파일의 열고 닫기를 설명한다.
- LO 13.2 파일에 대한 입력/출력을 설명한다.
- LO 13.3 I/O 동작 중에 에러가 어떻게 처리되는지 배운다.
- LO 13.4 임의 접근 파일에 대해서 설명한다.
- LO 13.5 명령행 인자에 대해서 배운다.

## 13.1 소개

지금까지 **scanf**와 **printf**라는 표준 함수를 사용하여 데이터를 읽고 쓰는 기능을 구현하였다. 이 두 함수는 콘솔(텍스트 기반 명령창)에 기반한 입출력 함수로, 주로 키보드와 텍스트 화면으로 대표되는 터미널을 사용한다. 이러한 방식은 데이터의 양이 적은 경우에는 문제가 없다. 그러나 많은 실제적인 문제들은 많은 양의 데이터를 사용하며, 이런 경우에는 콘솔기반 입출력은 두 가지 큰 문제점을 가지고 있다.

1. 터미널을 사용하여 큰 양의 데이터를 다루는 것은 번거롭고 시간이 많이 소모된다.
2. 프로그램이 종료되면 프로그램이 갖고 있는 모든 데이터는 사라지게 된다.

따라서 데이터를 디스크에 저장하고 필요할 때 언제든지 읽을 수 있으며, 안전하게 저장할 수 있는 방안이 필요하다. 이러한 방안 중 가장 일반적인 것이 파일이다. 파일은 디스크에 저장된 일련의 데이터이다. 대부분의 다른 언어와 마찬가지로 C언어도 기본적인 파일작업을 수행할 수 있는 많은 종류의 함수를 제공한다.

- 파일이름 정하기
- 파일 열기
- 파일에서 데이터를 읽기
- 파일에 데이터를 쓰기
- 파일을 닫기

C언어에서 파일작업은 크게 두 가지 방식으로 구분된다. 첫 번째는 저수준 입출력 방식으

**표 13.1** 주요 (고수준) 표준 입출력 함수

| 함수명 | 설명 |
|---|---|
| fopen() | * 사용할 파일을 연다 |
| fclose() | * 파일 사용을 마침 |
| getc() | * 파일에서 한 문자를 읽음 |
| putc() | * 파일에 한 문자를 씀 |
| fprintf() | * 파일에 포맷팅된 내용을 씀 |
| fscanf() | * 파일에 포맷팅된 내용을 읽음 |
| getw() | * 파일에서 int형 길이만큼 읽음 |
| putw() | * 파일에 int형 데이터를 씀 |
| fseek() | * 파일(스트림)의 작업위치를 이동함 |
| ftell() | * 파일(스트림)의 현재 작업위치를 알려줌 |
| rewind() | * 파일(스트림)을 맨 처음으로 이동 |

로 해당 시스템에서 UNIX 시스템 콜을 수행하는 것이다. 두 번째 방식은 **고수준** 입출력 방식으로 C 언어에서 제공되는 표준 입출력 라이브러리를 사용하는 것이다. 본 장에서는 이 표준 라이브러리에서 제공하는 함수들을 사용하여 파일을 다루는 주요 방법에 대하여 소개한다. 표 13.1은 대표적인 파일 입출력 함수들을 정리하여 보여준다.

여기서 제시한 것 이외에도 많은 함수들이 제공된다. 경우에 따라 컴파일러가 모든 표준 함수를 제공하지 않을 수도 있으므로 C 라이브러리에서 해당 함수가 지원이 되는지 확인을 할 필요가 있다.[1)]

## 13.2 파일을 열기

**LO 13.1** 파일의 열고 닫기를 설명한다.

2차 저장장소, 즉 디스크에 파일로 데이터를 저장하기 위해서는 다음과 같은 몇 가지 사항을 운영체제에 알려줘야 한다.

**1.** 파일명
**2.** 데이터 구조
**3.** 목적

**파일명**은 일반적으로 단순한 문자열이다. 항상 그런것은 아니지만, 일반적으로 파일명을 주 파일 **이름**과 **확장자**의 두 부분으로 나누고, 이 둘을 마침표 (.)로 연결하여 사용한다. 예를 들어

input.data
store

[1)] 역자주: 이 책을 읽는 대부분의 독자들이 사용할 Linux의 gcc 환경이나, 윈도우즈의 visual studio 환경은 표준 C 함수를 모두 지원하므로 지원 여부를 걱정할 필요는 없다. 그러나 여러분이 사용하는 환경이 소형 임베디드 시스템인 경우에는 확인이 의미가 있을 것이다.

prog.c
student.c
text.out

파일의 데이터 구조는 표준 입출력 함수 라이브러리에 있는 **FILE**에 정의되어 있으므로 사용하기 전에 **FILE** 타입으로 선언해야 한다.[2] 사용자 프로그램에서는 포인터만 정의하고 fopen 함수를 수행하면 라이브러리에서 해당 구조체를 생성한다.

또한, 파일을 열 때 무엇을 하기 위하여 여는 것인지 명시하여야 한다. 예를 들어 파일에 데이터를 쓰기위한 경우도 있고, 이미 존재하는 파일의 내용을 읽기위한 경우도 있다.

다음 코드는 파일을 열기 위해 사용되는 일반적인 코드이다.

```
FILE *fp;
fp  =  fopen("filename", "mode");
```

첫 번째 문장은 **FILE** 자료형의 포인터 변수 **fp**를 선언하는 것이다. 앞서 설명하였듯이 **FILE**은 표준 라이브러리에서 파일 입출력을 위하여 사용하는 내부 구조체이다. 두 번째 문장은 filename이라는 이름의 파일을 오픈하고 파일의 표시자 또는 스트림을 **fp**에 할당한다. 이 포인터가 향후 이 파일에 대한 모든 입출력을 수행할 때 프로그램과 시스템간의 연결 역할을 수행하게 된다.

또한 두 번째 문장에서 프로그램이 이 파일을 여는 목적을 모드로 지정한다. 모드는 다음 세 가지 경우 중의 하나이다.

**r** 파일을 읽으려고 함.
**w** 파일에 쓰기를 하려고 함.
**a** 파일의 뒷부분에 데이터를 추가하려고 함.

**fopen** 함수의 파일명과 모드 입력 모두 문자열로 정의되어 있기 때문에 따옴표로 묶여야 한다. 실제 위의 모드를 사용하여 파일을 열려고 하면 다음과 같은 결과 중 하나를 얻는다.

1. 모드가 "w" 인 경우, 파일이 존재하지 않으면 파일이 생성된다. 만약 파일이 존재하면, 현재 있는 모든 데이터는 지워진다.
2. 모드가 "a" 인 경우, 파일이 존재하지 않으면 파일이 생성된다. 만약 이미 파일이 존재하면, 기존의 데이터는 유지된다.
3. 만약 모드가 "r"라면, 현재 파일이 존재하지 않으면 에러가 발생하고, 존재하면 데이터가 유지된 상태로 열리게 된다.

예를 들어 다음 코드를 보자.

---

2) 역자주: 이러한 형태의 포인터와 구조체를 불투명 객체라고 하며, C 언어의 포인터가 추상화를 제공하는 대표적인 방식의 하나로 고급 프로그래밍 기법에 속한다.

```
FILE *p1, *p2;
p1 = fopen("data", "r");
p2 = fopen("result", "w");
```

이 경우 **"data"** 파일은 읽기 위하여 열리고, **"result"** 파일은 쓰기 위하여 열린다. **"data"** 파일이 존재하지 않는다면 에러가 발생할 것이고, **"result"** 파일은 존재 여부와 상관없이 빈 파일 상태로 생성 또는 열리게 될 것이다.

최근 컴파일러들은 이런 기본 모드 이외에 몇 가지 추가적인 모드를 지원한다.

**r+** 존재하는 파일이 열린다. 파일이 열리면 읽기와 쓰기 모두 가능하다.
**w+** **w**와 같으나 읽기도 가능하다.
**a+** **a**와 같으나 읽기도 가능하다.

하나의 프로그램은 동시에 여러 개의 파일을 열 수가 있다. 그러나 운영체제에 따라 열 수 있는 수에 제약이 있을 수도 있다.

> **TIP**
> 파일 모드는 열린 파일에 대해서 어떤 동작을 할지 지정하는데 사용된다.

## 13.3 파일 닫기

해당 파일에 대한 작업이 완료되었으면, 가능한 파일은 바로 닫는 것이 바람직하다. 파일 닫기를 수행하면 현재 작업한 모든 내용이 완료되어 파일에 기록되며,[3] 파일과 프로그램 간의 연결은 소멸하게 된다. 일단 파일을 닫으면 혹시 모를 실수에도 안전하게 되고, 오픈 파일의 수가 제약이 있는 경우에도 도움이 될 수 있다. 파일을 닫아야하는 또 다른 경우는 파일을 다른 모드로 사용하고 싶을 때이다. 표준 C 라이브러리는 파일을 닫기 위한 함수를 제공한다.

```
fclose(file_pointer);
```

이 함수는 **file_pointer**와 연결된 열려진 파일을 닫는다. 다음 코드를 살펴보자.

```
...
FILE *p1, *p2;
p1 = fopen("input", "w");
p2 = fopen("output", "r");
...
fclose(p1);
fclose(p2);
...
```

3) 역자주: 이 부분은 라이브러리 또는 운영체제에 대한 이해가 필요한 부분이다. 일반적으로 성능상의 이유로 프로그램에서 수행한 결과가 파일에 바로 반영되지 않고 지연이 있을 수도 있다. 파일을 닫으면 이러한 지연된 작업들은 모두 처리된다.

위의 코드는 두 개의 파일을 열고 필요한 작업을 수행하고 나서 두 파일을 닫는다. 일단 파일을 닫으면 사용했던 파일 포인터는 다시 다른 파일 개방에 사용할 수 있다.

프로그램의 종료를 하게 되면, 시스템이 알아서 이 프로그램이 열고 있는 모든 파일을 닫게 된다. 하지만 더 이상 사용되지 않는 파일을 닫는 것은 필수적인 프로그래밍 습관이다.

## 13.4 파일 입출력

일단 파일을 열었으면, 파일에 쓰거나 읽는 작업은 표 12.1에 있는 표준입출력 함수를 사용하여 수행하면 된다.

> LO 13.2 파일에 대한 입력/출력을 설명한다.

### *getc*와 *putc* 함수

이 둘은 하나의 문자를 입출력하므로 가장 간단한 입출력 함수라고 할 수 있다. 사용법은 앞서 다뤘던 **getchar**, **putchar** 함수와 유사하다. 파일 포인터 **fp1**을 쓰기모드("w" 또는 "a", r+", "w+", "a+" 중 하나)로 연 경우, 문장

```
putc(c, fp1);
```

을 실행하면 char 변수 c의 하나의 문자가 **fp1**에 연결된 파일에 써진다. 반면, fp2가 읽기 모드로 열린 경우, 문장

```
c = getc(fp2);
```

을 실행하면 **fp2**에 연결된 파일로부터 한 문자가 읽혀서 c에 할당된다.

이 파일포인터는 **getc**와 **putc** 실행마다 한 바이트씩 파일에서의 위치가 앞으로 이동한다. 파일의 끝에 도달하면 **getc**함수는 파일의 끝을 알리는 EOF 마커(보통 –1)를 반환한다.

> **TIP**
> 모든 파일 처리는 3 단계–열기, 읽기/쓰기 수행, 닫기로 이루어져 있다.

**예제 13.1** **키보드에서 데이터를 받아 "INPUT"이라는 파일로 저장한 후, 다시 그 파일에서 데이터를 읽어 화면에 출력하는 프로그램을 작성하라.** E

그림 13.1은 작성된 프로그램의 리스트를 보여준다. 사용자는 키보드에서 내용을 입력하고 프로그램은 이를 한 글자씩 파일에 저장한다. 터미널에서 입력의 끝을 알리려면 CTRL-Z 또는 CTRL-D를 입력하여야 한다. 이 특수키 입력은 시스템에 의하여 프로그램에 EOF로 전환된다.

EOF를 받으면 프로그램은 파일을 닫는다. 이후에 다시 같은 파일을 읽기 모드로 열고, 한 문자 단위로 읽어서 화면에 표시한다. 이 과정은 EOF 문자를 만날 때까지 계속된다.

파일의 끝을 확인하는 과정은 매우 중요하다. 이 과정에서 실패를 하면, 파일의 끝을 지나서

읽기를 시도하여 프로그램이 시스템에 의하여 중단되거나 무한루프로 빠질 위험이 있다.[4)]

**Program**

```
#include  <stdio.h>

main()
{
    FILE *f1;
    char c;
    printf("Data Input\n\n");
    /* Open the file INPUT */
    f1 = fopen("INPUT", "w");

    /* Get a character from keyboard   */
    while((c=getchar()) != EOF)

        /* Write a character to INPUT  */
        putc(c,f1);

    /* Close the file INPUT   */

    fclose(f1);
    printf("\nData Output\n\n");

    /* Reopen the file INPUT      */
    f1 = fopen("INPUT","r");

   /* Read a character from INPUT*/
    while((c=getc(f1)) != EOF)

        /* Display a character on screen */
        printf("%c",c);

    /* Close the file INPUT        */
    fclose(f1);
}
```

**Output**

```
Data Input
This is a program to test the file handling
features on this system^Z
```

(계속)

4) 역자주: 현재 프로그램은 text 모드로 사용하고 있으므로 현재 코드로 작성하여도 문제가 없다. 하지만 파일을 여는 방식은 text 모드 이외에 바이너리 모드가 있다. 바이너리 모드는 "rb" 와 같이 앞서 설명한 모드에 "b"를 추가하여 설정한다. 이 경우 파일의 데이터는 EOF에 해당하는 -1 값을 가질 수 있다. 사실 이러한 문제 때문에 getc 함수의 전형은 char getc(FILE *) 이 아니라 int getc(FILE*)로 정의 되어있다. 정상적인 반환값과 EOF를 구별하기 위한 조치이다. 따라서 역자는 위 코드에서 변수 c의 자료형을 char 대신 int로 수정할 것을 권한다.

```
Data Output
This is a program to test the file handling
features on this system
```

그림 13.1 문자단위 표준 입출력 함수 getc와 putc의 사용 예

### *getw* 와 *putw* 함수

이 두 함수는 정수 단위 입출력 함수이다. **getc**와 **putc**함수와 사용법이 유사하지만 정수값을 읽을 때 사용된다. **getw**와 **putw**의 일반적인 사용법은 다음과 같다.

```
putw(integer, fp);
getw(fp);
```

예제 13.2는 **putw** 및 **getw** 함수의 사용을 보여준다.

**예제 13.2** **파일명 "DATA"의 파일에는 정수 데이터들이 연속하여 들어있다. 이 파일의 데이터를 모두 읽어서 홀수들은 "ODD"라는 파일에 짝수들은 "EVEN"이라는 파일에 저장하는 프로그램을 작성하라.** E

그림 13.2는 위의 기능을 수행하는 프로그램을 보여준다. 이 프로그램은 3개의 파일을 동시에 사용하므로 3개의 파일포인터 **f1**, **f2**, **f3**을 사용한다.

첫 번째는 예제 12.1과 유사하게 터미널에서 정수들을 입력을 받아서 파일 **"DATA"**에 저장한다.

**putw(number, f1);**

이 프로그램에서는 더 이상 입력이 없을 나타내기 위하여 –1을 사용한다. 그러면 프로그램은 파일 **f1**을 닫고, 읽기 모드로 다시 연다. 또한 숫자들을 분리해서 저장할 **"ODD"**와 **"EVEN"**을 쓰기 모드로 연다. 다음 문장

**(number = getw(f1)) != EOF**

은 파일에서 데이터를 읽고, 값을 할당하고, 파일의 끝인지를 확인하는 과정을 한꺼번에 수행한다.[5)]

마지막으로, 쓰기 모드로 열려진 **"ODD"**와 **"EVEN"**파일을 다시 닫고, 읽기 모드로 열어서 결과를 확인하기 위하여 하나씩 화면에 출력한다. 용도 즉 모드를 바꿀 때마다 파일을 닫고 다시 열고 있음에 유의하여야 한다.

---

5) 역자주: getw 함수는 int형을 반환한다. 또한 int형의 모든 표현범위는 함수의 목적상 유효하다. 따라서 반환값이 EOF, 즉 –1인 경우 반드시 파일의 끝을 의미하지는 않는다. ANSI-C에서는 이에 대하여 feof(FILE*) 이라는 함수를 사용하기를 권장한다. 현 프로그램과 같이 -1이 사용되지 않도록 제약을 준 경우의 수행은 문제가 없다.

**Program**

```
    #include  <stdio.h>
    main()
    {
       FILE  *f1, *f2, *f3;
       int   number, i;

       printf("Contents of DATA file\n\n");

       f1 = fopen("DATA", "w");        /* Create DATA file     */
       for(i = 1; i <= 30; i++)
       {
          scanf("%d", &number);
          if(number == -1) break;
          putw(number,f1);
       }
       fclose(f1);

       f1 = fopen("DATA", "r");
       f2 = fopen("ODD", "w");
       f3 = fopen("EVEN", "w");

       /* Read from DATA file */
       while((number = getw(f1)) != EOF)
       {
           if(number %2 == 0)
             putw(number, f3);    /*  Write to EVEN file  */
           else
             putw(number, f2);    /*  Write to ODD file   */
       }
       fclose(f1);
       fclose(f2);
       fclose(f3);

       f2 = fopen("ODD","r");
       f3 = fopen("EVEN", "r");

       printf("\n\nContents of ODD file\n\n");
       while((number = getw(f2)) != EOF)
          printf("%4d", number);

       printf("\n\nContents of EVEN file\n\n");
       while((number = getw(f3)) != EOF)
          printf("%4d", number);

       fclose(f2);
       fclose(f3);
```

(계속)

```
}

Output

Contents of DATA file
111 222 333 444 555 666 777 888 999 000 121 232 343 454 565 -1

Contents of ODD file
111 333 555 777 999 121 343 565

Contents of EVEN file
222 444 666 888    0 232 454
```

**그림 13.2** 정수단위 표준 입출력 함수 getw와 putw의 사용 예

## fprintf와 fscanf 함수

지금까지 다룬 함수들은 문자나 워드 단위로 한 개씩 입출력하는 기능을 지원하였다. 이제 소개할 함수는 여러 종류의 데이터를 한꺼번에 입출력할 수 있다.

fprintf와 fscanf는 이미 익숙해 있을 터미널 입출력 함수인 **printf**와 **scanf**의 파일 입출력 버전이다. 파일의 원형도 **printf**와 **scanf**에 단지 파일 포인터 변수만이 첫 번째 인자로 추가된다.

```
fprinf(fp, "format", list);
```

여기서 *fp*는 출력할 대상 파일의 파일 포인터이고, format은 출력할 포맷을 정의하는 문자열이다. *list*는 출력할 값을 갖고 있는 변수들의 리스트로 자료형과 개수에는 제약이 없다. 예를 들어

```
fprintf(f1, "%s %d %f", name, age, 7.5);
```

과 같이 사용할 수 있다. 여기서 **name**은 문자열 배열, **age**는 정수, 7.5는 **float**형 상수이다.마찬가지로 fscanf의 형식은

```
fscanf(fp, "format", list);
```

로서, **fp**는 입력 대상 파일의 파일 포인터이고, **format**은 입력 포맷을 정의하는 문자열이다. 예를 들어

```
fscanf(f1, "%s %d", item, &quantity);
```

과 같이 사용된다.

또한, **scanf**와 같이 반환값은 실제로 읽기에 성공한 값의 수이다. 만약 파일 끝인 경우에는 **EOF** 즉 −1을 반환하게 된다.

**예제 13.3** "INVENTORY"라는 이름의 파일을 열어 다음과 같이 데이터를 입력하라. 또한 이 파일을 읽어서 각 아이템들을 화면에 출력하라. H

| item name | number | price | quantity |
|---|---|---|---|
| AAA-1 | 111 | 17.50 | 115 |
| BBB-2 | 125 | 36.00 | 75 |
| C3 | 247 | 31.75 | 104 |

**Program**

```
#include <stdio.h>

main()
{
    FILE  *fp;
    int    number, quantity, i;
    float  price, value;
    char   item[10], filename[10];

    printf("Input file name\n");
    scanf("%s", filename);
    fp = fopen(filename, "w");
    printf("Input inventory data\n\n");
    printf("Item name  Number   Price   Quantity\n");
    for(i = 1; i <= 3; i++)
    {
       fscanf(stdin, "%s %d %f %d",
                     item, &number, &price, &quantity);
       fprintf(fp, "%s %d %.2f %d",
                     item, number, price, quantity);
    }
    fclose(fp);
    fprintf(stdout, "\n\n");

    fp = fopen(filename, "r");

    printf("Item name  Number   Price   Quantity    Value\n");
    for(i = 1; i <= 3; i++)
    {
       fscanf(fp, "%s %d %f d",item,&number,&price,&quantity);
       value = price * quantity;
       fprintf(stdout, "%-8s %7d %8.2f %8d %11.2f\n",
                      item, number, price, quantity, value);
    }
    fclose(fp);
}
```

(계속)

```
Output

    Input file name
    INVENTORY
    Input inventory data

    Item name  Number   Price   Quantity
    AAA-1   111   17.50   115
    BBB-2   125   36.00   75
    C-3     247   31.75   104

    Item name  Number    Price    Quantity      Value
    AAA-1          111    17.50        115    2012.50
    BBB-2          125    36.00         75    2700.00
    C-3            247    31.75        104    3302.00
```

**그림 13.3** 다양한 자료형을 사용하는 파일 입출력 방법

그림 13.3은 이 예제에 대한 프로그램을 보여준다. 우선 파일명을 입력받도록 하였다. 일단 파일을 생성하면, 표준입력 파일 포인터인 **stdin**을 사용하고 **fscanf**를 사용하여 데이터를 읽고, 그 데이터를 다시 "INVENTORY" 파일의 파일 포인터인 **fp**로 출력한다.

입력이 끝나면 "INVENTORY" 파일을 다시 읽어 그 데이터를 표준화면 출력인 **stdout**을 사용하여 보여준다. 입력과 출력에 동일한 파일 포맷을 사용해야 하는 것에 주의하여야 한다.

**스킬테스트**

파일의 내용을 읽어서 다른 파일에 거꾸로 쓰는 C 프로그램을 작성하라. [M]

## 13.5 입출력 과정에서의 에러처리

파일 입출력 과정에서는 다음과 같은 대표적인 에러가 발생할 수 있다.

**LO 13.3** I/O 동작 중에 에러가 어떻게 처리되는지 배운다.

1. 파일의 끝(EOF)을 지나서 읽으려고 한다.
2. 디바이스에 더 이상 공간이 없다.
3. 열리지 않은 파일을 대상으로 입출력을 수행하려고 한다.
4. 허용되지 않은 동작을 수행하려고 한다(예, 읽기 모드에서 쓰기).
5. 잘못된 파일명(또는 존재하지 않는)을 사용하여 오픈하려고 한다.
6. 쓰기 제약이 걸려있는 파일에 쓰고자 한다.

따라서 거의 모든 파일 입출력 작업은 에러검사를 하여 이에 대한 대비를 하여야한다. 만약 그렇지 않으면 오류가 발생하였을 경우 프로그램은 예측하지 못한 문제를 발생시킬 수 있다.

예를 들어 프로그램이 비정상 종료되거나, 잘못된 결과를 출력하게 된다. 최악의 경우 중요한 데이터를 지워버리거나 잘못된 값으로 대치할 수도 있다. 이를 대비하여 표준입출력 라이브러리는 **feof**과 **ferror**라는 두 개의 상태 확인 함수를 제공한다.

**foef** 함수는 파일의 끝에 도달하였는지를 확인 검사할 수 있다. **FILE** 포인터를 입력으로 사용하고, 현재 파일이 끝에 도달하였으면 0이 아닌 정수값을, 끝에 도착하지 않았으면 0을 반환한다. 따라서 파일의 끝에 도착하였는지를 확인하는 코드는 다음과 같이 작성될 수 있다.

```
if(feof(fp))
   printf("End of data\n");
```

위 코드는 파일의 끝에 도달하면 "End of data"라고 화면에 출력할 것이다.

**ferror** 함수는 현재 파일 작업의 상태를 알려준다. 이 함수도 **FILE** 파일 포인터를 입력으로 사용하고, 에러가 발생하지 않았다면 0을, 에러가 발생하였다면 0이 아닌 정수값을 반환한다. 다음 문장을 사용할 때 파일을 읽는 중 문제가 발생하였다면 "An error has occurred."라는 문장이 화면에 출력될 것이다.

```
if(ferror(fp) != 0)
   printf("An error has occurred.\n");
```

만약 **ferror** 함수에 사용할 파일 포인터 자체가 없는 경우에는 어떻게 해야 할까? 파일 포인터가 존재하진 않는 경우는 파일을 오픈할 때 뿐이다. **fopen** 함수는 어떤 이유에서 파일열기가 성공되지 않으면 NULL 포인터를 반환한다. 따라서 이 경우에는 다음과 같이 에러를 확인하여야 한다.

```
if(fp == NULL)
   printf("File cou ldnot be opened.\n");
```

### 예제 13.4 파일 작업 도중 에러를 처리하는 프로그램을 작성하라. E

그림 13.4는 **NULL** 파일 포인터 확인과 **feof**를 사용하는 프로그램 예이다. 고의로 파일명을 "TETS"라고 입력하고, 다음 파일 오픈을 시도하면

```
fopen("TETS", "r");
```

는 해당 파일이 없을 것이므로 **NULL**을 반환하고, 결국 화면에 "Cannot open the file"을 출력한다.

또한 **feof(fp2)**는 전체 파일을 다 읽고나면 0이 아닌 값을 반환할 것이고, 그러면 프로그램은 "Ran out of data"를 출력하고 읽기를 중단한다.

**Program**

```
#include <stdio.h>
#include <stdlib.h>

main()
{
        char filename[10];
        FILE *fp1, *fp2;
        int i, number;

        fp1 = fopen("TEST", "w");
        for(i = 10; i <= 100; i += 10)
                 putw(i, fp1);
        fclose(fp1);

        printf("\nInput filename\n");
        scanf("%s", filename);

        if((fp2 = fopen(filename,"r")) == NULL)
        {
                printf("Cannot open the file.\n");
                exit(0);
        }
        else
                for(i = 1; i <= 20; i++)
                {
                         number = getw(fp2);
                         if(feof(fp2))
                         {
                                  printf("\nRan out of data.\n");
                                  break;
                         }
                         else
                                  printf("%d\n", number);
                }
        fclose(fp2);
}
```

**Output**

```
Input filename
TEST
10
20
```

```
    30
    40
    50
    60
    70
    80
    90
    100

Ran out of data.
```

**그림 13.4** 파일 작업에서 에러 처리의 예

## 13.6 파일의 임의위치 접근 방법

LO 13.4 임의 접근 파일에 대해서 설명한다.

지금까지 다루었던 파일 입출력 함수들은 모두 파일을 순차적으로 읽거나 쓰는 용도에 적합한 것들이다. 그러나 프로그램 중에는 파일의 특정 부분의 데이터에만 관심이 있는 경우가 있다. 이런 경우 사용하지 않는 부분까지 모두 읽기를 수행한다면 성능상 낭비가 발생한다. 이런 이유로 C 표준 함수에는 **fseek**, **ftell**, **rewind**라는 함수를 통하여 임의 위치로의 이동을 지원한다.

**ftell** 함수는 파일 포인터를 입력으로 사용하고 **long** 자료형의 값을 반환한다. 이 반환값은 파일에서의 현 위치를 나타낸다. 즉,

```
n = ftell(fp);
```

가 성공한 경우, **n**의 값은 파일의 시작부터 현재 작업 중인 상대위치(바이트)이다. 즉, 파일을 오픈한 후 **n** 바이트를 현재 읽었거나 썼다는 것이다.

**rewind** 함수는 파일 포인터를 입력으로 사용하여, 파일의 작업 위치를 파일의 시작으로 되돌린다(rewind). 즉,

```
rewind(fp);
n = ftell(fp);
```

를 수행하면, 현재 파일상의 작업 위치는 **0**이므로 **n**에 0이 할당될 것이다. 또한, 파일상 데이터의 위치는 첫 번째 바이트가 0 그 다음 바이트가 1로 지칭됨에 주의하여야 한다. **rewind** 함수를 사용하면, 앞의 예처럼 파일의 처음 위치로 가기 위하여 파일을 닫고 다시 열 필요가 없다.

**fseek** 함수는 파일 위치를 원하는 곳으로 이동시킨다.

```
fseek(file_ptr, offset, position);
```

*file_pointer*는 파일과 관련된 파일 포인터이고, origin은 기준점을, *offset*은 기준점으로부터 떨어진 거리를 나타낸다. 기준점 origin은 다음과 같이 3가지를 사용할 수 있다.

| *origin*의 값 | 의미 |
|---|---|
| SEEK_SET (0) | 파일의 시작점 |
| SEEK_CUR (1) | 파일의 현재 위치 |
| SEEK_END (2) | 파일의 끝점 |

offset으로 양수값을 사용하면 파일의 뒤쪽으로 이동하는 것을 나타내고, 음수값을 사용하면 파일의 앞쪽으로 이동하는 것을 나타낸다.

표 13.2 는 **fseek**을 사용한 몇 가지 대표적인 예를 설명한다.

**표 13.2** fseek 함수의 동작

| 문장 | 의미 |
|---|---|
| fseek(fp, 0L, 0) | 파일의 맨 앞으로 이동(= rewind) |
| fseek(fp, 0L, 1) | 현재 위치에 머무름 |
| fseek(fp, 0L, 2) | 파일의 맨 뒤로 이동 |
| fseek(fp, m, 0) | 파일의 m + 1 번째 바이트 위치로 이동 |
| fseek(fp, m, 1) | 파일의 현재 위치에서 m 만큼 이동 |
| fseek(fp,-m, 1) | 파일의 현재 위치에서 m 만큼 뒤로 이동 |
| fseek(fp,-m, 2) | 파일의 맨 뒤에서 m 만큼 앞으로 이동(즉, 파일 끝이 m 만큼 남은 위치에 이동시킴) |

**fseek** 함수는 실행이 성공하면 0을 반환하고, 에러가 발생하면 −1이 반환된다. 따라서 **fseek**의 반환값을 확인하는 것은 좋은 프로그래밍 습관이다.

### 예제 13.5 ftell과 fseek을 사용하는 프로그램을 작성하라. E

그림 13.5는 ftell과 fseek의 일반적인 사용 예를 보여준다. 우선 다음과 같은 내용을 담은 파일 "RANDOM"을 생성한다.

| position : | 0 | 1 | 2 | 3 | 4 | 5 | 6 .... 25 |
|---|---|---|---|---|---|---|---|
| Character content : | A | B | C | D | E | F | G .... Z |

프로그램은 파일을 두 차례 읽는다. 첫 번째 읽을 때는 매 5번째 위치를 읽고 위치와 값을 화면에 출력한다. 두 번째 읽을 때는 파일 뒤에서부터 읽으면서 모든 데이터를 역방향으로 화면에 출력한다.

첫 번째 읽는 동안 읽을 위치가 파일의 범위를 넘으면, 즉 30, feof이 참을 반환하여 반복문을 종료한다.

파일의 마지막 문자로 이동하기 위해서는

**fseek(fp, -1L, 2);**

를 사용한다.[6]
또한, 문자를 하나 읽으면, 한 바이트 만큼 뒤로 이동하게 되므로 지금 읽은 바이트 앞의 바이트를 읽기 위해서는

**fseek(fp, -2L, 1);**

과 같이 앞으로 두 바이트 만큼 이동해야 한다. 또한 같은 문장에서 파일의 범위 밖으로 이동했는지를 검사하여, 파일을 다 읽었으면 동작을 종료하도록 한다.

**Program**

```
#include <stdio.h>
main()

    FILE  *fp;
    long  n;
    char c;
    fp = fopen("RANDOM", "w");
    while((c = getchar()) != EOF)
        putc(c,fp);

    printf("No. of characters entered = %ld\n", ftell(fp));
    fclose(fp);
    fp = fopen("RANDOM","r");
    n = 0L;
    while(feof(fp) == 0)
    {
        fseek(fp, n, 0);  /*  Position to (n+1)th character */
        printf("Position of %c is %ld\n", getc(fp),ftell(fp));
        n = n+5L;
    }
    putchar('\n');

    fseek(fp,-1L,2);      /*  Position to the last character */
      do
      {
          putchar(getc(fp));
      }
      while(!fseek(fp,-2L,1));
      fclose(fp);
}
```

(계속)

6) 역자주: 파일의 가장 끝은 fseek(fp, 0L, 2)로 이동이 가능한데 이곳은 파일의 마지막 바이트의 다음 위치를 가리킨다.

```
Output

    ABCDEFGHIJKLMNOPQRSTUVWXYZ^Z
    No. of characters entered = 26
    Position of A is 0
    Position of F is 5
    Position of K is 10
    Position of P is 15
    Position of U is 20
    Position of Z is 25
    Position of   is 30

    ZYXWVUTSRQPONMLKJIHGFEDCBA
```

**그림 13.5** fseek 함수와 ftell 함수를 사용하는 프로그램 예

**예제 13.6** **예제 13.3에서 작성하였던 "INVENTORY" 파일에 이어서 아이템을 추가하고, 전체 아이템을 출력하는 프로그램을 작성하라.** M

그림 13.6의 프로그램은 우선, 아이템의 구조체를 정의하고, 파일에 하나의 아이템을 추가하는 함수인 append()를 정의한다. 실행을 하면, 프로그램은 사용할 파일명의 입력을 요청하고, 추가 아이템을 기입한 후, 최종 저장위치를 변수 n에 저장하고 파일을 닫는다.

그리고, 다시 파일을 열어서 처음부터 출력을 한다. 파일에서 입력시 위치와 앞서 저장한 **n**을 비교하여 n에 도달하면 출력 루프를 정지한다.

```
Program
   #include  <stdio.h>

   struct invent_record
   {
       char   name[10];
       int    number;
       float  price;
       int    quantity;
   };
   main()
   {
       struct invent_record item;
       char  filename[10];
       int   response;
       FILE  *fp;
       long  n;
       void append (struct invent_record *x, file *y);
       printf("Type filename:");
       scanf("%s", filename);
```

(계속)

```
    fp = fopen(filename, "a+");
    do
    {
       append(&item, fp);
       printf("\nItem %s appended.\n",item.name);
       printf("\nDo you want to add another item\
          (1 for YES /0 for NO)?");
       scanf("%d", &response);
    }  while (response == 1);

    n = ftell(fp);       /* Position of last character  */
    fclose(fp);

    fp = fopen(filename, "r");

    while(ftell(fp) < n)

        {
        fscanf(fp,"%s %d %f %d",
        item.name, &item.number, &item.price, &item.quantity);
        fprintf(stdout,"%-8s %7d %8.2f %8d\n",
        item.name, item.number, item.price, item.quantity);
    }
    fclose(fp);
}
void append(struct invent_record *product, File *ptr)
{
    printf("Item name:");
    scanf("%s", product->name);
    printf("Item number:");
    scanf("%d", &product->number);
    printf("Item price:");
    scanf("%f", &product->price);
    printf("Quantity:");
    scanf("%d", &product->quantity);
    fprintf(ptr, "%s %d %.2f %d",
                  product->name,
                  product->number,
                  product->price,
                  product->quantity);
}
```

**Output**

```
Type filename:INVENTORY
Item name:XXX
Item number:444
Item price:40.50
Quantity:34

Item XXX appended.
```

(계속)

```
Do you want to add another item(1 for YES /0 for NO)?1

Item name:YYY
Item number:555
Item price:50.50
Quantity:45

Item YYY appended.

Do you want to add another item(1 for YES /0 for NO)?0
AAA-1         111     17.50       115
BBB-2         125     36.00        75
C-3           247     31.75       104
XXX           444     40.50        34
YYY           555     50.50        45
```

**그림 13.6** 존재하는 파일에 아이템을 추가하는 예

## 13.7 명령행 인자

**LO 13.5** 명령행 인자에 대해서 배운다.

명령행 인자는 무엇인가? 명령행 인자는 프로그램을 실행시킬 때 프로그램에 제공하기 위하여 적는 문자열을 의미한다. 이는 프로그램이 처리해야할 파일명일 수도 있고, 네트워크 주소일 수도 있고, 프로그램이 처리할 데이터일 수도 있다. 만약 어떤 프로그램이 "**X_FILE**"이라는 파일을 또 다른 이름인 "Y_FILE"이라는 파일로 복사를 하려고 하면, 다음처럼 프로그램을 실행할 수 있다.

C > program  X_FILE Y_FILE

이렇게 하면 프로그램에 해당 파일명을 직접 입력하거나 사용자가 프로그램 실행 중에 입력해야하는 번거로움을 덜 수 있다. 그러면, 어떻게 이 문자열을 프로그램 안으로 넣는다는 말인가?

이미 여러분들은 C 프로그램이 하나의 **main** 함수를 가져야 한다는 것을 알고 있다. 그리고 **main** 프로그램은 프로그램의 시작점이 된다는 것도 알고 있다. 그러나 **main** 함수가 다른 함수처럼 입력 변수를 받을 수 있다는 것에 대하여 알려주지 않았다. **main** 함수는 **argc**와 **argv**라는 두 개의 입력 변수를 가질 수 있으며, 이 변수를 통하여 프로그램 실행시 입력 변수 스트링을 전달 받는다. 이러한 작업은 시스템에 의하여 **main** 함수가 호출될 때 처리된다.

입력 변수 **argc**는 공백 문자로 구분된 입력 변수 문자열의 개수를 나타낸다. **argv**는 입력 문자열의 배열로 프로그램명부터 입력 순서대로 문자열 포인터를 저장하고 있다. 첫 번째 배열은 무조건 프로그램명 자체가 들어가고, argc도 프로그램명과 문자열 개수를 합치기 때문에, '입력 문자열 개수 + 1 '이 된다. 예를 들어서 위의 예에서는 **argc**는 3이고 **argv**는 다음과 같이 3개의 문자열 스트링을 가리키는 포인터 배열이다.

argv[0] –> "program"
argv[1] –> "X_FILE"
argv[2] –> "Y_FILE"

명령 문자열을 접근하기위해서는 지금까지와 달리 main함수의 형식을 다음과 같이 사용하여야 한다.

```
main(int argc, char *argv[])
{
...
}
```

**예제 13.7** 파일에 있는 처음 n개의 문자의 순서를 바꾸는 C 프로그램을 작성하시오. 파일 이름과 n의 값은 명령행에 주어진다. 명령행의 내용이 유효한지를 검사해야 한다. 프로그램에서는 넘겨받은 인자의 개수를 검사하고 n의 값이 의미가 있는지를 확인해야 한다. H

**Program**

```
#include <stdio.h>
#include <conio.h>
#include <stdlib.h>
#include <string.h>

void main(int argc, char *argv[])
{
  FILE *fs;
  Char str[100];
  int i,n,j;

  if(argc!=3)/*Checking the number of arguments given at command line*/
{

   puts("Improper number of arguments.");
   exit(0);
  }

  n=atoi(argv[2]);
  fs = fopen(argv[1], "r");/*Opening the souce file in read mode*/
  if(fs==NULL)
  {
   printf("Source file cannot be opened.");
   exit(0);
  }

  i=0;
  while(1)
```

(계속)

```
    {
     if(str[i]=fgetc(fs)!=EOF)/*Reading contents of file character by character*/
      j=1+1:
     else
      break;
    }
    fclose(fs);

    fs=fopen(argv[1],"w");/*Opening the file in write mode*/
    if(n<0||n>strlen(str))
    {
     printf("Incorrect value of n. Program will terminate...\n\n");
     getch();
     exit(1);
    }

    j=strlen(str);
    for (i=1;i<=n;i++)
    {
     fputc(str[j],fs);
     j-;
    }
    fclose(fs);

    printf("\n%d characters of the file successfully printed in reverse order",n);
    getch();
  }

Output
  D:\TC\BIN\program source.txt 5
  5 characters of the file successfully printed in reverse order
```

**그림 13.7** 파일에 있는 n개의 문자의 순서를 바꾸는 프로그램

**예제 13.8** **파일명과 그 파일에 적을 한 줄의 문장을 입력받아 해당 파일에 저장하는 프로그램을 작성하라.** E

그림 13.7은 명령행 인자를 사용한다. 다음과 같이 입력하였다면,

F12_7 TEXT AAAAA BBBBB CCCCC DDDDD EEEEE FFFFF GGGGG

명령행의 각 단어는 **main**함수의 인자가 된다. 따라서 총 입력 변수의 수, 즉 argc는 9이다. 입력 변수 **argv[1]**은 저장할 파일 "TEXT"를 가리키므로,

```
fp = fopen(argv[1], "w");
```

를 사용하여 파일을 열고, 나머지 7개 인자들을 for 루프를 돌면서 하나씩 파일에 저장한다.

**Program**

```
#include  <stdio.h>

main(int arge, char *argv[])
{
    FILE   *fp;
    int  i;
    char word[15];

    fp = fopen(argv[1], "w"); /* open file with name argv[1] */
    printf("\nNo. of arguments in Command line = %d\n\n",argc);
    for(i = 2; i < argc; i++)
       fprintf(fp,"%s ", argv[i]); /* write to file argv[1]  */
    fclose(fp);

/*  Writing content of the file to screen                  */

    printf("Contents of %s file\n\n", argv[1]);
    fp = fopen(argv[1], "r");
    for(i = 2; i < argc; i++)
    {

       fscanf(fp,"%s", word);
       printf("%s ", word);
    }

    fclose(fp);
    printf("\n\n");

/*  Writing the arguments from memory */

    for(i = 0; i < argc; i++)
       printf("%*s \n", i*5,argv[i]);
}
```

**Output**

```
C>F12_7 TEXT AAAAAA BBBBBB CCCCCC DDDDDD EEEEEE FFFFFF GGGGG

No. of arguments in Command line = 9

Contents of TEXT file

AAAAAA BBBBBB CCCCCC DDDDDD EEEEEE FFFFFF GGGGGG

C:\C\F12_7.EXE
 TEXT
    AAAAAA
         BBBBBB
              CCCCCC
                   DDDDDD
```

(계속)

```
EEEEEE
      FFFFFF
            GGGGGG
```

**그림 13.8** 명령행 인자를 사용하는 예

**스킬테스트**

파일 열기와 읽기에 명령행 인자를 사용하는 C 프로그램을 작성하라. [E]

## 주요 개념

- **파일명:** 운영체제를 위한 유효한 파일 이름이 되는 문자열 [LO 13.1]
- **fseek:** 파일의 원하는 곳에 위치시키기 위한 함수 [LOO 13.4]
- **ftell:** 파일의 현재 위치를 반환하는 함수 [LO 13.4]
- **rewind:** 파일의 처음으로 위치를 정하는 함수 [LO 13.4]
- **명령행 인자:** 프로그램을 실행할 때 명령 프럼프트에서 프로그램에 전달되는 매개변수 [LO 13.4]

## 알아두기

- 파일포인터는 반드시 열고난 후에 사용한다. [LO 13.1]
- 존재하는 파일을 'w' 모드로 열면 파일의 내용은 모두 지워진다. [LO 13.1]
- 파일에 읽고 쓰기를 모두 하려면 'w+' 모드로 열어야 한다. [LO 13.1]
- 파일 포인터가 아니라 이름으로 파일을 접근하는 것은 오류이다. [LO 13.1]
- 프로그램을 종료하기 전에 사용한 모든 파일을 닫는 것이 바람직하다. [LO 13.1]
- EOF는 int형 상수 –1로 정의되어 있다. 따라서 EOF를 점검하려면 int형을 사용하여야 한다. [LO 13.2]
- 읽기전용 모드 파일에 쓰려고 하거나, 쓰기전용 모드 파일에서 읽으려고 하면 안된다. [LO 13.2]
- 쓰기 모드에있는 파일에서 다시 시도하는 것은 오류이며 그 반대의 경우도 마찬가지다. [LO 13.2]
- 파일 작업 중 I/O 오류를 방지하려면 feof 및 ferror와 같은 함수를 사용하여 프로그램에 오류 처리 코드를 포함하는 것이 좋다. [LO 13.3]
- 파일의 첫 번째 바이트 앞에 파일 끝 마커를 놓으려고 해서는 안 된다. [LO 13.4]
- fseek fuctio가 호출 될 때마다 반환 값을 확인하는 것이 좋습니다. 양의 반환 값은 파일 포인터가 파일 번들 내에 있는지 확인한다. [LO 13.5]

## 다중선택 문제

13.1 다음 중에서 정수를 파일에 쓰기 위한 함수는 무엇인가? [LO 13.2 E]

(a) fprintf( ) (b) putw( ) (c) putc( ) (d) puts( )

13.2 다음 중에서 EOF를 나타내는 심볼은? [LO 13.2 M]

(a) ^Z (b) ~z

(c) EOF (d) 해당하는 것이 없음

13.3 정수 데이터를 파일에서 읽고 쓰는 동안에 EOF는 다음 중 어느 정수 값으로 나타내는가? [LO 13.2 M]

(a) –1 (b) 0

(c) –9999 (d) 해당하는 것이 없음

13.4 파일 처리 중에 I/O 에러를 알아내는데 사용되는 상태 감시 함수는 무엇인가? [LO 13.3 E]

(a) feof( ) (b) error( )

(c) ferror( ) (d) 해당하는 것이 없음

## 복습 질문

13.1 다음 문장이 참인지 거짓인지 말하시오.

(a) 파일은 사용하기 전에 열어야 한다. [LO 13.1 E]

(b) 모든 파일은 명시적으로 닫아야 한다. [LO 13.1 E]

(c) C 프로그램에서 파일은 반드시 파일명으로만 참조되어야 한다. [LO 13.1 E]

(d) fseek을 사용하여 파일 위치를 파일 범위를 넘어서 이동시킬 수 없다. [LO 13. M]

(e) fseek은 파일 시작점을 기준으로만 사용할 수 있다. [LO 13.4 E]

(f) 기존의 파일에 대해서 쓰기 모드로 열리면 현재 파일의 내용이 삭제된다. [LO 13.1 E]

(g) 존재하지 않는 파일에 대해서 읽기 모드로 열면 에러가 된다. [LO 13.1 E]

(h) 파일을 명시적으로 fclose( ) 문장으로 닫지 않으면, 프로그램이 종료하더라도 파일은 열린 채로 남게된다. [LO 13.2 M]

(i) scanf( )와 fscanf( ) 함수는 모두 성공적으로 읽은 항목의 개수를 반환한다. [LO 13.2 M]

13.2 다음 빈 칸을 적절히 채우시오.

(a) 파일을 갱신하기 위해서 열 때는 모드 ____를 사용해야 한다. [LO 13.1 E]

(b) 함수 _______ 는 데이터를 임의위치에 쓰기 위하여 사용할 수 있다. [LO 13.2 M]

(c) 함수 _________ 를 사용하여 파일의 현재 작업위치를 알 수 있다. [LO 13.4 E]

(d) 함수 ____를 사용하여 파일을 시작 부분에 위치하도록 할 수 있다. [LO 13.4 M]

(e) fprintf( ) _____ 함수는 혼합된 데이터를 파일에 쓰는데 사용된다. [LO 13.2 E]

(f) fcof( ) ____ 함수는 피일의 끝을 검사하는데 사용된다. 즉, 파일의 끝에 이르렀는지 여부. [LO 13.3 M]

13.3 함수 getc와 putc의 사용법과 제약사항을 설명하라. [LO 13.2 E]

13.4 EOF의 필요성과 역할에 대하여 설명하라. [LO 13.2 M]

13.5 프로그램이 종료되었을 때, 프로그램에서 사용한 모든 파일은 자동으로 닫힌다고 한다. 그러면 왜 프로그램 동작 중에 파일을 닫는 것이 필요한가? [LO 13.1 H]

13.6 다음 함수의 차이점을 비교 설명하라.

(a) getc와 getchar [LO 13.2 E]

(b) printf와 fprintf [LO 13.2 E]

(c) feof와 ferror [LO 13.3 M]

13.7 모드 "w"와 모드 "a"의 차이점은 무엇인지 설명하라. [LO 13.1 M]

13.8 rewind 함수가 필요한 경우에 대하여 설명하라. [LO 13.4 E]

13.9 fseek 함수의 원형을 제시하고, 각 인수들와 리턴값에 대하여 설명하다. [LO 13.4 E]

13.10 두 문장 rewind(fp)와 fseek(fp,0L,0)의 차이는 무엇인가? [LO 13.4 M]

13.11 다음 코드는 무엇을 하려는 것인지 설명하시오. [LO 13.1 H]

```
FILE(*p) (void);
```

13.12 다음 문장들이 무엇을 하는 것인지 설명하라. [LO 13.2 M]

```
while ( (c = getchar( ) != EOF )
putc(c, fl);
```

13.13 다음 문장들이 무엇을 하는 것인지 설명하라. [LO 13.2 M]

```
while ( (m = getw(fl) ) != EOF)
printf("%5d", m);
```

13.14 다음 문장들이 무엇을 하는 것인지 설명하라. [LO 13.2 H]

```
. . .
for (i = 1; i <= 5; i++ )
{
    fscanf(stdin, "%s", name);
    fprintf(fp, "%s", name);
}
. . .
```

13.15 다음 함수의 기능이 무엇인지 설명하라. [LO 13.3 E]

(a) feof ( )

(b) ferror ( )

13.16 함수 feof와 ferror의 기능을 간단한 코드 예로 설명하라. [LO 13.3 M]

13.17 파일을 읽은 다음 파일 포인터를 리셋하지 않고 이 파일에 다시 쓰는 것이 가능한가? 만약 그렇지 않으면 이유를 설명하라. [LO 13.2 H]

13.18 다음 함수들은 언제 사용하는지 설명하라. [LO 13.4 M]

(a) free ( )

(b) rewind ( )

13.19 하나의 파일의 내용을 또 다른 파일의 뒷부분에 추가하는 알고리듬을 설명하라. [LO 13.1 E]

## 디버깅 연습

13.1 다음 문장에서 오류가 있으면 찾고 설명하시오. [LO 13.1 M]

```
FILE fptr;
fptr = fopen ("data", "a+");
```

## 프로그래밍 연습

13.1 한 파일을 다른 파일에 복사하는 프로그램을 작성하라. [LO 13.2 E]

13.2 파일 "DATA1"과 "DATA2"은 정렬된 정수들을 저장하고 있다. 두 파일의 합쳐서 하나의 정렬된 새로운 파일인 "DATA"에 저장하는 프로그램을 작성하라. 명령행 인자로 파일명을 지정할 수 있도록 하라. [LO 13.2 M]

13.3 두 개의 파일을 비교하여 파일의 내용이 같으면 0을 다르면 1을 반환하는 함수를 작성하라. [LO 13.2 E]

13.4 하나의 파일의 뒷부분에 또 다른 파일의 내용을 추가하는 프로그램 작성하라. [LO 13.4 E]

13.5 정수들이 들어 있는 파일을 읽고 총합을 파일의 끝에 저장하는 프로그램을 작성하라. [LO 13.4 M]

13.6 사용자에게 두 개의 파일명을 입력받아 한 파일의 내용을 다음 파일로 복사하는 프로그램을 작성하라. 먼저 입력된 파일, 즉 소스 파일은 한 줄의 문장이 들어있고, 두 번째 파일, 즉 목적 파일은 비어있는 파일이다. [LO 13.1, 13.2, 13.5 H]
이 프로그램을 수정하여 특정한 문자를 제외하고 복사하는 프로그램을 작성하라.

13.7 파일명과 오프셋을 입력받아, 해당 오프셋 위치부터 화면에 출력해주는 프로그램을 작성하라. [LO 13.4 M]
Note: 오프셋이 양수이면 파일의 앞에서 건너 뛴 문자수를 의미하며, 오프셋이 음수이면 파일의 맨 뒤부터 건너 뛴 문자수를 의미하도록 하라. 정상적인 처리가 불가능한 경우에는 에러 메시지를 출력하도록 하라.

13.8 5개의 물품의 정보를 순차파일에 저장하는 프로그램을 작성하라. 정보는 물품코드, 가격, 재고 개수이며 키보드를 통하여 사용자에게 입력 받는다. [LO 13.2 M]

13.9 13.8에서 생성된 파일을 읽어서 5개의 물품의 가치 총액을 계산하여 출력하는 프로그램을 작성하라. [LO 13.2 M]

13.10 13.8의 프로그램을 수정하여 임의접근 파일에 저장하고 읽도록 하라. 프로그램을 수정하여 대화식으로 코드를 입력받아 해당 물품의 정보를 출력하도록 하라. [LO 13.2, 13.4 H]

13.11 파일 처리 방법을 이용해서 혼합된 데이터 레코드를 파일에 쓰는 C 프로그램을 작성하라. [LO 13.2 H]

13.12 getw 함수를 이용해서 정수 값을 파일에서 읽고, putw 함수를 이용해서 정수 값을 다른 파일에 반대 순서로 쓰는 C 프로그램을 작성하라. [LO 13.2 M]

13.13 파일에서 문자를 읽고 ASCII 코드를 출력하는 C 프로그램을 작성하라. [LO 13.2 E]

13.14 두 개의 파일의 내용을 연결해서 다른 파일에 쓰는 C 프로그램을 작성하라. [LO 13.2 H]

13.15 fscanf 함수를 이용해서 정수 값을 파일에서 읽고, 각 정수의 제곱을 계산하여 결과값을 다른 파일에 쓰는 C 프로그램을 작성하라. [LO 13.2 H]

## 인터뷰 질문

13.1 printf와 cprintf 함수의 차이점은 무엇인가? [LO 13.2 H]

13.2 getc, getw, fscanf 함수의 차이점은 무엇인가? [LO 13.2 M]

13.3 ftell 함수의 목적은 무엇인가? [LO 13.4 E]

13.4 fseek 함수의 목적은 무엇인가? [LO 13.4 E]

13.5 printf와 sprintf 함수 간의 차이는 무엇인가? [LO 13.2 M]

Chapter 14

# 동적 메모리 할당과 연결 리스트

**학습목표**

- LO 14.1 동적 메모리 할당을 설명한다.
- LO 14.2 malloc와 calloc의 차이를 구별한다.
- LO 14.3 할당된 공간을 변경하고 반환하는 방법을 설명한다.
- LO 14.4 연결 리스트의 개념을 설명한다.
- LO 14.5 연결 리스트를 어떻게 구현하는지 설명한다.

## 14.1 소개

데이터를 처리하는 프로그램의 구현에서 데이터가 정적이지 않고 동적인 경우가 있다. 프로그램 실행 중에 데이터의 개수가 고정적이지 않고 변화한다. 예를 들어 어떤 회사의 고객 목록 정보를 처리하는 프로그램을 고려해 보자. 고객 목록은 고객의 이름을 덧붙일 경우 늘어나고 고객의 이름을 제거할 경우 줄어든다. 고객 목록, 즉 리스트가 늘어날 경우 덧붙여진 고객명단을 적절히 처리하기 위하여 좀 더 많은 메모리를 필요로 한다. 이런 상황은 **동적 데이타 구조체**를 사용하면 아주 쉽게 그리고 효율적으로 대처할 수 있다.

동적 데이터 구조체는 프로그램 실행 중에 데이터 항목 덧붙이기, 제거하기 또는 재정리 등의 기능을 구현하는 데 필요한 수단을 제공한다. 동적 메모리 관리 기술은 프로그램 실행 중에 메모리 공간을 더 할당하거나 또는 해제하는 것을 가능하게 하며, 이를 통해 저장 공간을 효율적으로 사용할 수 있다. 이 장에서는 동적 데이터 구조체의 기본 형태 중의 하나인 **연결 리스트**의 개념을 다룬다. 이를 위해 먼저 C언어에서 제공되는 동적 메모리 관리 함수를 간단하게 소개한다.

## 14.2 동적 메모리 할당

LO 14.1 동적 메모리 할당을 설명한다.

C언어 문법은 코딩 및 컴파일 단계에서 처리할 데이터의 크기를 어림짐작하여 배열의 크기 즉 원소의 개수를 지정할 것을 요구한다. 만일 배열의 크기가 잘못 지정될 경우 프로그램 실행 중에 오류가 발생하거나 메모리의 낭비를 초래한다.

대부분의 프로그램 언어는 프로그램 실행 중에 배열 크기의 변경을 허용한다. 이런 언어의 경우 메모리 공간의 크기를 계산하고 배당하는 기능을 가지고 있다. 실행 중에 메모리의 배당은 **동적 메모리 할당**을 통해 이루어진다. 원래 C언어는 실행 중 메모리 배당 기능을 가지고 있지 않으나 표 14.1에 있는 "메모리 관리 함수"라고 하는 4개의 라이브러리를 사용하여 프로그램 실행 중에 메모리의 할당 및 해제를 할 수 있다. 이 함수들은 프로그래머가 복잡한 응용 프로그램을 작성하는 것을 가능하게 한다.

> **TIP**
> 동적 메모리 할당은 데이터 항목의 크기가 컴파일 시간에 정해지지 않았을 때 사용할 수 있다.

**표 14.1** 메모리 할당 함수

| 함수명 | 기능 |
|---|---|
| **malloc** | 바이트 단위로 크기를 할당. 할당된 메모리 공간의 첫 번째 바이트의 포인터를 반환 |
| **calloc** | 배열을 위한 메모리 공간 할당, 영으로 초기화 및 메모리 공간의 포인터 반환 |
| **free** | 이전에 할당된 메모리 공간의 해제 |
| **realloc** | 이전에 할당된 메모리 공간 크기 조정 |

## 메모리 할당 과정

표 14.1의 함수들의 기능을 설명하기에 앞서 C 프로그램의 메모리 할당 과정을 살펴본다. 그림 14.1은 저장공간에서 C 프로그램이 메모리 공간을 어떻게 사용하고 있는지를 개념적으로 보여준다.

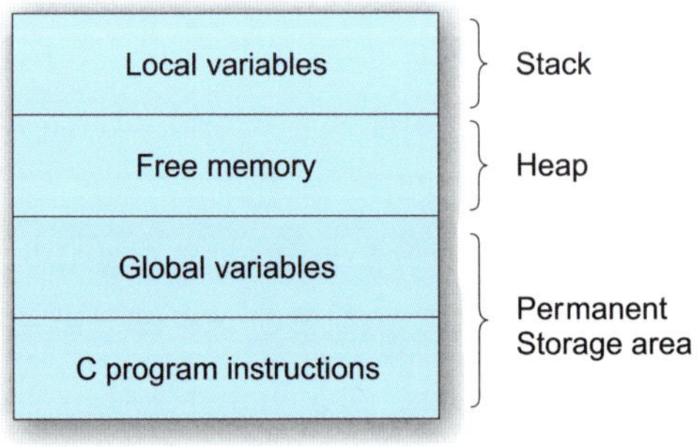


**그림 14.1** C 프로그램의 저장공간 사용 예

프로그램 명령어, 전역변수 및 정적변수들은 **영구 저장영역**에 저장되고 지역변수들은 스택 영역에 저장된다. 영구 저장영역과 스택 영역 사이에 있는 **힙**이라고 이름 붙여진 자유 메모리 공간이 프로그램 실행 중 동적 할당을 위해 사용된다. 프로그램이 실행될 때 지역 함수나 변수들이 생성되었다가 사라지므로 힙의 크기는 가변적이다. 그러므로 동적 할당 과정 중에 메모리 "오버플로우" 가 발생 할 수도 있다. 이 경우, 즉 요청에 맞춰주기 위한 충분한 메모리를 확보하는데 실패할 경우 표 14.1의 함수들은 NULL 포인터를 반환한다.

## 14.3 메모리 블록의 할당: MALLOC

메모리 블록은 **malloc** 함수를 사용하여 할당된다. **malloc** 함수는 지정된 크기의 메모리 블록을 확보하고 **void** 포인터를 반환한다. 즉 int형, double 형 등 원하는 형태의 포인터로 바꿀 수 있다.

LO 14.2 malloc와 calloc의 차이를 구별한다.

```
ptr = (cast-type *) malloc(byte-size);
```

ptr은 *cast-type*의 포인터이다. 함수 **malloc**는 크기가 *byte-size*인 메모리의 포인터를 반환한다. 확보된 메모리는 *cast-type* 이다.

예제:

```
x = (int *) malloc (100*sizeof(int));
```

위 문장이 성공적으로 실행 될 경우 100 × int 크기 바이트의 메모리 공간이 확보되고 메모리 공간의 첫 번째 바이트의 주소는 **x**이다.

다른 예를 살펴본다.

```
cptr = (char *) malloc(10);
```

이 경우 **char** 타입의 포인터 **cptr**에 10 바이트의 메모리가 할당된다. 그림으로 살펴보면 다음과 같다.

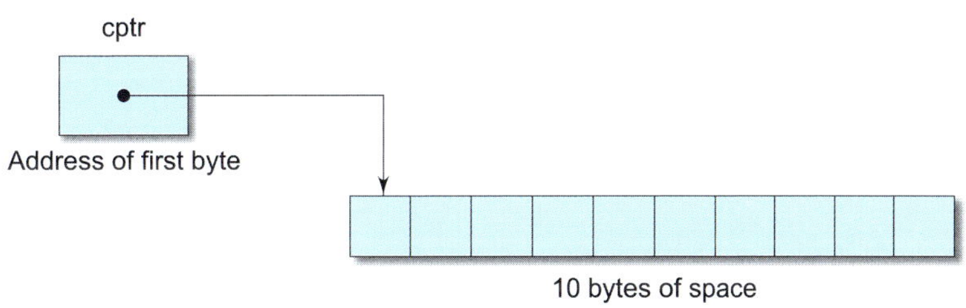


동적으로 확보된 메모리 공간은 이름을 가지고 있지 않으므로 메모리에 저장된 내용은 포인터를 사용하여 읽어낸다.

다음은 구조체와 같은 복잡한 자료형을 위한 메모리 확보 코드 예를 보여 준다.

예제:

```
st_var = (struct store *) malloc(sizeof(struct store));
```

여기서 **st_var**은 **struct store** 형의 포인터이다.

**malloc** 함수는 연속적인 바이트 블럭으로 메모리 공간을 할당하므로 힙의 크기가 충분하지 않을 경우 메모리 확보에 실패한다. 이 경우 NULL이 반환되므로 메모리 공간 할당이 성공적으로 이루어졌는지 또는 실패했는지를 확인해야 한다. 이에 대한 예제 프로그램이 그림 14.2에 있다.

**예제 14.1** **정수 형태의 데이터 테이블을 사용하는 프로그램을 작성하시오. 데이터 테이블의 크기는 프로그램 실행 중에 변화하며 사용자가 지정한다.** E

작성된 프로그램은 그림 14.2에 있다. 이 프로그램에서는 요청하는 크기의 메모리 공간을 확보할 수 있는지를 확인하고 확보 가능하다면 확보된 메모리 공간의 첫 번째 바이트의 주소를 화면에 나타낸다. 또한 데이터를 저장하고 읽어내기 위한 포인터 사용방법을 보여준다.

**Program**

```
#include <stdio.h>
#include <stdlib.h>
#define NULL 0

main()
{
        int *p, *table;
        int size;
        printf("\nWhat is the size of table?");
        scanf("%d",size);
        printf("\n")
          /*------------Memory allocation --------------*/
        if((table = (int*)malloc(size *sizeof(int))) == NULL)
          {
            printf("No space available \n");
            exit(1);
          }
        printf("\n Address of the first byte is  %u\n", table);
        /* Reading table values*/
        printf("\nInput table values\n");

        for (p=table; p<table + size; p++)
            scanf("%d",p);
        /* Printing table values in reverse order*/
        for (p = table + size -1; p >= table; p --)
          printf("%d is stored at address %u \n",*p,p);

}
```

**Output**

```
What is the size of the table? 5
Address of the first byte is 2262
Input table values
11 12 13 14 15
```

(계속)

```
15 is stored at address 2270
14 is stored at address 2268
13 is stored at address 2266
12 is stored at address 2264
11 is stored at address 2262
```

**그림 14.2** malloc를 사용한 메모리 할당

## 14.4 다중 메모리 블록 할당: CALLOC

**calloc**은 주로 배열이나 구조체 타입의 동적 데이터를 저장하기 위한 메모리 블록을 할당하는데 사용한다. **malloc**는 단일 메모리 블록을 할당하는데 비하여 **calloc**은 동일한 크기의 다중 메모리 블록을 할당하고 모두 영으로 초기화 한다. 사용법은 다음과 같다.

```
ptr = (cast-type *) calloc (n, elem-size);
```

위 문장은 서로 인접하는 크기가 *elem-size* 바이트인 *n*개의 블록을 확보하고 영으로 초기한다. 확보한 메모리 공간의 첫 번째 바이트의 주소에 대한 포인터가 반환된다. 만일 메모리가 부족할 경우 NULL 포인터가 반환된다.

다음은 구조체 변수를 위한 메모리 공간을 확보하는 프로그램이다.

```
...
...
struct student
{
      char name[25];
      float age;
      long int id_num;
};
typedef struct student record;
record *st_ptr;
int class_size=30;

st_ptr=(record*)calloc(class_size, sizeof(record));
...
...
```

record는 **name, age** 및 **id_num**의 3개의 멤버를 갖는 **student** 타입의 구조체이다. **calloc**는 30명의 학생에 대한 데이터를 기록하기 위한 메모리 공간을 할당한다. 앞에서 언급한 바와 같이 st_ptr을 사용하기 전에 요청한 메모리가 성공적으로 할당되었는지를 확인해야 한다. 다

음 프로그램은 메모리 할당의 성공 여부를 확인하는 예이다.

```
if(str_ptr == NULL)
{
      printf("Available memory not sufficient");
      exit(1);
}
```

**예제 14.2** **사용자에게서 0-4 범위의 수들을 입력받고 각 수의 횟수를 알아내는 C 프로그램을 작성하라.**

**Program**

```
#include <stdio.h>
#include <stdlib.h>

main(){
        int *num, *freq, i, size;
        printf("\nEnter the size of the list: ");
        scanf("%d", &size);
        num = (int *)malloc(size * sizeof(int));
        printf("\nEnter the numbers: ");
        for(i = 0; i < size; i++) {
                printf("\nEnter num[%d]: ", i);
                scanf("%d", &num[i]);
                if(num[i]<0 || num[i]>4) {
                        printf("\nNumber should be within range (0-4)");
                        i--;
                        continue;
                }
        }
        freq = (int *)calloc(5, sizeof(int));
        for(i = 0; i<size; i++)
                        freq[num[i]]++;
        printf("\nThe frequencies of the numbers are: ");
        for(i = 0; i<5; i++)
                        printf("\nfreq[%d] = %d", i, freq[i]);
}
```

(계속)

```
Output
  Enter the size of the list: 10
  Enter the numbers:
  Enter num[0]: 2
  Enter num[1]: 3
  Enter num[2]: 4
  Enter num[3]: 2
  Enter num[4]: 7
  Number should be within range (0-4)
  Enter num[4]: 1
  Enter num[5]: 0
  Enter num[6]: 1
  Enter num[7]: 2
  Enter num[8]: 4
  Enter num[9]: 3
  The frequencies of the numbers are:
  freq[0] = 1
  freq[1] = 2
  freq[2] = 3
  freq[3] = 2
  freq[4] = 2
```

**그림 14.3** calloc을 사용한 메모리 할당

## 14.5 사용된 메모리의 해제: FREE

변수의 저장소는 컴파일 시간에 저장소 클래스에 따라서 할당되고 해제된다. 동적 실행시간 할당에서는 필요가 없어진 공간에 대한 해제는 사용자의 책임이다. 저장소가 제한적일 때는 저장 공간을 해제하는 것이 중요하다.

LO 14.3 할당된 공간을 변경하고 반환하는 방법을 설명한다.

메모리 블록에 저장된 데이터가 더 이상 필요하지 않게 되었고 이 블록을 다른 정보를 저장하기 위해서 사용할 의사도 없다면, 나중에 사용할 수 있게 **free** 함수를 이용해서 해제할 수 있다.

```
free(ptr);
```

**ptr**은 메모리 블록에 대한 포인터이며, **malloc**이나 **calloc**을 이용해서 만들어 졌다. 유효하지 않은 포인터에 대해서 해제를 시도하면 문제가 되거나 시스템이 동작이 멈출 수도 있다. 여기서

**TIP**

동적으로 할당받은 메모리를 사용 후에 반환하는 것은 프로그래머의 책임이다.

두 가지를 기억해야 한다.

1. 해제되는 것은 포인터가 아니라 포인터가 가리키고 있는 대상이다.
2. calloc에 의해 할당된 메모리 배열을 해제할 때는 포인터를 한 번만 해제하면 된다. 모든 요소를 개별적으로 해제하려고 하면 에러가 발생한다.

free 함수의 사용에 대해서는 예제 14.3에 설명되어 있다..

## 14.6 블록 크기의 변경: REALLOC

메모리 블록을 할당한 후 크기가 너무 작아 데이터를 저장할 수 없거나 또는 너무 커서 메모리 낭비를 초래 할 경우 할당된 메모리 블록의 크기를 늘리거나 줄일 수 있다. **realloc** 함수를 사용하여 이미 할당된 메모리 블록의 크기를 조절 할 수 있다.

```
ptr = malloc(size);
   ptr = realloc(ptr, newsize);
```

위에서 두 번째 문장은 포인터 변수 ptr에 크기가 *newsize*인 새로운 메모리를 할당한다. *newsize*는 *size* 보다 크거나 작다. 메모리 블록의 크기가 늘어날 경우 이전에 할당된 메모리 블록에 저장된 데이터는 새 메모리 블록에 복사되어 보존된다. 만일 메모리가 부족하여 할당된 메모리 블록의 크기 조정에 실패할 경우 원래의 메모리 블록은 해제되고 저장된 데이터는 사라진다. 그러므로 블록의 크기 조정에 앞서 여유 공간이 충분한지를 확인할 필요가 있다. 예제 14.3는 메모리 블록의 할당, 여유 공간 사용 가능 여부 확인, 메모리 블록 크기 조정에 대한 예이다.

**예제 14.3** **malloc 함수에 의해 할당된 메모리 블록에 문자열을 저장한 후 더 긴 문자열을 저장하기 위하여 블록의 크기를 조정하는 프로그램을 작성하시오.** M

프로그램은 그림 14.4에 보인다. 출력에서 최초의 버퍼 크기가 더 큰 문자열을 담기 위해서 수정된 것이 보인다. 버퍼에 있던 원래의 내용은 버퍼의 크기가 변경된 후에도 그대로 유지되고 있는 것을 알 수 있다.

```
Program
  #include <stdio.h>
  #include<stdlib.h>
  #define NULL 0
  main()
  {
        char *buffer;
        /* Allocating memory */
        if((buffer = (char *)malloc(10)) == NULL)
```

(계속)

```
        {
          printf("malloc failed.\n");
          exit(1);
        }
        printf("Buffer of size %d created \n",_msize(buffer));
        strcpy(buffer, "HYDERABAD");
        printf("\nBuffer contains: %s \n ", buffer);
        /* Reallocation */
        if((buffer = (char *)realloc(buffer, 15)) == NULL)
        {
          printf("Reallocation failed. \n");
          exit(1);
        }
        printf("\nBuffer size modified. \n");
        printf("\nBuffer still contains: %s \n",buffer);
        strcpy(buffer, "SECUNDERABAD");
        printf("\nBuffer now contains: %s \n",buffer);
  /* Freeing memory */
  free(buffer);
   }

Output
  Buffer of size 10 created
  Buffer contains: HYDERABAD
  Buffer size modified
  Buffer still contains: HYDERABAD
  Buffer now contains: SECUNDERABAD
```

**그림 14.3** 메모리 공간의 재할당 및 해제

## 자기-참조 구조체

자기 참조 구조체는 적어도 하나의 멤버가 자신과 같은 타입의 다른 구조체를 가리키는 포인터인 경우이다. 자신과 같은 타입의 구조체를 참조하고 있기 때문에 자기-참조라고 한다. 전형적인 자기-참조 구조체의 선언은 다음과 같다.

```
struct example {
        declaration of other members;
        struct example *self_type_pointer;
};
```

포인터 self_type_pointer의 타입이 구조체 자신의 타입과 같아서 자기-참조 구조체가 된다. 자기-참조 구조체를 사용하는 예를 다음 프로그램에서 보인다.

```
#include <stdio.h>
struct demo {
            int num;
            struct demo *other;
};
main(){
            struct demo first, second;
            first.num = 25;
            first.other = &second; /*first.other points to the structure, second*/
            second.num = 35;
            second.other = &first; /*second.other points to the structure, first*/
            printf("\nFirst Number = %d", first.num); /*displays num of first*/
            printf("\nFirst Number = %d", (second.other)->num);
               /*displays num of first
            through other of second*/
            printf("\nSecond Number = %d", second.num); /*displays num of second*/
            printf("\nSecond Number = %d", (first.other)->num);
               /*displays num second
            through other of first*/
            printf("\nAddress of first = %u", &first);
            printf("\nAddress of first = %u", second.other); /*same as &first*/
            printf("\nAddress of second = %u", &second);
            printf("\nAddress of second = %u", first.other); /*same as &second*/
}/*end of main*/
```

구조체 first는 시작 주소 1000에서 공간을 할당받았고 second는 주소 2000에서 공간을 할당받았다고 하자.

위의 프로그램이 실행되면 출력은 다음과 같다.

First number = 25
First number = 25
Second number = 35
Second number = 35
Address of first = 1000
Address of first = 1000
Address of second = 2000
Address of second = 2000

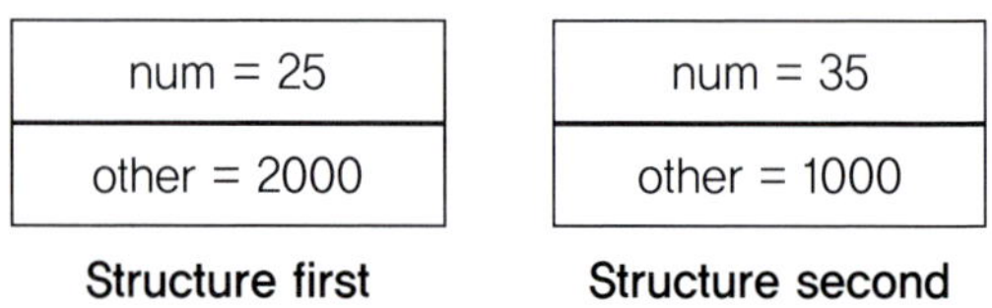

화살표 연산자(->)는 first.other과 second.other에 포인터 멤버를 지정하기 위해서 사용되었다.

사기-참소 구소체는 많은 응용에서 사용된나. 언걸 리스트, 이진 트리와 같은 연걸 자료구조를 표현하는데 자기-참조 구조체가 사용된다.

## 14.7 연결 리스트의 개념

**LO 14.4** 연결 리스트의 개념을 설명한다.

리스트는 항목들을 순서 있게 나열해 놓은 것이다. 배열은 리스트의 한 예인데, 항목 즉 배열 원소의 순서는 배열의 인덱스에 의해 정해진다. 배열의 특정 원소에 저장된 데이터를 읽어 내거나, 변경할 때 인덱스를 사용한다. 이전에 언급한 바와 같이 배열의 크기는 사전에 지정되어야 하므로 실제 응용에 사용하는데 어려움이 발생한다. 리스트를 표현하기 위한 다른 방법으로는 링크를 사용하는 것이다. 그림 14.5 보인 바와 같이 링크에 다음 항목의 주소 정보를 저장한다.

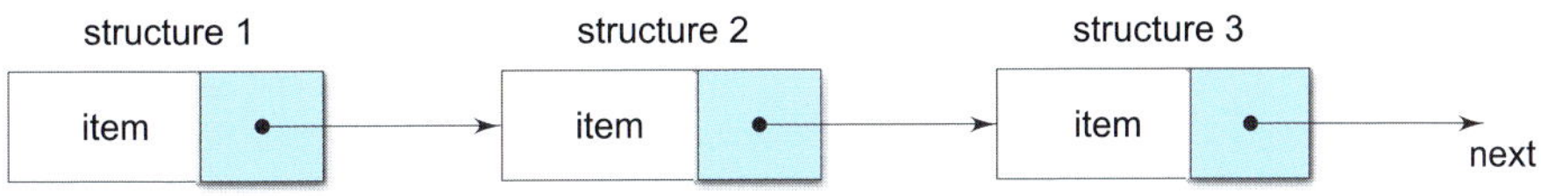


**그림 14.5** 연결 리스트

리스트의 각각의 구조체는 *node*라고 부르며 두 종류의 필드를 가지고 있다. 한 필드에는 항목 즉 데이터를 저장하고 다른 필드에는 다음 항목의 주소(즉 다음 항목의 포인터)를 저장한다. 연결 리스트는 구조체들의 집합체인데 각 구조체의 필드에는 데이터와 바로 다음 구조체의 주소를 가지고 있다. 다음 프로그램은 노드의 구성을 보여준다.

```
struct node
{
   int item;
   struct node *next;
};
```

위 프로그램을 개념적으로 표현한 것이 아래 그림인데 첫 번째 멤버는 정수형이고 두 번째 멤버는 다음 노드에 대한 포인터이다. 이 예에서는 **item**이 정수지만 임의의 복잡한 자료형도 가능하다.

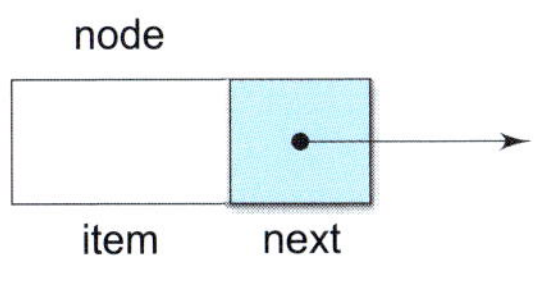


일반적인 형태의 노드는 다음과 같이 표현된다.

```
struct tag-name
{
  type member1;
  type member2;
  . . . .
  . . . .
  struct tag-name *next;
};
```

구조체는 이종의 자료형을 포함할 수도 있는데 그 중 하나는 반드시 **tag-name**형 포인터이어야만 한다.

노드들이 어떻게 연결되는지를 보여주는 간단한 예를 들어 본다. 이를 위해 다음과 같이 구조체를 정의하자.

```
struct link_list
{
   float age;
   struct link_list *next;
};
```

리스트는 단지 두 개의 노드 **node1**과 **node2**만 있다고 가정하자. node1과 node2는 **struct link_list** 형이며 다음과 같이 정의된다.

```
stuct link_list node1, node2;
```

위 문장은 아래 그림과 같이 빈 필드를 갖는 두 개의 노드를 위한 메모리를 확보한다.

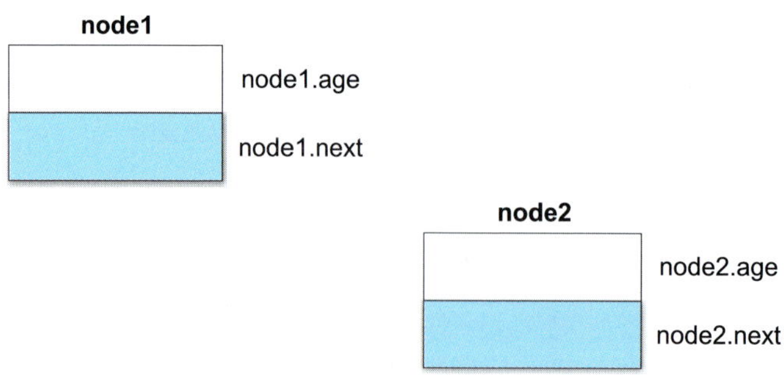

**node1**의 **next** 포인터는 아래 문장을 사용하면 **node2**를 가리키게 할 수 있다.

```
node1.next = &node2;
```

**node2**의 주소가 **node1.next**에 저장되므로 아래 그림과 같이 **node1**과 **node2**는 연결되어 있다.

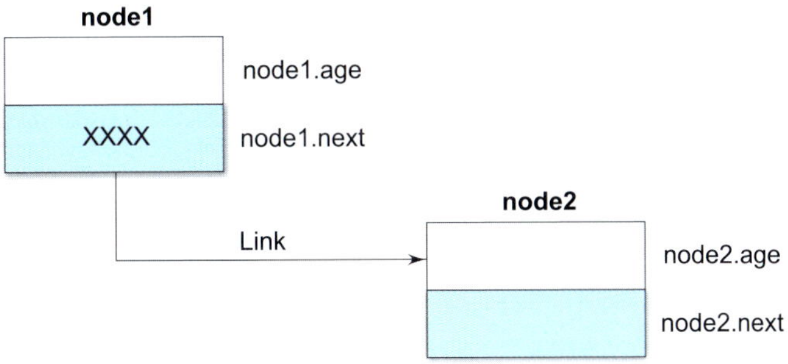


"xxx"는 **node2**의 주소이다. 아래와 같이 age 필드에 값들을 할당하도록 하자.

```
node1.age=35.50;
node2.age=49.00;
```

결과는 다음과 같다.

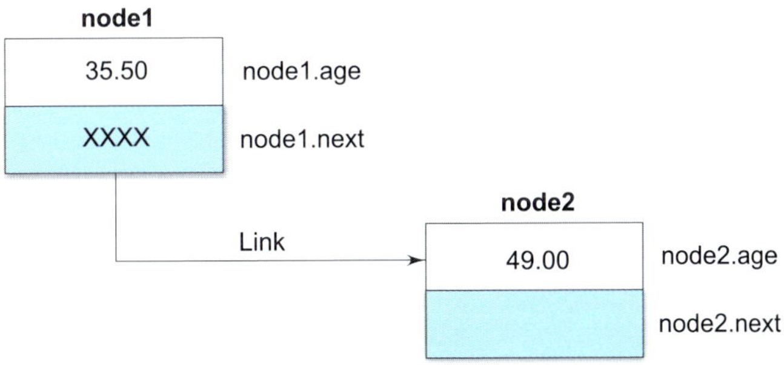


이 과정을 반복할 경우 매우 긴 리스트를 생성할 수 있다. 예를 들어 아래 문장은 **struct link_list** 형의 노드 **node3**를 **list**에 덧붙인다.

```
node2.next = &node3;
```

길이가 무한한 리스트는 없으므로 모든 리스트는 끝을 가지고 있어야 한다. 이를 위해 C언어는 **null**이라고 부르는 특수 포인터를 가지고 있으며 마지막 노드의 **next** 필드에 저장된다. 앞에서 설명한 두 개의 노드를 갖는 리스트의 예에서 리스트의 끝은 다음과 같이 지정한다.

```
node2.next = 0;
```

최종적으로 완성된 두 개의 노드를 갖는 연결 리스트는 아래 그림과 같다.

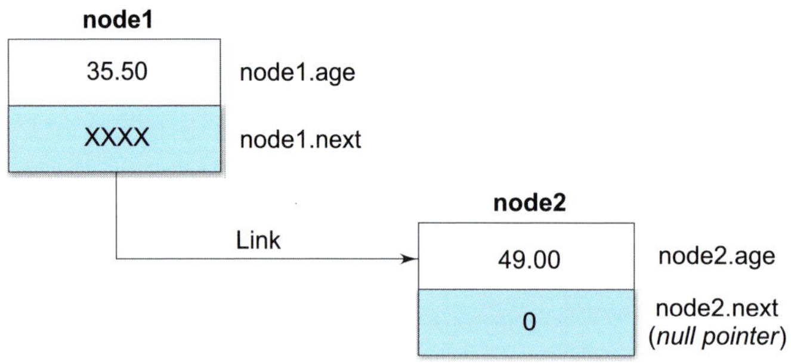


**node2**의 age 멤버에 저장된 값은 아래와 같이 **node1**의 **next** 멤버를 통해 접근할 수 있다.

```
printf("%f\n", node1.next->age);
```

## 14.8 연결 리스트의 장점

배열은 크기가 고정되어 있는데 이는 실제 응용에서 많은 제약을 초래한다. 연결 리스트의 장점 중의 하나는 프로그램 실행 중에 리스트의 크기를 늘리거나 줄일 수 있다는 것이다. 또 다른 장점으로는 메모리의 효율적 사용을 들 수 있다. 즉 프로그램의 실행 중에 어느 시점에서 필요한 만큼 메모리를 사용한다. 또 다른 장점으로는 형성된 리스트를 재구성하는데 매우 유연하다는 것이다. 즉 항목들을 매우 유연하게 리스트에 끼워 넣거나 삭제할 수 있다. 그림 14.6는 항목의 끼워 넣기, 항목의 삭제를 보여 준다.

연결 리스트의 단점으로는 임의 항목을 읽어내는데 약간의 작업이 필요하고 시간이 걸린다는 것이다. 또 다른 단점으로는 다음 노드를 가리키는 링크 필드를 가지고 있으므로 같은 개수의 항목을 갖는 배열에 비하여 메모리가 더 필요하다는 것이다.

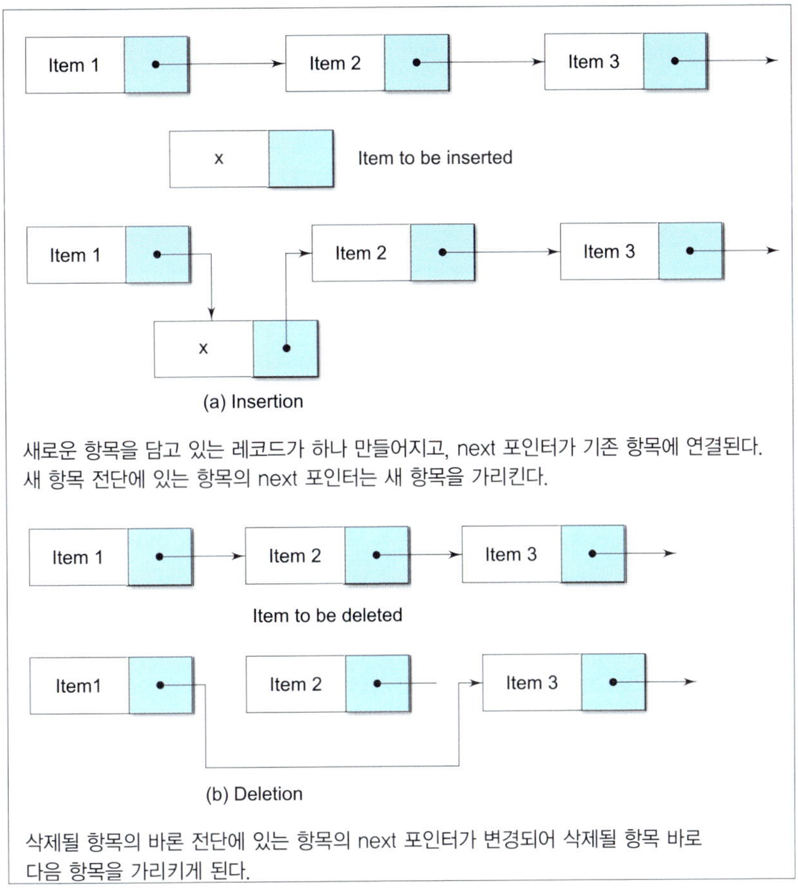


**그림 14.6** 연결 리스트에 항목 끼워넣기, 항목 삭제하기

## 14.9 연결 리스트의 형태

여러 형태의 연결 리스트가 있는데, 앞에서 논의한 것은 선형 단일형 연결 리스트이다. 다른 형태의 연결 리스트는 다음과 같다.

- 회전형 연결 리스트
- 양방향 또는 이중형 연결 리스트
- 양방향 회전형 연결 리스트

회전형 연결 리스트는 시작과 끝이 없으며 마지막 항목은 첫 번째 항목을 가리킨다. 양방향 연결 리스트는 두 개의 포인터를 가지고 있으며 하나는 다음 항목을 가리키고 다른 하나는 이전 항목을 가리킨다. 회전형 양방향 연결 리스트는 회전형 연결 리스트와 양방향 연결 리스트가 결합된 형태이다. 그림 14.6은 여러 가지 형태의 연결 리스트를 보여준다.

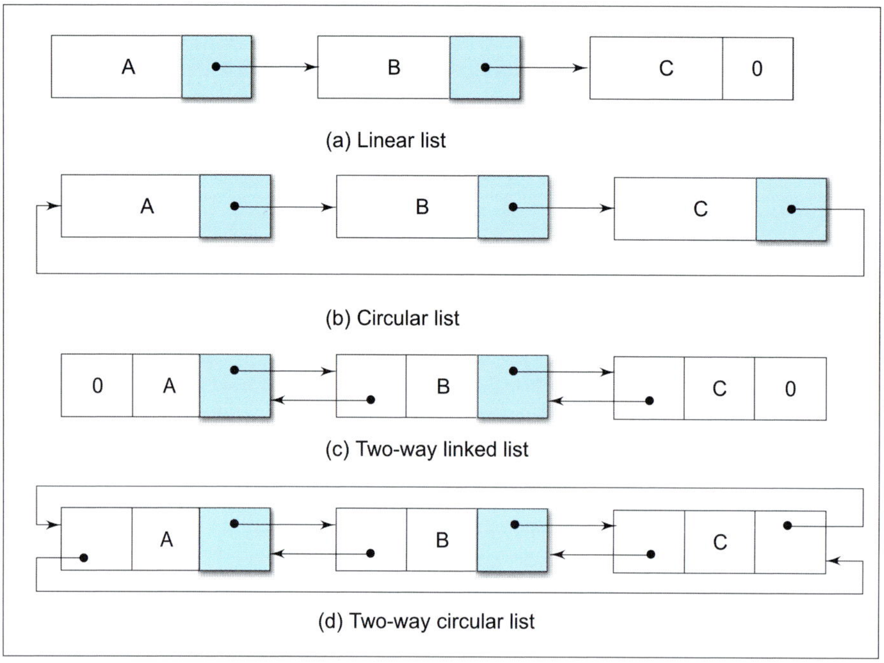


**그림 14.7** 여러 가지 형태의 연결 리스트

## 14.10 포인터 다시 살펴보기

> **LO 14.5** 연결 리스트를 어떻게 구현하는지 설명한다.

포인터의 개념은 12장에서 논의 되었다. 포인터는 연결 리스트의 처리에서 많이 사용되므로 리스트의 처리에 유용한 포인터의 성질을 살펴본다. 변수들은 포인터형으로 선언될 수 있는데 이 경우 포인터가 가리키고 있는 데이터 항목의 형을 지정할 수 있다. 포인터는 데이터 항목의 주소를 저장하고 있으며 데이터 항목을 읽어내는데 사용할 수 있다.

주소를 저장하고 있는 포인터 변수 **ptr**과 **ptr**이 가리키고 있는 참조변수 ***ptr**의 차이점을 정확히 이해하는 것은 매우 중요하다. ***ptr**은 **ptr**이 가리키는 변수에 저장되어 있는 값을 의미한다. 다음 예는 포인터의 정확한 이해에 많은 도움을 줄 것이다. 여기서 포인터 **p**와 **q** 그리고 변수 **x**와 **y**는 같은 형이 되도록 선언하였다고 가정한다.

**(*a*) 초기화**

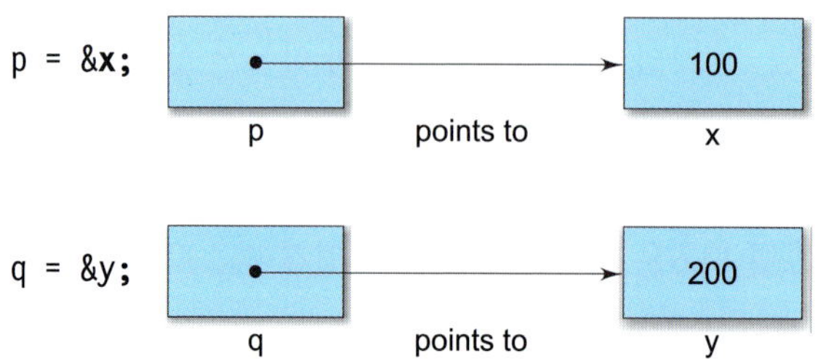

포인터 **p**는 **x**의 주소를 저장하고 있고 **q**는 **y**의 주소를 저장하고 있다.

***p = 100**이고 ***q = 200**이고 **p< >q**

**(*b*) 할당 *p* = *q***

**p = q**는 변수 **y**의 주소를 포인터 변수 **p**에 할당한다. 그러므로 **p**는 변수 **y**를 가리킨다.

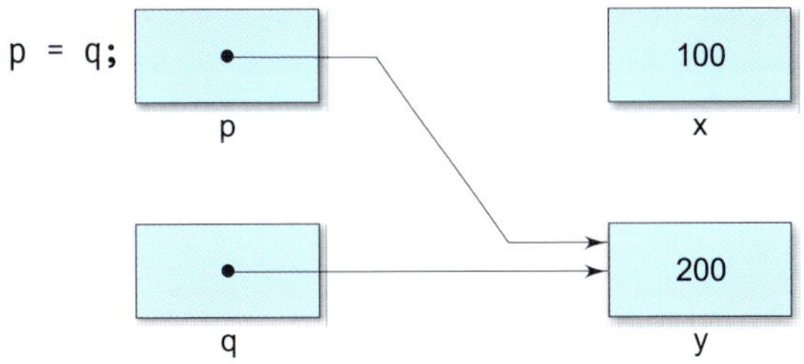


두 포인터 변수는 같은 변수를 가리키고 있다.

***p = *q = 200**이지만 **x< >y**

**(*c*) 할당 **p* = **q***

**q**가 가리키고 있는 변수에 저장되어 있는 값을 **q**가 가리키고 있는 변수에 저장한다.

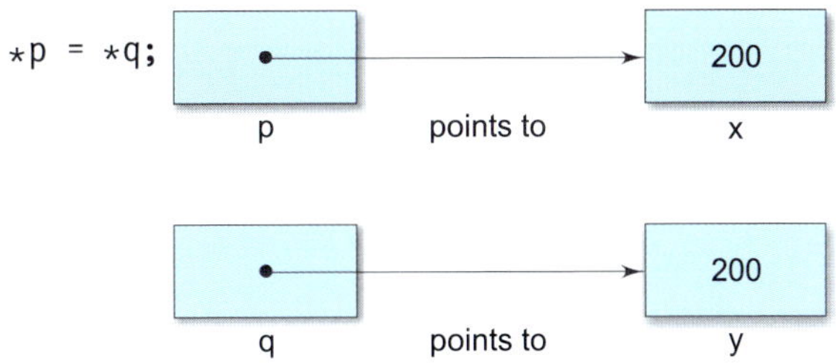


포인터 **p**는 변수 **x**를 가리키고 있으나 **x**의 값은 200으로 바뀐다.

**x = y = 200**이지만 **p< >q**

**(*d*) *NULL* 포인터**

C언어에서 상수 NULL 포인터는 어느 것도 가리키지 않는 포인터를 초기화하는데 사용한다.

p = 0; (or p = NULL;)　p → [0]

q = 0; ( q = NULL;)　　q → [0]

NULL 포인터는 어느 것도 가리키고 있지 않으며 나중에 어떤 변수를 가리키는데 사용할 수 있다. 포인터는 사용하기 전에 미리 메모리 주소로 초기화 된다. 포인터를 메모리 주소로 초기화하는 두 가지 방법이 있다.

**1.** 이미 선언된 변수의 주소로 초기화(정적 할당)

```
ptr = &count;
```

**2.** malloc 함수를 사용하여 초기화(동적 할당)

```
ptr = (int*) malloc(sizeof(int));
```

## 14.11 연결 리스트의 생성

연결 리스트는 다음과 같은 기본 조작을 통해 처리된다.

**1.** 리스트의 생성
**2.** 리스트에서 횡단 여행하기
**3.** 리스트에 있는 항목 개수 세기
**4.** 리스트의 전체 또는 부분 인쇄
**5.** 편집 또는 인쇄를 위한 항목의 조사
**6.** 항목의 삽입
**7.** 항목의 삭제
**8.** 두 리스트를 연결하기

14.7절에서 구조체 변수 **node1**과 **node2**를 사용하여 두 항목을 갖는 연결 리스트를 생성했다. 주소연산자 **&**와 멤버 접근 연산자 .와 ->를 사용하여 각각의 멤버를 생성하고 접근했다. 이와 같이 항목을 생성하기 위하여 이름을 직접 사용하는 방법은 일반적인 것은 아니며 잘 사용하지 않는 매우 원시적인 방법이다. 보통 익명을 사용하여 항목 즉 노드를 생성하고 접근하는 것이 일반적인 방법이다.

익명의 노드는 포인터 및 **malloc**와 같은 동적 메모리 할당 함수를 사용하여 생성한다. 다음 프로그램에서는 익명의 노드를 생성하고 접근하기 위해 포인터 **head**를 사용한다.

```
struct linked_list
{
   int number;
   struct linked_list *next;
};
typedef struct linked_list node;
node *head;
head = (head *) malloc(sizeof(node));
```

구조체 정의와 선언을 통해 노드의 형식을 지정하고 노드를 위한 메모리 공간은 다음과 같이 **malloc** 함수의 호출을 통해 확보한다.

```
head = (head *) malloc(sizeof(node));
```

위 문장은 node를 저장할 메모리를 확보하고 그것의 주소를 포인터 변수 **head**에 저장한다. 포인터 head는 연결 리스트의 시작 주소를 가리킨다.

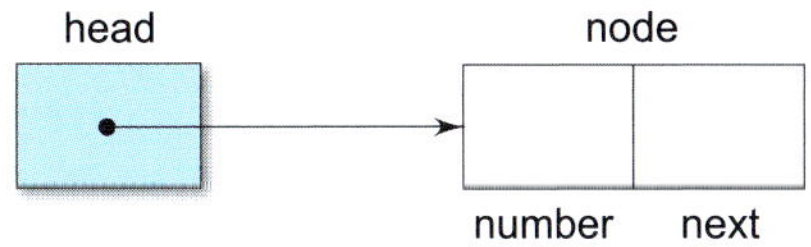


다음 문장들은 멤버 필드에 값들을 저장한다.

```
head -> number = 10;
head -> next = NULL;
```

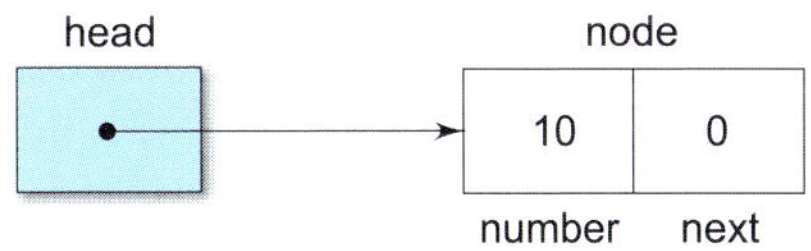


두 번째 노드는 malloc 함수를 사용하여 덧붙여지고 두 번째 노드의 멤버 필드에 다음과 같은 방법으로 값들을 저장한다.

```
head -> next = (node *) malloc(sizeof(node));
head -> next -> number = 20;
head -> next -> next = NULL;
```

이와 같은 방법을 사용하여 계속해서 노드를 덧붙일 수 있지만 이런 방법은 노드의 개수가 클 경우 매우 복잡하고 성가신 방법이다. 이런 문제는 재귀 호출과 반복을 통해 해결한다. 포인터는 현재 노드에서 다음 노드로 다음과 같은 자기치환 방법을 통해 이동한다.

```
head = head -> next;
```

예제 14.4은 자기치환을 반복하여 연결 리스트를 생성하고 멤버 필드에 저장된 내용을 인쇄하는 프로그램이다.

**예제 14.4** **선형 연결 리스트의 생성, 리스트에 저장된 내용 인쇄, 항목의 총 개수를 인쇄하는 프로그램을 작성하시오.** H

그림 14.8의 프로그램은 다음과 같은 문장을 사용하여 첫 번째 노드를 위한 메모리 블록을 할당한다.

```
head = (node *)malloc(sizeof(node));
```

이때 **node**형 구조체의 포인터가 반환된다. **create** 함수를 사용하여 연결 리스트가 생성된다. **create** 함수는 방금 생성된 현재 노드의 멤버 number 변수에 저장할 숫자의 입력을 요청한다. 만일 입력한 숫자가 −999이면 포인터 변수 **next**에는 **null**이 할당되고 리스트는 성장을 멈춘다. 만일 입력한 숫자가 −999가 아니면 계속해서 다음 노드에 메모리가 할당되고 입력된 값이 그 노드에 저장된다. **create** 함수는 −999가 입력될 때까지 자기 자신을 계속해서 호출한다.

연결 리스트에 저장된 값들은 print 함수를 사용하여 인쇄된다. **print** 함수는 현재 노드의 포인터를 입력 받으며 NULL 포인터가 입력되면 실행을 멈춘다. 인쇄 알고리듬은 다음과 같다.

1. 첫 번째 노드로 부터 시작한다.
2. 인쇄할 유효 노드가 남아 있으면 다음 (a), (b)를 계속 수행한다.
   (a) 현재 노드 인쇄
   (b) 다음 노드로 이동

비슷하게 **count** 함수는 연결 리스트에 있는 항목의 개수를 재귀호출을 통해 세고 항목의 총 개수를 **main** 함수에 반환한다. -999에 대한 항목은 총 개수에 포함되지 않는다.

**Program**

```
#include    <stdio.h>
#include    <stdlib.h>
#define NULL 0

struct linked_list
{
        int number;
        struct linked_list *next;
};
typedef struct linked_list node;  /* node type defined */

main()
{
        node *head;
        void create(node *p);
        int count(node *p);
        void print(node *p);
        head = (node *)malloc(sizeof(node));
        create(head);
        printf("\n");

        printf(head);
        printf("\n");
        printf("\nNumber of items = %d \n", count(head));
}


void create(node *list)
{
        printf("Input a number\n");
        printf("(type -999 at end): ");
        scanf("%d", &list -> number); /* create current node */

        if(list->number == -999)
        {
          list->next = NULL;
```

(계속)

```
            }
            else /*create next node */
          {
            list->next = (node *)malloc(sizeof(node));
            create(list->next);   */ Recursion occurs */
          }
          return;
}
void print(node *list)
{
            if(list->next != NULL)
            {
              printf("%d-->",list ->number); /* print current item */

                if(list->next->next == NULL)
                  printf("%d", list->next->number);

              print(list->next);    /* move to next item */
            }
            return;
          }
          int count(node *list)
          {
            if(list->next == NULL)
                    return (0);
            else
                    return(1+ count(list->next));
          }
```

**Output**

```
Input a number
(type -999 to end); 60
Input a number
(type -999 to end); 20
Input a number
(type -999 to end); 10
Input a number
(type -999 to end); 40
Input a number
(type -999 to end); 30
Input a number
(type -999 to end); 50
Input a number
(type -999 to end); -999

60 -->20 -->10 -->40 -->30 -->50 --> -999

Number of items = 6
```

**그림 14.8** 선형 연결 리스트의 생성

## 14.12 항목 끼워 넣기

연결 리스트의 장점 중의 하나는 새 노드를 기존 노드들 사이에 쉽게 삽입할 수 있다는 것이다. 단지 두 포인터의 값을 변경시켜주면 되며 배열과는 다르게 항목들을 연쇄적으로 이동시킴 없이 새 노드를 삽입할 수 있다.

삽입할 새 항목을 X라고 하자. 다음과 같은 3가지 경우의 수가 있다.

**1.** 리스트의 첫 부분에 삽입

**2.** 중간에 삽입

**3.** 끝에 삽입

항목을 삽입하기 위해서는 먼저 삽입할 위치를 찾아야 한다. 즉 어느 노드 뒤에 새 노드를 삽입할 지를 결정해야 한다. 항목 삽입 알고리듬은 다음과 같다.

---

*Begin*
*if* 리스트가 비워져 있거나 또는
새 노드가 첫 번째 노드 앞에 있다면
*then*
새 노드를 첫 번째 노드 앞에 삽입한다.
*else*
*if* 새 노드가 마지막 노드 뒤에 있으면
*then*
새 노드를 마지막 노드 뒤에 삽입한다.
*else*
새 노드를 리스트 중간에 삽입한다.
*End*

---

새 노드를 연결 리스트의 첫 번째 노드 앞에 삽입하는 알고리듬

**1.** 새 노드를 위한 메모리 공간을 확보하라.

**2.** 새 노드의 항목 필드에 데이터를 저장하라.

**3.** 새 노드의 next 필드가 원래 리스트의 시작 노드를 가리키게 하라.

**4.** head 포인터가 새 노드를 가리키도록 변경하라.

새 노드 X를 node N1과 N2 사이에 삽입하는 알고리듬

**1.** X를 위한 메모리 공간을 확보하라.

**2.** X의 항목 필드에 값을 저상하라.

**3.** X의 *next* 필드가 노드 N2를 가리키게 하라.

**4.** 노드 N1의 *next* 필드가 X를 가리키게 하라.

새 노드를 리스트의 끝에 삽입하는 방법은 새 노드를 두 노드 사이에 삽입하는 방법과 비슷하다. 새 노드의 *next* 필드가 NULL이 되면 된다.

**예제 14.5** 어떤 항목을 key 노드 앞에 삽입하는 함수를 작성하라. H

그림 14.9에 함수 `insert`는 삽입할 항목과 key 노드를 요청한다. 만일 삽입이 리스트의 시작 부분에서 일어나면 새 노드를 위한 메모리 공간이 확보되고 항목의 값이 저장된다. 포인터 `head`가 `next` 멤버에 할당되고 포인터 `new`가 포인터 `head`에 할당된다. 이때 포인터 `new`는 새 노드의 시작 부분을 가리킨다. 이런 과정을 다음 문장에 나타냈다.

```
new->number = x;
new->next = head;
head = new;
```

```
node *insert(node *head)
{
        node *find(node *p, int a);
        node *new;    /* pointer to new node */
        node *n1;   /* pointer to node preceding key node */
        int key;
        int x;      /* new item (number) to be inserted */

        printf("Value of new item?");
        scanf("%d", &x);
        printf("Value of key item ? (type -999 if last) ");
        scanf("%d", &key);

        if(head->number == key)   /* new node is first */
        {
            new = (node *)malloc(size of(node));
            new->number = x;
            new->next = head;
            head = new;
        }

        else   /* find key node and insert new node */
        {      /* before the key node */
          n1 = find(head, key);     /* find key node */

          if(n1 == NULL)
             printf("\n key is not found \n");
          else   /* insert new node */
          {
```

(계속)

```
                new = (node *)malloc(sizeof(node));
                new->number = x;
                new->next = n1->next;
                n1->next = new;
            }
        }
        return(head);
}
node *find(node *lists, int key)
{
          if(list->next->number == key) /* key found */
            return(list);
        else
           if(list->next->next == NULL)  /* end */
             return(NULL);
         else
           find(list->next, key);
 }
```

**그림 14.9** 연결 리스트에 항목을 삽입하는 함수

만일 새 항목이 기존에 존재하는 노드 뒤에 삽입된다면 **find** 함수를 사용하여 key 노드를 찾아낸다. 새 항목은 앞에서 설명한 알고리듬을 사용하여 key 노드 앞에 삽입된다. 그림으로 설명하면 다음과 같다.

### 삽입전

```
new = (node *)malloc(sizeof(node));
new->number = x;
```

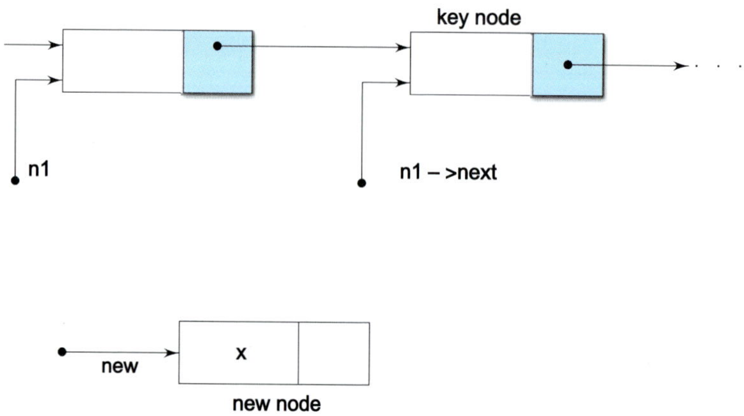

**삽입후**

```
new->next = n1->next;
n1->next = new;
```

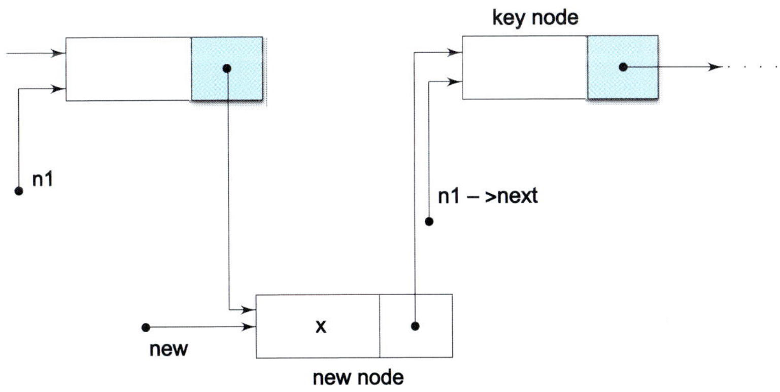


## 14.13 항목의 삭제

리스트의 노드를 삭제하는 것은 노드를 삽입하는 것보다 쉽다. 단지 한 포인터의 값을 변경시켜주면 된다. 다음과 같은 세 가지 경우의 수가 있다.

1. 첫 번째 항목 삭제
2. 마지막 항목 삭제
3. 두 노드 사이에 있는 항목의 삭제

첫 번째 경우는 head 포인터가 리스트의 두 번째 항목을 가리키도록 변경하여 주면 된다. 나머지 두 경우는 삭제하고자 하는 노드 바로 앞에 있는 항목의 포인터가 삭제할 노드 바로 다음 노드를 가리키도록 하면 된다. 노드를 삭제하는 일반적인 알고리듬은 다음과 같다.

---

*Begin*
  *if* 리스트가 비워져 있으면, *then*,
  노드는 제거될 수 없다.
  *else*
  *if* 삭제할 노드가 첫 번째 노드이면, *then*,
  head 포인터가 두 번째 노드를 가리키도록 변경하라.
  *else*
  리스트에서 노드를 제거하라.
*End*

---

삭제된 노드가 차지하고 있던 노드는 자유 상태로 된다. 삽입의 경우와 마찬가지로 삭제의

경우도 삭제할 항목을 찾는 과정이 필요하다.

**예제 14.6** **지정된 노드를 삭제하는 함수를 작성하시오.** H

그림 14.10는 지정된 노드를 삭제하는 함수이다. 먼저 지정된 노드가 첫 번째 노드인지 아닌지를 확인한다. 만일 첫 번째 노드이면 두 번째 노드에 대한 포인터 정보가 포인터 변수 **p**에 임시 저장되고 첫 번째 노드가 점유했던 메모리가 자유 상태로 된다. 그리고 두 번째 노드의 위치가 **head** 포인터에 할당된다. 이전 리스트의 두 번째 노드는 새 리스트의 첫 번째 노드가 된다.

```
node *delete(node *head)
{
        node *find(node *p, int a);
        int  key;   /* item to be deleted */
        node *n1;   /* pointer to node preceding key node */
        node *p;    /* temporary pointer */
        printf("\n What is the item (number) to be deleted?");
        scanf("%d", &key);
        if(head->number == key)/* first node to be deleted) */

        {
          p = head->next;    /* pointer to 2nd node  in list */
          free(head);        /* release space of key node */
          head = p;          /* make head to point to 1st node */
        }
        else
        {
          n1 = find(head, key);

          if(n1 == NULL)
            printf("\n key not found \n");
          else                       /* delete key node */
          {
            p = n1->next->next;      /*  pointer to the node
                                      following the keynode */

            free(n1->next);          /* free key node */
            n1->next = p;            /* establish link */
          }
        }
        return(head);
}
            /* USE FUNCTION find() HERE */
```

**그림 14.10** 연결 리스트의 항목을 삭제하는 함수

만일 삭제할 모드가 첫 번째 노드가 아니라면 **find** 함수를 사용하여 삭제할 노드를 찾는다. 삭제할 노드를 key 노드라 하자. p에 임시 저장된 포인터와 삭제할 노드 즉 key 노드 다음 노드에 대한 포인터를 서로 교환한다.

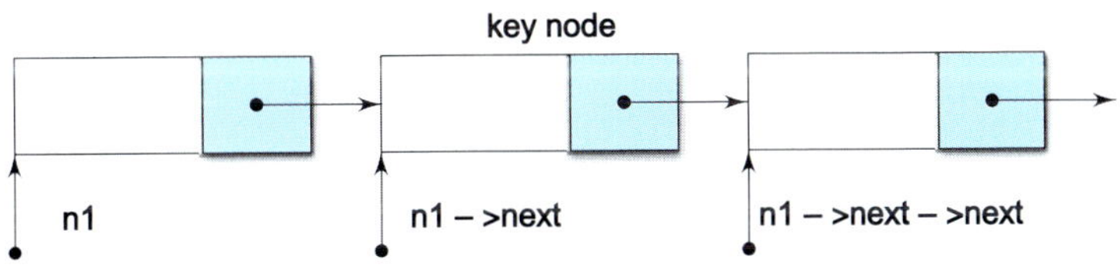


다음 문장들을 수행하면 key 노드가 삭제된다.

```
p=n1->next->next;
free(n1->next);
n1->next=p;
```

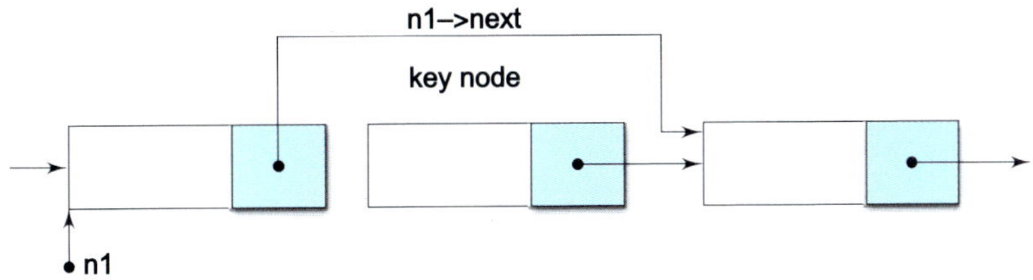


## 14.14 연결 리스트의 응용

연결 리스트는 큐, 스택, 트리를 모델링하고 다루는데 매우 유용하다. 만일 노드의 삽입이 리스트의 시작 부분에서 일어나고 노드의 삭제가 리스트의 끝 부분에서 일어난다면 이것은 큐와 같은 기능을 한다(그림 14.11a 참고). 큐는 먼저 입장한 사람이 먼저 나오는 규칙에 따라 동작한다.

만일 삽입과 삭제가 리스트의 시작 부분에서 일어나면 스택의 기능을 한다. 스택은 늦게 입장한 사람이 먼저 나오는 규칙에 따라 동작한다(그림 14.11b 참고). 리스트, 큐, 스택은 1차원 연결 리스트인데 반하여 트리는 2차원 연결 리스트이다. 대규모 회사의 조직도, 스포츠 경기의 대진표 등이 트리의 대표적 예들이다.

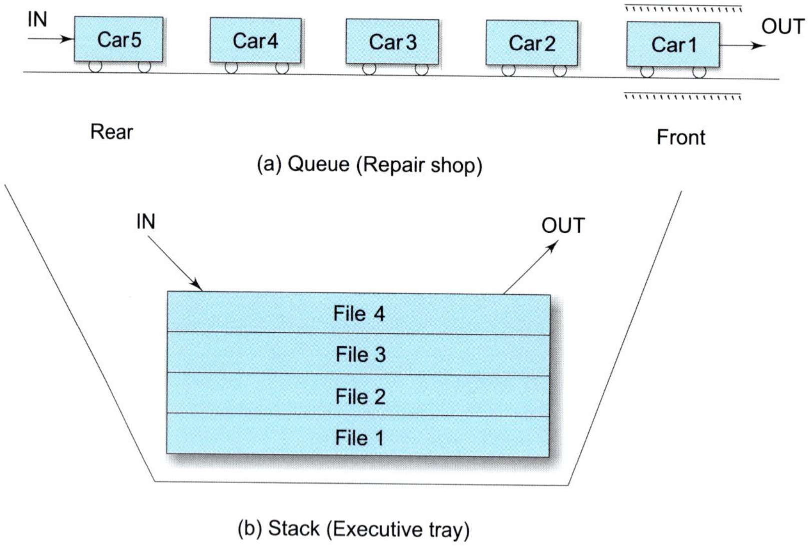


**그림 14.11** 연결 리스트의 응용

**스킬테스트**

연결 리스트를 이용해서 스택을 구현하는 C 프로그램을 작성하라. [H]

## 주요 개념

- **동적 메모리 할당:** 실행시간에 메모리 공간을 할당하는 과정이다. **[LO 14.1]**
- **힙(HEAP):** 프로그램 실행 시에 동적 할당할 수 있는 자유 메모리 공간 **[LO 14.1]**
- **스택(STACK):** 후입선출(LIFO) 방식으로 요소를 저장하는 리스트 **[LO 14.1]**
- **calloc 함수:** 공간을 할당하고 0으로 초기화한 후에 메모리에 대한 포인터를 반환하는 함수 **[LO 14.1]**
- **malloc 함수:** 요청된 크기의 바이트를 할당하고 할당된 공간의 첫 바이트에 대한 포인터를 반환하는 함수 **[LO 14.1]**
- **sizeof 연산자:** 자료형의 크기를 파악하는데 사용된다. **[LO 14.1]**
- **realloc 함수:** 이전에 할당된 메모리 공간을 수정하는 함수 **[LO 14.1]**
- **연결 리스트:** 메모리의 물리적 위치에 의해서 순서가 정해지는 것이 아니라 데이터의 일부로 구조체 안에 저장된 논리적인 연결에 의해서 정해지는 구조체 들의 모임 **[LO 14.1]**
- **NULL 포인터:** 포인터 변수는 생성되었으나 가리킬 곳을 갖지 못하여 0의 값을 가진 포인터 **[LO 14.1]**

## 알아두기

- 메모리를 효율적으로 사용하기 위하여 더 이상 필요가 없는 동적 메모리를 해제하라. [LO 14.1]
- 연결 리스트의 크기를 알고자 할 때는 sizeof 연산자를 사용한다. [LO 14.2]
- malloc, calloc 함수를 사용할 때 반환되는 값이 NULL 포인터인지 아닌지를 확인하라. [LO 14.2]
- 크기가 영인 메모리 블록을 할당해서는 안 된다. [LO 14.2]
- malloc과 calloc 함수가 반환한 포인터를 포인터 변수가 아닌 일반 변수에 할당하는 것은 오류를 발생시킬 수도 있다. [LO 14.2]
- calloc 함수에 의해 생성된 배열에서 각각의 원소를 해제하는 것은 오류를 발생시킨다. [LO 14.2]
- malloc와 calloc에 의해 할당된 메모리 블록 외에 다른 메모리 블록을 해제하기 위하여 free 함수를 사용하면 오류가 발생한다. [LO 14.3]
- 유효하지 않은 포인터를 사용하여 메모리 블록을 해제할 경우에는 심각한 오류가 발생 할 수도 있다. [LO 14.3]
- 해제된 메모리 블록에 대한 포인터를 사용하면 오류가 발생한다. [LO 14.3]
- 노드가 해제되기 전에 그 노드에 대한 포인터를 NULL 상태로 만드는 것은 논리 오류를 발생시킨다. [LO 14.3]
- 구조 태그없이 자기 참조 구조를 선언하는 것은 오류다. [LO 14.4]
- 마지막 노드의 링크 필드를 null로 설정하지 못하면 논리 오류다. [LO 14.5]

## 사례 연구

### 1. 정렬된 리스트에 항목 삽입하기 [LO 14.2, 14.5 M]

정렬된 연결 리스트에 어떤 값을 삽입하는 것은 다음과 같은 두 가지 과정을 통해서 할 수 있다.

1. 먼저 삽입할 새 노드 바로 이전 노드 즉 key 노드를 찾는다.
2. 새 노드를 생성하여 데이터를 저장하고 새 노드의 포인터를 적절히 조작하여 리스트에 삽입한다.

예제 14.3에 사용한 create 함수를 사용한다. 그림 14.12는 완성된 프로그램을 보여 준다.

```
Program

#include <stdio.h>
#include <stdio.h>
#define NULL 0
```

(계속)

```
struct linked_list
{
        int number;
        struct linked-list *next;
};
typedef struct linked_lit node;

main()
{
        int n;

        node *head;
        void create(node *p);
        node *insert(node *p, int n);
        void print(node *p);
        head = (node *)malloc(sizeof(node));
        create(head);
        printf("\n");
        printf("Original list: ");
        print(head);
        printf("\n\n");
        printf("Input number to be inserted: ");
        scanf("%d", &n);
        head = inert(head,n);
        printf("\n");
        printf("New list:  ");
        print(head);
}

void create(node *list)
{
        printf("Input a number \n");
        printf("(type -999 at end): ");
        scanf("%d", &list->number);

        if(list->number == -999)
        {
          list->next = NULL;
        }
        else /* create next node */
        {
          list->next = (node *)malloc(sizeof(node));
          create(list->next);
        }
        return:
}
void print(node *list)
{
```

(계속)

```
        if(list->next != NULL)
        {
          printf("%d -->", list->number);

        if(list ->next->next = = NULL)
          printf("%d", list->next->number);

        print(list->next);
        }
        return:

}
node *insert(node *head, int x)
{
        node *p1, *p2, *p;
        p1 = NULL;
        p2 = head;  /* p2 points to first node */

        for( ; p2->number < x; p2 = p2->next)
        {
          p1 = p2;

          if(p2->next->next == NULL)
             {
                p2 = p2->next;   /* insertion at end */
                break;
             }
        }

        /*key node found and insert new node */

          p = (node )malloc(sizeof(node)); /*space for new node */

          p->number = x; /* place value in the new node */

          p->next = p2; /*link new node to key node */

          if (p1 == NULL)
            head = p; /* new node becomes the first node */
          else
            p1->next = p; /* new node inserted in middle */

          return (head);
}
```

**Output**

```
  Input a number
  (type -999 at end ); 10
```

(계속)

```
Input a number
(type -999 at end ); 20

Input a number
(type -999 at end ); 30

Input a number
(type -999 at end ); 40

Input a number
(type -999 at end ); -999

Original list:  10 -->20-->30-->40-->-999

Input number to be inserted: 25
New list: 10-->20-->25-->30-->40-->-999
```

**그림 14.12** 정렬된 연결 리스트에 데이터 삽입하기

insert 함수는 두 개의 인자를 가지고 있는데, 하나는 삽입할 데이터이고 다른 하나는 연결 리스트에 대한 포인터이다. insert 함수는 리스트를 탐색 하는데 두 개의 포인터 **p1**과 **p2**를 사용한다. **p1**은 리스트의 끝을 향해 이동하며 **p2**는 한 노드만큼 뒤진 상태로 **p1**을 뒤따라간다. 이 때 **p2**가 가리키고 있는 노드에 저장된 값을 삽입하고자 하는 데이터와 비교하면서 key 노드를 찾는다.

key 노드를 찾으면 데이터를 저장할 새 노드를 생성하고 새 노드는 **p1**과 **p2**가 가리키는 노드들 사이에 삽입된다. 다음 그림은 전체 과정을 보여준다.

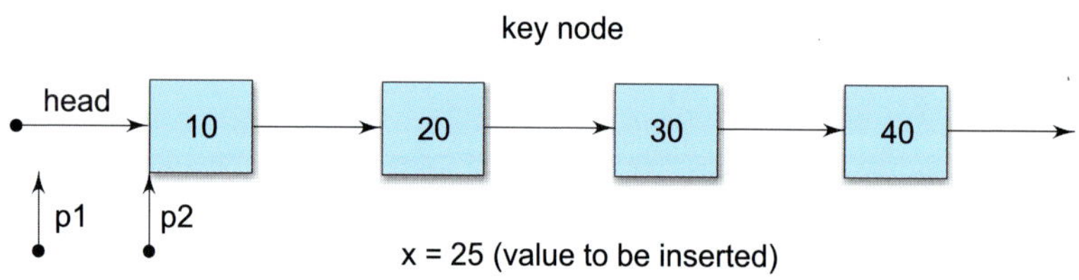


**검색 시작할 때**

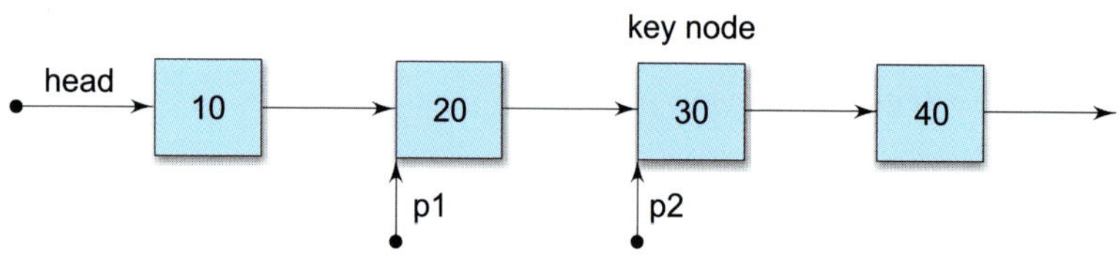


**키 노트를 찾았을 때**

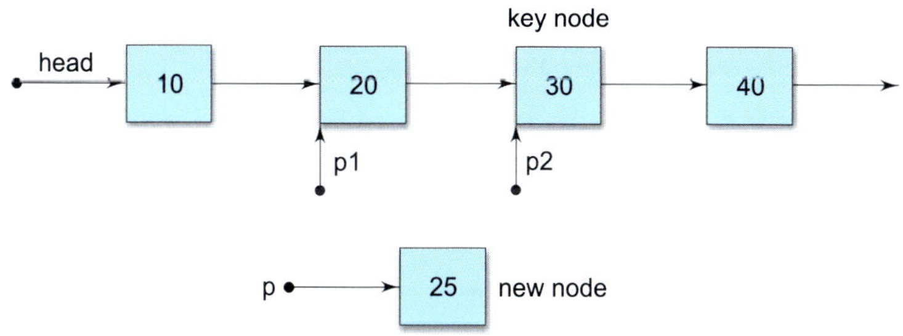


새로운 노드 생성

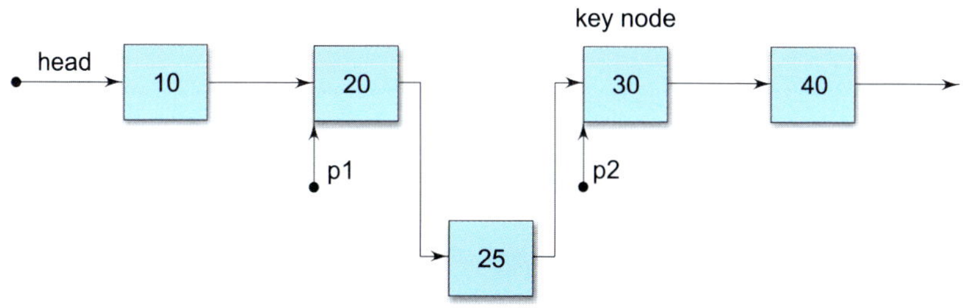


새로운 노드 삽입

## 2. 리스트 정렬하기 [LO 14.2, 14.5 H]

그림 14.12에 있는 프로그램을 약간 수정하면 사전에 주어진 리스트를 정렬하는데 사용할 수 있다. 그림 14.13는 리스트를 정렬하는 프로그램이다. **main** 함수에서 주어진 리스트의 첫 번째 노드를 사용하여 base 노드를 생성하고 **insert_sort** 함수를 반복적으로 호출하여 정렬된 리스트를 완성한다. 이전에 논의된 정렬 알고리듬을 사용한다. 마지막 항목의 next 포인터는 NULL을 가리키도록 해야한다.

**Program**

```
#include <stdio.h>
#include <stdlib.h>
#define NULL 0

struct linked_list
{
        int number;
        struct linked_list *next;
};
typedef struct linked_list node;

main ()
{
        int n;
```

(계속)

```
        node *head = NULL;
        void print(node *p);
        node *insert_Sort(node *p, int n);

        printf("Input the list of numbers.\n");
        printf("At end, type -999.\n");
        scanf("%d",&n);

        while(n != -999)
        {
          if(head == NULL)      /* create 'base' node */
          {
            head = (node *)malloc(sizeof(node));
            head ->number = n;
            head->next = NULL;

          }

          else        /* insert next item */
          {
            head = insert_sort(head,n);
          }
            scanf("%d", &n);
        }
        printf("\n");
        print(head);
        print("\n");
}
node *insert_sort(node *list, int x)
{
        node *p1, *p2, *p;
        p1 = NULL;
        p2 = list; /* p2 points to first node */

        for( ; p2->number < x ; p2 = p2->next)
        {
          p1 = p2;

          if(p2->next == NULL)
          {
            p2 = p2->next;         /* p2 set to NULL */
            break;         /* insert new node at end */
          }
        }
    /* key node found */
    p = (node *)malloc(sizeof(node)); /* space for new node */
    p->number = x;      /* place value in the new node */
    p->next = p2;       /* link new node to key node */
```
(계속)

```
    if (p1 == NULL)
            list = p;      /* new node becomes the first node */
    else
            p1->next = p;  /* new node inserted after 1st node */
    return (list);
}
void print(node *list)
{
        if (list == NULL)
          printf("NULL");
        else
        {
          printf("%d-->",list->number);
          print(list->next);
        }
        return;
}

Output
      Input the list of number.
      At end, type -999.
      80 70 50 40 60 -999
      40-->50-->60-->70-->80 -->NULL
      Input the list of number.
      At end, type -999.
      40 70 50 60 80 -999
      40-->50-->60-->70-->80-->NULL
```

**그림 14.13** 리스트 정렬하기

## 다중선택 문제

다음 다중선택 문제에서 올바른 답을 고르시오. [LO 14.3 E]

14.1 다음 중에서 할당된 메모리 공간을 반환하는 메모리 관리 함수는 무엇인가?

(a) delete( ) (b) release( ) (c) free( ) (d) 답 없음

14.2 다음 중에서 스택의 원칙에 해당하는 것은? [LO 14.5 E]

(a) 선입선출

(b) 후입선출

(c) 요소의 삽입과 제거에 제약이 없음

(d) 모두 아님

14.3 프로그램 실행중에 동적 할당에 사용되는 메모리 공간이 ______이다. [LO 14.1 E]

(a) 스택 (b) 큐 (c) 힙 (d) 영구 저장소

14.4 _____ 연결 리스트에서는 마지막 노드가 첫 번째 노드를 가리킨다. [LO 14.5 E]

(a) 단일 (b) 이중 (c) 원형 (d) 모두 아님

## 복습 질문

14.4 _____ 연결 리스트에서는 마지막 노드가 첫 번째 노드를 가리킨다. [LO 14.5 E]

14.1 다음 문장이 참인지 거짓인지 말하시오.

(a) 동적으로 할당된 메모리는 포인터로만 접근할 수 있다. [LO 14.1 M]

(b) calloc은 malloc을 사용하여 확보된 메모리 할당을 변경하는데 사용한다. [LO 14.2 E]

(c) 더 이상 사용하지 않는 메모리는 반드시 해제되어야 한다. [LO 14.3 E]

(d) 할당된 메모리의 해제는 프로그램 실행이 종료되기 이전에 수행되어야 한다. [LO 14.3 E]

(e) calloc에 의해 확보된 배열 전체를 해제하기 위해서는 free 함수를 한 번만 호출하면 된다. [LO 14.3 M]

(f) 연결 리스트에서 링크 필드는 항상 다음 노드를 가리키고 있다. [LO 14.4 E]

(g) 연결 리스트에 어떤 노드를 덧붙이기 위한 첫 번째 작업은 다음 노드를 위한 메모리를 할당하는 것이다. [LO 14.5 M]

(h) realloc( ) 함수가 새로운 메모리 블록을 확보하면, 이전 블록의 내용은 삭제된다. [LO 14.3 M]

(i) 연결 리스트에서 노드들은 배열처럼 메모리에 물리적으로 모여있을 필요는 없다. [LO 14.4 M]

(j) 동적 메모리 할당으로 구현된 연결 리스트는 요청에 따라 커지거나 작아진다. 따라서 메모리 낭비를 막는다. [LO 14.4 E]

14.2 다음 빈 칸을 적절히 채우시오.

(a) _______는 연결 리스트에서 마지막 논리적 노드임을 나타낸다. [LO 14.4 M]

(b) 함수 _______ 는 배열에 동적 메모리를 할당하는데 사용한다. [LO 14.2 E]

(c) _______ 는 순서를 가진 데이터의 집합체이다. [LO 14.4 E]

(d) 스택은 _____ 라고도 불린다. [LO 14.1 M]

(e) 자신과 동일한 구조체 타입을 가리키는 멤버 필드를 포함한 자료구조를 _____ 구조체라고 한다. [LO 14.4 M]

(f) 만일 메모리 관리 함수가 원하는 메모리 공간을 확보하는데 실패하면, ____ 값을 반환한다. [LO 14.2 E]

(g) malloc 함수는 주어진 크기의 메모리 블록을 확보하고 _____ 타입의 포인터를 반환한다. [LO 14.2 M]

(h) _____ 포인터는 아무 것도 가리키지 않는 포인터를 초기화 하는데 사용된다. [LO 14.4 E]

14.3 연결 리스트란 무엇인가? [LO 14.4 E]

14.4 동적 메모리 할당이란 무엇인가? 복잡한 프로그램을 작성하는데 편리한 점을 설명하시오. [LO 14.1 E]

14.5 malloc과 calloc의 주요한 차이점은? [LO 14.2 M]

14.6 연결 리스트를 동적 데이터 구조체로 부르는 이유를 설명하시오. 연결 리스트와 배열의 차이점은 무엇인가? [LO 14.4 M]

14.7 연결 리스트의 여러 가지 형태를 설명하시오. [LO 14.4 E]

14.8 다음 코드는 헤더 파일 list.h에 정의되어 있다. [LO 14.5 H]

```
typedef struct
{
        char name[15];
        int age;
        float weight;
} DATA;
struct linked_list
{
      DATA person;
      struct linked_list *next;
};
      typedef struct linked_list NODE;
      typedef NODE *NDPTR;
```

14.9 다음 코드의 기능은? [LO 14. 2 E]

```
int *p;
p = malloc(sizeof(int));
```

14.10 다음 코드의 기능은? [LO 14.2 E]

```
float *p;
p = calloc(10,sizeof(float));
```

14.11 다음 코드의 출력을 구하시오. [LO 14.2 M]

```
int i, *ip;
ip = calloc(4,sizeof(int));
for(i = 0; i < 4 ;i++)
*ip++ = i*i;
for(i = 0; i < 4 ;i++)
printf("%d\n",*-ip);
```

14.12 다음 코드의 출력을 구하시오. [LO 14.2 M]

```
int *p;
p = malloc(sizeof(int));
```

```
*p = 100;
p = malloc(sizeof(int));
*p = 111;
printf("%d",*p);
```

14.13 다음 코드의 출력을 구하시오. [LO 14.5 M]

```
struct node
{
   int m;
   struct node *next;
} x,y,z,*p;
   x.m = 10
   y.m = 20;
   z.m = 30;
   x.next = &y;
   y.next = &z;
   z.next = NULL;
   p = x.next;
   while(p! = NULL)
{
   printf("%d\n", p->m);
   p = p -> next;
}
```

## 디버깅 연습

14.1 오류가 있다면 찾고 수정하시오.

(a) `*ptr = (int*)malloc(m,sizeof(int));` [LO 14.2 M]

(b) `table = (float*)calloc(100);` [LO 14.2 M]

(c) `node = free(ptr);` [LO 14.3 M]

14.2 오류가 있다면 찾고 수정하시오. [LO 14.5 E]

```
struct
{
     char name[30];
     struct *next;
};
typedef struct node;
```

## 프로그래밍 연습

14.1 예제 14.4의 함수 print( )를 for 루프를 사용하여 다시 작성하시오. [LO 14.5 M]

14.2 어떤반의 학생들에 대한 연결리스트를 생성하는 메뉴방식으로 동작하는 프로그램을 작성하시오. 연습문제 14.8에 있는 헤더 파일을 사용하시오. 다음 기능을 수행해야 한다. [LO 14.5 H]

(a) 리스트의 내용을 출력하시오.

(b) 특정 학생에 대한 정보를 수정하시오.

(c) 지정된 나이와 몸무게를 가진 학생들의 수를 세시오.

14.3 선형 리스트에 저장된 데이터를 역 정렬하는 방법을 재귀 호출 및 비재귀 호출 두 가지 방법으로 작성하시오. 장단점을 비교 하시오. [LO 14.5 M]

14.4 고객의 이름과 전화번호를 처리하는 선형 연결 리스트를 생성하는 프로그램을 작성하시오. 메뉴 방식으로 동작해야 하며 새 고객 정보의 삽입 및 기존 고객 정보를 삭제하는 기능을 가지고 있어야 한다. [LO 14.5 M]

14.5 13.4의 프로그램에서 리스트가 항상 이름 순서대로 정렬되도록 하시오. [LO 14.5 H]

14.6 두 정렬된 리스트를 결합하는 프로그램을 작성하시오. 중복되는 항목이 없어야 한다. [LO 14.5 M]

14.7 데이터 입력 순서가 유지되는 회전형 연결 리스트를 생성하는 프로그램을 작성하시오. 원형 연결 리스트에 다음 동작을 수행하는 함수를 추가하라. [LO 14. 5 H]

(a) 노드의 개수를 센다

(b) 내용을 출력한다

(c) 지정된 노드의 위치와 내용을 출력한다

14.8 양방향 연결 리스트를 생성하는 프로그램을 작성하시오. [LO 14.5 M]

14.9 선형 단일 연결 리스트를 역방향으로 검색하는 함수를 작성하시오. [LO 14.5 M]

14.10 두 개의 단일 연결 리스트를 하나로 결합하는 함수를 작성하시오. [LO 14.5 M]

14.11 연결 리스트의 첫 번째 노드와 마지막 노드에 대한 포인터를 구해서 반환하는 함수를 작성하시오. 리스트가 비워져 있다면 NULL을 반환해야 한다. [LO 14.5 M]

14.12 연결 리스트의 노드들의 개수를 구하여 반환하는 함수를 작성하시오. [LO 14.5 E]

14.13 연결 리스트의 특정 노드를 마지막 노드로 만드는 함수를 작성하시오. [LO 14.5 M]

14.14 회전형 리스트의 길이를 구하여 반환하는 함수를 작성하시오. [LO 14.5 E]

14.15 양방향 연결 리스트에서 다음 과제를 수행하는 함수를 작성하시오. [LO 14.5 H]

(a) 노드 삽입

(b) 노드 삭제

(c) 특정 노드 찾기

## 인터뷰 질문

14.1 sizeof 연산자를 사용하지 않고 변수의 크기를 출력할 필요가 있다. 어떻게 하겠는가? [LO 14.1 H]

14.2 다음 코드의 출력은 무엇인가? [LO 14.1 H]

```
void main()
{
printf("Address of main = %p", main);
}
```

14.3 와일드 포인터는 무엇인가? [LO 14.4 M]

14.4 NULL과 NUL의 차이는 무엇인가? [LO 14.4 H]

14.5 dangling 포인터는 무엇인가? [LO 14.3 H]

14.6 제약된 포인터는 무엇인가? [LO 14.1 H]

14.7 스택과 큐의 주요 차이점은 무엇인가? [LO 14.5 M]

Chapter 15

# 전처리기

**학습목표**

- **LO 15.1** 매크로 치환을 설명한다.
- **LO 15.2** 파일 삽입 지시자를 설명한다.
- **LO 15.3** 컴파일러 제어 지시자가 어떻게 사용되는지 배운다.
- **LO 15.4** ANSI에서 추가된 전처리기 지시자에 대해서 배운다.

## 15.1 소개

C언어는 여러 가지 측면에서 매우 독특한 언어인데 그 예로 이미 살펴본 구조체와 포인터를 들 수 있다. 또 다른 특성으로는 전처리기를 들 수 있다. C 전처리기는 다른 고수준 언어에는 없는 몇 가지 기능들을 제공한다. 프로그래머는 전처리기를 사용하여 프로그램을 읽기 쉽고, 수정하기가 편리하며, 이식성이 좋게 만들 수 있다.

전처리기 지시어는 이름이 의미하는 바와 같이 컴파일하기 전에 처리된다. 전처리기 지시어는 main() 함수 앞에 위치한다. 전처리기 지시어는 원시 코드가 컴파일러에게 넘겨지기 전에 전처리기에 의해서 처리된다. 전처리기 지시어는 특별한 문법에 따라 작성되는데, 모든 지시어 앞에는 기호 #이 있고 마지막에 문장 끝 기호인 ;이 없다. 표 15.1에 많이 사용되는 전처리기 지시어 및 기능을 보여 준다.

**표 15.1** 전처리기 지시어

| 지시어 | 기능 |
|---|---|
| **#define** | 매크로를 정의한다. |
| **#undef** | 정의된 매크로를 취소한다. |
| **#include** | 파일을 포함시킨다. |
| **#ifdef** | 매크로가 정의됐는지 테스트한다. |
| **#endif** | #if가 끝남을 지정한다. |
| **#ifndef** | 매크로가 정의가 안됐는지 테스트한다. |
| **#if** | 컴파일 조건을 테스트한다. |
| **#else** | #if 테스트가 실패했을 경우 대체물을 지정한다. |

위 지시어들은 다음과 같이 세 부류로 분류된다.

1. 매크로 치환 지시어 부류
2. 파일 포함 지시어 부류
3. 컴파일러 제어 지시어 부류

## 15.2 매크로 치환

LO 15.1 매크로 치환을 설명한다.

매크로 치환은 프로그램에 있는 식별자를 하나 이상의 토큰으로 이루어진 사전에 정의된 문자열로 바꾸는 과정이다. 전처리기는 **#define** 문장에 따라서 이 작업을 수행한다. 매크로 정의(혹은 간단히 매크로)라고 부르는 이 과정은 다음과 같은 형태이다.

**#define *identifier string***

이 문장이 프로그램 앞 부분에 있으면, 전처리기는 소스 코드에 있는 모든 **identifier**를 *string*으로 바꾼다. 키워드 **#define**은 위에서 보인 바와 같이 첫 열에서 시작하며 식별자와 문자열을 나열하며, 하나 이상의 빈 칸으로 띄어준다. 문장 끝에는 세미콜론을 달지 않는다. *string*은 어떤 문자도 가능하지만 *identifier*는 유효한 C 이름이어야 한다.

매크로 치환에는 여러 형식이 있다. 가장 일반적인 형식은 다음과 같다.

1. 단순 매크로 치환
2. 인자가 있는 매크로 치환
3. 중첩된 매크로 치환

### 단순 매크로 치환

단순 매크로 치환은 주로 상수를 정의하는데 사용한다. 다음에 몇 가지 예가 있다.

```
#define    COUNT       100
#define    FALSE       0
#define    SUBJECTS    6
#define    PI          3.141592
#define    CAPITAL     "DELHI"
```

모든 매크로(식별자)를 대문자로 썼다. 모든 매크로는 기호 상수라는 뜻으로 대문자로 쓰는 것이 관례이다. 다음 정의를 보자.

```
#define    M    5
```

이 문장에서부터 프로그램 끝까지 나타나는 모든 M은 5로 대체된다. 하지만 문자열 안에 있는 매크로는 대체되지 않는다. 다음 두 문장을 보자

```
total = M * value;
printf("M = %d\n", M);
```

위 두 문장은 다음과 같이 바뀐다.

```
total = 5 * value;
printf("M = %d\n", 5);
```

"**M = %d\n**"에서 M은 바뀌지 않았다.

다음과 같이 좀 더 복잡하게 매크로를 정의할 수도 있다.

```
#define    AREA      5 * 12.46
#define    SIZE      sizeof(int)*4
#define    TWO-PI    2.0*3.1415926
```

매크로 정의에서 괄호를 사용해야 하는 경우가 있다. 다음 문장을 고려해 보자

```
ratio = D/A;
```

여기서 D와 A는 다음과 같이 정의된 매크로이다.

```
#define D    45 – 22
#define A    78 + 32
```

D와 A를 치환하면 다음과 같이 된다.

```
ratio = 45-22/78+32
```

만일 다음 표현을 원했다면 매크로를 잘못 사용한 것이다.

(45 – 22)/(78+32)

다음과 같이 괄호를 사용하면 원하는 결과를 얻을 수 있다.

```
#define D    (45 – 22)
#define A    (78 + 32)
```

앞에서 언급한 바와 같이 매크로 정의하는 문장의 마지막에 부호 ; 를 넣지 않는다. 부호 ; 를 사용하는 다음 예를 살펴보자.

```
#define    TEST     if (x > y)
#define    AND
#define    PRINT    printf("Very Good.\n");
```

아래 문장을 고려 해보자.

TEST AND PRINT

전처리기는 위 문장을 다음과 같이 번역한다. 즉 문장 끝 부호 ;가 포함되어 있다.

```
if(x>y) printf("Very Good\n");
```

매크로는 C 프로그램에서 흔히 발생하는 논리 오류를 방지하기 위해 사용될 수도 있다. 예를 들어 == 및 &&를 =와 &로 사용하는 것은 흔히 발생하는 논리 오류인데 다음과 같이 매크로를 정의하고 사용하면 이런 오류들을 방지할 수 있다.

```
#define    EQUALS        ==
#define    AND           &&
#define    OR            ||
#define    NOT_EQUAL     !=
#define    START         main( ){
#define    END           }
#define    MOD           %
#define    BLANK_LINE    printf("\n");
#define    INCREMENT     ++
```

위의 매크로를 사용하여 다음과 같이 프로그램을 작성해도 된다.

```
START
...
...
if(tatal EQUALS 240 AND average EQUALS 60)
INCREMENT count;
...
...
END
```

## 인자를 가지고 있는 매크로

인자를 가지고 있는 매크로를 정의 할 수도 있다. 문법은 다음과 같다.

```
#define    identifier(f1, f2, . . . . . . . fn)    string
```

매크로 *identifier*와 왼쪽 괄호 사이에는 빈 칸이 없다. f1, f2, ..., fn은 매크로 형식 인자이며 함수 정의에서 형식 인자와 유사하다.

앞에서 설명한 간단한 대체와 인자가 있는 매크로의 대체는 근본적인 차이가 있다. 인자가 있는 매크로가 나타나는 것을 매크로 호출(macro call)이라고 부른다(함수 호출과 비슷하다). 매크로가 호출되면 전처리기는 형식 인자를 실 인자로 바꾸면서 문자열을 대체한다. 따라서 string은 틀과 같은 역할을 한다.

인자가 있는 매크로의 간단한 예이다.

```
#define        CUBE(x)        (x*x*x)
```

프로그램에 다음과 같은 문장이 있다고 가정하자.

```
volume = CUBE(side);
```

전처리기는 위 문장을 다음과 같이 번역한다.

```
volume = (side * side * side);
```

또 다른 경우를 고려해 보자.

```
volume = CUBE(a+b);
```

위 문장은 다음과 같이 번역된다.

```
volume = (a+b * a+b * a+b);
```

이것은 올바른 계산 결과를 만들지 못할 것이다. 왜냐하면 전처리기가 x의 자리에 a+b로 맹목적인 대체를 했기 때문이다. 이런 문제는 string에 있는 모든 형식 인자에 괄호를 사용함으로써 고쳐질 수 있다.

```
#define        CUBE(x)        ((x) * (x) * (x))
```

**CUBE(a + b)**는 다음과 같이 번역된다.

```
volume=((a+b) * (a+b) * (a+b));
```

각각의 인자뿐만 아니라 string 전체에도 괄호를 사용해야 한다. 다음은 흔히 사용되는 매크로 정의들이다.

```
#define        MAX(a,b)        (((a) > (b)) ? (a):(b))
#define        MIN(a,b)        (((a) < (b)) ? (a):(b))
#define        ABS(x)          (((x) > 0) ? (x):(-(x)))
#define        STREQ(s1,s2)    strcmp((s1,)(s2)) == 0)
#define        STRET(s1,s2)    strcmp((s1,)(s2)) > 0)
```

## 중첩 매크로

한 매크로를 또 다른 매크로를 정의하는데 사용할 수도 있다. 즉 매크로를 정의할 때 중첩시키는 것이 가능하다. 예를 들어 다음과 같은 매크로 정의들을 고려해 보자.

```
#define        M              5
#define        N              M+1
#define        SQUARE(x)      ((x) * (x))
#define        CUBE(x)        (SQUARE(x) * (x))
#define        SIXTH(x)       (CUBE(x) * CUBE(x))
```

전처리기는 더 이상 매크로가 나타나지 않을 때까지 중첩 매크로를 번역한다. 예를 들어 위에서 6번째 매크로는 먼저 다음과 같이 번역된다.

((SQUARE(x) * (x)) * (SQUARE(x) * (x)))

**SQUARE (x)**가 아직 매크로이므로 번역되고 최종적으로 다음과 같이 된다.

(((((x) * (x)) * (x)) * (((x) * (x)) * (x)))

즉 x의 6승이 된다.

매크로는 다른 매크로의 파라미터로 사용될 수도 있다. 예를 들어 앞에서 정의한 매크로 M과 N을 사용하여 또 다른 매크로를 다음과 같이 정의 할 수도 있다.

**#define** MAX(M,N) (((M)>(N)) ? (M) : (N))

매크로 호출은 함수 호출처럼 중첩될 수 있다. 예를 들면:

**#define** HALF(x) ( (x)/2.0)
**#define** Y HALF(HALF(x))

MAX(a,b)의 정의에 다음과 같이 중첩 호출을 이용하면 세 개의 값 x, y, z 중에서 최대값을 얻을 수 있다.

MAX (x, MAX(y,z))

### 정의된 매크로 취소

정의된 매크로는 다음과 같은 문장을 사용하여 취소할 수도 있다.

**#undef** *identifier*

이것은 매크로의 정의를 프로그램의 일정 부분에서만 유효하게 하는데 사용한다.

> **스킬테스트**
>
> x가 y보다 크거나 작을 때 TRUE 나 FALSE를 출력하는 매크로 GREATER(x, y)를 구현하는 C 프로그램을 작성하라. [M]

## 15.3 파일 포함시키기

**LO 15.2** 파일 삽입 지시자를 설명한다.

함수나 매크로 정의가 들어 있는 외부 파일들을 어떤 프로그램에 포함시킬 수도 있다. 이렇게 할 경우 함수나 매크로를 반복해서 만들 필요가 없다. 파일 포함시키기는 다음과 같은 전처리 지시어를 사용하면 된다.

**#include** "filename"

여기서 *filename*은 함수나 매크로가 정의되어 있는 파일의 이름이다. 전처리기는 파일 *filename*에 들어 있는 모든 내용을 프로그램의 원시 코드에 삽입한다. 부호 " "를 사용할 경우 먼저 현재 디렉터리에서 파일을 탐색한 후 표준 라이브러리 디렉터리에서 파일을 탐색한다.

다음과 같이 기호 " " 대신에 기호 < >를 사용할 수도 있다.

```
#include <filename>
```

이 경우 파일 filename은 표준 라이브러리 디렉터리만 탐색된다. 만일 포함시키고자 하는 파일을 찾을 수 없을 경우 오류가 발생하며 컴파일이 종료된다.

다음과 같은 3개의 파일을 생성했다고 가정하자.

| | |
|---|---|
| **SYNTAX.C** | 문법을 정의하는 파일 |
| **STAT.C** | 여러 가지 통계 함수에 관한 파일 |
| **TEST.C** | 테스트 함수들이 있는 파일 |

위 3개의 파일에 들어 있는 함수나 매크로 정의들을 사용하기 위해서는 다음과 같이 위의 3개 파일을 포함시키면 된다.

```
#include    <stdio.h>
#include    "SYNTAX.C"
#include    "STAT.C"
#include    "TEST.C"
#define     M       100
main( )
{
        ...
        ...
        ...
}
```

## 15.4 컴파일러 제어 지시어

**LO 15.3** 컴파일러 제어 지시자가 어떻게 사용되는지 배운다.

대규모 프로그램을 개발할 때 아래와 같은 상황이 자주 발생한다. 이런 상황에 적절히 대응하지 못하면 프로그램 개발 비용이 상승하고 아울러 개발 기간도 길어진다.

1. 여러 종류의 매크로들이 정의되어 있는 헤더 파일을 프로그램에 포함시켰다고 가정하자. 개발자는 특정 매크로 예를 들어 TEST 매크로가 헤더 파일에 정의되었는지 아닌지를 잘 모르고 있다. 헤더 파일 너무 커서 다시 조사하는데 많은 시간이 필요하다.
2. 고객이 서로 다른 종류의 컴퓨터 두 대를 가지고 있다. 고객은 두 컴퓨터 모두에서 잘 동작하는 같은 기능의 프로그램을 원하고 있다. 개발자는 프로그램을 한 개만 개발하고 두 컴퓨

터에 설치하기를 원한다. 프로그램의 일부만 수정하면 될 것 같은데 어떻게 하면 될까?

3. 개발자는 대규모 수요가 있는 프로그램을 개발하고 있다. 대부분의 고객은 그 기능에 만족할 것 같은데 일부 고객이 자기들만을 위한 특정 기능을 넣어 줄 것을 원하고 있다. 그 기능은 다른 고객들은 필요로 하지 않는 기능이다. 개발자는 두 부류 고객 모두를 만족시키는 단일 프로그램을 개발하기를 원한다.
4. 개발자가 대규모 프로그램을 개발하고 시험 중에 있다. 개발자는 프로그램에 여러 개의 printf 호출 문을 넣어서 정상 동작 여부를 확인하고 싶다. 개발자가 디버깅을 할 때 printf 문이 활성화되고 다른 때는 비활성화 상태로 있어야 한다.

위의 상황들에 대한 해결책은 각각의 고객이 요구하는 기능을 만족하는 여러 개의 프로그램을 개발하여 각자에게 제공하는 것이다. 또 다른 방법으로는 한 개의 프로그램을 개발하고 고객의 요구에 맞추어 필요없는 기능에 대한 문장들은 비활성화되어 건너뛰도록 하는 것이다. 다행히도 C 언어 전처리기는 조건부 컴파일이라는 기능을 제공하고 있으므로 이를 적절히 사용하면 1개의 프로그램을 개발하여 적은 노력으로 여러 상황에 대처할 수 있다.

## 상황 1

매크로의 조건부 정의 기능을 사용하면 된다. 개발자는 TEST 매크로가 이전에 정의 되었는지 또는 정의가 안 되어 있는지에 관계없이 항상 정의가 되어 있도록 하면 된다. 다음 문장들과 같이 작성하면 매크로의 중복 정의 문제를 해결할 수 있다.

```
#include    "DEFINE.H"
#ifndef     TEST
#define     TEST 1
#endif
… …
```

**DEFINE.H**는 **TEST** 매크로 정의가 들어있을 수도 있는 헤더 파일이다. 다음 지시어는

**#ifndef** TEST

헤더 파일에서 **TEST**의 정의를 찾고, 정의되어 있지 않으면 **#ifndef**에서 **#endif**까지의 내용을 활성화시킨다. 즉 전처리기는

**# define** TEST

을 수행한다.

TEST가 헤더 파일에서 정의되어 있는 경우에는 **#ifndef** 조건이 거짓이되기 때문에 지시어 **#define TEST**가 무시된다. 단순히 다음과 같이 쓰면 안된다.

**# define** TEST 1

만약 **TEST**가 이미 정의되어 있다면 에러가 발생하기 때문이다.

유사하게 매크로 TEST가 정의되지 않기를 원할 경우가 있다. 다음 코드를 살펴보자.

```
………
#ifdef        TEST
#undef        TEST
#endif
……
……
```

헤더 파일에 TEST가 정의되어 있다고 하더라도 그 정의된 것이 제거된다. 여기서도 단순히 다음과 같이 쓰면 안된다.

**#undef** TEST

만약 TEST가 정의되지 않았으면 이 지지어는 에러를 발생시키기 때문이다.

## 상황 2

이 상황의 주요 관심사는 프로그램의 이식성을 좋게 만드는 것이다. 다음과 같이 프로그램을 작성하면 된다.

```
... ...
... ...
main()
{
            ... ...
            ... ...
      #ifdef MOTOROLA
      {
            ... ...
            ... ...            code for MOTOROLA
            ... ...
      }
      #else
      {
            ... ...
            ... ...            code for INTEL machine
            ... ...
      }
      #endif
            ... ...
```

```
        ... ...
    }
```

만일 프로그램을 MOTOROLA에서 실행시키고자 하면 다음 지시어를 프로그램에 넣으면 된다.

```
#define MOTOROLA
```

컴파일러 지시자가 함수 안에 있다는 것에 주의해야 한다. #문자는 첫 열에 놓여야 한다. 만일 MOTOROLA가 정의되어 있으면 컴파일러는 MOTOROLA를 위한 코드를 컴파일하고, 그렇지 않으면 INTEL 기계를 위한 코드를 컴파일 한다.

## 상황 3

이 상황은 상황 2와 비슷한 경우이다. 다음과 같이 프로그램을 작성하면 된다.

```
#ifdef    ABC
        group-A를 위한 코드
#else
        group-B를 위한 코드
#endif
```

만일 **ABC**가 정의되어 있으면 group-A를 위한 코드가 프로그램에 포함되어 컴파일되고 ABC가 정의되어 있지 않으면 group-B를 위한 코드가 프로그램에 포함되어 컴파일된다.

## 상황 4

프로그램을 개발할 때 오류를 찾아내고 수정하기 위한 디버깅과 시험 과정이 요구된다. 컴파일러는 문법 오류를 찾아 낼 수 있으나 논리 오류는 감지하지 못한다.

논리 오류를 찾아내기 위하여 프로그램의 각 부분에 **printf** 문을 삽입하고 프로그램을 실행시킨다. 오류를 찾아내어 수정을 완료했을 경우 printf 문을 삭제해도 되나 다음과 같이 프로그램을 작성하면 삭제과정이 필요없다.

```
... ...
... ...
#ifdef TEST
{
      printf("Array elements\n");
      for(i=0; i<m; i++)
           printf("x[%d] = %d\n", i, x[i]);
}
#endif
... ..
```

```
… . .
#ifdef TEST
        printf(… .);
#endif
… …
```

**#ifdef**와 **#endif** 사이에 있는 문장들은 매크로 **TEST**가 정의되어 있으면 프로그램에 포함되어 실행된다. 오류 수정을 완료한 후 매크로 **TEST**의 정의를 취소하면 된다. 이렇게 할 경우 **#ifdef TEST** 조건이 거짓이 되어 디버깅을 위한 **printf** 문들이 실행되지 않는다. C언어 전처리기는 좀 더 일반적인 형태로 오류 수정하는 방법을 제공한다. 아래 프로그램을 살펴보자.

```
#if constant expression
{
        statement-1;
        statement-2;
        … …
        … …
}
#endif
```

*constant-expression*에 대한 예는 다음과 같다.

TEST <= 3
(LEVEL = = 1 || LEVEL = = 2)
' MACHINE = = 'A'

만일 constant-expression이 참이면 **#if**와 **#endif** 사이에 있는 문장들이 포함되어 실행되고 거짓이면 실행되지 않는다.

## 15.5 ANSI

**LO 15.4** ANSI에 시 추가된 전처리기 지시자에 대해서 배운다.

ANSI 위원회는 표 15.1에 있는 전처리 지시어 외에 아래와 같은 몇 가지 전처리 지시어를 정의하여 C 언어에 포함시켰다.

| | |
|---|---|
| **#elif** | 디버깅 작업에서 사용 |
| **#pragma** | 어떤 명령어를 지정하는데 사용 |
| **#error** | 오류가 발생했을 경우 컴파일 작업 중지 |

또한 다음과 같은 전처리 연산자들이 포함되었다.

| | |
|---|---|
| # | 문자열화 연산자 |
| ## | 토큰 결합 연산자 |

ANSI 전처리 지시어의 사용법을 살펴본다.

### #elif 지시어

**#elif**는 if..else..if 와 유사한 특성을 갖는데 디버깅 과정에서 다중 조건을 다룰 수 있는 기능을 제공한다. 사용법은 다음과 같다.

```
#if     expression 1
        문장 1
  #elif expression 2
        문장 2
        ......
        ......
          #elif expression N
            문장 N
#endif
```

예를 들어 다음과 같이 프로그램을 작성할 경우 컴파일러는 세 가지 중에 하나를 선택하여 프로그램에 포함시키고 처리한다.

```
#if     MACHINE = = HCL
        #define FILE "hcl.h"
  #elif MACHINE==WIPRO
        #define FILE "wipro.h"

        #elif MACHINE==DCM
            #define FILE "dcm.h"
#endif
#include FILE
```

### #pragma 지시어

**#pragma**는 명령어를 지정하여 컴파일러에게 알려주는 기능을 한다. 다음과 같은 형식을 갖는다.

**#pragma *name***

여기서 *name*은 우리가 원하는 **pragma**의 이름이며, 예를 들어 마이크로소프트 C에서 다음 문장은 컴파일러로 하여금 루프를 최적화시키도록 한다.

```
#pragma loop_opt(on)
```

만일 컴파일러가 인식하지 못한다면 루프 최적화 과정은 수행되지 않고 무시된다.

### #error 지시어

**#error**는 디버깅 과정에서 오류 진단에 필요한 메시지를 화면에 표시한다. 다음과 같은 형태를 갖는다.

**#error *error_message***

**#error**를 만나면 error_message를 화면에 표시하고 실행이 종료된다. 다음 문장을 살펴보자.

```
#if !defined(FILE_G)
#error NO GRAPHICS FACILITY
#endif
```

여기서는 **#if**와 더불어 특수한 연산자 **defined**를 사용했다. **defined**는 새롭게 추가되었으며 괄호로 둘러싼 이름을 사용한다. 컴파일러가 이것을 지원하지 않으면 다음과 같이 바꿔 쓸 수도 있다.

| | |
|---|---|
| #if !defined는 | #ifndef로 |
| #if defined는 | #ifdef로 |

## 문자열화 연산자 #

ANSI C는 매크로 함수의 정의에서 사용되는 문자열화 연산자 #를 제공한다. 다음 예를 살펴보자.

```
#define sum(xy) printf(#xy " = %f\n", xy)
main( )
{
    ... ...
    ... ...
    sum(a+b);
    ... ...
}
```

전처리기는 sum(a+b)를 printf("a+b" "=%f\n", a+b)로 변환한다. printf("a + b" "=%f\n", a+b)는 printf("a+b = %f\n", a+b)와 동등하다.

ANSI 표준에서 연속된 문자열은 서로 연결된다고 규정하고 있다.

## 토큰 결합 연산자 ##

##는 매크로 정의에서 두 개의 토큰들을 하나의 토큰으로 결합하는데 사용한다. 다음 예를 살펴보자.

```
#define combine(s1,s2) s1##s2
main( )
{
    .... ..
    .... ..
    printf("%f", combine(total, sales));
```

```
        .... ..
        .... ..
    }
```

전처리기는 `printf("%f", combine(total, sales))`를 `printf("%f", totalsales)`로 변환한다. 다른 예제를 살펴보자.

#define print(i) printf("a" #i "=%f", a##i)

전처리기는 `print(5)`를 `printf("a5 =%f", a5)`로 변환한다.

## 주요 개념

- **매크로 호출:** 매크로 식별자를 해당하는 문자열로 치환한다. 형식 인자로 실인자로 바꾼다. [LO 15.1]
- **매크로 치환:** 프로그램에 있는 식별자가 미리 정의되어 있는 하나 이상의 토큰으로 구성된 문자열로 대체되는 과정 [LO 15.1]
- **전처리기:** 컴파일러를 거치기 전에 소스코드를 처리하는 프로그램 [LO 15.1]
- **조건부 컴파일:** 어떤 조건이 맞았을 때 코드의 특정 줄이나 줄의 그룹이 컴파일 되도록 하는 기능 [LO 15.3]
- **문자열화 연산자:** 매크로 함수 정에 정의되어 있는 형식인자를 문자열로 바꾼다. [LO 15.4]

## 알아두기

- 프로그램 코드의 변경을 체계적으로 관리하려면 매크로를 사용한다. [LO 15.1]
- 매크로 정의를 프로그램의 일부분으로 제한하기 위해서는 매크로를 취소하는 #undef를 쓴다. [LO 15.1]
- #include <filename> 지시어는 컴파일러에 의해 정의된 표준 디렉토리만을 검색한다. 하지만 #include "filename" 지시어는 프로그램 소스 디렉토리를 검색하고, 만일 파일을 찾지 못하면 표준 디렉토리를 찾는다. [LO 15.2]
- 프로그램 코드의 조건부 컴파일을 위해서 #ifndef를 사용한다. [LO 15.3]

## 다중선택 문제

다음 다중선택 문제에서 올바른 답을 고르시오.

15.1 다음 중에서 파일 포함 전처리기 지시자는 무엇인가? [LO 15.2 E]

(a) #include (b) #define (c) #pragma (d) 1과 2 모두

15.2 다음 중에서 컴파일러 조절 지시자에 관해서 틀린 것은? [LO 15.3 M]

(a) #ifdef 지시자 뒤에는 반드시 #endif 지시자가 따라와야 한다.

(b) #ifndef 지시자 뒤에는 반드시 #endif 지시자가 따라와야 한다.

(c) #undef 지시자는 매크로 정의를 취소한다.

(d) #if 지시자 뒤에는 반드시 #else 지시자가 따라와야 한다.

15.3 다음 중에서 "if..else..if"와 같은 또 다른 검사 기능을 제공하는 지시자는 무엇인가? [LO 15.M]

(a) #elif (b) #if (c) #else (d) #pragma

## 복습 질문

15.1 다음 문장이 참인지 거짓인지 말하시오.

(a) 키워드 #define은 첫 열에서 시작해야 한다. [LO 15.1 E]

(b) 다른 문장과 같이 프로세서 지시자는 세미콜론으로 끝나야 한다. [LO 15.1 E]

(c) 모든 전처리기 지시자는 #으로 시작한다. [LO 15.1 E]

(d) 매크로 정의 안에 또 다른 매크로를 쓸 수 없다. [LO 15.1 M]

(e) 전처리기 지시자는 main 함수의 다른 문장과 동일한 우선 순위로 컴파일러에 의해 실행된다. [LO 15.1 E]

(f) #include <stdio.h> 지시자는 표준 디렉터리에서 stdio.h 파일이 있는지를 검사한다. [LO 15.2 M]

15.2 다음 빈 칸을 적절히 채우시오.

(a) ______ 지시자는 매크로를 취소한다. [LO 15.3 E]

(b) 연산자 ______는 두 개의 인자를 연결하는 데 사용된다. [LO 15.4 M]

(c) 연산자 ______는 피연산자를 바꾼다. [LO 15.4 M]

(d) ______ 지시자는 구현-지향의 동작을 유발한다. [LO 15.4 M]

(e) #include "TEST.C" 지시자는 ______ 디렉토리에 TEST.C 파일일 있는지를 검사한다. 만일 파일이 없으면 컴파일러는_____ 디렉토리에 파일이 있는지 찾는다. [LO 15.2 M]

(f) _____ 지시자는 매크로가 헤더 파일에 정의되어 있는지 여부를 검사한다. [LO 15.3 E]

(g) ______ 지시자는 에러를 만났을 때 컴파일 과정을 중지시킨다. [LO 15.4 E]

(h) _____ 지시자는 매크로를 취소하여 매크로가 프로그램의 일부에만 한정되도록 한다. [LO 15. M]

15.3 C 전처리기의 기능을 설명하시오. [LO 15.1 E]

15.4 매크로란 무엇인가? 변수와 다른 점은? [LO 15.1 E]

15.5 인자를 갖는 매크로를 사용할 때 주의할 점은 무엇인가? [LO 15.1 M]

15.6 매크로를 정의하여 사용할 때 장점은 무엇인가? [LO 15.1 M]

15.7 #include는 언제 사용하는가? [LO 15.2 E]

15.8 매크로의 값은 프로그램 실행 중에 변경될 수 없다. 설명하시오. [LO 15.1 M]

15.9 조건부 컴파일이란 무엇인가? 장점을 설명하시오. [LO 15.3 E]

15.10 #ifdef과 #if의 차이점은? [LO 15.3 M]

15.11 다음 프로그램을 설명하시오. [LO 15.3 M]

```
#if 0
{
        line_1;
        line_2;
        ...
        ...
        line_n;
}
#endif
```

15.12 함수와 인자가 있는 매크로의 차이점을 나열하시오. [LO 15.1 E]

15.13 #include에서 파일 이름에 〈 〉를 사용하거나 또는 " "를 사용한다. 이유를 설명하시오. [LO 15.2 M]

15.14 매크로를 정의할 때 괄호를 사용하는 이유를 설명하시오. 예를 하나만 들고 설명하시오. [LO 15.1 M]

## 디버깅 연습

15.1 오류가 있을 경우 수정하시오.

(a) #define until(x) while(!x) [LO 15.1 H]

(b) #define ABS(x) (x>0) - (x) : (-x) [LO 15.1 H]

(c) #ifdef(FLAG) [LO 15.3 E]
#undef FLAG
#endif

(d) #if n == 1 update(item) [LO 15.3 M]
#else print-out(item)
#endif

## 프로그래밍 연습

15.1 임의의 형의 두 값들을 인쇄하기 위한 매크로 PRINT_VALUE를 정의하시오. [LO 15.1 E]

15.2 세 값들의 최소값을 찾는 중첩 매크로를 정의 하시오. [LO 15.1 M]

15.3 구의 부피를 계산하는 매크로를 정의하시오. 이 매크로를 사용하여 반경이 5, 10, 15 m인구들의 부피를 계산하는 프로그램을 작성하시오. [LO 15.1 M]

15.4 배열과 배열 크기를 인자로 갖는 매크로를 정의하시오. 이 매크로를 사용하여 배열의 원소를 인쇄하는 프로그램을 작성하시오. [LO 15.1 H]

15.5 문제 15.4에서 정의된 매크로를 사용하여 배열의 모든 원소의 합을 계산하는 프로그램을 작성하시오. [LO 15.1 H]

15.6 이항 연산자 +, ?, *, /를 위한 기호상수들을 정의하시오. 이 기호상수들의 사용방법을 보여주는 간단한 프로그램을 작성하시오. [LO 15.1 M]

15.7 {, } 그리고 빈 줄을 인쇄하는 기호상수들을 정의하시오. 이 기호상수들의 사용방법을 보여주는 간단한 프로그램을 작성하시오. [LO 15.1 H]

15.8 문자열화 연산자의 사용방법을 보여주는 프로그램을 작성하시오. [LO 15.4 M]

15.9 사용자가 만든 파일이 C 프로그램에 포함되는 방법을 보여주는 간단한 C 프로그램을 작성하라. [LO 15.2 M]

15.10 에러를 만나면 프로그램 실행이 중지되도록 하는 #error 지시자를 사용하는 C 프로그램을 작성하라. [LO 15.4 M]

15.11 사각형의 면적을 계산하는 매크로 치환을 사용하도록 C 프로그램을 작성하라. [LO 15.1 E]

15.12 논리적 부정 연산을 수행하는 NOTEQUAL이라는 이름의 매크로를 구현하는 C 프로그램을 작성하라. [LO 15.1 M]

## 인터뷰 질문

15.1 다음 코드에서 변수 i1과 i2의 타입은 무엇인가?

```
#define INTPTR int*
void main()
{
INTPTR i1, i2;
}
```

15.2 #include <file>과 #include "file"의 차이는 무엇인가? [LO 15.1 H]

15.3 다음 프로그램의 출력은 무엇인가? [LO 15.2 M]

```
#include<stdio.h>
#define X -Y
#define Y -Z
#define Z 10
int main()
{
printf("The value of X is %d\n", X);
return 0;
}
```

Chapter 16

# C 프로그램 개발을 위한 지침

**학습목표**

LO 16.1 프로그램 설계에 대해서 설명한다.
LO 16.2 프로그램 코딩에 대해서 설명한다.
LO 16.3 자주 발행하는 프로그래밍 오류를 확인한다.
LO 16.4 프로그램 테스트과 디버깅을 수행하는 방법을 설명한다.

## 16.1 소개

지금까지 C언어의 여러 가지 특성들을 살펴보았으며 꽤 복잡한 프로그램을 개발하고 실행시킬 준비가 되어 있다. 그러나 복잡한 프로그램을 개발하기에 앞서 효율적이면서 오류가 없는 프로그램을 개발하는데 도움을 주는 기술들을 살펴보는 것은 가치있는 일이다.

프로그램 개발 과정은 프로그램 설계, 프로그램 코딩, 프로그램 시험의 세 단계로 구성되어 있다. 양질의 프로그램을 개발하기 위해서는 세 단계 모두 세심한 주의를 기울여야한다. 이 장은 프로그램 설계, 코딩 시험 등에 사용되는 기술들을 다룬다.

## 16.2 프로그램 설계

LO 16.1 프로그램 설계에 대해서 설명한다.

프로그램 설계는 좋은 프로그램을 위한 기초가 되며 프로그램 개발 주기의 중요한 부분을 차지한다. 프로그램을 코딩하기에 앞서 프로그램을 구상하고 프로그램 설계의 모든 측면을 세부적으로 분석하여야 한다. 프로그램 설계는 어떤 문제의 해를 얻기 위해 프로그램을 작성하는데 사용되는 전략의 개발에 관한 것이다. 프로그램 설계 단계에서 프로그램이 가져야 할 형식과 해를 얻기 위한 절차 등에 대한 묘사를 세부적으로 상세하게 기술해야 한다. 프로그램 설계 과정을 다음과 같은 네 가지 단계로 나누어 볼 수 있다.

**1.** 문제 분석
**2.** 프로그램 구조 초안 잡기
**3.** 알고리듬 개발
**4.** 제어 구조의 선택

## 문제 분석

문제 해결 절차를 생각하기에 앞서, 문제의 본질과 프로그램이 무슨 일을 수행해야 하는지를 완전히 이해해야 한다. 문제의 정확한 정의 및 심층적인 이해가 부족한 상태에서 프로그램 설계를 시도할 경우 반복 수정 과정에 빠질 가능성이 매우 높다. 문제 분석 단계에서 다음 질문에 대한 답을 명확하게 얻어야한다.

프로그램의 입력으로 어떤 종류의 데이터가 필요한가?

프로그램의 출력은 무엇인가?

프로그램을 실행할 때 제약 조건은 무엇인가?

## 프로그램 구조 초안 잡기

일단 원하는 것과 필요로 하는 것이 무엇인지를 결정했다면 다음 단계에서는 그것을 어떻게 성취할 것인가를 결정해야한다. C 언어는 구조화된 언어이며 상의하향식 접근에 적합한 언어이다. 상의하향식 접근이란 그림 16.1에 보여진바와 같이 문제 해결 절차를 계층적으로 여러 개의 작은 과제로 분해하는 것이다. 상의하향식 설계의 핵심은 복잡한 문제를 서로 독립적인 여러 개의 과제로 분해하고, 이것들을 다시 더 작은 과제로 분해하여 최종적으로 아주 쉽게 코딩할 수 있는 충분히 작은 여러 개의 과제들을 얻는 것이다. 계층 구조의 각 단계별 과제들은 프로그램에서 함수들로 구현된다.

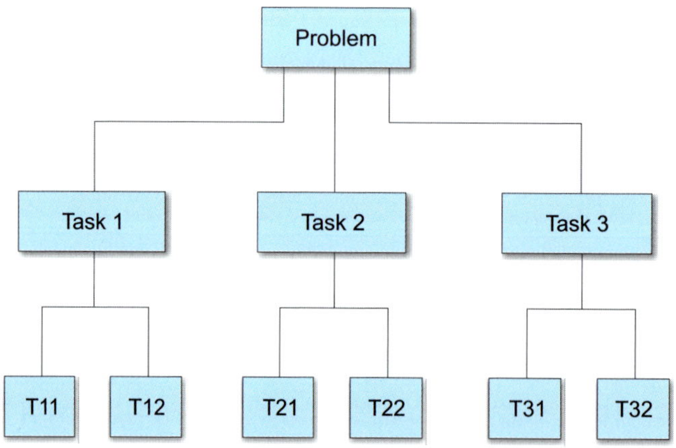


**그림 16.1** 계층구조

각 계층에서 하위 계층의 세부적인 사항을 알 수 없다. 상위 계층 함수들을 먼저 설계하고 단계적으로 하위 계층 함수들을 설계한다. 최하위 단계에 도달하면 이 계층에 있는 함수들에 대한 세부적인 사항들을 고려하여 코딩한다. 즉 함수들의 설계는 위에서부터 아래로 수행하며 아래 단계로 내려갈수록 점점 더 세부적이며 정제된 함수들을 얻는다.

계층적 설계를 할 경우 문제 전체를 한 눈에 볼 수 있을 뿐만 아니라 쉽게 이해할 수 있는 단위 모듈 프로그램들을 얻을 수 있으므로 프로그램의 유지 보수에 매우 유리하다.

### 알고리듬 개발

일단 문제 해결 절차와 프로그램 구조의 전체 초안이 결정 됐으면 다음 단계는 각 함수들에 대한 세부적인 규정 및 실행 과정 즉 각 함수에 대한 **알고리듬**을 개발 하는 것이다. 알고리듬을 기술하는 가장 보편적 방법은 **흐름도**를 사용하는 것이다. 또 다른 방법으로는 **의사코드**를 들 수 있다. 흐름도는 알고리듬을 그림으로 표현하는데 반해 의사코드는 알고리듬을 논리적 순서가 있는 기초 단위 과정들로 기술한다.

알고리듬은 효율적인 프로그램을 개발하는데 아주 중요하므로 알고리듬 개발에 충분한 시간과 노력을 할당해야 한다. 어떤 문제의 해결 과정은 여러 개가 있을 수 있다. 예를 들어 여러 개의 정렬 알고리듬이 있다. 여러 가지 접근 방법 중에 복잡도, 실행 시간 및 정밀도를 고려하여 한 개를 선택하면 된다.

### 제어 구조의 선택

어떤 문제를 해결하는 절차가 복잡할 경우 매우 많은 제어문들이 필요한데 **goto**의 무분별한 사용은 프로그램을 난해하고 매우 복잡하게 만든다. 모든 알고리듬은 순차 구조, 선택 구조, 반복 구조 또는 이것들의 결합으로 구조화 될 수 있다.

순차 구조 프로그램에서는 문장들이 순차적으로 실행된다. 선택 구조에서는 조건을 기반으로 한 결정 즉 분기를 하는데 **if, else, switch** 등을 사용한다. 반복 구조에서는 일련의 문장들이 반복적으로 수행되며, **do, while, for** 등을 사용한다.

잘 설계된 구조는 프로그램을 개발할 때 다음과 같은 장점 및 특징을 갖는다.

**1.** 코딩이 쉽고 오류가 없다.
**2.** 시험이 간단하다.
**3.** 유지보수가 쉽다.
**4.** 이해하기 쉬운 주석 또는 문서화가 가능하다.
**5.** 개발 비용 추정을 좀 더 정밀하게 할 수 있다.
**6.** 코딩의 진행과정을 좀 더 간결하게 관리 할 수 있다.

> **TIP**
> 프로그램 작성 이전에 알고리즘/흐름도 개발이 선행되어야 한다.

## 16.3 프로그램 코딩

> LO 16.2 프로그램 코딩에 대해서 설명한다.

앞에서 개발된 알고리듬은 컴퓨터가 이해할 수 있는 명령어들의 집합으로 변환되는데 간결하고 명확해야 한다. 어떤 사람이 개발한 프로그램은 다른 개발자가 읽어야 하므로 이해하기 쉽고 읽기 쉬워야한다. 복잡한 논리나 눈속임 코딩은 피해야 한다. 프로그램을 코딩할 때 다음 요소들이 고려되어야 한다.

- 내부 문서화
- 문장들의 구조
- 프로그램의 일반성
- 입력/출력 형식

## 내부문서화

여기서 문서는 프로그램을 기술하는 세부 사항들을 의미한다. 어떤 세부 사항들은 프로그램의 한 부분으로 포함되므로 내부 문서화라고 한다.

내부 문서화의 두 가지 중요한 측면은 의미있는 변수명의 사용과 적절한 주석을 들 수 있다. 예를 들어

**area = breadth * length**

는 아래 문장보다 좀 더 의미있는 변수명을 사용하였다.

```
a = b * l;
```

혼란을 유발하는 이름의 사용은 피해야 한다. 함수 이름을 의미 있게 선택하면 프로그램을 쉽게 이해할 수 있으며 유지 보수하는데 많은 도움을 준다.

프로그램의 단계적 처리 과정을 기술하여 이해에 도움을 주는 서술적 주석, 예를 들어 사용예 등과 같은 주석을 프로그램 내에 포함시켜야 한다. 다음을 참고하여 주석을 가능한 친절하고 자세하게 기술한다.

1. 각 문장들보다는 문장들을 의미 있게 분류하는 불럭을 기술하라.
2. 주석과 문장들을 구별하기 위하여 빈 줄이나 들여쓰기를 사용하라.
3. 주석을 정확하게 기술하라. 부정확한 주석은 주석이 없는 것보다 못하다.

## 문장들의 구조

논리의 흐름은 프로그램 설계 과정에서 결정되나, 개개 문장들의 구조는 코딩 단계에서 결정된다. 각 문장은 간단하면서도 직관적이어야 한다. 다음 문장들을 고려해 보자.

```
if(quantity>0){code = 0; quantity = rate;}
else { code = 1; sales = 0;)
```

비록 위 문장들은 문법적으로 오류가 없으나 다음과 같이 재구성하는 것이 좋다.

```
if(quantity>0)
{
    code = 0;
    quantity = rate;
}
```

```
else
{
      code = 1;
      sales = 0;
}
```

문장 구조에 대한 일반적 지침은 다음과 같다.

1. 한 줄당 한 문장을 기술하라.
2. 선택과 반복 구조를 구현할 때 적절한 들여쓰기를 사용하라.
3. 복잡한 다중 루프의 사용을 피하라. 보통 3중 루프까지는 허용된다.
4. 분기문에서 간단한 조건 표현을 사용하라. 복잡한 조건들을 간단한 것으로 쪼개거나 나누어라.
5. 논리적, 산술적 표현들을 명확하게 하기 위하여 괄호를 사용해라.
6. 가독성을 좋게 하기 위하여 공백을 많이 사용하라.

## 입력/출력 형식

입력/출력 형식은 사용자가 수용할 수 있는 간단한 형태여야 한다. 다음과 같은 지침들이 고려되어야 한다.

1. 형식을 간단하게 하라.
2. 항목 개수를 지정하기 위해 end-of-file 지정자를 사용하라.
3. 모든 상호작용 입력 요청들을 기술하는 라벨을 만들어라.
4. 모든 출력에 대한 라벨을 만들어라.
5. 출력이 특정한 사항을 포함하고 있을 때 이를 묘사하는 출력 메시지가 출력되게 하라.

## 프로그램의 일반성

프로그램을 코딩할 때 특정 데이터 집합 또는 파라미터의 특정 값에 대한 종속성을 최소화하는 방향으로 코딩하여야 한다. 예들 들어 보자.

```
for(sum = 0, i=1; i <= 10; i++)
   sum = sum + i;
```

위 프로그램은 1부터 10까지 정수들을 더하는 기능을 수행한다. 위 프로그램을 다음과 같이 좀 더 일반적인 형태로 변환할 수 있다.

```
sum = 0;
for(i = m; i <= n; i = i + step);
   sum = sum + i;
```

위와 같이 프로그램을 작성할 경우 변수 i에 대한 초기 값 **m**, 최종 값 **n**, 증분 **step**은 프로그램 실행 중에 사용자와 대화식으로 상호작용하면서 그 값들이 지정될 수 있다. 예를 들어 m = 2, n = 100, step = 2 일 경우 2부터 100까지 모든 짝수들의 합을 계산한다.

> **TIP**
> 문장 블록에 적절한 들여쓰기는 가독성을 높이고 디버깅을 쉽게 만든다.

## 16.4 자주 발생하는 프로그램 오류

컴파일러는 모든 종류의 오류를 보고하지 않으므로 프로그램을 코딩할 때 자주 발생하는 오류를 조사해 보는 것은 의미있는 일이다.

> LO 16.3 자주 발행하는 프로그래밍 오류를 확인한다.

### 세미콜론 빠뜨림

C 프로그램에서 모든 문장은 세미콜론으로 끝나야한다. 세미콜론을 빠뜨릴 경우 컴파일러는 'misleading' 오류 메시지를 보고한다. 다음 문장들을 고려해 보자.

```
a = x+y
b = m/n;
```

컴파일러는 두 번째 행을 첫 번째 행의 일부분으로 인식하고 b를 변수 명으로 인식하고 두 번째 행에 오류가 있으며 변수가 정의되지 않았다는 "undefined name" 오류 메시지를 보고한다. 이 경우 메시지 내용과 오류에 대한 위치는 부정확하다. 그러므로 오류가 있다고 보고된 행의 이전 행을 조사해야 한다.

세미콜론을 빠뜨릴 경우 컴파일러는 종종 두서없이 일련의 오류 메시지들을 보고하는 경우가 있다. 보고된 오류 메시지들의 진실 여부가 수상쩍을 경우 오류 메시지가 지정한 행에 세미콜론이 생략됐는지를 확인해야한다.

### 세미콜론의 오용

또 다른 자주 발생하는 실수는 세미콜론을 부적절하게 사용하는 것이다. 다음 예를 고려해 보자.

```
for(i = 1; i <= 10; i++);
    sum = sum + i;
```

아마도 위 예제는 1부터 10까지 모든 정수들의 합을 구하는 프로그램일 것이다. 그러나 실제로는 i에 대한 최종 값을 sum에 한번만 더한다. 또 다른 예들을 고려 해 보자.

1.
```
while (x < max);
{
}
```
2.
```
if(T >= 200);
grade = 'A';
```

세미콜론은 빈 문장을 의미하므로 위의 경우 문법 오류는 없다. 그러므로 컴파일러는 오류 메시지를 보고하지 않는다. 이와 같은 종류의 오류는 문법 오류보다 수정하기가 더 어렵다.

Use of = Instead of = =

관계 연산자에서 등호를 두 개 사용해야 하는데 한 개만 사용하는 오류를 범할 경우도 있다. 다음 예를 고려해 보자.

```
if(code = 1)
    count++;
```

위의 예는 문법적인 측면에서 오류가 없다. 변수 code에 1이 할당되므로 code=1은 참으로 인식되므로 count가 1만큼 증가한다. 즉 문장 count++; 는 항상 실행된다. 유사한 오류를 **for**나 **while**을 사용할 때 범할 수도 있다. 이 경우 루프는 무한히 실행될 것이다.

## 괄호 빠뜨림

괄호를 열면 항상 닫아야 한다. 중첩 루프에서 괄호 열기와 괄호 닫기의 개수는 같아야 한다. 컴파일러는 이 오류를 잘 감지한다. 그러나 괄호 열기와 괄호 닫기의 개수는 같으나 괄호를 잘못된 위치에 놓을 경우 컴파일러는 오류를 감지하지 못한다. 또 다른 오류는 여러 문장들을 반복적으로 실행하고자 할 때 괄호를 사용하지 않는 것이다. 다음 예를 살펴보자.

```
for(i=1; i <= 10; i++)
    sum1 = sum1 + i;
    sum2 = sum2 + i*i;
printf("%d %d\n", sum1, sum2);
```

위 예는 1부터 10까지 변하는 i에 대해 **sum1**과 **sum2**를 계산할 의도로 작성되었다. 그러나 실제로는 아래의 첫 번째 문장만 반복 실행된다.

```
sum = sum1 + i;
```

반면에 아래 문장은 한 번만 실행된다.

```
sum2 = sum2 + i*i;
```

다음과 같이 수정되어야 한다.

```
for(i=1; i <= 10; i++)
{
    sum1 = sum1 + i;
    sum2 = sum2 + i*i;
}
printf("%d %d\n", sum1, sum2);
```

괄호가 한 개만 사용될 경우 컴파일러의 행동은 예측 불가능하다.

## 따옴표 빠뜨림

문자 하나를 다룰 때 작은따옴표를 사용하고 이를 처리하기 위한 변수가 올바르게 선언되어 있어야 한다. 예를 들어 다음 문장은 변수 **city**가 **char**형에 대한 포인터로 선언되어 있을 경우 문법오류를 가지고 있다.

```
city='M';
```

## 부적절한 주석 문자

모든 주석은 /* 로 시작하고 */ 로 끝나야 하며 그 사이에 있는 모든 것들은 무시되고 컴파일되지 않는다. 만일 */를 생략할 경우 컴파일러는 프로그램 끝까지 계속해서 */를 찾는다. 만일 */를 못 찾을 경우 오류 메시지가 보고된다. 다음 예를 고려해 보자.

```
. . . . .
/* comment line 1
statement1;
statement2;
/* comment line 2 */
statement 3;
. . . . .
```

주석 1에 */이 없으므로 주석 1의 /*부터 주석 2의 */ 사이에 있는 모든 문장들이 무시된다. C언어는 주석의 중첩을 허용하지 않는다. 다음 예를 고려해 보자.

```
. . . . .
X=a-b;
Y=c-d;
/* compute ratio */
ratio=X/Y;
. . . . .
. . . . .
```

위의 프로그램을 수정한 다음과 같은 프로그램을 고려하자.

```
/* X=a-b;
Y=c-d;
/* compute ratio */
ratio=X/Y; */
```

첫 번째 행의 /*는 세 번째 행 끝 부분에 있는 */에 대응하며 그 사이에 있는 모든 것이 무시된다. 다음 문장은 주석 처리되지 않는다.

```
ratio = x/y;
```

모든 문장을 주석 처리하고자 할 경우 아래와 같이 수정해야 한다.

```
/* X=a-b;
Y=c-d; */
/* compute ratio */
/* ratio = x/y; */
```

## 선언되지 않은 변수

C언어는 변수를 사용하기에 앞서 먼저 선언할 것을 요구한다. 변수를 선언하지 않고 사용할 경우 오류 메시지가 보고된다. 어떤 값을 저장하고 있는 변수를 프로그램의 다른 부분에서 다른 목적으로 다시 사용해도 된다.

## 연산자 우선순위

수식 표현은 연산자 우선순위에 따라 계산된다. 초보자의 경우 연산자 우선순위와 관련된 오류를 종종 범한다. 다음을 고려해 보자.

```
if (value = product( ) >= 100)
    tax = 0.05 * value;
```

> **TIP**
>
> 연산자의 우선순위를 지정하기 위해서 괄호를 적절히 사용하면 프로그램 가독성을 높인다.

함수 호출 **product()**는 두 수의 곱을 반환한다. 그리고 반환된 값은 100과 비교된다. 만일 반환된 값이 100보다 크거나 같으면 관계 연산자 >=는 참이고 변수 value에는 1이 저장된다. 만일 반환된 값이 100보다 작으면 변수 value에는 0이 저장된다. 즉 변수 value에는 1 또는 0이 저장된다.

아마도 이것은 개발자가 원하는 것은 아닐 것이다. 실제로는 **product()**의 반환 값이 **value**에 저장되고 **value**가 100과 비교되는 것을 원했을 것이다. 만일 **value**가 100보다 크거나 같으면 아래 문장을 사용하여 tax를 계산한다.

```
tax = 0.05 * value;
```

위의 오류는 연산자 우선순위 때문에 발생했다. 관계 연산자 >=의 우선순위가 대입 연산자 =보다 더 높다. 다음과 같이 수정하면 된다.

```
if ((value = product( )) >= 100)
tax = 0.05 * value;
```

논리 연산자 &&와 ||는 산술 연산자보다 우산 순위가 낮으며 &&는 ||보다 우선순위가 높다. 다음 예들에서 차이점을 찾아보라.

**1.** if(p > 50 || c > 50 && m > 60 && T > 180)
x = 1;

**2.** if((p > 50 || c > 50) && m > 60 && T > 180)
x = 1;

**3.** if((p > 50 || c > 50 && m > 60) && T > 180)
x = 1;

## 증감 연산자에서 계산 순서

증감 연산자는 매우 자주 사용된다. 다음 예를 고려하자.

```
... ...
i = 0;
while ((c = getchar()) != '\n')
{
    string[i++] = c;
}
string[i-1] = '\n';
```

문장 **string[i++] = c;**는 아래 두 문장과 등가이다.

```
string[i] = c;
i = i + 1;
```

문장 **string[i++] = c;**는 문장 **string[++i] = c;**와 등가가 아니다. 문장 string[++i] = c;는 아래 두 문장과 등가이다.

```
i = i + 1;
string[i] = c;
```

## 함수 파라미터의 선언

함수의 모든 파라미터는 함수헤더에 선언되어 있어야 한다.

## 함수 호출에서 파라미터 형 불일치

파라미터를 갖는 함수를 호출할 때 함수에 넘겨지는 값의 형은 함수 정의에서 지정된 파라미터의 형과 같아야 한다. 만일 형이 불일치할 경우 함수 반환 값에 오차가 포함될 수도 있다. 이것을 방지하기 위해서는 형 변환 연산자를 사용하면 된다. 다음은 함수 호출에서 형 변환 예를 보여 준다.

```
y = cos((double)x);
```

## 함수의 선언

호출되는 모든 함수는 반환값의 형을 지정하기 위해 미리 선언되어 있어야 한다. 다음 예를 고려해 보자.

```
main()
{
    float a = 12.75;
    float b = 7.36;
    printf("%f\n", division(a, b));
}
double division(float x, float y)
{
    return (x/y);
}
```

함수 **division**은 **double**형을 반환한다. 그러나 이것은 호출하는 함수에게는 알려져 있지 않으므로 **int**형을 반환할 것이다. 위 프로그램은 의미없는 결과를 생산하거나 "redefinition"과 같은 오류 메시지를 보고한다.

함수 **division**은 **main** 함수에서 변수처럼 취급되므로 **division**은 **main** 함수에서 double형으로 선언되어 있어야 한다.

함수 **division**이 다음과 같이 코딩되었다고 가정하자.

```
division(float x, float y)
{
    return (x/y);
}
```

값 x와 y 그리고 x/y는 **float**형이지만 반환값의 형이 지정되지 않았으므로 함수는 정수값을 반환한다. 함수가 정확하게 동작하기 위해서는 함수 헤더 부분에서 함수 반환값의 형이 지정되어 있어야한다.

> **TIP**
> 모든 함수 정의와 호출 이전에 함수 선언이 되어야 한다.

## scanf에서 연산자 &의 빠뜨림

**scanf** 함수에서 포인터가 아닌 모든 변수들 앞에는 연산자 **&**를 붙여야 한다. 변수 code가 정수형으로 선언되었다면 다음 문장은 잘못된 것이다.

```
scanf("%d", code);
```

scanf("%d", &code);와 같이 수정되어야 한다. 컴파일러는 이런 오류를 감지하지 못하며 프로그램을 실행하면 매우 이상한 결과를 얻을 것이다.

### 배열 경계 침범

C언어에서 모든 인덱스는 0부터 시작한다. 인덱스가 1부터 시작할 경우 문제를 야기할 수도 있다. 다음 예를 고려해 보자.

```
int x[10], sum i;
sum = 0;
for(i = 1; i <=10; i++)
    sum = sum + x[i];
```

위 프로그램은 배열 x의 원소들의 합을 부정확하게 계산한다. for 루프 부분이 다음과 같이 수정되어야 한다.

```
for(i=0; i<10; i++)
```

### 문자열에서 널 문자를 위한 공백

모든 문자 배열은 널 문자로 끝나야하며 문자열을 손실없이 저장하기 위해서는 배열의 크기는 문자열의 크기보다 최소한 1만큼 더 커야 한다.

### 초기화되지 않은 포인터의 사용

초기화되지 않은 포인터는 쓰레기를 가리키고 있으므로 다음 프로그램은 오류를 가지고 있다.

```
main()
{
        int a, *ptr;
        a = 25;
        *ptr = a+5;
}
```

포인터 **ptr**을 초기화해야 한다.

### 포인터에서 연산자 *와 연산자 & 빠뜨림

포인터를 사용할 때 연산자 *와 &를 빠뜨리지 않고 정확하게 사용해야 한다. 다음 예를 고려해 보자.

```
main()
{
        int m, *p1;
        m = 5;
        p1 = m;
        printf("%d\n", *p1);
```

```
}
```

위 프로그램은 포인터 할당문 **p1=m;** 이 틀렸으므로 매우 이상한 값을 출력할 것이다. 다음과 같이 수정되어야 한다.

```
p1 = &m;
```

다음 예를 고려해 보자.

```
y = p1 + 10;
```

아마도 **y**에는 주소 **p1**에 저장된 값에 10을 더한 값이 할당되기를 기대할 것이다. 그러나 이런 결과는 발생하지 않는다. 다음과 같이 수정되어야 한다.

```
y = *p1 + 10;
```

## 포인터 표현에서 괄호의 생략

다음 두 문장은 서로 동등하지 않다.

```
x = *p1 + 1;
x = *(p1 + 1);
```

첫 번째 문장은 주소 **p1**에 저장된 값에 1을 더하여 **x**에 대입할 것이고 두 번째 문장은 주소 **p1 + 1**에 저장된 값을 x에 대입할 것이다.

## 매크로 정의에서 인자를 위한 괄호의 생략

매크로를 정의할 때 괄호를 빠뜨릴 경우 매크로가 부적절하게 치환되어 올바른 값을 산출하지 못한다. 다음 예를 고려하자.

**#define** f(x) x * x + 1

호출 **y = f(a+b);**는 **y = a +b * a + b +1;** 로 치환되므로 잘못된 결과를 산출한다.

지금까지 살펴본 오류 외에 다음과 같은 오류가 흔히 발생한다.

- 루프에서 인덱스를 부적절하게 사용
- 루프의 부적절한 종료
- 무한 루프
- 관계 연산자의 부정확한 사용
- 변수의 저장 범위 초과
- 0으로 나누기
- **scanf**와 **printf**에서 변수의 형과 데이터의 형 불일치
- 잘라 버림 오차

## 16.5 프로그램 시험과 디버깅

> **LO 16.4** 프로그램 테스트과 디버깅을 수행하는 방법을 설명한다.

프로그램 시험과 디버깅은 오류를 감지하고 수정하는 과정을 말한다. 이 과정을 통해 올바른 결과를 내는 프로그램을 얻는다. 개발자는 한 번에 완벽하게 동작하는 프로그램을 얻는 것이 매우 어렵다는 사실을 인식하고 있어야 한다. 설계과정이 아주 철저하게 수행되고 코딩 과정이 아주 주의깊게 수행되었다 하더라도 프로그램이 무오류라고 결코 말할 수 없다. 그러므로 프로그램에 존재하는 오류를 감지하고 수정하는 과정이 필요하다.

### 오류의 형태

앞에서 우리는 자주 발생하는 오류를 살펴보았다. 이외에도 여러 종류의 오류가 있는데 어떤 것은 명확하고 어떤 것은 명확하지 않을지도 모른다. 모든 오류는 네 가지로 분류할 수 있다. 즉 문법오류, 실행시간 오류, 논리오류, 잠재오류로 분류 할 수 있다.

**문법오류:** C 언어 사용 규칙 즉 문법에 위배가 될 경우 문법오류가 발생한다. 컴파일러는 문법오류를 감지하고 그 위치를 찾아 낼 수 있다. 문법오류가 발생할 경우 컴파일에 실패하며 컴파일 과정이 종료되고 오류가 보고된다. 여기에는 문법오류의 종류, 원시 프로그램에서 오류의 위치 등이 포함되어 있다. 어떤 경우에는 오류의 위치가 정확하지 않을 수도 있다. 또한 어떤 경우에는 한 개의 문법오류로 인해 매우 긴 오류 메시지가 보고될 수도 있다. 프로그램의 시작 부분에서 발생한 오류 한 두 개를 수정하면 오류 메시지가 매우 짧아지는 경우도 있다.

**실행시간 오류:** 데이터 형 불일치, 배열 인덱스 초과 등과 같은 오류는 컴파일러가 감지하지 못한다. 이런 오류는 프로그램을 실행해 보아야만 감지할 수 있다. 실행시간 오류를 수정하는 것은 대개 매우 어려운 고난도 과제이다.

**논리오류:** 이름이 의미하는 바와 같이 프로그램 실행의 논리와 관련이 있다. 잘못된 경로 취하기, 특정 조건을 고려하는데 있어서의 실패, 문장 실행 순서의 부적절함 등이 이런 오류에 속한다. 컴파일러는 논리오류를 감지하지 못한다. 해결해야할 문제의 피상적 이해, 알고리듬의 부적절한 코딩 등은 논리오류를 초래한다. 다음 예를 고려해 보자.

```
if(x == y)
printf("They are equal\n");
```

**x**와 **y**가 float형일 경우 잘라버림 오차로 인해 등호 관계를 만족하지 못하므로 printf 문은 수행되지 않을 것이다. **while(x !=y)**는 무한 루프를 생성할지도 모른다.

**잠재오류:** 특정한 조건이 만족되거나 특정 데이터가 사용될 때 발현되는 숨겨져 있는 오류를 말한다. 다음 예를 고려해 보자.

```
ratio = (x+y)/(p-q);
```

만일 **p**와 **q**가 같을 경우 오류가 발생한다. 이런 종류의 오류는 시험 데이터의 모든 조합을 고려하여 프로그램을 시험해야만 감지할 수 있다.

## 프로그램 시험

시험은 오류를 감지할 목적으로 프로그램을 실행하고 검사하는 과정이다. 컴파일러는 문법오류를 감지할 수는 있으나 실행시간 오류와 논리오류는 감지하지 못한다. 그러므로 시험은 프로그램에 존재하는 모든 오류를 감지하기 위해 필요한 과정들을 포함하고 있어야 한다. 그러나 모든 오류를 찾기 위한 시도는 비현실적이다. 보통 시험은 다음과 같은 두 가지 과정을 통해 수행된다.

1. 인간에 의한 시험
2. 컴퓨터 기반 시험

인간에 의한 시험은 컴퓨터 기반 시험보다 먼저 수행된다. 이 시험에는 개발자에 의한 코드 검사, 시험 그룹에 의한 코드 검사, 익명 그룹에 의한 코드 검사 등이 있다. 시험은 문장 단위로 수행되며 공통 오류 대조표를 사용하여 분석한다. 오류를 찾아냄과 동시에 부가적으로 프로그램 스타일 알고리듬 선택의 적절성 등이 함께 검사된다.

컴퓨터 기반 시험은 컴파일러에 의한 시험과 실행 시간 시험을 통해 수행된다. 모든 문법 오류가 수정될 때까지 컴파일-수정 과정이 반복된다. 실행시간 시험을 통해 "null point assignment", "stack overflow"와 같은 메시지를 발생시키는 오류를 수정한다. 문법 오류가 없고 실행시간 오류가 없다고 하더라도 프로그램은 잘못된 결과를 생성할 수도 있다. 올바른 결과를 출력하는 프로그램을 얻기 위해서는 시험 데이터를 기반으로 한 일련의 과정이 필요하다.

시험 데이터 기반 시험에서는 데이터의 집합을 잘 선택하고 설계하는 것이 매우 중요하다. 시험 데이터는 가능한 모든 경우의 수가 고려되도록 설계 되어야 한다.

프로그램 시험은 모듈 또는 함수 단위로 수행될 수도 있다. 모듈 단위 시험은 각 모듈에 대해서 수행되는데 모듈이 한 개의 함수로만 구성되어 있을 경우 시험 과정은 비교적 간단하다. 모든 모듈을 검사한 후에 여러 개의 모듈들을 결합하여 시험한다. 이 과정에서 모듈간의 데이터 주고받기에서 흔히 발생하는 자료형 불일치 오류를 수정한다.

## 프로그램 디버깅

디버깅은 오류를 찾아내고 수정하는 과정이다. 간단한 형태의 디버깅 방법은 변수들의 값을 인쇄하는 문장들을 프로그램 전체 적정한 위치에 끼워 넣는 것이다. 이렇게 할 경우 프로그램의 동작 과정을 조사할 수 있다. 일단 오류가 수정되면 printf 문장들을 제거해도 된다. printf 문장 제거 수고를 덜기 위해 15장에서 논의한 조건부 컴파일 문장을 사용할 수도 있다. 또 다른 접근 방법으로는 연역적 과정을 들 수 있다. 오류의 위치가 찾아지면 오류수정-개선 과정을 반복적으로 수행한다.

## 16.6 프로그램 효율

컴퓨터의 중요한 두 요소로 CPU와 메모리를 들 수 있다. 프로그램의 효율은 실행 시간과 메모리 사용량을 통해 측정된다. 대개의 경우 프로그램을 잘 설계할 경우 효율이 매우 좋다.

### 실행 시간

실행 시간은 선택한 알고리듬의 성능에 크게 좌우된다. 또한 코딩 기술도 실행 시간에 큰 영향을 미친다. 프로그램을 코딩할 때 고려하여야 하는 몇 가지 사항들은 다음과 같다.

1. 가장 빠른 알고리듬을 선택하라.
2. 산술, 논리 표현을 간략화시켜라.
3. 빠른 산술 연산자를 사용하라.
4. 루프에서 불필요한 산술 연산을 제거하라.
5. 가능하다면 다차원 배열의 사용을 피하라.
6. 배열과 문자열을 다룰 때 포인터를 사용하라.

성능을 개선하기 위하여 프로그램을 수정할 때 다음 사항을 명심해야한다.

1. 성능 개선을 시도하기 전에 알고리듬 및 프로그램의 각 부분들을 분석하라.
2. 프로그램을 더 빠르게 실행되도록 하기에 앞서 프로그램이 제대로 동작하도록 하라.
3. 성능을 위해 명료성을 희생해서는 안 된다.

### 메모리 요건

마이크로 컴퓨팅 환경에서는 메모리 사용의 제약을 받으므로 개발자는 이것을 고려해야 한다. 그러므로 메모리 요구를 억압하기 위해 필요한 모든 수단을 강구하여야 한다.

1. 프로그램을 단순하게 만들어라. 이것은 메모리 사용 효율을 개선하는데 매우 중요하다.
2. 간단한 알고리듬을 사용하라.
3. 배열과 문자열을 적절한 크기로 선언하라.
4. 다차원 배열의 사용을 피하라.
5. 사용 언어에서 제공하는 메모리 압축 특성을 평가하고 이를 이용하기 위한 시도를 하라.

## 주요 개념

- **프로그램 설계:** 문제를 분석하고 프로그램 논리를 설계하는 과정 [LO 16.1]
- **역추적:** 프로그램을 역추적하여 에러의 위치를 알아내는 방법 [LO 16.4]
- **내재적 오류:** 특정한 데이터 집합이 사용될 때만 나타나는 숨겨진 오류 [LO 6.4]
- **논리적 오류:** 프로그래밍 논리가 올바르지 않아서 발생하는 오류 [LO 16.4]
- **실행시간 오류:** 프로그램의 실행 시간에 발생하는 오류 [LO 16.4]

## 알아두기

- 큰 프로그램을 작성할 때 프로그램 구조와 알고리즘에 설계가 반영된다. [LO 16.1]
- 프로그램 효율을 위해서 좋은 설계와 코딩 관습을 따르는 것이 좋다. [LO 16.1]
- 세미콜론 생략, 괄호 불일치, 변수 미선언, 함수 인자 불일치, 배열 경계를 벗어난 위치 지정 등과 같은 흔한 프로그래밍 오류를 피하는 것이 좋다. [LO 16.1]
- 잠재적인 오류를 발견하고 없애기 위해서 프로그램을 적절히 테스트하는 것이 좋다. [LO 16.1]

## 다중선택 문제

다음 다중선택 문제에서 올바른 답을 고르시오.

16.1 다음 중에서 특정 데이터 집합이 사용될 때만 나타나는 숨겨진 오류는 무엇인가? [LO 16.3 M]

(a) 구문 오류 (b) 논리 오류 (c) 실행시간 오류 (d) 잠재적 오류

16.2 다음 중에서 컴파일 단계에서 발견되는 오류는 무엇인가? [LO 16.3 M]

(a) 세미콜론 생략 (b) == 대신에 = 사용
(c) 괄호 생략 (d) 따옴표 생략

16.3 다음 중에서 프로그램 설계의 가장 중요한 요소는 무엇인가? [LO 16.1 E]

(a) 알고리즘 (b) 의사코드
(c) 흐름도 (d) 위 모두

## 복습 질문

16.1 다음 문장이 참인지 거짓인지 말하시오.

(a) C에서는 일부 제어 구조를 서로 바꿔서 쓸 수 있다. 예를 들면, switch와 if-else, for와 while 등. [LO 16.2 E]

(b) 문장 끝에 세미콜론을 붙이면 컴파일 에러가 난다. [LO 16.3 M]

16.2 다음 빈 칸을 적절히 채우시오.

(a) 표현식에서 특정 순서의 우선순위를 강제하기 위해서는 ______를 사용할 수 있다. [LO 16.3 E]

(b) 프로그램을 역으로 추적하여 에러의 위치를 찾는 방법을 ______라고 한다. [LO 16.3 M]

(c) 프로그램에 중괄호가 생략되었으면, ______ 단계에서 발견된다. [LO 16.3 E]

16.3 프로그램 설계에서 고려해야할 사항들을 기술하시오. [LO 16.1 E]

16.4 프로그램 설계가 프로그램 효율에 미치는 영향을 기술하시오. [LO 16.2 M]

16.5 가독성은 성능보다 중요하다. 의견을 말하시오. [LO 16.1 M]

16.6 차이점을 기술하시오. [LO 16.4 M]

(a) 문법 오류와 문맥 오류

(b) 실행시간 오류와 논리 오류

(c) 실행시간 오류와 잠재 오류

(d) 디버깅과 시험

(e) 컴파일러 시험과 실행시간 시험

16.7 어떤 프로그램이 성공적으로 컴파일되고 링크되었다. 이 프로그램을 실행했을 때 다음과 같은 현상이 발생했다. 이유를 설명하시오. [LO 16.4 M]

(a) 프로그램이 실행되었는데 출력이 없다.

(b) 부적절한 답을 생성한다.

(c) 프로그램이 멈추지 않는다.

16.8 자주 발생하는 프로그램 오류 5개를 기술하시오. 이 오류들을 포함하는 프로그램을 작성하고 컴퓨터를 사용하여 오류의 위치를 찾으시오. [LO 16.3 E]

16.9 어떤 프로그램에서 두 값들의 수렴 여부를 다음과 같이 검사하였다. [LO 16.3 M]

```
if((x-y) < 0.00001) ...
```

오류가 있는가? 만일 있다면 오류를 설명하시오.

16.10 다음과 같은 if 문을 포함하는 프로그램이 있다. [LO 16.4 H]

```
...
...
if(x>1 && y == 0) p = p/x;
if(x == 5 || p > 2) p = p +2;
```

```
...
...
```

논리 경로를 보여주는 흐름도를 그리시오. 모든 경로를 시험하기 위한 시험 데이터를 만드시오.

16.11 다음은 정수 x의 y승을 계산하는 함수이다. [LO 16.4 H]

```
power(int x, int y)
{
    int p;
    p = y;
    while(y > 0)
        x *= y--;
    return (x);
}
```

이 함수는 몇 개의 오류를 포함하고 있다. 컴퓨터를 사용하여 오류의 위치를 찾는 시험과정을 기술하시오.

16.12 어떤 프로그램이 상자에 대한 3개의 값 즉 상자의 길이, 폭, 높이를 읽어 들인 후에 그 상자가 정육면체인지 또는 직육면체인지를 판별하고 메시지를 인쇄한다. 이 프로그램의 올바른 동작 여부를 확인하기 위한 시험 데이터는 무엇인가? [LO 16.4 M]

Appendix I

# 비트 단위 프로그래밍

## 1 소개

C 언어는 워드를 개개의 비트 단위로 연산하는 기능을 제공한다. 비트 단위 연산은 특정한 비트 1개 또는 여러 개를 0 또는 1의 값으로 만드는데 사용한다. 또한 비트 단위 연산은 수치 연산을 더 빠르게 하는데 사용할 수도 있다. 3장에서 언급한 바와 같이 C 언어는 비트 단위 연산에 사용되는 다음과 같은 연산자들을 제공한다.

**1.** 비트 단위 논리 연산자
**2.** 비트 단위 자리이동 연산자
**3.** 1의 보수 연산자

위의 모든 연산자는 정수형 데이터에만 적용 가능하다.

## 2 비트 단위 논리 연산자

다음과 같은 4개의 논리적 비트 연산자가 있다.

- 비트 단위 AND(&)
- 비트 단위 OR(|)
- 비트 단위 부정 NOT(~)
- 비트 단위 배타적 OR(^)

NOT을 제외한 나머지는 모두 이항 연산자이며 두 개의 정수형 피연산자를 필요로 한다. NOT(~)은 단항 연산자이다. 비트 단위 연산자는 피연산자의 각 비트별로 최하위 비트부터 최상위 비트까지 적용되어 모든 비트마다 표 I.1에 의한 결과를 만든다.

**표 I.1** 비트 단위 연산자의 진리표

| *op1* | *op2* | *op1* & *op2* | *op1* \| *op2* | ~*op1* | *op1* ^ *op2* |
|---|---|---|---|---|---|
| 1 | 1 | 1 | 1 | 0 | 0 |
| 1 | 0 | 0 | 1 | 0 | 1 |
| 0 | 1 | 0 | 1 | 1 | 1 |
| 0 | 0 | 0 | 0 | 1 | 0 |

## 비트 단위 논리곱

비트 단위 논리곱 연산자는 기호 &로 표시된다. 연산자 &의 좌우에는 정수형 숫자나 변수가 위치한다. 좌우 피연산자의 각 자리별로 비트가 모두 1일 경우 연산 결과가 1이 되며 그렇지 않을 경우는 0이 된다. 두 정수형 변수 x = 13, y = 25를 고려하자. 변수 **x**, **y**의 2진수 표현은 다음과 같다.

```
x - - -> 0000 0000 0000 1101
y - - -> 0000 0000 0001 1001
```

다음과 같이 x와 y에 대해 비트 단위 연산을 행한 결과를 z라고 하자.

```
z = x & y;
```

연산 결과는 다음과 같다.

```
z - - -> 0000 0000 0000 1001
```

z를 10진수로 표현하면 z=9가 된다. 비트 단위 논리곱 연산자는 어떤 특정 비트가 1인지 또는 0인지를 알아내는데 사용된다. 예를 들어 다음 프로그램은 정수형 변수 **flag**의 4번째 비트가 0인지 또는 1인지를 판별하는 프로그램이다.

```
#define TEST 8 /* represents 00.......01000 */
main()
{
        int flag;
        . . . .
        . . . .
        if( (flag & TEST) != 0 ) /* test 4th bit */
        {
              printf(" Fourth bit is set \n");
        }
        . . . .
        . . . .
```

비트 단위 논리곱 연산자 &는 관계 연산자 !=보다 연산 우선순위가 낮으므로 괄호를 사용해야 한다. 다음은 주어진 숫자가 짝수인지 또는 홀수인지를 판별하는 프로그램이다.

```
main()
{
        int test = 1;
        int number;
        printf("Input a number\n");
        scanf("%d", number);
        while(number != -1)
        {
            if(number & test)
                    printf("Number is odd\n\n");
            else
                    printf("Number is even\n\n");
                    printf("Input a number\n");
                    scanf("%d", &number);
        }
}
```

**Output**

```
Input a number
20
Number is even
Input a number
9
Number is odd
Input a number
-1
```

## 비트 단위 논리합

비트 단위 논리합 연산자는 기호 |에 의해서 표시된다. 연산자 |의 좌우에는 정수형 숫자나 변수가 위치한다. 좌우의 피연산자의 각 자리별로 두 비트 중에 최소한 한 개가 1일 경우 연산 결과는 1이 되며 좌우 비트 모두가 0일 경우는 0이 된다. 두 정수형 변수 x=13, y=25를 고려하자. 변수 x, y 및 x|y의 2진수 표현은 다음과 같다.

```
x - - -> 0000 0000 0000 1101
y - - -> 0000 0000 0001 1001
        ---------------------
x|y - -> 0000 0000 0001 1101
        ---------------------
```

비트 단위 논리합 연산자는 어떤 특정 비트를 1로 세팅하는데 사용된다. 다음 프로그램을 고려해보자.

```
#define SET 8
main()
{
        int flag;
        . . . .
        . . . .
        flag = flag | SET;
        if( (flag & SET) != 0)
        {
                printf("flag is set \n");
        }
        . . . .
        . . . .
}
```

다음 문장은 변수 flag의 네 번째 비트를 1로 세팅한다. 즉 네 번째 비트가 0이면 1로 변환하고 1이면 변화시키지 않는다.

```
flag = flag | SET;
```

## 비트 단위 NOT/부정

부정 연산자 ~(또는 1의 보수 연산자로 불린다)는 단항 연산자이며 피연산자의 모든 비트를 반전시킨다. 즉 0은 1이 되고, 1은 0이 된다.

예:

x = 1001 0110 1100 1011

~x = 0110 1001 0011 0100

이 연산자는를 비트단위 AND 연산자와 함께 사용하면 특정 비트를 끌 수 있다. 예를 들어 다음 문장은

x = 8; /* 0000 0000 0000 1000 */

flag = flag & ~x;

변수 flag에서 4번째 비트를 0으로 만든다.

### 비트 단위 배타적 OR(XOR)

비트 단위 배타적 OR는 기호 ^로 표시된다. 비트 중에서 오직 한 개 만이 1일 때 배타적 OR의 결과는 1이 된다. 앞에서 사용된 변수 x와 y를 다시 사용하자.

$$\begin{aligned} x &= 0000\ 0000\ 0000\ 1101 \\ y &= 0000\ 0000\ 0001\ 1001 \\ \hline x \wedge y &= 0000\ 0000\ 0001\ 0100 \end{aligned}$$

XOR 연산은 다음과 같이 기본적인 비트단위 논리 연산자 – AND, OR, NOT을 이용해서 구현할 수도 있다.

$$\begin{aligned} x \wedge y &= (x \,\&\, (\sim y)) \mid ((\sim x) \,\&\, y) \\ x &= 0000\ 0000\ 0000\ 1101 \\ y &= 0000\ 0000\ 0001\ 1001 \\ \sim x &= 1111\ 1111\ 1111\ 0010 \\ \sim y &= 1111\ 1111\ 1110\ 0110 \\ x \,\&\, (\sim y) &= 0000\ 0000\ 0000\ 0100 \\ (\sim x) \,\&\, y &= 0000\ 0000\ 0001\ 0000 \\ (x \,\&\, (\sim y)) \mid ((\sim x) \,\&\, y) &= 0000\ 0000\ 0001\ 0100 \end{aligned}$$

이 결과는 x^y를 계산해서 얻은 것과 같다.

## 3 비트 단위 자리이동 연산자

자리이동 연산자는 2진수 비트 패턴을 왼쪽 또는 오른쪽으로 이동시키는데 사용한다. 자리 이동 연산자는 << 와 >> 표시되고 사용법은 다음과 같다.

```
Left shift:    :  op << n
Right shift:   :  op >> n
```

피연산자 *op*는 정수형 데이터 또는 변수이며 *op*는 2진수 *n*자리만큼 이동된다.

왼쪽 자리 이동 연산은 피연산자 *op*의 모든 비트들을 왼쪽 방향으로 *n* 만큼 일렬로 비트 이동시키고 자리를 초과한 왼쪽 *n*개의 비트들은 손실된다. 또한 빈 상태로 있는 오른쪽 *n* 개의 비트들은 0으로 채워진다.

비슷하게 오른쪽 자리 이동 연산은 피연산자 *op*의 모든 비트들을 오른쪽 방향으로 *n* 만큼 일렬로 비트 이동시키고 자리를 초과한 오른쪽 *n*개의 비트들은 손실된다. 또한 빈 상태로 있는 왼쪽 *n* 개의 비트들은 0으로 채워진다. *op*가 *unsigned integer*일 경우 빈 상태로 있는 왼쪽 *n*개 비트들은 0으로 채워지며, *op*가 **signed** 변수일 경우 부호정보 처리방법은 CPU의 종류에 따라 다르다.

피연산자 *op*와 *n*은 상수 또는 변수가 될 수 있다. *n*의 값은 양의 값이 되어야하고 피연산자 op의 총 비트수 즉 자리수를 초과할 수 없다.

**x**가 다음과 같은 비트 패턴을 갖는 unsigned integer라고 하자.

**x=0100 1001 1100 1011**

이때 x << 3 과 x >> 3은 다음과 같다.

```
                          vacated
                            positions
x << 3 = 0100 1110 0101 1000
x >> 3 = 0000 1001 0011 1001
         vacated
         positions
```

x << 3에서 오른쪽 3개의 비트들은 0으로 채워지고 x >> 3에서 왼쪽 3개의 비트들은 0으로 채워진다. 자리 이동 연산은 피연산자 *op*에 2의 *n*승을 곱하거나 나누는 기능을 한다. 다음 예를 살펴보자.

```
x = y << 1;
```

위 문장은 **y**를 왼쪽으로 1비트 자리 이동 시킨 것을 **x**에 대입한다. **x**의 값은 **y**에 2를 곱한 값이 된다. 비슷하게 다음 문장은 **y**를 오른쪽으로 1비트 자리이동 시키고 **x**에 대입한다. **x**의 값은 **y**를 2로 나눈 값이 된다.

```
x = y >> 1;
```

자리 이동 연산자를 논리 비트 연산자와 결합하고 변수에 적용하며 변수의 특정 자리의 비트 정보를 읽어 낼 수 있다. 이런 과정을 마스킹이라고 하는데 5절에서 다룰 것이다.

## 4 1의 보수 연산자

비트 부정 연산자 ~는 1의 보수 연산자로 불리는 단항 연산자이며 모든 비트들을 반전한다. 즉 0은 1이 되고 1은 0이 된다. 사용 예를 보여준다.

```
x  = 1001 0110 1100 1011
~x = 0110 1001 0011 0100
```

연산자 ~를 비트 논리곱 연산자 &와 결합해서 사용할 경우 특정 비트를 0 상태로 만들 수 있다. 다음 예는 변수 **flag**의 4번째 비트를 0으로 만드는 방법을 보여준다.

```
x=8;              /* 0000 0000 0000 1000 */
flag=flag & ~x;
```

## 5 마스킹

마스킹은 어떤 변수에서 특정 비트들을 추출하거나 변환하는 과정을 말한다. 변수를 마스킹 하는데 사용되는 변수를 마스크라고 한다. 다음은 사용 예를 보여준다.

```
y=x & mask;
y=x | mask;
```

마스킹 과정을 통해 다음과 같은 작업을 수행 할 수 있다.

- 정수형 변수의 비트 패턴 정하기.
- 주어진 비트 패턴의 전체 또는 일부분을 새 변수에 복사하고 새 변수의 나머지 비트들은 0으로 채움. & 연산자를 사용함.
- 주어진 비트 패턴의 전체 또는 일부분을 새 변수에 복사하고 새 변수의 나머지 비트들은 1로 채움. | 연산자를 사용함.
- 주어진 비트 패턴의 일부분을 새 변수에 복사하고 비트 패턴의 나머지 부분은 전환하여 새 변수에 복사하기. ~ 연산자를 사용함.

다음 함수는 어떤 변수의 비트패턴을 인쇄하는 기능을 마스크를 사용하여 구현한 예를 보여준다.

```
void bit_pattern(int u)
{
    int i, x, word;
    unsigned mask;
    mask=1;                    /* 최하위 비트 */
    word=8*sizeof(int);
    mask=mask << (word-1);    /* 왼쪽으로 31자리 이동, 최상위 비트 */
    for (i=1; i<=word; i++)
    {
        x=(u & mask) ? 1 : 0;   /* 비트정보 읽어내기 */
        printf("%d", x);        /* 비트정보 인쇄 */
        mask >>= 1;             /* 오른쪽으로 1자리 이동 */
    }
}
```

위 bit_pattern 함수는 변수 u에 저장되어 있는 데이터를 최상위 비트부터 최하위 비트까지 순차적으로 읽어내어 화면에 인쇄하는 기능을 한다.

Appendix II

# 문자의 ASCII 코드

| ASCII Value | Character | ASCII Value | Character | ASCII Value | Character | ASCII Value | Character |
|---|---|---|---|---|---|---|---|
| 000 | NUL | 032 | blank | 064 | @ | 096 | ← |
| 001 | SOH | 033 | ! | 065 | A | 097 | a |
| 002 | STX | 034 | “ | 066 | B | 098 | b |
| 003 | ETX | 035 | # | 067 | C | 099 | c |
| 004 | EOT | 036 | $ | 068 | D | 100 | d |
| 005 | ENQ | 037 | % | 069 | E | 101 | e |
| 006 | ACK | 038 | & | 070 | F | 102 | f |
| 007 | BEL | 039 | ‘ | 071 | G | 103 | g |
| 008 | BS | 040 | ( | 072 | H | 104 | h |
| 009 | HT | 041 | ) | 073 | I | 105 | i |
| 010 | LF | 042 | * | 074 | J | 106 | j |
| 011 | VT | 043 | + | 075 | K | 107 | k |
| 012 | FF | 044 | , | 076 | L | 108 | l |
| 013 | CR | 045 | – | 077 | M | 109 | m |
| 014 | SO | 046 | . | 078 | N | 110 | n |
| 015 | SI | 047 | / | 079 | O | 111 | o |
| 016 | DLE | 048 | 0 | 080 | P | 112 | p |
| 017 | DC1 | 049 | 1 | 081 | Q | 113 | q |
| 018 | DC2 | 050 | 2 | 082 | R | 114 | r |
| 019 | DC3 | 051 | 3 | 083 | S | 115 | s |
| 020 | DC4 | 052 | 4 | 084 | T | 116 | t |
| 021 | NAK | 053 | 5 | 085 | U | 117 | u |
| 022 | SYN | 054 | 6 | 086 | V | 118 | v |
| 023 | ETB | 055 | 7 | 087 | W | 119 | w |
| 024 | CAN | 056 | 8 | 088 | X | 120 | x |
| 025 | EM | 057 | 9 | 089 | Y | 121 | y |
| 026 | SUB | 058 | : | 090 | Z | 122 | z |

| ASCII Value | Character | ASCII Value | Character | ASCII Value | Character | ASCII Value | Character |
|---|---|---|---|---|---|---|---|
| 027 | ESC | 059 | ; | 091 | [ | 123 | { |
| 028 | FS | 060 | < | 092 | \ | 124 | \| |
| 029 | GS | 061 | = | 093 | ] | 125 | } |
| 030 | RS | 062 | > | 094 | ↑ | 126 | ~ |
| 031 | US | 063 | ? | 095 | - | 127 | DEL |

**주의** 다음은 문자의 ASCII 코드를 보여준다. 처음 32개 문자와 마지막 1개 문자는 화면에 인쇄되지 않는다.

Appendix III

# ANSI C 라이브러리 함수

C 언어는 다양한 과제를 수행하는데 유용하게 사용되는 다수의 라이브러리 함수를 제공한다. ANSI 위원회는 라이브러리 함수들을 여러 개의 그룹으로 분류하였고 각 그룹에 대한 표준화된 헤더 파일을 규정하였다. 즉 함수가 어느 헤더 파일에서 정의되어 있는가를 규정하였다. 자세한 정보는 프로그램을 할 때 사용하는 C 언어의 사용자 문서로부터 얻을 수 있다. 자주 사용되는 몇 개의 헤더 파일을 살펴보자.

**<ctype.h>** 문자 테스트 및 변환에 관한 함수
**<math.h>** 수학 함수
**<stdio.h>** 표준 입/출력 함수
**<stdlib.h>** 문자열 변환, 메모리 할당, 랜덤 숫자 발생 등에 관한 함수
**<string.h>** 문자열 조작에 관한 함수
**<time.h>** 현재 시각 알아내기 등과 같은 시간 관련 함수

아래 표에 각 헤더 파일에 대한 함수들을 기술하였으며 함수 파라미터는 다음과 같은 규칙으로 표현하였다.

c 문자 인자
d double 정밀도 인자
f 파일 인자
i 정수 인자
l long int 인자
p 포인터 인자

s 문자열 인자

u unsigned int 인자

* 포인터를 표시

| 함수명 | 반환 데이터 형 | 기능 |
|---|---|---|
| <ctype.h> | | |
| isalnum(c) | int | 인자가 알파벳 문자 또는 숫자인가를 판별. 알파벳 문자나 숫자일 경우 0이 아닌 값을 반환하고 그렇지 않을 경우 0을 반환. |
| isalpha(c) | int | 인자가 알파벳 문자인가 아닌가를 판별. 알파벳 문자 경우 0이 아닌 값을 반환하고 그렇지 않을 경우 0을 반환. |
| isascii(c) | int | 인자가 ASCII 문자일 경우 0이 아닌 값을 반환하고 그렇지 않을 경우 0을 반환. |
| iscntrl(c) | int | 인자가 아스키 제어문자일 경우 0이 아닌 값을 반환하고 그렇지 않을 경우 0을 반환. |
| isdigit(c) | int | 인자가 10진수 일 경우 0이 아닌 값을 반환하고 그렇지 않을 경우 0을 반환. |
| isgraph(c) | int | 인자가 그래프 인쇄 ASCII 문자일 경우 0이 아닌 값을 반환하고 그렇지 않을 경우 0을 반환. |
| islower(c) | int | 인자가 소문자 일 경우 0이 아닌 값을 반환하고 그렇지 않을 경우 0을 반환. |
| isodigit(c) | int | 인자가 8진수 일 경우 0이 아닌 값을 반환하고 그렇지 않을 경우 0을 반환. |
| isprint(c) | int | 인자가 인쇄 ASCII 문자일 경우 0이 아닌 값을 반환하고 그렇지 않을 경우 0을 반환. |
| ispunct(c) | int | 인자가 구두점 문자일 경우 0이 아닌 값을 반환하고 그렇지 않을 경우 0을 반환. |
| isspace(c) | int | 인자가 공백 문자일 경우 0이 아닌 값을 반환하고 그렇지 않을 경우 0을 반환. |
| isupper(c) | int | 인자가 대문자일 경우 0이 아닌 값을 반환하고 그렇지 않을 경우 0을 반환. |
| isxdigit(c) | int | 인자가 16진수 경우 0이 아닌 값을 반환하고 그렇지 않을 경우 0을 반환. |
| toascii(c) | int | 인자의 값을 ASCII로 변환. |
| tolower(c) | int | 문자를 소문자로 변환. |
| toupper(c) | int | 문자를 대문자로 변환. |

| 함수명 | 반환 데이터 형 | 기능 |
|---|---|---|
| **<math.h>** | | |
| acos(d) | double | d의 역 cos 값 반환. |
| asin(d) | double | d의 역 sin 값 반환. |
| atan(d) | double | d의 역 tan 값 반환. |
| atan2(d1,d2) | double | d1/d2의 역 tan 값 반환. |
| ceil(d) | double | d 보다 큰 가장 작은 정수 반환. |
| cos(d) | double | d의 cos 값 반환. |
| cosh(d) | double | d의 cosh 값 반환. |
| exp(d) | double | e의 d승 반환. |
| fabs(d) | double | d의 절대값 반환. |
| floor(d) | double | d 보다 작은 가장 큰 정수 반환. |
| fmod(d1,d2) | double | d1/d2의 나머지 반환. 반환 값의 부호는 d1과 일치함. |
| labs(l) | double | l의 절대값 반환. |
| log(d) | double | d의 log 값 반환. |
| log10(d) | long double | d의 log10 값 반환. |
| pow(d1,d2) | double | d1의 d2승 반환. |
| sin(d) | double | d의 챙 값 반환. |
| sinh(d) | double | d의 sinh 값 반환. |
| sqrt(d) | double | d의 1/2 승 반환. |
| tan(d) | double | d의 tan 값 반환. |
| tanh(d) | double | d의 tanh 값 반환. |
| **<stdio.h>** | | |
| fclose(f) | int | 파일 f 닫기, 성공적으로 닫았을 경우 0을 반환. |
| feof(f) | int | 파일의 끝 검사하기, 파일 끝일 경우 0이 아닌 값 반환. |
| fgetc(f) | int | 파일 f로부터 문자 1개 받기. |
| fgets(s,i,f) | char* | 파일 f로부터 i개 문자의 문자열 받기, 문자열 s에 저장. |
| fopen(s1,s2) | file* | 파일 형식이 s2이고 이름이 s1인 파일 열기, 파일 포인터를 반환. |
| fprintf(f, ...) | int | 파일 f에 데이터 보내기. |
| fputc(c,f) | int | 파일 f에 한 개의 문자 c 보내기. |
| fputs(s,f) | int | 파일 f에 문자열 s 보내기. |
| fread(s,i1, i2,f) | int | 파일 f로부터 크기가 i1 바이트인 데이터 i2를 읽어서 문자열 s에 저장. |
| fscanf(f,...) | int | 파일 f로부터 데이터 받기. |
| fseek(f,l,i) | int | 파일 f에 대한 포인터를 위치 i로부터 l 바이트만큼 이동시키기. |

| 함수명 | 반환 데이터 형 | 기능 |
|---|---|---|
| ftell(f) | long int | 파일 f의 현재 포인터 위치 반환. |
| fwrite(s,i1,i2,f) | int | 문자열 s로부터 크기가 i1 바이트인 데이터 i2를 읽어서 파일 f에 보내기. |
| getc(f) | int | 파일 f로부터 문자 1개 받기. |
| getchar(void) | int | 표준 입력장치로부터 문자 1개 받기. |
| gets(s) | char* | 표준 입력장치로부터 문자열 받기. |
| printf(...) | int | 표준 출력장치에 데이터 보내기. |
| putc(c,f) | int | 파일 f에 문자 c 보내기. |
| putchar(c) | int | 표준 출력장치에 문자 c 보내기. |
| puts(s) | int | 표준 출력장치에 문자열 s 보내기. |
| rewind(f) | void | 포인터를 파일 f의 첫 부분으로 이동하기. |
| scanf(...) | int | 표준 입력장치로부터 데이터 받기. |
| **<stdlib.h>** | | |
| abs(i) | int | i의 절대값 반환. |
| atof(s) | double | 스트링 s를 double 정밀도를 변환. |
| atoi(s) | int | 스트링 s를 정수로 변환. |
| atol(s) | long | 스트링 s를 long형 정수로 변환. |
| calloc(u1,u2) | void* | 각각의 크기가 u2 바이트인 u1개의 메모리 블록 할당. |
| exit(u) | void | 모든 파일과 버퍼를 닫고 프로그램 종료, u에 종료 상태 저장. |
| free(p) | void | 포인터 p에 대한 메모리를 해제 한다. |
| malloc(u) | void* | 메모리를 u 바이트만큼 할당하고 할당된 메모리의 첫 부분에 대한 포인터 반환. |
| rand(void) | int | 양의 정수를 랜덤하게 반환. |
| realloc(p,u) | void* | 포인터 p에 u 바이트만큼 메모리를 새로 할당하고 새로 할당된 메모리에 대한 포인터 반환. |
| srand(u) | void | 랜덤 숫자 생성기를 초기화. |
| system(s) | int | 명령어 문자열 s를 운영체제에 전달, 명령어가 성공적으로 실행되었을 경우 0을 반환, 실패했을 경우 0이 아닌 값을 반환. |
| **<string.h>** | | |
| strcmp(s1,s2) | int | 두개의 문자열을 비교하여 같으면 0을 반환하고 s1 < s2 이면 음의 값을 반환, s1 > s2이면 양의 값 반한, 문자열들은 ASCII 코드 10진수 값을 바탕으로 비교된다. |
| strcmpi(s1,s2) | int | 두개의 문자열을 대소문자를 구별하지 않고 비교하여 같으면 0을 반환하고 s1 < s2 이면 음의 값을 반환, s1 > s2이면 양의 값 반한, 문자열들은 ASCII 코드 10진수 값을 바탕으로 비교된다. |

| 함수명 | 반환 데이터 형 | 기능 |
|---|---|---|
| strcpy(s1,s2) | char* | 문자열 s2를 s1에 복사. |
| strlen(s) | int | 눈자열 s의 문자 개수를 반환. |
| strset(s,c) | char* | 문자열 s의 모든 문자를 c로 변환, null 문자 \0는 변환하지 않음. |
| **<time.h>** | | |
| difftime(11,12) | double | l1과 l2사이의 시간을 반환. |
| time(p) | long int | 기준시간으로부터 현재까지 경과한 시간을 초 단위로 반환. |

**주의** C99에는 위에서 기술한 헤더 파일이나 함수들 외에 새로운 헤더 파일과 함수들이 추가되었다. 더 많은 정보를 얻기 위해서는 C99 사용자 문서를 참고하시오.

Appendix IV

# 프로젝트 실습

## 프로젝트 1: 전기 가입자 관리 시스템

이 프로젝트는 전기 사무소에서 사용자 기록을 유지하고 요청을 처리하는 일을 하는데 도움을 준다. 사용자 정보와 요청은 사용자에게서 받는다. (요청은 새로 지어진 가정집, 공장, 아파트에 전기 연결을 요청하는 것이 될 수 있다.)

사용자를 추가하고, 요청을 추가하고, 사용자와 요청을 보고, 요청을 편집한다. 개별적인 파일로 기능들을 구성하였다. 이 프로젝트는 I/O, 루프, 분기, 포인터, 구조체, 메모리 관리, 함수와 같은 중요한 C의 기능들을 구현한다. 프로젝트 실행을 위해서 디렉토리에 파일을 만들고 다음 명령과 같이 실행하면 된다.

### 명령어

```
cd <path_to_directory>
gcc main.c application.c user.c request.c helpers.c -o application
chmod +x application
./application
```

| 주의 | gcc 명령어는 명령행 인자로 주어진 모든 파일을 컴파일하고, 링크하고, -o 플래그로 주어진 이름의 실행파일을 생성한다. |
|---|---|

### 해야할 일

1. "Edit User" 기능을 만들어서(edit request와 비슷한) 사용자 이름이나 연락처 등을 변경할 수 있도록 해야 한다.
2. 요청이 성공적으로 완료되었음을 나타내는 "COMPLETED"라는 요청 상태를 추가해야 한다.

## Main-c

```
/**************************************************************************************
*******************************
                          Electricity board Management system
                               Compiled on : Linux (GCC)
**************************************************************************************
*****************************/
/* main.c */

#include <stdio.h>
#include "application.h"

int main(int argc, const char * argv[]) {

    /* Entry point of Application */

    start_application();
}
```

## Application-h

```
/* Application.h */

/* We are using #ifndef macro to prevent multiple inclusion of header files */

#ifndef application_h
#define application_h

/* Maximum length of user id and request id */

#define ID_LENGTH 10

/* Maximum length of string used in this project */
/* User name, comment, address etc. */

#define STR_MAX_LENGTH 256

/* All application and user interface related functions. */

/* String which will be used to separate data of each line in given file. */

extern const char * DELIMITER;

/* Start application. */
```

```
extern void start_application(void);

/* Show welcome screen of application. */

extern void welcome(void);

/* Show menu for operator with various options. */

extern void render_menu(void);

/* Add new user who want to request for electricity. */

extern void add_user_page(void);

/* Operator can view specific user and requests done by that user. */

extern void view_user_page(void);

/* Operator can add new request which is requested by specific user. */

extern void add_request_page(void);

/* In future, if operator wants to edit request (i.e. change status or enter comments). */

extern void edit_request_page(void);

/* If operator wants to view specific request. */

extern void view_request_page(void);

/*
    Close application after operator completes his work
    input : status of application.
    input : message to display on the screen in case of erroneous exit.
*/

extern void close_application(int exit_status, const char * message);

/*
    Function which set cursor at X, Y on display
    input : X Coordinate of screen.
    input : Y Coordinate of screen.
*/

extern void gotoxy(int x, int y);
```

```
/*
    Function which display message and additional info on screen
    input : message to be displayed.
    input : additional information along with message.
*/

extern void show_dialogue_box(const char * message, char * info);

#endif /* application_h */
```

## Application-c

```
/* application.c */

#include "application.h"
#include "user.h"
#include "request.h"
#include "helpers.h"

#include <stdio.h>
#include <stdlib.h>
#include <string.h>

const char * DELIMITER = ";";

void start_application(){

    /* Open user file in append mode and set `user_fp` points to file's stream. */
    user_fp = fopen(user_file_name, "a+");

    /* Open request file in append mode and set `request_fp` points to file's stream. */
    request_fp = fopen(request_file_name, "a+");

    /* If pointer cannot be set then warn operator about it and quit program. */
    if(user_fp == NULL || request_fp == NULL){
        printf("Something went wrong, while opening database file.\n");
        printf("Please make sure that file %s resides in current directory\n", user_file_name);
        getchar();
        return;
    }

    /* Fetch all users and setup array of all users */
    users = read_all_users_from_file(user_fp);

    /* Fetch all requests and setup array of all requests */
```

```
    requests = read_all_requests_from_file(request_fp);

    /* Show welcome page */
    welcome();

}

void welcome(){

    system("clear");

    gotoxy(25, 5);
    printf("Welcome To Electricity Board\n");
    gotoxy(27, 23);
    printf("Press Any Key to continue");

    /* Wait until user press some key. */
    getchar();

    render_menu();

}

void render_menu(){

    unsigned char choice = 0;
    char user_count_label[STR_MAX_LENGTH];

    system("clear");

    gotoxy(25, 5);
    printf("Select Any option from below");
    gotoxy(25, 7);
    printf("1. Add new user");
    gotoxy(25, 8);
    printf("2. View user");
    gotoxy(25, 9);
    printf("3. Add new connection request");
    gotoxy(25, 10);
    printf("4. Edit existing request");
    gotoxy(25, 11);
    printf("5. View Request");
    gotoxy(25, 12);
    printf("6. exit");
```

```
    sprintf(user_count_label, "Total Users : %lu and Total Requests : %lu", number_of_users,
number_of_requests);
    gotoxy(0, 24);
    printf("%s", user_count_label);

    gotoxy(30, 15);
    printf("Enter your choice : ");

    gotoxy(50, 15);
    scanf("%c", &choice);
    flush_buffer();

    switch (choice) {
        case '1':
            add_user_page();
            break;
        case '2':
            view_user_page();
            break;
        case '3':
            add_request_page();
            break;
        case '4':
            edit_request_page();
            break;
        case '5':
            view_request_page();
            break;
        case '6':
            close_application(EXIT_SUCCESS, "");
        default:
            close_application(EXIT_SUCCESS, "");
            break;
    }
}

void add_user_page(){

    /* Requests Id which will be stored in file. */
    unsigned long user_id = last_user_id + 1;

    /* User name. */
    char user_name[STR_MAX_LENGTH];

    /* User contact no. */
```

```
char user_contact[ID_LENGTH + 2];

/* User Id string, which will be shown in success dialogue box. */
char user_id_string[STR_MAX_LENGTH];

/* This variable will store user's data. */
User user;

/* User information in string, so it can be stored into file easily. */
char * user_info_string = NULL;

/* All labels which will be displayed on screen. */
const char * enter_detail_label = "Enter details of user (All fields are required) ";
const char * user_name_label = "Enter user name : ";
const char * user_contact_label = "Enter user Contact : ";

system("clear");

gotoxy(0, 1);
printf("%s", enter_detail_label);

gotoxy(0, 3);
printf("%s", user_name_label);

gotoxy(0, 4);
printf("%s", user_contact_label);

/* Prepare input field for user name on row = 3, column = length(user_name_label). */
gotoxy((int)strlen(user_name_label), 3);
scanf("%[^\n]s", user_name);
flush_buffer();

/* Prepare input field for user contact on row = 4, column = length(user_contact_label). */

gotoxy((int)strlen(user_contact_label), 4);
scanf("%s", user_contact);
flush_buffer();

user.user_id = user_id;
user.user_name = user_name;
user.user_contact = user_contact;

/* Delimited string representation of `user`, which will be directly stored in file. */
/* `user_info_string` is pointing to heap memory, so release it after work is done. */
```

```
    user_info_string = get_user_string(&user);

    /* Write new user at end of file. */

    fseek(user_fp, 0, SEEK_END);
    fputs(user_info_string, user_fp);
    fputs("\n", user_fp);

    /* Free memory created by `get_user_string` */
    free(user_info_string);

    /* free memory occupied by array of users and requests */

    release_requests();
    release_users();

    /* Refresh all users */
    users = read_all_users_from_file(user_fp);

    /* Refresh all requests */
    requests = read_all_requests_from_file(request_fp);

    /* Prepare success dialogue */
    sprintf(user_id_string, "User Id : %lu", user_id);
    dialogue("User added successfully", user_id_string);
    render_menu();
}

void view_user_page(){

    /* User Id which operator wants to search. */
    unsigned long user_id = 0;

    /* User details.*/
    User * user = NULL;

    /* All Request made by above user */
    Request ** user_requests = NULL;

    /* Total count of all requests made by above user */
    int user_requests_count = 0;

    /* Line offset will be helpful to print information at desired location. */
    int line_offset = 1;
```

```
system("clear");

printf("Enter user id : ");
scanf("%lu", &user_id);
flush_buffer();

/* Get user details based on `user_id` */
user = get_user(user_id);

/* If no such user found, then show error */
if(user == NULL){
    system("clear");
    show_dialogue_box("No such user exists.", "");
    render_menu();
    return;
}

system("clear");

/* Show user details and requests made by him */
printf("User Details\n");

printf("\nUser Id : %lu", user->user_id);
printf("\nUser Name : %s", user->user_name);
printf("\nUser Contact : %s", user->user_contact);

/* `user_requests` points to memory in heap, so release memory after work is done */
user_requests = get_request_of_user(user_id, &user_requests_count);

gotoxy(41,1);

if(user_requests == NULL){
    printf("Request Details\n");
    gotoxy(41, 3);
    printf("No requests made by this user");
    gotoxy(0, 24);
    printf("Press any key to return to main menu");

    /* Wait for user to press some key. */
    getchar();
    render_menu();
    return;
}

/* Show request details on right side */
```

```
    printf("Request Details");

    for (int i = 0 ; i < user_requests_count; i++) {
        line_offset += 2;
        gotoxy(41,line_offset++);
        printf("Request Id : %lu", user_requests[i]->request_id);
        gotoxy(41,line_offset++);
        printf("Request Status : %s", get_request_status_string(user_requests[i]->status));
        gotoxy(41,line_offset++);
        printf("Comments : %s", user_requests[i]->comment);
        gotoxy(41,line_offset++);
        printf("Address : %s", user_requests[i]->address);
    }

    /* releasing heap memory pointed to by `user_requests` */
    free(user_requests);

    gotoxy(0, 24);
    printf("Press any key to return to main menu");

    /* Wait for user to press some key. */
    getchar();
    render_menu();
}

void view_request_page(){

    /* Request ID which operator wants to search. */
    unsigned long request_id = 0;

    /* Request details. */
    Request * request = NULL;

    system("clear");

    printf("Enter request id : ");
    scanf("%lu", &request_id);
    flush_buffer();

    /* Get request details based on `request_id` */
    request = get_request(request_id);

    /* If no such request found, then show error */
    if(request == NULL){
        system("clear");
```

```
        show_dialogue_box("No such request exists.", "Please contact administration.");
        render_menu();
        return;
    }

    system("clear");

    /* Show Request details */
    printf("Request Details\n");

    printf("\nRequest Id : %lu", request->request_id);
    printf("\nRequested By : %s (id : %lu)", request->requested_by->user_name,
            request->requested_by->user_id);
    printf("\nRequest Status : %s", get_request_status_string(request->status));
    printf("\nAddress : %s", request->address);
    printf("\nComments : %s", request->comment);

    gotoxy(0, 24);

    printf("Press any key to return to main menu");

    /* Wait for user to press some key. */
    getchar();
    render_menu();
}

void add_request_page(){

    /* Requests Id which will be stored in file. */
    unsigned long request_id = last_request_id + 1;

    /* User id of user who made request */
    unsigned long user_id = 0;

    /* Comment, if operator wants to enter one. */
    char comment[STR_MAX_LENGTH];

    /* Address of resource, where electricity lines to be installed. */
    char address[STR_MAX_LENGTH];

    /* Request Id string, which will be shown in success dialogue box. */
    char request_id_string[STR_MAX_LENGTH];

    /* User details. */
    User * user = NULL;
```

```
/* Request details. */
Request request;

/* Request information in string, so it can be stored into file easily. */
char * request_info_string = NULL;

/* All labels which will be displayed on screen. */
const char * enter_detail_label = "Enter details of Request made by user ";
const char * user_id_label = "Enter user id : ";
const char * request_comment_label = „Enter any comment (optional) : „;
const char * request_address_label = „Enter address : „;

system("clear");

gotoxy(0, 1);
printf("%s", enter_detail_label);

gotoxy(0, 3);
printf("%s", user_id_label);

gotoxy(0, 4);
printf("%s", request_comment_label);

gotoxy(0, 5);
printf("%s", request_address_label);

/* Prepare input field for user name on row = 3, column = length(user_name_label). */

gotoxy((int)strlen(user_id_label), 3);
scanf("%lu", &user_id);
flush_buffer();

/* Prepare input field for user contact on row = 4, column = length(user_contact_label). */

gotoxy((int)strlen(request_comment_label), 4);
/* Using fgets because string can be empty. */
fgets(comment, STR_MAX_LENGTH, stdin);

/* If user press just enter. (i.e. empty data). */
if(strcmp(comment, "\n") == 0){
    strcpy(comment, "");
}else{
    /* If operator has entered any string, it will contain °Æ\n°Ø as last character. */
    /* So replace that character with NULL */
    comment[strlen(comment) - 1] = '\0';
```

```
    }

    /* Prepare input field for user contact on row = 5, column = length(user_contact_label). */

    gotoxy((int)strlen(request_address_label), 5);

    scanf("%[^\n]s", address);
    flush_buffer();

    user = get_user(user_id);

    /* If cannot find user corresponding to `user_id` then simply redirect operator to main
menu. */
    if(user == NULL){
        system("clear");
        show_dialogue_box("No such user exists.", "Please contact administration.");
        render_menu();
    }

    request.request_id = request_id;
    request.requested_by = user;
    request.status = PENDING;
    request.comment = comment;
    request.address = address;

    /* Delimited string representation of `request`, which will be stored in file directly. */
    /* `request_info_string` is pointing to heap memory, so release it after work is done */

    request_info_string = get_request_string(&request);

    /* Write new request to file. */

    fseek(request_fp, 0, SEEK_END);
    fputs(request_info_string, request_fp);
    fputs("\n", request_fp);

    /* Free memory created by `get_user_string` */

    free(request_info_string);

    /* free memory occupied by array of users and requests */
    release_requests();
    release_users();

    /* Refresh all users */
```

```
    users = read_all_users_from_file(user_fp);

    /* Refresh all requests */
    requests = read_all_requests_from_file(request_fp);

    /* Prepare success dialogue */
    sprintf(request_id_string, "Request Id : %lu", request_id);
    show_dialogue_box("Request added successfully.", request_id_string);
    render_menu();
}

void edit_request_page(){

    /* Request id for request which user want to edit. */
    unsigned long request_id = 0;

    /* New status for request. Defaults to `PENDING`. */
    request_status new_status = PENDING;

    /* New comments which user will enter. */
    char new_comment[STR_MAX_LENGTH];

    /* Request details. */
    Request * request = NULL;

    /* Labels which will be displayed on screen. */

    char * enter_new_status_label = "Enter request status : ";
    char * enter_new_status_suggestion_label = "(1 -> In progress, 2 -> Rejected)";
    char * enter_new_comment_label = "Enter any comments : ";

    system("clear");
    printf("Enter Request id : ");
    scanf("%lu", &request_id);
    flush_buffer();

    /* Fetch request from `requests` array. */
    request = get_request(request_id);

    /* If cannot find request corresponding to `requests_id` then simply redirect operator to
main menu. */
    if(request == NULL){
        system("clear");
        show_dialogue_box("No such request exists.", "");
        render_menu();
```

```
        return;
    }

    /* Display request parameters on screen */
    printf("\nRequest Details\n");
    printf("\nRequest Id : %lu", request->request_id);
    printf("\nRequested By : %s (id : %lu)", request->requested_by->user_name, request-
>requested_by->user_id);
    printf("\nRequest Status : %s°±, get_request_status_string(request->status));
    printf("\nAddress : %s°±, request->address);
    printf("\nComments : %s°±, request->comment);

    printf("\n\n***************************************************************************°±);

    printf("\nEnter new Details\n\n");

    printf("%s", enter_new_status_label);
    printf("\n%s", enter_new_status_suggestion_label);

    gotoxy((int)strlen(enter_new_status_label), 14);

    scanf("%d", &new_status);
    flush_buffer();

    printf("\n%s", enter_new_comment_label);
    fgets(new_comment, STR_MAX_LENGTH, stdin);

    /* If user press just enter. (i.e. empty string) */
    if(strcmp(new_comment, "\n") == 0){
        strcpy(new_comment, request->comment);
    }else{
        new_comment[strlen(new_comment) - 1] = '\0';
    }

    /* Store updated data in `request` */
    request->status = new_status;

    /* Do not copy `new_comment` into `request->comment`, */
    /* that requires expansion in size of `request->comment`, */
    /* if `new_comment` is bigger than `request->comment` in length. */
    /* Just free memory created by `request->comment` (otherwise memory will leak.) and create
new one */

    free(request->comment);
    request->comment = strdup(new_comment);
```

```
    /* Replace Data in file */
    replace_request_in_file(request_fp, request);

    /* free memory occupied by array of users and requests */
    release_requests();
    release_users();

    /* Refresh all users */
    users = read_all_users_from_file(user_fp);

    /* Refresh all requests */
    requests = read_all_requests_from_file(request_fp);

    show_dialogue_box("Request updated successfully.", "");
    render_menu();
}

void close_application(int status, const char * message){
    fclose(user_fp);
    fclose(request_fp);
    release_users();
    release_requests();
    system("clear");
    printf("%s", message);
    exit(status);
}

void show_dialogue_box(const char * message, char * id){

    int message_length = (int)strlen(message);

    const char * press_any_key = "Press any key to continue";
    int info_length = (int)strlen(press_any_key);

    int left_offset = 15;
    int length = 50;
    int line_offset = 9;

    system("clear");

    /* Line 1 */
    gotoxy(left_offset, line_offset++);
    printf("**************************************************");

    /* Line 2 */
```

```
    gotoxy(left_offset, line_offset);
    printf("*");
    gotoxy(left_offset + length - 1, line_offset++);
    printf("*";

    /* Line 3 */
    gotoxy(left_offset, line_offset);
    printf("*");
    gotoxy((80 - message_length)/2, line_offset);
    printf("%s", message);
    gotoxy(left_offset + length - 1, line_offset++);
    printf("*");

    if(strcmp(id, "") != 0){
        /* Line 4 */
        gotoxy(left_offset, line_offset);
        printf("*");
        gotoxy((int)((80 - strlen(id))/2), line_offset);
        printf("%s", id);
        gotoxy(left_offset + length - 1, line_offset++);
        printf("*");
    }

    /* Line 5 */
    gotoxy(left_offset, line_offset);
    printf("*");
    gotoxy((int)((80 - info_length)/2), line_offset);
    printf("%s", press_any_key);
    gotoxy(left_offset + length - 1, line_offset++);
    printf("*");

    /* Line 6 */
    gotoxy(left_offset, line_offset);
    printf("*");
    gotoxy(left_offset + length - 1, line_offset++);
    printf("*");

    /* Line 7 */
    gotoxy(left_offset, line_offset++);
    printf("**************************************************");

    getchar();

}
```

```
void gotoxy(int x,int y){
    printf("%c[%d;%df",0x1B,y,x);
}
```

## User-h

```
/* user.h */

/* We are using #ifndef macro to prevent multiple inclusion of header files */

#ifndef user_h
#define user_h

#include <stdio.h>

/* Structure which stores data of user. */

typedef struct User {

    /* Unique identifier associated with every user. */
    unsigned long user_id;

    /* User name which is of type string aka `char *`. */
    char * user_name;

    /* User contact no. is of type string aka `char *`. */
    char * user_contact;

} User;

/* User file name in which all user's data will be stored. */
extern const char * user_file_name;

/* Global variable which contains all user's data in memory. */
extern User ** users;

/* Global variable which stores total count of users. */
extern unsigned long number_of_users;

/* Global File pointer, so we can access user file in any function. */
extern FILE * user_fp;

/* Variable which keeps track of last inserted user id. */
extern unsigned long last_user_id;
```

```
/*
    Function which give `User` based on their `user_id`.
    input : user id.
    output : Pointer to `User` which contains user's information in structure format.
*/

extern User * get_user ( unsigned long user_id );

/*
    Function which converts `User` data into string, so that we can store this o/p in file.
    input : User information in structure format.
    output : comma separated string representation of `user_info`.
*/

char * get_user_string ( User * user );

/*
    Function which converts string (which we read from i/p file) into `User` data.
    input : comma separated string which contains user's information.
    output : Pointer to `User` which contains all user's information in structure format.
*/

User * get_user_info ( char * user_info );

/*
    Function which reads all lines from file, converts and returns array of all users.
    input : FILE pointer of user file.
    output : Pointer to array of all users.
*/

User ** read_all_users_from_file ( FILE * fp );

/*
    Function which replace specific user in file.
    input : FILE pointer of user file.
    input : User to be replaced.
*/

void replace_user_in_file ( FILE * fp , User * user );

/* Function which releases memory created by users (in heap). */

void release_users ( void );

#endif /* user_h */
```

## User-c

```
/* user.c */

#include "user.h"
#include "helpers.h"
#include "application.h"

#include <stdio.h>
#include <stdlib.h>
#include <string.h>

const char * user_file_name = "users.txt";

User ** users = NULL;

unsigned long last_user_id = 0;

FILE * user_fp = NULL;

unsigned long number_of_users = 0;

User * get_user ( unsigned long user_id ){
    for (int i = 0 ; i < number_of_users; i++) {
        if(users[i]->user_id == user_id){
            return users[i];
        }
    }

    return NULL;
}

char * get_user_string(User * user_info){

    char user_id_string[ID_LENGTH];

    char * user_info_string = (char *)malloc(sizeof(char) * STR_MAX_LENGTH);

    /* Convert user id into string. */
    sprintf(user_id_string, "%lu", user_info->user_id);

    /* Conversion of multiple strings into single delimited string. */
    strcpy(user_info_string, strcat(user_id_string, DELIMITER));
    user_info_string = strcat(user_info_string, user_info->user_name);
    user_info_string = strcat(user_info_string, DELIMITER);
```

```
    user_info_string = strcat(user_info_string, user_info->user_contact);

    /* We need to release memory created by `user_info_string`. */
    return user_info_string;

}

User * get_user_info ( char * user_info ){

    char * token = NULL;

    /* Set `COLUMN_TAG` to 0 so that we can read new values. */
    /* `COLUMN_TAG` will help us to track which column we are going to read. */

    int COLUMN_TAG = 0;

    /* Keep copy of original `user_info` because this string will be modified. */

    char * user_info_copy = strdup(user_info);

    User * read_user = (User *) malloc(sizeof(User));

    while((token = tokenize_string(user_info_copy, DELIMITER, &user_info_copy)) != NULL){

        switch (COLUMN_TAG) {
            case 0:
                read_user->user_id = atoi(token);
                COLUMN_TAG++;
                free(token);
                break;
            case 1:
                read_user->user_name = strdup(token);
                COLUMN_TAG++;
                free(token);
                break;
            case 2:
                read_user->user_contact = strdup(token);
                COLUMN_TAG++;
                free(token);
                break;
            default:
                close_application(EXIT_FAILURE, "Error while parsing user database.....");
                break;
        }
    }
```

```
    free(user_info_copy);

    /* Check if we have read anything or not. */

    if(COLUMN_TAG != 3){
        /* If not then just release memory created by `read_user`. */
        free(read_user);
    }

    return read_user;
}

User ** read_all_users_from_file( FILE * fp ){

    /* All users (pointer to `User`) will be stored in this array. */
    User ** all_users = NULL;

   /* Read each line from file and prepare user detail. */
   User * read_user = NULL;

    /* Total number of users. */
    unsigned long user_count = 0;

    /* Read line from file and store in this variable. */
    char * user_info = (char *)malloc(sizeof(char) * STR_MAX_LENGTH);

    /* Set file pointer to beginning of file. */
    rewind(fp);

    /* Start reading file. */

    while(fgets(user_info, STR_MAX_LENGTH, fp) != NULL){

        if(strcmp(user_info, "\n") == 0)
            continue;

        /* Get User structure from string, which we have read from file */
        /* We do not need to release memory occupied by `read_user` because, */
        /* We are going to store address of this variable into `all_users` array, */
        /* which will be released at end of the program. */

        read_user = get_user_info(user_info);

        /* If we cannot create user successfully, then just continue to next cycle. */
        if(read_user == NULL){
```

```
            continue;
        }

        /* Allocate memory for `all_users` array. */
        all_users = (User **)realloc(all_users, sizeof(User *) * (1 + user_count));

        /* Store address of user into `all_users` array. */
        all_users[user_count++] = read_user;

    }

    /* Release memory occupied by `user_info`. */
    free(user_info);

    /* Keep track of number of users in global variable. */
    last_user_id = number_of_users = user_count;

    return all_users;

}

void replace_user_in_file (FILE * fp, User * updated_user){

    User * read_user = NULL;

    /* below function can leak memory, so clear memory before returning from this function. */
    char * updated_user_string = get_user_string(updated_user);

    char line[STR_MAX_LENGTH];

    /* Open temp file in write mode. */
    FILE * write fp = fopen("temp.txt", "w");

    /* Set file pointer to beginning of file. */
    rewind(fp);

    while ((fgets(line, STR_MAX_LENGTH, fp)) != NULL){

        /* Create user from string, which we have read from file. */
        /* Memory created by below function will be in heap. */
        /* So release that memory before loop ends. */

    if((read_user = get_user_info(line)) == NULL){
        continue;
    }
```

```
    if(read_user->user_id == updated_user->user_id){

        /* If user id matches, then replace line with `updated_user_string`. */
        fputs(updated_user_string, write_fp);

        /* As `updated_user_string` does not contain "\n", add one manually. */
        fputs("\n", write_fp);

    }else{
        /* Write `line` as it is in file. */
        /* Do not need to put extra "\n", as `line` already contains "\n". */
        fputs(line, write_fp);
    }
        free(read_user);
    }

    /* Close temp file. */
    fclose(write_fp);

    /* Close original file. */
    fclose(fp);

    /* Remove original file from disk. */
    remove(user_file_name);

    /* Rename temporary file with original file name. */
    rename("temp.txt", user_file_name);

    /* Open that file in `a+` mode so we have reached state here we left off. */
    user_fp = fopen(user_file_name, "a+");

    free(updated_user_string);
}

void release_users(){
    if(!users){
        return;
    }
    for(int i = 0 ; i < number_of_users ; i++){
        free(users[i]->user_name);
        free(users[i]->user_contact);
    }
    free(users);
    users = NULL;
}
```

## Request-h

```
/* request.h */

/* We are using #ifndef macro to prevent multiple inclusion of header files */

#ifndef request_h
#define request_h

#include "user.h"
#include <stdio.h>

/* Type of request status can be `Pending`, `In process` or `Rejected` */
typedef enum request_status {
    PENDING,
    IN_PROCESS,
    REJECTED
} request_status;

/* Function will return string based on `request_status` */

char * get_request_status_string(request_status);

/* Structure which stores data of user */

typedef struct Request{

    /* Unique identifier associated with every request */
    unsigned long request_id;

    /* User by which connection request was created */
    User * requested_by;

    /* Current status of request */
    request_status status;

    /* Comments on request. If operator decides to reject this request, */
    /* he can optionally add reason for rejection in comments. */
    char * comment;

    /* Address at which electricity needs to be installed. */
    char * address;

} Request;
```

```
/* Request file name in which data of all requests will be stored. */
extern const char * request_file_name;

/* Global variable which contains data of all requests. */
extern Request ** requests;

/* Global variable which stores total count of all requests. */
extern unsigned long number_of_requests;

/* Global File pointers, so we can access it in any of the functions */
extern FILE * request_fp;

/* Variable which keeps track of last inserted request id. */
extern unsigned long last_request_id;

/*
    Function which give `Request` based on their `request_id`.
    input : request id.
    output : Pointer to `User` which contains request information in structure format.
*/

extern Request * get_request ( unsigned long request_id );

/*
    Function which converts `Request` data into string, so that we can store this o/p in file.
    input : Request information in structure format.
    output : comma separated string representation of `request_info`.
*/

char * get_request_string ( Request * request );

/*
    Function which converts string (which we read from i/p file) into `Request` data.
    input : comma separated string which contains request information.
    output : Pointer to `Request` which contains request information in structure format.
*/

Request * get_request_info ( char * request_info_string );

/*
    Function which reads all lines from file, converts and returns array of all requests.
    input : FILE pointer of user file.
    output : Pointer to array of all requests.
*/
```

```
Request ** read_all_requests_from_file ( FILE * fp );

/*
    Function which replace specific request in file
    input : FILE pointer of request file.
    input : Request to be replaced.
*/

void replace_request_in_file ( FILE * fp , Request * request );

/*
    Function which returns all Request details, for given user id
    input : user id.
    input : address of variable which contains number of request.
    output : Pointer to array of all requests of specified user.
*/

Request ** get_request_of_user(unsigned long user_id, int * request_count);

/* Function which releases memory created by requests (in heap.) */

void release_requests(void);

#endif /* request_h */
```

### Request-c

```
/* request.c */

#include "request.h"
#include "helpers.h"
#include "application.h"

#include <stdio.h>
#include <stdlib.h>
#include <string.h>

Request ** requests = NULL;

const char * request_file_name = "requests.txt";

unsigned long number_of_requests = 0;

FILE * request_fp = NULL;
```

```
unsigned long last_request_id = 0;

Request * get_request(unsigned long request_id){
    for (int i = 0; i < number_of_requests; i++) {
        if(requests[i]->request_id == request_id){
            return requests[i];
        }
    }

    return NULL;
}

char * get_request_string(Request * request_info){

    char request_id_string[ID_LENGTH], user_id_string[ID_LENGTH], request_status[2];

    char * request_info_string = (char *)malloc(sizeof(char) * STR_MAX_LENGTH);

    if(request_info->requested_by == NULL){
        /* If we can not get who has made request, then just show message and quit program */
        close_application(EXIT_FAILURE, °∞Some request does not have user.°±);
    }

    /* sprintf will be used to convert integer into string. */

    sprintf(request_id_string, "%lu", request_info->request_id);
    sprintf(user_id_string, "%lu", request_info->requested_by->user_id);
    sprintf(request_status, "%d", request_info->status);

    /* Conversion of multiple strings into single delimited string. */

    strcpy(request_info_string, strcat(request_id_string, DELIMITER));
    request_info_string = strcat(request_info_string, user_id_string);
    request_info_string = strcat(request_info_string, DELIMITER);
    request_info_string = strcat(request_info_string, request_status);
    request_info_string = strcat(request_info_string, DELIMITER);
    request_info_string = strcat(request_info_string, request_info->comment);
    request_info_string = strcat(request_info_string, DELIMITER);
    request_info_string = strcat(request_info_string, request_info->address);

    /* We need to release memory created by `user_info_string`. */
    return request_info_string;

}
```

```
Request * get_request_info ( char * request_info ){

    char * token = NULL;

    /* Set `COLUMN_TAG` to 0 so that we can read new values. */
    /* `COLUMN_TAG` will help us to track, which column we are going to read. */

    int COLUMN_TAG = 0;

    /* Keep copy of original `request_info` because this string will be modified. */
    /* Need to free memory pointed to by `request_info_copy`. */

    char * request_info_copy = strdup(request_info);

    Request * read_request = (Request *) malloc(sizeof(Request));

    User * user = NULL;

    while((token = tokenize_string(request_info_copy, DELIMITER, &request_info_copy)) != NULL){

        switch (COLUMN_TAG) {

    case 0:
        read_request->request_id = atoi(token);
        COLUMN_TAG++;
        free(token);
        break;
    case 1:
        user = get_user(atoi(token));
        free(token);
        /* It is not necessary, that user mentioned by request does exists */
        if(!user){
            free(read_request);
            free(request_info_copy);
            return NULL;
        }
        read_request->requested_by = user;
        COLUMN_TAG++;
        break;
    case 2:
        read_request->status = atoi(token);
        COLUMN_TAG++;
        free(token);
        break;
    case 3:
```

```
            read_request->comment = strdup(token);
            COLUMN_TAG++;
            free(token);
            break;
        case 4:
            read_request->address = strdup(token);
            COLUMN_TAG++;
            free(token);
            break;
        default:
            close_application(EXIT_FAILURE, °∞Error while parsing user database.....°±);
            break;
        }
}

free(request_info_copy);

/* Check if we have read everything or not */

if(COLUMN_TAG != 5){
    /* If not then just release memory created by `read_request` */
    free(read_request);
    }

    return read_request;
}

Request ** read_all_requests_from_file( FILE * fp ){

    /* All requests (pointer to `Request`) will be stored in this array. */
    Request ** all_requests = NULL;

    /* Read each line from file and prepare request detail. */
    Request * read_request = NULL;

    /* Total number of requests. */
    unsigned long request_count = 0;

    /* Read line from file and store in this variable. */
    char * request_info = (char *)malloc(sizeof(char) * STR_MAX_LENGTH);

    /* Set file pointer to beginning of file. */
    rewind(fp);

    /* Start reading file. */
```

```
    while(fgets(request_info, STR_MAX_LENGTH, fp) != NULL){

        if(strcmp(request_info, "\n") == 0)
            continue;

        /* Get Request structure from string, which we have read from file */

        /* We do not need to release memory occupied by `read_request` because, */
        /* We are going to store address of this variable into `all_requests` array, */
        /* which will be released at end of the program. */

        read_request = get_request_info(request_info);

        /* If we can not create request successfully, then just continue to next cycle. */
        if(read_request == NULL){
            continue;
        }

        /* Allocate memory for `all_requests` array. */
        all_requests = (Request **)realloc(all_requests, sizeof(Request *) * (1 + request_
count));

        /* Store address of request into `all_requests` array. */
        all_requests[request_count++] = read_request;
        }

        /* Release memory occupied by `request_info`. */
        free(request_info);

        /* Keep track of number of users in global variable. */
        last_request_id = number_of_requests = request_count;

        return all_requests;
    }

    Request ** get_request_of_user(unsigned long user_id, int * request_count){

        Request ** user_requests = NULL;
        int count = 0;

        for(int i = 0 ; i < number_of_requests ; i++){
            if(requests[i]->requested_by->user_id == user_id){
                user_requests = (Request **)realloc(user_requests, sizeof(Request *) * (1 + count));
                 user_requests[count++] = requests[i];
            }
```

```
        }
        /* Modify count. */
        *request_count = count;

        return user_requests;

    }

void replace_request_in_file (FILE * fp, Request * updated_request){

    Request * read_request = NULL;

    /* below function can leak memory, so clear memory before returning from this function. */
    char * updated_request_string = get_request_string(updated_request);

    char line[STR_MAX_LENGTH];

    /* Open temp file in write mode. */
    FILE * write_fp = fopen("temp.txt", "w");

    rewind(fp);

    while ((fgets(line, STR_MAX_LENGTH, fp)) != NULL){

        /* Create request from string, which we have read from file. */
        /* Memory created by below function will be in heap. */
        /* So release that memory before loop ends. */

        if((read_request = get_request_info(line)) == NULL){
            continue;
        }

        if(read_request->request_id == updated_request->request_id){

            /* If request id matches, then replace line with `updated_request_string`. */
            fputs(updated_request_string, write_fp);

            /* As `updated_request_string` does not contain "\n", add one manually. */
            fputs("\n", write_fp);

        }else{
            /* Write `line` as it is in file. */
            /* Do not need to put extra "\n", as `line` already contains "\n". */
            fputs(line, write_fp);
        }
```

```
        free(read_request);

    }

    /* Close temp file. */
    fclose(write_fp);

    /* Close original file. */
    fclose(fp);

    /* Remove original file from disk. */
    remove(request_file_name);

    /* Rename temporary file with original file name. */
    rename("temp.txt", request_file_name);

    /* Open that file in `a+` mode so we have reached state here we left of. */
    request_fp = fopen(request_file_name, "a+");

    free(updated_request_string);
}

char * get_request_status_string(request_status status){

    switch (status) {
        case PENDING:
            return "Pending";
        case IN_PROCESS:
            return "In Progress";
        case REJECTED:
            return "Rejected";
        default:
            break;
    }

    return "Pending";

}

void release_requests(){
    if(!requests){
        return;
    }
    for(int i = 0 ; i < number_of_requests ; i++){
        free(requests[i]->comment);
```

```
        free(requests[i]->address);
        requests[i]->requested_by = NULL;
    }

    free(requests);
    requests = NULL;
}
```

## Helpers-h

```
/* helper.h */

#ifndef helpers_h
#define helpers_h

/*
    Flush buffer after user enter some input.
    If we won't flush buffer then `enter` pressed by user will be stored in buffer,
    and it will be used as an input to next I/O function, which may cause issue.
*/

extern void flush_buffer(void);

/*
    Function which returns single string delimited by `delimiter` from `source`.
    Also we want to modify `source` after reading token so we have used `context` (char **),
    which is pointer to `source`, which will modify input `source`
    input : Delimited string.
    input : Delimiter by which string is separated.
    input : context i.e. address of `string` (char *), so we have used char ** to catch
            address of string.
    output : Single token separated by `delimiter`.
*/

extern char * tokenize_string(char * source, char const * delimiter, char ** context);

#endif /* helpers_h */
```

## Helpers-c

```
/* helpers.c */

#include "helpers.h"
#include "application.h"

#include <stdio.h>
```

```
#include <string.h>
#include <stdlib.h>

char * tokenize_string(char * source, char const * delimiter, char ** context){

    /* Example `source` string is "A;B;C\n\0". */
    /* '\n' will be at end of the `source` as we are reading from file. */

    if(source == NULL){
        return NULL;
    }

    /* String after 1st `delimiter` occurs will be stored in this variable (";B;C\0"). */
    char * rest_string = strpbrk(source, delimiter);

    /* Creating a copy of above variable, as it will get modified */
    char copy_rest_string[STR_MAX_LENGTH];

    /* Token is string before `delimiter` ("A\0") */
    char * token = NULL;

    /* `rest_string` will be NULL when there is not any `delimiter` (example string "C\n\0") */

    if(rest_string != NULL){

        /* Make copy of `rest_string` so `copy_rest_string` will be ";B;C\n\0" */
        strcpy(copy_rest_string, rest_string);

        /* 1st character of `rest_string` is our `delimiter` so we need to replace it by "\0" */
        *rest_string = 0;

        /* With above operation `source` string will also get modified */
        /* and becomes "A\0B;C\n\0" i.e. "A\0" (string in C language is NULL terminated) */

        /* Create copy of modified `source` string which is "A\0" */
        /* As this copy is created with `strdup`, memory in heap will be created */
        /* which we will clear later . */

        token = strdup(source);

        /* `*context` is pointing to `source` */
        /* i.e. we are clearing memory pointed to by `source` */
        /* Otherwise memory will be leaked as, `source` string is getting modified */

        free(*context);
```

```
            /* point `*context` (i.e. `source`) to copied string which is ";B;C\0" */
            /* Notice +1 here, this is because we want to skip 1st `delimiter` which is at 1st
character of `copy_rest_string` */
            /* Do not need worry about memory created by below operation */
            /* because in next iteration, it will be freed */

            *context = strdup(copy_rest_string + 1);

    }else{

        /* If we can not find any `delimiter` then `source` should be like "C\n\0" */
        /* So first replace last "\n" with "\0" */

        source[strlen(source) - 1] = '\0';

        /* Create token from `source` which is now "C\0\0" i.e. "C\0" */
        token = strdup(source);

        /* Free memory pointed to by `*context` */
        free(*context);

         /* And set `*context` i.e. `source` to NULL so that we can break loop (exit condition) */

        *context = NULL;

    }

    return token;

}

void flush_buffer(){
    while (getchar() != '\n');
}
```

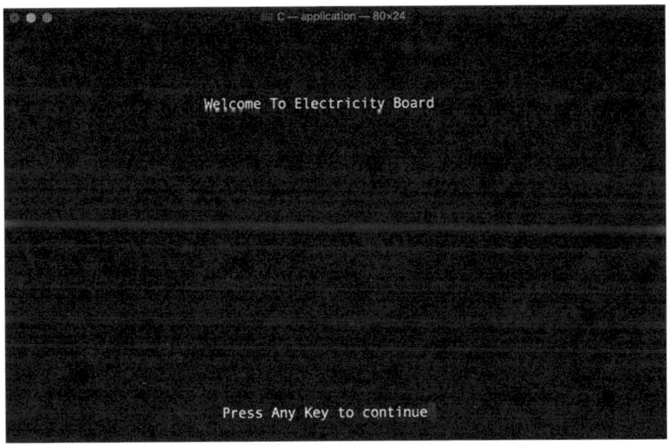


그림 1 Welcome screen

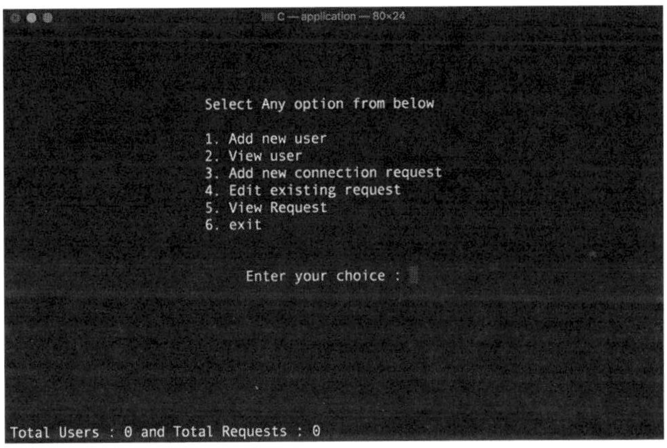


그림 2 Main menu

그림 3 Add user

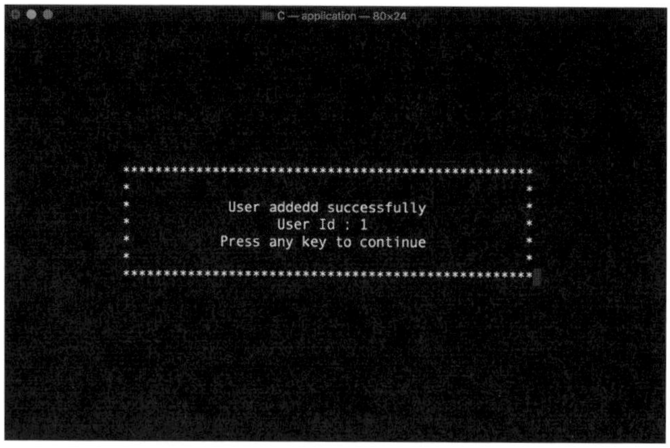


그림 4 User success dialogue

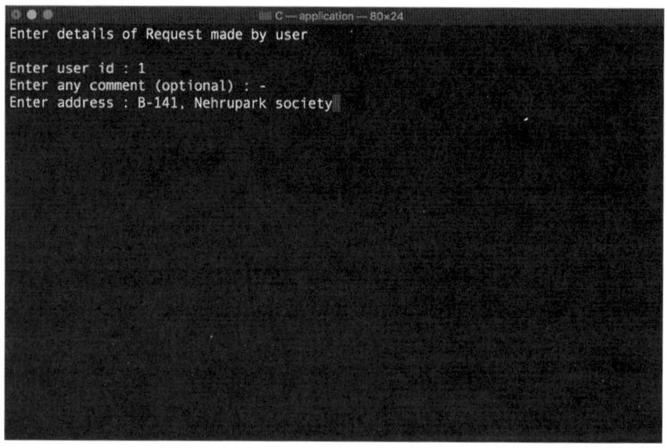


그림 5 Add request

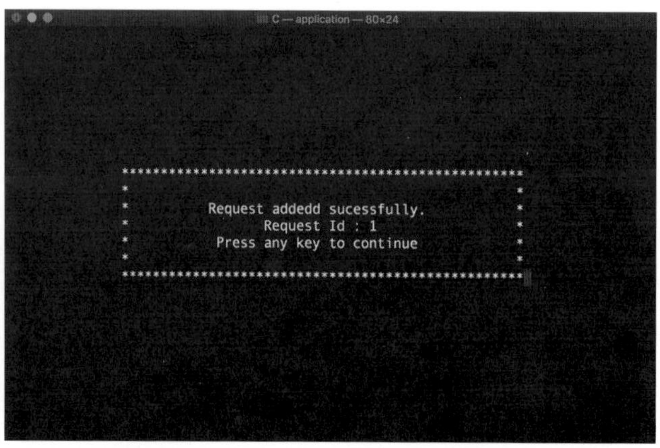


그림 6 Request success dialogue

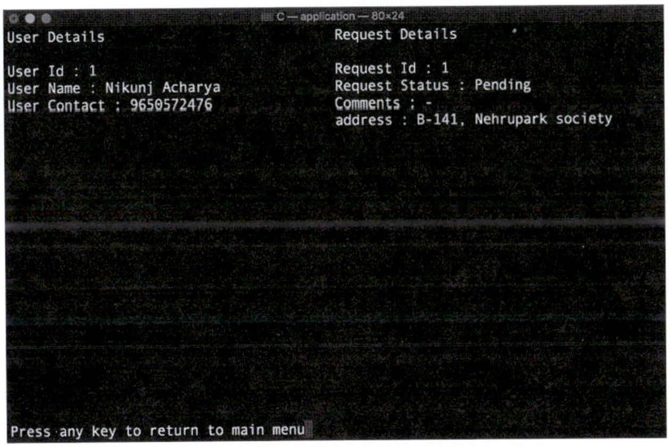


그림 7 View user

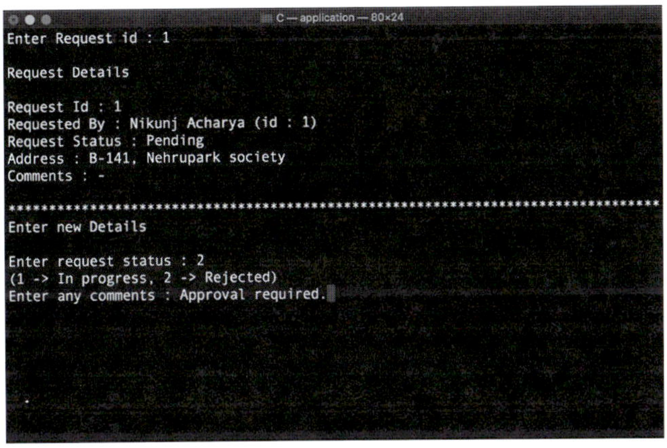


그림 8 Edit request

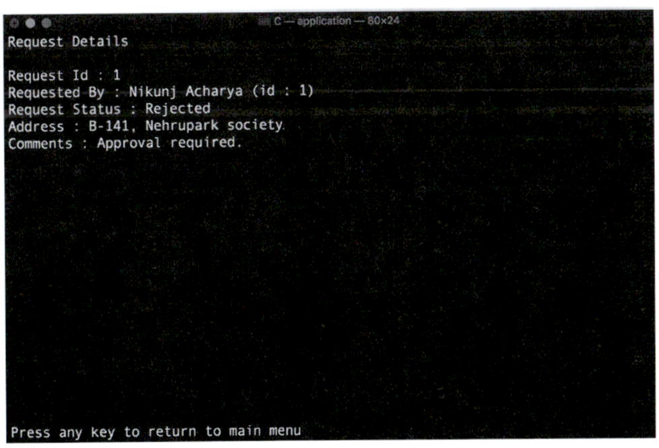


그림 9 View request

# 프로젝트 2: C로 웹 서비스 만들기

## 1 개요

여기서는 C로 RESTful API를 만들 것이다. 웹 서비스나 RESTful API는 Ruby, Java, Python 같은 객체지향 프로그래밍 언어를 이용해서 만드는 것이 일반적이다. 원하는 작업을 하기 위해 어떤 프로그래밍 언어도 이용될 수 있지만 다음 의문을 생각해 보자. 일을 더 쉽게 할 수 있을까? 결국은 프로그램이나 코딩은 우리의 삶을 더 쉽게 만들기 위한 것이다.

네트워크를 통해서 GET, POST, PUT, DELETE와 같은 HTTP 메소드 호출에 응답을 하는 웹 서비스를 만들기 위해 C가 최선은 아니지만, 외부 라이브러리를 사용하면 데모 목적으로 이것이 가능하다. 이식성이 아주 낮기 때문에 데모 목적이라고 하였다.

## 2 무엇을 사용하나?

1. Ubuntu: C로 웹서비스를 만들기 위해서는 Ubuntu를 사용하지만 윈도우나 맥과 같은 다른 플랫폼도 가능하다. 여기서 사용하는 명령어는 Ubuntu 명령어이지만 다른 플랫폼에도 이에 해당하는 명령어가 있다.
2. Onion: 외부 라이브러리로 Onion을 사용한다. 이 라이브러리는 Apache2와 GPLv2+의 라이센스 하에 있기 때문에 원하는 것을 만들고, 사용하고, 수정해서 상업적이나 무료 소프트웨어로 만들 수 있다. 간단한 콜백 메커니즘을 이용해서 C로 웹 서비스를 만들 수 있게 한다.

## 3 콜백 메커니즘이란?

C로 웹서비스를 만들고 Onion 라이브러리가 어떻게 작동하는지 보기 전에 콜백 메커니즘이 무엇이고 어떻게 작동하는지 살펴보자.

콜백은 다른 코드에 인자로 넘겨지는 실행할 수 있는 코드이다. 간단하게는 함수의 참조를 다른 함수에 인자로 넘겨주면 콜백 함수 호출을 할 수 있다. 다음 예를 보자.

```
void populate_array(int array, size_t arraySize, int (getNextValue)(void))
{
    for (size_t i=0; i<arraySize; i++)
        array[i] = getNextValue();
}

int getNextRandomValue(void)
{
    return rand();
}
int main(void)
```

```
{
    int myarray[10];
    populate_array(myarray, 10, getNextRandomValue);
    ...
}
```

populate_array 함수는 세 번째 인자로 함수 포인터를 받아서 호출한다. 콜백 함수 getNextRandomValue는 임의의 값을 반환하고 populate_array에 포인터를 넘겨준다. populate_array 함수는 콜백 함수를 10번 호출하고 반환된 값을 주어진 배열에 저장한다.

콜백함수는 다른 함수에 인자로 전달된 것이고 함수 내부에서 사건이 발생했을 때 호출되어 어떤 작업을 처리한다는 뜻이다.

> There are two ways that a callback is used: synchronous callback and asynchronous callback. A synchronous callback is provided to another function which is going to do some task and then return to the caller with the task completed. An asynchronous callback is provided to another function which is going to start a task and then return to the caller with the task possibly not completed.
>
> A synchronous callback is typically used to provide a delegate to another function to which the other function delegates some step of the task. Classic examples of this delegation are the functions bsearch() and qsort() from the Standard C Library. Both of these functions take a callback which is used during the task the function is providing so that the type of the data being searched, in the case of bsearch(), or sorted, in the case of `qsort(), does not need to be known by the function being used.

## 4 C로 웹 서버 만들기

이제 C로 간단한 웹 서버를 만들어서 GET 처리를 할 수 있게 하자. 우선 Onion 라이브러리가 올바로 설정되어 있어야 한다. 라이브러리는 https://github.com/davidmoreno/onion 링크에서 찾을 수 있다. 라이브러리 설정 방법은 wiki에서 찾을 수 있다.

우선 프로그램에 헤더 라이브러리 목록을 넣는다.

```
#include <onion/onion.h>
#include <onion/log.h>
#include <onion/version.h>
#include <signal.h>
#include <netdb.h>
#include <stdlib.h>
#include <unistd.h>
```

여기서는 Onion 라이브러리와 표준 C 라이브러리에 있는 내용을 포함한다. 두 개의 간단한 콜백 함수는 다음과 같다.

```
int hello(void p, onion_request req, onion_response res){
            onion_response_write0(res,"pong");
            return OCS_PROCESSED;
}

onion o = NULL;

static void shutdown_server(int _){
            if (o)
               onion_listen_stop(o);
}

onion_connection_status random_timeout(void _, onion_request req, onion_response
res){
            int ms=2000  ( ((float)RAND_MAX) / rand() );
            ONION_INFO("Wait %d ms", ms);
            usleep(ms  1000);
            ONION_INFO("Done");
            onion_response_write(res,"OK",2);
            return OCS_PROCESSED;
}
```

위의 콜백 함수의 내용에서

- 첫 번째로 정의한 함수는 hello 함수이다. Onion 라이브러리의 request, response 객체 포인털르 포함하는 인자를 가진 간단한 함수이다. 이 포인터는 모든 콜백 함수에서 response 객체를 수정하고 request 객체에 있는 파라미터를 얻는데 사용된다.
- 이 함수는 Hello World 문자열을 Onion 라이브러리의 response 객체에 쓴다. 이 함수가 정수를 반환하고 response 객체를 반환하지는 않지만 response 객체가 처리되어 HTTP 호출이 완료되었음을 나타내는 정수값을 준다.
- 다음 콜백 함수에서도 같은 정수가 반환된다.
- 두 번째 콜백 함수는 임의로 타임아웃이 된다. 임의의 값을 찾고, 몇 밀리초 잠자고, 문자열을 response 객체에 쓰고, 콜백 함수가 완료됨에 따라 신호를 보낸다.

위의 모든 것을 호출하는 main 함수가 필요하다. 그 전에 콜백 메소드와 연관된 REST 종점은 어디에 정의하였나? 이것도 main 함수에 둘 수 있다. main 함수는 다음과 같다.

```
int main(int argc, char argv){
    signal(SIGINT, shutdown_server);
    signal(SIGTERM, shutdown_server);

    ONION_VERSION_IS_COMPATIBLE_OR_ABORT();
```

```
    o=onion_new(O_POOL);
    onion_set_timeout(o, 5000);
    onion_set_hostname(o,"0.0.0.0");
    onion_url urls=onion_root_url(o);
    onion_url_add_static(urls, "static", "Hello static world", HTTP_OK);
    onion_url_add(urls, "timeout", random_timeout);
    onion_url_add(urls, "ping", hello);

    onion_listen(o);
    onion_free(o);
    return 0;
}
```

이 함수에서 많을 일을 한다.

- 서버가 종료할 수 있도록 signal 인자를 만들었다. 웹 서버가 원하지 않는 부작용 없이 우아하게 종료된다.
- 설치된 바이너리가 Onion 라이브러리와 호환인지 검사한다. 그렇지 않다면 프로그램을 종료한다.
- 타임아웃 5초, 호스트 이름 0.0.0.0과 같은 연결 파라미터를 설정하여 HTTP 호출을 어디서든지 받을 수 있게 한다.
- URL을 추가한다. 첫 번째 종점은 콜백 메소드와 연관되지 않는 static 종점이다 문자열과 200 OK 상태 코드를 response 헤더에 반환한다.
- timeout 종점은 GET 종점으로서, 호출되면 콜백 함수 random_timeout를 호출한다.
- 세 번째 URL은 ping으로서, 콜백 함수 hello를 호출한다.
- 마지막에는 Onion을 시작하고 정의된 파라미터 연결을 이용해서 listening을 시작한다.

Onion 라이브러리가 설정되었다면 다음 명령어로 실행할 수 있다.

```
c serer.c
```

http://localhost:8080/static를 치면 호출된 종점이 보일 것이다. 다른 종점들도 이와 같이 확인할 수 있다.

## 5 결론

Onion은 간단하지만 강력한 실시간 웹 서버를 만들 수 있는 아주 간단한 C 라이브러리이다. 상업적인 환경에서 이용한다면 웹 서버를 위해서 만들어진 다른 정교한 프로그래밍 언어를 제안한다. 웹 서비스를 위해서 더 정교한 프레임워크가 있지만 C도 역시 작은 프로젝트와 빠른 설정을 위한 강력한 언어이다.

Appendix V

# C99/C11 특징

## C99 특징

### 1 소개

ANSI 와 ISO에 의해 개발되고 표준화된 C 언어는 유연하며 이식성이 좋은 매우 효율적인 언어이다. C언어는 시스템 프로그램 및 응용 프로그램의 개발에 적합하며 산업표준이 된 다목적 언어다. C 언어 표준화 위원회는 다른 프로그램 언어에 대한 C 언어의 우월성이 유지되도록 하기 위해 C 언어의 각 요소들을 지속적으로 조사 관리하고 있다. 또한 다양한 사용자 그룹으로부터 제안된 여러 가지 기능들이 구 C언어에 더해졌는데 이것이 C99로 명명된 새 버전의 C언어이다.

C99 표준은 현대 컴퓨터 언어가 필요로 하는 여러 가지 기능들을 가지고 있다. 그 기능들은 C++ 언어의 기능을 빌려와 수정한 것이지만, C99은 ANSI C의 모든 특징들을 그대로 유지하고 있다. 이 부록에서는 1999년까지 C 언어에 더해진 기능을 살펴본다.

### 2 새 키워드의 추가

ANSI C는 32개의 키워드를 가지고 있으며 C99에는 다음과 같은 5개의 키워드가 더해졌다.

**_Bool**
**_Complex**
**_Imaginary**
**inline**
**restrict**

위의 5개 키워드는 C99의 가장 의미 있는 특성들이다. 이 키워드의 사용법은 뒤에서 다룰 것이다.

## 3 새로운 주석 기능 추가

C99은 C++와 같이 //을 사용하여 주석을 처리할 수 있다.

```
                                              // A comment line
if ( x > y )                                  // Testing
        printf(........);                     // Printing
int m;                                        // Declaration
```

## 4 새로운 자료형 추가

C언어의 5개의 기본 자료형 **char, int, float, double** 및 **void**와 함께 C99에는 다음과 같은 3개의 자료형이 추가되었다.

**_Bool**

**_Complex**

**_Imaginary**

또한 C99에서는 **long long int** 자료형과 **unsigned long long int** 자료형이 정의되었다.

### _Bool 형

**_Bool**은 1 또는 0의 값을 갖는 정수형 데이터를 선언하는데 사용한다. 다음은 사용 예를 보여 준다.

```
_Bool x, y;
x = 1;
y = 0;
```

또 다른 사용 예를 다음에 보여 준다.

```
_Bool b = m > n;
```

m이 n보다 크면 b에는 1이 대입되고 그렇지 않을 경우 0이 대입된다.

### _Complex 및 _Imaginary 형

C99은 복소수 수치연산을 위한 **_Complex** 및 **_Imaginary** 키워드를 가지고 있다. 다음과 같은 복소수 자료형이 제공된다.

| | |
|---|---|
| float_Complex | float_Imaginary |
| double_Complex | double_Imaginary |
| long double_Complex | long double_Imaginary |

### long long 형

**long long int** 형 변수의 저장 범위는 $-(2^{63}-1)$부터 $2^{63}-1$ 까지 이며 **unsigned long long**의 경우 0부터 $2^{64}-1$ 까지 이다.

## 5 변수 선언 규칙 변경

C에서는 모든 변수를 실행문 이전에 선언해야 한다. 그러나 C99에서는 변수를 임의의 위치에 선언하고 사용할 수 있다. 예를 들어 다음 코드는 C에서는 오류를 발생시키지만 C99에서는 오류를 발생시키지 않는다.

```
main()
{
    int m;
    m = 100;
    . . . . . . .
    . . . . . . .
    int n;                  /* Legal in C99*/
    n = 200;
    . . . .
}
```

C99에서는 **for** 루프에서 다음과 같이 변수를 선언해도 된다. 반면에 C에서는 for 루프 안에서 변수를 선언하는 것은 허용되지 않는다.

```
main()
{
    . . . . . . .
    . . . . . . .
    for(int i - 0; i<5; i++)
    {
        . . . . . . .
        . . . . . . .
    }
        . . . . . . .
        . . . . . . .
}
```

변수 i는 **for** 루프 블록 안에서만 유효한 지역변수이며 루프가 종료되면 사라진다.

## 6 I/O 형식의 변화

**long long** 자료형을 다루기 위해 **scanf()**와 **printf()**에 변환자 **ll**가 추가되었다. 예를 들어 **%lld, %llu 및 %lli, %llo** 및 **%llx** 등의 치환 연산 표현을 사용할 수 있다.

유사하게 **char**형 데이터를 다루기 위해 **hh** 수정자를 추가하였다.

## 7 배열 다루기

C99에는 배열을 좀 더 편리하게 다루기 위한 몇 개의 기능들이 추가되었다.

### 가변길이 배열

ANSI C에서는 배열의 크기는 정수형 상수를 사용하여 지정되며 배열의 크기는 고정되어 있다. 반면에 C99에서는 가변길이 배열의 선언 및 사용이 허용된다. 다음은 가변길이 배열의 선언 예를 보여준다.

```
main()
{
        int m, n;
        scanf("%d %d", &m, &n);
        float matrix[m][n];          /* variable-length array */
        . . . . . . .
        . . . . . . .
}
```

프로그램 실행 중에 변수 m과 n에 저장된 값을 변경할 수 있으므로 배열 matrix의 크기는 가변적이다.

### 배열 선언에서 형 지정

함수에 배열을 넘겨줄 때 키워드 static을 사용하여 배열 크기 파라미터를 수식하는 것이 가능하다. 다음 예를 살펴보자.

```
void array(int x[static 20])
{
        . . . . . . .
        . . . . . . .
}
```

수식어 **static**는 배열 **x**가 최소한 20개의 원소를 갖는 것을 보장한다.

### 구조체에서 배열의 유연성

C99은 구조체에서 마지막 멤버가 배열일 경우, 배열의 크기를 지정하지 않고 배열을 선언하는 것을 허용한다. 다음은 사용 예를 보여준다.

```
struct find
{
      float x;
      int number;
      float list[ ];                /* flexible array */
}
```

## 8 함수 구현 규칙 변경

C99에서는 함수를 구현할 때 적용되는 규칙들을 변경하였는데 이것을 요약하면 다음과 같다.

- 함수에서 **int**에 대한 디폴트 규칙 제거
- 묵시적 함수 선언 규칙 제거
- **return** 문에 대한 제한 규칙을 추가
- **inline** 함수 만들기

### 함수에서 int에 대한 디폴트 규칙 제거

ANSI C에서는 함수의 반환 형식이 지정되어 있지 않을 경우 반환 형식은 **int**형으로 가정되고 처리된다. 다음 예를 살펴보자.

```
prod(int a, int b)      /* return type is int by default */
{
return (a*b);
}
```

ANSI C에서는 위의 함수 prod의 정의는 문법적으로 오류가 없다. 반환 형식은 **int**형으로 가정하고 처리한다. 그러나 C99에서는 함수값 반환에 대한 디폴트 규칙이 제거되었다. C99은 반환 형식을 명시적으로 지정할 것을 요구한다. 다음과 같이 수정해야 한다.

```
int prod(int a, int b)  /* explicit type specification */
{
return (a*b);
  }
```

또한 함수 파라미터 선언에서 디폴트 규칙도 제거 되었다. ANSI C에서는 아래와 같이 함수 파라미터의 형을 지정하지 않고 함수를 정의하는 것이 허용된다.

```
fun1(const a)                    /* a is int by default */
{
          . . . . . . .
}
fun2(register x, register y)
{
          . . . . . . .
}
```

그러나 C99에서는 위와 같이 함수를 정의하는 것을 허용하지 않는다. 위의 함수들에서 함수 파라미터 선언 부분을 다음과 같이 수정해야 한다.

```
const int a
register int x
```

### 묵시적 함수 선언 규칙 제거

C99에서는 함수를 명시적으로 선언해야 한다.

### return 문에 대한 제한 규칙을 추가

ANSI C 에서는 값을 반환하지 않는 **return** 문의 사용이 허용된다. 다음 코드는 ANSI C에서는 유효하다.

```
float value(float x, float y)
{
          . . . . . . .
          . . . . . . .
    return;                          /* no value included */
}
```

그러나 C99에서는 값을 반환하지 않는 **return**문은 허용되지 않으므로 다음과 같이 수정되어야 한다.

```
return (p);          /* p contains float value */
return 0.0;          /* when no value to be returned */
```

### inline 함수 만들기

C99에는 새 키워드 **inline**이 추가되었다. 키워드 **inline**의 사용 예를 다음 보여준다.

```
inline mul (int x, int y)
{
        return (x*y);
}
```

함수 정의에 키워드 **inline**이 있을 경우 컴파일러는 함수 호출 코드를 함수를 정의하는 코드로 치환한다. inline 키워드를 사용하면 함수 호출값 반환 과정이 없으므로 프로그램 실행 시간이 줄어든다. 반면에 프로그램의 object 코드의 크기는 증가 한다.

## 9 제한된 포인터

C99에는 새 키워드 restrict가 추가되었다. 수식어 restrict는 포인터에만 사용된다. 수식어 restrict를 사용하여 선언된 포인터를 제한된 포인터라고 말한다. 다음은 사용 예를 보여준다.

```
int *restrict p1;
void *restrict p2;
```

수식어 **restrict**를 사용하여 선언한 포인터는 주로 함수 파라미터로 사용된다. 또한 **malloc()** 함수에 의해 할당된 메모리를 가리키는 포인터로 사용된다.

## 10 컴파일러 한계의 변화

모든 컴파일러는 제한을 가지고 있는데 예를 들면 함수 파라미터의 개수, 의미 있는 문자의 개수 등이 그것이다. C99은 이런 제한들을 다음과 같이 변경하여 성능을 개선하였다.

- 식별자에서 유효 문자의 개수: 6에서 31로 증가됨
- 다중 블록 깊이 수준: 15에서 127로 증가됨
- 함수 인자 개수: 31에서 127로 증가됨
- 구조체 멤버 개수: 127에서 1023으로 증가됨

## 11 기타 변화

C99에서는 다음과 같은 많은 변화가 있다.

- 새로운 라이브러리와 헤더
- 새로운 내장 매크로
- 전처리기의 변화

# C11 특징

## 1 개요

C11은 C99와 같은 이전의 표준을 대체하는 현재의 C 표준이다. C11은 대부분의 현재 컴파일러의 표준 기능을 목표로 한다. 컴파일러가 C99 표준에 따르는 시간 지연의 한계를 극복하기 위해서 C11은 기능의 일부를 선택적으로 하였다. 따라서 컴파일러가 C11 표준을 따르기가 더 쉬워졌다.

## 2 언어와 라이브러리 사양의 변화

C99 표준에 대한 C11에서의 주요한 언어와 라이브러리 사양 변화는 다음과 같다.

### _Noreturn 함수 지시자

함수 선언문에서 함수가 return이나 함수 끝에 도달해도 반환을 하지 않는다는 것을 뜻한다. 이 지시자는 .stdnoreturn.h 헤더 파일에 있다.

noreturn 지시자를 이용해서 선언된 표준 라이브러리 함수에는 abort(), exit(), longjmp() 등이 있다.

### _Generic 키워드

컴파일 때 표현식을 선택할 수 있도록 한다.

구문: _Generic (controlling-expression, association-list)

여기서 controlling-expression은 콤마 연산자를 제외한 모든 표현식이 되며, association-list는 쉼표로 분리된 association 목록이다.

### _Thread_local 지시자

_Thread_local 지시자를 써서 선언된 변수는 지정된 스레드 저장소를 사용한다. 즉, 스레드가 시작될 때 변수가 할당되고, 쓰레드가 종료되면 반환된다. 또한 스레드와 관련된 기능으로, 모든 스레드는 고유한 변수 인스턴스를 갖는다. 헤더 파일 <threads.h>에 지시자가 들어 있다.

### 향상된 Unicode 지원

C11은 Unicode 지원과 관련하여 향상되 지원을 제공한다.

- 헤더 파일 uchar.h에는 UTF-16, UTF-32와 관련된 문자 유틸리티를 포함한다.
- u와 U 문자열 리터럴 접두사

- UTF-8 인코드된 리터럴을 위한 u8 접두사

## 익명 구조체와 공용체

C11은 익명 구조체와 공용체의 구현을 지원하는데, 공용체와 구조체가 중첩된 상황에서 유용하다. 다음 예제 코드가 이것을 보여준다.

```
struct S
{
 char c;
 union
 {
  int a; fl oat b;
 };
};
```

위의 코드에서 union이 익명이다.

## quick_exit 함수의 추가

빠른 프로그램 종료를 위한 새로운 함수이다. 시스템 자원을 청소하지 않고 프로그램을 종료시킨다.

## gets를 gets_s로 대체

gets() 함수는 경계 검사를 하지 않아서 버퍼 오버플로우가 날 수 있으므로 C11에서 완전히 삭제되었다. 새로운 gets_s() 함수는 이 단점을 극복했다. 새로운 줄이나 end-of-file에 이를 때까지 읽기를 수행하고 읽은 문자의 일부만을 입력 버퍼에 넣는다.

## Alignment 사양

C11은 alignment를 위해 새로운 매크로 4개를 제공한다.

_alignas
_alignof
_alignas_is_defined
_alignof_is_defined

이들 매크로는 stdalign.h 헤더 파일에 있다.

| 주의 | C11 표준 기능의 완전한 목록은 ISO/IEC 9899-2011 사양에 나와있다. |
|---|---|

Appendix VI

# C 그래픽 프로그래밍

## 1 개요

C는 주로 시스템 프로그래밍과 임베디드와 실시간 응용에 선호된다. 하지만 C에는 그래픽 프로그래밍 기능도 있다. graphics.h 헤더 파일에는 그래픽적인 모양, 에니메이션 등에 사용할 수 있는 함수들이 들어있다. 여기서는 C를 이용한 그래픽 프로그래밍을 살펴보자.

## 2 예제 프로그램 1: 원 그리기

그림 VI.1에 간단한 그래픽 프로그램이 있다.

```
#include<graphics.h>
#include<conio.h>

void main()
{
   int gd=DETECT, gm;
   initgraph(&gd, &gm, "C:\Turbo\TC\BGI" );

   circle(350,250,100);

   getch();
   closegraph();
}
```

**그림 VI.1** 원 그리기 프로그램

이 프로그램을 실행하면 다음과 같이 출력된다.

프로그램 명령어를 분석해 보자. 프로그램은 다음과 같은 헤더 파일을 포함하기 위한 지시자로 시작한다.

- graphics.h: 그래픽을 스크린에 그리는 라이브러리 함수로 구성되어 있다.
- conio.h: 콘솔 입/출력 동작을 수행하는 함수로 구성되어 있다.

main 함수는 그래픽 모드를 초기화하기 위해서 다음 명령어로 시작한다.

```
int gd=DETECT, gm;
initgraph(&gd, &gm, "C:\Turbo\TC\BGI" );
```

정수형 변수로 선언된 gd와 gm은 그래픽 드라이버와 그래픽 모드를 뜻한다. gd에 할당된 DETECT 값은 graphics.h 헤더 파일에 정의된 매크로이다. initgraph 함수는 그래픽을 초기화한다. initgraph 함수의 인자는 다음과 같다.

- gd 변수의 주소
- gm 변수의 주소
- BGI 파일의 디렉토리 경로

그래픽 드라이버와 모드가 설정되면 그래픽 라이브러리에 있는 함수를 이용해서 그래픽 모양을 그릴 준비가 된다. circle 함수는 출력 스크린에 원을 그린다. circle 함수의 인자는 원의 중심인 x와 y 좌표이다. 세 번째 인자는 원의 반지름이다.

그래픽 모양을 그리고 나면 그래픽 시스템을 복귀하는 것이 중요하다. `closegraph` 함수는 그래픽 모드를 종료하고 `initgraph` 함수가 호출되었을 때의 모드로 복귀한다.

| 주의 | initgraph와 closegraph 함수는 그래픽 라이브러리 함수를 호출해서 그림을 그리는 모든 프로그램에서 사용된다. |
|---|---|

## 3 그래픽 라이브러리 함수

표 VI.1은 graphics.h 헤더 파일에 있는 주요 그래픽 함수의 목록이다.

**표 VI.1** 그래픽 함수

| Function | Purpose | Format |
|---|---|---|
| arc | Draws an arc | void arc(int x, int y, int stangle, int endangle, int radius);<br>- x, y are the coordinates of the center of the arc<br>- stangle and endangle are the respective starting andending angles of the arc<br>- radius is the radius of the arc |
| bar | Draws a 2-dimensional, filled-in, rectangular bar | void bar(int left, int top, int right, int bottom);<br>- left is the X coordinate of the top left corner of the bar<br>- top is the Y coordinate of the top left corner of the bar<br>- right is the X coordinate of the bottom right corner of the bar<br>- bottom is the Y coordinate of the bottom right corner of the bar |
| line | Draws a straight line | void line(int x1, int y1, int x2, int y2);<br>- x1, y1 are the coordinates of the starting point of the line<br>- x2, y2 are the coordinates of the ending point of the line |
| rectangle | Draws a rectangle | void rectangle(int left, int top, int right, int bottom);<br>- left is the X coordinate of the top left corner of the rectangle<br>- top is the Y coordinate of the top left corner of the rectangle<br>- right is the X coordinate of the bottom right corner of the rectangle<br>- bottom is the Y coordinate of the bottom right corner of the rectangle |
| getcolor | Returns integer code of current drawing color | int getcolor(); |
| setcolor | Changes the current drawing color to the specified color code | void setcolor(int color);<br>- color is the integer value representing color code |

| Function | Purpose | Format |
|---|---|---|
| getbkcolor | Returns integer code of current background color | int getbkcolor(); |
| setbkcolor | Changes the current background color to the specified color code | void setcolor(int color);<br>- color is the integer value representing color code |
| getx | Returns the X coordinate of current cursor position | int getx(); |
| gety | Returns the Y coordinate of current cursor position | int gety(); |
| getmaxx | Returns the maximum X coordinate value for the current graphics mode and driver | int getmaxx(); |
| getmaxy | Returns the maximum Y coordinate value for the current graphics mode and driver | int getmaxy(); |
| getpixel | Returns the color code of the pixel present at specific coordinate location | int getpixel(int x, int y);<br>- x, y are the coordinate values |
| putpixel | Sets the color code of the pixel present at specific coordinate location% | int putpixel(int x, int y, int color);<br>- x, y are the coordinate values<br>- color is the color code for the pixel |

## 3 예제 프로그램

### 기본 도형 그리는 프로그램

그림 VI.2ss 선, 사각형, 원 등의 기본적인 도형을 그리는 프로그램이다.

```
#include<graphics.h>
#include<conio.h>

void main()
{
   int gd=DETECT, gm;
   initgraph(&gd, &gm, "C:\Turbo\TC\BGI" );

   circle(500,100,50);
   rectangle(100,50,350,150);
   ellipse(300, 300,0,360, 100,50);
```

(계속)

```
    line(100,200,540,200);

    getch();
    closegraph();
}
```

그림 VI.2 기본적인 도형 그리는 프로그램

프로그램을 실행하면 다음과 같은 화면이 출력된다.

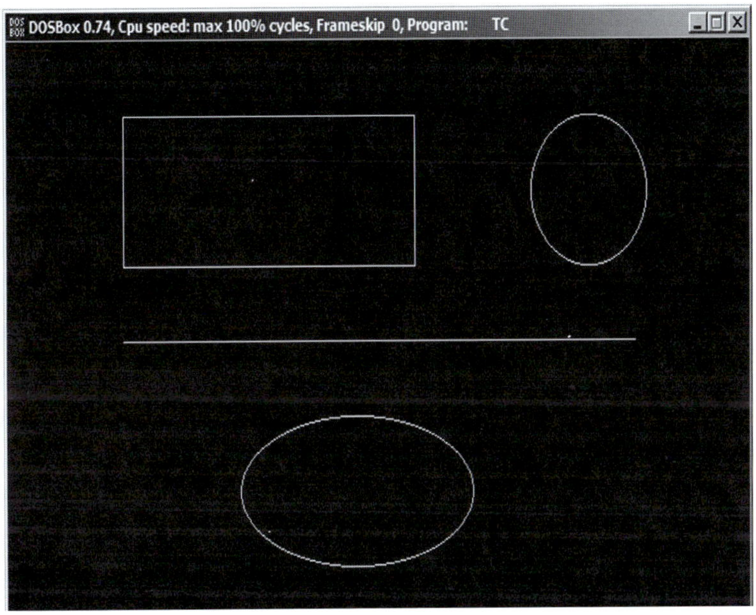


## 그래픽 효과를 발생시키는 프로그램

그림 VI.3은 별과 가득찬 공간을 묘사한다. 이 프로그램은 임의의 수를 발생시키기 위해서 random() 함수를 이용한다.

```
#include<graphics.h>
#include<conio.h>
#include<stdlib.h>

void main()
{
```

(계속)

```
    int x,y;
    int i=0;
    int gd=DETECT, gm;
    initgraph(&gd, &gm, "C:\Turbo\TC\BGI" );

    while(i<1000)
    {
    x=rand()%644;
    y=rand()%479;
    putpixel(x,y,15);
    setcolor(random(16));
    i++;
    }

    getch();
    closegraph();
}
```

**그림 VI.3** 별로 가득찬 공간을 묘사하는 프로그램

프로그램을 실행하면 다음과 같은 화면이 출력된다.

## 여러 색상의 선 그리기 프로그램

그림 VI.4는 다른 색상의 직선을 그리는 프로그램이다.

```
#include<graphics.h>
#include<conio.h>

void main()
{
int gd=DETECT, gm;
int i,x;
initgraph(&gd, &gm, "");

x=0;
for(i=0;i<=15;i++)
{
setcolor(i);
line(100,x,540,x);
x=x+25;
}

getch();
closegraph();
}
```

**그림 VI.4** 여러 색상의 선 그리기 프로그램

프로그램을 실행하면 다음과 같은 화면이 출력된다.

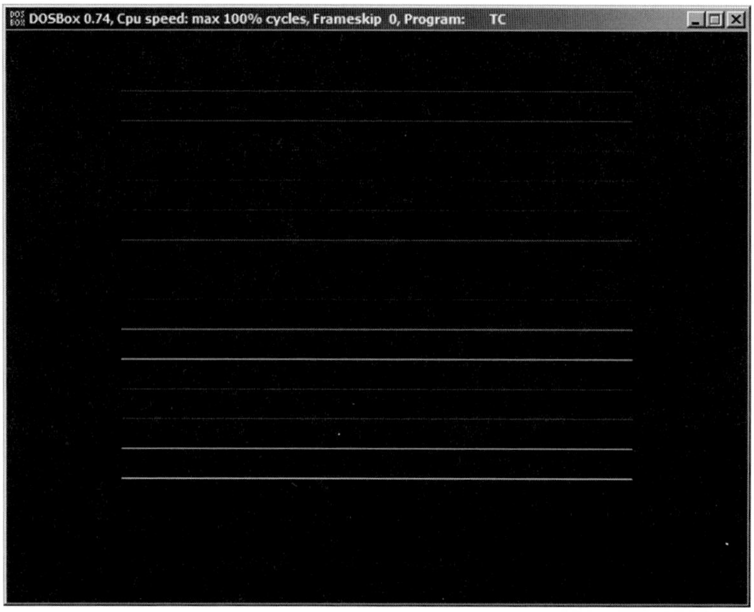

Index

# 찾아보기

## 한글 찾아보기

# 영문 찾아보기

## V



## W



## 기타